地　图

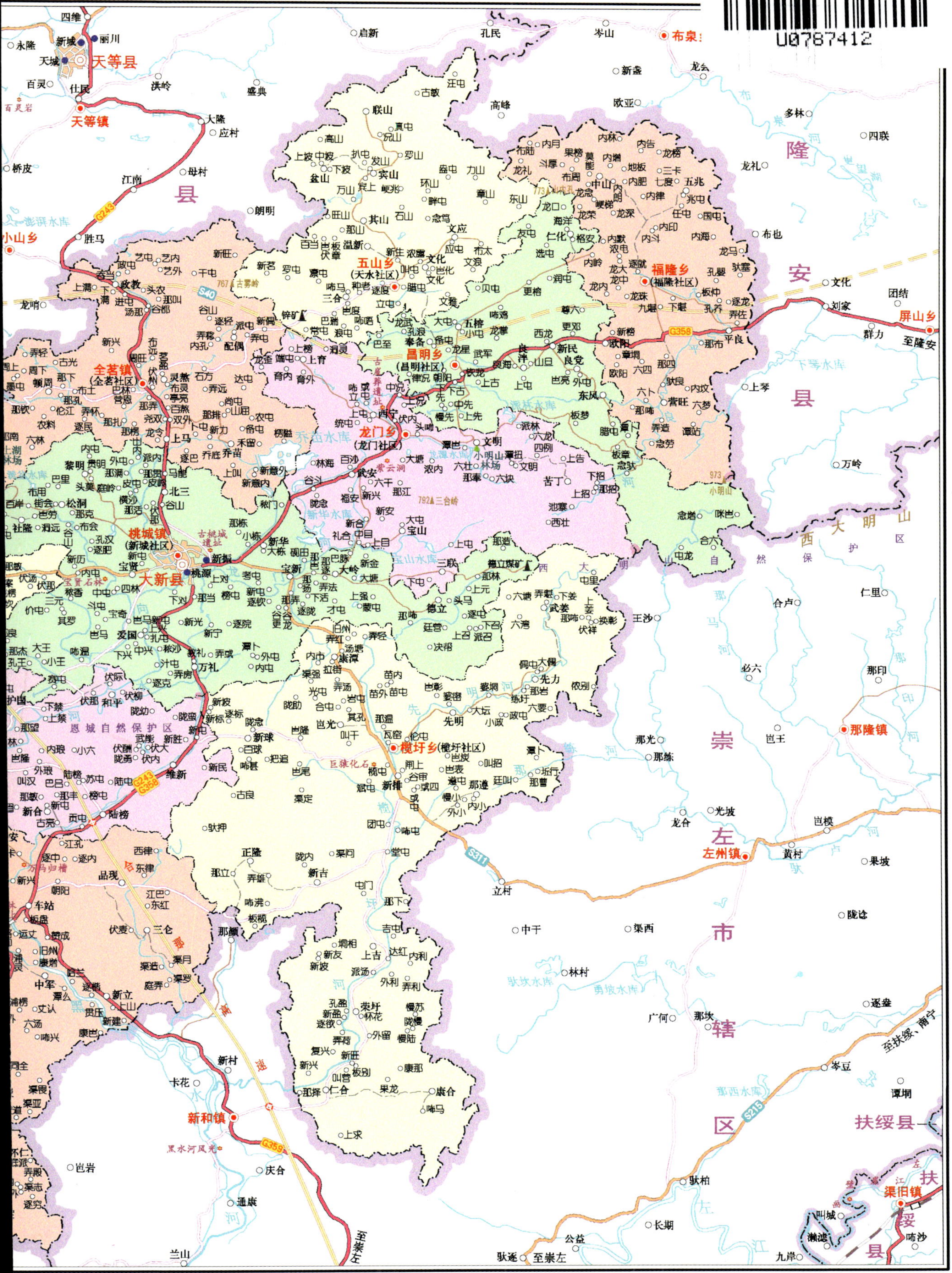
天等县
天等镇
大新县
桃城镇(桃城社区)
全茗镇(全茗社区)
五山乡(天水社区)
昌明乡(昌明社区)
龙门乡(龙门社区)
福隆乡(福隆社区)
榄圩乡(榄圩社区)
隆安县
屏山乡
至隆安
恩城自然保护区
西大明山自然保护区
崇左市辖区
左州镇
那隆镇
新和镇
扶绥县
渠旧镇
至扶绥、南宁
至崇左

2016年7月

数字大新（2017）

- 行政区域面积：2747 平方公里
- 边境线长：43 公里
- 国家一类口岸：1 个
- 边贸互市点：3 个
- 乡镇：14 个
- 年末总人口：382588 人
- 男：197893 人
- 女：184695 人
- 常住人口：30.73 万人
- 水资源总量：16.28 亿立方米
- 河流平均年径流量：14.26 亿立方米
- 水能蕴藏量：27.75 万千瓦
- 可供开发利用水能量：5.98 万千瓦
- 发电量：2.54 亿千瓦时
- 供电量：4.23 亿千瓦时
- 林地面积：17.69 万公顷
- 森林覆盖率：66.17%
- 锰矿储藏量：1.29 亿吨
- 地区生产总值：128.73 亿元
- 第一产业增加值：24.7 亿元
- 第二产业增加值：61.57 亿元
- 第三产业增加值：42.45 亿元
- 人均地区生产总值：4.2 万元
- 社会固定资产投资：131.22 亿元
- 招商引资区外到位资金：42.2 亿元
- 外资到位资金：2700 万美元
- 财政收入：4.28 亿元
- 农村居民人均可支配收入：11336 元
- 城镇居民人均可支配收入：30217 元
- 耕地保有量：6.87 万公顷
- 农田有效灌溉面积：1.63 万公顷
- 农业机械总动力：60.13 万千瓦
- 农作物播种总面积：7.19 万公顷
- 粮食播种面积：2.69 万公顷
- 粮食产量：11.87 万吨
- 糖料蔗种植面积：3.26 万公顷
- 甘蔗“双高”基地面积：1.61 万公顷
- 2017/2018 年榨季入厂原料蔗：217.4 万吨
- 食糖产量：23.57 万吨
- 蔬菜产量：9.85 万吨

SHUZI DAXIN

- 果园面积：3758 公顷
- 水果产量：8.54 万吨
- 龙眼面积：2085 公顷
- 龙眼产量：2.33 万吨
- 苦丁茶面积：1220 公顷
- 苦丁茶产量：1345 吨
- 肉类产量：3.2 万吨
- 水产品产量：1.18 万吨
- 农林牧渔业总产值：40.5 亿元
- 农业产值：29 亿元
- 林业产值：1.69 亿元
- 牧业产值：7.8 亿元
- 渔业产值：1.2 亿元
- 农林牧渔服务业产值：0.81 亿元
- 全部工业总产值：139.2 亿元
- 全部工业增加值：54.06 亿元
- 规模以上工业企业：24 家
- 规模以上工业总产值：136.89 亿元
- 锰业产值：86.62 亿元
- 制糖业产值：29.86 亿元
- 电力业产值：5.98 亿元
- 化工制造业产值：10.45 亿元
- 规模以上工业增加值：53.18 亿元
- 公路总里程：1000.36 公里
- 高速公路里程：66 公里（含连接线）
- 二级公路里程：219.8 公里
- 客运量：160 万人次
- 货运量：545 万吨
- 固定电话用户：1.2 万户
- 手机用户：25.04 万户
- 互联网用户：4.33 万户
- 社会消费品零售总额：15.29 亿元
- 边民互市贸易交易额：10.94 亿元
- 外贸进出口总值：5.74 亿美元
- 自然旅游景点：40 多个
- 接待国内外游客：650.7 万人次
- 旅游综合收入：50.54 亿元
- 金融机构存款余额：87.35 亿元
- 金融机构贷款余额：52.6 亿元
- 住户年末储蓄存款余额：68.73 亿元

图片专辑

领导视察

重要活动

大新县获评“中国侬垌文化之乡”“中国土司文化之乡”

中越呗侬国际侬垌节暨宝圩“2·19”观音诞文化节

中国大新侬垌节暨硕龙镇建街133周年活动

大新县“边关风情旅游”下雷霜降文化节

大新县本土乐队木棉组合风采

德天瀑布景区创建国家 AAAAA 级旅游景区

安平仙河景区获评国家 AAAA 级旅游景区

龙宫仙境景区获评国家 AAAA 级旅游景区

新屯乡村旅游区获评自治区四星级乡村旅游区

扶贫攻坚战略实施

重大项目建设

“美丽大新 · 宜居乡村”

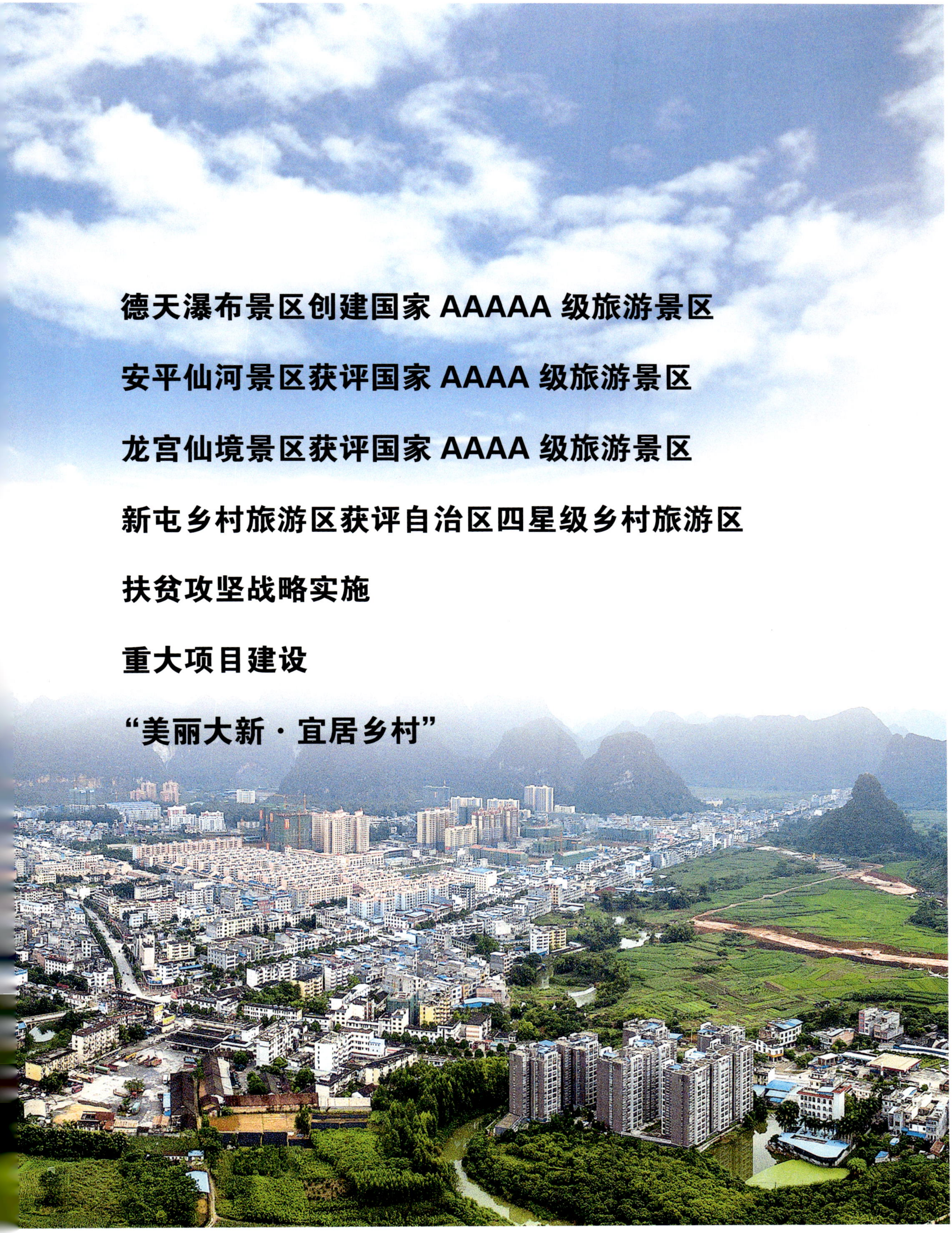

领导视察

2017年11月7日，国家禁毒委员会副主任、最高人民法院副院长李少平（前左二）率国家禁毒委督导组到大新县督导检查禁毒工作

2017年1月6日，文化部党组成员、副部长董伟（中左一）到大新县调研公共文化建设情况

2017 年 12 月 6 日，教育部民族教育司司长毛力提·满苏尔（左二）到大新县开展民族教育发展督查工作

2017 年 6 月 28 日，国务院扶贫办开发指导司人力资源处处长周建文（主席台右二）、人力资源和社会保障部就业促进司统筹就业处副处长沈宏（主席台左二）到大新县调研新生代农民工就业创业工作

2017 年 6 月 1 日，自治区人大常委会副主任刘新文（右一）率调研组就《关于加快推进中越德天—板约跨国旅游合作区建设的建议》（第 228 号）到大新县进行调研

2017 年 12 月 28 日，自治区副主席张晓钦（右二）到大新县考察中越德天—板约瀑布跨境旅游合作区建设情况

2017 年 8 月 17 日，崇左市委书记、市人大常委会主任刘有明（左二）到大新县调研产业扶贫和文化旅游发展等工作

2017 年 2 月 7 日，崇左市市长孙大光（前右二）率队到大新县调研德天瀑布景区创建国家 AAAAA 级景区工作

（县新闻中心供稿）

重 要 活 动

2017 年 9 月 7 日，大新县与越南重庆县举行会谈，双方就加快推进中越德天—板约瀑布跨境旅游合作区建设、加大边境管控力度和加强文化贸易合作等达成合作共识

2017 年 12 月 25—26 日，中越合作保护和开发德天（板约）瀑布旅游资源省级联合协调委员会联合工作组（常值办公室）第一次会议以走会的形式在大新县和越南高平省召开

2017 年 12 月 22 日，广西隆安至硕龙高速公路开工现场会在大新县举行

2017 年 12 月 28 日，中越德天—板约瀑布跨境旅游合作区建设广西方协调委员会第三次全体会议在大新县召开

2017 年 12 月 11 日，全区设区市（桂西、桂南片区）乡村办主任工作会议大新分会场会议在恩城乡陆榜村苏屯召开

2017 年 1 月 3 日，崇左市委书记、市人大常委会主任刘有明（右二）率参加全市经济工作会议的考察组人员深入大新县实地考察项目建设、扶贫开发等工作

2017 年 6 月 13 日，崇左市“服务惠民”村级综合服务中心建设现场观摩暨工作推进会在大新县召开

2017 年 6 月 23 日，崇左市“两新”组织党组织规范化建设攻坚行动和城乡社区活动场所建设现场推进会在大新县召开

2017 年 12 月 26 日，大新县义务教育均衡发展国家督导检查见面会在县政府礼堂召开

2017 年 9 月 8 日，“发现崇左民宿之旅”——2017 中国崇左民宿大会嘉宾，来自莫干山、杭州、大理、丽江、拉萨、北京、上海、厦门等地的知名民宿、酒店品牌及崇左本地的旅游业从业者和投资人共 200 余人到大新县考察民宿项目

2017 年 9 月 21 日，大新县万承学校开工建设

2017 年 3 月 8 日，崇左市召开 2017 年“双高”基地现场推进会，会议以走会形式参观大新县雷平镇振兴社区那岜屯“双高”基地现场建设

2017 年 6 月 10 日，大新县与东方园林集团举行直投项目洽谈会

2017 年 9 月 20 日，大新县人民政府与桂林旅游学院签署战略合作框架协议

2017 年 10 月 14 日，泰国科技部副部长蓬差·他贡瓦拉农（前右二）率泰国科技部代表团到大新县考察文化旅游项目

2017 年 12 月 4 日，崇左市委常委、大新县委书记赵丽（右三）率队到大新县亿春食品厂、新锰集团、展鹏门业、强塑管业、吉程、世纪飞龙糖厂、雷平永鑫糖厂、雷平化工厂等企业开展调研

2017 年 2 月 19 日—3 月 3 日，大新县领导干部做好“两篇大文章”专题研讨班在云南德宏州委党校举办

2017 年 9 月 6 日，大新县 2017 年新一届村（社区）党（总）支部书记、村（居）委会主任培训班在县委党校开班

2017 年 7 月 31 日，市委常委、县委书记赵丽（左六）率队走访慰问凭祥边防官兵

2017 年 11 月 1 日，崇左市常驻民兵应急分队规范化建设现场会在大新县召开

（县新闻中心供稿）

大新县获评“中国侬垌文化

2017 年 3 月 16—17 日，自治区专家组到大新县开展申报“中国侬垌文化之乡”“中国土司文化之乡”考察评估活动。图为考察雷平镇安平村土司衙门遗址

自治区专家组在雷平镇安平村与土司后人交流

2017 年 4 月 10—11 日，国家专家组到大新县就申报创建“中国侬垌文化之乡”“中国土司文化之乡”工作进行考察评估。图为考察大新县博物馆

国家专家组考察雷平镇安平村土司衙门遗址

之乡”“中国土司文化之乡”

2017 年 6 月 18 日，“中国侬垌文化之乡”“中国土司文化之乡”授牌仪式在大新县举行

国家专家组考察恩城乡岜字山摩崖石刻

国家专家组考察恩城乡岜翠山摩崖石刻

（县新闻中心供稿）

中越呗侬国际侬垌节暨宝

抬观音游街祈福

吃"神福粥"

跳铜钱舞

越南歌手献艺

圩“2·19”观音诞文化节

2017 年 3 月 16 日，中越呗侬国际侬垌节暨宝圩“2·19”观音诞文化节活动在宝圩乡举行，其间先后举办抬观音、民俗文艺会演、唱山歌、斗鸡斗狗等特色活动以及篮球、气排球等体育比赛

斗鸡

斗狗

（县新闻中心供稿）

中国大新侬垌节暨硕

唱山歌

舞龙

抢花炮

抛绣球

龙镇建街 133 周年活动

2017 年 4 月 11 日，中国大新侬垌节暨硕龙镇建街 133 周年活动在硕龙镇举行，活动内容有归春河青年乡村音乐派对、中越山河（百家）宴、中越青年集体婚礼、中越呗侬山歌大赛以及抢花炮、抛绣球等民间体育竞技

越南歌舞表演

中越青年共放和平鸽

（县新闻中心供稿）

大新县“边关风情旅

娅嫫巡游

娅嫫朝拜

文艺晚会

山歌邀请赛

游”下雷霜降文化节

2017 年 10 月 21—25 日，大新县“边关风情旅游”下雷霜降文化节活动在下雷镇举行，其间先后举行娅嫫巡游及朝拜、民俗竞技、山歌邀请赛以及汽车、摩托车场地越野赛等系列活动

拔河比赛

汽车场地越野赛

（县新闻中心供稿）

大新县本土乐队

献艺文艺晚会

与越南歌手同台献艺

参加 2017 中国—东盟博览会旅游展开幕式演出

出访越南表演

木棉组合风采

2017 年 10 月 28 日晚，大新县木棉组合参加《星光大道》录制的节目在央视一套播出

与实力歌手 PK

留下美好回忆

（县新闻中心、县文体新广局供稿）

德天瀑布景区创建国家

德天瀑布景区新大门

德天屯文化旅游广场

德天瀑布新添姐妹景——大阳幽谷

大阳幽谷花海

AAAAA级旅游景区

2017 年 8 月 3 日，大新县召开中越德天—板约瀑布跨境旅游合作区建设和德天瀑布景区创 AAAAA 调研工作座谈会

扩建德天跨国瀑布景区游客集散中心停车位

德天瀑布景区游人如织

（县新闻中心、覃志婉供稿）

安平仙河景区获评

2017 年 8 月 3 日，大新县召开安平仙河和龙宫仙境景区创建国家 AAAA 级景区规划专家评审会

2017 年 11 月 28—30 日，自治区旅游规划开发质量评定委员会评定验收组深入大新县，就安平仙河和龙宫仙境景区创建国家 AAAA 级旅游景区进行评定验收

骆越自驾游营地

雷平镇安平村岜零屯大门

国家AAAA级旅游景区

大新县安平仙河景区

安平仙河全景

安平仙河风光

（县新闻中心、何农林供稿）

龙宫仙境景区获评

2017 年 3 月 16 日，大新县召开《广西大新龙宫仙境旅游区旅游总体规划暨节点修建性详细》和《圣泉谷营地项目规划设计方案》专家评审会

2017 年 4 月 11 日，大新县举行龙宫仙境景区升级改造项目(第一期)竣工仪式

2017 年 8 月 2 日，大新县龙宫仙境冰宫项目启动

龙宫仙境 · 金龙迎宾

国家AAAA级旅游景区

大新县龙宫仙境游客中心及停车场

龙宫仙境·太子石林

龙宫仙境·醉美钟乳石

（县新闻中心、何农林供稿）

新屯乡村旅游区获评自

新屯大门

景区进道

儿童乐园

真人野战场

治区四星级乡村旅游区

大新县桃城镇宝新村新屯乡村旅游区

游泳池

鱼池

（何农林、覃志婉供稿）

扶贫攻坚战

2017年5月25日，大新县“美丽广西”乡村建设（扶贫）工作队员工作会议在县政府礼堂召开

2017年5月26日，大新县召开扶贫工作推进会

2017年6月5日，大新县“第一书记扶贫产业发展论坛”在县委七楼会议室举办

2017年8月17日，广西卫视《第一书记》大新专场节目录制在广西电视台举行

略实施（一）

2017 年 8 月 2 日，崇左市精准帮扶网格化管理现场会在大新县召开

2017 年 12 月 5 日，大新县粤桂扶贫协作调研座谈会召开

2017 年 12 月 29 日，大新县召开扶贫成效“四合一”实地核查发现问题整改布置会

扶贫攻坚战

2017 年 11 月 14 日，市委常委、县委书记赵丽到扶贫联系点堪圩乡谨汤村开展“党的十九大精神进农村”暨脱贫攻坚心连心活动

2017 年 3 月 9 日，大新县电子商务进农村管理型人才培训班（第一期）开班

2017 年 7 月 25 日，大新县召开贫困人口动态调整工作暨扶贫项目库建设培训会

2017 年 9 月 20 日，“广西旅游产业人才小高地专家服务地方经济行”旅游扶贫培训班开班仪式在大新县举行

略实施（二）

2017 年 11 月 4 日，大新县召开脱贫攻坚驻村专职扶贫工作队派驻动员会暨驻村专职扶贫工作队派驻人员工作培训会

2017 年 12 月 22 日，自治区甘蔗产业科技服务团经验交流暨“双高”甘蔗技术培训会在大新县举行

2017 年 6 月 30 日，大新县库区移民精准扶贫实用技术培训在恩城乡举行

扶 贫 攻 坚 战

2017 年 12 月 27—28 日，江门市高新区党工委书记、管委会主任、江海区委书记彭章瑞（左四）率队到大新县开展扶贫协作工作

2017 年 11 月 9 日，澳门鎚铁工会到大新县开展捐资助学活动

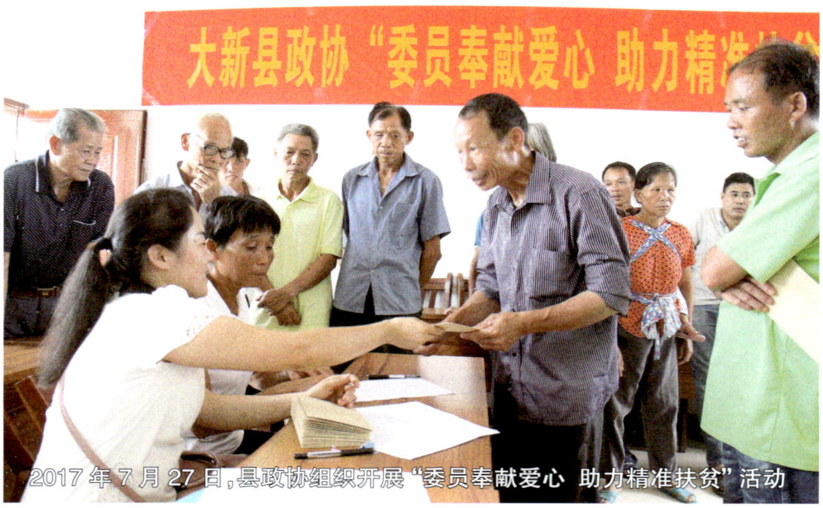

2017 年 7 月 27 日，县政协组织开展“委员奉献爱心 助力精准扶贫”活动

2017 年 3 月 2 日，大新县德天公益协会组织志愿者深入部分中小学校开展“学雷锋献爱心”主题活动

略实施（三）

2017 年 12 月 29 日，山东龙冈旅游集团为大新县捐赠扶贫资金 60 万元

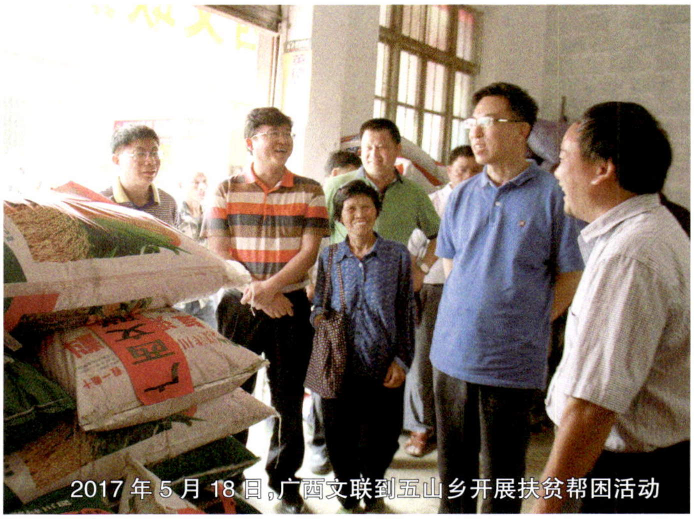

2017 年 5 月 18 日，广西文联到五山乡开展扶贫帮困活动

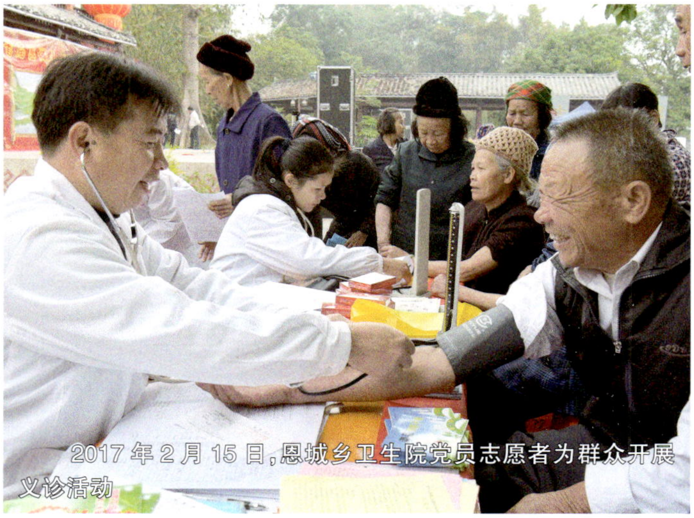

2017 年 2 月 15 日，恩城乡卫生院党员志愿者为群众开展义诊活动

扶贫攻坚战

2017 年 10 月 27 日，大新县举行星光和乐城易地扶贫搬迁农户第一批抽房仪式

2017 年 12 月 13 日，大新县举行易地扶贫搬迁安置点——星光和乐城新居（第一批）交钥匙入住仪式

2017 年 3 月 21 日，那岭乡巴兰村黑猪养殖基地开工建设

2017 年 8 月 17 日，堪圩乡开展"企业 + 贫困户"香猪养殖"送一返二"发放活动

略实施（四）

2017 年 2 月 8 日，大新县 2017 年春风行动启动仪式暨企业用工现场招聘会在县文化广场举行

2017 年 10 月 25 日，桃城镇德立村产业扶贫良种羊寄养协议签订现场会召开

2017 年 7 月 7 日，那岭乡岜伏村集体产业光伏发电项目开工

（县新闻中心供稿）

重大项目

大新县首家准五星级酒店——维也纳国际酒店

大新县东盟建材商贸城

建　设（一）

大新县城东区

大新县展鹏财富广场

即将投入使用的大新县妇幼保健院

重　大　项　目

自治区级农民工创业园——大新县呗侬创业园

大新县环城东路

建　设（二）

大新县易地扶贫搬迁安置点——星光和乐城

大新县新锰大道

大新县桃城工业园区正在建设中

（何农林供稿）

“美丽大新·宜

桃城镇宝贤村价屯

恩城乡维新村新胜屯

居 乡 村”（一）

全国美丽宜居小镇——硕龙镇

昌明乡昌明社区上古屯

龙门乡武安村六干屯

“美丽大新·宜

桃城镇万礼村浓沙屯

恩城乡恩城社区那望屯

居乡村”（二）

人间仙境——大新县堪圩乡明仕村

那岭乡那廉村旧州屯

堪圩乡明仕村弄朋屯

“美丽大新·宜居乡村”（三）

市级“美丽乡村”综合示范村——大新县恩城乡陆榜村苏屯

苏屯知青驿站

苏屯林间步道

（县乡村办供稿）

大新年鉴

DAXIN NIANJIAN

2018

大新县地方志编纂委员会 编

方志出版社
Publishing House of Local Records

图书在版编目(CIP)数据

大新年鉴．2018 / 大新县地方志编纂委员会编．——北京:方志出版社，2018.11

ISBN 978-7-5144-3432-3

Ⅰ．①大…　Ⅱ．①大…　Ⅲ．①大新县—2018—年鉴
Ⅳ．① Z526.74

中国版本图书馆 CIP 数据核字(2018)第 267025 号

大新年鉴 2018

作　　者:大新县地方志编纂委员会
责任编辑:李志瑜

出 版 人:冀祥德
出 版 者:方志出版社
地址　北京市朝阳区潘家园东里 9 号(国家方志馆 4 层)
邮编　100021
网址　http://www.fzph.org
发　　行:方志出版社图书经销中心
电话(010)67110500
经　　销:各地新华书店
印　　刷:广西南宁华侨印务有限责任公司

开　　本:889mm × 1194mm　　1/16
印　　张:25.5
字　　数:600 千字
版　　次:2018 年 11 月第 1 版　　2018 年 11 月第 1 次印刷
印　　数:001～600 册

ISBN　978-7-5144-3432-3　　**定价:**200.00 元

编 辑 说 明

一、根据国务院《地方志工作条例》和《广西壮族自治区实施〈地方志工作条例〉办法》的有关规定，依法编纂《大新年鉴》，旨在为各级领导决策提供可靠的参考依据，为社会各界了解大新、建设大新提供信息资料，也为地方志书编纂工作积累资料。

二、《大新年鉴·2018》以马克思列宁主义、毛泽东思想、邓小平理论、“三个代表”重要思想、科学发展观、习近平新时代中国特色社会主义思想为指导，坚持辩证唯物主义和历史唯物主义的立场、观点和方法，记载的是2017年大新县政治、经济、文化和社会事业等方面的基本情况。

三、本年鉴采用分类编辑法，设类目、分目和条目三个层次，以条目为记述基本单位，条目标题加【 】。本年鉴设特载、大事记、概述、中共大新县委员会、大新县人民代表大会、大新县人民政府、政协大新县委员会、纪检·监察、社会团体、法治·军事、边防·口岸·外事侨务、工业、农业·农村、交通·邮电、城建·国土·环保、旅游·商贸、招商引资·工业集中区、经济管理、财政·税务、金融、科学·教育、文体新广·卫生计生、居民生活、灾害·事故、乡镇·经济管理区、先进名录、统计资料、索引、图片专辑等29个类目。

四、本年鉴组稿采取部门供稿为主和编辑部采编为辅的方式进行。各部门、各乡镇所提供的稿件、资料和图片均由单位负责人审核。特载、图片专辑反映的内容在时限上根据需要可延伸至2018年。

五、本年鉴的统计资料数据均使用法定计量单位。主要数据以统计部门提供的数据为准，某些专业数据由主管部门提供。

《大新年鉴·2018》编写组

（排名不分先后）

中共大新县委办公室
　黎革文
中共大新县委组织部
　黄干平
中共大新县委宣传部
　刘国雨　冯日羽　罗安南　农素英
大新县精神文明建设委员会办公室
　黄艳娇
中共大新县委统战部
　李艳梅
中共大新县委台湾工作办公室
　李艳梅
中共大新县委老干部局
　农志波
中共大新县委党校、大新县行政学校
　赵月胜
中共大新县直属机关工作委员会
　廖德峰
中共大新县委、大新县人民政府信访局
　雷文科
大新县机构编制委员会办公室
　陈柔颖
中共大新县委党史研究室
　农金英
大新县绩效考评办公室
　李桂兰
大新县“美丽大新”乡村建设领导小组办公室
　卢　维
大新县人大常委会办公室
　赵小燕
大新县人民政府办公室
　农愿科
大新县政务服务管理办公室
　欧红才
大新县人力资源和社会保障局
　赵世碧
大新县民族和宗教事务局
　廖贵东
大新县少数民族语言文字工作办公室
　赵万巧
大新县民政局
　梁薇莉
大新县档案局(馆)
　农晓月
大新县地方志编纂委员会办公室
　农金安
中共大新县委、大新县人民政府接待办公室
　农文军
大新县机关事务管理局
　覃雄鹰
大新县铅锌矿区管理处
　赵立峰
大新县政协办公室
　朱秀云
中共大新县纪律检查委员会、大新县监察局
　农春丹　农杰宁
大新县总工会
　赵丽玲
共青团大新县委员会
　许佳莲
大新县妇女联合会
　夏海连
大新县科学技术协会
　覃广臻

大新县工商业联合会
赵胜生
大新县文学艺术界联合会
李阳群
大新县残疾人联合会
麻新光
大新县社会科学界联合会
黄传能
大新县红十字会
张　丽
大新县关心下一代工作委员会
赵连明
大新县革命老区促进会
赵升建
中共大新县委政法委
赵冠清
大新县人民法院
黄丹颖
大新县人民检察院
李喜庆
大新县公安局
黄杜坚
大新县公安局交通警察大队
马东丽
大新县公安消防大队
梁耀丹
大新县司法局
雷小玲
大新县人民政府调解处理土地山林水利纠纷办公室
农炳国
大新县政府法制办公室
赵华干
大新县人民武装部
杜　秋
大新县公安边防大队
李南余
大新县边防委员会办公室
黄　艺
大新县人民防空办公室
许宏新
大新县商务和口岸管理局
农苑羚

大新县外事侨务办公室
卢志光
大新县工业和信息化局
黄志彬
广西桂水电力股份有限公司大新发电分公司
赵卫柯
大新县水利电业有限公司
赵定红
大新县水利供水有限公司
赵辉锋
大新县农业局
赵秋平　许志英
大新县糖业发展办公室
韦学忠
大新县林业局
郭家梁
大新县水利局
李咏梅
大新县移民工作管理局
农小连
大新县农业机械化管理局
许汉尧
大新县水产畜牧兽医局
范奇新
大新县扶贫开发领导小组办公室
农丽荣　许英婷
大新县农村经济管理工作站
何建昌
广西恩城国家级自然保护区管理局
蒋　露
广西大新黑水河国家湿地公园管理局
农梅英
大新县交通运输局
符家劲
大新汽车总站
苏金石
大新公路管理局
陆永文
中国邮政集团公司大新县分公司
梁君君
中国联合网络通信有限公司大新县分公司
覃艳芳

中国移动通信集团广西有限公司大新分公司
李丽灵
中国电信股份有限公司大新分公司
赵智勇
大新县住房和城乡建设局
赵勇斌
大新县城市管理局
许成冠
大新县住房制度改革委员会办公室
农庆华
崇左市住房公积金管理中心大新县管理部
劳成权
大新县国土资源局
黄鹤斌
大新县环境保护局
郝 倩
大新县旅游发展局
许世星
大新县旅游景区管理委员会
零光球
大新县供销合作社联合社
黄 拓
大新县粮食局
赵 明
大新县烟草专卖局(营销部)
黄小留
中国石油化工股份有限公司大新分公司
张进飞
大新县投资促进局
韦秋梅
大新县工业集中区管理委员会
农玫丽
大新县发展和改革局
黄伟婵
大新县物价局
黄 凝
大新县统计局
刘云清 叶清霖
国家统计局大新调查队
陆婧萍
大新县审计局
赵 聪

大新县工商行政管理和质量技术监督局
农日霞 吕夏娟
大新县食品药品监督管理局
农婕红
大新县安全生产监督管理局
张燕霞
大新县市场开发服务中心
岑天明
大新县城镇集体工业联社
覃海英
大新县财政局
高 敏
广西大新安平投资集团有限公司
何干庭
大新县国泰资产经营有限公司
石栩静
广西侬王旅游投资开发有限公司
李秋妹
广西养利农业投资开发有限公司
赵豫卉
大新县国家税务局
许剑英
大新县地方税务局
何洋波
中国人民银行大新县支行
许海波
中国工商银行股份有限公司大新县支行
陈源旭
中国农业银行大新县支行
冯琰婷
中国建设银行股份有限公司大新支行
潘沛清
广西大新农村商业银行股份有限公司
农桂红
中国邮政储蓄银行有限公司大新县支行
农艳盈
崇左大新长江村镇银行股份有限公司
黄 慧
中国人寿保险股份有限公司大新支公司
谢小兰
中国人民财产保险股份有限公司大新支公司
张 宁

中国人民人寿保险股份有限公司大新支公司

钟　浩

北部湾财产保险股份有限公司大新支公司

何　浩

中国太平洋保险股份有限公司大新支公司

覃　凯

中国平安财产保险股份有限公司大新支公司

张　伟

华安财产保险股份有限公司大新支公司

零威武

大新县科技局

何桃洋

大新县气象局

计凤妮

大新水文站

覃江涛

大新县地震局

农晓鹉

大新县教育局

黄深华

大新县文化体育新闻出版广电局

冯炳武

广西广播电视信息网络股份有限公司大新分公司

李治仙

广西广播电视技术中心崇左分中心大新维护部

黄　卿

大新县新华书店有限公司

石　苗

大新县新闻中心

梁桂花

大新县卫生和计划生育局

赵如强

大新县疾病预防控制中心

黄　卫

大新县卫生监督所

谢　斌

桃城镇人民政府

罗　娜

全茗镇人民政府

阮新妮

五山乡人民政府

赵雪林

龙门乡人民政府

罗燕舞

昌明乡人民政府

农　明

福隆乡人民政府

陈庆敏

那岭乡人民政府

莫锡全

榄圩乡人民政府

蒙慧勤

恩城乡人民政府

吴思静　覃明翔

雷平镇人民政府

黄秀祥

宝圩乡人民政府

农燕梅

堪圩乡人民政府

李程东　方培元

硕龙镇人民政府

谢光胜

下雷镇人民政府

赵　起

大新华侨经济管理区

农中伟

目　录

特　载

大事记

概　述

中共大新县委员会

大新县人民代表大会

大新县人民政府

法治·军事

边防·口岸·外事侨务

工　业

农业·农村

交通·邮电

城建·国土·环保

旅游·商贸

招商引资·工业集中区

经济管理

财政·税务

金　融

灾 害·事 故

乡镇·经济管理区

先进名录

统计资料

索　引

特　载

□编辑　覃文学

稳中求进　继往开来
全面推进大新县域经济更有质量更有效益发展

——在全县经济暨乡村振兴工作会议上的讲话

市委常委、县委书记　赵　丽

（2018 年 1 月 26 日）

同志们：

这次会议的主题，就是全面贯彻落实中央、自治区、崇左市经济工作会议、农村工作会议及区、市现代特色农业示范区、甘蔗“双高”基地建设工作会议精神，总结 2017 年工作，部署 2018 年工作，动员全县上下坚持稳中求进工作总基调，保持战略定力，坚定不移做好“两篇大文章”、打好“四大攻坚战”，全面推进大新县域经济更有质量更有效益发展，奋力谱写新时代大新发展新篇章。

2017 年 12 月 18 日至 20 日，中央经济工作会议在北京举行，习近平总书记在会上发表重要讲话，全面总结党的十八大以来我国经济发展取得的历史性成就，深入分析当前和今后一个时期国际经济形势，科学作出我国经济已由高速增长阶段转向高质量发展阶段的重大判断，深刻阐明今年经济工作的总体要求、政策导向、重点任务。李克强总理总结去年经济发展和过去 5 年经济工作，全面部署今年经济工作的预期目标、政策取向和工作重点。12 月 26 日，全区经济工作会议在南宁召开，彭清华书记深入分析去年和新常态以来全区经济发展的总体形势，明确提出今年经济工作的总体要求、主要目标、重大任务，陈武主席在会上全面总结去年全区经济发展和五年来工作情况，全面部署今年经济工作的预期目标、工作重点。在今年的 1 月 2 日至 5 日，全市经济工作会议以现场考察和集中开会相结合的形式召开，到我县德天跨国瀑布景区创建国家 AAAAA 级旅游景区项目、大阳谷景点、龙宫仙境创建国家 AAAA 级旅游景区游客服务中心项目、桃城工业园以及维也纳国际酒店等 5 个项目进行了现场考察。在 5 日的大会上，刘书记全面总结研判了全市去年经济发展的新特色、新亮点以及存在问题，明确提出了今年经济工作的总体要求、主要目标、重大任务，何良军市长全面总结了去年全市经济发展情况，全面部署了今年经济工作的预期目标、工作重点。

2017 年 12 月 28 日至 29 日，中央农村工作会议在北京举行，习近平总书记全面总结了党的十八大以来我国“三农”事业的历史性成就和变革，深刻阐述实施乡村振兴战略的重大问题，对贯彻落实提出明确要求。李克强总理对实施乡村振兴战略的重点任务作出了具体部署。自治区和崇左市也分别召开了农村工作会议。

我们要贯彻落实中央、全区、全市经济工作会议精神，最重要最根本的是要坚持以习近平新时代中国特色社会主义经济思想为引领，始终把它作为做好经济工作的根本遵循。这个重要思想的核心是新发展理念，重点是“七个坚持”：坚持加强党对经济工作的集中统一领导，坚持以人民为中心的发展思想，坚持适应把握引领经济发展新常态，坚持使市场在资源配置中起决定性作用、更好发挥政府作用，坚持适应我国经济发展主要矛盾变化完善宏观调控，坚持问题导向部署经济发展新战略，坚持正确工作策略和方法。

我们贯彻落实中央、全区、全市经济工作会议精神，要牢牢把握高质量发展这个根本要求。我国经济已由高速增长阶段转向高质量发展阶段，这是党的十九大作出的重大判断，也是这次中央经济工作会议主基调。高质量发展，就是能够很好满足人民日益增长的美好生活需要的发展，是体现新发展理念的发展，是创新成为第一动力、协调成为内生特点、绿色成为普遍形态、开放成为必由之路、共享成为根本目的的发展。我们一定要把思想和行动统一到中央、全区、全市经济工作会议精神上来，坚持把推动高质量发展作为当前和今后一个时期确定发展思路、制定经济政策的根本要求，根据我县阶段性特点，抓好总体谋划，作出具体安排，全面推进大新县域经济更有质量更有效益发展。

我们贯彻落实中央、全区、全市农村工作会议精神，就是要加强党对"三农"工作的领导，坚持稳中求进工作总基调，牢固树立新发展理念，落实高质量发展要求，坚持把解决好"三农"问题作为重中之重，坚持走中国特色社会主义乡村振兴道路，坚持农业农村优先发展，按照产业兴旺、生态宜居、乡风文明、治理有效、生活富裕的总要求，统筹推进农村经济建设、政治建设、文化建设、社会建设、生态文明建设和党的建设，加快推进乡村治理体系和治理能力现代化，加快推进农业农村现代化，让农业成为有奔头的产业，让农民成为有吸引力的职业，让农村成为安居乐业的美丽家园。

刚才，硕龙、堪圩、宝圩、住建等乡（镇）和部门对2017年工作作了汇报交流发言。我们之所以选这几个乡（镇）和部门来发言，主要是因为这些乡（镇）和部门在2017年的工作中成效明显，有代表性，他们工作取得的成效充分证明全县各级各部门的干部是有战斗力和凝聚力的，只要认真做，工作就一定能做好。今年乃至今后工作中，我们都要继续发扬"钉钉子"精神，干一件成一件，抓一件完一件的韧劲，把我们今后的工作抓得更紧、更实、更有成效。

一、2017年全县经济工作可圈可点，振奋人心

2017年，是大新经济充分发展取得丰硕成果的一年，集中体现在"两篇大文章""四大攻坚战"工作上，硕龙口岸升格为一类型口岸，完成了多年来想办办不成的事，更关键的是在口岸经济中突破了加工业零的突破，引进两家坚果加工企业，一家已经生产。在文化旅游方面，德天瀑布创建AAAAA景区有望最近通过国家旅游局的评定验收。2017年，全县景区有1个创AAAAA、2个获AAAA、1个获得国家生态旅游示范区，龙宫仙境景区和安平仙河景区获得国家AAAA级景区，可以说在全区111个县（市、区）有5个AAAA级景区，有1个在创AAAAA景区的县份唯独大新。文化挖掘取得好成绩，获得了"中国侬垌文化之乡""中国土司文化之乡"，木棉组合在央视的《星光大道》奏响了壮族铜鼓音乐。在产业转型方面，糖业"第一车间"不断巩固，守住32000公顷甘蔗种植面积，建成6666.67公顷"双高"基地，一批区、市、县、乡级现代特色农业示范区正在全面建设。县城框架不断拉大，县城旅游服务功能不断完善，维也纳准五星级国际酒店正式运营，单一个酒店就大幅提升了大新的接待能力和水平，也提升了大新县城的品位。在城镇化建设中打通了多年没打通的县城断头路，如明仕北路、伦那东路，等等，环城路不断加快建设，工业园区环城道的主通道基本通车。开工建设了隆安至硕龙高速公路。扶贫工作在自治区"四合一"检验中，在接受国家第三方评估中都取得了不错成绩，2017年有15个贫困村、3307户13900人达到脱贫摘帽标准。在民生方面，始终坚持再穷不能穷民生、再穷不能穷教育的理念，投入更多资金加快推进教育事业的发展，义务教育均衡通过国家验收，近两年来建成了投资1.2亿元的养利学校，正在开工建设投资8000万元的万承学校等。在脱贫攻坚中我们在财力有限的情况下，拿出1300万元对贫困群众医疗救助进行兜底，在全区没有多少个县能够做得到的。去年全县将近80%的支出都是用于民生的开支。深化改革方面，解放思想、先行先试，各行各业的改革都取得了不斐成绩，如在旅游执法队伍的创新方面，率先在崇左市成立了旅游巡回法庭、旅游警察大队、工商旅游分局，法院、政府的职能部门改革都进展有成效。还有多年来全县社会稳定和谐，群众安全感满意度都排在全区前10位，去年更是排在全区111个县（市、区）的第7位。

这些成绩的取得是多年累积的成果，在座的各位功不可没。回顾去年一年来，我们深深感觉到：一是思路决定出路。面对严峻复杂的经济形势和

艰巨繁重的改革发展稳定任务，我们抓重点、破难点、推全面，采取具体工作“一对一”责任清单制，实现人员、措施、责任三到位，确保了重大项目、重点工作顺利推进、成效显著。二是短板决定高度。产业结构单一、传统产业比重过大、新兴产业尚未培育，这个就是我们目前经济发展最大的短板，也是我们遇到的最难的瓶颈，这就要求我们必须要补齐短板，充分挖掘发展潜力，迎头赶上。去年一年来我们在工业、口岸加工业、标准厂房建设等方面下大功夫，出台工业加工企业的优惠政策比其他县力度都要大。三是作风决定成败。去年那么多的重大项目，在时间紧、任务重的情况下，我们采取钉钉子精神，采取工作组强力推进的措施，采取红黑榜通报的问责问效制度，层层传导压力，层层激起动力，形成全县上下抓发展、抓落实、求实效的浓厚氛围。

在充分肯定成绩的同时，我们也要看到我县经济发展的困难依然很突出，一是整体经济发展水平比较低。我们无论是在全区 111 个县(市、区)中还是在全市，我们的 GDP 总量都是很小，没有走出糖锰的困境，工业项目和第三产业特别是旅游业作为最大服务产业没有发挥应有的效益，大新正处于新旧产业相衔接不足，不到位的“青黄不接”的阶段。二是招商引资的力度和服务企业水平还不够，去年到县考察的企业不少，但是真正落地的项目和紧紧跟踪落地的项目还是不多。今天的项目就是明天发展的潜力，投资增长后劲不足，突出表现在发展后劲的不足。三是干部队伍抓落实的能力和专业化水平与大新当前的发展态势、严峻形势不相匹配。这些问题，都有待于在今后的工作中加以重视和解决。

二、2018 年要保持定力，再创佳绩

2018 年是贯彻党的十九大精神的开局之年，是改革开放 40 周年，是自治区成立 60 周年，是决胜全面建成小康社会、实施“十三五”规划承上启下的关键一年，做好 2018 年工作意义重大。总体要求是全面贯彻党的十九大精神和中央、自治区、崇左市经济工作会议精神，以习近平新时代中国特色社会主义思想为指导，加强党对经济工作的领导，坚持稳中求进工作总基调，按照高质量发展要求，统筹推进“五位一体”总体布局和协调推进“四个全面”战略布局，坚定不移做好“两篇大文章”、打好“四大攻坚战”，扎实推进稳增长、促改革、调结构、惠民生、防风险各项工作，大力推进改革开放，促进经济社会持续健康发展，奋力谱写新时代大新发展新篇章。

今年我县经济社会发展的主要预期目标是全县地区生产总值增长 8% 左右；财政收入增长 4%；规模以上工业增加值增长 8%；固定资产投资增长 13%；外贸进出口总额增长 10%；社会消费品零售总额增长 10%；居民人均可支配收入增长 8%。

以上目标的提出是根据我们大新的实际，结合全国全区全市的工作部署来提出的。围绕这些预期目标，我们重点抓好以下八个方面的工作。

（一）推动口岸经济大开发。开放是我县最大的潜力。当前我县“两篇大文章”中的文化旅游文章已经打开了局面，走在全市前列，但是口岸经济却处在四个边境县的末梢，也可以说处在全区八个边境县市区的后面。以前我们说口岸发展条件不充分，但是随着硕龙口岸的升格，我们再也没有借口、没有退路，只能快马加鞭、迎头赶上。因此，我们要坚持以口岸基础设施建设为重点、以做大贸易量为基础、以口岸加工业为核心、以口岸加工园区为平台，加快构建对外开放新格局。2018 年是大新“口岸基础设施建设攻坚年”，今年我们要实现硕龙口岸主通道和岩应互市区建成，开工建设硕龙口岸的货物通道，全力推进硕龙口岸加工区基础设施建设。全面开工建设隆安至硕龙高速公路，把隆硕高速公路的终点延伸到硕龙镇。此外，在口岸加工业方面要吸引更多的加工区，出台落地加工的政策，用政策来吸引加工企业落地大新。大新的口岸目前是没有优势的，凭祥对面是越南的凉山，可以直达河内；宁明对面也是凉山，龙州对面是凉山和高平省，大新仅仅和越南最穷的高平省的两个县对接，交通条件不好，越南对这片的发展也不是很重视，所以我们只有出台的政策比别人更优惠、更有操作性才能吸引更多企业进驻，做大贸易量。我们现在互市贸易是没有收取任何费用的，崇左市四个边境县唯独大新是这样做的，通过这两年的努力，我们的互市贸易才有了一定的量，而且量在不断增大。因为大新的口岸没有建成，联检部门的设施没有完善，部门没有进驻，我们是一直没有异地报关异地放行边小贸易的。所以我们要开展口岸基础设施建设攻坚年，

就是要尽快完成口岸基础设施，通过国家联检部门的影响，正式开通做贸易。同时，我们要出台政策引进企业做大贸易量，不断把口岸经济做起来。

（二）推动文化旅游大发展。文化旅游是大新绿色发展的招牌，是大新的朝阳产业和最有潜力、拉动力最强的产业。我们要以全域旅游发展为方向，以打造德天瀑布世界级山水旅游目的地为目标，以中越德天—板约瀑布跨境旅游合作区实现跨境游为着力点，以A级景区、星级酒店、星级农家乐提档升级营销为抓手、以一批文化旅游重大项目落地开工建设来推动文化旅游大发展。围绕这个总体工作目标，我们要争取列入全国全域旅游示范县创建名单，以德天跨国瀑布景区为龙头，加快推进提升现有AAAA级旅游景区的品质和营销以及大新旅游在全区全国乃至东盟的市场占有率。中越德天—板约瀑布跨境旅游合作区今年要实现跨境游。要加快旅游项目建设，采取“一对一”工作法，“一个项目、一套班子、一套责任清单”和工作完成时限去推进，要以去年抓德天创AAAAA级景区那样的魄力、那样的韧劲来抓项目的推进。要加大与港中旅集团、东方园林集团、民宿企业等已经签约的项目的落地，把征地程序简化、效率提高。投资25亿元的德天景区提升工程、德天小镇和武阳山公园该建成的要建成，该落地的要落地。今年德天小镇的要完成规划和开工建设，武阳山公园要建成，土司之家民宿也要建成。今年最迟10月份崇左市第二届民宿旅游联盟大会召开就会来我们大新的民宿住宿。要不断加大基础设施的配套建设力度，把软环境和硬条件不断补充完善。

（三）推动实体经济大提升。实体经济在大新就是工业，工业是支撑我县经济持续健康发展的主要力量。无工不富，我们战略发展目标就是“强工兴旅固边”，工业依然是我们的重点，旅游业是我们培育的支柱产业。目前我县产业结构不优、不合理，主要体现为锰糖等传统产业占比过高，达到了85%，糖锰一支独大依然没有改变，这么多年来就引进了吉程、顺新、呗侬食品公司等3个工业项目，我们的财政从10.4亿元降到去年的4.28亿元，就是我们没有新的工业项目支撑。目前我们还处在补齐工业发展短板，大力发展糖锰优势传统产业升级的阶段。所以工业方面我们不能放松、不能丢。目前我县工业最大的是锰，今年千方百计把新振锰业公司年产6万吨电解金属锰项目二期和年产20万吨中低碳锰铁项目一期建成投产。单新锰20万吨中低碳锰铁一期就可以给我们提供12个亿的产值，还有中信大锰系列锰的改造提升。要以桃城工业集中区为平台，加快基础设施，加大招商力度，牢固树立“抢时间、抢机遇、抢企业、抢项目、抢人才”的理念，借助我们跟粤桂合作的江海合作契机，“走出去、请进来”，引进一批无污染的企业、对大新有发展的企业、和大新实际相符的企业，比如特色食品加工、文化旅游、口岸加工以及轻工加工企业等入驻园区。同时，要根据今年乃至今后要开展“一乡一品”的农特产品向外大力招商农特产品加工企业，形成旅游产品。今年自治区将开展优化营商环境大调研、大查摆、大考评行动，营商环境对招商很关键，我们对营商环境将会下狠力，出硬措施，把招商环境营造好，把四家班子服务企业的力度继续抓下去，帮助解决落地企业存在的困难，让他们感到大新发展就像回到家一样。

（四）推动新型城镇大建设。要补齐县城发展短板，在党的群众路线教育实践活动中，群众给我们提出一条意见“景区熙熙攘攘，县城冷冷清清”。我们今年要实施大县城战略，积极筹措资金完善县城旅游集散中心的功能。一是实施“县城建设整治年”活动。全面加强县城综合治理力度，大力整治县城“两违”建筑，提升县城公共服务设施的标准，彻底解决县城“脏乱差”和扬尘等突出问题；大力推进交通路网建设，打通外环路，开通县城到各景区的巴士，将县城与各大景区串联起来，把更多的游客引入县城。二要加快特色县城建设。要围绕打造全国土司文化城的目标，以“一城一园一街一店”建设为抓手，打造特色县城。“一城”建设一个养利土司古城，与依垌文化之乡结合起来。这是市委、市政府给我们的任务，也是我们完善县城旅游集散功能的主抓手。“一园”就是加快武阳山公园建设，确保10月份前实现开园，武阳山公园的瓶颈就是东区的饮水工程的建设问题，一定要赶快建设，把难点破解，重点推进。“一街”就是建设特色美食购物一条街，在创特中我们建设了旅游商品一条街，在创特中我们大新县城是最没有特色的，扣分最多的，一年多过去了我们依然还是没有特色，所以今年我们必须要把特色街做出来。“一店”就是要加快四星、五星级酒店建设，提升县城旅游接待能力。三是要加快特色小镇建设。要借助与港中旅合作投资25亿元的德天景区提升工程、德天小镇，争取年内将硕龙镇列入全国特色小镇建设范围。此外，要把堪圩、下雷、雷平、恩城等特色乡镇建设不断推进，做力所能及的事，一年推一个小城镇建设，把书记工程、“百镇示范”建设融入其中。

（五）推动乡村振兴大战略。乡村振兴是县域经济高质量发展的基础，中央、自治区、崇左市都把乡村振兴战略作为农村现代化的主攻方向和主要抓手，中央提出了乡村振兴战略“产业兴旺、生态宜居、乡风文明、治理有效、生活富裕”20字的总要求，根据这个总要求，自治区和崇左市提出了大力实施乡村振兴战略“质量兴农、环境优化、文化兴盛、治理提升、惠民富民、体制创新”“六大工程”，这是我们今年乃至今后抓“三农”工作的主要载体。质量兴农方面，着重抓好粮食、甘蔗、特色种养等方面的产业质量，今年的特色种养要支持“一乡一品”的发展，重点支持宝圩乡陇那养牛基地、下雷镇新育村桑蚕种养基地、榄圩乡武姜村酸梅种植基地、堪圩乡“送一返二”香猪养殖乃至各乡（镇）的特色产业出成效，以“一品一策”政策推进特色产业发展，实现优质特色种养业所有乡（镇）全覆盖，助推“脱贫攻坚决胜年”。同时，力争德天水果产业（核心）示范区成功创建自治区五星级示范区，明仕田园休闲农业（核心）示范区建成自治区级四星级示范区，成功创建多个市级、县级、乡级示范区和示范点。环境优化方面，深入实施“美丽大新”乡村建设，巩固提升清洁乡村、生态乡村活动成果，按照制定的实施方案“每年完成15个示范村、15个整治村、20个‘四个好’宜居村庄达标村和2个星级村”的建设任务深入推进，形成“一村一品、一村一景、一村一韵，打造一批宜居宜业宜游”的美丽乡村。要全面推行“河长制”，加强黑水河、归春河、明仕河等重要河段的环境保护和综合治理。文化兴盛方面，以组织开展“文明村镇”“星级文明户”“身边好人”“最美家庭”等系列群众性精神文明创建活动和传承霜降节、观音诞、高腔诗蕾、侬垌文化、土司文化等民俗文化为抓手，培育乡土文化人才，挖掘乡土文化品牌来扩充乡村的底蕴，让大家记得住乡愁。大新的山水旅游发展很快，但文化旅游相对滞后，无法与龙胜、兴安、阳朔相比，但我们的发展潜力不输给他们。2014年8月18—19日，彭清华书记到大新考察调研指导时，给崇左市提出了“发现山水崇左，圆梦别样桂林”和“桂林的旅游名气很大，崇左的旅游最具发展潜力”的定位，还提出“大新作为边关风情旅游带核心景区、核心景点要与文化旅游相融合来发展”的要求，我们要按照彭书记的工作指示精神抓好落实、抓出成效。治理提升方面，加大农村基层党组织建设力度，整顿软弱涣散党组织，建立完善村规民约等乡村自治、法治、德治相结合的乡村治理体系，进一步完善网格化管理，升级改造“天网”工程，让乡村社会和谐有序、充满活力。惠民富民方面，充分利用自治区实施乡村振兴三年行动计划，抓好农村公路、水利、电气网等基础设施建设，抓好农村基础教育、基层医疗卫生以及文化体育、养老服务、福利设施等公共服务能力建设。体制创新方面，继续深化农村土地制度改革，落实好第二轮土地承包到期再延长30年的政策，加快农村土地承包经营权确权登记颁证工作，确保年内全面完成颁证任务。积极培育一批有技术、懂市场、会经营的新型职业农民和新型农业经营主体，努力培养和造就一支懂农业、爱农村、爱农民的新时代“三农”工作队伍。

（六）推动脱贫攻坚大决战。从这次国务院第三方评估来看，“两不愁、三保障”和“两率一度”是整个脱贫攻坚工作的核心。今年，我们要紧紧围绕“两不愁、三保障”“两率一度”和自治区提出来的“八有一超”“十一有一低于”“九有一低于”目标来推进全县脱贫攻坚工作。全力开展“脱贫攻坚决胜年”行动，按照自治区给予我县3.1万人口的脱贫任务总目标来全力以赴、不留死角来推进、完成我县脱贫攻坚工作，实现脱贫摘帽。一要加强顶层设计。按照“一乡一品”的要求，紧紧抓住粤桂扶贫协作这个重大机遇，围绕“种、养、贸、游、工”五大扶贫产业，灵活采取委托经营、入股经营的“公司+贫困村+农户”等模式，力争每个乡（镇）都有自己的特色优势产业。要摒弃“一刀切”的产业扶持机械做法，因村因业出台有针对性的产业扶持政策，支持已有发展基础的百香果种植、种桑养蚕、农业示范区、猪牛养殖、酸梅种植、台湾高品质特色水果的发展等扶贫产业，我们的种植必须要做到“人有我新、人新我特”,不然没有市场份额。我们都知道农业是最脆弱的产业,除了有加工带动龙头企业的甘蔗外,其他都是受市场、天气的影响,市场不好,生产再多,没有产品的加工的产业就是伤农。因此,我们要出台具体的扶贫产业政策外,还要利用电商扶贫力度加大推动市场的流通。去年我县的扶贫产业推进力度不够好,今年我们要做好扶贫产业资金使用的设计,科学简化各项申报、审计、验收等程序,在确保资金安全使用的前提下,尽可能简化手续、更易于操作,确保扶贫产业资金能够快捷高效使用。二是加快易地扶贫搬迁后续工作。要加快完成星光和乐城易地扶贫搬迁项目污水管网、绿化美化、小区物业管理、社区服务等后续工作的建设和管理,要重点抓好后续产业的发展,使搬迁户“住得下、留得住、能脱贫”。同时要特别做好今年3月份迎国检工作。三是要大力发展村集体经济。要结合开展党政领导干部和国有企业领导人员承包经营农村土地问题专项清理工作,全面开展国有资产和村屯集体资产的清理核实,有效盘活闲置和低效使用的山塘、林地、水库、旧校舍、生产加工场地等各类集体存量财产,采取自主经营、入股平台公司、租赁等方式,实现资源利用最大化,发展壮大村集体经济。四是要加大基础设施建设。扶贫这方面,今年我们要“三个实现”,即:易地扶贫搬迁对象要全部入住;48个贫困村通屯道路、屯内道路要全部实现硬化及全县贫困户的危房改造要全部完成。只有完成这“三个实现”,才能确保今年我县能够实现脱贫摘帽。五是要实施群众满意度提升工程。全面开展贫困户与非贫困户的数据大清洗,确保扶贫数据、对象、档案的精准。加大对非贫困村基础设施建设和产业发展的投入力度,切实解决非贫困村、非贫困户的困难,增加获得感,提升满意度。

(七)推动社会事业大进步。突出问题导向,尽力而为、量力而行,努力在幼有所育、学有所教、劳有所得、病有所医、老有所养、住有所居、弱有所扶上不断取得新进展。一是要坚持教育优先发展。深入实施教育“双百”工程、基础教育“质量提升工程”,争取有更多项目列入广西教育提升三年行动计划,加快万承学校、城北小学等一批教育项目的推进、建成。二是要抓好就业创业。积极利用桃城工业园区、硕龙口岸加工区、呗侬创业园二期等园区加快建设的有利契机,配套出台优惠政策,加大中小微企业的培育扶持力度,争取更多企业落户园区,吸引更多返乡农民工和新增劳动力就业创业。三是要加快文化体育事业发展。深入挖掘铜鼓文化,加大非物质文化遗产的普查和申报,大力实施“文化惠民”“文艺精品”工程,加快“三馆合一”文化中心建设,积极筹备举办一批有影响力的体育赛事和在乡镇、村屯之间开展文艺下乡、文体下乡,文艺文体活动下到村、下到屯,使社会主义核心价值观在乡村得到全面丰富,全方位的提升群众素质。四是要深入推进健康大新建设。无论是在医疗的、医养康养方面的,还是在扶贫的“看病难、看病贵”等问题,今年重点破解乡镇卫生院建成不使用的问题,一定要把这个问题处理好,我们有钱建了主体工程,但里面没有设备、外面基础设施没有做好的,今年都要建起来。五是要加强社会保障体系建设。完善社会救助体系和社会养老服务体系建设,全面执行最新城乡居民最低生活保障标准,加快村级公共服务中心、民政福利园、保障性住房等一批基础设施建设,建成覆盖全民、城乡统筹、权责清晰、保障适度、可持续的多层次社会保障体系。

(八)推动全面深化改革实现新突破。今年是改革开放40周年,要以更大的勇气、更实的举措推进重点领域和关键环节改革取得新进展。要大力推进农村综合改革,重点推进农村土地确权登记颁证、土地流转、“三权分置”、培育新型农业经营主体等改革,推动农业农村现代化发展。要大力推进人民陪审员、法官检察官员额制等司法体制改革,深化户籍制度、就业、教育、文化、卫生、社会保障、社会治理等体制机制改革,巩固和谐稳定的社会环境。要深化人才发展、党建、国家监察体制等体制机制改革,营造风清气正的政治环境。要创新社会治理,扎实推进政法综治信息平台建设,完善“一网格一管理员”“一村一警务助理”“一村一法律顾问”工作机制,提高化解社会矛盾纠纷效果,依法打击和惩治各类违法犯罪活动,摘掉“毒品走私入境通道”的帽子,确保全县群众安全感继续保持全区全市前列。要全方位的把载体建起来,把我们的力量发挥起来。

三、强化作风保障,确保工作落地见成效

完成2018年经济社会发展各项目标任务,

必须加强和改善党对经济工作的领导，坚决贯彻落实习近平总书记关于进一步纠正“四风”、加强作风建设重要批示精神，以更强的本领、更优的作风、更好的精神状态抓好落实，确保各项工作部署终端见效。

一是要实行工作清单责任制。在多年的发展当中，我们积累了一些工作经验，我们把各项工作列成责任清单，按照责任清单去负责、去推进，这个方式方法很好，在今后的工作中我们将继续发扬。要成立项目推进领导小组和重大项目攻坚工作小组，完善四家班子服务企业和联系企业项目制度，建立工作清单、项目清单、责任清单，明确责任主体、工作标准、完成时限，做到“一个项目、一个领导、一张清单”，以清单为抓手，一项项任务去落实，一个个项目去突破，一个个时间节点去抓。要建立工作组长抓落实机制，各组组长要有“往前站”的担当、“向我看”的自信、“带着干”的作风，既要当指挥员，更要当战斗员，亲力亲为抓好谋划、部署、落实的整个环节，以各级领导干部率先垂范的作风引导和率领全县各级干部队伍凝心聚力、精准发力做好各项工作。

二是要提高各级干部干事创业的能力水平。大新不缺政策，缺的是对政策的研究不够，缺的是把政策变成项目、变成产业、变成实实在在的发展优势。要解放思想，学用政策促发展，各级领导干部要率先垂范，勇于探索、勇于变革、勇于实践，要研究政策、研究我们的新情况、研究我们的项目，拿出新办法，用足、用活、用够上级给予我们的政策，真正把政策变成我们工作推进的举措。要提高各级干部的专业化水平，开设“学用政策大讲堂”，不定期请上级专家学者到县给我们讲国际国内及国家出台的政策，结合大新发展实际，制定符合大新发展的新政策。请全县各部委办局主要领导给全县干部上课，讲政策、讲信息、讲项目、讲操作。同时，坚持走出去，现场考察 + 培训来提高全县干部专业化能力水平，用这些专业化的能力和水平破解新常态下我县的新项目、新业态发展存在的瓶颈。一直以来，我们大新抓锰糖、旅游、生态环境很厉害，但是抓招商引资、环境的营造、口岸经济是我们的弱项，所以我们要培训一批专业化水平高的干部来破解我们发展的后劲。此外，我们要建立健全干部上挂学习、下挂实践、横跨部门流动的干部交流机制，通过多种形式切实提高我们干部队伍专业化水平。

三是要关爱干部，让干部轻松上阵。从严治党，既要管好干部，也要关爱干部。特别是基层一线干部任务繁重、工作辛苦，要多为他们减压减负、加油鼓劲。要健全谈心谈话制度，及时了解干部的思想动态，最大限度解决干部工作、生活的实际困难；要强化干部关爱机制，通过开展提升待遇、县乡交流、乡际交流等途径解决长期在乡镇工作、夫妻双方都在艰苦地方工作等问题；要丰富干部文化生活，适时举办各类体育、才艺、文化活动，增强干部组织凝聚力；要关爱干部生活和家庭，经常性开展干部慰问和家属慰问，组织干部开展身体健康检查，及时帮助解决干部因病因灾等导致家庭困难的问题。要建立健全干部容错机制，强化正向激励机制，宽容为干事创业、抓落实而犯错的干部，旗帜鲜明为那些大胆创新探索、敢于担当、踏实做事、不谋私利的干部撑腰鼓劲。我们的事业要靠我们干部去抓，干部的状态决定了工作的质量和工作的干劲，人是所有事业的核心，所以，我们要关爱我们的干部，今年将出台一系列的干部关爱机制政策。

四是要严肃问责，强化落实。今年，要进一步加大督查督办力度，对县委、县政府确定的重点工作、重大事项，县绩效办、县委、县政府督查室要开展定期督查、专项督查、不定期督查，实现“一月一督查一汇报”，以“红黑榜”形式通报，切实压实各级领导干部责任。特别是脱贫攻坚工作，今年是国家开展“脱贫攻坚作风建设年”，我们要以此为契机，重点针对扶贫领域存在的“四个意识”不强、责任落实不到位、工作措施不精准、资金管理使用不规范、工作作风不扎实、考核监督从严要求不够等问题开展专项治理，以“零容忍”的态度坚决查处发生在扶贫领域的腐败问题，要以强有力的作风来保障我县早日实现脱贫摘帽，能今年脱贫的就不要拖到明年，能不能脱贫关键靠人去做。所以今年我们会加大力度、层层压紧压实各级各部门扶贫领域的作风建设。请大家要有健康的心态、良好的身体来应对今年更为繁重的工作。

同志们，目前正值岁末年初，各级各部门要统筹兼顾，及早谋划各项工作，抓好当前工农业生产，力争实现开门红。安排好困难党员、困难群众的节日慰问，提升困难群众的获得感、幸福感。要利用春节大量农民工返乡的有利契机，开展大慰问、大走访活动。一是跟返乡农民工进行座谈，了解我们出台的政策他们是否能返乡自主创业或来做我们贫困群众的致富带头人等；二是给予属于贫困户的返乡农民工来回车费的报销，与其谈心，告知其应该得到什么政策扶持、对我们的扶贫工作满不满意等；三是开展一册的登记工作。各级领导和帮扶责任人要深入贫困村、贫困户走访，在扶贫政策宣传、动员返乡创业、动员入住星光和乐城等方面精准发力；要集中力量抓好交通、旅游、消防、在建工程、食品药品等重点行业领域的安全生产，切实保护好人民群众生命财产安全；做好信访维稳工作，保证广大干部群众过一个安全年、幸福年。要坚决防止"四风"反弹回潮，把反"四风"贯穿到廉洁过节全过程，从细抓起、防微杜渐，严肃查处"节日腐败"行为。

同志们，做好2018年各项工作，意义重大、责任重大。只要大家齐心努力、团结拼搏，精准施策、精准发力，我们大新2018年各项工作一定会再创佳绩。谢谢大家！

政府工作报告

——2018年2月24日在大新县第十七届人民代表大会第三次会议上

县长　张卫东

各位代表：

现在，我代表大新县第十七届人民政府，向大会报告政府工作，请予审议，并请政协委员和其他列席同志提出意见。

一、2017年工作回顾

2017年，面对经济下行的严峻挑战，在市委、市政府和县委的坚强领导下，在县人大、县政协的监督支持下，全县上下以贯彻落实党的十八届三中、四中、五中、六中全会和十九大精神为动力，牢固树立新理念，努力实现新作为，扎实做好"两篇大文章"、打好"四大攻坚战"，团结一心，真抓实干，全县经济社会发展呈现出总体向好、民生改善、和谐稳定的良好局面。

一年来，我们主要做了以下工作：

（一）迎难而上稳中求进，经济大局总体向好。地区生产总值实现128.73亿元，同比增长8.1%；财政收入4.28亿元；规模以上工业增加值53.18亿元，同比增长7.8%；固定资产投资131.22亿元，同比增长11.1%；社会消费品零售总额15.29亿元，同比增长11.34%；全体居民人均可支配收入16463元，同比增长10.9%，较好完成了全年经济社会发展各项目标任务。我县获得"广西科学发展先进县"荣誉称号。

（二）积极融入开放大局，口岸边贸实现突破。硕龙口岸升格为双边性常年开放公路客货运输口岸。硕龙口岸主通道实现开工建设，硕龙边检站监护中队新营区投入使用。岩应扶贫旅游产品加工区项目开展"三通一平"，亿春食品生姜深加工、呗侬食品坚果加工项目竣工投产，口岸落地加工业实现零的突破。积极发展边境小额贸易，参与边民达13.87万人次。全年外贸进出口总额累计完成38.57亿元，同比增长26.6%；互市贸易商品交易量达3.5万吨，总值10.94亿元。

（三）挖掘特色提升品位，全域旅游提质增效。中越德天—板约瀑布跨境旅游合作区完成物理围网、跨国购物街等建设方案；德天跨国瀑布景区有望获批国家AAAAA级景区，龙宫仙境、安平仙河成功创国家AAAA级景区，全县AAAA级以上旅游景区达5家，排在全区111个县（市、区）第一位；黑水河国家湿地公园获评"广西生态旅游示范区"。维也纳国际酒店投入运营，展鹏酒店、明仕秘境酒店、明仕长留山居主题运动酒店加快建设。成功举办第九届广西体育节"中旅杯"汽车摩托车场地越野赛、宝圩侬垌文化节、硕龙建街节、下雷霜降节等文体节庆活动，借助《中国影像方志》《走遍中国》《星光大道》等央视品牌栏目加大我县特色文化宣传。荣获"中国侬垌文化之乡""中国土司文化之乡""广西特色旅游名县"等称号。全年累计接待游客650.7万人次，实现旅游总消费50.54亿元，同比分别增长11.37%、14.84%。

（四）持续深入调优结构，产业转型稳步推进。

扎实推动产业转型升级，三次产业结构调整为19∶48∶33。加大实体经济扶持力度，新锰集团年产20万吨中低碳锰项目220千伏变电站顺利竣工，中信大锰加入百色局域电网供电工程开工建设，制糖企业重组有序推进，规模以上工业企业由上年的21家增至24家。《大新县工业集中区总体规划（2017—2030年）》（修编）通过专家评审；呗侬创业园（一期）完成10栋4.08万平方米标准厂房建设，荣获“自治区级农民工创业园”称号；总建筑面积9.2万平方米的桃城工业园标准厂房实现开工。现代农业稳步发展，完成粮食种植26900公顷，总产量11.87万吨；甘蔗种植32133.33公顷，建成“双高”基地3380公顷。成功创建明仕田园市级现代农业示范区，龙门龙峡、全茗新兴等4个县、乡级现代农业示范区（园）通过认定。完成32553.33公顷农村土地承包经营权确权登记颁证地块测量工作，可发证率达95.9%。

（五）坚持重大项目引领，基础设施日趋完善。落实项目前期经费1亿元，实现新开工项目24个，总投资25.4亿元；与港中旅、东方园林等知名企业达成协议投资35亿元。实现隆安至硕龙高速公路（大新段）、大新德天至宁明花山一级公路（大新段）开工建设，大新桃城至龙州科甲二级公路（大新段）加快推进。新建通屯道路136.3公里，总里程37.2公里的贫困地区窄路基优先通达项目建成使用，建制村道路硬化率达100%。

（六）多措并举精准施策，扶贫工作再上台阶。出台《大新县帮扶工作责任追究办法》《大新县脱真贫、真脱贫7条措施》，加强对6075名帮扶联系人及494名脱贫攻坚专职工作队员的管理。投入2.08亿元发展产业项目672个，完成贫困地区道路、人饮、农村电网升级改造等基础设施项目143个，724户建档立卡贫困户领到星光和乐城“扶贫房”钥匙，656户享受到危旧房改造补助。全面落实扶贫惠农政策，对建档立卡贫困户家庭学生实施15年免费教育，累计发放教育扶贫资助金4246.25万元，受益学生7.8万人次；投入1300万元对贫困患者住院费用进行兜底保障，贫困人口医疗保障达100%。加强粤桂扶贫协作，获得江门市第一批帮扶资金2000万元，实施大新—江海边旅、明仕生态停车场等5个项目，预计5716贫困人口直接受益。全县15个贫困村、3307户1.39万人达到“两不愁、三保障”标准，并通过区级核验。

（七）统筹推进城乡一体，城乡面貌显著改善。加强中心城区建设，20个城镇重点项目实现开工，东盟商贸建材城（一期）、展鹏财富广场、新锰大道（二期）、环城东路等先后竣工，明仕北路、伦那路延长线等城区“断头路”相继打通。实施小城镇“书记工程”、特色乡镇示范工程，推进“美丽大新·宜居乡村”建设，硕龙镇硕龙社区、恩城乡苏屯等10个村屯列入自治区乡土特色示范村建设范围，累计投入7.8亿元培育发展54个美丽乡村市、县级示范点。生态环境持续向好，森林覆盖率达66.17%，全面推行河长制，建成23个城乡污水垃圾处理工程。

（八）主动作为改革创新，发展活力不断增强。全年梳理权力事项6843项，清理2975项，清权率达43.48%。推进“多证合一，一照一码”登记制度，累计核发营业执照2836本。完成工商登记前置审批和后置审批制度改革，大幅缩短企业准入时间。圆满完成国家陪审员制度、自治区县级公立医院等综合改革试点工作，自治区国有林场改革进一步完善，商事制度、行政制度等各项改革稳步推进。成立旅游巡回法庭、旅游警察大队、工商旅游分局，全面提升服务旅游经济发展能力。

（九）加大投入改善民生，社会事业全面发展。全年民生支出20.57亿元，同比增长6.54%。优先发展教育事业，万承学校实现开工，养利学校（二期）、桃城第二中心幼儿园等44个教育项目加快建设，义务教育均衡工作通过“国检”。深化卫生计生改革，“自治区卫生县城”创建通过复审。稳步实施“全民参保登记计划”，参保率达99.8%。城镇新增就业2571人，城镇登记失业率2.49%；农村劳动力转移就业8.8万人，劳务经济收入21.7亿元。发放城镇、农村低保资金6357.77万元，新开工保障性安居工程住房296套。创新社会管理，群众矛盾纠纷调处成功率达94.4%。扎实推进禁毒整治，严厉打击走私行为，国家禁毒委将我县从“毒品走私入境通道”通报警示地区降级为重点关注地区。全力抓好治安防控、安全生产、食品药品安全、地质灾害防治等工作，荣获“全国地质灾害防治高标准十有县”称号，社会公众安全感综合指数排在全区111个县（市、区）第七位。

（十）着力加强自身建设，执政能力稳步提升。

政府班子成员带头认真学习宣传贯彻落实党的十九大精神，扎实推进“两学一做”学习教育常态化制度化。在全市范围内率先实现标准化电子政务外网全覆盖，行政效能进一步提升。依法接受人大及其常委会监督，自觉接受政协的民主监督，认真办结人大代表建议127件，政协委员提案59件，办结率达100%，认真落实全面从严治党要求，法治政府建设不断加快，持续深入推进廉政建设和反腐败工作，政府公信力和执行力不断提高。

一年来，编制、审计、法制、统计、水产畜牧、物价、供销、机关事务管理、国有资产管理、应急管理、防震减灾、气象、水文、人防、边防、民兵、人民武装、双拥共建、民族宗教、对台、外侨、地方志、老龄、档案、保密等各项工作取得了新进展。金融、保险、石油、烟草、通信、邮政等行业，工会、共青团、妇联、科协、文联、残联、工商联、社科联等群团组织作出了新贡献。

各位代表，过去一年所取得的成绩来之不易。这是上级党委、政府和县委正确领导的结果，是县人大、县政协监督支持的结果，是全县上下奋力拼搏和社会各界鼎力支持的结果。在此，我谨代表县人民政府，向各位代表、各位委员，向奋斗在各条战线上的广大干部群众，向驻县部队、武警官兵，向所有关心支持大新发展的各界人士，致以崇高的敬意和衷心的感谢！

在肯定成绩的同时，我们也清醒看到，我县发展中仍存在不少困难和问题：一是重大项目数量少，投资低；二是支撑财政收入的重点产业、重点税源薄弱，财政收支矛盾较大；三是城乡一体化不够平衡；四是全域旅游有待拓展；五是部分困难群众自身发展能力有待提升；六是部分干部抓落实能力有待提高。对此，我们要直面问题，敢于担当，认真研究解决。

二、2018年工作安排

各位代表，今年是贯彻落实党的十九大精神的开局之年，是决胜全面建成小康社会、实施“十三五”规划承上启下的关键一年。做好今年工作责任重大，使命光荣。

今年政府工作总体要求是全面贯彻落实党的十九大精神和中央、自治区、崇左市及全县经济工作会议精神，以习近平新时代中国特色社会主义思想为指导，坚持稳中求进工作总基调，按照高质量发展要求，统筹推进“五位一体”总体布局和协调推进“四个全面”战略布局，坚定不移做好“两篇大文章”、打好“四大攻坚战”，继续深入实施“强工兴旅固边”发展战略，以开展“口岸基础设施建设攻坚年、优化营商环境年、脱贫攻坚决胜年、县城建设整治年、脱贫攻坚作风建设年”活动为抓手，扎实推进稳增长、促改革、调结构、惠民生、防风险各项工作，大力推进改革开放，促进经济社会持续健康发展，奋力谱写新时代大新发展新篇章。

今年经济社会发展主要预期目标是全县地区生产总值增长8%；财政收入增长4%；规模以上工业增加值增长8%；固定资产投资增长13%；外贸进出口总额增长10%；社会消费品零售总额增长10%；全体居民人均可支配收入增长8%。

为实现上述目标，2018年，重点抓好以下九个方面工作：

（一）以实施“口岸基础设施建设攻坚年”为抓手，做好口岸经济文章

要完善口岸基础平台。力争硕龙口岸旅检大楼竣工并通过国家验收，岩应互市区、岩应扶贫旅游产品加工区、硕龙检验检疫业务用房建成投入使用，岩应货物通道实现开工建设，提升呗侬创业园产业平台发展水平，夯实口岸经济发展基础。

要做大口岸经济总量。制定并落实优惠扶持政策，培育新的税源，争取更多外贸加工企业落地生产，推动通道经济向口岸经济转变，提升口岸经济发展质量。吸引更多企业、能人参与边境贸易，带动边民抱团发展，做大边贸经济规模。力争全年完成外贸进出口总额43亿元，边民互市贸易总额12亿元。

要优化口岸发展环境。深度融入“一带一路”、南下通道、凭祥重点开发开放试验区建设的大格局，争取更多先行先试政策。理顺并研究完善硕龙口岸管委会体制和机制。强化与越南沟通对接，构建富有特色的沿边经济带。加强向上级汇报，逐步增加贸易产品清单，推动入境水果、粮食指定口岸建设。加强跨境电商和跨境劳务发展，增添对外合作新活力。

（二）围绕“全域一体、融合发展”，做好文化旅游文章

要舞龙头、建中心、连成带。以全域旅游发展为目标,力争纳入全国全域旅游示范县创建名单。舞起德天跨国瀑布景区的龙头,巩固提升德天跨国瀑布景区创AAAAA成果,力争中越德天—板约瀑布跨境旅游合作区实现跨境游,加快推动德天跨国瀑布景区提升工程、德天小镇等一批项目落地建设,全力提升龙头景区规模和品位。强化县城作为全域旅游游客集散中心功能定位,围绕旅游六要素,加快县城游客集散服务中心、星级酒店、旅游特色商业街区、餐饮美食、休闲娱乐、健身养生等旅游服务设施建设,完善中心城区商贸流通、旅游集散、现代服务等城市功能,推动武阳山公园、观音山等景点开发,着力打造"文旅新城、生态家园",强化县城的旅游中枢作用。整合旅游资源,串点成线,着力打造边关风情旅游带、乡村旅游示范带、森林康养旅游带、健康养老宜居带。推动现有A级景区、乡村旅游区提档升级,加快一批民居民宿、汽车自驾营地、旅游驿站、旅游绿道、旅游标识标牌等建设,积极发展边关探秘、山水观光、乡村旅游、康体养生、民俗文化体验等旅游业态。

要促进文旅融合。保护挖掘开发土司文化,加快推进特色旅游文化商品街、民族民俗表演村、文化创意园等旅游项目建设,提升桃城元宵节、宝圩侬垌文化节、硕龙建街节、下雷霜降节等民俗活动内涵,突出木棉组合、音乐铜鼓、高腔诗蕾等本土特色文化,加大文旅营销推介和特色旅游商品开发,培育打造"侬垌文化、土司文化、长寿文化"旅游品牌,统筹推进体育健康、宜居养老等服务业发展。

要加快互联互通。全力推进隆安至硕龙高速公路(大新段)及硕龙镇延长段、大新德天至宁明花山一级公路(大新段)、大新桃城至龙州科甲(大新段)等项目建设,加快推进防城港经崇左至百色铁路(大新段)、德天通用机场、全茗至雷平一级公路、大新至硕龙二级公路、硕龙至德天"三改二"公路等项目前期工作。开通县城至各景区的旅游巴士线路,将县城与各景区串联起来,把更多的游客引入县城,畅通全县旅游交通网络。

(三)以实施"优化营商环境年"为抓手,提升实体经济发展水平

要优化营商环境。狠抓营商环境综合整治,营造企业建设经营便捷高效的发展环境。严格执行县领导联系服务企业制度,开展客商(企业)评议局长、股长活动,推动服务企业、项目常态化。积极破解企业和项目要素制约,以营商环境大改善推动实体经济发展。

要加快转型升级。推动"锰、糖"传统优势产业"二次创业",实现新锰集团年产6万吨电解金属锰技改项目新增生产线1条、年产20万吨中低碳锰铁合金项目(一期)竣工投产,中信大锰加入百色局域电网供电工程竣工投入使用。继续引导雷平永鑫、世纪飞龙等制糖企业并购重组,增强制糖企业发展实力。加大规模以上企业培育力度,力争新增规模以上企业5家以上。加快发展新能源、新材料、电子信息、电子商务等新兴产业。

要提升发展平台。理顺县工业集中区管理体制机制,举全县之力推动园区建设,加大标准厂房、污水处理、路网、给排水、供电、通讯等基础设施建设力度,启动县城区工业企业搬迁工作,坚持将项目、资金向园区集中,完成新入驻园区企业8家以上,力争年内列为自治区A类园区。

要加大项目建设。开展"学用政策落实项目"活动,建立项目库,落实项目前期经费,实施重大项目跟踪挂牌督办制度,全力做好项目用地、规划、环评、拆迁、融资等工作,促进重点项目落地开工,投产达产。认真研究产业发展、乡村振兴、基础设施、环境整治等政策和投资方向,谋划储备一批对经济社会发展有支撑引领作用的重大项目,增强项目建设后劲。着力提高招商引资的针对性和精准度,实行县四家班子领导挂点和"一把手"负总责、分管领导直接负责的管理责任制,构建部门引领、企业参与、党员干部带头、社会支持的招商工作"一盘棋"格局。优化完善招商引资优惠政策,重点引进精品旅游、锰糖精深加工、新型建材、五金机电、农产品加工等税源型产业项目,培育打造一批财税贡献率高的龙头企业。

要增强财政金融支持。以提升服务实体经济能力为目标,强化税收征管,深挖税收增收潜力,盘活财政存量资金,切实提高财政资金使用效益。推动政银企常态化合作,引导金融机构扩大对重点产业、重点项目信贷投放规模,加大政府融资平台建设,破解实体经济融资难问题。加强与国开行、农发行、工行、农行、建行、农商行、邮储银行等金融机构密切合作,加快融资担保体系建设。用

好用活 PPP、债券等融资模式，多渠道解决基础设施建设、教育、棚户区改造等民生事业资金投入难问题。

（四）以实施“脱贫攻坚决胜年”为抓手，坚决打赢脱贫攻坚战

要强化脱贫保障措施。严格实行“一帮一联”工作机制，选优配强扶贫专业工作队，坚持精准帮扶网格化管理。认真抓好扶贫信息动态管理和扶贫档案规范管理，继续围绕“两不愁、三保障”标准，及时将扶贫惠民政策落到实处，努力提高扶贫资金使用效益，不断提高扶贫工作群众满意度。深化粤桂扶贫协作，坚持动员凝聚社会各方力量，形成广泛参与扶贫工作格局。确保年内实现 9 个贫困村脱贫出列、31110 贫困人口脱贫摘帽，坚决完成脱贫攻坚目标任务。

要攻克扶贫重点难点。以实施“水、电、路、房、讯”五项行动为抓手，加大贫困村基础设施投入力度，重点推进农村人饮安全巩固工程、通屯硬化道路、危旧房改造、农村电网及通讯等建设，完成 4791 人的易地扶贫搬迁任务，切实改善贫困地区生产生活条件。

要加快发展扶贫产业。围绕“种养贸游工”五大扶贫产业，力争每个乡镇发展 2—3 个主导产业，每个村发展 1 个特色产业，每个建档立卡贫困户有 1 个增收项目，实现贫困群众有稳定性收入。充分利用村集体经济发展基金，拓宽扶贫新路子，提升贫困村“造血”能力，确保村集体经济年收入达 3 万元以上。

（五）以实施“县城建设整治年”为抓手，加速推动城乡一体化建设

要强化城区管理。出台县城综合管理办法，运用网格化市场化管理城区。科学谋划划行规市，开展县城区严管街、示范街创建工作。加大综合整治力度，深化城区街道占道经营、工地乱象、车辆非法营运等治理。完善“两违”整治方案，以点带面，群策群力，狠下决心，加快推进“两违”整治，严控增量，破解存量治理难题。

要打造魅力县城。完善城区特色风貌规划编制，加快推进武阳山公园、环城路、利江·龙门河改造、中越文体交流中心、特色美食购物一条街、全茗—桃城抗旱应急水源供水工程等项目建设，全面拓展城西、城南、城北开发建设。切实抓好道路绿化提升、景观河绿化带、环城绿廊等建设，实施亮化改造提升工程，着力建设“空气清新、环境清洁、水质清澈、居住清静、满目青翠”的魅力县城。

要发展特色小镇。实施中心镇、重点镇、特色镇示范工程，建设一批工贸产业带动型、边关风情带动型、文化旅游带动型、养生康体带动型、生态农业带动型等特色小镇。加快建设硕龙特色小镇，争取列入全国特色小镇建设范围，启动桃城古镇的规划和建设。

（六）实施乡村振兴战略，激发农业农村农民新活力

要大力发展农业产业。认真学习贯彻落实中央一号文件精神，制定乡村振兴战略实施规划，构建符合大新实际的现代化农业产业体系。调整优化种植结构，稳定粮食播种面积 26666.67 公顷以上，粮食总产量 11 万吨以上。巩固 32000 公顷甘蔗种植面积，年内完成“双高”基地 5866.67 公顷建设任务。扩大酸梅、南瓜、苦丁茶、铁皮石斛、龙眼等经济作物种植规模，积极发展特色种养业、农产品加工业，培育和引进一批农产品加工龙头企业，大力发展肉牛、生猪养殖小区，壮大林下经济，促进农村一、二、三产业融合发展。培育新型农业经营主体，提升陇那养殖专业合作社专业水平，力争新增农民合作社 25 家以上、家庭农场 10 家以上。

要推动示范区增点扩面提档升级。加快现代特色农（林）业（核心）示范区建设，力争德天水果产业（核心）示范区成功创建自治区五星级示范区，明仕田园现代农业示范区建成自治区级（核心）示范区，年内完成两个县级示范区、13 个乡级示范园、43 个村级示范点建设任务。

要提升农村人居环境。认真贯彻落实自治区实施乡村振兴三年行动计划，结合“美丽大新·宜居乡村”活动，全面推进山水林田湖生态保护与修复工程，加快百村示范工程和百村整治工程的建设，巩固落实河长制，广泛开展植树造林、封山育林，抓好城镇、县域主干道沿线、景区周边“增绿、增彩”工作。继续加大农村环境卫生整治，全力推进农村污垃综合治理，加快发展乡村旅游、休闲观光农业、森林旅游等新型产业，打造美丽、宜居、宜游、宜业的新农村。

要加强乡村治理，提倡乡风文明。加强农村

基层基础工作，健全自治、法治、德治相结合的乡村治理体系，发挥村级党支部作用，深入开展扫黑除恶专项斗争，净化农村环境。鼓励和支持各类人才、返乡下乡人员创业创新，培养造就一支懂农业、爱农村、爱农民的“三农”工作队伍。提升依垌文化品位和品质，大力开展群众性文明创建活动，推动移风易俗，依托村规民约，树立文明乡风。

（七）全面深化重点领域改革，不断增强发展新动力

要深化供给侧结构性改革。落实“三去一降一补”工作，推进金融改革。抓好企业降成本工作，着力降低企业融资、用能、物流成本和税费负担。积极推进“直购电”试点改革，推动更多企业纳入“直购电”范围，破解电力瓶颈制约。

要深化行政审批制度改革。深入推进商事制度改革，加大“放管服”力度，进一步精简优化行政审批事项及流程，压缩审批时限。推行企业“先落地后缴费”制度，减少企业经营成本。加大综合行政执法改革力度，推动综合执法向乡镇延伸。

要统筹抓好重点领域改革。稳步推进财政和税收制度改革，完善预算管理制度。深化供销合作社综合改革，盘活国有闲置资产。全面完成国有林场改革，推进集体林权、确权颁证查缺补漏纠错工作。深化农村综合改革，完成农村土地确权登记颁证工作，积极探索农村集体土地和集体林地所有权、承包权、经营权“三权分置”，让农民所有权稳下来、承包权用起来、经营权活起来。

（八）坚持改善民生，推动社会事业全面发展

要实施为民办实事工程。积极筹措资金实施社保惠民、健康惠民、教育惠民、水利惠民、安居惠民、农补惠民、生态惠民、文化惠民、扶贫惠民、科技惠民等十大为民办实事工程。

要办好均衡优质教育。巩固义务教育均衡发展成果，优化县域中小学校布局和师资配备，加快推进万承学校、桃城第二中心幼儿园等项目建设，做好县城新建高中前期工作。全力做好控辍保学，扎实开展贫困学生资助工作，确保学前三年毛入园率、义务教育巩固率、高中阶段毛入学率均达到自治区目标值。

要夯实社会保障体系。积极为劳动者创造就业机会，力争城镇登记失业率控制在4.2%以内。加快覆盖城乡居民的多层次社会保障体系、社会养老服务体系建设，实现县民政福利园投入使用。扎实做好困难群体精准救助、应助尽助。

要发展卫生文体广电事业。依托“中国长寿之乡”，积极做好养生养老产业发展规划编制、养生养老服务项目建设、探索医养结合等各项工作。建设“健康大新”，全面深化医药卫生体制改革，加快推进县妇幼保健院整体搬迁工程、县中医院综合楼、乡（镇）卫生院提升工程等项目建设，积极推进贫困人口“9＋1”大病专项救治及“先诊疗，后付费”医疗服务，提升基本医疗和公共卫生服务水平。深入实施文化惠民行动，组织开展全民健身活动，完善城乡文体广电设施，丰富群众文体生活。

要做好防范化解重大风险工作。着力防范化解债务风险，严格规范政府举债，积极化解存量债务。着力防范化解金融风险，强化金融监管联动，坚决打击非法集资、金融诈骗等严重干扰金融市场秩序行为。着力防范化解安全生产风险，重点加强矿产、交通运输、建筑施工、地质灾害、食品药品安全、网络信息安全等领域和人员密集场所的排查整治，强化公共卫生安全、重大自然灾害、生态环境等领域风险防范工作，坚决遏制重特大事故发生。

（九）加强稳边固边工作，维护边境一线繁荣安全稳定

要强化社会综合治理工作。进一步畅通民意诉求渠道，扎实做好矛盾纠纷排查化解，解决群众合理诉求。加大打击走私违法犯罪力度，深入开展禁毒严打整治专项行动，力争摘掉“毒品走私入境通道”帽子。不断加强和改进社会管理工作，提升社会公众安全感满意度。

要构筑边境安全稳定屏障。完善党政军警民联合管边控边工作体系，加快边防巡逻道路硬化升级改造、边境拦阻设施等边防基础设施建设。强化全民安全意识和国防教育，加大国防动员、国防后备力量建设力度，扎实做好人民武装、双拥共建和退役军人安置就业工作，促进军民融合发展。

要改善边民生产生活条件。全力抓好边境道路、水利、电力、危房改造等兴边富民行动计划项目建设，落实好边民生活补助。深入开展民族团结进步创建活动，巩固边境安定团结局面。

三、全面加强政府自身建设

各位代表！进入新时代，发展重任、人民重托

对政府工作和政府自身建设提出了新的更高的要求。我们要以实施“脱贫攻坚作风建设年”为抓手，团结一致，艰苦奋斗，廉政勤政，依法履职，切实加强自身建设，不断提高执政能力和服务水平，努力打造人民满意的服务型政府。

要改进干部作风，提高执行能力。进一步压实县、乡、村责任，针对扶贫领域存在的“四个意识”不强、责任落实不到位、工作措施不精准、工作作风不扎实、资金管理使用不规范等突出问题开展专项治理，着力解决不担责怕担责、不作为慢作为、“打太极”等问题，努力提高工作执行力。继续推进“两学一做”学习教育常态化制度化，扎实开展“不忘初心、牢记使命”主题教育。坚决执行县委决策部署，倡导立说立行、敢于担当，发扬钉钉子精神，力促政府工作定一件、干一件、成一件。

要做到不忘初心，实践执政为民。深入基层听民意、改进服务惠民生、强化保障解民忧，切实做到为民解难题、办好事、办实事。加强政务服务体系建设，不断优化政府整体工作流程，让“数据多跑路”“群众少跑腿”。

要强化依法行政，提升法治水平。推进法治政府建设，加强普法工作，严格依法行政，健全重大决策论证和问责纠错制度。自觉接受人大法律监督和政协民主监督，主动接受群众和舆论监督，认真办理代表建议和委员提案。

要廉洁从政，提升政府形象。全面落实政府党风廉政建设主体责任和“一岗双责”，坚持把纪律和规矩挺在前面，严格遵守党章党纪和中央八项规定，着力整治扶贫领域腐败、干部作风等问题，严查各类违纪违法行为，让群众切身感受到政风变化，树立风清气正、执政为民的政府形象。

同志们！习近平总书记说，幸福都是奋斗出来的。大新人民的幸福是大新人民奋斗出来的，我们要高举习近平新时代中国特色社会主义思想的伟大旗帜，在市委、市政府和县委的坚强领导下，不忘初心，牢记使命，奋力谱写新时代大新发展的新篇章，以优异的成绩迎接崇左建市15周年、自治区成立60周年、改革开放40周年！

大事记

□编辑　覃文学

1月

2日　市委常委、县委书记赵丽率队深入硕龙、恩城等乡镇，就大阳幽谷、沙屯叠瀑和伏那项目建设开展情况进行实地调研。

同日　广西农业科学院南方优质花果研究示范中心揭牌仪式在大新县德天水果产业(核心)示范区举行。这是崇左市唯一一家自治区级台湾优质水果产业化应用研究及示范中心。

3日　崇左市委书记、市人大常委会主任刘有明率参加全市经济工作会议的考察组人员深入大新县实地考察项目建设、扶贫开发等工作。市长孙大光，市政协主席黄卫革，市人大常委会党组副书记、副主任谭燕玲一同考察。

4日　广西科技厅有关专家到大新县对国家科技富民强县专项行动计划项目——“富民强边高效蔗糖产业技术集成开发与示范”项目进行验收。专家组通过听取汇报、审阅材料和质疑讨论，一致同意通过验收。

6日　文化部党组成员、副部长董伟一行深入大新县宝圩村、硕龙镇，对大新县公共文化建设情况进行调研。

7日　全县经济工作会议召开。会议认真贯彻落实中央、自治区、崇左市经济工作会议精神，总结2016年经济工作，分析研判当前经济形势，安排部署2017年经济工作。

16日晚　由中国文联、中国民协、中国文艺志愿者协会、自治区文联联合主办的“送欢乐下基层——走进广西大新”慰问演出在县德天广场上演。

19日　大新县召开科级领导干部配偶“廉洁家风”教育座谈会。

21—22日　政协大新县第十届委员会第二次会议在县城召开。会议听取和审议政协大新县第十届委员会常务委员会工作报告和提案工作报告。

21—23日　大新县第十七届人民代表大会第二次会议在县城召开。会议听取和审议县人大常委会及“一府两院”的工作报告、《大新县人民代表大会议事规则(草案)》，审查和批准《大新县2016年国民经济和社会发展计划执行情况与2017年国民经济和社会发展计划(草案)的报告》《关于大新县2016年预算执行情况和2017年预算(草案)的报告》等。

23日晚　由中共大新县委、大新县人民政府主办，中共大新县委宣传部、大新县文体新广局、大新县文化馆承办的“不忘初心·逐梦前行”2017年大新县春节联欢晚会在县德天广场隆重举行。

2月

4日　市委常委、县委书记赵丽主持召开蔗糖生产工作会议，就如何做好铲除无名红皮蔗(懒人蔗)和甘蔗砍、运、榨、种工作进行部署。

7日　崇左市市长孙大光到大新县调研德天瀑布景区创AAAAA级景区建设工作。

同日　自治区商务厅党组成员、副厅长马继宪率调研组到大新县调研电子商务进农村工作情况并召开座谈会。

8日　市委常委、县委书记赵丽率县四家班子领导和县直各单位干部职工到恩城乡维新村、堪圩乡芦山村等地，与群众开展植树造林和冬修水利建设工作。当天共栽下400株砂糖橘和杧果树苗、完成3公里水利渠道清除淤泥及杂物工作。

同日上午 11 时 26 分 在大新县龙门乡伏内屯路段发生一起天等大巴车和大货车相撞事故，造成 2 人死亡，7 人受伤。

15 日 中共大新县第十四届纪律检查委员会第二次全体会议召开，市委常委、县委书记赵丽出席全会并讲话。

16 日 大新县 2017 年甘蔗“双高”现场会在雷平镇振兴村那岜屯甘蔗“双高”示范基地召开。

17 日 自治区纪委监察厅副厅长江红兵率调研组到大新县传达学习自治区纪委十一届二中全会精神。

18 日 大新县作家协会创作基地在宝圩乡板价村举行揭牌仪式。

2 月 19 日—3 月 3 日 大新县先后分两批共选送县处级领导干部及各乡镇、县直部门党政正职 160 多人赴云南德宏州委党校等举办“大新县领导干部做好‘两篇大文章’专题研讨班”，培训内容涉及德宏州情与瑞丽开发开放试验区建设、德宏少数民族文化的传承与发展、口岸与贸易经济等。

24 日 大新县召开 2017 年政法工作会议。

27 日 市委常委、县委书记赵丽先后到岩应边民互市点、硕龙口岸和中越德天—板约国际旅游合作区等地调研边境口岸建设工作。

3 月

8 日 百色市政协主席梁建强率考察团到大新县就旅游扶贫及有关工作进行考察交流。

同日 崇左市召开 2017 年“双高”基地现场推进会，会议以走会形式参观雷平镇振兴社区那岜屯 254.46 公顷基地现场建设。

8—9 日 泛海控股股份有限公司考察组到大新县考察文化旅游项目。

同日 中旅集团总会计师兼香港中旅国际投资有限公司主席张逢春率考察团到大新县考察文化旅游项目建设情况。市委书记、市人大常委会主任刘有明，市委副书记、统战部部长何良军随同考察。

9 日 广西南宁皇龙居房地产开发公司总经理杨朝廷率考察团到大新县洽谈投资项目。

10 日 大新县召开迎接自治区专家组对申报“中国侬垌文化之乡”“中国土司文化之乡”考察评估暨“2·19”观音诞文化节工作布置会。

同日 市委常委、县委书记赵丽率考察组到凭祥市就口岸经济发展等工作进行考察。

13 日 市委常委、县委书记赵丽主持召开中共大新县委中心组 2017 年第一次专题学习会。会议深入学习领会以习近平同志为核心的党中央治国理政新理念新思想新战略和“五大发展”理念，以及中央 1 号文件《关于深入推进农业供给侧结构性改革加快培训农业农村发展新动力的若干意见》和《中国共产党党委(党组)理论学习中心组学习规划》《领导干部报告个人有关事项规定》《领导干部个人有关事项报告核查结果处理办法》《自治区扶贫办关于扶贫领域信访事项分析研判的报告》《崇左市脱贫攻坚工作问责办法(试行)》等文件精神。

13—14 日 以自治区文化厅副厅长唐正柱为组长的调研组到大新县调研边境文化旅游发展情况。

14 日 市委常委、县委书记赵丽率大新口岸经济工作考察组到靖西市龙邦口岸和那坡县平孟口岸学习考察。

15 日 自治区国土资源厅调研组到大新县开展国土资源政策支持精准扶贫试点调研工作。

16 日 中越贝侬国际侬垌节暨宝圩“2·19”观音诞文化节活动在宝圩乡举行，其间先后举办抬观音、民俗文艺会演、唱山歌、斗鸡斗狗等特色活动以及篮球、气排球等体育比赛。

16—17 日 自治区专家组到大新县开展申报“中国侬垌文化之乡”“中国土司文化之乡”考察评估活动。

17—18 日 香港广西商会到大新县考察旅游投资环境。

20 日 县委召开书记专题会议，听取本届县委首轮巡察工作汇报。

23 日 大新县举办 2017 年第一季度项目建设“开门红”集中开(竣)工仪式。当日共有 10 个项目开竣工，其中开工项目有大新县环城路(南环段、西环段、北环段)工程、大新县年产 5 万吨 HDPE 和 UPVC 系列塑料管道制造、大新县伦那路延长线道路工程、大新县城北大道道路工程(北环路)、大新县昌明乡奉备村巴至屯至全茗镇灵熬村尚屯公路等5个，竣工项目有大新（东盟）建材装饰城一期建设、大新县养利学校二期工程、县人民医院危旧房改住房改造、小明山林场十三岭分场至昌明乡东风村岜米屯道路工程、电解金属锰一厂整合技改等5个。

24日　以稽察办特派员陈翔为组长的国家发改稽察组到大新县开展易地扶贫搬迁工程专项稽察。

27日　大新县召开县委领导班子专题民主生活会。

同日　《大新县秘境酒店项目修建性详细规划》评审会在大新县召开。

同日　大新县第一家光伏发电项目在桃城镇德立村实现并网发电。

4月

8日　市委常委、县委书记赵丽到堪圩乡检查指导扶贫工作，并就如何做好扶贫产业、发展村集体经济等重点工作进行座谈讨论。

同日　大新县召开禁毒工作会议。

同日　大新县召开领导班子扶贫政策专题学习会。

11日　中共大新县党政代表团与越南高平省下琅县党政代表团在硕龙镇举行座谈会。会议评价近年来两县间友好合作发展取得的成绩，并就加强中越德天—板约国际旅游合作区建设和两县之间交流互访、口岸设施建设、农业方面合作、边境管理工作等事项进行交换意见，并达成共识。

同日　中国大新侬垌节暨硕龙镇建街133周年活动在硕龙镇隆重举行，活动内容包括归春河青年乡村音乐派对、中越山河（百家）宴、中越青年集体婚礼、中越呗侬山歌大赛以及抢花炮、抛绣球等民间体育竞技。

14日　崇左市委书记、市人大常委会主任刘有明到大新县就旅游产业及工业产业发展工作进行调研。

19日　崇左市委常委、纪委书记梁日端到大新县指导调研执纪审查办案安全工作。

同日　市委常委、县委书记赵丽主持召开县四家班子联席（扩大）会议。会议研究部署脱贫攻坚工作，听取义务教育均衡发展、禁毒工作以及创建“中国侬垌文化之乡”“中国土司文化之乡”等工作情况汇报。

20日　市委常委、县委书记赵丽率县四家班子领导和相关部门到万承学校调研项目建设情况。

28日　大新县召开学习贯彻习近平总书记到广西视察的重要讲话精神暨学习中共十八届六中全会精神专题会。会议传达学习习近平总书记到广西视察时的重要讲话以及自治区、崇左市学习贯彻中共十八届六中全会专题研讨班精神，观看习近平总书记到广西视察的宣传报道视频。

同日　大新县召开庆祝2017年“五一”国际劳动节暨表彰大会。

同日　市委常委、县委书记赵丽主持召开全县安全生产紧急工作会议。

5月

2日　大新县举行纪念五四运动98周年座谈暨表彰大会。

3日　大新县召开县四家班子联席（扩大）会议。会议学习传达习近平总书记在4月19—21日到广西视察工作的重要讲话精神，对当前工作进行部署。

同日　市委常委、县委书记赵丽主持召开县委中心组学习会议。会上，中心组成员围绕深入学习领会习近平总书记视察广西重要讲话精神这一主题，结合自身工作实际进行发言，相互交流学习心得。

8日　由北京东方园林环境股份有限公司执行董事联席总裁兼东方园林文旅集团总裁金健带领的东方园林环境股份有限公司考察团到大新县进行旅游投资项目考察。

同日　市委常委、县委书记赵丽主持召开扶贫工作会议，重点研究农村集体经济发展、产业扶贫和异地扶贫搬迁等工作。

9日　市委常委、县委书记赵丽率队到硕龙镇就德天跨国瀑布景区创建国家AAAAA级景区工作推进情况进行调研。

10日　大新县举行崇左大新长江村镇银行银政银企合作签约暨开业仪式。

11日　德天跨国瀑布景区创建国家AAAAA级旅游景区现场推进会在大新县硕龙镇召开，崇左市市长孙大光，市委常委、宣传部部长、副市长李振唐，市委常委、县委书记赵丽出席现场推进会。

12日 大新县召开2017年组织工作会议。

同日 大新县召开党的建设工作领导小组2017年第一季度工作会议。

同日 大新县召开德天景区创AAAAA、县城区“两违”整治及乡村建设工作动员部署会。

同日 大新县召开庆祝第106个国际“护士节”“医师节”座谈会,表彰一批先进医护人员和先进集体。

17日 中旅集团董事长张学武率考察组到大新县考察洽谈文化旅游项目。自治区人大常委会副主任李克,市委书记、市人大常委会主任刘有明陪同考察。

同日 自治区人大常委会副主任荣仕星率调研组到大新县开展旅游开发项目调研。

18日 崇左市2017年禁毒工作现场会在大新县召开。

同日 越南高平省人委会主席黄春映率代表团一行到大新县实地考察岩应互市点、硕龙口岸和中越德天—板约瀑布跨境旅游合作区建设情况。

22—24日 大新县承办编制广西贯彻落实《“十三五”促进民族地区和人口较少民族发展规划》实施意见专题研修班开班。

23日 教育部民族教育发展中心调研组到大新县开展广西边境民族教育发展专项调研。

25日 中国民间文艺家协会发布《关于命名广西壮族自治区大新县为“中国侬垌文化之乡”的决定》及《关于命名广西壮族自治区大新县为“中国土司文化之乡”的决定》,大新县正式被命名为“中国侬垌文化之乡”“中国土司文化之乡”。

同日 大新县召开“美丽广西”乡村建设(扶贫)工作队员工作会议。

28日 市委常委、县委书记赵丽率队到硕龙镇绿岛行云、游客服务中心和德天瀑布景区等项目建设点就项目建设进展情况进行检查指导。

6月

1日 自治区人大常委会副主任刘新文率调研组就《关于加快推进中越德天—板约跨国旅游合作区建设的建议》(第228号)到大新县进行调研。

同日 大新县召开2017年扶贫工作会议。会议学习传达全区精准扶贫档案工作现场会、全区边贸扶贫现场推进会有关会议精神以及赴井冈山考察学习得到的经验,并就如何做好今年扶贫工作作强调部署。

2日 大新县在德天广场举行2017年“神剑”专项行动成果展,全县民警、干部职工、群众共600多人观展。

6—7日 国家发展改革委社会发展司副司长郝福庆率督查调研组到大新县就开展当前社会发展形势、已出台实施的重大政策文件落实情况、2016年社会领域中央预算内投资计划执行情况和养老服务业发展情况进行调研。

10日 大新县与东方园林集团举行直投项目洽谈会,东方园林文旅集团资源中心总裁易长柏出席洽谈会。

同日 大新县召开2017年禁毒重点整治工作推进会。

13日 崇左市“服务惠民”村级综合服务中心建设现场观摩暨工作推进会在大新县召开。

同日 大新县“戏曲进校园”活动启动仪式暨首场戏曲演出在县民族希望中学举办。

16日 大新县党建工作领导小组2017年第二季度工作会议召开。会议传达学习自治区基层党建工作重点任务推进会和村社区“两委”换届选举工作会议精神,通报全县2017年第一季度党建工作督查及承办“两新”组织现场会筹备情况。

18日 大新县举行“中国侬垌文化之乡”“中国土司文化之乡”授牌仪式,中国民间文艺家协会副主席韦苏文授予大新县“中国侬垌文化之乡”“中国土司文化之乡”荣誉称号牌匾。

23日 崇左市“两新”组织党组织规范化建设攻坚行动和城乡社区活动场所建设现场推进会在大新县召开。

26日 大新县举行“禁毒宣传教育基地”揭牌暨发放《毒品预防教育读本》仪式。

28日 国务院扶贫办开发指导司人力资源处处长周建文、人力资源和社会保障部就业促进司统筹就业处副处长沈宏到大新县调研新生代农民工就业创业工作。

同日 “中国少数民族特色村寨”授牌仪式在恩城乡新胜屯举行,新胜屯荣获“中国少数民族特色村寨”称号。

7月

1日 大新县召开庆祝中国

共产党成立96周年大会。

1—2日　自治区县域经济发展分类考核工作组到大新县开展县域经济发展考核工作。

4日　“智连全域·数聚广西”2017广西旅游大数据峰会召开。大新明仕田园入选广西十大最受游客欢迎目的地。

8日　大新县召开迎接国务院扶贫开发领导小组脱贫攻坚督查巡查动员部署会。

13日　大新县第一次归侨侨眷代表大会在县政府礼堂举行，崇左市侨联主席邓国忠出席大会开幕式。

16日　市委常委、县委书记赵丽先后到硕龙、堪圩调研中越德天—板约跨境旅游合作区和秘境酒店项目建设开展情况。

18—19日　自治区旅游资源规划开发质量评定委员会评定验收组到大新县就德天跨国瀑布景区创建国家AAAAA级旅游景区进行初评。

20日　自治区党委、政府在北流市召开全区县域经济发展大会暨年中工作会议，会上为第三批广西特色旅游名县授牌。至此，大新县正式成为广西“特色旅游名县”。

21日　大新县召开县委全面深化改革领导小组《将改革进行到底》专题学习讨论会。

26日　中民投(广西)投资有限公司考察组到大新县考察旅游项目。

31日　大新县召开2017年县域经济发展大会暨年中工作会议。

同日　市委常委、县委书记赵丽代表大新县委、县人民政府到凭祥走访慰问部队官兵。

8月

2日　崇左市精准帮扶网格化管理现场会在大新县召开。

同日　大新龙冈旅游发展有限公司举行“大新那岭首届企民联谊会暨龙宫仙境冰宫项目启动仪式”。

3日　崇左市市长孙大光率调研组到大新县调研中越德天—板约瀑布跨境旅游合作区建设和德天瀑布景区创AAAAA级景区建设情况。

同日　大新县召开龙宫仙境景区、安平仙河景区创建国家AAAA级景区规划专家评审会。

同日　江苏姑苏园林控股集团一行到大新县洽谈明仕田园综合体项目。

7日　大新县召开2017年党风廉政建设暨社会稳定工作会议。

8日　大新县在德天广场举行第九届广西体育节开幕式(大新分会场)暨大新县2017年“全民健身　健康广西”百万群众健身走活动。

11日　市委常委、县委书记赵丽主持召开大新县县域基础设施和公共服务设施能力提升三年行动计划编制工作会议。

17日　崇左市委书记、市人大常委会主任刘有明到大新调研产业扶贫和文化旅游发展等工作。

同日　广西卫视《第一书记》大新专场节目录制在广西电视台举行。

18日　强荣控股集团有限公司考察团一行到大新县就高速公路运营管理中心选址工作进行考察。

23日　商务部市场秩序司副巡视员赵传义率调研组到大新县调研追溯精准扶贫工作并召开座谈会。

24日　中民投(广西)投资有限公司和上海元合集团有限公司考察团到大新县就如何推动大新旅游产业高端化发展、高层次规划、高品位开发进行洽谈。

25日　市委常委、县委书记赵丽到大新县德天水果产业(核心)示范区调研，详细了解示范区发展情况，协调解决发展过程中遇到的困难和问题。

28日　大新县举行2017年“爱心助学·圆梦行动”现场捐助仪式。

30日　市委常委、县委书记赵丽主持召开大新县德天跨国瀑布景区创建国家AAAAA级旅游景区工作推进会。

31日　市委常委、县委书记赵丽到硕龙、恩城调研旅游和扶贫工作。

9月

4日　大新县召开县委全面深化改革领导小组专题会议。会议传达学习中央、自治区党委和崇左市委全面深化改革领导小组有关会议精神，审议《中共大新县委员会全面深化改革领导小组2017年工作要点》和《中共大新县委全面深化改革2017年督察计划》，研究部署下一步全面深化改革工作。

6日　香港中旅国际投资有限公司集团考察团到大新县洽谈合作开发旅游相关事宜并召

开汇报会。

7日　以市委常委、县委书记赵丽为团长的大新县党政代表团出访越南高平省重庆县，与越南高平省重庆县委书记范文高为团长的党政代表团进行工作会谈。双方就加快推进中越德天—板约瀑布跨境旅游合作区建设、加大边境管控力度、加强文化贸易合作和交流互访等达成合作共识，并签署会谈纪要。

同日　“文化中国·海外华文媒体聚焦崇左”活动参访团共50多家海外华文媒体记者到大新县开展参访活动。

8日　大新县召开2017年教育工作会议。

同日　“发现崇左民宿之旅”——2017中国崇左民宿大会嘉宾，来自莫干山、杭州、大理、丽江、拉萨、北京、上海、厦门等地的知名民宿、酒店品牌及崇左本地的旅游业从业者和投资人共200余人到大新县考察民宿项目。

9日　大新县举行2017年新兵入伍欢送大会。

12日　大新县召开当前重点工作布置会。会议传达学习9月8日全区领导干部会议、9月11日市委常委(扩大)会议以及自治区党委主要领导同志对脱贫攻坚督查反映情况的批示精神，通报贫困人口动态调整工作情况，汇报学习河南省兰考县脱贫攻坚先进经验，并就如何做好安全生产、工业发展、招商引资、脱贫攻坚以及社会稳定和意识形态工作作部署。

同日　大新县召开县委第一轮巡察整改情况暨第二轮巡察工作情况通报会议。会议通报第一轮巡察整改及第二轮巡察工作情况，集中学习新修改的《中国共产党巡视工作条例》，研究部署下一步巡察工作。

同日　大新县召开2017年中秋国庆领导干部集体廉政谈话会。

18日　市委常委、县委书记赵丽到硕龙检查指导德天跨国瀑布景区创建国家AAAAA级景区工作，研究解决项目推进过程中存在的困难和问题。

20日　大新县人民政府与桂林旅游学院签署战略合作框架协议。

同日　桂林旅游学院代表及人才小高地专家到大新县举办“广西旅游产业人才小高地专家服务地方经济行”旅游扶贫培训班。

21日　大新县万承学校、大新县邮政分公司综合楼项目举行开工仪式。

同日晚　大新县“军民一家亲·喜迎十九大”文艺晚会在县政府礼堂举行。

22日　大新县召开农村土地承包经营权确权登记颁证工作推进会。

25日　广东江门市代表团到大新县对扶贫协作项目进行调研。

29日　大新县召开崇左市脱贫攻坚推进会精神传达部署会。

10月

10日　大新县召开做好中共十九大期间信访安保维稳工作会议。

同日　市委副书记、统战部部长何良军率队到大新县调研国家A级旅游景区创建工作。

同日　中国安全食品网、广西车云网一行到大新县就新能源汽车发展及种养产业发展进行考察。

11日　市委常委、县委书记赵丽主持召开县四家班子联席(扩大)会议。会议听取县处级领导关于挂点贫困村工作情况和当前重点工作情况汇报，传达学习中央《关于加大边民支持力度促进守边固边的指导意见》文件精神，部署下一步重点工作。

13—14日　市委常委、县委书记赵丽率县直相关单位负责人，到桃城镇考察德天旅游学院项目选址工作。

14日　由泰国科技部副部长蓬差·他贡瓦拉农带队的泰国科技部代表团到大新县考察文化旅游项目。市委书记、市人大常委会主任刘有明一同考察。

18—20日　自治区扶贫督查组到大新县开展脱贫攻坚大督查。

19日　崇左市市长孙大光到大新县调研文化旅游工作，实地了解德天瀑布景区建设以及恩城乡陆榜村苏屯、硕龙镇门村门屯、雷平镇后益村邑屯等村屯民宿建设情况。

21—25日　大新县“边关风情旅游”下雷霜降文化节在下雷镇举行，其间先后举办娅嫫巡游及朝拜、民俗竞技、山歌邀请赛以及汽车、摩托车场地越野赛等系列活动。其中，于22—23日在中信大锰第一矿山露天采矿区举行的“中旅杯”广西汽车场地越野锦标赛暨超级越野摩托车场地赛，总奖金达 43.8 万元。

23 日　市委常委、县委书记赵丽主持召开县四家班子联席(扩大)会议。会议就中共十九大会议精神新思想、新理念、改革政策,结合大新县实际以及下一步工作计划作中心发言,并就脱贫工作开展专题研究。

同日　广西首只“高颜值”雌性白化黑叶猴首次在大新县桃城镇宝新村逐钦屯一个山名叫“山绿”的山上被发现。位于大新县的广西恩城国家级自然保护区,是全球黑叶猴(Trachypithecus francoisi)为数不多的分布区之一,目前发现有 17 群 118 只,其中包括唯一一只约 3 岁左右的白化黑叶猴,占全球黑叶猴种群数量近 7%。

24 日　自治区发展改革委地区经济处处长温秀坤一行到大新县开展县域经济发展项目建设工作调研。

25 日　大新县召开 2017 年经济社会发展通报会暨离退休干部重阳节座谈会,并组织离退休干部实地考察德天瀑布景区、老木棉生态、恩城乡苏屯宜居乡村、呗侬创业园、星光和乐城等项目建设。

同日　大新县召开大新江海边贸商旅小区初步方案交流会。

同日　工业和信息化部原材料工业司组织专家到大新县对新振锰业集团有限公司开展第八批铁合金、电解金属锰行业准入申报企业现场核查工作。

26 日　第二批广西现代特色农业示范区第十四考评组到大新县对申报第二批广西县级示范区进行考评。

10 月 26 日—11 月 2 日　崇左市扶贫督查组对大新县各乡镇开展扶贫攻坚大督查并对督查结果进行反馈。

27 日　大新县脱贫攻坚档案管理专题现场会在宝圩乡召开。

同日　大新县举行星光和乐城易地扶贫搬迁农户第一批抽房仪式,全县 440 户贫困户经过核验、抽序号、抽房号等方式抽出属于自己的“扶贫新房”。

28 日晚　大新县木棉组合参加《星光大道》录制的节目在央视一套播出。

30 日　市委常委、县委书记赵丽主持召开大新县传达学习中共十九大精神大会。

31 日　市委常委、县委书记赵丽率人社、教育等相关部门负责人到大新县呗侬创业园坚果加工厂调研,帮助企业解决实际问题。

11 月

1 日　崇左市常驻民兵应急分队规范化建设现场会在大新县召开,市委常委、崇左军分区司令员刁晓军,市委常委、县委书记赵丽出席会议,崇左市 7 个县(市、区)分管武装工作的领导参加会议并观摩大新县常驻民兵应急分队支援民兵武器装备仓库反暴恐袭击演练。

4 日　大新县召开脱贫攻坚驻村专职扶贫工作队派驻动员会暨驻村专职扶贫工作队派驻人员工作培训会。

4—5 日　以国土资源部油气中心副总工岳来群为组长的“绿盾 2017”专项行动第六巡查组到大新县进行国家级自然保护区监督检查。

5—6 日　国家旅游局第十旅游扶贫督查组到大新县堪圩乡、硕龙镇开展旅游扶贫督查工作。

8 日　大新县召开 2017 年度贫困户脱贫摘帽“双认定”工作动员暨业务培训会。

同日　大新县与广西永鑫华糖集团工作洽谈会召开。会议就当前大新县蔗糖产业发展问题、蔗农关注的焦点以及广西永鑫华糖集团有关工作进行交流、商洽。

同日　大新县召开庆祝第 18 个记者节座谈会。

9 日　崇左市委常委、常务副市长蓝晓到恩城乡如龙村开展中共十九大精神宣讲。

12 日和 14 日　市委常委、县委书记赵丽到扶贫联系点堪圩乡拔浪村和谨汤村开展“党的十九大精神进农村”暨脱贫攻坚心连心活动。

17 日　大新县召开迎接崇左市 2017 年度绩效考评年终核验工作布置会。

18 日　自治区旅游资源规划开发质量评定委员会评定验收组到大新县对黑水河湿地公园创建自治区级生态旅游示范区进行评定验收。

20 日　大新县开展 2017 年离退休老干部“不忘初心·永葆本色”专题党课活动,市委常委、县委书记赵丽出席党课并讲话。

21 日　大新县召开创 A 级景区迎检工作布置会。

22 日　大新县举行“党的十九大精神进机关”暨 2017 年中青年干部培训班座谈会。

23 日　大新县举办党务工

作者学习贯彻中共十九大精神专题研讨班。

27日　大新县召开反恐怖工作会议。

同日　大新县召开县四家班子项目推进会。

同日　大新县召开县委中心组中共十九大精神专题学习会。

同日　市委常委、县委书记赵丽率队到大新—江海扶贫小区、岩应停车场、硕龙口岸主通道等项目点实地考察。

28—30日　自治区旅游规划开发质量评定委员会评定验收组到大新县就安平仙河和龙宫仙境景区创建国家AAAA级旅游景区进行评定验收。

29日　“大新美天下·免费百日游”活动启动仪式在龙宫仙境景区举行。

12月

4日　市委常委、县委书记赵丽率队到大新县亿春食品厂、新锰集团、展鹏门业、强塑管业等企业开展调研。

5日　大新县召开迎接义务教育均衡发展国家评估验收动员会。

同日　大新县召开粤桂扶贫协作调研座谈会。

6日　教育部民族教育司司长毛力提·满苏尔到大新县开展民族教育发展实地督查工作。

6—7日　星期九集团总裁王九全率公司考察团一行到大新县进行投资考察并召开洽谈会。

7日　崇左市委常委、市纪委书记梁日端到大新县开展中共十九大精神宣讲暨主题联学活动。

8日　中国共产党大新县第十四届委员会第二次全体会议召开。

同日　县委召开2018年工作务虚会。

同日　东方文旅联盟首届年度峰会暨广西崇左旅游投资发展大会考察团一行到大新县德天跨国瀑布和安平仙河景区考察。

11日　2017年全区设区市(桂西、桂南片区)乡村办主任工作会议大新分会场会议在恩城乡陆榜村苏屯召开。

13日　大新县举行易地扶贫搬迁安置点——星光和乐城新居(第一批)交钥匙入住仪式,141户搬迁户领到新房钥匙,3户当天搬进新房。

15日　自治区考核工作组到大新县召开2017年市县扶贫开发工作成效考核“四合一”核查(大新县)对接会。

18日　正邦集团副总裁林峰一行到大新县就雷平镇现代循环农业产业示范园项目选址事宜进行实地考察。

19日　大新县召开2017—2018年榨季生产工作动员会。

同日　大新县召开针对自治区扶贫开发成效“四合一”考核存在问题整改暨迎接省际交叉考核、国家第三方评估工作布置会。

同日　大新县与东方园林集团召开武阳山中央文化旅游区项目规划听取意见会。

20日　广西汇生牧业发展有限公司张胜海总经理一行到大新县就打造榄圩农业特色小镇事宜进行考察,并召开座谈会。

21日　大新县召开县党政联席(扩大)会议。会议通报全县重大旅游在谈项目相关情况,并就港中旅和民宿协议以及旅游产业发展工作进行交流探讨。

同日　大新县与华蓝设计(集团)有限公司签订《城乡建设合作协议》。

同日　浙江明达意航集团董事局主席叶锦寨一行7人到大新县考察德天通用机场项目。

22日　广西隆安至硕龙高速公路开工现场会在大新县召开。崇左市委书记、市人大常委会主任刘有明出席现场会并宣布项目开工,强荣控股集团总裁曾台强、自治区高速公路管理局副局长耿德伟出席现场会并致辞,市委常委、县委书记赵丽主持现场会。项目全长107.8公里(大新县境内37.5公里),跨经隆安、大新、天等三县,全线采用双向四车道高速公路标准建设,计划建设工期4年,总投资约140亿元。

同日　市委常委、县委书记赵丽主持召开县委常委2017年度议军会。

同日　自治区甘蔗产业科技服务团到大新县召开经验交流暨“双高”甘蔗技术培训会。

25—26日　中越合作保护和开发德天(板约)瀑布旅游资源省级联合协调委员会联合工作组(常值办公室)第一次会议以走会的形式在大新县和越南高平省召开。自治区旅游发展委员会副主任林新河,越南高平省人民委员会办公厅主任、常值办公室主任黎海河,市委常委、县委书记赵丽出席会议。

26日 国家督学、北京市教育督导室副主任冯义国率国家义务教育发展督导评估组到大新县对申报义务教育发展基本均衡县进行检查。

26—27日 青海省委统战部培训班到大新县桃城镇浓沙景区、恩城乡维新村新胜屯、大新县德天水果产业(核心)示范区、苏屯等进行考察。

27—28日 江门市高新区党工委书记、管委会主任、江海区委书记彭章瑞一行到大新县开展扶贫协作工作。

28日 中越德天—板约瀑布跨境旅游合作区建设广西方协调委员会第三次全体会议在大新县召开。自治区副主席张晓钦出席会议并作讲话,市委副书记、统战部部长何良军,市委常委、县委书记赵丽出席会议。

29日 市委常委、县委书记赵丽主持召开大新县党政领导干部和国有企业领导人员承包经营农村土地问题专项清理工作会议。

同日 大新县召开县委全面深化改革领导小组2017年第二次专题会议。

同日 山东龙冈旅游集团到大新县开展扶贫捐赠活动,为大新县精准扶贫工作捐赠扶贫资金60万元。

概　述

□编辑　覃文学

基本情况

【地理位置】 大新县位于云贵高原南缘、广西壮族自治区西南部，北纬22°29′—23°05′、东经106°39′—107°29′之间，东西横距90公里，南北纵距75公里，总面积2747平方公里。区位优势明显，东南接崇左市江州区，东北邻隆安县，北面与天等县接壤，西北同靖西县相接，西南靠龙州县，西面与越南社会主义共和国毗连，国界线长43公里，有国家一类口岸——硕龙口岸和岩应、硕龙、德天3个边贸互市点；地处南宁、百色、崇左三座中心城市的交汇处，境内有崇左至靖西高速公路，358、359、219、243国道和311省道。县城距崇左市人民政府所在地75公里，距自治区首府南宁市143公里，是中国通往越南及东南亚各国便捷的陆路大通道之一。

【建置沿革】 大新历史悠久，距今4500多年前的新石器时代晚期就有人类活动。先秦，大新属骆越地，秦发兵统一岭南后，县境开始划入中央王朝版图，属象郡。汉属郁林郡临尘县地，三国属郁林郡临浦县地，东晋、宋、齐、梁、陈属晋兴郡，隋属郁林郡，唐属邕管，始建5个羁縻州，即西原州（今下雷一带）、波州（今雷平一带）、万承州（今龙门一带）、养利州（今桃城一带）、思诚州（今恩城一带）。五代十国西原州改为罗和峒，宋罗和峒改为下雷州。北宋皇祐年间建立土司制度，此后先后增设全茗、茗盈、安平3个土州，全县定型为下雷、太平、安平、万承、养利、恩城、全茗、茗盈8个土州。明弘治开始至清末民初，8个土州先后改土归流。土司统治大新近900年。民国时期，境内分属养利、万承、雷平3县。新中国成立后，1951年4月养利、万承合并成立养利万承联合县，9月养利万承联合县与雷平县合并成立大新县，县政府驻地设在桃城镇。1958年12月大新县与天等县合并成立新英县，驻地设在龙茗街。1959年5月撤销新英县，重置大新县，驻地仍设在桃城镇。新中国成立后，大新县先后属龙州专区、崇左专区、邕宁专区、桂西僮族自治区（州）、南宁专（地）区管辖，2003年8月属崇左市管辖。

【革命历史】 大新是广西早期开展农民革命运动的地区之一。早在大革命时期和土地革命战争初期，大新人民在全国风起云涌革命运动的影响下，掀起了轰轰烈烈的农民革命运动。境内1927年就有中共党员在活动，继而在龙州起义前夕的1929年年底建立了党组织。从此，大新人民在中国共产党的领导下，前仆后继，百折不挠，进行长期艰苦卓绝的革命斗争。1930年2月，震惊中外的龙州起义爆发后，红八军第一纵队进入境内活动。随后，邓小平从龙州进入宝圩与红八军第一纵队会合，并在宝圩碧云洞主持建立了中共红八军第一纵队委员会，为纵队转战七千里，排除艰险，胜利与红七军会师提供了组织保证。红八军在大新期间，宣传发动群众，组织农民协会、农民赤卫军，打击土豪劣绅，有力地推进了大新的革命斗争，使之成为左江革命根据地的重要组成部分。抗日战争中，在党的抗日民族统一战线政策的感召下，大新人民同仇敌忾，广泛地开展抗日救亡运动，为抗日战争的胜利，作出了应有的贡献。解放战争中，在中共左江工委的领导下，大新的革命志士成功地发动了威震南疆的堪圩武装起义，打开了对敌斗争的新局面，拉开了大新革命游击斗争的序幕。1949年夏秋，中共左江工委机关迁到当时的养利县预龙村(现恩城乡如龙村)安宁屯，使大新一度成为左江地区解放战争的指挥中心，加快了大新乃至左江地区解放进程。在近两年的游击斗争中，大新各地党组织，发动群众，建立和壮大人民武装力量，开展了声势浩大的武装斗争，取得了那排伏击战、逐助山围攻战、八万桥之战等一个个战役的胜利，狠狠地打击了敌人，使大新成为左江地区主要游击区之一，有力地配合了南下的中国人民解放军，于1949年12月26日解放大新全境，谱写了光辉灿烂的历史篇章。

【行政区划】 2017年，大新县辖5个镇9个乡和1个管理区，分别为桃城镇、全茗镇、五山乡、龙门乡、昌明乡、福隆乡、那岭乡、榄圩乡、恩城乡、雷平镇、宝圩乡、堪圩乡、硕龙镇、下雷镇和大新华侨经济管理区。县人民政府驻桃城镇。行政区域面积2747平方公里。全县14个乡镇有17个社区、129个行政村、1340个自然屯、2027个村(居)民小组。具体如下表：

2017年大新县乡镇、村(社区)、自然屯一览表

表1　　　　单位：个

乡镇	村(社区)	自然屯数	村(居)民小组
桃城	桃源 新城 新振 北三 松洞 社隆 黎明 宝贤 爱国 万礼 新华 宝新 大岭 德立	136	227
全茗	全茗 灵熬 配偶 政教 顿周 上湖 上马 乔苗	108	117
五山	天水 三合 文化 温新 文应 其山 宾山 盆山 联山	54	130
龙门	龙门 武安 宝山 三联 西宁 上育 文明 苦丁	61	114
昌明	昌明 奉备 五榕 仁化 新民 良泮 良党 东风	54	126
福隆	福隆 中山 五兆 平良 欧阳 营旺	64	104
那岭	那岭 好胜 那信 岜伏 那廉 那义 五一 巴兰 陇玉 龙贺	98	112
榄圩	榄圩 武姜 先明 先力 岜光 新球 康潭 新排 那遵 正隆 新吉 上吉 荣圩 仁合 康合	121	207
恩城	恩城 维新 陆榜 新圩 新合 如龙 护国 和平	65	98
雷平	太平 中军 公益 新益 后益 车站 左安 品现 三伦 新立 安平 安民 上利 那岸 振兴 共和 新贵 咘龙 怀义 怀阳 怀仁 怀礼 钦联	202	344
宝圩	宝圩 宝西 板价 板六 尚艺 景阳	75	88
堪圩	堪圩 民六 芦山 民智 拔浪 明仕 谨汤	110	119
硕龙	硕龙 隘江 礼贤 德天 巷口 义显 义宁 门村 岩应 念典	72	84
下雷	下雷 仁惠 仁爱 仁益 信隆 吉门 志兴 新丰 土湖 志刚 三湖 新湖 新育 信孚	120	157
合计	146	1340	2027

【民族·人口】 大新县是以壮族为主体的少数民族聚居县份，居住着壮、汉、瑶、苗等15个民族。根据全国第六次人口普查统计(标准时间：2010年11月1日)，有壮、瑶、苗等少数民族31.47万人，占全县普查登记人口的97.85%，其中主体民族壮族占97.55%。2017年年末，全县总户数102180户，总人口382588人，其中乡村人口30.36万人，常住人口30.73万人；男性197893人，女性184695人，分别占总人口的51.72%、48.28%。人口自然增长率6.25‰。

【气　候】 大新县地处南亚热带南沿，热量资源丰富，光照充足，气温较高，夏长冬短，雨量充沛，干湿季节分明，具有明显的南亚热带季风气候特点。历年(1971—2000年)平均降雨量1350.3毫米。建站以来降雨量最多年份达1971.0毫米(1959年)，最少年份为839.0毫米(2000年)。雨量分配不均，春干、秋旱、夏涝、冬少雨；历年平均气温为21.6℃，全年最热月份为7月，平均气温为27.7℃，最冷月份为1月，平均气温为13.0℃。建站以来历年极端最高气温为39.8℃(出现在1958年5月10日)，历年极端最低气温为-2.2℃(出现在1963年1月15日)。历年平均日照时数为1530.2小时，7月最多为191.5小时，2月最少仅为55.1小时；历年平均雷暴日数为75.8天，平均雷暴开始日期为2月24日，结束日期为10月26日，4—9月为雷暴最多月份；历年平均相对湿度79%，最小相对湿度14%；无霜期长，历年平均无霜期343天；历年平均蒸发量1482.2毫米。2017年大新县气候特点是：气温正常，降雨量偏多，日照时数偏少。主要气候事件主要是大风冰雹、暴雨洪涝、寒露风灾害等，气象灾害属正常稍偏差的一年。年平均气温21.6℃，与常年同期持平。年极端最高气温38.4℃，出现在6月5日。年极端最低气温3.4℃，出现在12月21日。各月平均气温与常年同期比较，4—5月、7—8月、10—12月偏低0.4—1.2℃。3月、6月与常年持平，1—2月、9月偏高1.1—2.3℃。全年降雨量1482.2毫米，比常年同期偏多135.6毫米。各月降雨量与常年同期比较，2月、4月、7—8月、9月为偏少，其余月份为偏多。年日照时数1320.1小时，比常年同期偏少199.3小时。各月日照与常年同期比较，2—4月、6—8月、10—12月为偏少，其余月份为偏多。

【土地资源】 据2016年土地变更调查，全县土地总面积274749.34公顷。其中，耕地面积68730.45公顷(水田19539.93公顷、旱地49190.52公顷)，占土地总面积的25.02%；园地9719.67公顷，占3.54%；林地92369.31公顷，占33.62%；草地7860.82公顷，占2.86%；城镇村及工矿用地5831.17公顷，占2.12%；交通运输用地3212.36公顷，占1.31%；水域及水利设施用地5111.79公顷，占1.86%；其他土地81913.77公顷，占29.81%。2017年，全县有耕地面积68730公顷，基本农田保护面积55107公顷，农田有效灌溉面积16290公顷。

【水资源】 大新县河流众多，水系分属左江、右江流域。地表水注入左江的有黑水河、怀阳河，注入右江的有平良河。按河流交叉点划分，集雨面积在10平方公里以上的有21条，集雨面积在5—10平方公里的有22条。境内池塘、泉眼也不少，地下河主要有伏茗—下雷岜贺地下河、全茗地下河、桃城地下河等9条，出水口有556处。境内河流年径流量1.90亿立方米，水资源总量16.283亿立方米，河床落差大，水能蕴藏量27.75万千瓦，可供开发利用的水能量11.83万千瓦，已开发7.09万千瓦。至2003年年底，全县水电装机容量4.1万千瓦，年发电量1.44亿千瓦时，全县行政村(社区)通电率100%，年供电可靠率99.6%，年用电总量4.42亿千瓦时，人均年用电量1244.3千瓦时。2004年8月获准通过自治区政府组织的电气化建设验收，成为“十五”期间广西第一个达标的全国水电农村电气化县。2011年4月，水利部授予大新县“十一五”期间全国水电农村电气化县。2017年全县发电量2.54亿千瓦时，供电量4.23亿千瓦时。

【物产资源】 大新县物产资源较为丰富。矿产类有锰、铅、锌、水晶、朱砂、铜、铁、金等22种，其中锰矿藏量1.29亿吨，藏量、品位居全国之首，素有“中国锰都”之称。2017年，全县林地面积17.69万公顷，森林覆盖率66.17%，设有广西恩城国家级自然保护区和下雷自治区级自然保护区，列入国家保护的珍稀植物有蚬木、金花茶、金丝李、擎天树等多种，珍稀动物有白猿、乌猿、冠斑犀鸟、白猴、金丝猴等30多种。农林特产资源丰富，粮食作物和经济作物主要有稻谷、玉米、甘蔗、大豆、红薯、木薯、花生、剑麻等；土特产品主要有龙眼、苦丁茶、八角、果蔗、三华李、酸梅、腊月柑、山黄皮等，其中，龙眼、苦丁茶尤为著名，素有“龙眼之乡”美称，是全国六大龙眼生产基地之一；是苦丁茶的原产地，中国苦丁茶之乡。

【旅游资源】 大新县旅游资源丰富，主要景点（区）有德天瀑布、沙屯叠瀑、绿岛行云、明仕田园、龙宫仙境、黑水河、恩城山水、乔苗平湖、老木棉、安平仙河等40多个。国家AAAA级旅游景区有德天瀑布景区、明仕田园景区、老木棉景区、龙宫仙境景区、安平仙河景区等5个，其中德天瀑布为“亚洲第一大跨国瀑布”“广西十佳旅游景区”“中国最美的地方”“中国最美的六大瀑布之一”“中国最受欢迎的景区景点”“中国西部最受公众喜爱的旅游景区”“全球最美的14个瀑布之一”“国家生态旅游示范区”“中国国际特色旅游目的地”，明仕田园景区为“旅游市场秩序最佳景区”“广西十大最受游客欢迎目的地”，黑水河国家湿地公园为“广西生态旅游示范区”。广西星级乡村旅游区有明仕田园景区、浓沙乡村旅游区、新屯乡村旅游区、新兴乡村旅游区、那望乡村旅游区等4个，其中，明仕田园景区为5星级乡村旅游区，新屯乡村旅游区为4星级乡村旅游区，浓沙乡村旅游区、新兴乡村旅游区、那望乡村旅游区为3星级乡村旅游区。人文景观有养利古城、靖边炮台、中越53号界碑、德天银盘山炮台、恩城岜字山摩崖石刻、全茗穷斗山摩崖石刻、安平土司衙门、安平会仙岩摩崖造像、宝圩碧云洞革命旧址、硕龙地下长城等。民族风情有宝圩上甲“短衣壮”和龙门三联高腔“诗蕾”山歌。近年来大新县先后获评“全国十佳生态休闲旅游城市”“中国最具原生态景区”“国家级生态示范区”“最值得向世界推荐的旅游县”“中国长寿之乡”“广西特色旅游名县”“中国土司文化之乡”“中国侬垌文化之乡”等。

【2017年领导机构人民团体上级驻县单位领导人】

中共大新县委员会

书　记　赵　丽（女）
副书记　玉明金
　　　　秦义敏
常　委　赵　丽（女）
　　　　玉明金
　　　　秦义敏
　　　　黄信佩
　　　　黄洪燕（女）
　　　　农志夫
　　　　黄　伟
　　　　黄　轩（9月调职）
　　　　徐　钊
　　　　农建敏
　　　　梁业章（10月挂任结束）
　　　　赵英林（9月任职）
　　　　龙玉珊（女，4月挂任）
　　　　黄新颜（8月挂任）
　　　　丑继明（9月挂任）
办公室主任　农建敏
组织部部长　黄　伟
宣传部部长　黄　轩（9月调职）
　　　　　　徐　钊（9月任职）
统战部部长　徐　钊（9月调职）
　　　　　　赵英林（9月任职）
政法委员会书记　农志夫
机构编制委员会办公室主任
　　冯毓彩（女）
直属机关工作委员会书记
　　黄　群（2月调职）
廖德峰（2月任职）
信访局局长　赵荣森（5月调职）
　　　　　　黎耀宏（5月任职）
台湾工作办公室主任
　　赵志飞（9月调职）
　　李艳梅（9月任职）
老干部局局长　赵青爱（女）
接待办公室主任　许艳雪（女）
党史研究室主任　韦梅勤（女）
党校校长　秦义敏
党校常务副校长、行政学院院长
　　零学华（3月任职）
精神文明建设委员会办公室主任
　　农振文（3月调职）
　　黄艳娇（女，3月任职）

大新县人大常委会

主　任　吕光哲
副主任　张志军
　　　　岑天洲
　　　　赵泽海
　　　　韦金红（女）
办公室主任　梁松玲
财政经济委员会主任委员
　　覃　焯
选举联络工作委员会主任
　　方汉章（6月调职）
　　农文松（6月任职）
科教文卫与民族工作委员会主任
　　农文松（6月调职）
　　冯光军（6月任职）

农业农村与环资城建工作委员会主任　刘春雷
法制与内务司法委员会主任委员
　　张家忠

大新县人民政府

县　长　玉明金
副县长　黄信佩
　　黄　轩（9月调职）
　　徐　钊（9月任职）
　　梁业章（10月挂任结束）
　　龙玉珊（女，6月挂任）
　　黄新颜（9月挂任）
　　丑继明（11月挂任）
　　马林春
　　梁俊刚
　　张春强
　　赵小凤（女）
　　黄宏武（9月调职）
　　毛汪洋（9月挂任）
　　陈尚总（9月挂任）
　　黄华兴（12月任职）
办公室主任　磨颖恒（9月免职）
　　龚文冰（女，11月任职）
发展和改革局局长　许　拓
工业和信息化局局长
　　龚文冰（女，3月调职）
　　赵冠海（3月任职）
教育局局长　梁军科
科技局局长　许云科
民族宗教事务局局长
　　梁立峰（2月任职）
公安局局长　马林春
政　委　黄春林（女）
监察局局长　苏贵川
民政局局长　覃志贵（3月调职）
　　农有林（3月任职）
司法局局长　农　华
财政局局长　黄仁强
国泰资产经营公司董事长、总经理
　　黄桂江（代职，4月调职）
董事长　赵延军（4月任职）
总经理　赵　雷（4月任职）
人力资源和社会保障局局长
　　言　平
国土资源局局长　赵冠海（3月调职）
　　黄建平（3月任职）
环境保护局局长
　　赵英林（11月调职）
　　许有才（11月任职）
住房和城乡建设局局长
　　黄景州（3月调职）
　　农初军（3月任职）
交通运输局局长　李海政
水利局局长　陆玉海
农业局局长　隆广华
农业机械化管理局局长
　　林　宁
林业局局长　周瑞伟（11月调职）
　　梁　明（11月任职）
商务和口岸管理局局长
　　赵李明（2月任职、9月免职）
　　刘丹珠（女，11月任职）
文化体育新闻出版广电局局长
　　覃文学（3月调职）
　　黄增瑜（3月任职）
卫生和计划生育局局长
　　许有才（11月调职）
　　赵建雷（12月任职）
审计局局长　梁国正
少数民族语言文字工作办公室主任　赵万巧
投资促进局局长　班爱莲（女）
旅游景区管理委员会主任
　　农保隆
交通管理大队大队长　张振军
教导员　何金东
边防委员会办公室主任
　　何祖平
外事侨务办公室主任　卢志光
法制办公室主任　赵华干
城镇住房制度改革委员会办公室主任　夏翥吉
调解处理土地山林水利纠纷办公室主任　黄建华（5月调职）
　　赵荣森（5月任职）
机关后勤服务中心主任
　　陆丽华（女）
旅游发展局局长
　　黄建平（3月调职）
　　覃志贵（3月任职）
扶贫开发办公室主任　潘　孟
安全生产监督管理局局长
　　许世杰
粮食局局长　覃志高
供销合作社联合社理事会主任
　　黄廷宪
监事会主任　黄泽胜
城镇集体工业联社主任
　　黄炳新（3月调职）
　　夏利吉（3月任职）
食品药品监督管理局局长
　　黄新文（6月调职）
　　赵汉品（6月任职）
工商行政管理和质量技术监督局局长　劳业坚（9月免职）
　　赵海峰（11月任职）
糖业发展办公室主任
　　农建宽（3月任职）
统计局局长　冯礼平
水产畜牧兽医局局长
　　冯光军（5月调职）
　　黄建华（5月任职）
卫生监督所所长　韦赤军
地震局局长　黄　海
移民局局长　颜勤显（3月调职）
　　黄景州（3月任职）
物价局局长　宁建武
铅锌矿管理处主任　赵立峰
人民防空办公室主任　黄　艺
台湾事务办公室主任
　　赵志飞（9月调职）
　　李艳梅（女，9月任职）
档案局（馆）局长（馆长）
　　赵锋敏

地方志编纂委员会办公室主任
农忠波(3月调职)
覃文学(3月任职)
非税收入征收管理局局长
王　予(4月调职)
马烈贵(5月任职)
硕龙口岸经济区管理委员会主任(兼)　黄宏武(2月任职、10月调职)
恩城国家级自然保护区管理局局长　夏利吉(3月调职)
李文华(女,3月任职)
疾病预防控制中心主任
赵建雷
工业集中区管理委员会主任
闭智力
大新黑水河国家湿地公园管理局局长　赵海浪
金融工作办公室主任(兼)
龚文冰(女,5月任职)
城市管理局局长
何　易(10月任职)

政协大新县委员会

主　席　许斌吉
副主席　零佩英
黄大强
农艺梅　(女)
农武强
秘书长　冯华岩
提案法制工作委员会主任
黄云亮
经科文谊工作委员会主任
赵永磊(7月调职)
黄建宏(7月任职)
办公室主任、委员联络工作委员会主任　周帮清(女)

中共大新县纪律检查委员会

书　记　黄洪燕(女)
副书记　苏贵川
农海仁

大新县人民法院

院　长　陈晓程
副院长　赵权富
蒙志华
邓新军

大新县人民检察院

检察长　叶永亮
副检察长　许东照
黄英能
许冬蕾(女)
凌兆忠(12月挂任)

大新县人民武装部

部　长　张　戈(12月任职)
政　委　庞妙霆
副部长　徐小山(6月任职)

大新县公安边防大队

大队长　陈凤华(4月调职)
经　辉(6月任职)
政　委　曹　杰

大新县武　警消防大队

大队长　王　伟
教导员　朱金华(9月调职)
副教导员　唐　磊(9月任职)

人民团体

县总工会主席　岑天洲
党组书记　许仕文
共青团大新县委员会书记
吴通记
县妇女联合会主席　赵仔芬(女)
县科学技术协会主席
农凤桃(女)
县文学艺术界联合会主席
李阳群
县工商业联合会主席
何秀芳(女)
党组书记　李贵彬
县残疾人联合会理事长
闭丽红(女)
县社会科学界联合会主席
廖德峰(2月调职)
赵艳妮(女,2月任职)
县红十字会会长　赵建雷
县关心下一代工作委员会主任
黄美娥(女)
县革命老区建设促进会、西部研究与发展促进会会长　梁华新

上级驻县机构

国家税务局局长　马汉昌
地方税务局局长　陶志鹏
公路局局长　周　成
气象局局长　冯元伟(4月调职)
梁邦全(4月任职)
国家统计局大新调查队队长
何昌贵
烟草专卖局局长　蒋春明
邮政局局长　张素玲(女)
中国电信大新分公司总经理
许曲明
中国移动大新分公司总经理
农智鲁
中国联通大新分公司总经理
何高明
人民银行大新县支行行长
黎品政(4月调职)
黄汉新(4月任职)
工商银行大新县支行行长
韦　军
农业银行大新县支行行长
黄　圣
建设银行大新支行行长
吴佳佳(6月调职)
李伟新(6月任职)
广西大新农村商业银行董事长
刘小涛
行　长　黄永政(8月调职)
黄就民(8月任职)

中国邮政储蓄银行大新县支行副行长　闭智乾(主持全面工作)
崇左大新长江村镇银行股份有限公司董事长　刘　俊(3月任职)
　　行　长　李红强(3月任职)
人寿保险大新支公司经理
　　陆盛锋(8月调职)
　　钟　浩(8月任职)
人保财险大新支公司经理
　　张　宁(女)
人民人寿保险大新支公司经理
　　赵伟创
北部湾财产保险股份有限公司大新支公司经理　赵传武
太保财险大新支公司经理
　　覃　凯(9月任职)
中国平安财产保险股份有限公司大新支公司经理　闭永平
华安财产保险股份有限公司大新支公司经理　杨　福
崇左市住房公积金管理中心大新县管理部主任　冯世尊
县水利电业有限公司总经理
　　李　振
广西桂水电力股份有限公司大新发电分公司总经理　冯建军
大新汽车总站站长　覃安献
崇左市统一民爆有限公司大新分公司经理　赵　宏
崇左大新石油分公司副经理
　　黄秀娟(女,主持全面工作)
大新县水利供水有限公司经理
　　冯云志(11月调职)
　　苏红永(11月任职)
　　苏红永(11月任职)

经济与社会发展

【概　况】 2017年,面对经济下行的严峻挑战,大新县继续深入实施“强工兴旅固边”发展战略,全力做好“两篇大文章”、打好“四大攻坚战”战略任务,在强工业、旺旅游、活边贸、促脱贫、保稳定等各项工作上取得较好成绩,全县经济社会保持健康发展。全年完成地区生产总值128.73亿元,同比增长8.1%。其中第一产业增加值24.7亿元,增长3.9%;第二产业增加值61.57亿元,增长8.4%;第三产业增加值42.45亿元,增长10.2%。人均地区生产总值42027元。社会固定资产投资131.22亿元,增长11.1%。区外招商引资到位资金42.2亿元人民币,其中利用外资到位资金2700万美元。财政收入4.28亿元。年末金融机构各项存款余额87.35亿元,增长8.7%;各项贷款余额52.6亿元,增长11.3%。社会消费品零售总额15.29亿元,增长11.3%。城镇居民人均可支配收入30217元,增长9.0%;农村居民人均可支配收入11336元,增长10.9%。农林牧渔业总产值40.5亿元,增长3.9%。工业总产值139.2亿元,增长14.6%;工业增加值54.06亿元,增长7.6%;工业增加值占地区生产总值41.99%。三次产业结构优化调整为18.7:47.8:33.5。荣获“2016年度广西科学发展先进县”“广西特色旅游名县”等多项荣誉称号。

【口岸边贸实现突破】 2017年,大新县加快口岸基础设施建设,硕龙口岸旅检大楼主通道开工建设,检验检疫技术业务用房即将竣工,硕龙边检站监护中队新营区投入使用,岩应边贸扶贫产业园正在建设中。引进总投资1.7亿元的2家坚果加工企业,其中投资8000万元的呗侬食品有限公司已顺利投产,预计年产值达1.5亿元。积极发展边境小额贸易,参与边民达13.87万人次。全年外贸进出口总额累计完成38.57亿元,同比增长26.6%;互市贸易商品交易量达3.5万吨,总值10.94亿元。10月8日,国务院正式批复硕龙口岸升格为国家一类双边性口岸。

【全域旅游提质增效】 2017年,大新县以创建全国全域旅游示范区、中越德天—板约瀑布跨境旅游合作区、国家A级景区为抓手,加快推进文化旅游提档升级。中越德天—板约瀑布跨境旅游合作区完成物理围网、跨国购物街等建设方案;德天跨国瀑布景区有望获批国家AAAAA级景区,龙宫仙境、安平仙河成功创国家AAAA级景区,全县AAAA级以上旅游景区达5家,排在全区111个县(市、区)第一位;黑水河国家湿地公园获评“广西生态旅游示范区”,桃城镇宝新村新屯乡村旅游区被自治区评为四星级乡村旅游区;全县首家准五星级酒店——维也纳国际酒店正式投入运营,展鹏四星级酒店完成主楼室外装修,明仕秘境精品度假酒店和明仕长留山居轻体运动度假酒店正在开展主体建设。加大文化挖掘力度,《中国影像方志·大新篇》《走遍中国》等央视品牌栏目等先后到县取景拍摄,木棉组合在央视《星光大道》舞台上奏响铜鼓音乐,举办全区级别和规格最高的第九届广西体育节“中旅杯”汽车摩托车场地越野赛，邀请中央民族大学专家、广西知名学者到大新举办侬智高文化研讨会，举办宝圩“2·19”侬垌文化节、硕龙镇建街节、下雷霜降文化节等系列民俗节庆活动，文化旅游内涵得到提升，荣获“中国侬垌文化之乡”“中国土司文化之乡”等称号。全年累计接待游客650.7万人次，实现旅游总消费50.54亿元，同比分别增长11.37%、14.84%。

【产业转型稳步推进】 2017年，大新县大力推进工业园区建设，投资1.5亿元实施园区标准厂房项目，县城工业集中区总体规划通过专家组评审，成功引进强塑集团、吉程铝材两家企业入驻。呗侬创业园(一期)完成10栋4.08万平方米标准厂房建设，荣获“自治区级农民工创业园”称号。加大规上企业培育，成功培育华恒工贸、新锰门业等3家规上企业，全县规上企业累计达24家。大力推进锰业转型升级，新锰集团20万吨中低碳锰项目变电站顺利竣工，中信大锰大新分公司布东锰生态园等项目加快推进。现代农业稳步发展，完成粮食种植26900公顷，甘蔗种植3262.67公顷，建成“双高”基地3380公顷，稳步推进雷平永鑫、世纪飞龙等制糖企业优化重组。明仕田园休闲农业示范区成功创建市级现代特色农业示范区，上甲肉牛生态养殖示范区、龙门乡龙峡葡萄产业示范园、全茗镇新兴休闲农业示范园、桃城镇决帮砂仁林业扶贫示范园等4个县、乡级现代特色农业示范区(园)通过认定。完成32553.33公顷农村土地承包经营权确权登记颁证地块测量工作，可发证率95.9%。加大招商引资力度，先后与港中旅、泛海控股、东方园林、中民投等实力雄厚企业对接洽谈合作，与广西博世科环保科技签订投资、战略合作协议书。

【城乡面貌显著改善】 2017年，大新县加强中心城区建设，20个城镇重点项目实现开工，东盟商贸建材城(一期)、展鹏财富广场、新锰大道(二期)、环城东路等先后竣工，星光和乐城完成交钥匙工程，呗侬创业园(二期)、妇幼保健院等即将投入使用，明仕北路、伦那路延长线等城区“断头路”相继打通。实施小城镇“书记工程”、特色乡镇示范工程，推进“美丽大新·宜居乡村”建设，硕龙镇硕龙社区、恩城乡苏屯等10个村屯列入自治区乡土特色示范村建设范围，累计投入7.8亿元培育发展54个美丽乡村市、县级示范点，雷平镇新立村获“全国文明村镇”称号。生态环境持续向好，森林覆盖率达66.17%，全面推行河长制，建成23个城乡污水垃圾处理工程。6月13日，崇左市“服务惠民”村级综合服务中心建设现场观摩暨工作推进会在大新县召开。7月26日，大新县在全区“美丽广西·宜居乡村”服务惠民现场工作会上作典型发言。12月11日，2017年全区设区市(桂西、桂南片区)乡村办主任工作会议大新分会场会议在恩城乡陆榜村苏屯召开。

【基础设施日趋完善】 2017年，大新县落实项目前期经费1亿元，实现新开工项目24个，总投资25.4亿元。与港中旅、东方园林等知名企业达成协议投资35亿元。实现隆安至硕龙高速公路(大新段)、大新德天至宁明花山一级公路(大新段)开工建设，大新桃城至龙州科甲二级公路(大新段)加快推进，全茗至雷平一级公路、大新至硕龙二级公路、德天通用机场前期工作稳步推进。大力实施交通基础设施惠民工程，年内新建成通屯道路累计136.3公里，总里程37.2公里的贫困地区窄路基优先通达项目建成使用，建制村道路硬化率100%，

【扶贫工作再上台阶】 2017年，大新县出台《大新县帮扶工作责任追究办法》《大新县脱真贫、真脱贫7条措施》等文件，通过加强对6075名帮扶联系人及494名脱贫攻坚专职工作队员管理、给予特困户建房享受危房改造补助基础上最高再补助3万元、确保贫困户大病报销比例达90%以上、对贫困户发展产业给予最高1万元以奖代补、杜绝贫困户子女因贫辍学等措施，确保扶贫工作取得实效。创新开展“固定帮扶周”、精准帮扶网格化管理等，全市精准脱贫网格化管理现场会在大新县召开。投入2.08亿元发展产业项目672个，完成贫困地区道路、人饮、农村电网升级改造等基础设施项目143个，724户建档立卡贫困户领到星光和乐城“扶贫房”钥匙，656户享受到危旧房改造补助。全面落实扶贫惠农政策，对建档立卡贫困户家庭学生实施15年免

费教育，累计发放教育扶贫资助金4246.25万元，受益学生7.8万人次；投入1300万元对贫困患者住院费用进行兜底保障，贫困人口医疗保障达100%。加强粤桂扶贫协作，获得江门市第一批帮扶资金2000万元，实施大新—江海边旅、明仕生态停车场等5个项目，预计5716贫困人口直接受益。全县15个贫困村、3307户1.39万人达到“两不愁、三保障”标准，并通过区级核验。

【社会事业全面发展】 2017年，大新县全年民生支出20.57亿元，同比增长6.54%。优先发展教育事业，万承学校实现开工，养利学校(二期)、桃城第二中心幼儿园等44个教育项目加快建设，义务教育均衡工作通过“国检”。深化卫生计生改革，“自治区卫生县城”创建通过复审。扎实推进“先诊疗，后付费”诊疗服务模式，健康扶贫签约贫困户13768户52225人，签约率100%。稳步实施“全民参保登记计划”，参保率达99.8%。城镇新增就业2571人，城镇登记失业率2.49%；农村劳动力转移就业8.8万人，劳务经济收入21.7亿元。发放城镇、农村低保资金6357.77万元，新开工保障性安居工程住房296套。创新社会管理，群众矛盾纠纷调处成功率达94.4%。扎实推进禁毒整治，严厉打击走私行为，国家禁毒委将大新县从“毒品走私入境通道”通报警示地区降级为重点关注地区。全力抓好治安防控、安全生产、食品药品安全、地质灾害防治等工作，荣获“全国地质灾害防治高标准十有县”称号，社会公众安全感综合指数排在全区111个县(市、区)第七位。

【体制改革不断深入】 2017年，大新县继续推进简政放权，全年梳理权力事项6843项，清理2975项，清权率43.48%。推进“多证合一，一照一码”登记制度，累计核发营业执照2836本。完成工商登记前置审批和后置审批制度改革，大幅缩短企业准入时间。圆满完成国家陪审员制度、自治区县级公立医院等综合改革试点工作，自治区国有林场改革进一步完善，商事制度、行政制度等各项改革稳步推进。成立旅游巡回法庭、旅游警察大队、工商旅游分局，全面提升服务旅游经济发展能力。组建成立依王旅投、养利农投等投融资平台，与金融机构达成授信融资19.2亿元，为企业、重大项目完成融资7.4亿元。

中共大新县委员会

□编辑　赵锋堂

重要会议

【全县经济工作会议】2017年1月7日，大新县召开全县经济工作会议。会议认真贯彻落实中央、自治区、崇左市经济工作会议精神，总结2016年经济工作，分析研判当前经济形势，安排部署2017年经济工作，动员全县保持定力，奋发有为，以优异成绩迎接中共十九大胜利召开。市委常委、县委书记赵丽在会上作讲话。

赵丽指出，2016年是“十三五”的开局之年。一年来，全县认真贯彻落实中央、自治区、崇左市决策部署，坚持稳中求进总基调，全力做好“两篇大文章”、打好“四大攻坚战”，着力稳当前、谋长远、打基础、促改革、惠民生，经济呈现稳中向好、活力增强的良好态势，实现“十三五”的良好开局，呈现很多新亮点新变化：一是预期目标基本实现；二是文化旅游成效凸显；三是口岸经济实现新突破；四是产业转型升级加速；五是城乡建设扩容提质；六是交通设施优化提升；七是脱贫攻坚首战告捷；八是民生民本持续改善。

赵丽要求，全县上下要以更大的力度解放思想，以更实的举措促进跨越，以更好的作风狠抓落实，坚决完成年度目标任务。要强化正向激励，要狠抓工作落实，要强化督查考评。各级各部门要统筹兼顾，及早谋划各项工作，抓好工农业生产等工作，努力实现良好开局。要安排好困难党员和群众走访慰问工作，让困难党员和群众感受到党的关怀和温暖。要加强安全生产和食品药品安全，做好信访和返乡农民工服务各项工作，切实维护社会稳定。要严守“八项规定”等有关规定，过一个“平安、节俭、欢乐、祥和”的春节。

赵丽强调，要全面贯彻中共十八大、十八届三中、四中、五中、六中全会和中央、全区、全市经济工作会议精神，坚持稳中求进工作总基调，牢固树立和贯彻落实新发展理念，坚持以提高发展质量和效益为中心，围绕县第十四次党代会重大部署，保持战略定力，继续做好“两篇大文章”、打好“四大攻坚战”，扎实推进稳增长、促改革、调结构、惠民生、防风险各项工作，促进经济社会快速健康发展，为与全国全区全市同步全面建成小康社会打下坚实基础，以优异成绩迎接中共十九大胜利召开。

大新县经济工作会议场景

会议认真总结了2016年经济工作，一年来，面对错综复杂的发展环境和经济下行压力不断增大的严峻形势，全县上下深入贯彻落实党中央、国务院、自治区及市委、市政府的决策部署，压实责任、提实要求、做实工作、抓实考核，奋力跑好“十三五”第一棒，全县经济社会发展呈现出速度加快、民生改善、协调共进、和谐稳定的大好局面。初步预计，2016年全县地区生产总值实现106亿元，同比增长6.6%；固定资产投资118亿元，增长20.4%；财政收入4.95亿元；社会消费品零售总额12.79亿元，增长8.5%；城镇居民人均可支配收入27420元，增长7.5%；农村居民人均可支配收入9450元，增长9.0%。会议对2017年经济工作进行了具体部署，强调要抓好八个方面的工作：一是工业做大。加快糖业“二次创业”，加快锰业“二次创业”，加快培育新兴产业；二是农业做特。加快“双高”组织化，推进农业现代化，促进农旅融合发展；三是基础做实。加快建设一批高等级快速通道，加快建设一批水利工程，加快完善一批城乡基础设施，加快完善园区基础设施建设；四是旅游做强。加强规划引领，大力实施全域旅游发展“1234”战略布局，加快推进重点旅游项目建设，抓好旅游基础设施建设，创新文化旅游宣传营销方式；五是财政做富。煲好投融资平台“一锅汤”，做好旅游、口岸、边贸、园区“四个菜”，配好企业上规、农村电商、乡村旅游“三道小吃”；六是城乡做美。做美城镇。做美乡村，做美城乡一体；七是民生做好。扶贫要脱帽，教育要均衡，社会有保障，文体要繁荣；八是社会做稳。大力推进禁毒常态化，综合整治工作，加大走私打击工作力度，强化社会治安防控工作。

【四家班子（扩大）会议】 2017年2月3日，大新县四家班子（扩大）会议召开。市委常委、县委书记赵丽等在家的县四家班子领导出席会议。

赵丽强调，一年之计在于春，各级各部门要迅速把思想和精力转移到全县各项工作中来，以良好的精神状态和饱满的工作热情，按照年初召开的十七届人大二次会议提出的《政府工作报告》和经济工作会议部署的任务目标，撸起袖子加油干，以时不我待我拼劲、把90%的时间和精力放在抓落实上，做到早谋划、早部署、早落实、早见效。

赵丽要求，全县各级领导干部心思要迅速集中、状态要迅速调整、工作秩序要迅速恢复，形成一股紧张快干、马不停蹄、提速争先的浓厚氛围；要持续抓好作风建设，要规范机关干部规章制度，严格执行上下班考勤制度。县四家班子领导要积极深入各自挂点的乡镇、部门和企业，及时调整干部的状态，对机关干部进行“收心”，让他们更好地投入工作。当前要全面掀起“双高”基地建设的新高潮，开展好扶贫春季攻势行动，完成好义务教育均衡发展自治区督导评估反馈意见整改等，千方百计抓好各项工作的落实。

会议还就绩效考评、安全生产、特色旅游小镇概念性规划等当前主要工作进行了部署，研究讨论了2017年县委常委工作要点、重点项目清单以及县四家班子领导联系挂点乡镇责任清单。

【重大项目工作推进会】 2017年3月13日，大新县召开重大项目工作推进会。市委常委、县委书记赵丽等在家的县四家班子领导出席会议。

会议听取了硕龙镇关于国际旅游合作区、德天景区、联检大楼、岩应互市区等项目征地拆迁工作，雷平镇、堪圩乡关于红皮蔗及双高基地建设工作，恩城乡关于伏那征地工作及凤凰岭核心示范区种植凤梨释迦相关情况汇报；听取了全县扶贫工作、创建电子商务示范县工作进展及高速公路征地工作等汇报。

赵丽强调，要破难点，抓项目，强落实，严问责。破难点。要破资金周转、征地拆迁、产业精准扶持、易地扶贫搬迁等难点；抓项目。要抓好四家班子领导联系乡镇的责任清单和重点项目企业工作清单，研究政策，策划项目，争取项目，在全县上下形成一个千方百计某项目，争前恐后干项目，不遗余力抓项目的局面，解决当前经济困境所在；强落实。要推进工作精细法，对项目中存在问题，要问政、要把脉、要解决、要推动，要把百分之90的精力用在工作推进上；严问责。要严督实查，围绕项目的推进问题的解决，执行重点工作月通报制度及年工作走会制度，各乡镇、各部门要以活的办法，实的作风，高的效率，用心，用情，持续、强势推进各项工作。

会议还就如何抓好当前重点工作强调，要“早”“实”“新”，要立足一个“早”字，笨鸟先飞捷足先登；要摸实情，讲实话，出实招，求实效；要有新理念，新举措，要着眼于新问题，研究新问题，提出新办法，取得新成效。

【文化旅游、“宜居乡村工作”会议】 2017年3月20日，大新县召开2017年文化旅游、宜居乡村工作会议，市委常委、县委书记赵丽等县四家班子领导出席会议。

会议听取了中越文化展示馆进展，桃城至金龙二级公路、县城经那岭至二级公路改造、硕龙至德天三级公路改造项目建设，硕龙口岸联检楼建设推进，明仕旅游度假区规划、明仕山庄整治、明仕法国山居和秘境酒店建设及田园风光恢复进展，“三月三”活动筹备，“美丽广西·宜居乡村”建设，各景区项目征地进展等情况工作汇报。

赵丽指出，随着大新旅游事业的快速发展，旅客人数不断上升，为创建一个优质的旅游环境，成立旅游警察、旅游巡回法庭、工商旅游分局，建立现代旅游治理机制迫在眉睫。

就如何做好下一步工作，赵丽要求，要高度重视，形成共识。要形成看什么、干什么、有什么经验、有什么成效、要宣传什么的共识。要抓住4月底全国跨境旅游合作区现场会这个机遇，向全国展示大新山水、经验、人文以及全域旅游前景；要明确重点，责任到位。各部门要在明确工作标准的基础上，协调配合、协同解决，要形成一周一汇报，一周一通报，一周一解决的工作机制；要打破常规，特事特办，完善手续。要善于总结经验，细心、细致、讲效率。

会议还强调要实事求是，深入调研，掌握情况，摸出针对性、可行性办法；要走好程序，专款专用，合理支出，精简开支；要创新、要突破。要抓住机遇，提前做好各项工作的部署谋划。

【“美丽大新·宜居乡村”活动动员大会】 2017年3月29日，大新县召开“美丽大新·宜居乡村”活动动员大会。市委常委、县委书记赵丽等在家的县四家班子领导出席会议，各乡镇、各部门、各单位主要负责人参加会议。

大会首先对获得“魅力村庄”“绿色村屯”称号的各个村屯进行表彰通报和颁奖。全面总结大新县开展乡村建设活动以来取得的成效，指出存在的主要问题，并就如何贯彻落实自治区“美丽广西·宜居乡村”活动作出全面部署。

赵丽指出，乡村建设与扶贫攻坚工作内容高度契合，是一项民心工程、生态工程、政治工程，要突出社会参与，群策群力，共同推动。在宜居乡村的项目安排上，要向贫困村倾斜，加大产业扶贫力度。

赵丽强调，要加强领导，合力推进，确保“美丽大新·宜居乡村”活动取得实效。必须切实加强领导、落实责任，采取有效措施，动员一切力量，合力推进各项工作落实到位，确保活动取得实效；要强化组织领导，完善工作机制；要强化农民主体地位，调动群众积极性；要强化机制创新，多方筹措建设资金；要强化督促检查，严格问责问效；要强化宣传教育，营造良好氛围。

会议要求，开展“美丽大新·宜居乡村”活动，各部门、各乡镇要切实增强大局意识和服务意识，统一思想，统一行动，不断开创乡村建设新局面，努力绘就蓝天常驻、青山常在、碧水常流的美丽大新新画卷。努力营造全社会关心、支持、参与乡村建设的浓厚氛围，全面推进“宜居乡村”建设，掀起“美丽大新”乡村建设活动新高潮。

大新县“美丽大新·宜居乡村”活动动员大会场景

【首轮巡察工作汇报会】 2017年3月20日，中共大新县委召开书记专题会议，听取本届县委首轮巡察工作汇报。市委常委、县委书记赵丽主持会议并讲话，县委副书记、县委常委、县纪委书记、县委巡察工作领导小组正副组长出席会议并分别作点评。

在首轮巡察中，县委派出5个巡察组分别对县扶贫办、住房和城乡建设局、农业局、水利局、移民工作管理局、糖业办、粮食局、水产畜牧兽医局、民族宗教局、农机局、残联、房改办、经管站等13个县直单位开展了集中巡察。

在认真听取县委巡察组汇报和大家意见建议后，赵丽对县委首轮巡察工作成效给予充分肯定，认为巡察组在巡察工作中负责任、敢担当、敢于直视问题，发挥巡察利剑作用，巡察工作开局良好，为实现届内巡察全覆盖开了好头。

赵丽强调，要进一步把巡察工作引向深入，持续推进巡察整改工作。一要做好问题线索处置。根据问题的性质、影响程度，运用好执纪监督"四种形态"，督促整改、强化问责。对普遍存在的共性问题，要严格执行制度，扎牢制度的"笼子"，推动标本兼治。对违纪违法问题，要坚决立案查处，决不姑息迁就。二要压实"一把手"责任。巡察要抓住"关键少数"，重点盯一把手，让这一"关键少数"做忠诚、干净、担当的表率，净化整个单位的政治生态。强化结果运用，将巡察结果和整改情况作为干部考核评价、选拔任用的重要依据，切实防止干部"带病提拔"。三要夯实整改主体责任。原汁原味向被巡察单位反馈，督促被巡察单位围绕反馈的问题，建立整改清单，制定整改措施，从严从实整改、对账销号，确保整改问题件件有着落。强化督查督办，持续跟踪，对敷衍整改、整改不力的，要严肃问责。四要加大巡察工作力度。巡察组和巡察干部要紧盯重点人、重点事和重点问题，提高发现问题的精准度。严格按照程序、规矩办事，用法治思维开展工作，推动大新县巡察向纵深发展。

会议还研究通过了《十四届大新县委第二轮巡察工作方案》。

【县委领导班子专题民主生活会】 2017年3月27日，中共大新县委召开领导班子专题民主生活会。会议针对查处发生在群众身边的"四风"和腐败问题，认真进行总结分析，并就进一步明确职责任务，进一步加强作风建设，强化监督执纪问责，健全防控长效机制作了专题部署。市委常委、县委书记赵丽主持会议并作讲话。

会上，赵丽代表县委常委就中央第三巡视组对广西巡视"回头看"反馈意见整改工作作全面对照检查，从思想认识、遵守党的政治纪律、政治规矩和组织纪律，落实党风廉政建设主体责任和监督责任等方面，深刻剖析存在问题，对问题产生的原因进行认真深入分析，提出了下一步整改方向和措施。

赵丽强调，要把国家安全责任纳入县委工作规划，纳入绩效考评的总要内容，组织广大干部学习《总体国家安全观干部读本》、国家安全法，筑牢国家安全和平防线。加强基层党员干部爱国主义教育、保守主义教育、党性教育等，建立健全村屯干部因私出境、交往请示报告制度；要严格党内政治生活的各项规定，从严落实领导干部双重组织生活等组织生活制度，深入开展"两学一做"学习教育，着力解决机关党委优化，基层党组织软弱涣散，组织生活不经常，党员管理不规范等问题；要健全党内监督体系，加强对领导干部这个"关键少数"的监督，健全巡查工作机制，把党员领导干部遵守政治纪律和政治规矩情况作为巡查的总要内容；要开展落实中央八项规定精神回头看，深入开展查处发生在群众中的"四风"和腐败问题，县委巡查组要开展第二轮的巡察，从严查处各类违法违纪行为，切实维护群众的利益；要完善干部考核评价体系，营造干部能干事、敢干事、干成事的政治环境，带头把百分之九十以上的时间和精力放在抓落实上，坚定不移推动上一级各项决策部署和优惠政策，不择不扣的贯彻落实好。

赵丽带头查摆自身存在的问题，诚恳接受其他常委成员提出的批评意见。常委班子成员依次根据自身情况，结合案例深刻剖析个人思想、工作、作风等方面问题，实事求是地开展批评与自我批评，认真查找存在的不足，并提出具体整改措施。

【学习贯彻习近平总书记到广西视察的重要讲话精神暨学习中共十八届六中全会精神专题会】 2017年4月28日，大新县学习贯彻习近平总书记到广西视察的重要讲话精神暨学习中共十八届六中全会精神专题会召开，市委常委、县委书记赵丽等县四家班子领导出席会议。

会议传达学习了习近平总书记到广西视察时的重要讲话精神及自治区、崇左市学习贯彻中共十八届六中全会专题研讨班的精神，观看了习近平总书记到广西视察的宣传报道视频。

赵丽指出，学习贯彻习近平总书记的重要讲话精神和中共十八届六中全会精神，推动全面从严治党向纵深发展，事关全县经济社会健康发展前途，使命光荣，任重道远，要在中央、自治区党委和市委的坚强领导下，不忘初心，继续前行，坚定不移地推动全面从严治党向纵深发展，为全县经济社会健康发展提供坚强的思想政治保障，以优异成绩迎接中共十九大胜利召开。

就如何深入贯彻习近平总书记到广西视察的重要讲话精神，赵丽要求，要牢固树立四个意识，深入学习贯彻总书记系列总要讲话精神，强化担当责任意识，不折不扣落实好总书记的指示，迅速掀起学习的热潮；要把总书记的讲话精神转化为推动发展的实践，自觉用总书记的讲话精神武装头脑，指导实践，在重要讲话精神中找到推动全县工作深入开展的切入口，以励精图治，守土尽责的担当精神，开拓壮举，敢创敢试精神，攻坚克难、百折不挠的拼搏精神，踏石留印、抓铁有痕的“钉钉子”精神，狠抓落实，确保中央、自治区党委、市委的决策部署在全县落地生根，开花结果。

赵丽强调，要深刻领会中共十八届六中全会精神，坚定不移推动全面从严治党向纵深发展，进一步增强党组织的政治性、时代性、原则性、战斗性。坚持学做结合，落实好中心组学习、党支部“三会一课”、“固定党日+”等基本制度，提升党员干部党性修养和能力素质；要充分利用网站、微博、微信、短信等传播媒介，探索网上组织生活新模式；要经常性开展党内组织生活，严格党内组织生活的程序，用好批评和自我批评的武器，提高民主生活会质量，推动形成严肃认真，又生动活泼的党内生活良好风尚；要加强督查，上级党组织经常性督查、指导下级党组织开展好组织生活，推动组织生活从严、从实开展。加强群众监督，让群众看一看、听一听、评一评、议一议党内生活是否严肃；要坚持民主集中制，把同级监督和上下级监督有机结合起来，集体领导，民主集中；要加强党员干部党性教育，引导党员干部增强纪律观念，不断提高在大是大非面前的辨别能力，在诱惑面前的自控能力，在警示面前的警悟能力，党组织要对党员干部身上存在的苗头性、倾向性问题早发现、早提醒、早处置，防止小错酿成大祸，对反应的一般性问题及时进行谈话、诫勉，对反应的不属实问题要及时澄清，对如实说明且问题不严重的予以了结，让我们的干部放下包袱，轻装前进；要强化责任担当，责任追究；要坚持以身作则，以上率下，从严、从紧抓好领导干部这个“关键少数”。

大新县学习贯彻习近平总书记到广西视察的重要讲话精神暨学习中共十八届六中全会精神专题会场景

【县委中心组学习会议】 2017年5月3日，市委常委、县委书记赵丽主持召开县委中心组学习会议，县四家班子领导出席会议。

会上，中心组成员围绕深入学习领会习近平总书记视察广西重要讲话精神这一主题，结合自身工作实际进行发言。大家一致认为，习近平总书记这次视察广西，是在重要时间节点、就重大主题进行的一次重要视察，总书记的领袖风范、远见卓识、民主作风、亲民情怀、表率力量，对广大党员干部是深刻的教育。大家充分表达了对习近平总书记作为党中央核心、全党核心的衷心拥护和深切爱戴，对抓好学习贯彻落实的政治自觉和责任担当，对做好“两篇大文章”、打好“四大攻坚战”的坚定信心和坚强决心。

赵丽指出，习近平总书记到广西视察指导并发表重要讲话，充分体现了党中央和总书记对广西的高度重视，我们要把学习贯彻总书记视察广西重要讲话精神与学习贯彻总书记系列重要讲话精神和治国理政新理念新思想新战略结合起来，与贯彻落实自治区第十一次党代会精神确定的各项目标任务结合起来，凝心聚力，锐意进取，努力实现大新经济社会新发展、新跨越。

赵丽要求，要牢固树立四个意识，深入学习贯彻总书记系列总要讲话精神，强化担当责任意识，不折不扣落实好总书记的指示，在全县范围内迅速掀起学习宣传和贯彻落实总书记重要讲话精神的热潮；要把总书记的讲话精神转化为推动发展的实践，自觉用总书记的讲话精神武装头脑，指导实践，在重要讲话精神中找到推动全县工作深入开展的切入口，励精图治，狠抓落实、开拓壮举，攻坚克难，确保讲话精神在全县落地生根，开花结果。

【扶贫工作会议】 2017年5月8日，市委常委、县委书记赵丽主持召开扶贫工作会议。秦义敏、黄信佩、徐钊、张志军、张春强、黄宏武、农艺梅等县领导出席会议。

会议听取各乡镇集体经济、产业发展状况和易地扶贫搬迁等工作推进情况汇报，详细解读脱贫攻坚财政专项扶贫资金、产业奖补政策等相关扶贫政策，与会人员就当前工作中存在的问题和难题进行深入交流探讨。

就如何进一步做好集体经济、产业发展和易地扶贫搬迁等工作，赵丽要求，全县上下要深化认识，切实增强发展壮大农村集体经济的紧迫感、责任感和使命感，始终把发展壮大农村集体经济作为一项重大任务落实好，集中力量攻破农村集体经济发展中存在的突出问题；在产业扶贫工作上要充分稳定好现有产业，做好管护等相关工作，让产业发展带领群众脱贫致富奔小康；在异地扶贫搬迁工作上，各乡镇要把政策宣传到位，广泛征求群众的意见和建议，加强与群众的互动，确保搬得动、搬得出、生活得好；要学政策，吃透政策，八仙过海，各显神通。

赵丽强调，要摸清家底，明确发展方向，科学规划，从各村经济基础、地理位置、资源条件等实际出发，因地制宜，因村制宜，积极探索村级集体经济发展途径。要维护农民利益，坚持农民增收与集体增利相统一；要深入发掘各乡镇特色优势产业，形成产业业态，形成规模化发展，辐射更多贫困户。要做好产业发展长远规划，在认真落实好今年目标任务的同时，尽早谋划来年工作，让产业发展有序、有效推进。各乡镇之间要互相交流，共同解决产业发展中的难题；要进一步做好易地扶贫搬迁对象的甄别工作，确保搬迁对象识别精准、信息准确完整、真实可靠、群众公认，让百姓心服口服。

大新县扶贫工作会议场景

【庆祝中国共产党成立96周年大会】2017年7月1日，大新县召开庆祝中国共产党成立96周年大会，县四家班子领导出席会议。

赵丽在会上回顾了中国共产党96年来走过的光辉历程，对2017年来大新县各级党组织和广大共产党员取得的成绩给予肯定，并就如何做好“两篇大文章”，打好“四大攻坚战”，推进“强工兴旅固边”战略目标，开创大新工作新局面提出了明确要求和殷切期望。一要坚定信念、对党忠诚。要坚持和发扬忠诚履责、爱岗敬业、乐于奉献的优秀品质，自觉把个人奋斗与推动大新长足发展紧密结合起来。二要不忘初心、为民造福。重点抓好易地扶贫搬迁、贫困村集体经济发展、产业扶贫资金支出、贫困户持续增收等重点工作；统筹做好就业、道路、住房、饮水、教育、医疗、社保、安全生产、和谐稳定等工作；做好万承学校建设、文明城市和卫生城市创建，毒品整治工作、群众安全感和满意度、妇幼保健院整体搬迁、农村人饮安全工程等工作。三要扎实工作、勇当先锋。做好口岸升格工作；抓好“两区”即德天景区创AAAAA级景区工作，龙宫仙境景区、安平仙河景区创建国家AAAA级旅游景区建设和申报工作；加快隆安—硕龙、桃城—金龙、硕龙—德天等主要道路施工建设；做好“双高”基地建设等工作。四要从严治党，牢固根基。把“9+5”基层党建重点任务完成情况作为党组织书记抓基层党建工作述职评议考核的重点内容，结合年度党建工作清单管理要求，加强督促指导，严格考核奖惩；启动县村“两委”换届工作，确保选出群众满意、组织放心的新一届村“两委”班子；抓好意识形态工作，各级党组织尤其是主要负责同志要种好意识形态“责任田”，宣传思想部门作为责任部门，要做到守土尽责；全面传导“两个责任”压力，推动巡查工作和纪检监察派驻监督工作规范化、制度化，实现巡查、派驻对象全覆盖。五要坚守本色、廉洁奉公。要带头弘扬社会主义核心价值观，坚持以模范党员的标准严格要求自己，筑牢拒腐防变的思想道德防线，保持好共产党员的良好形象。六要关爱党员、绝不掉队。建立健全多层次的党内关爱机制，提升党员的归属感、荣誉感、自豪感，激发基层党员干事创业的热情，增强基层党组织的创造力、战斗力和凝聚力。

会议还组织观看“两新”组织规范化建设专题片，宣读《致全县共产党员的一封信》。

【村(社区)“两委”换届选举工作培训会】2017年7月3日，大新县召开2017年村(社区)“两委”换届选举工作培训会。各乡(镇)党委书记、组织委员、人大主席，区、市、县派驻各村(社区)工作队员(含第一书记)，村(社区)“两委”换届选举工作指导委员会办公室秘书组、综合组、宣传组、指导组全体成员等共260人参加培训会。

会议围绕全县村(社区)“两委”换届选举工作实施方案进行详细讲解，从村民选举、召开村民小组会议、召开选举大会等具体程序和操作上进行培训，为村(社区)“两委”换届营造良好的氛围。

会议要求，一要提高认识，明确职责。各乡镇、各单位要提高统筹推进的意识、又要明确具体工作的职责。要建立责任追究制度，对因领导和指导工作不力、敷衍应付、问题处置不当引

2017年大新县村(社区)“两委”换届选举工作培训会场景

发较大规模群体性事件的，要追究相关领导和有关人员的责任；二要加强培训，及时传达。会后，各个乡镇要快速组建工作指导委员会和工作指导组、快速启动工作、快速制定工作方案和工作时间表，快速学习传达到包村工作队员、传达到村组干部；三要严格程序，扎实开展。要把实政策法规关，严格依法办事；要把实选人标准关，树立正确导向；要把实班子结构关，力求精干高效；要把实推荐选举关，充分发扬民主；四要加强督导，严肃纪律。要强化全覆盖全过程监督，县换届督导组要采取随机督导、明察暗访等形式，向所联系负责的乡镇和重难点村进行监督指导，对换届每个环节要参与督导，乡镇同时也要向每个村派驻工作指导组，全程跟踪指导。要进一步拓宽监督渠道，开通举报电话，设立举报信箱，公布“12380”举报平台，做好群众来信来访受理工作，在村级探索设立选举监督委员会，邀请“两代表一委员”、村民代表担任社会监督员，广泛接受群众监督。要坚持“零容忍”原则，从严从快查处换届选举中的违法违纪问题。

【县域经济发展暨年中工作会议】 2017年7月31日，大新县召开2017年县域经济发展大会暨年中工作会议。会议深入学习贯彻落实全区县域经济发展大会暨年中工作会议精神，总结上半年经济形势，研究部署下半年工作。市委常委、县委书记赵丽等在家的县四家班子领导出席会议。

赵丽指出，全县经过多年努力，被评为“2016年度广西科学发展先进县”、荣获第三批“广西特色旅游名县”称号，这是大新县县域经济发展取得好成绩的缩影，但还存在经济发展总量不大、产业转型步履缓慢、现代农业示范带动不明显、工业园区建设滞后、旅游带动经济发展能力不足、城镇化程度不高等较多突出问题。

赵丽要求，要找准定位，认清形势，切实增强做大做强县域经济的紧迫感；要立足优势，补齐短板，奋力打造县域经济发展升级版；要全面实施全域旅游发展战略，打造中越边关风情旅游示范带的龙头，加快实施锰业“二次创业”，建成中国特色国际旅游目的地和锰业循环经济示范基地，紧紧围绕崇左市给我县的定位，找准支撑点，抓住关键点，集中力量发挥优势；要继续做大做强特色产业，夯实基础设施建设，加快新型城镇化建设，着力改善和保障民生。

赵丽强调，要学好用好政策，成立政府政策研究中心，县四家班子、县直部门、各企业要学习领会好自治区支持县域经济加快发展的“双10条”政策；要敢闯敢干敢担当，各级各部门要解放思想、勇于变革，提拔任用干事创业、敢于担当的干部；要坚定信心、攻坚克难，不断开创县域经济发展新局面。

会议认真总结上半年经济工作并部署下半年工作。今年以来，全县继续深入实施“强工兴旅固边”发展战略，认真做好“两篇大文章”、打好“四大攻坚战”，统筹推进各项工作，经济运行呈现平稳求进、稳中向好的态势。下半年工作要乘势而上、再创新高：做强实体经济、更高层次实现转型升级；建设产业园区，更大平台上实现产业聚集；推进项目，更高水平上实现有效投资；升格口岸，更高起点上实现开放共赢；做大景区，更高标准上实现全域旅游；做好特色农业，更新体系上实现现代农业；推进城乡建设，更高定位上实现城乡一体；谋划交通，更没蓝图上实现互通互联；担当责任，更严机制上实现真帮

大新县2017年县域经济发展大会暨年中工作会议场景

实扶；保障民生，更高要求上实现和谐稳定。

【全面深化改革领导小组专题会议】 2017年9月4日，中共大新县委全面深化改革领导小组专题会议召开，市委常委、县委书记赵丽，县处级领导干部出席会议。

会议传达中央、自治区党委和崇左市委全面深化改革领导小组有关会议精神，审议《中共大新县委员会全面深化改革领导小组2017年工作要点》和《中共大新县委全面深化改革2017年督察计划》，研究部署下一步全面深化改革工作。

赵丽强调，要认清形势，敢于担当。今年是全面深化改革的关键之年，要进一步深刻领会全面深化改革的重要战略意义和现实意义，统一思想认识，凝聚智慧力量，自觉把思想和行动统一到中央、自治区、市委的决策部署上来，敢闯敢试、苦干实干、巧干快干，以抓铁有痕、踏石留印，为决战决胜脱贫攻坚、加快全面建成小康社会注入强大的动力支撑；要突出重点，破解难题。始终坚持问题导向、需求导向、民生导向，不断深化当前改革工作，要在全域旅游、扶贫攻坚、组织建设、产业转型升级等诸多方面打造一批有影响力的工作亮点；要统筹协调，形成合力，确保改革取得实效，释放更多红利，让人民群众充分享受到改革成果；要抓好督察。强化督察主体责任，明确督察内容，健全督察机制，创新督察方式，强化督察合力，完善考核评价，以强有力的督察工作形成倒逼压力、激发落实动力，促进改革举措落地生根，取得实效。

【传达学习中共十九大精神大会】 2017年10月30日，市委常委、县委书记赵丽主持召开大新县传达学习中共十九大精神大会，学习贯彻中共十九大精神，组织动员全县各级党组织和广大党员干部群众进一步统一思想、振奋精神，高举中国特色社会主义伟大旗帜，以习近平新时代中国特色社会主义思想为指导，坚定不移做好“两篇大文章”、打好“四大攻坚战”，全面推动中共十九大精神在大新落地生根开花结果，奋力谱写新时代中国特色社会主义大新发展新篇章。在家的县四家班子领导出席大会。

赵丽强调，要迅速掀起学习宣传贯彻中共十九大精神热潮，用习近平新时代中国特色社会主义思想武装头脑指导实践推动工作；要以学习宣传贯彻中共十九大精神为动力，全力以赴完成全年经济工作各项目标要求；要咬定目标不放松，认真做好绩效考评工作；要全力以赴抓扶贫，精准发力全面小康；要保持战略不动摇，科学谋划好“两篇大文章”；要千方百计惠民生，不断满足人民对美好生活的需求；要持之以恒保平安，不断提升群众安全感和满意度；要坚定不移抓党建，持续纵深推进全面从严治党。

赵丽要求，学习宣传贯彻中共十九大精神，要把握精神实质，坚决维护核心。要坚持认真研读，原原本本学习中共十九大的报告，牢固树立四个核心，四个意识，坚定四个自信；要加强组织领导，周密部署安排。要尽快研究制定我县学习宣传贯彻中共十九大精神的方案并组织实施；要加强学习宣传教育，抓好全员培训。各级党组织要把学习中共十九大精神作为中心内容，制定计划，列出专题，力求学深悟透融会贯通，各级各部门要结合推进“两学一做”学习教育常态化制度化，分级分类开展教育培训，实现党员干部学习培训的全员覆盖；要紧密联系实际，集中开展宣讲。要尽快组织常委宣讲团、专家宣讲团开展宣讲活动，充分发挥“大榕树课堂”等平台作用，把中共十九大精神讲清楚讲明白，让老百姓听得懂，能领会，做到家喻户晓；要广泛宣

大新县传达学习中共十九大精神大会场景

传发动，形成浓厚氛围。各级各部门和新闻媒体要充分利用各种手段，采取人民群众喜闻乐见的形式，推动中共十九大精神进企业、进农村、进机关、进校园、进社区、进军营，报道反映基层干部群众学习贯彻的典型事迹和良好风貌，在全县营造学习贯彻中共十九大精神的浓厚氛围。

赵丽强调，今年仅仅剩下最后两个月时间，各项工作已经进入倒计时、冲刺阶段，各级各部门要把学习贯彻中共十九大精神与各项工作紧密结合起来，抓重点补短板强弱项来全面完成全年的目标任务。要以贯彻落实中共十九大精神为契机，加快项目建设进度，把稳定经济增长摆在突出位置，巩固扩大加快发展的良好势头。要提高认识，切实增强抓重点项目的责任感和紧迫感。各处级领导要按照项目联系分工表加强工作指导，研究解决项目建设中存在的困难和问题。各责任部门要加强项目服务工作，合力推动项目建设。要加快推进重点项目建设进度，要重点抓好县城工业集中区、下雷锰业循环经济园区和岩应互市加工区的建设，加快园区道路、标准厂房等基础设施建设进度，引进更多企业进驻园区，增加人气。

【创A级景区迎检工作布置会】 2017年11月21日，大新县创A级景区迎检工作布置会召开，市委常委、县委书记赵丽出席会议。

会议进一步明确创建整改工作任务，再次动员各部门、各单位认清形势、统一思想，做最后的冲刺，全力以赴做好迎检各项准备工作，确保德天跨国瀑布景区成功创AAAAA景区、龙宫仙境和安平仙河景区成功创AAAA景区。

大新县创A级景区迎检工作布置会场景

赵丽指出，景区创A工作是彰显旅游资源优势、实现加快发展的有效途径。德天跨国瀑布景区创AAAAA、龙宫仙境和安平仙河景区创AAAA工作已经到了最关键的时刻，要高度重视，切实负起责任，进一步加大工作力度，强力推进创建工作，确保成功创建。特别是德天跨国瀑布景区创建国家AAAAA级旅游景区项目是崇左市实现国家AAAAA级旅游景区“零突破”和作好文化旅游发展大文章的一个标志性项目，要做好、做出成效、做出精彩，为全市文化旅游发展这篇大文章添砖加彩。

赵丽强调，全县各级各部门要充分认识德天创AAAAA、安平仙河和龙宫仙境创AAAA级旅游景区冲刺创建活动的重要性和必要性，切实增强责任感和紧迫感，群策群力，确保顺利通过验收；要以问题为导向，精抓细抓。要做好交通、旅游市场、安全生产、游客满意度等各项工作；责任和人员要到位。要按照下发的工作任务安排表对工作任务进行合理分工与统筹安排，明确分工，压实责任，深入实地检查，现场督战，及时发现问题、及时整改；要加强联动配合，形成一盘棋的整体工作格局，推动工作有效落实。

【粤桂扶贫协作调研座谈会】 2017年12月5日，大新县召开粤桂扶贫协作调研座谈会。赵丽、徐钊、农建敏、丑继明等县领导参加座谈会。

会议就粤桂扶贫协作工作在大新县的开展情况以及粤方挂职干部到任后的工作开展情况进行了汇报。

在听取汇报后，粤桂扶贫协作调研组对大新就粤桂扶贫协作各方面扎实的工作情况给予了肯定，同时要求，大新县要积极努力创新，争取把大新打造成粤桂扶贫协作的示范点；要加强劳务协作力度，加大职业教育培训力度，让更多的贫困户掌握技能，为实现精准脱贫打下坚实基础；要谋求产业合作的新高度，在“一带一路”的带动下，加大口岸经济的开发力度，并积极探索旅游经济的产业链，书写“两篇大文章”的新篇章。

市委常委、县委书记赵丽衷心感谢粤桂扶贫协作对大新的无私帮助和倾力支持，并表示，大新县将会不折不扣完成粤桂扶贫协作任务，不断提升粤桂扶贫协作合作水平；全面加强协作对接，强化扶贫协作责任，进一步提高工作效率和资金使用效益，推动粤桂扶贫协作取得更加丰硕的成果。

【中国共产党大新县第十四届委员会第二次全体会议】 2017年12月8日，中国共产党大新县第十四届委员会第二次全体会议召开。出席这次会议的县委委员25人，候补委员7人。县纪委委员，不是县委委员、候补委员或县纪委常委的县四家班子成员和有关方面主要负责人列席会议。县第十四次党代会代表中部分基层同志也列席会议。全会由县委常委会主持。市委常委、县委书记赵丽向全会报告县委常委会一年来的工作，并作讲话。全会审议通过《中共大新县委员会关于深入学习宣传贯彻党的十九大精神的决定》。县委副书记秦义敏就《决定》（草案）向全会作说明。

全会充分肯定过去一年常委会的工作。一致认为，县委常委会在自治区党委和市委的正确领导下，深入学习贯彻中共十八大、十八届三中、四中、五中、六中、七中全会和中共十九大精神，坚持以马克思列宁主义、毛泽东思想、邓小平理论、“三个代表”重要思想、科学发展观、习近平新时代中国特色社会主义思想为指导，紧紧围绕“五位一体”总体布局和“四个全面”战略布局，深入贯彻落实自治区第十一次党代会、市第四次党代会、县第十四次党代会决策部署，继续深入实施“强工兴旅固边”发展战略，全力做好“两篇大文章”，坚决打赢“四大攻坚战”，奋力推进全县经济建设、政治建设、文化建设、社会建设、生态文明建设和党的建设各项工作取得新成效。

全会认为，中共十九大是在全面建成小康社会决胜阶段、中国特色社会主义进入新时代的关键时期召开的一次十分重要的大会。要充分认识学习宣传贯彻中共十九大精神重大意义，把深入学习宣传贯彻中共十九大精神作为我县当前和今后一个时期的首要政治任务，自觉用中共十九大精神武装头脑、指导实践、推动工作。要全面准确深刻领会中共十九大精神，深刻把握其精神实质和丰富内涵，学深悟透其思想精髓和核心要义，把深入学习宣传贯彻中共十九大精神与贯彻落实习近平总书记对广西工作的重要指示精神紧密结合起来，在学懂弄通做实上下功夫，迅速兴起学习宣传贯彻热潮，切实把思想和行动统一到中共十九大精神上来，把力量凝聚到实现中共十九大确定的各项目标任务上来。

全会强调，要坚持以习近平新时代中国特色社会主义思想为指导，坚决维护以习近平同志为核心的党中央权威和集中统一领导。要牢固树立政治意识、大局意识、核心意识、看齐意识，坚决拥护核心、服从核心、看齐核心、紧跟核心，在政治立场、政治方向、政治原则、政治道路上同以习近平同志为核心的党中央保持高度一致，坚定自觉地把

中国共产党大新县第十四届委员会第二次全体会议场景

以习近平同志为核心的党中央决策部署落到实处。要自觉把习近平新时代中国特色社会主义思想作为一切工作的根本遵循和行动指南,更加自觉地增强道路自信、理论自信、制度自信、文化自信,更好地引领大新各项事业沿着正确方向健康发展。

全会强调,要牢牢把握中共十九大关于中国特色社会主义进入新时代的重大政治论断,准确把握新时代的历史方位,进一步完善新时代大新发展的战略任务和奋斗目标。要牢牢把握大新县作为革命老区、民族地区、边疆地区、贫困地区这个最大县情,后发展欠发达这个最大特征,正处于产业转型升级过渡期和爬坡过坎、补齐短板的艰苦创业阶段这个最大实际,增强忧患意识、机遇意识、创新意识、发展意识,推动大新抓住机遇、加快发展、赶超跨越、后来居上,坚定不移做好"两篇大文章"打好"四大攻坚战",深入实施"强工兴旅固边"发展战略,在全面建成小康社会的基础上,稳扎稳打、善作善成,不断夺取大新各项事业新胜利,与全国人民一道,朝着建设富强民主文明和谐美丽的社会主义现代化强国的目标奋勇前进,到2035年,使全县经济实力、创新能力大幅提升;到21世纪中叶,彻底改变大新后发展欠发达面貌,使边城大新以繁荣富裕、开放创新、文明法治、团结和谐、美丽自信的崭新形象展现在世人面前。

全会强调,要深入贯彻新时代推进中国特色社会主义伟大事业的战略部署,紧紧围绕中共十九大关于中国特色社会主义经济建设、政治建设、文化建设、社会建设、生态文明建设的重大部署,结合实际、因地制宜,统筹推进"五位一体"总体布局、协调推进"四个全面"战略布局,全面贯彻新发展理念,奋力谱写新时代大新发展新篇章。要做好"两篇大文章"打好"四大攻坚战",扎实推动经济持续健康发展。要积极推进社会主义民主政治和法治建设,进一步巩固发展生动活泼、安定团结的政治局面。要强化意识形态和宣传思想文化工作,凝聚发展正能量。要坚持全面深化改革,不断增强经济社会发展动力活力。要全面落实以人民为中心的发展思想,坚持在发展中保障和改善民生。要加强和创新社会治理,争当全市营造团结和谐社会生态排头兵。要加快建设美丽大新,创建全区山清水秀自然生态示范县。

全会强调,要按照中共十九大关于新时代党的建设总体要求和纵深推进全面从严治党8项重点任务,坚持和加强党的全面领导,坚持党要管党、全面从严治党,推动全面从严治党向纵深发展,为新时代大新发展提供坚强保证。要旗帜鲜明把党的政治建设摆在首要位置,用习近平新时代中国特色社会主义思想武装党员干部,锻造高素质专业化干部队伍,加强基层组织建设,持之以恒正风肃纪,深入推进反腐败斗争,构建严密完整的监督体系,着力巩固和发展大新风清气正的政治生态。

全会强调,要切实加强组织领导,全面推动中共十九大精神在大新落地生根、开花结果。要进一步解放思想、敢于创新,把发展的动力活力最大限度激发出来;要进一步担当作为、清正廉洁,始终做到老老实实做人、规规矩矩做事、干干净净用权,永葆共产党人清正廉洁政治本色;要大力发扬团结拼搏、苦干实干的精神,把90%以上的时间和精力放在抓落实上,做到干一件成一件,成一件见实效一件。

全会号召,全县各级党组织和广大党员干部要更加紧密地团结在以习近平同志为核心的党中央周围,坚持以习近平新时代中国特色社会主义思想为指导,全面贯彻落实中共十九大精神,不忘初心、牢记使命,团结拼搏、苦干实干,进一步做好"两篇大文章"、打好"四大攻坚战",持续深入实施"强工兴旅固边"发展战略,奋力谱写新时代大新发展新篇章。

【县委工作务虚会】 2017年12月8日,中共大新县委2018年工作务虚会召开。市委常委、县委书记赵丽主持会议,县四家班子领导出席会议。

会上,县处级领导干部结合各自分管工作围绕就如何做好"两篇大文章"、打赢"四大攻坚战"作发言,并就2018年全县重点工作以及体制机制创新提出自己的思路与建议。

会议要求,要全面学习宣传贯彻中共十九大精神,将中共十九大精神宣传深入到基层;要全员参与脱贫攻坚工作,党员、领导干部要做好先锋带头作用;要发展全域旅游，打造以德天瀑布景区为龙头的县全域旅游，为全县2018年重点工作做好前期准备。

会议强调，要振兴产业，坚定不移的打好工业产业转型升级攻坚战；要做大做强糖、锰传统优势产业，加快推进口岸经济、文化旅游发展，丰富餐饮、住宿、娱乐等旅游配套服务；要狠抓工业园区建设，积极开展招商引资；要加大县城区软硬基础设施建设力度，加快城镇化建设；要振兴文化产业，发扬传承大新县高腔诗蕾、土司文化、侬侗文化等传统文化；要振兴财政，加大招商，做好项目前期工作，争取更多项目落地；要努力培育亿春食品厂、强塑管道、吉程铝业，呗侬食品加工厂等企业上规模；要实施乡村振兴战略，打造产业兴旺、生活宜居、乡风文明、治理有效、生活富裕的新型农村。

会议强调，要做好三保障。一是组织保障，逐步完善机构设置以及专业人才补充；二是作风保障，要强化干部作风，培养主动思考，勇于担当担责的好干部；三是安全保障，要抓好安全生产，维护社会安全稳定，坚决做好打击走私、禁毒工作。

【针对自治区扶贫开发成效“四合一”考核存在问题整改暨迎接省际交叉考核、国家第三方评估工作布置会】 2017年12月19日，大新县针对自治区扶贫开发成效“四合一”考核存在问题整改暨迎接省际交叉考核、国家第三方评估工作布置会召开。市委常委、县委书记赵丽，县四家班子领导出席会议。

会议通报了自治区扶贫开发成效“四合一”考核中存在问题，安排部署迎接省际交叉考核、国家第三方评估有关准备工作。

就如何做好自治区扶贫开发成效“四合一”考核存在问题整改和迎接省际交叉考核、国家第三方评估工作，赵丽要求，要认真对照，举一反三。要以自治区扶贫开发成效“四合一”考核反馈问题为导向，各乡镇、各部门要认真对照考核验收组反馈的问题清单，逐条查摆，举一反三，立行立改；要深入研究领会第三方评估、省际交叉验收、东西部协作等考核验收工作相关的文件精神，根据文件精神开展迎检工作，确保做实、做细考核验收工作；要平常心态，正视问题，目前是各项工作考核验收的高峰期，各乡镇、各部门要高度重视问题整改工作，合理安排工作人员和时间，以实的作风、严的纪律、端正的态度，在推进问题整改、解决实际问题、获得群众认可等方面下功夫，进一步加快工作进度，高质量地完成问题整改，为迎接国家考核评估做好全面准备；要不忘初心，继续前进。要保持良好的精神势头，发扬优良作风，有耐心有韧劲，抓重点、补短板、强弱项，圆满完成年度工作目标。

【党政联席（扩大）会议】 2017年12月21日，大新县党政联席（扩大）会议召开。市委常委、县委书记赵丽，县四家班子领导出席会议。

会议就重大旅游在谈项目的相关情况进行了通报，并就港中旅、民宿协议以及旅游产业发展工作进行了交流与探讨。

赵丽指出，大新县旅游资源丰富、产业基础良好、投资环境优越，旅游市场开发前景广阔，优秀企业到大新投资兴业，能够促进全县旅游产业加快发展。

赵丽强调，要通过引进龙头企业，带动大新旅游产业迅速壮大；要始终牢记旅游产业发展“急不得、慢不得、更乱不得”，在思考项目谋划上、推进方式上，高点起步，系统规划，为旅游开发打好基础，努力促进企业与地方共同发展，互利共赢；要进一步加强地方和企业的联系，把握投资合作机会，开展深度战略合作；要充分发挥龙头企业的带动作用，高标准完善景区基础设施建设和配套服务，打造精品景区建设。

赵丽指出，当前乡村旅游蓬勃发展，民宿作为市场的经济增长点，发展前景广阔，潜力无限。民宿业发展契合大新旅游发展特征，彰显大新旅游资源优异禀赋、顺应游客多元化消费需求。要深刻认识发展民宿经济的重要性，牢牢把握当前休闲旅游发展新机遇，发挥大新资源、旅游优势，以民宿经济推进美丽乡村建设，把民宿作为实现农民增收致富的有力措施，让农房增值、农民增收；要充分利用民宿特色资源，加大产业融入，拉长民宿产业链，让更多的农户得到实惠，带动百姓致富，带动一方经济。

【农村土地问题专项清理工作会议】 2017年12月29日，市委常委、县委书记赵丽主持召开大新县党政领导干部和国有企业领导人员承包经营农村土地问题专项清理工作会议，县人大常委会主任吕光哲、县政协主席许斌吉出席会议。

会上，赵丽指出，开展党政领导干部和国有企业领导人员承包经营农村土地问题专项清理工作是一项政治任务，是拉近干群关系的重要举措，是转变工作作风的具体体现。全面完成专项清理工作，任务重、责任大。要按照自治区党委和市委的部署和要求，紧密协作、真抓实干，共同努力、狠抓落实，确保按时按质完成清理工作任务。

就如何就抓好专项清理工作，赵丽要求，要提高思想认识，切实增强抓好专项清理工作的责任感和紧迫感；要突出重点把握原则，积极稳妥推进专项清理工作。要准确把握清理对象和范围，把握好自治区和市委关于清理工作的精神，依据自治区下发的《通知》列出的《中华人民共和国公务员法》《中国共产党廉洁自律准则》等10项现行法律法规，坚持尊重历史、实事求是，适应形势、从严管理，标本兼治、综合治理的原则，按照突出重点、全面推进、分类处理的办法，应报尽报、应查尽查、应清尽清、应核尽核，积极稳妥解决问题；要强化组织领导和督促指导，确保专项清理工作任务落实到位。各级党委要切实履行主体责任，加强对专项清理工作的组织领导，扎实推进各项工作的落实。专项清理期间，县委组织部要会同清理工作领导小组成员单位派出督导组，建立经常性检查机制，采取随机抽查、重点督查、专项复查等方式，加强开展清理工作情况的监督检查，对各乡镇各单位关键环节、关键阶段的工作进行督导，看清理计划是否落实、清退方式是否妥当、核查核实是否准确。

大新县党政领导干部和国有企业领导人员承包经营农村土地问题专项清理工作会议场景

重要决策和工作部署

【开展春节走访慰问驻军活动】 2017年1月18日，在2017年春节来临之际，市委常委、县委书记赵丽率四班子领导先后走访慰问崇左军分区、武警崇左市边防支队、武警崇左市支队、武警崇左市消防支队并送上慰问金。

【开展春节期间走访农村返乡人员活动】 为充分利用春节期间农村外出人员返乡的有利时机，动员和引导广大农村返乡人员留乡就地创业就业，助推全县脱贫攻坚和“美丽广西”乡村建设，2017年1月24日，县委、县政府决定在2017年春节期间（含春节前后）开展走访农村返乡人员活动。着重走访慰问返乡的在外打工、经商办企业人员，返乡的党员，返乡的退休干部、复员军人、乡（镇）医生、乡（镇）教师和其他乡贤等。通过开展走访农村返乡人员活动，摸清本地农村在外人员情况，动员引导一批农村返乡人员留乡创业就业、参与家乡建设，逐步培养形成一批农村致富带头人、培养储备一批优秀农村基层干部，为脱贫攻坚和“美丽广西”乡村建设提供人才支撑。

【表扬2016年党风廉政建设和反腐败工作先进单位】 2017年2月14日，为表彰先进、树立典型、弘扬正气，县委印发《关于表扬2016年乡（镇）、县直机关党风廉政建设和反腐败工作先进单位的决定》,对在2016年度落实党风廉政建设和反腐败工作责任制中成绩突出的雷平镇等8个乡(镇)和县财政局等15个县直及上级驻县单位予以表彰。

【成立县域经济发展工作领导小组】 为促进全县县域经济科学发展、加快发展,加强对有关工作的组织领导和政策协调,2017年3月10日,县委、县政府成立大新县县域经济发展工作领导小组。组织拟定和审议县城经济工作的重大政策、措施,组织推动县域经济重大项目工作,督促检查全县各乡(镇)各单位各部门相关政策落实情况和任务完成情况,统筹协调解决政策落实中的重点难点问题。

【表扬人口和计划生育工作】 2017年4月10日,县委、县政府作出《关于表扬2016年度人口和计划生育工作目标管理责任制考核获奖乡(镇)的通报》,对2016年人口和计划生育工作目标管理成效显著予以表彰。其中,昌明乡获一等奖,榄圩乡、堪圩乡获二等奖,龙门乡、那岭乡、下雷镇获三等奖。

【开展"美丽大新·宜居乡村"建设活动】 2017年4月27日,县委办、县政府办印发《关于印发〈"美丽大新·宜居乡村"活动指导意见〉及三个配套文件的通知》,经县委、县政府研究,制定出大新县《"美丽大新·宜居乡村"活动指导意见》和《大新县"产业富民"专项活动工作指南》《大新县"服务惠民"专项活动工作指南》《大新县"基础便民"专项活动工作指南》,此"一指导三指南"是全县深入开展"美丽大新"乡村建设活动的行动指南。

【成立创建国家AAAAA级旅游景区工作领导小组】 为加快推进德天跨国瀑布景区创建国家AAAAA级旅游景区工作,力争年内顺利通过评定验收,2017年5月5日,县委、县政府决定成立德天跨国瀑布景区创建国家AAAAA级旅游景区工作领导小组。领导小组主要按照《旅游区(点)质量等级的划分与评定》国家标准及其评定细则,统筹、指导各项创建工作,妥善解决创建过程中出现的各类问题。领导小组下设办公室,办公室下设综合协调组、宣传报道组、项目建设组和景区提升改造组、资料汇编组、效能督察组等5个专项工作组,全面统筹推进德天创AAAAA各项工作。

【成立中旅集团项目工作协调小组】 为切实加强与中旅集团的沟通对接,确保项目尽快落地,2017年5月28日,县委、县政府决定成立大新县中旅集团项目工作协调小组。协调小组在县委、县政府指导下开展工作,负责加强与中旅集团的沟通协调,主动服务好企业,积极妥善解决工作中遇到的各种问题。协调小组下设办公室,负责组织、指挥和协调各相关项目前期的日常工作;负责与中旅集团联系对接工作。办公室下设6个专项工作组,分别牵头负责项目前期运营工作、项目洽谈、项目用地、规划设计、创AAAAA建设及督促检查等方面工作。各专项工作组根据自身职责制定工作计划和推进时间表,经办公室审核并报协调小组审定后执行。

【宣传贯彻习近平总书记视察广西重要讲话精神宣讲工作】 为把习近平总书记视察广西重要讲话精神迅速传达到全县各级领导班子和广大党员干部群众,在全县迅速兴起学习宣传贯彻习近平总书记视察广西重要讲话精神的热潮,2017年6月9日,县委决定由县委宣传部牵头,成立大新县学习宣传贯彻习近平总书记视察广西重要讲话精神宣讲团,赴各乡(镇)、各部门、各单位和农村开展宣讲活动。宣讲内容主要以习近平总书记视察广西重要讲话精神为重点,全面准确宣讲习近平总书记讲话的核心要义,宣讲习近平总书记视察广西的重大意义和对广西发展的关心重视;宣讲中共十八大以来,大新县深入贯彻落实习近平总书记系列重要讲话精神和治国理政新理念新思想新战略,推动经济社会持续健康发展,推动现代特色农业建设,推进民生建设和脱贫攻坚,推进生态环境保护建设,建设强有力的领导班子,推进各项事业发展迈上新台阶。把学习贯彻习近平总书记视察广西重要讲话精神作为"两学一做"学习教育的重要内容,与深入学习贯彻总书记系列重要讲话精神和治国理政新理念新思想新战略结合起来,与学习贯彻中共十八届六中全会、全国"两会"、自治区第十一次党代会和市第四次党代会精神结合起来。以这次宣讲工作为动力,把学习宣传贯彻习近平总书记视察广西重要讲话精神不断引向深入。

【制定环境保护工作职责】 2017年6月10日，为推进全县生态文明建设，改善环境质量，强化生态环境和资源保护责任，牢固树立绿色发展理念，根据《中华人民共和国环境保护法》《中共中央、国务院关于加快推进生态文明建设的意见》《中共中央办公厅、国务院办公厅关于印发〈环境保护督察方案〉（试行）的通知》《中共中央办公厅、国务院办公厅关于印发〈党政领导干部生态环境损害责任追究办法（试行）〉的通知》《广西壮族自治区环境保护条例》《自治区党委办公厅、自治区人民政府办公厅关于印发〈广西壮族自治区环境保护工作职责规定（试行）〉的通知》《中共崇左市党委办公室、崇左市人民政府办公室关于印发〈崇左市环境保护工作职责规定（试行）〉的通知》等有关法律法规和文件精神，结合大新县实际，制定印发《大新县环境保护工作职责规定（试行）》，要求全县各级党委、人民政府及有关部门依照相关法律法规履行环境保护责任，按照本规定抓好各项工作任务的落实。

【加强县纪委派驻机构建设】 为切实加强党对党风廉政建设和反腐败的统一领导，深化党的纪律检查体制改革，强化党内监督，根据《中共崇左市委办公室印发〈关于加强市纪委派驻机构建设的意见〉的通知》（崇办发〔2017〕25号）、《中共崇左市委办公室印发〈关于全面落实市纪委向市一级党和国家机关派驻纪检机构的方案〉的通知》（崇办发〔2017〕26号）精神，结合大新县实际，2017年6月19日，大新县制定印发《关于加强县纪委派驻机构建设的意见》和《关于全面落实县纪委向县一级党和国家机关派驻纪检机构的方案》的通知，坚持党要管党、从严治党，全面落实县纪委向县一级党和国家机关派驻纪检机构，实行统一名称、统一管理，按照全面派驻、分类设置、职能明确、权责一致的原则，改革完善派驻机构领导体制和工作机制，聚焦党风廉政建设和反腐败中心任务，强化监督执纪问责，增强派驻机构监督的权威性和有效性，切实加强县一级党和国家机关党风廉政建设和反腐败工作。

【加强联系服务工业企业工作】 为贯彻落实自治区、崇左市和全县经济工作会议精神，全力做好“两篇大文章”、坚决打赢“四大攻坚战”，充分发挥规上工业企业在稳增长、调结构、惠民生、防风险等方面的引领作用，积极应对当前经济下行压力，切实解决大新县企业生产经营中面临的突出困难和问题，加快产业转型升级，确保完成年度工业经济发展目标任务，2017年6月10日，县委、县政府决定成立大新县联系服务工业企业工作领导小组和县四家班子挂点联系服务制度，每位领导分别挂点1家以上工业企业，联系覆盖全县23家规模以上企业、12家拟入规企业以及3家已出库有条件再入规企业。并制定明确的工作任务和具体的工作要求。

【开展“毒品走私入境通道”问题重点整治工作】 为深入推进全县禁毒重点整治工作，坚决扭转全县毒品走私入境、外流贩毒问题突出的局面，摘掉国家禁毒委重点关注、自治区禁毒委警示通报的“帽子”，及时消除社会隐患，净化社会环境，不断提升人民群众的安全感和社会各界的满意度。2017年6月23日，县委、县政府决定从2017年6月1日至2018年5月31日，继续在全县范围内开展为期十二个月的“毒品走私入境通道”问题重点整治工作。以“开展毒品源头治理、减少毒品社会危害”为总目标，以“堵毒品入境、断贩毒通道、控吸毒人群”为主攻方向，狠抓堵源截流、打击整治、收戒管控、宣传教育等工作。通过对全县毒品走私入境、外流贩毒突出问题的有效治理，努力使毒品危害得到有效控制，使全县毒情形势得到有效好转，提高人民群众对禁毒工作的满意度。

【开展脱贫攻坚“固定帮扶周”活动】 为全面打赢大新县“十三五”脱贫攻坚战，2017年6月27日，县委、县政府决定从2017年7月起至2020年12月，每月开展脱贫攻坚“固定帮扶周”活动。通过开展“固定帮扶周”活动，在全社会营造脱贫攻坚帮扶工作人人有责的氛围，动员全社会力量投入脱贫攻坚结对帮扶工作。使各乡（镇）、挂点帮扶单位、帮扶联系人有相对集中的时间深入基层开展结对帮扶工作，与贫困村结对、贫困户结亲，通过各乡（镇）党委、人民政府和挂点帮扶单位开展“八个一”活动，帮扶联系人落实“六个一”措施，改善贫困村生产生活条件，增进帮扶联系人与贫困户的感情，帮助贫困村脱贫摘帽和贫困户转变观念、落实项目、提供服务、落实政策、建立台账及脱贫销号，努力为贫困村、贫困户办更多的实事好事，形成日常帮扶与集中帮扶相结合的精准帮扶机制。

【脱贫攻坚帮扶工作责任追究办法】 为进一步严肃工作纪律，推动全县脱贫攻坚工作任务落实，根据《中共崇左市委办公室关于印发〈崇左市脱贫攻坚工作问责办法(试行)〉的通知》(崇办发〔2017〕4号)和《中共崇左市委办公室、崇左市人民政府办公室关于印发〈崇左市脱贫攻坚帮扶联系人管理考核办法(试行)〉的通知》(崇办发〔2017〕10号)精神，2017年6月27日，县委、县政府出台了《大新县脱贫攻坚帮扶工作责任追究办法(试行)》。本办法的责任追究方式有：与年终绩效、人事调整、评先评优、立案问责等挂钩。上述追究形式既可单独使用，也可合并使用。

【开展脱贫攻坚项目“百日大会战”行动】 为进一步加快推进财政涉农资金项目建设步伐，全力打好精准脱贫攻坚战，2017年7月16日，县委、县政府决定在全县开展脱贫攻坚项目“百日大会战”行动。活动从2017年7月16日至10月31日，以“抓项目、保增收、调结构、促脱贫”为主线，以问题为导向，聚焦短板，认真对全县各类扶贫项目进行梳理，查找不足，强化措施，集中开展扶贫项目建设“百日大会战”，促进各类扶贫项目建设快速推进、快速见效，提高项目资金使用率，切实发挥扶贫项目在促进贫困户增收、改善社会民生等方面的重要作用，为完成全年减少14070贫困人口任务目标奠定坚实基础。

【开展县处级领导挂点推进乡镇污垃项目建设】 为贯彻落实自治区、崇左市和全县经济工作会议精神，全力做好“两篇大文章”、坚决打赢“四大攻坚战”，进一步加强对各乡(镇)污垃项目建设的指导，2017年7月19日，县委、县政府决定安排县处级领导挂点推进乡镇污垃项目建设。要求各处级领导要主动作为，在按照《中共大新县委员会办公室、大新县人民政府办公室关于印发大新县四家班子领导联系乡镇责任清单的通知》(新办文〔2017〕9号)精神深入挂点联系乡(镇)指导开展工作的同时，督办乡镇污垃项目建设，对项目实行倒排工期，及时协调解决乡镇污垃项目建设过程中遇到的困难和问题，确保项目顺利推进。各乡(镇)要明确工作责任，加强与挂点领导和县直相关部门沟通联系，及时解决污垃项目建设中遇到的困难。县住房城乡建设局、乡村办要加强指导，县直各相关部门要积极配合，合力推进项目建设。县委督查室、县政府督查室要加强督查，合理运用督查结果，确保各乡(镇)污垃项目按时间节点竣工验收。

【开展“两学一做”学习教育常态化制度化】 为贯彻落实中共十八届六中全会精神，持续推动全面从严治党突出“关键少数”并向基层延伸，根据《自治区党委办公厅印发〈关于推进“两学一做”学习教育常态化制度化的实施意见〉的通知》(桂办发〔2017〕19号)和《中共崇左市委办公室印发〈关于推进“两学一做”学习教育常态化制度化的实施方案〉的通知》(崇办发〔2017〕24号)精神，结合大新县实际，2017年8月3日，大新县制定印发《关于推进“两学一做”学习教育常态化制度化的实施方案》。

【加强扶贫项目管理】 2017年8月5日，县委办、县政府办印发《大新县扶贫项目库建设工作方案》，加强对全县扶贫项目库建设建设工作，切实做好全县扶贫项目库建设编制工作。入库项目按照产业发展、村集体经济、农村基础设施、社会事业发展、能力建设等进行分类，按类别汇总。

【全面深化改革工作要点】 为全面贯彻落实中共十八大、十八届三中、四中、五中、六中全会精神和自治区第十一次党代会、崇左市第四次党代会、大新县第十四次党代会精神，坚持稳中求进工作总基调，聚焦构建发展新体制，以推进供给侧结构性改革为主线，加强统筹、精准发力、强化落实，以重点突破带动全局，不断提高改革整体效能，扩大改革受益面，推动全面深化改革再上新台阶，为做好“两篇大文章”、打好“四大攻坚战”提供强大动力。2017年9月4日，县委印发了《中共大新县委员会全面深化改革领导小组2017年工作要点》,全面推进全县全面深化改革工作任务落实。

【表扬优秀教育工作者、优秀班主任和优秀教师】 2017年9月5日,县委、县政府作出《关于表扬2017年大新县优秀教育工作者、优秀班主任和优秀教师的通报》,对2017年积极投身义务教育发展基本均衡县创建迎国检工作,努力办好让人民满意的教育,为促进社会主义和谐社会建设做出积极贡献的先进个人予以表彰。其中,覃爱宁等100名荣获优秀教育工作者称号、黄彩琼等100名荣获优秀班主任称号、李惠芹等100名荣获优秀教师称号。

【开展健康扶贫工作】 为做好全县健康扶贫工作,将健康扶贫与深化医药卫生体制改革紧密结合,针对农村贫困人口"因病致贫、因病返贫"问题,按照"保、治、防"的工作路径,创新健康扶贫工作体制机制改革等,进一步加强统筹协调和资源整合,为全县农村贫困人口"因病致贫、因病返贫"提供健康保障,提升农村贫困人口医疗保障水平和医疗卫生服务能力,全面提高农村贫困人口健康水平。2017年9月13日,大新县制定印发《大新县健康扶贫工作实施方案》。主要工作目标是确保2017年年底前所有"因病致贫、因病返贫"农村贫困人口都能得到一次以上的救治。2017年,对核实核准的患有国家规定9种大病和白内障的贫困人口开展集中救治,同步开展其他病种救治工作;2018年底,基本完成9种国家规定的大病和白内障建档立卡贫困人口的救治任务,集中救治覆盖农村贫困人口;2020年,基本完成核实核准患有各种致贫大病农村贫困人口的集中救治工作,确保农村贫困人口大病应治尽治。县乡村三级医疗卫生机构服务条件得到改善,服务能力显著提升,人民群众健康生活水平明显提高,为全县脱贫摘帽提供有力保障。同时,成立了县健康扶贫工作领导小组指导实施。

【修订县委巡察工作规划】 为深入贯彻落实中央、自治区党委、崇左市委和县委关于巡视巡察工作的部署要求,聚焦全面从严治党,更好地发挥巡视巡察利剑作用,营造风清气正的政治生态。2017年9月27日,县委重新修订印发《中共大新县委员会巡察工作规划(2017—2021年)》,主要目标是经过五年努力,中央、自治区党委、崇左市委和县委关于巡察工作的部署要求得到全面贯彻落实。到2021年,本届县委换届前实现对县委管理的地方、部门、企事业单位党组织巡察的全覆盖,适时组织开展巡察"回头看",形成"再震慑""常震慑",构建起比较完善的巡察监督网络。推进巡察监督质量不断提升,发现深层次矛盾和体制机制问题更加精准;巡察成果得到充分运用,促进执纪审查和干部选拔任用的作用更加明显,促进深化改革、助力发展建设的地位更加重要;巡察领导体制和工作机制更加完善,巡察工作更加规范有序,以巡察监督促进党内监督的成效更加显著;巡察队伍建设不断加强,巡察干部素质能力进一步提升。

【成立大新县推进锰业公司上市工作领导小组】 为推进大新县有实力的锰业公司上市工作,2017年9月27日,县委、县政府决定成立大新县推进锰业公司上市工作领导小组,统筹协调推进锰业公司上市工作各项事宜。

【推进精准脱贫摘帽工作】 为全力以赴打好全县精准脱贫攻坚战,确保稳定实现扶贫对象不愁吃、不愁穿,保障其义务教育、基本医疗和住房安全有保障的"两不愁三保障",切实提高群众满意度,2017年10月23日,大新县结合工作实际及先进地区脱贫摘帽的成功经验,制定出台《大新县脱真贫、真脱贫7条措施》,从义务教育、基本医疗、住房安全等7个方面给予双重保障。

【强化稳固住房保障机制】 为全力以赴打赢全县精准脱贫攻坚战,加快推进农村危房改造工作,切实解决农村贫困群众最基本的住房安全需求,根据精准脱贫"两不愁、三保障"和《中共大新县委员会办公室、大新县人民政府办公室关于印发〈大新县脱真贫、真脱贫7条措施〉的通知》(新办发〔2017〕29号)精神,结合大新县实际,2017年11月7日,县委、县政府决定开展大新县强化稳固住房保障机制,对全县14个乡(镇)的建档立卡贫困户(含动态调整后的建档立卡贫困户)或五保户,符合农村危房改造条件,在获得上级有关危房改造专项资金补助基础上仍无能力建房的特别困难户，再给予每户30000元的强化稳固安居住房保障资金补助，与危房改造补助资金同步支付。

【实行绩效考评结果激励办法】 为充分发挥绩效考评“指挥棒”“风向标”作用，用考评统一思想，凝聚共识，引导全县各级各部门领导干部牢固树立“实干就是能力、落实才是水平”的理念，切实把真抓实干的规矩严起来，做到“真干假干不一样、干多干少不一样、干好干坏不一样”。2017年11月29日，县委、县政府决定实施《大新县绩效考评结果激励工作方案（试行）》，充分激发全县干部职工干事创业的积极性。

【成立隆安至硕龙高速公路项目建设大新分指挥部】 为加快推进隆安至硕龙高速公路大新段建设工作，2017年11月29日，县委、县政府决定成立隆安至硕龙高速公路项目建设大新分指挥部。指挥部下设办公室和综合协调组、征地拆迁组、调处组、宣传组、财务组5个工作组，负责隆安至硕龙高速公路项目建设过程中的领导、指导、协调工作，保证按期按质完成项目建设任务。

【开展安全生产领域改革发展工作】 为深入贯彻落实中央、自治区和崇左市有关文件精神，进一步加强和改进全县安全生产工作，落实企业安全生产主体责任，完善安全生产监管体制机制，加强安全生产基础工作，推进全县安全生产领域改革，2017年12月1日，县委、县政府制定印发《大新县安全生产领域改革发展实施方案》。实施方案从2017年12月1日印发之日起至2030年年底，目标任务是到2020年，全县安全生产监管体制机制基本成熟，生产安全事故总量明显下降，较大及以上事故得到有效遏制，职业病危害防治取得新进展，安全生产整体水平有效提升，为全县做好“两篇大文章”打好“四大攻坚战”提供安全生产和职业卫生工作坚强保障；到2030年，实现全县安全生产治理体系和治理能力现代化，全民安全文明素质全面提升，安全生产保障能力显著增强。

【开展向马坡彩同志学习活动】 2017年12月15日，县委印发《关于开展向马坡彩同志学习的决定》，号召全县广大干部群众向马坡彩同志学习。一要学习马坡彩从不气馁、永不放弃的拼搏精神。在遇到困难的时候，从不放弃，勇于应对生活给予的挑战；挫折之时，扛得住，不气馁，敢于担当；身处困境，信念坚，毅力强，永不言败，坚守良知，用自己的双手创造新生活。二要学习马坡彩孝老爱亲、无私奉献的精神。在家人遭受意外时不离不弃，帮助家人重拾生活信心，展现中国人的“人性光芒”；在家庭陷入困境时勇挑重担，帮助家人重新点燃生活希望，展现中国农村妇女顶半边天的“巾帼”风采。三要学习马坡彩胸怀大爱、乐善好施的精神。弘扬和传承中华民族传统美德，胸怀大爱，乐于助人，做到“老吾老，以及人之老；幼吾幼，以及人之幼”；践行社会主义核心价值观，乐善好施，“出入相友，守望相助，疾病相扶持”，用实际行动演绎“邻里一家亲，同心建和谐”的美好愿景。通过开展向马坡彩学习活动，促进全县广大党员群众学先进、讲奉献、创佳绩，努力开创全县经济社会发展新局面。

【宣传贯彻中共十九大精神】 为深入学习宣传贯彻中共十九大精神，认真贯彻落实自治区党委和崇左市委《关于深入学习宣传贯彻党的十九大精神的决定》精神，全力做好“两篇大文章”、打好“四大攻坚战”，继续深入实施“强工兴旅固边”发展战略，奋力谱写新时代大新发展新篇章，2017年12月15日，县委作出《关于深入学习宣传贯彻党的十九大精神的决定》。决定要求一要把深入学习宣传贯彻中共十九大精神作为全县当前和今后一个时期的首要政治任务，自觉用中共十九大精神武装头脑、指导实践、推动工作。二要坚持以习近平新时代中国特色社会主义思想为指导，坚决维护以习近平同志为核心的党中央权威和集中统一领导。三要准确把握新时代的历史方位，进一步完善新时代大新发展的战略任务和奋斗目标。四要深入贯彻新时代推进中国特色社会主义伟大事业的战略部署，奋力谱写新时代大新发展新篇章。五要坚定不移全面从严治党，着力巩固和发展大新风清气正的政治生态。六要切实加强组织领导，全面推动中共十九大精神在大新落地生根、开花结果。

【深化医药卫生体制改革工作】 为推进医疗、医保、医药三医联动，以公平可及、群众受益作为改革出发点和立足点，把深化医改作为保障和改善民生的重要举措，着力解决群众看病就医问题，为营造“三大生态”、实现“两个建成”，做好全县“两篇大文章”、打好“四大攻坚战”宏伟目标提供健康保障。2017年12月26日，大新县制定出台《关于进一步推广深化医药卫生体制改革经验的实施方案》。工作目标：到2017年，基本形成较为系统的基本医疗卫生制度政策框架，分级诊疗政策体系逐步完善，现代医院管理制度和综合监管制度建设加快推进，全民医疗保障制度更加高效，药品生产流通使用政策进一步健全。到2020年，建立比较完善的公共卫生服务体系和医疗服务体系、比较健全的医疗保障体系、比较规范的药品供应保障体系和综合监管体系、比较科学的医疗卫生机构管理体制和运行机制，实现人人享有基本医疗卫生服务，基本适应人民群众多层次的医疗卫生需求，促进人民健康与经济社会协调发展。

（黎革文）

组织工作

【概　况】 2017年，大新县辖14个乡（镇）和1个华侨经济管理区，129个村民委员会，17个社区居民委员会。全县设基层党委26个，工委1个，党工委2个，党总支部167个，党支部1427个，其中行政村（社区）党总支部142个，行政村（社区）党支部4个（即：昌明乡良泮村党支部、昌明乡良党村党支部、昌明乡东风村党支部、下雷镇新丰村党支部），自然屯党支部997个。有中共党员15219名（其中预备党员166名）。其中，男党11993名，占78.80%，女党员3226名，占21.20%。党员中35岁以下2081名，占13.85%；36—40岁1408名，占9.25%；41—45岁1468名，占9.65%；46—50岁1573名，占10.34%；51—55岁1991名，占13.08%；56—60岁1412名，占9.28%；61—65岁1698名，占11.16%；66—70岁1188名，占7.81%；71岁及以上2370名，占15.57%。大专及以上学历3886名，占25.53%；中专学历1881名，占12.36%；高中、中技学历2839名，占18.65%；初中及以下学历6613名，43.45%。农村党员8210名，占53.95%。

【“两学一做”学习教育】 2017年，大新县各级党组织和党员紧盯“学”这个基础，狠抓“做”这个关键，聚焦“改”这个重点，抓牢抓实“固定党日+”制度，助推“两学一做”学习教育常态化制度化。印发《关于推进“两学一做”学习教育常态化制度化的实施方案》，将“固定党日+”与脱贫攻坚、民主议事、志愿服务等结合起来，开展脱贫攻坚“固定帮扶周”活动，全县6321名领导干部深入农村开展帮扶，推动脱贫攻坚；开展“走基层讲党课”活动，各级党员领导干部在“七一”期间到脱贫攻坚联系点讲授专题党课180多堂；组织2906名机关事业单位党员到社区开展“双报到”和党员志愿服务活动，为社区居民办好事实事152件；组织全县广大党员干部收看广西勤廉榜样先进事迹主题情景报告会，通过学先进、找差距、补短板、抓提升，促进学习教育质量。

【人才建设】 2017年，大新县大力推行“五个一线工程”，先后推荐35名优秀年轻干部到区、市和县直部门跟班学习，选派265名驻村工作队员，48名贫困村第一书记，9名乡镇书记（镇长）助理，5名县直单位优秀领导干部到农村基层一线、重大项目一线、信访维稳一线、招商引资一线、征地拆迁一线等锻炼成长，不断提升干部基层工作经验和领导水平。面向社会公开招录63名公务员，9名选调生，147名事业单位工作人员，不断充实全县干部队伍。积极开展人才走访慰问活动，春节期间每位县四家班子领导亲自登门慰问2—3名优秀人才，全力营造惜才爱才的良好气氛。

【基层党建】 2017年，大新县把党务工作者培训、新一届村屯干部培训、党组织书记专题培训纳入党校“三个一”培训班，累计培训县乡党务工作者2500多人次，有效提升党务工作者业务能力。强化督促各级党组织严格落实“三会一课”和“固定党日+”制度。将“争当八桂先锋·争做合格党员”行动与中心工作、重点任务深度融合，引导广大党员干部积极投身到干事创业中。组织2906名机关事业单位党员到社区开展“双报到”和党员志愿服务活动，为社区居民办好事实事152件。实行一季度一督查一通报制度，对党建督查中发现工作不严不实问题集体约谈、通报批评、限期整改。研究并出台《大新县2017年开展党建工作清单管理实施方案》，推行“年初建单、年中督单、年底评单”，用“清单式”管理精耕党建“责任田”。坚持问题导向，分类施策，着力推动15个软弱涣散村党组织转化提升、晋位升级，打造45个“星级化”村级党组织，对35个不规范开展“三会一课”、不按时换届的党组织书记进行约谈。以“党旗领航·多彩支部”为引领，整合各方力量资源，着力解决一些基层党组织弱化、虚化、边缘化问题，把党组织建立在项目一线和产业链上，扩大基层党组织覆盖面，实现非公企业和社会组织的党组织覆盖率分别比上年提高7.27%和5.96%。在全市率先完成17个社区党群服务活动中心（站）建设任务，构建“资源共享、多方联动、功能完善、便捷高效”的社区服务平台。

【干部教育】 2017年，大新县在坚持政治理论培训的同时，继续深入开展“三个一”培训工作，注重把握干部成长的规律和特点，突出需求导向、实践导向、问题导向，采取“精准滴灌”模式扎实推进干部教育培训，积极探索异地教学、现场教学等培训模式，以培训的精准化促进能力的专业化，有效帮助干部克服“知识恐慌”“本领恐慌”。2月19日—3月3日，组织本县处级领导干部及各乡镇、县直部门党政正职160多人分两批到地域相似，旅游产业和口岸经济相对发达的云南德宏州开展专题培训，通过理论学习和实地考察，进一步提高全县领导干部专业化能力和抓落实的能力。年内，“三个一”培训班开设党的建设、扶贫与农业现代化建设、社会管理与法治建设、边境地区民俗文化建设、口岸经济建设、全域旅游建设、城乡与美丽乡村建设共7个专题研讨班，培训学员1650人。

【驻村工作队伍建设】 2017年，大新县按照区、市统一部署和要求，选优配强脱贫攻坚队伍，在原来选派311名驻村工作队员的基础上，再增派183名优秀党员干部担任脱贫攻坚专职工作队员，使在脱贫攻坚一线的驻村工作队员达494名。严格执行“双向考勤”、驻村“五天四夜”制度，严格对驻村工作队员的管理，对驻村干部采取电话督查和实地暗访督查形式进行督查，下发2次通报文件，对11名不在岗的第一书记进行点名通报，对所派驻后盾单位负责人和第一书记进行约谈。安排落实每个第一书记每年1.5万元工作经费和5万元驻村帮扶经费，落实各类驻村干部补贴。对驻村成效明显、表现优秀的3名第一书记推荐参加广西电视台《第一书记栏目》大新专场演播，宣传本县驻村典型。对3名县派驻村第一书记给予重用提拔。

【大学生“村官”队伍建设】 2017年，大新县始终坚持把做好大学生“村官”工作作为拓宽农村基层干部队伍来源、提升农村基层干部队伍素质、推动农村经济社会发展的重要一环，从对大学生“村官”的管理、服务、培养、工作、创业等方面，全方位、多角度，探索思路、创新模式，取得显著成效。年内，全县共有11名大学生村官，其中中共党员2人、预备党员1人、共青团员8人，分别安排在昌明乡、雷平镇、福隆乡、龙门乡、恩城乡、那岭乡、全茗镇各1人，桃城镇、硕龙镇各2人，大学生“村官”均在村上履职。

【村级干部队伍建设】 2017年，大新县严把选民登记、资格审查、督查指导、工作纪律、来信来访“五大关口”，圆满完成村（社区）“两委”换届工作。全县选民参选率95.7%，共选出新一届村（社区）“两委”班子成员836名，村（居）民小组长2035名，村（居）民代表5808名。其中，623名“两委”成员实现连任，占74.5%；138个村（社区）实现支书、主任“一肩挑”，占94.5%；女性“两委”干部208人，占24.88%，其中有10名妇女当选正职；致富能手663名，占79.3%；高中以上文化程度有468人，占47.2%；35岁以下“两委”干部有88人，占10.36%。及时出台《大新县关于加强村级组织运转经费保障工作方案》，落实村屯干部基本报酬、村级组织办公经费。其中，“一肩挑”支书、主任月补贴金额由1200元提高到1800元，副支书、副主任由950元提高1600元，村（居）委委员由900元提高1600元，团支书、妇联主席由600元提高到900元，屯干由100元提高到300—

9月11—13日，大新县2017年新一届村(社区)“两委”干部培训班在县委党校开班

320元。每年按人口数量不同分15000元、18000元、20000元三个档次落实村级组织办公经费，落实农村党员组织生活专项经费和为群众服务专项经费各5000元。加强新一届村级“两委”干部培训，先后举办3期专题培训班，累计培训人数836人，进一步提升基层干部履职能力。

【“党旗领航+”主题活动】 2017年，大新县创新开展“党旗领航+金融扶贫、旅游扶贫、我为贫困村代言”等活动取得新成效，打造了“第一书记专柜”品牌。牵头抓好村级集体经济发展，全县146个村(社区)全部成立村民合作社，依托支柱产业、龙头企业、特色产业和致富能人，扶持48个贫困村实现村集体经济收入超过2万元。组织精干力量，增派领导干部对大新县星光和乐城易地扶贫搬迁户进行结对帮扶，让搬迁户“搬得出、稳得住、能致富”。

（黄干平）

宣传工作

【理论武装】 2017年，大新县积极采取有力措施，抓实抓好理论武装工作。

认真落实意识形态责任制 一是认真定好规则。研究制定《大新县党委(党组)网络意识形态工作责任制实施细则》《2017年大新县贯彻落实〈大新县党委(党组)网络意识形态工作责任制实施细则〉的任务分解及分工安排》等文件，对全县各乡(镇)、各部门、各单位的意识形态工作做出全面统筹。制定下发《关于印发2017年意识形态重点工作安排及考评标准的通知》，从7个大项28个小项对全县意识形态工作进行规划和部署，以“数据化”的形式提出明确的目标任务，是崇左市第一个对意识形态工作实行量化考核的县份。二是强化督促检查。将意识形态工作纳入年度督查内容，由县委常委、宣传部部长牵头组建意识形态专项督查小组，深入全县14个乡(镇)、72个县直单位进行专项督查，并在全县范围内对督查情况进行通报，全年组织开展各种形式的意识督查督导2次，真正做到压实主体责任。5月，崇左市把大新县推荐作为全市唯一一个县级代表接受全区意识

7月7日，大新县2017年意识形态工作责任制落实情况督查培训会召开

工作督查迎检，得到自治区督查组的充分肯定。

推动理论武装不断深入　一是理论学习系统化。制定下发《关于2017年全县理论学习的通知》，明确10个重点学习任务，对全县各乡（镇）、各部门、各单位的理论学习工作做出全面统筹；研究制定《大新县宣传党的十九大精神工作方案》《关于深入学习宣传贯彻党的十九大精神的决定》，对全县学习宣传中共十九大精神作出具体安排，全年各级各部门累计组织专题理论学习1500多次。二是强化党委（党组）中心组集中学习。重点围绕提高各级领导干部运用理论政策解决实际问题的能力，全面推进党委（党组）中心组各级领导干部的理论学习创新。其中，县委中心组围绕县域经济发展、重大项目建设和中共十九大精神专题学习等内容共组织开展6次集中学习，县委中心组成员累计作中心发言36人次，完成理论调研文章36篇。三是理论阵地不断夯实。全县17个"大榕树课堂"建设持续稳步推进，组织开展各类理论宣讲、山歌传唱等宣传活动480多场次，受益群众49000多人次。4月20日，大新县堪圩乡"大榕树课堂"示范点作为全市优秀示范点，承办自治区"走基层"宣讲团进"大榕树课堂"宣讲活动，得到广泛好评。

全力做好中共十九大精神社会宣传工作　一是开展"砥砺奋进的五年"大型成就展活动。在德天广场、文化广场和县政府大院展出全县五年来在经济建设、政治建设、文化建设、社会建设、生态文明建设等方面的深刻变革，迎接中共十九大隆重召开。二是动员全县各级党组织集中收看中共十九大开幕式。三是营造学习宣传浓厚氛围。开展"常委宣讲团"下乡宣讲中共十九大活动；下发通知要求推动全县党组织学习中共十九大精神全覆盖；结合实施国旗工程，在县城迎宾大道、德天大道、桂圆路等主干道灯杆，悬挂中共十九大宣传标语共400多面，在重要路段大型高杆广告牌张贴宣传标语5面，在边境乡镇悬挂中共十九大中越双语宣传标语4面，中越双语灯杆宣传牌80多面。

【新闻宣传】 2017年，大新县围绕民生主线，加强新闻策划，开展"走基层、转作风、改文风"活动，组织全县新闻工作者深入基层、深入各行各业一线采访，推出一批有现场温度、有思想深度的报道，为全县经济社会平稳较快发展鸣锣开道。年内，全县在市级以上媒体刊登（播）新闻稿件1218篇（条），其中《人民日报》采用2篇，《广西日报》采用124篇；中央电视台采用稿件7条，广西电视台采用稿件48条。《人民日报》在8月31日11版刊发题为《风景也能当饭吃》的重点报道，《广西日报》在7月20日12版头条刊发题为《乡村旅游处处开花——大新县推动全域旅游建设侧记》的重点报道，深入报道大新县以做好"两篇大文章"、打好"四大攻坚战"工作为契机，全力推进全域旅游建设情况。在《左江日报》刊登推出《山水大新　处处美景》《司法为民　铸魂边关》《砥砺奋进的五年——喜迎十九大特别报道大新县》等专版，对大新经济社会发展过程中的工作亮点进行展示，取得良好的社会宣传效果。3月13日，中央电视台新闻频道在《春天的中国》大型户外直播节目中，对大新县德天瀑布进行电视直播；11月8日，中央电视台科教频道播出纪录片《中国影像方志·大新篇》，生动记录大新发展的历史变迁，深刻反映大新人民勇于开拓的时代精神。通过中央级媒体平台对大新县的一系列直播、播出宣传专题片等形式，大新县向全国乃至全世界充分展现自身独具特色的山水风光和风土人情。

【对外宣传】 2017年，大新县充分发挥与越南相近、相亲、相融的地缘优势，以硕龙口岸为依托，按照"边境之窗"建设工程五个一要求，积极探索完善外宣基础设施建设，巩固外宣阵地，促进利益共同体、命运共同体和责任共同体意识在周边国家落地生根。一是促进信息中心建设。充分利用硕龙镇文化广场LED电子显示屏和德天瀑布游客集散中心作为阵地，积极做好"一带一路"、城市形象宣传片等"好声音、好故事"的宣传工作。二是打造特色文化活动品牌。投入15万元在边民集散频繁的硕龙文化广场制作一批边境外宣宣传栏，宣传栏采用双语宣传形式，内容包含中国—东盟开放合作中英文双语简介；"中国梦""社会主义核心价值观""一带一路"等一批中越双语对外宣传口号和中越友好交流内容。三是加大与媒体合作力度。通过加强与中国新闻社、新华社等媒体对外合作，以举办中越呗侬国际依垌节暨宝圩"2·19"观音诞文化节、中国大新依垌节暨硕龙镇建街133周年庆祝活动、第341届大新县"边关风情旅游"下雷霜降文化节等系列特色民俗活动为契机，充分发挥对外宣传报道的重要作用。全年共向海外推送有关大新的新闻报道10余篇。11月9日，新华社客户端通过英文直播，向海外推送大新县秀美风景和特色边关风情，进一步提高大新县的知名度和美誉度。

【网络舆情管理】 2017年，大新县采取强有力措施抓好舆情监管。一是健全舆情工作机制。强化24小时监测制度，落实专人对红豆社区、天涯论坛、微博微信等网络交流平台进行实时监测。研究制定并严格落实《重大紧急信息报送工作制度》，建立网络舆情档案，组建网络引导评论队伍，积极参与重大活动的网络热点追踪评论。二是加强舆情研判处置。强化网络舆论的引导、监测、应对和管理，牢牢把握网络舆论的领导权、管理权、话语权，妥善处理《广西一土地案"放倒"11名官员　非法所得5年未追缴》《大新县城石场开大炮如地震》《大新县龙门乡发生一起故意伤害案件》等热点舆情事件，全年共处置舆情信息91条，舆情回复59条；完成人民网地方领导留言板舆情处置20条，回复率100%。其中红豆社区崇左论坛和人民网地方领导留言板的回复率排在全市前列。在党的十九大会议召开前夕，组织新闻媒体、微信公众号管理员及部分"网络大V"召开网络安全座谈会，强化互动，增进共识，共同营造清朗的网络空间。三是强化网络舆论宣传。积极提升业务水平，强化舆论宣传，全年共编发《大新舆情信息》简报12期，通过微信公众号"大新之声""今日大新"发布新闻信息512条，转发和评论正面信息等网评任务共649条，向市网信办及县委办信息股报送政务信息30余条。

【文化建设】 2017年，大新县着力培育文化优势，全力推进文化建设。一是打造民俗文化品牌。全力做好"中国依垌文化之乡""中国土司文化之乡"申报创建工作，5月25日，中国民间艺术家协会正式命名大新县为"中国依垌文化之乡""中国土司文化之乡"，打响了"国字号"文化品牌。组织举办"中国依垌文化之乡""中国土司文化之乡"广西大新授牌仪式，中国民间文艺家协会领导莅临授牌仪式现场并授牌，广西日报、广西新闻网等多家主流媒体到场报道。与此同时，分别在养利古城、安平土州衙门内、恩城小灵珑文化广场举办大新县八大土司历史图片展、大新土司历史和大新民族民俗图片展、恩城土司历史及民族民俗图片展等一系列宣传活动，渲染浓厚的传统文化气息。二是加强文艺精品创作。组织全县文艺工作者以宣传贯彻落实中共十八届六中全会和十九大精神为主线，深入基层一线开展农村文艺辅导，挖掘、整理、提炼民间民族文化资源，选送优秀文艺作品参加区、市各级各类比赛及会演活动，10余件书画、摄影、音乐作品在区、市比赛中获奖。选派本土乐团"木棉组合"参加广西电视台举办的"中国(广西)首届壮语春节联欢晚会"获"最佳贡献奖"，参加中央电视台综艺节目《星光大道》录制节目获周赛第二名。三是丰富群众文体活动。组织开展"我们的中国梦——文化进万家"春节联欢晚会、新春民俗文化活动、好声音歌手大赛及群众文化建设成果图片展、"新春送祝福·给返乡农民工免费送春联"等系列活动30多场次，展出书画、摄影作品130多幅，免费赠送春联1000多幅，组织放映公益性电影599场次。承办中国文联、中国民间文艺家协会、中国文艺志愿者协会"送欢乐　下基层——走进广西大新"活动，受益群众9万多人。完成200人国民体质监测工作、第二届广西万名全民健身志愿者服务百县千乡、"我爱足球"广西足球民间争霸赛等系列活动。县男子篮球队代表广西参加CBO业余篮球公开赛决赛获第四名，代表崇左市参加2017年广西"拔群杯"篮球决赛获第二名。

（刘国雨　冯日羽　罗安南　农素英）

精神文明建设

【公民思想道德建设】 2017年，大新县全力推进公民思想道德建设。一是营造崇德向善良好风气。春节期间，对8名生活困难的道德模范家庭开展节日慰问活动，通过政府的关爱向全社会展现关爱道德模范的良好氛围。

组织志愿者在车站、广场等公共场所发放《2017 年春节“移风易俗·文明过节”倡议书》5000 份，提倡文明过节，推进移风易俗活动深入开展。7 月，成功推荐第三届崇左市道德模范马坡彩参评并获得第四届自治区道德模范提名奖(孝老爱亲类)。二是推进志愿服务制度化、社会化。3 月份起，组织各乡(镇)、各单位开展“学雷锋、讲文明、树新风”系列志愿服务活动，深化义务植树、景区环保、社区志愿服务等活动，推动学雷锋志愿服务常态化，累计参与人数 3000 多人次。三是抓好“讲文明树新风”公益广告宣传活动。在县城公共场所 LED 播放《中国梦》《可可小爱》等主题公益广告 500 多次。8 月，征集遴选出优秀公益广告作品 9 件参评区、市公益广告征集活动，内容覆盖核心价值观、环保节能等。国庆节期间，在县内主要景区、旅游酒店、车站、出入境管理窗口等重点场所张贴悬挂文明旅游公益广告 3000 多张。11 月，开展“砥砺奋进的五年·文明的力量”宣传画张贴宣传活动，全县 40 多个乡镇(单位)分别在办公楼、办公大院、村委所在地、学校、公园广场及县城主要街道等张贴“砥砺奋进的五年·文明的力量”宣传画 260 多套共计 7000 多张，号召全县各族人民传承美德、弘扬文明新风。四是组织开展道德模范评选及身边好人推荐工作。11 月，推荐 8 名道德模范候选人参评第四届崇左市道德模范评选，其中 5 人入围正式候选人，同时组织开展评选活动的公众投票及评议工作。7 月，组织开展第二届大新县道德模范评选表彰活动，评选出许海军等 15 名县级道德模范。做好“我评议我推荐身边好人”线索的提供上传工作，在中国好人榜提供身边好人线索全年累计 248 条，向上级推荐身边好人候选人 12 名。在《今日大新》、政府门户网站以及县有线电视台开设“践行核心价值观”专栏，宣传道德模范等先进典型事迹，引导全县干部群众向先进学习。

【精神文明创建】 2017 年，大新县深化群众性创建活动，推进社会文明风尚行动。一是努力做好第七轮自治区文明城市创建冲刺工作。整合全县资源，加大环境、交通、治安等综合整治力度，并与县公安局、县交警大队联合开展文明交通专项整治活动，顺利完成网上申报材料的收集整理上报、实点测评点的创迎检等工作。8 月，大新县被列为第七轮自治区文明城市提名城市。二是组织做好文明村镇创建和文明单位参评工作。指导雷平镇、硕龙镇以及雷平镇新立村做好第五届全国文明村镇创建参评工作，其中雷平镇新立村于 11 月获得“全国文明村镇”称号。同时，指导桃城镇价屯做好“全国文明村镇”的复核迎检和巩固提高工作，并于 11 月通过复核，保留“全国文明村镇称号”。指导县检察院、县法院等两个单位参选第五届全国文明单位。7 月，组织开展 2017 年大新县县级“星级文明户”及第十四批县级文明村(单位)创建评选活动，并在 2018 年召开的全县宣传思想文化工作会议上对 20 户县级“星级文明户”以及 21 个村(单位)进行表彰。三是指导县民族希望中学、昌明乡中心小学参评第一届自治区文明校园创建活动，着力抓好师德师风、学风校风和平安校园建设。县民族希望中学于 7 月获得“第一届自治区文明校园”称号。

【未成年人思想道德建设】 2017 年，大新县深化主题教育活动，为未成年人健康成长创造条件。一是开展推进社会主义核心价值观进校园活动。在五山中心小学、民族希望中学、养利学校和桃城一中等设置“图说价值观”“讲文明树新风”等主题宣传牌，将《社会主义核心价值观·少儿声乐套曲》发放到全县各小学，引导和培育青少年践行社会主义核心价值观。二是开展各类主题教育活动。4 月初，县文明办会同县教育局、团县委和县关工委等部门组织近 600 名师生、部分单位职工、社会人士在西门岛烈士陵园举行“缅怀革命先烈·传承文明美德”主题教育活动。5 月上旬，组织开展第三届大新县美德少年表彰评选活动，对 35 名县级美德少年进行表彰，并推荐 10 名学生参加市级美德少年评比，其中 6 名学生获得市级荣誉称号。6 月 1 日，在五山乡中心小学举办“践行核心价值观·争当美德好少年”主题教育活动，302 名从未走出过大山的学生通过观看“美德少年”先进事迹展、签名寄语等形式体验美德力量。6 月 13 日在县民族希望中学举行大新县“戏曲进校园”活动启动仪式暨首场戏曲演出活动，年内在全县 37 所中小学校、15 所公立幼儿园推广“戏曲进校园”，实现了全覆盖。6 月 22 日，组织宣传系统干部职工前往

9月27日，美德少年颁奖仪式暨文明礼仪进校园活动在县民族希望中学举行

五山乡盆山村教学点，看望慰问留守师生8人。9月27日，在县民族希望中学举办第三届大新县美德少年颁奖仪式暨文明礼仪课堂进校园活动，巩固提高文明校园创建成果。在国庆中秋即将来临之际，组织青少年学生开展“向国旗敬礼”签名寄语活动。10月17日，在养利学校举办第一届大新县乡村学校少年宫素质教育技能竞赛活动，助推义务教育均衡化发展。通过上述主题活动实践活动，搭建青少年学生健康成长新平台，推动未成年人思想道德建设工作取得新发展。12月中旬，组织雷平、堪圩、榄圩、全茗中心小学以及养利学校等5所少年宫项目学校参加第五届崇左市乡村学校少年宫素质教育技能竞赛，其中，雷平镇中心小学获市级比赛二等奖。县文明办获第五届崇左市乡村学校少年宫素质教育技能竞赛优秀组织奖。

（黄艳娇）

统战工作

【概　况】2017年，大新县委统战部设有编制6个，其中，部长1名，副部长2名，干部2名，工勤人员1名。设有台办、宗教办、非公办、办公室。县宗教办于2016年11月并入大新县民族事务局组建成大新县民族和宗教事务局，归大新县人民政府管理。7月，由县委统战部牵头成立大新县归国华侨联合会（与县委统战部合署办公），属行政管理事业单位，设有编制3名，其中，主席1名，副主席1名，工作人员1名。年内，县委统战部深入学习中共十九大、中央有关会议和习近平总书记系列重要讲话精神，全面贯彻落实全国、全区、全市统战部长会议精神，扎实推进各项工作，取得显著成效，获评大新县绩效考评工作一等奖。

【非公经济工作】2017年，大新县主动作为，服务非公经济健康发展。一是在非公企业比较集中的堪圩、桃城、硕龙等乡镇成立非公经济服务工作站，将服务延伸到基层一线，为非公有制企业提供便捷高效的服务。非公经济服务站成立以来，积极为非公企业解决疑难问题，提供法律咨询和培训服务。此外，还收集整理非公企业提出的建议和意见18条，并转交相关职能部门办理。二是引导成立行业协会，提高行业自律水平。截至5月24日，随着县旅游企业协会的成立，县内民营企业成立的行业协会共有4个，拥有各类会员企业56家。协会的成立，在加强行业自律和诚信建设、收集和分析市场信息、行业标准建设，维护行业公平竞争和企业合法权益等方面发挥重要作用，也为党委、政府与民营企业之间提供一个沟通交流的平台。年内，通过协会向有关部门反映的问题都得到及时回应和处理。三是开展非公经济人士理想信念教育实践活动。充分利用每年召开的执委会、举办商会读书会、组织外出学习和举办非公经济人士培训班等多种形式，加强对非公经济人士宣传党的方针政策以及上级有关精神，增强非公经济人士对走中国特色社会主义道路的信念、对党和政府的信任、对企业发展的信心和对社会的信誉。四是重视非公有制经济代表人士的培养和政治安排。年内，大新县非公有制经济代表人士当选为各级人大代表的有6名，担任各级政协委员的有74名，在各级工商联担任领导职务的有48名。五是做好非公经济服务平台注册工作。

7月18日，大新县统战工作年中现场会暨"百企扶百村"现场推进会召开

按照区、市委统战部要求，积极引导非公人士进入非公经济平台进行注册认证工作，年内已注册登记840多家。六是引导企业家感恩社会，自觉践行社会主义核心价值观，积极投身脱贫攻坚工作。组织引导商会会员、民营企业家、工商界政协委员通过产业帮扶、就业帮扶、公益帮扶等形式参与脱贫攻坚工作，把"百企扶百村"活动推向深入。年内，全县民营企业及非公经济人士共参与脱贫攻坚活动捐款捐物160多万元，其中，山东龙岗集团为大新县精准扶贫工作捐款60万元；广西新振锰业集团有限公司旗下的大新县新农养殖有限公司为全县600户贫困户发放分红收益金240万元；全年非公企业提供就业岗位1030个。七是积极组织民营企业参与各类表彰评选活动。年内，新锰集团获评全国"万企帮万村"精准扶贫行动先进民营企业，陇那生态养殖专业合作社获评全市先进农民专业合作社。

【党外干部队伍建设】 2017年，大新县着力抓好党外代表人士队伍建设。一是对党外人士实行动态管理，充实和调整党外知识分子和党外代表人士"人才库"和"信息库"。二是开展党外代表人士的教育培训工作，组织部分党外干部参加市委统战部、区社会主义学院组织的各类培训活动，定期举办全县党外干部培训班。三是加强与组织部门协调配合。围绕党外干部安排使用及党外后备干部发现储备、教育培养等重要事项充分沟通，促进党外代表人士发现、举荐、培养、使用各环节的有效衔接。年内，全县共有党外领导干部39人。其中，担任副县处级5人、正科级领导或相当正科级领导5人、副科级领导或相当副科级领导29人；建立党外后备干部人才库58人，其中副处级4人，正科级后备干部12人，副科级后备干部42人。四是支持党外干部切实履行职能。建立《县处级党员领导干部联系党外代表人士制度》《情况通报会制度》等，通过制度的建立和完善，进一步关心党外干部成长，拓宽党外干部发挥作用的渠道和途径，为党外干部履行职能提供制度保障。

【港澳台工作】 2017年，大新县积极服务港澳台工作。一是积极向港澳台推介大美大新。先后接待台湾媒体记者、台湾来裕企业集团、香港坪原友社助学考察团、全国台联台胞千人夏令营、台湾佛光大学爱心志愿者参访团、台湾世界客属总会参访团、澳门侨领考察团以及参加第十四届中国—东盟博览会"台商崇左行"多家台商企业等海外侨胞10余批次，共300多人次，对宣传推介大新良好投资环境起到很好的促进作用。二是开展元旦、春节、"三月三"、中秋节、春节慰问台胞台属台商、海外侨胞活动，共上门慰问台胞、台属、归侨侨眷50多人次，发送慰问短信45条，帮助台胞解决实际困难3件。

【侨联工作】 2017年，县侨联充分发挥侨联的特点和优势，认真做好侨联工作。一是加强与港澳、海外华人华侨及重要社团的联系。全年共接待港澳和海外华人华侨3批次，共100余人。二是积极做好侨联改革推进工作。年底侨联改革已启动，按要求2018年年底完成改革任务。三是提高侨界人士参政议政水平。年内，县侨联系统有1名市政协委员、1名县政协委员、1名市侨联常委和3名市侨联委员。四是扎实推进成立"侨胞之家"工作。通过采取走点调查摸底形式到点实地考察，为"侨胞之家"成立奠定基础。

（李艳梅）

对台工作

【对台宣传】2017年，大新县台办重点抓好对台宣传进机关、进乡镇、进社区、进景区活动，采取集中宣传与分散宣传相结合、宣传工作与办实事相结合、宣传工作与交流交往相结合的方式加强对台工作宣传。针对涉台工作任务较多的县直单位和乡镇，通过组织收看《台湾问题知识讲座》、发放宣传册、召开座谈会等方式传达全国、自治区、崇左市对台工作会议精神，提升对台工作合力。

【为台胞台属办实事】2017年，大新县台办积极为台胞台属办实事。一是和各乡镇统战委员，对全县台胞台属进行全面走访了解，摸清全县台胞、台属基本情况，建立完整台胞台属数据库，为对台工作打下基础。二是充分利用春节和清明节开展对台胞台属进行走访慰问活动，共投入经费8000元，走访慰问台胞台属20多户，详细了解他们在台亲人的生活状况和思想动态。

（李艳梅）

老干部工作

【概　况】2017年，中共大新县委老干部局设有编制4个，其中，局长1名，副局长1名，干部1名，工勤1名；服务管理的老干部、老同志有113人，其中，离休干部55人，离休干部遗孀3人，退休县处级干部23人，非四家班子退休干部8人，镇南关退休干部24人。

【落实老干部政治待遇】2017年，县委老干部局积极落实老干部政治待遇。一是开展走访慰问。1月8—22日，县委老干部局分成2个工作组分别深入南宁、全县14个乡镇及县城离退休干部居住地开展登门走访慰问活动，为老干部送去慰问金和慰问品。1月11日起，县四家班子成员分成7个慰问组，深入到21名离退休干部家中走访慰问。10月16—28日，先后开展离退休干部及离休干部遗孀慰等慰问活动，共慰问117人次。二是组织学习政治理论。坚持执行每月第二个星期老干部学习日制度，采取集中领学、座谈讨论、个人自学、上门送学通报情况等方式，组织老干部学习党章、习近平系列重要讲话、中共十九大精神以及区、市、县有关文件，并将市委确定的做好“两篇大文章”、打好“四大攻坚战”的新思想、新观点、新举措等重要内容摘要翻印发放给全体老干部，为帮助老干部加深理解，扩大学习宣传覆盖面提供帮助。同时，组织享受县处级以上待遇的老干部传阅《大新县人民政府工作报告》等文件，让老干部了解大新经济社会发展情况，积极献言献策。三是狠抓党支部工作。4月19日，举行离退休党工委揭牌仪式，率先在全市成立大新县离退休干部工作委员会。6月28日，邀请市委党校副校长农飞给离退休党员干部上党课，全县100多名离退休干部参加听讲。11月20日，大新县召开2017年离退休老干部“不忘初心·永葆本色”专题党课，市委常委、县委书记赵丽亲自宣讲中共十九大精神，63名老干部参加会议。四是做好通报工作。10月25日，县委、县政府召开离退休干部座谈会，通报2017年以来全县经济社会发展运行情况，广泛征求意见建议。五是组织参观考察。6

11月20日，2017年大新县离退休老干部“不忘初心·永葆本色”专题党课在县委七楼会议室开讲

月22—23日，组织全县离退休干部代表25名，先后到凭祥市“美人椒”等2处现代农业示范区，浦寨口岸、龙州县水口岸等5个口岸和边民互市点参观考察。10月25日，组织全县离退休干部及县处级退休干部30多人，先后到德天景区大门改造工程、“宜居乡村”示范点——恩城乡陆榜村苏屯、大新县农民工创业园——呗侬创业园、大新县易地扶贫搬迁安置点——星光和乐城等参观考察。11月27日，组织离退休干部赴龙宫仙境、德天瀑布景区参观考察创AAAA、AAAAA级国家景区情况，并结合观摩通报全县创建工作，广泛征求意见建议。六是落实报刊征订工作。年内，先后为55名离休干部、23名县处级退休干部、747名正科级老干部及老干部活动室征订2018年度《中国老年》《老年知音》《医药星期三》等杂志，同时为县老干部活动中心和乡（镇）老干部活动室订阅各类报纸和杂志21种1200多份，让老同志通过阅读和学习，及时了解党和国家方针、政策以及国内外形势。

【落实老干部生活待遇】 2017年，县委老干部局认真落实老干部生活待遇，确保老干部“老有所养”“老有所医”。一是按政策增加离退休干部生活补助费。积极配合有关部门，计发离退休干部每月的生活补贴，从8月起调整1名病瘫离休干部的护理费。二是按政策据实核报离休干部医药费。积极与县人社部门对接，年内先后为离休干部报销医药费约2万元。三是开展离退休干部健康体检。9月25—30日，组织全县离休干部及县四家班子领导退休干部共69人，到县人民医院进行健康体检。对于部分行动不便的老同志，还积极协调医生上门服务，做到不漏一人，应检尽检。

【服务老干部工作】 2017年，县委老干部局认真做好服务老干部工作。一是将离休干部棚户区改造项目落户城南新区。年内，棚户区改造第一批13名离休干部进入交房阶段，第二批进入公示阶段。二是坚持做好离退休干部来信来访工作。认真听取来访者的反映和咨询，能解决和解答的，按政策规定给予当面答复和解释工作，暂时不能答复的，作为重要来信来访登记在册，报有关领导和部门研究答复。全年共受理和解决老干部来信来访6件次，做到事事有回音，件件有着落。三是协调做好11名符合条件的镇南关退休干部护理费和医疗费约18万元的补助发放工作。

【发挥老干部作用】 2017年，县委老干部局充分发挥老干部作用，积极为新农村建设贡献力量。一是上党课，助力脱贫攻坚。7月1日，县离退休干部党工委组织离退休干部到那岭乡那廉村，开展“畅谈十八大以来变化、展望十九大胜利召开”建言献策进村屯活动，庆祝中国共产党成立96周年。退休党员同志从全国扶贫形势以及习近平总书记关于扶贫讲话精神，结合大新县实际以及农村特点，从“扶贫带富、政策宣传、精神帮扶、动态反馈”四个方面，讲述农村党员如何充分发挥在精准扶贫工作中的作用。通过老党员讲党课活动，提高村干部带领贫困户脱贫致富的能力。二是唱山歌，畅谈发展变化。8月1日，在新农村建设示范点——桃城镇宝新村新屯举行大新县离退休干部正能量山歌大赛，大赛以“喜迎十九大，传递正能量”为主题，围绕“全面建成小康社会，实现民族文化传承，喜迎十九大召开，传递正能量”为内容开展，使社会主义核心价值观随歌入心，成风化人，形成歌唱祖国，热爱故乡，建设家园的良好氛围。三是组织老干部学习习近平总书记“7·26”重要讲话精神。8月22日，组织离退休干部深入学习领会习近平总书记7月26日在省部级主要领导干部专题研讨班上的重要讲话精神，动员老干部发挥余热，为全县各项工作建言献策。

【老干部文体活动】 2017年，县委老干部局积极组织老干部开展系列文体活动。5月19日，组织老年大学160多名学员，与江州区老年大学学员在崇左市园博园进行沟通交流，并举行联欢会演，双方共同表演舞蹈、歌唱、朗诵等文艺节目；7月1—10日，组织离退休干部开展“你我展阳光风采，喜迎十九大召开”地掷球入圈、气排球、麻将和游园活动；7月11日，开展大新县离退休干部“喜迎十九大，传递正能量”暨庆“七一”山歌比赛，吸引全县400多名离退休干部职工踊跃参加；9月21日晚，组织老年大学学员60多人次参加县“军民一家亲,喜迎十九大”大型文艺会演晚会,表演《在太行山上》大合唱及《万泉河水》等舞蹈节目;10月18日,组织老年大学舞蹈队16人,参加市委老干部局组织的“多彩金秋”文艺会演;10月22日,组织老年大学舞蹈队参加大新县广场舞大赛,并荣获二等奖;老年大学学员欧述善、欧青秀代表崇左市参加全区离退休干部“赞颂新变化、喜迎十九大”山歌擂台赛比赛,荣获二等奖。

(农志波)

党　校

【概　况】 中共大新县委党校实行校务委员领导体制,属参公单位,县委副书记兼任党校校长,常务副校长主持日常工作。校内设有4个科室:办公室、教务处、科研处、总务处。2017年县委党校的编制是21个,年末在编人员18人,其中参公人员6人,专职教师10人,工勤人员2人;文化结构上,本科学历15人,大专学历2人,高中1人。10名专职教师中,高级职称1名,中级职称7名,初级职称2名。年内,先后选派3名教师和1名参公人员驻村担任专职扶贫工作队员,选派1名教师在3月底至10月底到崇左市委党校跟班学习。

【教学与培训】 2017年,县委党校继续抓好各个班次培训。一是抓好社会办班。配合县人民医院、县档案局、县水力电业公司、县林业局、中国人民银行大新县支行、县社会保险事业局、县纪委监察局、县安监局、广西大新农商行等16个单位举办各种类型培训班25期,培训人次2730人次,社会办班班次和人数走在崇左市各县(市、区)前列。先后选派教师到县法院和县交通局以及县委办、县烟草专卖局、县工商局、榄圩乡、县委老干部局等作《习近平总书记视察广西重要讲话精神解读》《中国共产党人的党性与党性修养》《全面从严治党开启新征程》《增强“四个意识”争做合格党员》《建设社会主义新农村》《老年人如何应对消费欺诈》等专题讲座12次,培训人次460人次。二是抓好主体班培训。年内,先后举办科级领导干部和公务员“三个一”培训班、入党积极分子培训班、村(社区)“两委”班子成员培训班、中青班、新录公务员初任培训班、事业单位新进入人员初任培训班、中青年党外干部培训班等7个主体班培训16期,培训人数3088人。在“三个一”培训班中,1650名科级领导干部和公务员共分成7个班,培训专题有党的建设、口岸经济建设、社会管理与法制建设、全域旅游建设、城乡与美丽乡村建设、边境地区民俗文化建设、扶贫与农业现代化等,全年共举办5期。针对“三个一”培训,在授课内容上,能根据各个专题研讨班的特点设置有针对性的课题。在授课教师上,能体现多层次的原则,聘请广西区委党校、南宁市委党校、崇左市委党校及崇左市委、市人民政府的有关领导、专家教授前来授课,不断提高授课质量;聘请扶绥县委党校、宁明县委党校的领导和教师前来授课,强化与崇左市其他县(市、区)党校的横向联系;安排3位县委党校教师上6个专题课,提高县委党校教师在“三个一”培训班授课的比例。三是抓好外出培训。年内,先后选派5名教师参加妇女干部培训学校、区委党校开展的“导师制”定向培养市县骨干教师活动以及崇左市扶贫工作培训会、百色干部学院党性教育骨干培训班;选派1位领导和3位教师参加在广东省

10月16日,大新县2017年中青年干部培训班开班典礼在县委党校举行

江门市举办的崇左市2017年市县党校现场教学基地建设研讨班；选派2名领导参加中共中央党校举办的国家扶贫开发工作重点县、集中连片特困地区县党校校长研修班。7月22—30日，选派学校领导和教师共15名参加在北京举办的中国人民大学全国党校教师教学方法与教学艺术专题师资班培训。通过外出培训，进一步提升学校领导、教师的教学水平和科研能力。

【科研工作】 2017年年初，县委党校研究出台《中共大新县委员会党校2017年“红·蓝·绿”调研课题撰写方案》，给学校领导和专职教师下达年度科研工作任务。年内，科研成果有：获广西区党校“桂海杯”优秀论文比赛一等奖1篇，完成区社科联应用对策研究课题1篇；获崇左市党校(行政院校)系统第三届科研论文比赛奖11篇，其中一等奖1篇，二等奖2篇，三等奖8篇，科研成果排名全市各县(市、区)委党校前列，并荣获组织奖；获得崇左市委宣传部组织的“习近平新时代中国特色社会主义思想与崇左实践论文”三等奖2篇；向县委提交咨政报告3篇。

(赵月胜)

机关党建

【概　况】 201 7年，中共大新县直属机关工作委员会共有在职在编干部3人，其中，书记1人，副书记1人，内设办公室、组织宣传股、人武部和县直属机关工会委员会。

【思想政治教育】 2017年，县直属机关工委强化责任担当，加强党员意识形态教育。一是加强理论武装。制定下发《关于推进县直机关党组织“两学一做”学习教育常态化制度化实施方案》，免费为县直各党组织征订学习用书共260本。指导县直机关各级党组织在推进“两学一做”学习教育常态化制度化建设中，把学习宣传贯彻中共十九大精神和习近平总书记系列重要讲话精神作为当前和今后一个时期的首要政治任务来抓，及时制定学习方案和学习计划，召开专题学习会、交流会、讨论会、宣讲会等，学深悟透中共十九大精神。同时，立足自身工作实际，牢记使命担当，积极践行中共十九大精神，不断持续深化服务群众工作。二是抓好机关党员干部思想政治教育工作。5月份举办为期5天的入党积极分子培训班，11月举办党务工作者学习贯彻中共十九大精神专题研讨班，机关党员的思想更加一致，步调更加统一；承办广西领导干部“时代前沿知识”系列讲座(大新分会场)3期，受教育的机关党员人数500多人次；建立谈心谈话制度，开展经常性谈心谈话工作，分析研判机关党员思想动态，及时了解机关党员思想状况。

【基层党组织建设】 2017年，县直属机关工委扎实推进机关基层党组织建设。一是狠抓党建责任意识。完善目标管理机制，把党建工作内容纳入各部门工作目标，定期进行党建目标督促和考核。完善党内工作制度，健全“三会一课”、民主生活会、党风廉政建设、民主评议党员、党内监督等工作制度，党建工作逐步走上制度化、规范化的轨道。二是健全基层党组织按期换届提醒督促机制。制定下发《关于做好县直机关党(总)支部换届选举工作的通知》，对任期满或组织机构不够健全的党支部及时提醒，督促其按规范程序和要求及时组织换届或改(补)选，全年指导和审批64个党(总)支部换届选举和补选。指导机关党委做好换届选举工作，其中县林业局和县教育局机关党委第一次会议已经召开并选出第一届机关党委委员。三是规范和完善组织设置。新成立德天公益党支部、安平投资集团有限公司党支部和广电网络公司党支部，整合民政局离退休党支部(撤销军休党支部)，整合国税局税源一、二纳税服务股为税源管理党支部。四是抓好基层党组织党员队伍建设。全年发展新党员17名，按期转正9人。做好党员组织关系转接工作，全年接转组织关系433人。五是抓好党组织和党员基本信息采集工作。向党员发放“党员基本信息采集表”，指导党员准确、规范填报，对下辖的119党支部所有党员全部纳入采集范围，认真核查，确保无遗漏、全覆盖，并对党员的年龄、学历、入党时间等信息详细登记。六是抓好党员组织关系集中排查工作。对县直119个党支部党员组织关系进行集中排查。经排查，没有出现重登、漏登现象。失联党员1名，已按自行脱党予以除名处置。七是加强机关党组织党内政治生活。以督促落实“三会一课”制度和“固定党日+”活动为切入点规范党内政治生活，对机关党建“灯下黑”问题进行梳理，建立问题清单，每季度采取集中督查和随机抽查相结合的方式，对督导中发现的问题及时下发问题整改通知，保证党建工作重点任务落实，形成良好的工作格局。八是开展党费收缴专项检查。以《中共中央组织部办公厅关于进一步规范党费工作的通知》为依据，重新调查核定党员交纳党费的标准，要求各基层党组织在开展每月“固定党日+”活动时足额收取，并及时上缴。对各支部党员交纳党费情况进行检查，对不按时、不足额交纳党费的党员给予提醒、教育和引导主动补交。在党费收缴工作中，坚持专人负责、专户管理，进一步规范党费收缴、使用和管理。

【作风建设】 2017年，县直属机关工委继续加强作风建设和党风廉政建设。一是加强党员干部从政道德教育和廉政教育。认真组织学习习近平总书记《关于党风廉政建设和反腐败斗争重要论述》和中央关于党风廉政建设责任制、中纪委全会文件，增强拒腐防变能力。坚持谈心谈话制度，班子成员之间经常进行谈心谈话，提出工作和勤政廉洁要求。在重大节日等节点，均采取会议通知、短信告知、约谈等形式及时提醒，警示教育机关干部自省自重。二是强化责任担当。把贯彻落实中央八项规定精神“回头看”工作作为一项重大的政治任务抓实抓牢，坚持问题导向，认真进行对照检查，逐项梳理分析，并列出问题清单，制定具体的整改措施，立行立改。不断完善制度，抓好建章立制，进一步推进中央八项规定精神落实常态化、长效化。坚持工委议事规则，“三重一大”都经过集体讨论决定。

【“七一”活动】 2017年，县直属机关工委组织开展庆“七一”系列活动。一是举行新党员宣誓仪式。“七一”期间，组织举行入党宣誓仪式，26名新党员进行集体宣誓。二是开展关爱党员送温暖活动。“七一”期间，共慰问困难党员和老党员20名，送去慰问金9000元。三是开展送学下乡活动。“七一”前夕，组织单位干部职工到挂点联系村——那岭乡那信村参加农村党员庆“七一”活动，工委书记为党员上党课。

（廖德峰）

信　访

【概　况】 大新县政府信访科于1986年3月成立，在县政府办公室挂牌，由县政府办具体负责领导日常工作，编制4个。1988年3月，县政府信访科易名为中共大新县委、县人民政府信访办公室，1989年1月更名为中共大新县委、县人民政府信访局，1996年3月更名为中共大新县委、县人民政府信访办公室。2010年10月更名为中共大新县委、县人民政府信访局。2017年定编6人（行政5人，工勤1人），在职在编5人（行政4人，工勤1人）。

2017年，全县有乡（镇）信访领导小组15个，县信访成员单位32个，共有兼职信访干部47人；有村（居）委会信访调解小组146个、信访调解员272人，形成三级信访网络，乡（镇）和单位均配兼职信访干部。年内，全县信访工作实现“双零”（在全区、全国重大会议和活动开展期间实现“零上访”“零非访”）和“三个不发生”（不发生因信访问题引发的个人极端重大事件，不发生因信访问题引发影响社会稳定的重大突发性群体事件，不发生大规模上访和非正常上访的严重事件）目标。深入推进信访工作制度改革，着力打造“阳光信访”“责任信访”和“法治信访”，连续两年实现“无进邕到京非正常上访、无5人以上到邕重复上访、无一年以上信访积案”的“三无”目标。同时，建设完成与自治区信访局、崇左市信访局视频会议系统互联互通工作。

【信访办理】 2017年，大新县信访总量为132件。其中，上级交办、转办信访件80件（含网上投诉），县本级受理群众来信来访52件次。上级交办、转办80件，受理80件，及时受理率100%；到期答复61件，已经答复61件，到期答复率100%；办理网上投诉和信访事项44件（其中网信17件）。县本级52件中来信3件，来访49批120人次，来访同比上年的55批241人次少6批121人次；到县集体访3批52人次，同比上年的8批158人次减少5批105

人次。没有发生到北京、自治区、崇左市非正常上访事件，达到国家信访局“三无”县指标标准。所有信访件已全部按时转办、交办、督办，基本实现信访事项件件有着落，事事有回音。年内，中央第三巡视组共交办信访14批17人次，其中，来访8批11人次，来信6件次案件，已经全部办结，并按要求录入网上办理系统，同时按照崇左市信访局要求开展“回头看”。

【矛盾纠纷排查化解】2017年，大新县坚持县级每月、乡(镇)和县直部门(单位)每半月、村(社区、居委会)和县直部门(单位)所属的二级机构每周精准排查的信访维稳工作制度。对排查出的矛盾纠纷问题逐件登记造册，建立台账，并进行分析研判，通过分析查找出具有苗头性、倾向性问题和群体性信访隐患，安排责任单位及时介入，早发现早处理。每月召开专题研判会，形成《信访分析研判》《信访动态》报送县委、县政府主要领导和信访联席会议召集人提供决策参考，进一步明确责任单位和责任人，采取多种方式，积极协调化解，对重点问题，落实领导包案处理。

【信访信息化建设】2017年，大新县高度重视，围绕提高信访事项办理效能、提高信访群众满意度、提高信访部门公信力三项重点，突出群众来信来访事项网上办理工作的“登记办理率、及时受理率、按期办结率、群众满意率”，确保群众投诉有人管、反映事项有人办、办理进展可查询、办理结果可评价。年内，群众满意度评价信访件3件，到期评价2件，评为满意的2件，群众满意度100%，实现信访件件有着落，事事有回音。与此同时，以全面推进信访“法治建设年”为目标，在办理和程序规范管理的基础上，加强对乡镇综治信访维稳中心，村(社区)群众工作站的办理信访规范管理，进一步规范信访工作流程和信访事项办理程序等，县信访局多次深入各乡镇开展下访和专题工作调研，加强对网上办理信访事项的技术指导工作。通过接访下访，发现问题4起，整改4起，实现快捷、高效、便民的服务宗旨。

(雷文科)

机构编制

【机构编制管理工作】2017年，大新县加强和规范机构编制管理，管住管好机构编制工作。深入研究严控和精简编制的措施和办法，做到增减平衡，确保总量不突破。一是控制中小学编制总量，确保机构编制和财政供养人员“两个只减不增”。二是开展机构编制核查工作。5月，对全县各级党政群机关和各类事业单位开展机构编制核查。通过核查摸清机构和人员编制底数，努力实现机构清、编制清、领导职数清、实有人员清，以及具体机构设置与按规定审批的机构相对应、实际配备人员和财政供养人员与批准的编制和职数相对应等“四清”和“两个相对应”的目标。三是加强机构编制管理。加强机构编制台账管理，严格执行出入编登记管理制度；做好实名制系统日常运转和数据维护更新工作，进一步强化机构编制管理与组织人事管理、财政管理等的综合约束机制，不断推进机构编制工作的现代化、网络化、规范化、制度化建设，为党委政府重大决策提供服务。

【行政管理体制改革】2017年，大新县编办继续抓好行政管理体制改革工作。

加快推进行政审批制度改革工作 及时做好行政审批“接、放、管”工作，认真对照自治区、崇左市取消下放调整目录，将涉及大新县的审批事项进行全面梳理，逐项核对其名称、审批权限、设立依据等确保事项的真实、准确，加强动态管理。3月底，积极贯彻自治区和崇左市有关行政审批动态调整工作，督促全县行政审批部门抓好落实，尤其是落实好广西壮族自治区人民政府《关于取消和调整一批行政审批事项的决定》(桂政发〔2016〕75号)、《广西壮族自治区人民政府关于印发行政许可事项目录的通知》(桂政发〔2016〕76号)文件精神。10月，继续贯彻落实《国务院关于取消一批行政许可事项的决定》(国发〔2017〕46号)文件后，督促各有关单位及时贯彻上级有关文件精神，不断加强行政审批事项的动态调整工作。年内，县本级取消行政审批事项48项，调整行政审批事项198项，新增行政审批事项5项，共有26

个单位保留行政审批事项276项。同时,及时督促相关部门对审批服务项目制定审批流程和审批工作规范,印制简明的办事指南,要求办事窗口编制一次性告知卡,规范审批标准和审批行为,简化审批程序,缩短审批时限,推动简政放权。

全面推行政府部门权责清单工作　按照权责清单管理办法,以清权、减权为重点,全力推进权责清单工作。针对部分单位权责清单有关内容发生变化,及时组织权责清单工作有关单位认真开展动态调整,认真参考核对市级已公布的有关单位的权责清单修改完善全县对应部门的权责清单,并再次征求单位的意见后于10月31日按程序在相关网站进行公布。

【重点领域改革】2017年,大新县根据上级有关林场改革工作精神,做好全县三个国有林场合并核定编制工作,加强重点领域的组织机构建设。

推进林场改革工作　为理顺体制,促进全县林场改革工作有序进行,推动林业工作可持续发展,根据上级有关林场改革工作精神,将大新县小明山林场、大新县国营上湖林场、大新县隘江林场等三个国有林场合并为大新县小明山林场,定性为公益二类事业单位,重新核定编制,促进全县林场改革工作顺利开展。

加强重点领域的组织机构建设　针对全县旅游发展趋势,为推动全县旅游业发展,大新县及时盘活资源,成立县公安局旅游警察大队、人民法院旅游巡回法庭、工商和质监局旅游分局。同时,为了推进城市执法体制改革,进一步理顺城市建设和管理权责关系,提高城市管理服务水平,不断优化执政资源,节约行政成本,提高行政效率,进一步适应城市发展,大新县在原有的城建监察大队的基础上整合成立大新县城市管理局。加强对县防汛抗旱指挥部办公室、新型农村合作医疗工作职能、易地扶贫搬迁移民工作综合管理职责等进行管理和调整。

【事业单位登记管理】2017年,大新县事业登记管理局严格审核把关,做好事业单位提交年度报告和变更登记工作。一是认真做好2016年度事业单位法人年度报告工作。截至2018年3月底,共有331个事业单位通过专网递交年度报告,通过审核并在崇左市事业单位在线网公示,完成率96.22%。二是严格依法登记,确保全县事业单位登记管理的规范化。全年共为事业单位办理变更手续95个,设立12个,注销14个。三是认真做好赋码工作。年内为12个设在机构和机关单位办理赋码发证工作,为18个机关群团单位变更统一社会信用代码证书。四是建立健全网域名称的管理工作。完成全县运转正常的行政、事业单位中文域名的续费及新设立单位的域名注册,并做好登记管理的公告工作。全年共刊登设立公告42条,变更公告174条,注销公告149条,重新申领证书公告46条,办理时间比法定时限压缩50%以上。

(陈柔颖)

党史研究

【概　况】2017年,大新县党史研究室共有编制5个,其中,主任1名。年内,县党史研究室认真开展党史征集、编纂、研究、宣传工作。一是完成《2016年大新县重要文献资料》和《2016年大新县大事记》历史资料汇编工作,并以电子版存档。二是完成《2017年大新县重要文献资料》和《2017年大新县大事记资料》的收集和初稿编写工作。三是完成《中国共产党大新历史》第二卷(1949—1978)第二稿修改工作,并印刷样书呈送有关专家和老同志审阅,征求专家们的意见和建议。此书以中共中央《关于建国以来党的若干历史问题的决议》为参照,力求系统、全面、客观、翔实地记述中共大新县委在1949年至1978年期间,团结带领全县人民进行社会主义革命和建设取得的重大成就以及地方党组织发展壮大的历史,深刻总结正反两方面的宝贵经验和教训,全书分4编19章78节,包括"基本完成社会主义改造的七年""社会主义建设在探索中曲折前进的十年""'文化大革命'的十年""在徘徊中前进的两年"四大部分,共计25万字。该书的编写具有重要的史料价值和研究价值,有助于继承和发扬党的优良传统和作风,进一步认识和把握共产党执政规律、社会主义建设规律和社会发展规律,增强改革发展的自觉性、主动性，充分发挥党史资政育人的作用。五是补充完善新民主主义革命时期的资料收集工作。六是扎实开展党史国史“六进”宣传工作。年内，联合相关部门到学校、机关开展党史国史宣讲活动5场次，受教育人数600多人次，邀请党史专家到县委党校主体培训班讲党史国史课4场次，受教育人数657人次。同时，纂写党史工作动态信息6篇。

【作风建设】 2017年，县党史研究室继续狠抓作风建设。一是认真开展“固定党日+”活动。每个活动日都能按照党员缴纳党费、诵读党章、研学党规党情、落实组织生活、开展民主议事、实行民主公开等一系列议程开展，切实做好“+”文章。二是深入挂点联系村屯开展调查研究，扎实做好帮扶等工作。党史研究室挂点帮扶村是榄圩乡荣圩村，共有帮扶户19户，平均每个干部帮扶3—4户。通过全体干部和帮扶户的共同努力，年内有5户脱贫，真正做到真扶贫、扶真贫。三是贯彻落实党风廉政建设“两个主体责任”步入常态化。认真贯彻落实各级党风廉政建设会议及相关文件精神，依照“一岗双责”要求，做到每个重要时间节点，都召开全体干部会议进行谈话提醒，廉政风险防范落实到位。

（农全英）

绩效考评

【概　况】 大新县绩效考评领导小组办公室于2010年11月挂牌成立，为大新县绩效考评领导小组常设办事机构，属行政机关单位，具体负责承接区、市、县三级绩效考评年终及日常督查工作。2017年，大新县绩效办核定编制3个，有干部职工3名，其中，主任1名，干部1名，工勤人员1名。下设大新县绩效评估中心，为事业单位二层机构，核定编制7个，有干部1名。

【群众意见建议整改】 2017年，自治区在2016年度绩效考评民意调查中，群众就大新县在机关效能、扶贫攻坚、治安维稳、市容市貌、宜居乡村、文化休闲、食品安全、医疗卫生等方面提出意见建议55条。对此，大新县高度重视，及时采取有力措施督促各相关乡镇和部门认真整改，取得显著成效。至年底，55条群众意见建议中已完成整改44条，有11条需要跨年度整改。

【自治区绩效考评中期核验】 2017年，大新县代表崇左市迎接自治区2017年度绩效考评中期核验工作。在迎检过程中，大新县做到积极主动、材料齐全、实事求是，各项工作在核验组的要求下有序进行，顺利完成核验工作。

【承接崇左市绩效考评】 2017年，崇左市对各县（市、区）的绩效考评采取指标考核、评议评价和日常督查及察访核验相结合的方式进行，其中指标考核包括“自治区绩效考评指标及部分市委市政府设定的工作指标、市委市政府确定的重点工作‘两篇大文章’‘四大攻坚战’及配套工作指标”和加分、减分项目，考评内容涉及经济社会发展的各个方面。年内，大新县荣获“崇左市2017年度县（市、区）绩效考评综合奖三等奖”。

【县本级绩效考评】 2017年，大新县对14个乡镇、华侨经济管理区和98个县直及上级驻县单位进行绩效考评，有力地促进了全县各项中心工作的顺利开展，按时完成了各项目标任务。通过年终绩效考评，雷平镇、桃城镇、下雷镇、宝圩乡、龙门乡、堪圩乡、硕龙镇等7个乡镇荣获大新县2017年度绩效考评乡镇一等奖；大新华侨经济管理区及榄圩乡、那岭乡、全茗镇、恩城乡、五山乡等5个乡镇荣获大新县2017年度绩效考评乡镇二等奖；昌明乡和福隆乡荣获大新县2017年度绩效考评乡镇三等奖。县委办、县政府办、县人大办、县政协办、县纪委监委、县委宣传部、县投促局、县委政法委、县教育局、县统计局、县委组织部、县人社局、县食药监局、县林业局、县糖业办、县委统战部、县财政局、县人武部、县旅发局、县民政局、县编办、县国税局、县农机局、县发改局、县文体新广局、国家统计局大新调查队、县扶贫办、县法院、县公安局、县检察院、县审计局、消防大新、内卫中队、硕龙边检站、边防大队、水口海关、水口检验检疫局等37个县直及上级驻县单位荣获大新县2017年度绩效考评县直单位一等奖。

（李桂兰）

"美丽乡村"建设

【产业富民】 2017年，大新县坚持把"产业富民"专项活动与扶贫脱贫攻坚、甘蔗支柱产业统筹推进，全县129个行政村全部制定村经济发展计划，91个行政村培育了新型农业经营主体，129个行政村有现代农业生产示范基地，97个行政村有规模种养殖及发展乡村旅游，110个行政村有电子商务服务点，累计建成甘蔗"双高"基地16106.67公顷。打造宝圩"合作寄养+入股分红"、堪圩香猪"送一返二"、桃城"党旗领航·金融扶贫"、雷平"外出务工全托寄养"、入股投资平台分红等多种模式，全县"产业富民"逐步形成多点开花局面。

【服务惠民】 2017年年初，自治区将大新县列为全区"服务惠民"示范县。大新县大胆探索、勇于实践，将"服务惠民"建设经费共226万余元纳入县财政预算，落实村级协管员129人，每人每月700元工资，场地、协管员、网络实现行政村全覆盖，按照有人员、有场地、有设备、有流程、有网络、有经费"六有"标准在全市先行建成村级综合服务中心68个，建成量及覆盖率排名全市第一，为全市"服务惠民"专项活动探索出了经验。6月13日，全市"村级综合服务中心建设"现场观摩会在大新县召开。7月26日，大新县代表崇左市在全区"美丽广西·宜居乡村"服务惠民现场工作会上作典型发言。10月31日，大新县区级"服务惠民"示范县创建顺利通过区服务惠民专责小组初步验收。

【基础便民】 2017年，按照自治区下达的任务要求，大新县对改厕改厨专项奖补经费进行1:1配套，统一动员、层层分解、多级联动，每周一通报、每月一约谈，扎实推进"改厕改厨"工作。年内，全县改厕完成12300户，改厨完成12099户，年度工作目标完成率101%。同时，完成桃城镇宝贤村、万礼村等10个村级垃圾处理终端项目建设，48个贫困村通屯道路建设项目，22个贫困村农村饮水安全巩固提升工程项目，全茗镇污水处理厂和雷平镇污水处理厂建设，昌明乡东风村板扭屯、恩城乡恩城社区等10个村屯乡土特色示范建设，684户3417人建档立卡户的易地扶贫搬迁入住任务，18个公共照明示范点建设。年内，全县146个村(社区)已开通光缆142个。

【长效保洁】 2017年，大新县建立健全长效机制，确保乡村长效保洁。一是完善乡村环境保洁长效机制。将生态公益林补偿基金与保洁员工资相结合，县林业局对生态公益林补偿基金进行调配，原则上要全部留在屯集体，需要发到户的，最多发放不超过50%，主要用于保洁员工资、排水排污、村屯亮化绿化等公益事业建设，提升村屯环境卫生，以乡村建设领导小组名义下文。全县有975个村屯保洁员工资从村集体生态公益林补偿基金中拨付。二是实施保洁员工资群众自筹。按照每户每月3—10元的标准筹集保洁费，全县有103个村屯实施群众自筹保障经费。三是实施财政兜底保障保洁经费。县财政投入183.78万元用于10—12月份保洁员工资，按照月工资300元的标准确保每个村民小组保洁员全覆盖。同时，通过"以奖代补"充分发挥群众主体作用，奖补予硕龙镇政府卫生整治工作经费3万元、桃城镇德立村逐屯乡村建设经费3万元、福隆乡福隆社区内斗屯乡村建设经费3万元、榄圩乡上吉村弄利屯乡村建设经费3万元、榄圩乡上吉村外利屯乡村建设经费3万元、那岭乡好胜村普礼屯乡村建设经费1.5万元、那岭乡好胜村龙扎屯乡村建设经费1.5万元。激发群众自主建设热情，谋划建立县级竞争平台，通过乡镇推荐与实地核验相结合，建立乡村建设升级版项目库，入库后将给予启动资金，验收后给予奖励资金。

【"双百"工程建设】 2017年，大新县政府划拨300万元用于垃圾设备采购，给每个乡(镇)配备垃圾清运车、每个村配备电动三轮车、每个屯建设垃圾池；划拨100万元用于卫生综合整治，按公路沿线每公里100

元标准给予划拨；划拨42万元专项宣传经费，用于公路沿线、“双百”工程（百村示范、百村整治）和“三改”工程（改厨、改厕、改圈）涉及村屯统一制作宜居乡村村屯标语；把17个魅力村庄和10个绿色村屯的奖励资金共170万元及按照每个示范村自然屯15000元、整治村自然屯3000元的标准共288.3万元划拨到各乡（镇），用于“双百”工程建设。

苏屯知青文化展示馆

【知青文化旅游村建设】 2017年，大新县美丽乡村市级综合示范点为恩城乡陆榜村苏屯，定位为知青文化旅游村。年内，先后投资529万元，完成知青文化展示馆、苏屯村史馆、忆当年酒馆、红太阳小卖部、致青春咖啡厅、向阳湖、知青雕塑等知青文化符号建设，配套建设排水排污、林间步道、生态停车位、AAA级旅游公厕等，就地取材打造标识牌、围栏、微菜园及微花园。9月6日，全市8个市级美丽乡村综合示范村暨基础便民专项工作现场观摩会在各县（市、区）召开，大新县苏屯为其中一个现场点。9月26日，自治区副省级离退休老干部一行66人到苏屯参观考察；12月11日，自治区（桂西、桂南片区）乡村办主任工作会议在苏屯召开，与会人员给予苏屯高度评价和充分肯定。

（卢　维）

大新县人民代表大会

□编辑　农金安

【概　况】2017年，大新县第十七届人大常委会设主任1人，副主任4人，委员27人，下设办公室、法制与内务司法委员会、财政经济委员会、教科文卫与民族工作委员会、农业农村与环资城建工作委员会、选举联络工作委员会。人大机关干部职工有29人。县第十七届人大代表共有201人。

【十七届人大二次会议】大新县第十七届人民代表大会第二次会议于2017年1月21—23日在县城召开。应出席大会的人大代表201名，实到代表193名，应邀列席会议人员245名。会议听取和审议《大新县人民政府工作报告》《大新县人大常委会工作报告》《大新县人民法院工作报告》《大新县人民检察院工作报告》和《大新县人民代表大会议事规则（草案）》；审查和批准《大新县2016年国民经济和社会发展计划执行情况与2017年国民经济和社会发展计划（草案）的报告》《关于大新县2016年预算执行情况和2017年预算（草案）的报告》。会议期间共收到代表提出的建议、批评和意见131件。

大新县第十七届人民代表大会第二次会议场景

【十七届人大常委会会议】2017年，大新县第十七届人大常委会先后召开会议8次，分别为第三次会议至第十次会议。

第三次会议　1月12日下午，县人大常委会主任吕光哲在县人大常委会会议室主持召开县第十七届人大常委会第三次会议。常委会副主任赵泽海、韦金红、张志军、岑天洲及委员共24人出席会议。会议听取和审议县人大常委办公室关于县第十七届人大二次会议筹备工作情况的报告、关于召开县第十七届人大二次会议的决定（草案）、关于县第十七届人大二次会议列席人员的决定（草案）、县第十七届人大二次会议议程（草案）、县第十七届人大二次会议议案审查委员会建议名单（草案）、县第十七届人大二次会议主席团成员和秘书长建议名单（草案）、《大新县人民代表大会议事规则（草案）、县人大常委会工作报告（草案），同时还审议县第十七届人大二次会议有关材料。县人民政府副县长黄宏武，县人大常委会副处级干部陈丽霞、赵曼利，县人民法院副院长邓新军，县人民检察院副检察长许东照，不是县人大常委会委员的县人大常委会“一室五委”的全体干部、乡（镇）人大主席列席会议。

第四次会议　3月10日上午，县人大常委会主任吕光哲在县人大常委会会议室主持召开县第十七届人大常委会第四次会议。常委会副主任赵泽海、韦金红、张志军、岑天洲及委员共25人出席会议。会议听取和审议县政府关于大新县2017年扶贫基础设施及相关项目以政府购买服务模式进行建设并纳入本级财政预算(草案)的报告、《大新县人大常委会2017年工作要点》。会议还以无记名投票表决的方式通过有关人事任免事项。县人民政府副县长梁俊刚，县人民检察院检察长叶永亮，县人大常委会副处级干部陈丽霞、赵曼利，县人民法院副院长赵权富，县政府办副主任、国泰公司负责人黄桂江，县财政局局长黄仁强，不是县人大常委会委员的县人大常委会“一室五委”的全体干部、乡(镇)人大主席列席会议。

第五次会议　6月2日上午，县人大常委会主任吕光哲在县人大常委会会议室主持召开县第十七届人大常委会第五次会议。常委会副主任赵泽海、韦金红、张志军、岑天洲及委员共24人出席会议。会议以无记名投票表决的方式通过有关人事任免事项。县人大常委会副处级干部陈丽霞、赵曼利，县人民法院副院长赵权富，县人民检察副检察长院黄能，不是县人大常委会委员的县人大常委会“一室五委”的全体干部、乡(镇)人大主席列席会议。

第六次会议　9月8日上午，县人大常委会主任吕光哲在县人大常委会会议室主持召开县第十七届人大常委会第六次会议。常委会副主任赵泽海、韦金红、张志军、岑天洲及委员共21人出席会议。会议听取和审议县人民政府关于2017年上半年国民经济和社会发展计划执行情况的报告、关于2016年财政决算和2017年上半年财政预算执行情况的报告、关于大新县2016年度预算执行情况审计的报告和县人大财经委关于2016年县本级财政决算的审查报告、县人民检察院报请许可采取强制措施报告、代表辞呈；审议县人大常委会调研组关于2017年上半年财政预算及国民经济和社会发展计划执行情况的调研报告、县人大财经委关于2016年县本级财政决算的审查报告、县人大常委会执法检查组关于《中华人民共和国农业法》贯彻实施情况的执法检查报告；审查和批准2016年县本级财政决算。会议还以无记名投票表决的方式通过有关人事任免事项。县委常委、县人民政府副县长龙玉珊，县人大常委会副处级干部陈丽霞、赵曼利，县人民检察院副检察长许冬蕾，县人民法院副院长蒙志华，县政府办副主任阮震海，县发改局局长许拓，县财政局局长黄仁强，县审计局局长梁国正，不是县人大常委会委员的县人大常委会“一室五委”的全体干部、乡(镇)人大主席列席会议。

第七次会议　9月12日上午，县人大常委会主任吕光哲在县人大常委会会议室主持召开县第十七届人大常委会第七次会议。常委会副主任赵泽海、韦金红、张志军、岑天洲及委员共26人出席会议。会议以无记名投票表决的方式通过有关人事任免事项。县人民政府副县长陈尚总，县人大常委会副处级干部陈丽霞、赵曼利，县人民检察院副检察长许东照，县人民法院副院长赵权富，不是县人大常委会委员的县人大常委会“一室五委”的全体干部、乡(镇)人大主席列席会议。

第八次会议　11月10日上午，县人大常委会主任吕光哲在县人大常委会会议室主持召开县第十七届人大常委会第八次会议。常委会副主任赵泽海、韦金红、张志军、岑天洲及委员共26人出席会议。会议以无记名投票表决的方式通过有关人事任免事项。县委常委、县人民政府副县长龙玉珊，县人大常委会副处级干部陈丽霞、赵曼利，县人民检察院副检察长许东照，县人民法院副院长蒙志华，不是县人大常委会委员的县人大常委会“一室五委”的全体干部列席会议。

第九次会议　12月7日下午，县人大常委会主任吕光哲在县人大常委会会议室主持召开县第十七届人大常委会第九次会议。常委会副主任赵泽海、韦金红、张志军、岑天洲及委员共23人出席会议。会议听取县人民政府关于县十七届人大二次会议代表提出的建议办理情况的报告、县人大选联委关于县十七届人大二次会议代表提出的建议办理情况督查的报告。会议还补选崇左市第四届人民代表大会代表。县人民政府副县长赵小凤，县人大常委会副处级干部陈丽霞、赵曼利，县人民检察院副检察长许冬蕾，县人民法院副院长赵权富，不是县人大常委会委员的县人大常委会“一室五委”的全体干部，乡镇人大主席列席会议。

第十次会议 12月19日上午，县人大常委会主任吕光哲在县人大常委会会议室主持召开县第十七届人大常委会第十次会议。常委会副主任赵泽海、韦金红、张志军、岑天洲及委员共24人出席会议。会议听取和审议县人民政府关于大新县2017年财政预算调整方案报告(草案)、县人大财经委关于大新县2017年财政预算调整方案的审查报告；审议《大新县人民代表大会常务委员会监督工作办法》等6项制度(草案)、关于县第十七届人大三次会议召开时间和建议议程的决定(草案)、关于县第十七届人大三次会议列席人员的决定(草案)。会议还以无记名投票表决的方式通过有关人事任免事项。县人民政府副县长丑继明，县人大常委会副处级干部陈丽霞、赵曼利，县人民检察院副检察长许东照，县人民法院副院长蒙志华，不是县人大常委会委员的县人大常委会“一室五委”的全体干部、乡镇人大主席列席会议。

【人大代表议案和建议办理】 在县第十七届人大二次会议期间，代表提出的建议、批评和意见共127件。其中，农业经济类52件，占40.9%；交通类21件，占16.5%；城建国土环保类15件，占11.8%；科教文卫类16件，占12.6%；旅游方面7件，占5.5%；社会保障类6件，占4.8%；通信网络类7件，占5.5%；经济类3件，占2.4%。

【人事任免】 2017年，县人大常委会坚持党管干部原则与依法任免、选举的有机统一，认真做好人事任免和选举代表工作，共依法任免49人，补选市四届人大代表2名。

【调研视察及执法检查】 2017年，县人大常委会认真组织开展调研视察及执法检查。一是组织开展公共文化服务体系建设以及对县法院基本解决执行难工作和检察机关司法改革工作专题调研。二是组织驻县崇左市四届人大代表及部分县人大代表开展年中及年终视察活动。三是开展《中华人民共和国农业法》执法检查活动。四是对全县义务教育均衡发展工作情况及县十七届人大二次会议代表提出的建议、批评和意见办理情况进行专题督查。与此同时，积极配合自治区、崇左市人大常委会开展调研视察及执法检查。一是配合崇左市人大常委会开展边境口岸经济发展情况和脱贫攻坚工作专题调研。二是配合崇左市人大常委会到大新县开展《关于崇左市“双高”基地建设工作情况报告的审议意见》《关于崇左市义务教育均衡发展情况报告和中心城区教育发展情况报告的审议意见》整改落实情况进行跟踪督查。三是配合自治区人大常委会到大新县开展自治区边防管理立法、旅游开发项目开发、民族团结进步创建工作和《关于加快推进中越德天·板约跨国旅游合作区建设的建议》(第228号)进行重点督办及少数民族文化保护传承情况专题调研。

(赵小燕)

12月5—7日，县人大常委会组织驻县崇左市四届人大代表及部分县人大代表开展年终视察活动。图为考察德天跨国瀑布景区游客集散中心

大新县人民政府

□编辑　农金安

重要会议

【县长办公会议】 2017年，大新县第十七届人民政府县长会议召开1次，即第2次。

十七届第2次会议　8月30日召开，研究部署德天水果产业示范区升级、旅游、保障性安居工程、公安系统危旧房改住房改造项目、义务教育均衡发展、打击走私、采矿证办理、恩城水上小镇拍卖等工作。

【政府常务会议】 2017年，大新县第十七届人民政府常务会议先后召开7次，即第4次至第10次。

十七届第4次会议　1月18日召开。研究审定2017年政府债券需求、处理逾期政府性债务、《大新县统筹使用财政专项扶贫资金管理办法》《2017年政府工作报告》《大新县2016年预算执行情况和2017年预算草案的报告》《大新县2016年国民经济和社会发展计划执行情况与2017年国民经济和社会发展计划（草案）的报告》、增加创业担保基金和重新分配农民工创业担保贷款额度、《大新县推进“划行归市”市场和停车场建设计划表（讨论稿）》、大新县桃城镇民族二队居民小组三产安置用地规划设计条件、大新县城东区征地安置伦那街居民小组用地规划设计条件、缴纳编外环卫工人医疗保险、失业保险和生育保险、成立大新县城市管理局、大新县乡镇政府权力清单和责任清单、《大新县电子商务进农村综合示范项目实施方案》和年产5万吨HDPE、UPVC系列塑料管道制造项目准入、选址和协议及电子商务进农村工作领导小组人员调整、《大新县堪圩乡民六村至谨汤村公路沿线退高秆作物还稻工作方案》、贫困户委托经营扶贫企业、县农机局继续聘用农机安全监理协管员、县食品药品监管局聘用司机岗位工作人员、县禁毒办聘用工作人员、聘用大新县2016年第一批基层医疗卫生人员等问题。同时，研究布置当前重点工作，即做好春节期间安全生产、社会稳定、食品药品安全、烟花爆竹安全监管等各项工作。

十七届第5次会议　3月24日召开。组织学习《广西壮族自治区环境保护工作职责规定（试行）》和《广西扩大开放合作和促进开放性经济发展“十三五”规划》文件精神。研究审定硕龙口岸主通道旅检大楼建设项目实施模式及确定项目业主事宜、审批大新县2012年第一批次乡村建设用地规划设计条件、审批大新县2017-02号地块国有建设用地规划设计条件、《大新县2017-02号地块国有建设用地使用权出让方案》、城南派出所周边D和E地块规划设计条件、《大新县乡（镇）征地工作经费管理暂行办法》、县城区建设用地及安置用地土地收储工作、大新县民政福利园项目建设用地、租赁原大新县中冠汽车城作为县政务服务中心和广西大新安平有限公司办公场所、大新县2017年扶贫基础设施及相关项目采用政府购买服务模式进行建设、大新县2017年第一批财政专项扶贫资金项目计划、大新县国有林场改革经费、审批许彩虹等同志为大新县2016年第二批基层医疗卫生聘用人员、县公安边防大队新增协警聘用、大新县实施2017年“特岗计划”申报工作、实施2017年中小学教师定向培养计划申报工作、《大新县第三期学前教育计划（2017—2020年）》、落实崇左市人民防空会议精神有关事项、中越文化展示馆（暂名）建设经费、县戒毒所和拘留所建设前期工作经费、将大新县下雷镇中粮崇左糖业蔗区划拨给中粮江州糖业及审批桃城、宝圩、堪圩、硕龙、下雷等五个乡镇2017年土地承包经营权确权登记颁证工作调汇和数据建设项目经费预算等问题。同时，研究部署环保、经济、政府工作报告分解等其他工作。

十七届第6次会议 4月23日召开。组织学习《关于进一步加强财政借垫款清理工作的通知》和《全区贯彻落实中央八项规定精神“回头看”工作方案》等文件精神，听取大新县2017年第一季度安全生产工作情况汇报，研究审定当前安全生产工作、申报建立大新县森林火灾高风险区综合治理工程项目、申报2017年大新县探矿权出让计划项目、开展大新县不动产统一登记第一阶段历史数据整合建库工作、大新县土地征用和开发整理中心财政补助额度、《大新县城区违法用地和违法建房行为处理实施方案》《大新县城东片区控制性详细规划》、大新县2017年二、三季度政府置换债券需求、广西政府债券2017年应付利息经费、《广西大新县全域旅游一期PPP项目专业咨询服务合同》、县属国有公司领导人员聘用合同和劳务合同、《广西大新安平投资集团及其各公司组建运行方案》《广西大新安平投资集团有限公司及三个子公司业务用房装修方案》、安平集团及其子公司前期业务工作经费、安平集团及其子公司购买办公设备费用、县政务服务中心新办公场所机房改造和安防监察系统及增加制冷设备经费、启动大新县呗侬创业园（第二区）建设工程（二期）建设、《大新县呗侬创业园项目建设涉及拆除森威福美钠厂补偿方案》、引进企业投资运营岩应边民互市点（区）结算中心和合同书、成立大新县边贸总公司及协议书有关事项、以EPC（工程总承包）模式实施岩应边民互市区基础设施工程、下雷和雷平交警中队综合办公楼及相关营房配套设施建设、2017年旅游发展县级配套经费、大新县2017年“双10”重大项目推荐名单等问题。

十七届第7次会议 5月12日召开。组织学习《中共崇左市委员会关于进一步贯彻落实中央八项规定精神的实施办法》，学习《中共崇左市委员会关于进一步贯彻落实中央八项规定精神的实施办法》精神，研究审定广西大新县全域旅游一期PPP项目准入和实施方案等有关事宜、《2017年项目前期工作经费分配方案》《大新县沿线村庄建设管理办法（草案）》《大新县城东区桂圆北路建设涉及赵航等四户房屋补偿安置方案》《大新县龙门乡集中式饮用水源保护划定方案》和《大新县龙门乡集中式饮用水源保护划分技术报告》《硕龙岩应边贸扶贫产业加工区建设项目方案和划拨门村门屯租地租金》、安平集团今后五年发展思路及发展战略方案、把（大新县国泰资产经营有限公司运营有关问题的批复）重新授权给安平集团公司、划拨大新县党的建设工作系列经费、提高在职村（社区）干部基本补贴、在职屯级干部务工补贴经费、县乡村综治办综治中心建设经费、广西电子政务内网大新县政府汇集点网络建设等问题。

十七届第8次会议 8月3日召开。传达学习《关于加强县域经济发展分类考核的意见》《崇左市促进实体经济稳增长若干措施的通知》，通报“两违”整治工作进展情况和全县污水垃圾处理项目建设工作进展情况。研究审定《广西恩城国家级自然保护区总体规划（2017—2026年）》、审定大新县新运驾校第二分校建设项目准入、开通运营大新城北客运站至那岭乡岜伏村委、民族高中至社隆村委等5条公共汽车客运线、划拨扶贫小额信贷风险补偿金到平台公司专户、《大新县人民政府关于对2017年度辖区外贸企业奖励的暂行办法》、审定采取EPC+运营模式建设2016—2017年度污水生活垃圾处理设施项目、国开行融资项目、《大新县2017年政府新增一般债券资金安排使用方案》《政府存量债务置换安排方案》《大新县2017—2019年度办公设备定点采购（试行）方案》《大新县加快推进项目前期工作机制》、实施《大新县2017年城市棚户区（危旧房）改造实施方案》《大新县2018—2020年棚户区改造计划》、划拨国有建设用地使用权给桃城镇民族一队居民小组作为被征地农户安置点建设工程用地、划拨国有建设用地使用权给桃城镇民族二队居民小组作为被征地农户安置点建设工程用地、《大新县 2017—04 号地块国有建设用地规划设计条件和使用权出让方案》《大新县 2017—05 号地块国有建设用地规划设计条件和使用权出让方案》《大新县 2017—06 号地块国有建设用地规划设计条件和使用权出让方案》《大新县建筑用砂石矿权设置方案》《大新县被征收(用)土地补偿标准》、县城“两违”行为查处及补办建设用地手续流程、《广西大新安平投资有限公司发行企业债券融资方案》、安平集团购买公务业务用车、安平集团注资入股广西富丰矿业公司、将国泰公司从国有独资公司变更为一般有限责任公司、原水泥厂生产区规划地块建设标准厂房、调整大新县万承学校建设规模、划拨桃城镇第二中心幼儿园建设用地、审定划拨检查站营区建设用地、《大新县 2017 年促进工业稳增长实施意见》、《大新县加快牛羊养殖业发展实施方案》、划拨《大新县水产畜牧业发展“十三五”规划》(2016—2020 年)编制经费问、划拨强荣公司租用场地修缮费和迎宾馆困难补助、追加大新县 2017 年村(社区)“两委”换届选举工作经费、将大新县“服务惠民”专项活动综合服务中心建设经费纳入财政预算、差额拨款和自收自支事业单位参加机关事业单位养老保险、支付深化小型水利工程管理体制改革工作经费、解决县养利学校新添置教学设备经费、解决大新中学新学生食堂设备经费、审定安排经费解决县域义务教育均衡发展教学设备不足、解决大新县民族高级中学学生饭堂设备采购经费、大新县城北 35 千伏电力线路迁移改造方案、解决硕龙边境检查站监护中队新营区办公生活用品、对大新县公安局业务技术用房项目结算送审进行审批、划拨 2017 年度大新县“双高”基地测量和设计费、追加 2017 年严重精神障碍患者监护责任实施以奖代补项目资金等问题。同时,还对重大开支进行通报:通报压减一般性支出调整使用工作的开展情况;通报近期重大项目开支情况。

十七届第 9 次会议　10 月 26 日召开。传达学习《崇左市机关绩效考评结果激励工作方案》等相关文件精神,研究审定《广西大新县全域旅游一期 PPP 项目合同》《广西大新县全域旅游一期 PPP 项目公司章程》《广西大新县全域旅游一期 PPP 项目股东协议》《广西富丰矿业有限公司增资扩股方案》《广西富丰矿业有限公司增资扩股协议书》《广西六祺投资有限公司融资方案》和划拨国有建设用地使用权给大新县桃城镇新城社区民权一队居民小组作为被征地农户安置点建设工程用地、冯卫星等 30 宗国有建设用地使用权补办出让及转让方案、《大新县人民法院处置广西大新下雷仁爱锰品有限公司国有划拨土地使用权》、大新县 2017—11 号地块国有建设用地使用权出让方案和规划设计条件、大新县 2017—14 号地块国有建设用地使用权出让方案和规划设计条件、大新县 2017—15 号地块国有建设用地使用权出让方案和规划设计条件、大新县特色加工业发展“十三五”规划、大新县人民政府华蓝设计(集团)有限公司城乡建设合作协议、2017 年“美丽广西·宜居乡村”农村改厕改厨“魅力村庄”、百村示范和百村整改等示范村屯县级配套资金、2017 年“美丽广西·宜居乡村”农村改厕改厨工作经费、大新县“服务惠民”专项活动综合服务中心建设经费、《追加企业职工基本养老保险预算缺口责任分担资金预算指标》、划拨村民小组保洁员工资经费、划拨村民合作社工作经费、硕龙海关业务技术综合用房项目并提供相关土地置换材料、将三大国营水利工程管理单位调整为财政全额拨款单位、大新县“两个三年行动计划”前期工作经费估算表、划拨安平仙河景区创建国家 AAAA 级旅游景区工作经费、申报大新县 2017 年四季度政府置换债券需求、大新县关于进一步完善学校布局调整的实施意见》、安平集团资金审批权限及额度、安排 2017 年少数民族发展资金项目结余款等问题。

十七届第 10 次会议　12 月 12 日召开。研究审定收回广西新振锰业集团有限公司国有建设用地使用权及处置其他地上附着物、划拨工业集中区总体规划(修编)编制及经费、将大新县驻乡(镇)参与脱贫攻坚县、乡工作队员驻村补助经费纳入 2018 年财政预算、追加大新县 2017 年驻乡(镇)参与脱贫攻坚县、乡工作队员驻村补助经费、《大新县小型水利工程确权发证暂行办法》、划拨 2017 年度绩效考评指标所需经费、对大新县2018—2019年农户种植栀子特色产业项目给予扶持、《大新县黄栀子全产业链项目投资协议书》、《恩城土司文化旅游景区投资开发合同》、《土司之家文化旅游景区投资开发合同》、《大新县2017年甘蔗生产全程社会化服务试点工作实施方案》、县经管站采购安装档案室移动密集架存放农村土地确权成果资料、变更大新县恩城乡如龙村单屯至安宁屯道路工程、《美丽南方·文化崇左》(大新)卷编纂经费、征订2018年度重点党报党刊所需经费、大新县禁毒宣传教育基地土建、安装工程项目结算送审、昌明公安综合业务用房基础设施建设经费、岩应边民互市点边检设施土建项目工程、划拨县公安交警大队雷平中队业务楼项目前期经费、从融资账户支付大新全域东方文化旅游投资有限公司一期资本金、支付堪圩至宝圩三级公路、上下线K12.7至新育公路等6个工程建设项目地方配套资金、星光和乐城配套工程建设项目、对大新县星光和乐城移民示范小区地下室土建工程(变更后增加造价)工程预算进行财评审、星光和乐城安置住房简单装修方案、大新县2017年财政预算调整方案报告(草案)、重新安排2017年度结转结余财政扶贫资金用于产业开发项目资金、2017年第二批中央财政专项扶贫资金项目计划调整、2017年第二批自治区财政专项扶贫资金项目计划调整、大新县2017年第一批财政专项扶贫资金项目计划调整等问题。

【蔗糖生产工作会议】 2017年2月4日,大新县召开蔗糖生产工作会议。在家的县四家班子领导出席会议。

会议指出,无名红皮蔗(懒人蔗)趋势蔓延,"懒人蔗"不是原料蔗,糖分含糖量不足12%,难以入榨,严重危害甘蔗产业生产及蔗农根本利益,铲除"懒人蔗"势在必行。

会议要求,要采取积极措施堵住甘蔗外流问题,做到不含糊,不马虎;党委、政府、企业要齐心协力,铲除、根除无名红皮蔗(懒人蔗),优化糖料蔗品种,增加蔗农收入和制糖企业效益,促进全县蔗糖产业健康发展;要早规划、早准备、早安排、早落实,确保铲除无名红皮蔗(懒人蔗)翻种优良品种原料蔗工作的顺利开展;要广泛宣传,营造铲除无名红皮蔗(懒人蔗)翻种优良品种原料蔗工作的良好氛围;要加强督办督查,明确工作责任,严明工作纪律,完善考核落实奖惩,确保全县铲除无名红皮蔗(懒人蔗)翻种优良甘蔗品种工作完成,保证双高建设落实到位。

会议强调,要重视问题,自力更生,采取措施,堵截有产量没有质量、糖量的甘蔗生产;要发现问题、解决问题,要以壮士断腕的决心,统一部署,以最小的代价完成最大的任务;要扎实做好各项工作,特别是甘蔗种植面积核实工作,彻底根除"懒人蔗";要用心卡甘蔗,积极主动不能守株待兔;要高效,铲除"懒人蔗"的同时要完成双高的任务,稳定蔗糖面积,齐抓并管,完成砍、运、榨一条龙服务,把蔗糖基地稳固起来,提高企业生产效益,为财政增收,农民脱贫致富做贡献。

【扶贫工作会议】 2017年6月1日,大新县召开2017年扶贫工作会议。在家的县四家班子领导出席会议。

会议首先通过PPT的形式,

大新县2017年扶贫工作会议场景

学习和传达赴井冈山学习脱贫摘帽的好做法、好经验。

会议强调，推进扶贫工作要处理好“三个关系”：一是学与用的关系。要带着问题去学习开会，以问题为导向，带着办法回来指导当前工作，学以致用，用中发现问题，解决问题；二是形式与内容的关系。扶贫工作不仅仅是把材料做好，更是要发展产业、发展集体经济、做好易地扶贫搬迁等重点工作，服务好大新政治经济文化社会发展；三是专与博的关系。既要总揽大局、统筹兼顾，又要做好脱贫摘帽这一重点工作，科学安排工作，在工作任务繁重的同时，要学会弹钢琴，在博中抓专，在专中出成效。各级各部门要进一步提高认识，强化使命担当，将脱贫攻坚工作作为头号任务来抓，进一步加大统筹力度，形成工作合力，让大新县早日实现高质量脱贫。

【教育工作会议】 2017年9月8日，大新县召开2017年教育工作会议。在家的部分县四家班子领导出席会议。

会议首先对荣获2017年大新县优秀教师、优秀班主任、优秀教育工作者和优秀班级的个人和集体分别予以表彰。

会议指出，近年来，全县始终坚持把教育摆在优先发展地位，不断加大教育投入力度，学校基础设施日益完善。2016年，全县县域义务教育均衡发展通过自治区评估验收、大新中学自治区示范性普通高中复查评估通过自治区评估验收、县直属机关幼儿园创建自治区示范幼儿园通过评估验收，全县教育事业不断取得新的成效。

大新县2017年教育工作会议场景

就当前和今后一个时期全县的教育工作，会议强调，百年大计，教育为先，各级各部门，各所学校要充分认识全县当前教育工作存在的突出问题，坚持以深化教育领域综合改革为动力，全面提高教育现代化水平，打造教育品牌，打造教育强县。要合理调整学校布局，推进标准化学校建设，积极促进教育公平；要积极发展学前教育，扩大高中办学规模，同时大力发展职业教育，加快推进各阶段教育健康发展；要实施人才强教战略，培养教育教学骨干，着力提高师资整体水平；要不断改善教师的工作、学习和生活条件，重视提高教师队伍待遇；要建立完善现代学校制度体系，精心打造具有深厚文化底蕴和特色的名校，做大教育品牌。各级各部门要强化责任意识，切实把教育摆在优先发展的战略地位，在项目规划、财政资金、人力资源配置等方面优先向教育工作倾斜。宣传部门要着重宣传教育的重要地位和作用，宣传教育战线的先进典型事迹，大力营造尊师重教的良好社会氛围。全县上下要进一步解放思想、振奋精神，举全民之力、集各方之智，形成关心教育、支持教育的强大合力。

会上，部分教师代表还分别作了发言。

【榨季生产工作动员会】 2017年12月19日，大新县召开2017—2018年榨季生产工作动员会。在家的县四家班子领导出席会议。

会议强调，蔗糖产业是大新县传统支柱产业，也是全县重要的经济支柱产业，蔗糖产业的发展事关农民增收、财政增长、企业增效和社会稳定。各级各部门要从全局和战略的高度，进一步认清形势，提高认识，切实增强对发展蔗糖支柱产业的责任感和紧迫感，下更大的决心，力争今年甘蔗生产上新水平。

会议要求，乡镇和部门要清醒认识自己在甘蔗生产工作中应尽的责任和义务，通力合作，形成合力,抓好基础设施建设、抓好各项政策落实,改善甘蔗生产管理条件,同时要加大宣传力度,扎实推进良种改种和种植机械化,确保完成“双高”基地建设任务;制糖企业要全力配合双高基地建设工作,抓好蔗区管理的组织协调工作,积极为蔗农排忧解难,维护好蔗农和制糖企业利益;蔗农、制糖企业以及政府监督部门要加强沟通,充分协商,切实维护榨区正常生产秩序,创造更好的社会效益和经济利益。

会议认真总结全县2016—2017年榨季生产工作情况,并就2017—2018年榨季生产以及当前蔗糖生产工作作具体部署:要科学安排好甘蔗砍运工作,抓好安全生产,明确任务到人;要抓好蔗款的兑现,提高蔗农种蔗的积极性;要加大工作力度,抓好管理督查,切实打击跨蔗区收购贩运原料蔗、开设土榨、私设地磅等坑害蔗农的违法行为;要统筹推进制糖企业兼并重组,同时抓好双高甘蔗的种植工作,全力推进红皮甘蔗的铲除工作,确保全县甘蔗面积稳定。

会上,雷平永鑫糖业有限公司和世纪飞龙制糖有限公司负责人分别进行表态发言。

重要决策和工作部署

【促进经济稳步发展】 2017年5月10日,县政府办印发《大新县电子商务进农村综合示范项目专项资金使用方案》。6月12日,县政府办印发《2017年大新县固定资产投资目标任务工作方案》。9月13日,县政府办印发《大新县统筹整合使用财政涉农资金工作联席会议制度的通知》。9月30日,县政府印发《大新县2017年促进工业稳增长实施意见》。

【推动现代农业发展】 2017年2月20日,县政府办印发《大新县2017年铲除无名红皮蔗(懒人蔗)翻种优良品种原料蔗工作方案》。9月1日,县政府印发《大新县2017年水稻绿色高产高效创建项目实施方案》。10月23日,县政府办印发《大新县明仕生态休闲观光农业示范园旅游度假区项目建设用地被征地农民社会保障实施方案》。

【土地城建环保管理】 2017年4月25日,县政府办印发《大新县加强矿山地质环境恢复和综合治理工作方案》。9月18日,县政府办印发《大新县农村土地承包经营权确权登记颁证成果检查验收工作实施细则》。9月27日,县政府办印发《大新县易地扶贫搬迁可复垦宅基地及城乡建设用地增减挂钩潜力调查工作方案》。10月23日,县政府办印发《大新县开展突出环保问题整改工作方案》。10月23日,县政府办印发《大新县天瀑加油站项目建设用地被征地农民社会保障实施方案》。

【加快社会事业发展】 2017年1月21日,县政府办印发《大新县整合城乡居民基本医疗保险制度实施方案》。2月10日,县政府办印发《大新县政府购买服务实施工作方案》。5月12日,县政府办印发《大新县2017年高考工作方案》。5月12日,县政府办印发《大新县消除义务教育学校大班额工作整改方案》。7月31日,县政府办印发《大新县农村信用体系建设工作实施方案(2017—2020年)》。8月23日,县政府办印发《大新县家居建材行业划行归市实施方案》。8月25日,县政府办印发《大新县加强困境儿童保障工作实施方案》。8月28日,县政府办印发《大新县农村贫困人口大病专项救治实施方案》。9月26日,县政府办印发《大新县2018年度城乡居民基本医疗保险费征缴实施方案》。10月12日,县政府办印发《大新县加强农村留守儿童关爱保护工作实施方案》。10月26日,县政府办印发《大新县中越跨境劳务合作试点工作方案》。11月28日,县政府办印发《大新县遏制与防治艾滋病“十三五”行动计划实施方案》。

【保障和改善民生】 2017年4月18日,县政府办印发《大新县全面治理拖欠农民工工资问题实施方案》。5月24日,县政府印发《关于印发大新易地扶贫搬迁工作整改方案》。9月29日,县政府办印发《大新县开展创建诚信计生示范单位活动方案》。11月7日,县政府办印发《大新县2017年农村危房改造暨脱贫攻坚建档立卡贫困户危房改造实施方案》。

【“平安大新”建设】 2017年4月17日,县政府办印发《大新县2017年度地质灾害防治方案》。

5月24日，县政府办印发《大新县危险化学品安全综合治理实施方案》。8月21日，县政府办印发《大新县高层建筑消防安全综合治理工作方案》。9月22日，县政府办印发《2017年度大新县防震减灾工作实施方案》。9月27日，县政府办印发《联合开展整治公路货车违法超限超载行为专项行动实施方案》。9月30日，县政府办印发《大新县广西恩城国家级自然保护区内动态遥感监测问题整改工作方案》。11月2日，县政府办印发《大新县食品药品安全"十三五"规划》。11月20日，县政府办印发《大新县成品油市场专项整治工作方案》。11月29日，县政府办印发《大新县2017年今冬明春火灾防控工作方案》。

【政务管理】 2017年7月3日，县政府办印发《实施全面推进政务公开六项行动》。8月28日，县政府办印发《大新县全面推进"双随机一公开"监管工作实施方案》。9月30日，县政府办印发《全面梳理县乡村三级公共服务事项》。10月12日，县政府办印发《大新县"多证合一、一照一码"登记制度改革工作实施方案》。12月20日，县政府办印发《大新县本级公共服务事项目录》。

（农愿科）

政务服务

【概　况】 2017年，大新县政务服务管理办公室有编制7个，实有干部6名，其中主任1人，副主任1人。年内，县政管办积极推进"两学一做"学习教育常态化制度化，以全面推行行政审批"三集中"工作为载体，全面推进"放管服"改革工作，取得明显成效。办公室各窗口共计受理各类行政审批及服务事项约1.54万件，服务质量评价评议满意率99.9%，连续6年实现行政审批"零超时"和政务服务"零投诉"。通过政府门户网站、"自治区政府信息公开统一平台"、政务公开栏、LED显示屏、便民服务手册、发放办事须知宣传单和政务微博微信等形式向社会公开政府信息9000多条。

【窗口管理】 2017年，县政管办积极采取有力措施，抓实抓好窗口管理，充分展示窗口良好形象。一是严格日常考勤。对窗口工作人员考勤实行每日上下班指纹考勤，严格事前请假制度，督促窗口工作人员按时准点对外提供优质服务。二是加强巡查管理。通过每日不定时对大厅的巡查和利用视频监控系统的有效监督，对大厅工作人员到岗、离岗、仪容仪表、着装举止、服务用语、窗口物品摆放等遵章守纪情况及规范化服务情况进行检查督促，规范窗口工作人员服务行为，树立良好服务形象。及时处理有关纠纷和做好投诉受理及查处工作，对发现群众办事过程中存在"中梗阻"、服务意识差等问题及时指出改正，并做好窗口工作人员上班纪律管理记录，实行每天零报告制度，定期对窗口工作人员考勤情况进行通报，杜绝出现"门难进、脸难看、话难听、事难办"等不良现象。三是开展评比活动。根据相关考核实施细则，结合日常考勤巡查、群众表扬和投诉、满意度调查情况和自治区行政审批服务电子监察系统监察报告等，每季度对窗口单位和窗口工作人员进行"红旗窗口"和"服务标兵"评比，激励先进，鞭策后进。

【政务公开政府信息公开】 2017年，县政管办认真抓好政务公开政府信息工作，切实提高政府工作透明度。一是健全常态化政务公开体系。把政务公开贯穿政务运行的全过程，作为推进"放管服"改革、加快政府职能转变、推进政府治理能力现代化的重要抓手和突破口，以政务公开促进重大改革举措落实、强化市场服务和监管、保障和改善民生。年内，在机制完善上，健全政务公开领导机制，明确各成员单位的责任；在制度创建上，将"五公开"要求融入办文办会程序，建立政务公开工作开展情况"三随机"抽查巡检通报机制，促使各行政机关把政务公开与其他工作同研究、同部署、同检查、同推进、同落实；在制度落实上，将政务公开工作在绩效考评体系的权重提高到4%以上，印发《关于实施全面推进政务公开六项行动的通知》，提出实施全面推进"五公开"行动、政策解读责任落实行动、政务舆情回应增强实效行动、公众参与畅通行动、平台建设监管行动、政务公开培训行动等六项行动，夯实各乡（镇）、各部门机关公开责任。二是积极拓宽参与渠道。以县政府门户网站改版为契机，加强政府网站民意征集、网民留言、在线访谈等交流互动功能，畅通公众参与渠道。同时发布并实时更新全县行政权力事项和公共服务事项的“八公开”信息，设立政民互动、投诉及建议功能，满足群众沟通、参与、表达、申诉的交互需要。三是增强公开实效。充分发挥政府门户网站信息公开第一平台作用，积极推进政府网站集约化、规范化和标准化建设，增强发布信息、解读政策、回应关切、引导舆论的功能，全面提升政府网站的权威性和影响力。强化自治区政府信息公开统一平台信息发布作用，全年各乡(镇)各部门通过“统一平台”发布政府信息 2000 多条。四是推进公开助力经济发展。结合第五届政务公开日的开展，县政务办组织住建局、农业局、国土局、卫计局、民政局、公安局、人社局等 38 个部门在县文化广场开展咨询活动，与企业群众面对面座谈交流，详细了解企业和群众在办证中遇到的困难和问题，深入挖掘根本原因，分析研究解决对策。能现场解决的当场解决，不能当场解决的将问题带回，由相关部门后续跟进，确保 15 个工作日内答复相关企业。活动当天共发放宣传单和宣传手册 3000 余份，制作宣传板报 38 块，悬挂横幅 10 余条，接受群众当面咨询 200 余人次，问题解答满意率 100%。

【优化行政权力运行流程】 2017 年，为顺利完成行政权力运行流程编制工作，大新县快速反应，及早部署，成为全区率先动员部署编制和优化县乡两级行政权力运行流程工作的县级之一。同时，积极组织县乡两级各有关部门，克服工作人员少、工作量大、复核事项多等困难，对行政许可、行政处罚、行政强制、行政征收、行政给付、行政检查、行政确认、行政奖励、行政裁决及其他行政权力等 10 类行政权力开展优化行政权力运行流程工作，至年底，共完成县本级 37 个部门(单位)4905 项和 14 个乡(镇)1736 项行政权力运行流程的优化再造，实现全县行政权力“同一事项、同一标准、同一编码、上下对应、有效衔接”，切实解决行政权力运行耗时长、盖章多、中介多、收费多、材料多等问题。此外，推进县政管办窗口单位审查本部门涉及多个部门间联审的事项以及节点，梳理前后顺序和逻辑关系，及时调整编制办事指南，让办事群众了解所办理事项的涉及单位、办理事项内容、联系方式等内容，切实改变群众重复咨询、办理无头绪的现象。

【政务服务体系建设】 2017 年，大新县持续着力打通为民服务“最后一公里”，县本级、14 个乡(镇)和 146 个村(社区)均建立政务服务中心。年内，县政府投入 70 多万元，着力改善县本级政务服务场所硬件设施，由原来的 1500 平方米扩大到 3100 平方米，并于 6 月底投入使用。同时，充分发挥乡镇(街道)、村(社区)政务服务中心作用，实现“一窗进出”“一站式服务”，打通基层政务服务窗口联系和服务群众的“最后一公里”。县政管办及乡、村政务服务中心成为党和政府服务社会、服务群众的重要平台和窗口，成为人民群众洞悉社会变革、感受社会进步的重要途径，在优化营商环境方面发挥重要作用。

(欧红才)

人力资源和社会保障

【概　况】 2017 年，大新县人力资源和社会保障局(含二层机构)有编制 126 个，实有在编人员 105 名，内设办公室、工资福利股、就业促进股、人力资源开发与公务员管理股、考核与事业单位管理股、社会保险股、调解仲裁管理股、劳动保障监察股等 8 个职能股室；下设社会保险事业局、就业服务中心、人才交流服务中心、劳动保障监察大队、劳动人事争议仲裁院等 5 个二层机构。

【人事人才队伍建设】 2017 年，县人社局全面加强人事管理和人才队伍建设。组织开展全县录用公务员招考、事业单位工作人员招聘工作，完成公务员招录 62 名，事业单位招聘 95 名。加强大中专毕业生就业及服务工作，受理 623 名大中专毕业生求职登记以及 1131 份大中专毕业生和社会流动人员档案。为就业大中专毕业生转送档案 125 件，为用人单位鉴证人事合同 286 份，做好人事纠纷事前预防及监管工作。做好全县干部职工考核、专业技术人员职称评审工作，完成全县6357名干部职工的考核结果录入工作。审定全县2016年申报初级专业技术资格人员97人。全面落实兑现军转干部各项帮扶解困政策,做好全县37名困难企业军转干部解困帮扶工作,全力确保军转干部的思想、生活稳定。

【就业工作】 2017年,县人社局全力确保就业局势稳定。全县城镇新增就业2571人,城镇失业人员再就业435人,其中就业困难人员就业267人,城镇登记失业率2.49%,低于4.2%的目标控制数。累计实现农村劳动力新增转移就业6600人次。组织开展职业技能培训944人,创业培训179人。

【社会保险】 2017年,县人社局扎实扩大社会保险覆盖面。实施“全民参保计划”,社会保障覆盖范围进一步扩大,全县企业职工基本养老保险、城镇职工医疗保险、城乡居民基本医疗保险、工伤保险、生育保险、失业保险参保人数分别为25115人、24881人、353830人、17500人、13532人、9404人。基金收入分别为12064万元、7561万元、22113万元、494万元、228万元、542万元。城乡居民养老保险参保人数146321人,基金收入7894万元。机关事业养老保险稳妥实施,全县在职职工参保6156人,基金收入8866万元,发放养老金2990人,累计发放金额15075万元,实现从单位发放到社保发放的平稳过渡。稳步推进城乡居民基本医疗保险制度整合工作,完成城乡居民基本医疗保险的职能、机构、编制、人员、固定资产等整合工作。逐步提高社会保险待遇。做好企业退休人员基本养老金标准调整工作,为8013名企业退休人员上调养老金,人均月增资138.98元。全力推进全县社会保障卡发放,完成43000张社保卡的发放工作,推动实现“一卡多用,一卡通用”的总目标。推进异地就医结算工作,严格做好异地就医备案及结算审核工作。

【工资福利】 2017年,县人社局积极落实各项工资待遇。办理行政机关、事业单位职务、岗位变动、等级变动晋升1360人,月增资额24.14万元;完成机关事业单位工作人员正常晋升工作,其中,完成级别晋升274人,月增资额1.39万元;两年晋升226人,月增资额1.49万元;一年晋升3753人,月增资额29.95万元;办理人员调动工资转移共728人。办理职工退休手续208名,其中,机关事业单位干部179人、工人29人。审核退休职工易地安家费、修缮费95人,审批金额16.35万元。审批在职职工及离退休人员死亡人员抚恤金129人,审批抚恤金额958.29万元,埋葬费58万元。审批离退休死亡人员遗属生活困难补助51人,月补助金额2.62万元。为122人符合享受乡镇工作审批增加乡镇工作津贴,月增3.66万元,取消61人不符合享受乡镇工作津贴,月减少1.86万元。核准事业单位奖励性绩效工资总量2925.22万元,涉及人员4074人,其中,教育系统2924人奖励性绩效工资总量2148.21万元,特岗教师104人奖励性绩效工资总量67.73万元。落实改革前获得相关荣誉改革后退休人员加发退休费政策,完成434名退休人员加发退休补助审核,月人均加发补助200元。完成两院工资套改,共对39名员额内法官、检察进行员额工资制套改,月增3.09万元,对68名法官、检察官助理、书记员、司法行政人员工资套改,核定两院2017年绩效考核奖金177.57万元,享奖人员110人。

【构建和谐劳动关系】 2017年,县人社局劳动关系保持总体和谐稳定。对206家用人单位进行劳动保障监察执法检查,涉及劳动者人数16712人;接到举报投诉和群体性上访案件25件,涉及金额343万余元,涉及劳动者人数479人,其中立案调查21件,结案21件,为417名农民工追回工资309.3万元;督促1家欠缴社保费企业及时缴纳社保,涉及劳动者人数2人,金额10万元。加强劳动人事争议调解仲裁工作,切实维护劳动者和用人单位的合法权益。立案受理劳动争议案件26件,结案26件,为劳动者挽回经济损失110万元。

(赵世碧)

民族宗教事务

【民族团结进步创建】 2017年,大新县民族和宗教事务局紧紧围绕县委、县政府的各项中心工作部署,扎实推进党的民族理论和民族政策的宣传教育活动，提高全社会的民族团结进步意识，以此推动全县民族团结进步活动的深入开展。一是深入学习党和国家民族政策、法律法规。组织全体干部深入学习中央民族工作会议和全区民族工作会议精神，学习习近平总书记关于民族工作的重要讲话、指示，把握民族工作服务大局，进一步增强做好民族工作的使命感和责任感，唱响各族人民共同团结奋斗、共同繁荣发展的时代最强音。紧紧围绕“两个共同”主题，大力宣传党和国家民族政策、法律法规和民族基本知识，不断增强干部群众维护民族团结的自觉性。二是多形式灵活开展民族政策宣传。通过文艺演出、图片展示、发放宣传材料、悬挂横幅等各种形式，开展民族政策宣传教育。年内，共发放各类宣传资料2600多份(册)，悬挂标语横幅140多条，制作板报专栏2期，利用广场大型公益电子屏幕、移动通信平台发布信息1500多条，宣传党和国家民族政策，积极营造民族团结进步的良好氛围。三是扎实开展系列促进民族团结活动。2月11日(农历正月十五)，协同桃城镇党委、政府在县德天广场联合举办“欢度元宵节”大型文体活动，丰富节日期间人民群众的文化娱乐生活，营造各民族团结、祥和共庆佳节良好氛围。3月至10月期间，主动和县文体新广局、乡镇对接，合作承办中越呗侬国际侬垌节暨宝圩“2·19”观音诞文化节、中国大新依垌节暨硕龙镇建街133周年庆祝活动及大新县“边关风情旅游”下雷霜降文化节，吸引5万多名中越边民和游客一同参与，增进中越两国人民友谊，丰富大新旅游文化内涵。“三月三”期间，会同县教育局联合组织开展大新县“三月三”壮族民俗文化进校园活动、积极参加崇左市第四届少数民族传统体育运动会及协助举办2017年民族高中运动会暨民族传统体育运动会，壮族传统趣味竞技、壮族传统美食制作、本土原创民族音乐展演、民族服装展示、民族政策有奖竞猜等系列活动，进一步激发青少年对壮族传统文化学习和传承的热情，促进大新县民族文化传承与旅游开发的深度融合。四是全力支持民族民间文化活动。为推动全县民族民间文化传承发展，丰富农村文化生活，在经费有限的情况下，县民宗局先后安排经费7.7万元，分别支持中越呗侬国际侬垌节暨宝圩“2·19”观音诞文化节、归春河中越乡村音乐节、“边关风情旅游”下雷霜降文化节以及全县在民间各类侬侗和山歌活动。

【少数民族发展资金管理使用】 2017年，县民宗局抓实抓好少数民族发展资金管理使用，进一步改善基层基础设施建设。一是组织实施并全部完成2016年少数民族发展资金项目建设。2016年，全县共争取到中央少数民族发展资金1305万元，实施项目39个，截至2017年4月，所有项目全部竣工验收并交付使用。二是组织实施2017年少数民族发展资金项目建设。年内，全县争取到少数民族发展资金2批共1852万元，第一批少数民族发展资金为1632万元，共安排43个项目(贫困村23个、贫困发生率25%以上的自然屯20个)，经财审43个项目投资1467.67万元，用于实施屯级道路建设项目35个，民俗活动中心项目3个，人畜饮水项目2个，特色村寨项目2个，排洪水利工程项目1个。另外，第一批资金经财评后的结余资金164.33万元，新增安排实施4个项目，(屯级道路建设项目3个、人畜饮水项目1个)。截至12月底，所有项目全部竣工验收并交付使用。第二批少数民族发展资金为220万元，除安排全年项目管理费1%共18.4万元外，计划安排5个项目(贫困村3个、贫困发生率25%以上的自然屯2个)，建设类型有道路硬化建设项目4个，资金安排181.6万元；人饮项目1个，资金安排20万元。5个项目于11月29日全部进场施工，12月底3个项目完工验收并交付使用，另外2个项目因施工难度大，材料供应不上等困难，项目正在抓紧建设中。

【宗教事务】 2016年11月，大新县民族事务局与大新县宗教事务办公室合并组建成大新县民族和宗教事务局。为了尽快熟悉和掌握宗教工作，县民宗局多次组织工作人员到全县各宗教活动场所开展调研，并认真做好宗教事务工作。一是指导和举办佛教会议。4月21—23日，积极协助市佛教协会第二次代表大会在大新县正觉寺召开，代表大会由200多名佛教信众参加，此次活动顺利圆满完成，有力促进全县宗教和谐健康发展，弘扬宗教文化。二是开展宗教政策法规宣传。7月，在同宗教届人士的积极参与下，开展大新县学习宗教政策法规活动，法律意识得到进一步提高，使宗教政策得到进一步贯彻落实，宗教工作得到进一步推进，有力推动在宗教领域形成自觉学法、守法、用法的良好氛围，为全县宗教工作营造良好的法制环境。三是协调开展宗教慈善活动。8月24日，组织全县宗教界团开展慈善捐助活动。在桃城镇桃源社区举行金秋助学和慰问贫困户活动，为贫困户送去棉被、花生油、大米、洗衣粉等物品；到县福利院看望慰问孤寡、残疾老人，带去麦片、水果和饼干等食物。通过开展慈善捐助活动，使各宗教界服务社会意识不断增强，进一步广泛团结广大宗教界人士和信教群众，努力营造“我为人人、人人为我”的良好社会风貌，

【服务中心工作】 2017年，县民宗局勇于担当，在服务中心工作中充分发挥部门作用。一是主动争取办班。5月21—24日，主动争取承办广西落实国务院《促进少数民族地区和人口较少民族加快发展规划》实施意见专题研修班，此次研修为期4天，期间精心做好会务工作、后勤接待、现场点准备等，使会议圆满成功，得到自治区民宗委及全区民宗工作系统认可和肯定。二是服务创建工作。2月，县委、县政府决定申报“中国侬垌文化之乡”“中国土司文化之乡”，县民宗局积极配合，全力做好创建活动以及迎接上级考评过程的民俗展演和民族文化展示工作。5月25日，大新县被命名为“中国侬垌文化之乡”和“中国土司文化之乡”。三是做好脱贫攻坚工作。全局6名干部全部参与到精准扶贫脱贫攻坚工作中，其中在挂点帮扶村雷平镇中军村4名，在榄圩乡正隆村1名，桃城镇新城社区1名，一共帮扶24户99人。年内，县民宗局尽所及之力给予解决六汤至布兴通屯道路、惯压屯内道路硬化、庭托屯人饮工程和屯内道路硬化等，同时赞助3000多元支持中军村开展扶贫政策有奖竞猜和民族文化进村屯活动，达到在宣传十九大精神的同时，宣传扶贫政策助力脱贫的效果。

（廖贵东）

少数民族语言文字事务

【概　况】 2017年，大新县少数民族语言文字工作办公室有编制3个，实有干部6名，设主任1名。年内，县民语办以纪念国务院颁布《壮文方案》60周年为契机，积极开展各项工作，取得良好成效。

【民族语文政策宣传】 2017年，县民语办充分利用“壮族三月三”等节庆活动，深入开展民族语文政策宣传工作。一是3月16日（农历二月十九日），深入宝圩乡协助开展中越呗侬国际侬垌节暨宝圩“2·19”观音诞文化节活动。4月11日（农历三月十五日），深入硕龙镇协助举办中国大新侬垌节暨硕龙镇建街133周年庆祝活动。4月19日，深入恩城乡陆屯协助开展“侬垌节”山歌赛等民间节庆活动。活动期间，共制作悬挂壮汉双语宣传背景墙2幅、标语18条，印发宣传资料300多份，收录山歌30多首。二是根据自治区民语委的通知要求，9月组织培训本县壮语山歌队参加2017年广西壮语山歌展演，2个参演队双双荣获全区优秀奖，取得全区仅有10个优秀奖中的2个，大新县还荣获组织奖。三是10月1日，由县民语办、县山歌协会等联合举办第九届金柏居·睡宝杯山歌大赛，在上台攻擂的歌手中，涌现出一大批青少年山歌新人，这些青少年歌手是2015年县民语办在民族希望学校开设的山歌培训班，是检验培训后各校开展壮语山歌进校园活动的成果。在11月29日国务院颁布《壮文方案》60周年纪念日，深入挂点村正隆村开展文体活动，在活动现场悬挂壮汉双语标语12条，在文艺晚会节目中穿插有关民族语文政策和中共十九大精神知识有奖问答，取得良好宣传效果。

【壮文社会化使用和管理】 2017年，县民语办加强对全县壮文的社会应用管理。年内，为县民宗局、县爱国卫生运动委员会、广西大新安平投资集团有限公司、福隆乡等单位翻译牌匾28块、横幅23幅、电商产品名称35个。7—8月深入乡村开展对乡（镇）村（社区）法定单位名称使用壮汉两种文字书写牌匾情况进行检查，

并撰写检查情况汇报县政府办和县委基层办，与县委基层办联合下文，要求各乡镇按要求整改，进一步规范管理壮文社会用字。

【民族语文工作调研培训】 2017年，县民语办积极配合上级部门做好民族语文工作调研。一是协助区民语委开展“壮族三月三”节庆期间民族语文使用情况调研工作；二是协助区民语委到崇左市民语委开展的民族地区干部双语学习使用专题调研工作；三是派员参加自治区民语委与新闻出版广电局联合举办的2017年全区少数民族语文翻译和广播电视节目制作业务培训班学习；四是配合中央民族大学课题组到大新县开展壮语方言调查。7月23—30日，由中央民族大学韦景云教授带队的国家社科基金项目“地理语言学视角下广西左右江流域壮语方言研究”课题组到大新开展壮语方言田野调查，此次调查，调查组选择福隆乡和那岭乡两个点，调查内容为当地壮语音系，若干词汇、句子的记音记录，调查对象为当地60岁左右，精通壮语，汉语交流无障碍的壮族男性，大新县选到李汉强(70岁，那岭人)和许权恩(68岁，福隆人)两位发音人。

【壮汉双语教育】 2017年，县民语办积极配合教育部门落实自治区《关于进一步加强壮汉双语教育工作的意见》，深入推进县民族希望中学、全茗镇中心小学实施壮汉双语教育二类模式实验工作，年内全茗镇中心小学有专业壮文教师3人，1—3年级开设壮文6个班240人，每周每班1节课；县民族希望中学调剂壮文专业教师2名，开设壮文6个实验班，每班每周1节课。

【壮语广播电视】 2017年，县民语办积极配合文体新广部门更新壮语影视栏目。6月，联合县司法局开播以发生在群众身边的案例宣传法律壮语栏目——《哥斌讲法》，录播36期；联合县文体新广局翻译影片《中国合伙人》壮语版。

（赵万巧）

民政事业

【概　况】 2017年，大新县民政局设办公室，优抚安置股，社会事务、社会福利和慈善事业促进股，社会救助股，救灾救济股，计划财务股，基层政权、社区建设和区划地名股，民间组织管理股，双拥办，老龄办等10个内设机构，在编人员15人。下设县民政局婚姻登记处、县社会福利院、县低收入居民家庭经济状况核对中心、县社会救助管理站(未成年人救助保护中心)、县民政救灾扶贫福利生产服务公司等5个二层机构，在编人员9人。年内，县民政局认真贯彻落实“1234”民政工作部署，以提升民政服务能力为着力点，以加强法治民政和干部队伍建设为保障，全力以赴抓好民政各项工作，取得阶段性成效。

【社会救助】 2017年，县民政局主动服从服务于脱贫攻坚工作大局，积极推进农村低保与扶贫开发政策有效衔接。深入开展精准救助年活动，加强民政资金专项整治，提升民政救助的精准度。一是抓好城乡低保工作。年内，城镇低保对象有655户1040人，1—12月累计发放城镇低保资金411.4354万元。农村低保对象有8880户26454人(农村最低生活补助标准为A类210元/月·人、B类185元/月·人、C类160元/月·人)，1—12月累计发放农村低保资金5946.329万元。二是发挥低保政策对农村脱贫兜底作用。全县共有贫困村48个，经识别建档立卡贫困户13768户52225人。年内，全县农村低保人数26454人，其中建档立卡贫困户有20657人，重合率78%。三是提高农村特困对象供养水平。全县现有特困人员供养对象1663人，其中集中供养对象99人，分散供养对象1564人，累计发放补助救济资金共837.32万元(其中大米158895公斤)。9月份起，集中供养金按每人每月624元发放，分散供养金按每人每月392元发放。四是开展城乡医疗救助工作。年内，医疗救助中医院即时结算231人，民政资助18.30万元；资助(补助)城乡低保、特困供养人员(五保)参保参合共21369人200.079万元；大病医疗二次救助1129人次，救助金额488.82万元。临时救助1683人次，累计救助金额139.76万元。五是完善陆地边境0—3公里边民生活补助审核发放工作。共有边民2750户10279人，发放补助金额1604.577万元，每人每月补助 130 元，达到自治区规定的补助水平。

【减灾救灾】 2017 年，县民政局完善应急机制建设，逐步增强抗灾救灾能力。年内，共发放冬春期间困难群众临时生活救助资金 205.27 万元，救助 14193 人。为全县 78049 户农村住房政策性统一保险，全县保险费共 88.1953 万元，共理赔农房倒损 51 户，定损理赔资金 15.65 万元。桃城镇新振社区于 12 月分别获评“自治区综合减灾示范社区”和“全国综合减灾示范社区”。全县社区减灾认证任务 15 个，全部通过崇左市民政局和自治区民政厅验收。

【双拥优抚安置】 2017 年，县民政局扎实推进双拥优抚安置工作。一是按时足额发放抚恤金和烈军属优待金。全县共发放抚恤补助资金 1255 万元，累计发放义务兵、烈属和残疾军人优待金 264 万元。二是认真做好复退军人接收安置工作。2016 年秋冬季以来共接收退役士兵 70 人，其中，转业士官 9 名，于 9 月初全部完成安置；做好退役士兵职业技能培训和安置工作，引导退役士兵参加崇左市育才汽车学校汽车驾驶技术 58 人，投入经费 21.46 万元；发放自主就业退役士兵经济补助 73.8 万元。三是做好抚恤定补对象动态管理，落实好优抚对象医疗保障。为 14 名一至六级残疾军人纳入城镇职工基本医疗保险，代缴纳各种保障费用共 2.2407 万元，为 365 名其他重点优抚对象（已扣除 0—20 公里边境村屯享受国家新型农村合作医疗个人缴费部分补贴，）补助新型农村合作医疗保险 5.475 万元。全年发放 2015 年、2016 年度义务兵家庭优待金 208 户 259.48 万元。四是做好清明期间接待服务工作。组织、协调、指导前往边境扫墓的亲属和烈士生前战友 200 多人，确保祭祀活动文明、安全，维护清明期间社会和谐稳定。五是积极开展多种形式的拥军优属慰问活动。走访慰问残疾军人、现役军人家属及复退军人等共计 620 余人，折款 45 万元；为纪念建军 90 周年，开展迎“八一”系列活动，全县共有 39 个机关事业单位到共建军警单位进行慰问，并送去近 10 万多元的慰问金。为解决边防连队吃菜难问题，给边防连队送去价值 2 万多元的猪、鸡、鱼苗。年内，县财政累计为部队解决粮油补贴 9 万多元，投资 10 万元为驻边防连队修建围墙宣传标语。

【社会事务】 2017 年，县民政局强化社会服务，专项社会事务工作进一步加强。一是抓好残疾人“两项”补贴发放工作。全县共发放残疾人“两项”补贴 309.065 万元。二是积极开展社会散居孤儿基本生活保障工作。全县共纳入孤儿对象 49 人，发放资金 35.28 万元，人均发放标准为每人每月 600 元。三是依法办理社会弃婴收养 8 例。四是主动关爱救助社会流浪乞讨人员。全年上街巡查 60 次，出动工作人员 113 人次，出动车辆 60 辆次，共救助人数 10 人，接送流浪乞讨人员返乡 8 人。五是开展接送精神病人到崇左市民政医院免费治疗活动。全年共筛送重症精神病人 36 人。六是组织开展农村留守儿童和困境儿童摸底排查工作。全县共有农村留守儿童 2542 人，其中困境儿童 402 人，各乡（镇）对排查出的留守儿童名单进行造册登记，全部将其家庭基本信息录入全国农村留守儿童和困境儿童信息系统，并签订监护责任人确认书。七是加强婚姻登记工作。年内，全县共办理结婚登记 2282 对（其中补办结婚登记 355 对），离婚登记 488 对，补领结婚登记 736 对，补领离婚登记 34 对，婚姻登记合格率 100%。整理并录入全县 2004 年以前的婚姻登记历史档案，共补录婚姻登记历史档案 49840 对。

【民间组织管理】 2017 年，县民政局稳步推进民间组织管理工作。年内，依法登记成立社会组织 9 个，完成行业协会商会脱钩 2 个，协助社团成立基层党组织 2 个。至年底，全县已登记成立的社会组织共有 106 个，其中，民办非企业 56 个，社会团体 50 个。

【区划地名】 2017 年，县民政局有序开展区划地名工作。一是开展第二次全国地名普查。共查明除海域类外的十一大类地名 4723 个，其中壮语地名 3123 个，相关材料于 11 月提交自治区全国地名普查领导小组并通过初步检查验收。二是开展对县城城区新建道路的命名征集。共完成对县城城区 19 条新建道路的命名。三是做好平安边界创建工作。大新县与崇左市江州区、天等县、龙州县等 3 个区县毗邻，共有县级行政区域界线 3 条，11 月完成县界桩联合检查。

【基层组织建设】 2017 年，县民政局稳步推进基层民主政治和社区建设。一是做好村(社区)"两委"换届选举工作。全县选民参选率 95.7%，共选出新一届村(社区)党组织班子成员 732 名，村(居)委班子成员 548 名，村(居)民小组长 2035 名，村民代表 5808 名。二是抓好村务公开民主管理工作。进一步完善村务监督委员会建设，规范村务公开目录和程序，落实村(居)务公开制度和民主评议，强化基层民主监督。三是加大社区建设力度。全县确定以龙门乡武安村等 11 个条件相对较成熟的建制村作为农村社区试点建设示范社区，基础设施及软件方面正在进一步完善中。

【老龄工作】 2017 年，县民政局积极开展各项为老服务，老龄工作进一步加强。累计发放高龄补贴 372.119 万元，审核新增人员 1420 人，核减死亡 554 人；办理老年人优待证 1010 人(卡)；接待来访咨询 163 人次。广泛开展敬老爱老助老主题教育活动。年内，爱心人士和县直单位等组织 360 人(次)，走访慰问 110 名五保老人和贫困老年人。年内，全国老龄工作委员会授予覃志钦、邱少云、赵琼全等 3 人全国"敬老爱老助老模范人物"称号，"大新县老年人体育协会""大新县雷平镇太平社区老年协会"等 2 个老字号协会被授予"第二届全国敬老文明号"称号。

【民政项目建设】 2017 年，县民政局加强管理，强力推进项目建设，保质保量按时完成项目建设任务。在建和续建项目 11 个，总投资 5066.5 万元。其中，在建项目 7 个，总投资 2851.5 万元，续建项目 4 个，投资 2251 万元，项目建设资金来源主要有中央预算内资金投资和自治区福利彩票公益金及县财政预算资金等，具体为：续建项目 4 个，分别是县救灾物资储备仓库、县老年公寓养护楼、县救助管理站、桃城镇农村养老服务中心；新建项目 7 个，分别为大新县老年人养护综合楼、大新县儿童福利院、雷平镇农村养老服务中心、雷平镇敬老院维修改造工程、全茗镇儿童服务中心、县民政福利园园林景观及配套设施建设、县福利院危旧楼拆除改造。

（梁微莉）

档　案

【概　况】 2017 年，大新县档案局(馆)有编制 6 个，实有干部 7 名。内设办公室、业务指导股、保管利用股等 3 个股室。馆藏档案共有 140 个全宗，31116 卷和 352722 件档案(其中，民国档案 187 卷 3519 件，中华人民共和国成立后文书档案 26031 卷 329724 件，专门档案 639 卷(册)，实物档案 23 件)；照片档案 1163 张，音像档案 15 盒，录像档案 79 盒，图书资料 9750 册。年内，县档案局(馆)认真贯彻落实《中华人民共和国档案法》《广西壮族自治区档案管理条例》，切实履行"为党管档、为国守史、为民服务"职责，扎实开展档案培训指导、监督检查、档案安全保管、档案利用服务和新档案馆项目建设等各项工作。

【档案培训指导】 2017 年，县档案局(馆)加强业务指导培训，提高档案工作水平。一是开展集中培训。3 月 24 日，在县委党校教学楼一楼报告厅举办 2017 年档案业务培训班，各乡镇(含站所)档案员，县直及上级驻县单位(含二层机构)档案员共 195 人参加培训班。培训内容有《文书档案整理流程》《照片档案整理流程》《企业和其他组织会计档案保管期限表》《财政总预算、行政单位、事业单位和税收会计档案保管期限表》《会计档案管理办法》《项目档案整理方法》《照片档案题名基本类型及撰写要求》《表彰材料保管期限划分》《档案上架排列与盒号件号编制原则方法》《档案移交要求》和《档案员工作艺术》等专题，授课采用电脑幻灯投影课件，图文并茂。二是上门培训指导。全局 6 名干部分 3 组，每组负责 33 个单位共 99 个县直及上级驻县单位，上门检查督促指导所联系单位做好材料归档和档案室规范化建设。三是做好精准扶贫档案指导。7 月，到 14 个乡镇检查指导精准扶贫档案整理，完成 2015、2016 年度精准扶贫文件材料规范整理归档和 2017 年度文件材料收集预立卷归档。在宝圩乡和板价村建立精准扶贫档案示范点，10 月 27 日，全县精准扶贫档案现场会在宝圩乡召开，推广宝圩乡经验，

3月24日,大新县2017年档案业务培训班在县委党校开班

扶绥等县到大新县宝圩乡考察学习。四是开展农村土地确权颁证档案收集工作督促指导。按照综合类、权证类、照片类、图纸类、电子文件类的归档内容和排列顺序收集装订材料,保管好材料。

【档案检查】 2017年,县档案局(馆)积极主动请示汇报,争取党委、政府支持。年内,县委办、县政府办联合下发《关于开展2016年度文件材料归档情况检查的通知》(县委直头文2017—38)、《关于对未上报档案年度检查单位进行督查的通知》(县委直头文2017—49)、《关于对2016年度文件材料归档检查情况的通报》(县委直头文2017—52),对县法制办、县国税局、县人防办等33个单位进行表扬,对县公安局等22个县直单位和昌明等9个乡镇档案工作进度缓慢进行通报批评,有力地促进各单位档案工作开展。年内,全县共有74个单位上报档案年检,占应检92个的80.4%。对各单位上报档案,对照文书、照片和业务档案整理标准,列出档案收集缺项、装订顺序不规范、编号不正确、题名录入不全面、档案盒达不到要求等存在问题,向32个单位提出口头整改意见,向42个单位下达书面整改函,提出整改具体要求。各单位对照整改要求进行整改,进一步提高档案整理质量。

【档案接收征集】 2017年,县档案局(馆)认真做好档案接收征集工作。一是接收到期档案进馆。共接收永久和30年文书档案206盒5189件,其中,县司法局2002—2012年31盒1101件;县扶贫办2001—2006年19盒527件;县工信局2005—2012年59盒1386件;县科技局1982—2012年97盒2175件。二是征集照片、视频。1月,从全县摄影爱好者征集2015—2016年度县城、各乡镇、主要村屯、景点航拍图60张;征集《遇见侬垌 尽享狂欢》视频;征集《跨越十个世纪的大新土司文化》视频和大新县申报“中国侬垌文化之乡”“中国土司之乡”宣传片。

【档案查阅利用】 2017年,县档案局(馆)认真做好档案查阅利用服务。年内,有县委办、县政府办、县国土资源局、县党史办、县卫计局、县博物馆、上海大学社会学院等16个单位和75名群众到县档案馆查阅利用档案79批103人次,利用档案268件。提供干部职工身份、婚姻证明、山林地界、法律法规等历史资料,支持和帮助县直各单位编写史料,帮助县国土局等调解土地纠纷提供依据,为党史办提供1950—1978年党委档案,为县博物馆提供中越边境友好相关材料43卷65份,发挥档案的存史和凭证作用。

【档案软件推广】 2017年,县档案局(馆)启动GD2016V1.0档案综合管理软件推广工作。9月18日《自治区档案局办公室关于使用GD2016V1.0档案综合管理系统的通知》下发后,县档案局(馆)于9月30日向各乡(镇)各单位印发《关于使用GD2016V1.0档案综合管理系统的函》进行宣传发动,年内共有49个单位64个密钥(含二层机构)GD2016密钥授权。

【基建档案】 2017年,县档案局(馆)扎实做好机关基建档案工作。9月,组织干部深入县发改局、县国泰公司、县教育局等有基建项目的25个单位督促指导开展基建档案整理业务指导。9月19日,召开有31个单位项目档案分管领导参加的基建项目档案工作汇报会，部署基建项目档案整理工作。县民宗局、县卫计局、县边防办等单位基本完成历年项目档案整理。

【档案宣传】 2017年，县档案局（馆）开展多种形式档案宣传活动。一是做好“国际档案日”宣传工作。以6月9日“国际档案日”为契机，采取多种形式，围绕“档案——我们共同的记忆”这一主题，大力宣传档案工作在记录历史、传承文明、见证发展、服务社会中发挥的作用，主要活动有制作摆放2块大宣传板报8块小宣传画进行宣传，内容为大新县历史地图、新旧城乡面貌照片、档案馆珍贵档案和档案工作剪影等，于6月6日—7月10日在人流量大的县政府机关大院文化长廊摆放，共有3000多人次观看板报；利用上门检查指导档案规范化整理时机宣传；发放张贴全区统一印制的档案宣传画宣传。二是向各新闻媒体报送档案工作动态新闻稿件，办好和更新《大新县档案信息网》（按上级网站管理要求于2017年10月11日永久关闭），完成《大新县国际档案日宣传形式多样效果显著》《一纸档案找回14年工龄》等档案工作动态宣传稿件18篇，累计在《广西档案》等各媒体和网站采用29篇次，更新大新县档案信息网工作动态17次。

【档案数字化】 2017年，县档案局（馆）投入14万元用于档案管理数字化，共完成馆藏纸质档案全文扫描数字化目录案卷级2579卷、文件级28452件、264318自然页数，折合A4总页数为304786页。其中，完成县直部门4个单位：县文化局（全宗号42）目录1和目录3案卷级共70卷、文件级1251件、6619自然页数；县卫生局（全宗号48）目录1案卷级共136卷、文件级1239件、14351自然页数；县计生委（全宗号52）目录1案卷级共225卷、文件级2243件、21476自然页数；县粮食局（全宗号55）目录1案卷级共51卷、文件级1062件、6651自然页数。完成10个乡镇：昌明乡（全宗号115）目录2案卷级共96卷、文件级1152件、13877自然页数；福隆乡（全宗号116）目录1和目录2案卷级共218卷、文件级2093件、18367自然页数；恩城乡（全宗号117）目录1和目录2案卷级共177卷、文件级2947件、20692自然页数；榄圩乡（全宗号118）目录1、目录2和目录3案卷级共373卷、文件级2417件、20449自然页数；雷平镇（全宗号119）目录1、目录2、目录3和目录4案卷级共314卷、文件级3021件、39250自然页数；振兴乡（全宗号120）目录1案卷级共79卷、文件级532件、6124自然页数；宝圩乡（全宗号121）目录1案卷级共92卷、文件级631件、8735自然页数；硕龙镇（全宗号122）目录1、目录2和目录3案卷级共312卷、文件级3417件、25125自然页数；下雷镇（全宗号123）目录1、目录2、目录3和目录4案卷级共436卷、文件级2968件、34995自然页数；土湖乡（全宗号124）目录1文件级3479件、27607自然页数。

【新档案馆项目建设】 2017年，县档案馆新址项目前期工作稳步推进。一是完成放线和勘探工作。二是完成总平方案编制，通过崇左市档案局、自治区档案局和专家审定。三是完成可研报告的再编制工作。四是完成项目再立项工作。因项目建设选址和投资改变，县档案局向县发展和改革局请示项目要求再立项，10月25日，县发展和改革局下达《关于大新县档案馆项目建议书的批复》（新发改字〔2017〕134号），项目建筑面积3783平方米，总投资1618万元，资金来源为申请中央专项资金840万元，申请自治区财政补助资金100万元，县财政资金677万元。五是完成可行性研究报告批复。10月30日，县发展和改革局下达《关于大新县档案馆项目可行性报告的批复》（新发改字〔2017〕139号）。六是完成项目施工图设计。12月1日，接县档案馆设计的广西蓝天科技股份有限公司南宁分公司完成建筑、水电、暖通、结构施工图设计，送审图公司和县国泰公司。

（农晓月）

地方志

【概　况】 2017年，大新县地方志编纂委员会办公室有编制4

个，实有干部6名，其中，主任1人。年内，县地方志办公室认真学习贯彻习近平新时代中国特色社会主义思想和中共十九大精神，全面贯彻落实国务院《地方志工作条例》《全国地方志事业发展规则纲要(2015—2020年)》《广西壮族自治区实施〈地方志工作条例〉办法》，立足实际，认真履职，较好完成全年各项工作任务。

【党支部建设】 2017年，县地方志办公室加强党支部建设，在往年只配1名支部书记的基础上，4月及时进行党支部换届选举，选举产生党支部支委会，共有支委成员3人，确保党建工作有人管、时常抓。

【《大新县志(1986—2005)》编纂出版】 2017年，县地方志办公室加快推进《大新县志(1986—2005)》编纂出版工作。按照自治区方志办对《大新县志(1986—2005)》志稿提出的修改意见和资料补充要求，6月初再次以县政府办名义，发文给各单位补充完善相关资料，并继续组织力量与相关部门协调沟通，加大志稿修改和补充完善，9月底完成《大新县志(1986—2005)》修改编纂工作，全志共24篇92章约130万字，10月送出版社审核，12月出版发行，至此历经10年艰辛编纂的第二轮修志工作圆满完成。

【《大新年鉴·2017》编纂出版】 2017年，县地方志办公室认真做好《大新年鉴·2017》编纂出版工作。年初，提前谋划年鉴框架设计。3月16日，以县政府办名义下发《关于印发〈大新年鉴〉2017年卷组稿方案的通知》(新政办发〔2017〕15号)，要求各乡镇各单位及时上报年鉴有关材料。同时，及时安排部署，精心组织，落实责任，明确任务和完成时间，做好资料收集和稿件编纂工作。经过全体编辑人员的共同努力，7月底完成编纂工作，全书约60万字。8月初，送出版社审核，11月出版发行。全书共设28个类目，全面、系统、翔实地载录2016年度大新县政治、经济、文化和社会事业发展基本情况。

【改善办公条件】 2017年8月，县地方志办公室办公地址从县政府大院搬迁至原公安局办公，年内根据办公设施陈旧落后等实际，积极与县政府、县财政汇报，争取资金支持，新添置电脑、打印机、复印机、办公桌椅、资料柜、书架等一批设备设施，进一步改善了办公条件。

【服务中心工作】 2017年，县地方志办公室主动担当，积极服务县委、县政府中心工作。一是认真履行部门职责。充分发挥职能部门作用，通过提供相关历史资料等，积极服务上级业务部门到大新县摄制《中国影像方志(广西卷大新篇)》《广西长寿志(大新篇)》等专题片。同时，全力协助自治区地方志办公室和县委、县政府等做好《历史丰碑·辉煌成就——广西60周年大庆经济社会跨越发展风采录(大新篇)》组稿以及“中国侬垌文化之乡”“中国土司文化之乡”创建等工作，为全县做好“两篇大文章”、打好“四大攻坚战”作出积极贡献。二是倾力做好驻村工作。积极组织扶贫工作队员和党员干部深入包村挂点单位恩城乡新合村指导党建和扶贫开发等工作，捐资4500元支持村级开展换届选举、基础设施建设及开展各类活动，捐赠6套办公桌改善村委办公条件，深入如龙村开展甘蔗双高基地建设和土地小块并大块整合工作，完成县、乡下达甘蔗双高基地建设种植任务24公顷。克服路途远、交通条件落后等各种困难，坚持定期不定期深入硕龙镇义宁村陇巧屯驻村指导，抓好18户贫困户精准扶贫结对帮扶工作。

（农全安）

接　待

【概　况】 2017年，大新县接待办公室有编制5个，其中，主任1名，副主任1名。年内，县接待办积极采取有力措施，严格贯彻落实中央“八项规定”和区、市、县《党政机关国内公务接待管理办法》等文件精神，大力倡导勤俭节约，合理安排公务接待，努力改进工作作风，不断提升接待服务水平。一是严格把握四项原则。①严格程序不放松。严格执行《大新县党政机关国内公务接待管理办法》，以来宾单位公函和县委办或政府办签批的《公务接待清单》为重要依据，进一步规范接待审批流程，严格控制国内公务接待范围。②坚持标准不放松。遵守规定和有利公务相结合,严格控制陪同领导及随从人员人数,根据来宾级别按相应标准在政府机关食堂安排用餐,人数较多且具备自助餐条件的,安排自助餐。确需到酒店进行公务接待的,菜品以本地时令菜为主,不刻意追求特色,严格控制接待费用。③注重细节不放松。坚持以人为本,做细每一个接待环节,做精每一个服务项目,通过精细化、个性化服务,真正实现“宾客满意、领导满意、社会满意、自己满意”目标。④创新亮点不放松。积极转变思想观念,探索接待工作新方式,不断提升公务接待工作质量,开创接待工作新格局。二是抓实抓好四个环节。①精心抓好筹备工作。接待工作无小事,每一个接待,不论人数多少、职位高低,接待部门都积极主动与相关部门、人员对接,根据客人习俗、爱好及工作要求等,做深、做实各项接待筹备工作,努力做到严之又严、细之又细、环环相扣、不出纰漏。②热心抓好膳食服务。注重从来宾实际出发,在原则范围内,既注重客人饮食习惯,又突出本地时令特色,确保来宾吃得营养、吃得健康、吃得开心。③细心抓好住宿服务。根据接待活动的行程安排,合理安排住宿地点,督促接待基地精心布置客房,改善酒店安全、卫生状况,提供周到细致服务,提升住宿舒适度,努力营造宾至如归的氛围。④耐心抓好沟通总结。在菜品选定、客房布置、用餐服务等环节,不断与接待酒店进行沟通,通过分析、讨论、对比,最终选定最佳接待方案。接待结束后,及时总结经验,改进不足,不断提升服务质量和水平。全年公务接待665批次8698人次(含随行人员),其中,省部级及以上领导20批次367人次(含自治区以上陪同人员),外籍友人17批次240人次。重要、重大接待及会议(活动)主要有“2·17”“4·14”国家领导一行考察活动;泛海、港中旅、东方园林、中民投、中国台企联等重要客商考察团接待工作;中越党政代表团会晤、波兰比亚韦斯托克市代表团、泰国科技部代表团等外宾考察活动;全市经济工作会议;民宿大会;大新县“2·19”和“3·15”中国侬垌文化、中国土司文化活动;2017“文化中国·海外华文媒体聚焦崇左”活动;自治区省级离退休干部健康休养活动;“绿盾2017”国家级自然保护区巡查组巡查活动;国家禁毒督导组检查督导活动;最高人民法院咨询委调研活动等。

(农文军)

机关事务管理

【概　况】2017年,大新县机关事务管理局(大新县机关后勤服务中心)有编制15个,其中,局长(主任)1名,副局长(副主任)2名。年内,县机关事务管理局认真履职,团结协作,务实进取,后勤管理服务保障工作进一步提升,圆满完成各项工作任务。

【公共机构节能】2017年,县机关事务管理局积极推进全县公共机构节能工作,提高管理效益。一是强化节能统计软件上报业务培训,严格执行季报制度,做好能耗统计。二是围绕“节能领跑绿色发展”活动主题,采取多种形式开展节能宣传周活动。三是加快推进新能源汽车的推广应用。在政府大院安装新能源汽车充电桩4个,租赁新能源汽车2辆,超额完成全年公共机构节能新能源汽车推广目标任务。四是狠抓节能改造,积极推广高效节电LED灯具。年内,投入经费4万元,改造政府机关大院办公室、走廊、会议室等场所的照明灯,更换LED节能灯具310只。县住建局投入36.8万元,在各乡镇部分村屯安装太阳能LED路灯86盏,完成全年节能改造任务。

【安全保卫】2017年,县机关事务管理局抓好县政府机关大院安全保卫工作。一是抓技能。从4月起至12月,组织安保人员开展岗位每月定期2天的业务学习、技能训练、消防灭火演练,不断提高安保人员的业务水平及应急处置能力。二是抓管控。在日常管理中,严格管理防范,坚持来访登记制度;定期对机关大院租户、周转房开展安全检查,协助公安机关对大院出租户进行人员信息调查等。全年共协助公安、信访部门处理群众上访事件15次。三是抓防范。挂牌成立大新县机关事务管理局微型消防站,配备义务消防员和消防器材,进一步强化大院安保防范;投入12万多元,在县政府大门安装车辆识别进出口道闸系统,对出入大院的车辆进行系统识别出入管理，确保大院保持良好的正常办公环境。

【公车改革】 2017年，县机关事务管理局做好机关公务用车改革工作。根据《大新县机关公务用车制度改革实施方案》和《公务用车管理平台改革会议纪要》要求，积极协调全县公车改革取消车辆报废、拍卖处置资料整理、移交和拍卖车辆检修、评估、转场、拍卖、年检、违章处理、过户等，7月中旬，完成全县机关取消车辆拍卖24辆，报废处理17辆。严格按照县公车改革工作要求，制定出台大新县公车改革工作相关制度规定，为全县公车进入平台顺利运行打下基础。12月1日，全县64辆公务用车开始进入平台试运行。

【环境管理】 2017年，县机关事务管理局强化管理，机关大院办公环境和秩序进一步优化。按照“洁化、美化、序化”要求，着力做好机关办公区和生活区的环境管理，认真抓好院内植被管理和维护，组织对大院风景大树200多棵和500米绿篱进行修整，淘汰老化树种，扩种风景树131株；投入1.2万元对县政府大门绿化区建设排水系统，进一步提高绿化效果；对2万多平方米草坪防虫除杂草等管理；每日落实保洁人员对大院公共场所进行卫生保洁、绿化养护，努力营造集办公、住宅、休闲于一体的绿色机关，全面提升整体办公环境。

【综合管理】 2017年，县机关事务管理局做好综合管理，确保县政府机关大院各项工作正常运转。

办公用房管理 根据掌握的办公用房及人员实有情况，合理调配，解决应急调配申请，对县公安局旧楼、县边防办旧楼、县人事保障局旧楼、县委旧办公楼167间办公室进行调整和安排，有效缓解办公用房的供需矛盾。

水电管理 加强大院办公区和生活区水电的巡查力度，遇水电突发事件，及时排除险情，及时到场抢修，年内更换灯管250多条，保障水、电等设施设备正常运行和房屋安全性。坚持每月按时对大院50多个单位及400多住户的电表进行抄报用电数据及缴费工作。每月两次对大院内的六台变压器进行巡查，排除隐患，保证大院正常供水和安全用电。

会场服务 以高度的大局意识和责任意识，把保障重要会议活动作为政治任务来抓，圆满完成“两会”及各大型现场会等县重大活动的会务保障工作，全年完成会议服务820次，获得会议主办方和与会人员好评。

基础设施建设 结合机关大院实际，加大基础设施投入力度，消除安全隐患。投入经费78万余元，完成县委、人大、政协楼屋面防水维修及大院与东盟小区之间的围墙维修；添置公务用车平台及县“两违”办的办公设备；在政府大门安装车牌识别门禁系统，对出入大院的车辆进行系统识别出入管理，确保政府机关大院的安全防范；在县政府礼堂和县委七楼会议室安装LED影像仪及投影仪，无线话筒等设备，不断提高会场的功能；对县政府礼堂前面地板进行返修硬化等硬件建设，不断改善服务质量。

【秩序管理】 2017年，县机关事务管理局做好县政府机关大院秩序管理。一是认真做好宣传，努力提高大院干部职工对机关后勤“管理、服务、保障”工作的理解和支持。二是采取张贴通知、告示等形式，提醒在大院居住和到大院上班办事人员遵守大院各项管理制度。三是积极协助有关部门做好上访接待，确保机关大院办公、生活秩序稳定。

（覃雄鹰）

铅锌矿区管理

【概　况】 2017年，大新铅锌矿区管理处有编制4个，实有干部职工3名(其中，编制内2名，另1名为县工信局副局长兼任主任)。年内，大新铅锌矿区管理处按照县委、县政府的部署要求，积极协调推进，确保各项工作稳步开展。

【重金属治理】 2016年1月2日，岜落山矿段采空区地下涌水重金属治理项目正式开工建设，但由于当地群众阻挠施工而被迫暂时停止建设。2016年3月17日，县委、县政府组织县直部门对该项目进行保护性施工，项目才能正常开工。2017年，完成巷道充填工程建设任务，共充填料浆约4.5万立方米，其中，主巷道、斜井、分巷、副中段联络道等

3601 米，大小采场 6 个；完成地面截排水沟建设 1000 多米，水渠清淤 150 米，清淤量 300 立方米；建成日处理能力 1200 立方米的临时和永久废水处理站各一座，废水处理站的各项处理设备安装完毕，废水处理站正进行试运行；完成废水处理站场地硬化、围墙等基础配套设施建设。

【棚户区改造】 2017 年，大新铅锌矿区管理处认真做好矿区棚户区改造项目建设。6 月中旬，对矿区棚户区改造项目 4 栋 132 套住宅楼进行项目竣工验收。年内，全部交付职工入住使用。

【日常管理】 2017 年，大新铅锌矿区管理处认真做好日常管理服务。一是做好社会保障工作。在医疗保险方面，按时完成年度基本医疗保险和大病保险的缴费工作，及时更换旧医保卡为统一的社会保障卡，及时办理病故人员个人账户余额结算工作。在养老保险方面，完成离退休人员 202 人和供养人员 120 人的人脸识别认证工作，确保养老保险待遇发放的真实性。同时，对病亡职工，做到及时报减和办理死亡待遇（年内共办理 12 起，累计金额 87.8 万元）。二是做好免费康复治疗。每年将职业病人员共 26 人康复治疗申请到自治区工人医院（康复治疗定点医院）进行为期 3 至 6 个月不等的免费康复治疗。年内，共有 18 人获批准享受康复治疗，其中 13 人享受康复治疗，康复费用 61.25 万元。三是做好南宁绿泰厂生活区、原矿区、崇左转运站日常管理。配合南宁绿泰生活区所在社区居委会，搭建二个约 1100 平方米的自行车棚，并对小区内的变压器房搭建顶棚、地板硬化和安全隔离栏栅，确保用电和居民的生命安全；配合所在地派出所和社区居委会开展社会治安综合治理，对出现的问题和现象做到认真排查，重点监控，力争将不稳定的因素化解在萌芽状态，年内没有突发或群体上访等不稳定事件发生。四是做好慰问帮扶活动。不定期开展困难职工慰问帮扶活动，全年共慰问困难职工 4 人，入户走访困难职工 20 次。同时，做好处理原大新铅锌矿历史遗留问题工作，为自谋职业人员的原单位职工办理各种有关工龄、社会保险所需证明材料，为保障他们的合法权益提供便利。

【安全巡查】 2017 年，大新铅锌矿区管理处坚持每月安排职工到旧矿区对危房安全进行巡查，并在危房外墙显眼地方喷写警示标语，提醒行人不要靠近危房。同时，针对 4 月进入汛期，雨水增多，危房容易倒塌，印发 15 份通知动员还居住旧矿区宿舍 15 户常屯群众搬离，避免安全事故发生。

（赵立峰）

政协大新县委员会

□编辑　农金安

【概　况】2017年，政协大新县委员会设主席1人、副主席4人，内设办公室、提案法制工作委员会、经科文谊工作委员会和委员联络工作委员会，政协常委27人，委员178人。政协机关有干部职工23人。

【政协十届二次会议】2017年1月21—22日，大新县政协十届二次会议在县城召开。应出席委员178名，因事因病请假25名，实到153名，应邀列席会议148名。会议听取和审议政协大新县第十届委员会常委会工作报告和政协大新县第十届委员会常委会关于第一次会议以来提案工作报告，听取本次会议提案审查情况报告，通过政治决议。大会安排十位委员分别就关于加快交通路网建设、合理布局大新县采石场、加强对养利古城建筑文化资源进行保护与利用、培养新型职业农民作为现代农业建设主心骨、在中小学校推行“县管校聘”教师管理制度、加强大新县城饮水安全、推进大新县县乡医疗服务一体化运行新机制、如何减少县城“两违”建筑存量、进一步优化大新县投资环境、提高大新县学校后勤保障服务水平等问题作大会专题发言。

会议期间收到提案62件，立案59件，提案涉及全县经济社会发展和民生改善等各个方面。与会委员列席县第十七届人民代表大会第二次会议，听取和讨论大新县政府工作报告和会议的其他报告。

中国人民政治协商会议大新县第十届委员会第二次会议场景

【政协十届常委会会议】2017年，政协大新县第十届常委会召开4次常委会议，分别为第三次会议至第六次会议。

第三次会议　1月22日下午，许斌吉主席在县政府礼堂休息室主持召开县政协第十届常委会第三次（扩大）会议，副主席黄大强、农艺梅、零佩英、农武强，副处级干部蒋诗捷及常委共27人出席会议。会议听取小组讨论情况汇报，协商通过《政治决议》（草案）。

第四次会议　5月10日上午，许斌吉主席在县政协三楼会议室主持召开县政协第十届常委会第四次会议，副主席黄大强、农艺梅、零佩英、农武强，副处级干部蒋诗捷及常委共27人出席会议。会议传达学习崇左市政协第四届委员会常务委员会第四次会议精神，协商确定2017年重点调研课题，学习部署《政协大新县第十届委员会常务委员会2017年工作要点》《大新县政协2017年工作安排表》,审议通过覃福平、梁志辉等两位委员辞免事项。

第五次会议 7月28日上午,许斌吉主席在县政协三楼会议室主持召开县政协第十届常委会第五次会议,副主席黄大强、农艺梅、零佩英、农武强,副处级干部蒋诗捷及常委共27人出席会议。会议审议通过黄建宏、赵永磊、农天朔等人事任免事项,同意任黄建宏为经科文谊委主任,同意免去赵永磊经科文谊委主任职务,同意免去农天朔经科文谊委副主任职务;通报政协开展"委员奉献爱心,助力精准扶贫"活动捐款情况。

第六次会议 12月29日上午,许斌吉主席在县政协三楼会议室主持召开县政协第十届常委会第六次会议,副主席黄大强、农艺梅、零佩英、农武强,副处级干部蒋诗捷及常委共27人出席会议。会议听取县政协各专门委员会2017年工作报告,审议通过增补蔡桂英、马国华、何秀芳、喻瑜、黄建宏等五位委员、审议通过石中辞去委员职务;审议通过《关于表彰2017年优秀政协提案和政协提案办理先进单位的决定》《关于表彰2017年优秀政协委员的决定》《大新县关于加强和改进人民政协民主监督工作的实施办法(代拟稿)》《中国人民政治协商会议大新县委员会委员履职工作规则(试行)》和政协大新县第十届委员会第三次会议有关事项。

12月12日,县政协组织政协委员开展年终视察活动。图为视察县民族希望中学

【视察调研】 2017年,县政协牢固树立"党委政府的中心工作就是政协的中心工作"意识,坚持以政协会议为平台,以调研视察为依托,以政协提案为抓手,积极引导和组织广大机关干部和政协委员通过参加会议、调研视察和撰写提案等方式集思广益,增进共识,参政议政。全年共开展调研视察活动21次,形成《关于进一步发展壮大大新旅游产业的考察报告》等调研报告5篇,协商议政材料33篇,所提意见建议得到有效采纳,为县委、县政府科学决策、民主决策提供参考。

【提案工作】 2017年,政协委员、政协各参加单位和各专门委员会,紧紧围绕做好"两篇大文章",打好"四大攻坚战"的工作目标和"强工兴旅固边"战略,以及人民群众普遍关心的热点、难点问题,积极履职,充分运用提案形式参政议政、建言献策。年内,共收到提案61件,审查立案59件,作为委员来信转送有关部门参考2件,审查立案占提案总数96.7%。这些提案为党委、政府决策提供重要参考,对全县经济社会发展起到积极的推动作用。提案涉及全县经济社会发展、美丽乡村建设、文化建设、生态文明建设、保障改善民生、构建和谐社会等各个方面。其中,经济建设类11件,城乡建设类21件,社会建设类14件,科教文卫体类10件,其他类3件。主要有关于利用大新的一草一木一石,打造大新县特色旅游商品的建议以及关于建立大新艺术采风创作基地的建议、关于如何加强大新县留守儿童关爱工作的提案、关于加强食品安全监管的建议、关于提高大新县村屯污水和垃圾处理净化能力的调研和关于如何减轻中小学生作业负担,改良课程设计的建议等,许多建议被吸纳到相关决策、规划和部门工作中,助推全县经济社会各项事业快速发展。

【特色工作】 2017年,县政协创新工作思路,大胆先行先试,根据中央《关于加强人民政协协商民主建设的意见》精神，进一步明确基层协商工作运行机制，促进政协工作向基层一线延伸。大新县基层协商民主建设工作得到自治区、崇左市政协的充分肯定，并在2017年全区政协工作经验交流会作经验介绍。县政协坚持把加强政协宣传工作作为创新工作的先导，充分发挥电视、报刊、政协网站等媒体优势，不断加强政协新闻宣传工作，及时报道政协履职和委员发挥作用的事迹，全年在市级以上主流媒体发表宣传报道、调研理论文章200多篇，通过全方位、多层次、多角度的宣传，展现政协履职有为的形象，年内荣奖“全区政协报刊宣传工作一等奖”荣誉称号。

【文史征集】 2017年，县政协突出抓好全县历史文化的整理编撰工作，不断加大政协文史工作融合社会、服务社会的力度。积极向自治区政协争取，列入全区第二批县(市)政协文史馆建设单位；编辑出版《安平史话》《上甲史俗》等文史资料；组织和鼓励文史工作者积极挖掘县内名人实录30篇25万字；配合市政协完成《崇左古迹大观》《崇左民间故事集》等史料征集工作，实现“存史资政、团结育人”的目的，凝聚“不忘初心、继续前进”的强大精神力量。

(朱秀云)

纪检·监察

□编辑　黄智勇

【概　况】 中共大新县纪律检查委员会与大新县监察局合署办公。2017年全县有纪检监察机构28个，其中县纪检监察机关1个(设6个室)，县纪委派驻纪检组(纪工委)12个，乡(镇)纪委14个，华侨经济管理区纪委1个；有专职纪检监察干部81人(含乡镇纪检专干)。年内，县纪检监察机关牢固树立“四个意识”，全面履行党章赋予的职责，正风肃纪，严惩腐败，推动全面从严治党向纵深发展，各项工作取得新进展、新成效。先后荣获2016—2017年度崇左市纪检监察机关执纪审查“十大优秀案件”“十大精品案件”称号。

中国共产党大新县第十四届纪律检查委员会第二次全体会议场景

【纪委十四届二次全会】 2017年2月15日，中国共产党大新县第十四届纪律检查委员会第二次全体会议在县城召开。出席会议人员有县纪委委员21人；列席会议人员有县四家班子党员领导、县人民武装部政委、县人民法院院长、县人民检察院检察长、县公安局政委，各乡(镇)党委书记、乡(镇)长、纪委书记，县直及上级驻县单位党政主要领导，县直及上级驻县单位、企业单位纪检组组长(纪委书记)、监察室主任，县纪委监察局全体干部等共230人。全会深入学习贯彻十八届中央纪委七次全会和自治区纪委十一届二次全会、崇左市纪委四届二次全会精神，落实全面从严治党新部署新要求，观看警示教育片，对2016年党风廉政建设和反腐败工作先进单位进行表扬，签订2017年党风廉政建设和纪检监察工作责任书，分析当前形势，部署2017年纪律检查工作。

【纪委十四届三次全会】 2017

中国共产党大新县第十四届纪律检查委员会第三次全体会议场景

年12月8日，中国共产党大新县第十四届纪律检查委员会第三次全体会议在县城召开。县纪委委员20人出席会议。全会认真学习贯彻中共十九大、十九届一中全会、十九届中央纪委一次全会、自治区党委十一届三次全会、自治区纪委十一届三次全会、崇左市委四届三次全会、崇左市纪委四届三次全会和县委十四届三次全会精神，对全县纪检监察机关学习宣传贯彻落实中共十九大精神作出部署。

【重拳惩腐】 2017年，县纪检监察机关保持惩治腐败的高压态势，共受理信访举报219件(次)；立案177件，结案177件，给予党纪政纪处分177人，其中乡科级干部20人，一般干部57人，其他人员100人。坚持惩前毖后、治病救人的方针，运用“四种形态”处理的党员干部共565人。坚持依纪依法安全文明办案，规范化建设大新县纪委工作基地，并于10月投入使用，为安全文明执纪审查提供硬件保障和技术支撑。

【作风建设】 2017年，县纪检监察机关坚持查纠结合，落实中央八项规定精神常态化稳步推进。一是扎实开展贯彻落实中央八项规定“回头看”各项工作，发现问题292个，完成整改281个。二是加强重要时间节点干部作风纪律督查，共查处违反中央八项规定精神问题20人，通报典型问题5期12人；严肃问责违反工作纪律的党员领导干部5人，诫勉谈话13人，提醒谈话32人。三是开展“涉农、涉医、涉教”等专项治理整治工作，立案审查中小学违规发放津补贴问题13人，清退违纪款15.93万元。四是加大对经济责任审计、安全生产、环境保护等方面问题的问责追责力度，严肃查处一批不作为、乱作为问题，查处落实“两个责任”不力案件18件，纪律处分18人，公开通报典型案件11件。严肃问责因工作失职，导致自然保护区存在违规采石场的相关单位领导和相关责任人共45人。五是围绕政府性投资项目、精准扶贫、创特色旅游名县等重点工作进行二次督查59次，发现并督促整改问题32个。参与安全生产事故调查3宗，问责3人。

【县委巡察】 2017年，大新县研究制订《中共大新县委巡察实施办法》《中共大新县委员会巡察工作规划(2017—2021年)》，建立和完善关于规范巡察移交工作等多项配套制度，健全巡察机构与纪检、组织、政法、审计等机关和部门的协作机制。年内，共组织开展两轮巡察，发现问题183个。强化巡察成果的运用，县委组织部根据巡察移交的问题线索对6名党员领导干部作出岗位交流调整处理。县纪委对移交的132条问题线索进行调查核实，函询单位28个、函询问题线索76条，立案查处8件。被巡察单位共有131人主动到纪检监察机关交代问题，上缴违纪款41.23万元。

【监督执纪问责】 2017年，县纪检监察机关坚持惩防并举，扶贫领域监督执纪问责工作坚决有力。一是严格落实问责制度。加强对《崇左市脱贫攻坚工作问责办法(试行)》落实情况的监督检查。围绕扶贫领域监督执纪问责工作，出台《大新县脱贫攻坚帮扶工作责任追究办法(试行)》等系列制度。年内，共查处扶贫领域案件55件，55人因扶贫政策落实不到位被问责约谈。其中5名帮扶责任人因不作为、乱作为被立案处理，3名科级干部因扶贫工作失职被问责立案处理。二是加强扶贫领域专项督查。对全县各乡(镇)和涉农单位的扶贫政策执行、项目安排、资金落实、扶贫项目实施情况等环节进行监督检查，发现问题线索50个，提出整改意见建议73个；对涉嫌违纪问题线索进一步调查核实，函询单位13个，函询问题线索29条，被巡察单位共有51人主动到纪检监察机关交代问题，上缴违纪款7.8万元，立案查处6件。三是加大扶贫资金监管力度。利用大新县民生资金电子监管平台，对民生资金的管理、使用和发放进行全程电子监察。同时，通过大新阳光权力网向社会公开132项民生项目资金管理情况，督促22个涉农部门将67项惠农政策进行网上公开，接受社会监督。全年平台累计发现资金互斥发放35例，发现问题17件，提供案件线索29条，转立案12件。

【宣传教育】 2017年，县纪检监察机关创优廉政教育方式方法，打造“周一课堂”、大新阳光权力网、“清风大新”官方微博微信、“廉政手机报”等“五位一体”教育平台，拓展教育载体，丰富教育内容。推进特色廉政文化建设，打造大新县反腐倡廉教育基地、大新县农村党员廉洁教育基地、大新县纪委机关清风长廊等三大廉政文化高地，紧扣监督执纪问责工作和中共十九大报告精神提升教育效果。其中大新县农村党员廉洁教育基地为年内新建项目，基地针对农村党员受教育水平设置履职、明责、修身、齐家四个板块，重点展示与农村党员息息相关的党纪条规、先进模范、身边案例和廉洁文化，融合壮语、山歌、民舍、农具等元素，使受教育的农村党员群众过目不忘，入脑入心。9月建成启用后，共接待大新县村级干部培训班、大新县村级纪检监察员培训班等10余个培训班次共5000多人次的参观学习。

【纪委派驻机构改革】 2017年，县纪委制定实施《关于加强县纪委派驻机构建设的意见》，向县一级党和国家机关派驻11个纪检组和1个纪工委，进驻县直单位87个，实现党内监督不留死角。派驻机构按照统一管理要求，认真履行职责，创新方式方法，研究制定信访举报受理、纪律审查等制度，清理反映干部问题线索，开展廉政约谈，督促驻在部门党组织落实管党治党责任，“派”的权威和“驻”的优势得到初步发挥。派驻机构改革后，全县派驻机构共帮助驻在单位建立、完善规章制度96个，查找驻在单位风险点62个，制定整改措施83条，组织开展各类学习活动12次，开展警示教育12次，接受教育3000多人次。

【纪检监察队伍建设】 2017年，县纪检监察机关深入开展“两学一做”和学习中共十九大精神系列活动，组织开展全县纪检干部和村级纪检监察员专题培训班，通过外出培训、跟班锻炼、岗位练兵、以案代训、巡察实战等，将各种“练兵”方式科学有效结合，不断提高监督执纪问责能力。深入落实“三转”，聚焦主责主业，优化内设机构设置；强化自我监督管理，编印岗位职责清单和业务标准操作规程，重新出台22项工作纪律和内务管理制度，严防“灯下黑”。

（农春丹　农杰宁）

10月20日，大新县2017年村级纪检监察员业务培训班在县委党校开班

社会团体

□编辑　黄智勇

大新县总工会

【概　况】 大新县总工会成立于1953年2月。2017年,机关行政编制为5个,其中行政编制4个,工勤人员编制1个;设办公室、组织部、女工部、宣教部、生产保障和法律工作部、财务部、经审办等7个办(部室)。二层机构工人文化宫事业编制5个。年内,县总工会结合县委、县政府中心工作,依法履职,积极有效推进工会六项重点工作,在推动科学发展、服务职工群众、促进社会和谐、服务经济社会发展中充分发挥工会组织的职能作用,工会六项重点工作取得良好成效。

【固本强基工程】 2017年,县总工会按照"党建带工建、工建服务党建"工作格局,进一步健全组织网络,做到工会组织、女职工组织、工会经审组织同步建立。把灵活就业及体制外的农民工组织到工会中来,年内新发展农民工入会6033人。至年底,已成立工会组织367家,有工会会员36010人。

【技能提升工程】 2017年,县总工会与人社局、职业技术学校开展2017年大新县农民工技能大赛,让农民工展示技能、提升技能,拓宽创业就业途径。利用节假日农民工返乡期间,大力宣传并引导农民工到创业园创业或寻找就业机会。组织劳动技能标兵参加自治区、市举办的劳动技能比赛。年内选派23名参加崇左市劳动技能比赛,其中导游获第1、2、3名,餐饮服务获第4、5名,钳工获第1、4名,叉车工获第4、5名。

【维护职工合法权益】 2017年,县总工会积极履行工会组织的基本职责,切实做好职工合法权益维护。全县签订工资集体协商专项合同805家,覆盖职工18017人。县职工帮扶中心律师接待职工来电(信)咨询75人次,转办3件;受理法律维权各类案件10件;参与各类纠纷调解(处)10件;代书法律文书35份。积极发动职工参保,参保人数4763人,年内申请理赔93人,获理赔金共12.8万元。

【"四送"帮扶工程】 2017年,县总工会严格按照建档立卡标准,突出"四送"帮扶工程,做好困难职工精准帮扶,实现帮扶工作形式上创新、范围上扩面、成效上提升。一是开展"春送岗位"活动。与广东江门市江海区合作,举办春季招聘会,为职工提供岗位2310个。春节期间为外来务工人员回家过节举办"关爱农民工,温暖回家路"系列活动。二是开展"夏送清凉"活动。走访慰问职工(农民工)、乡村保洁员700人次,发放防暑降温用品3.42万元。三是开展"金秋助学"活动,资助全县38名困难职工子女入学,发放助学金9.75万元。四是开展"冬送温暖"慰问活动。慰问困难企业6家,慰问困难劳模7人,慰问困难职工(农民工)120人次,共发放慰问金31.05万元。

【职工文体活动】 2017年,县总工会积极组织职工开展丰富多彩文体活动。年初举办2017年大新县首届六人制足球比赛,历时一个多月。"五一"期间号召各级工会组织开展乒乓球、气排球比赛。其中乒乓球有来自基层工会的60个代表队参加,历时2天;气排球有来自基层工会的40个气排球代表队参加,历时25天。举行五一表彰大会,隆重表彰39

名五一劳动奖章、6个五一劳动奖状和6个工人先锋号获得者。7—11月举办2017年“喜迎十九大·永远跟党走”——大新县首届职工书画比赛，广大职工踊跃参与，收到作品128件并进行展览。

（赵丽玲）

共青团大新县委员会

【概　况】 2017年，共青团大新县委员会编制为3个，其中书记1名，副书记1名，干部1名。全县有14个乡镇团委（在编乡镇团委书记14名），146个村（社区）团支部，20个县直团组织，共有团员14872人。年内，团县委紧紧围绕服务大局，紧密结合青年需求，紧扣建功育人目标，履职尽责，开拓进取，团组织的吸引力、凝聚力和战斗力明显增强，团的各项工作取得明显成效。年内，有2个团组织获自治区五四团委、团支部荣誉称号，有2个团组织获市级五四团委、团支部荣誉称号，有3个青年集体获崇左市青年文明号称号。此外，评选表彰72名“两红两优”先进个人和集体。

【青少年思想政治教育】 2017年，团县委紧紧围绕“青春喜迎十九大，不忘初心跟党走”主线，在广大青少年中弘扬以社会主义核心价值观为主要内容的时代精神，开展一系列主题教育实践活动，进一步坚定团员、少先队员跟党走的信念。先后开展“学雷锋精神，建设大美大新”系列活动，“百年追梦　全面小康”爱国主义读书征文、讲故事和演讲比赛，“喜迎十九大——我向习爷爷说句心里话”少先队主题队日活动，教育引导少、团队“结对共建”暨“青春暖童心·喜迎十九大”六一主题活动，大新县纪念五四运动98周年座谈会，评选美德少年活动，“学习总书记讲话　做合格共青团团员”主题演讲比赛，“缅怀革命先烈·传承文明美德”主题教育活动，“我是光荣的少先队员”大新县纪念少先队建队68周年暨入队仪式集中示范活动，“党的十九大精神”青年宣讲团进校园活动等。

【从严治团】 2017年，团县委聚焦从严治团主业，打牢基层基础。一是从严管好团干部队伍。强化团干部素质提升，广泛开展学习讨论活动，引导团干部坚定“不忘初心跟党走”的理想信念。推动团干部上团课活动，年内全县有200多名专、兼职团干部分别上台为团支部上团课，掀起团干部上团课活动热潮。坚持完善团干部直接联系青年“1+100”制度。推动团干部大部分时间和青年在一起，在服务青年中提升团干部形象。二是从严管好团员队伍。严格团员发展程序，全年发展团员893人，全县团青比例为42%。规范离队入团仪式，组织开展“不忘初心跟党走·做合格共青团员”暨大新县实验中学离队入团仪式集中示范活动，规范团费收缴，向上级补缴2016年应缴团费4500元。强化团员学习教育，组织开展“学讲话、温誓词、戴团徽、亮身份、争先锋”主题活动，组织全县5750名团员集中观看《入团第一课》。组织开展“怎样做一名合格团员”主题团课活动共400多场次，团员先进性、意识感和荣誉感明显增强。三是从严管好团的组织。推进团组织覆盖和工作覆盖，批准成立工商质监局“小个专”团工委，发展乐村淘等6个“小个专”团组织。推进团中央的“三会两制一课”制度落实，完善经常性团组织学习教育活动。广泛开展团员志愿服务活动。5月17日，组织县直单位团组织和“小个专”经济组织50多名团员青年志愿者开展大新县“青春范”创城志愿服务活动，引导团员用实际行动践行“怎样做一名合格共青团员”。

【服务中心工作】 2017年，团县委围绕中心，服务大局，不断提高团组织影响力。

扎实推进助力“文化旅游”活动　一是配合县委、县政府做好“中国侬垌文化之乡”和“中国土司文化之乡”申报工作。协助县委、县政府做好中越呗侬国际侬垌节暨宝圩“2·19”观音诞文化节、中国大新侬垌节暨硕龙镇建街133周年庆祝活动等志愿服务工作。在硕龙镇“3·15”建街当日，承办“情定中越边陲·携手共创未来”中越归春河青年呗侬集体婚礼仪式，继承和发扬中越青年传统友谊，进一步夯实建设中越德天—板约瀑布国际旅游合作区的青年基础。二是联系北京大学社会实践小组，开展大新县全域旅游社会调研活动，积极为全域旅游发展发声，形成《广西大新县全域旅游与跨境旅游发展研究》调研报告。三是开展大新县“发现之旅”乡村生态休闲旅游路线推介活动。6月24日，主办“美在大新·青春携手”——城市青年乡村生态旅游暨联谊交友活动。通过组织大新县和南宁市150名各界青年代

8 月 26 日，大新县 2017 年“爱心助学·圆梦行动”现场捐助仪式在县委七楼会议室举行

表通过开展户外联谊交友、体验大新农家民风俗特色等活动，向南宁青年圈宣传推介大新生态旅游资源，展示大新旅游发展成果，助推全域旅游发展。

持续开展助力“脱贫攻坚”专项行动 一是开展“爱心助学·圆梦行动”。积极动员社会力量参与精准助学活动，发起大新县 2017 年“爱心助学·圆梦行动”捐资助学倡议，在全县社会掀起奉献爱心的浓厚氛围。活动收到 21 家爱心企业、商家捐款共 198817 元，共资助 129 名学生，其中大学新生 32 名、高中生 50 名、初中生 22 名、小学生 25 名。争取泰州医药高新区雨露爱心协会爱心款 10.9 万元，对 10 名贫困学生进行长期结对资助，并帮助全茗社区贫困学生李翠玲捐资建成两层楼房。二是开展大、中学生“1+1”基层培养计划活动。动员 45 名大、中学生结对到乡镇政府挂职锻炼，引领和帮助广大青年学生在社会实践中受教育长才干、在实践中为脱贫攻坚作贡献。三是开展贫困户竹编手工艺品义卖活动。因地制宜，因户因人施策，引导那岭乡好胜村贫困户充分发挥自身擅长竹编工艺的优势，利用农闲时间发展竹篮、菜篮等竹编工艺品制作，并组织志愿者帮助贫困户开展义卖活动。四是开展脱贫助困暖心行动。以“助力扶贫 情暖中秋”“久久重阳节 青春敬老情”等主题团日活动为契机，动员机关团组织和社会力量深入贫困村开展物资慰问、免费拍照、义诊和游园等活动，把团组织的热情和爱心送至贫困户家中。

【服务青年活动】 2017 年，团县委紧扣青年需求，以服务为抓手凝聚青年。

深入开展服务青年创业创新行动 一是组织开展返乡创业青年与人大代表、政协委员“面对面”座谈活动。通过与人大代表、政协委员座谈等制度化渠道，推动出台有助于全县农村青年返乡创业的优惠政策，为返乡创业青年创造优良的创业环境。二是开展青年创业技能提升活动。举办大新县 2017 年农村青年创业创新培训班，组织 35 名创业青年代表前往百色参观学习青年电商和种养创业经验。举办 2017 年“青春引擎”培训班，邀请青年创业典型以及专家学者为全县 200 多名创业青年进行创业宣讲培训，通过讲述

9 月 8 日，“创青春·创富中国行”双创分享会现场

创业故事、分享经历、传授创业技能等形式，对创业青年进行创业指导，激发青年创业激情。三是组织开展“创青春·创富中国行”活动。9月8日，由共青团中央、新华社信息中心主办，团县委承办的“创青春·创富中国行”双创分享会在风景秀丽的桃城镇宝新村新屯举行，活动吸引全县约60多名创业青年参加。四是选树创业先进典型。通过开展“最美青春故事”“农村青年创业能手”“优秀创业青年”等评比活动，积极培育和宣传典型人物，先后树立大新县“爱乡下”VR全景电商平台负责人许红娇、90后返乡创业青年种菇能手赵东雷、返乡创业大学生凌彩艳、竹鼠养殖能手冯善良、大新县富欣纸塑制品厂负责人黄翠林等一批“能顾家、有事业、前景好”的创业创新青年典型。在年内召开的大新县纪念五四运动98周年座谈会上，表彰10名优秀创业青年典型。

积极开展青年交流活动 年内，组织开展2期“团聚青春·梦启大新”服务基层青年公务员和事业单位考试专题培训班、“激扬青春 团聚你我”520青年联谊交友活动、“美在大新·青春携手”——城市青年乡村生态旅游暨联谊交友活动，举办2017年“五四”青年节“农商银行杯”六人制足球比赛，为大新青年相互学习交流、建立友谊搭建平台，直接联系和服务青年3000多人。

【维护青少年合法权益】 2017年，团县委加强服务重点群体，维护青少年合法权益。一是抓好重点青少年群体服务管理。以活动为载体，开展重点青少年群体教育帮助，加强青少年法治宣传教育，解决影响青少年健康成长的突出问题，切实维护青少年合法权益，有效促进青少年健康成长。强化县法院、检察院等青少年维权服务平台运行机制，年内开展关爱活动26次，接受上门咨询15人次，电话咨询21人次。二是积极开展青少年法制宣传教育。全年13次联合县法院、检察院、教育局、卫生局等部门深入中小学校开展预防宣教活动，通过生动案例、发放宣传册和有奖问答等方式强化对青少年学生的法制宣传教育。组织开展春、秋季“开学第一课”法制教育活动，邀请县检察院、法院深入各中小学讲授法制公开课。组织200多名学生到县法院旁听案件庭审，并开展形式多样的“角色扮演”活动，让学生“身临其境”，不断增强法治意识。以大新县“禁毒宣传教育基地”建成为契机，多次联合县禁毒办、卫生局及公益组织等开展禁毒防艾进社区、进村屯、进校园宣传活动，营造全社会关心、支持、参与禁毒工作的浓厚氛围。三是深化留守儿童关爱行动。开展“青春暖童心·点亮微心愿”关爱留守儿童主题活动，各级团组织、公益组织、爱心企业等70名青年志愿者分别深入全县等13个贫困村教学点开展关爱行动。全年动员社会力量共同关心和帮扶农村留守儿童行动14次，慰问留守儿童68名，发放慰问资2.04万元和各种物资，为34名贫困留守儿童募集善款4万余元，在全县营造关注关爱留守儿童的浓厚氛围。

（许佳莲）

大新县妇女联合会

【概　况】 2017年，大新县妇女联合会内设办公室、组织宣传联络部、维权儿童工作部3个职能机构；设主席1名，副主席2名，办公室主任1名，下辖乡（镇）妇女联合会14个，村妇代会129个，社区妇联17个，机关、企（事）业单位妇委会93个，非公经济组织中妇女组织18个；有县、乡（镇）专职妇联干部18人。大新县妇女儿童工作委员会是县政府负责妇女儿童工作的协调机构，办公室设在县妇联，负责县妇儿工委日常工作，负责内外协调、政务服务、事务管理。年内，县妇联切实维护妇女儿童合法权益，促进男女平等，富有创造性地开展一系列工作，为促进全县经济社会持续健康发展作出积极贡献。

【“三八”节活动】 2017年，县妇联开展一系列纪念“三八”节活动，营造妇女儿童健康发展的良好氛围。一是开展男女平等国策及先进典型宣传。积极开展宣传纪念“三八”节、贯彻男女平等基本国策、妇女权益保护等为内容的活动，通过县电视台、妇联QQ交流群等及时发布相关活动通告，跟踪报道和宣传“三八”节系列活动、维权知识问答、最美家庭事迹展播，在全县掀起尊重妇女的热潮。组织申报各级妇联系统先进集体及先进个人活动。3月，堪圩乡统战委员、副乡长、司法所所长苏艳红被全国妇联授予“全国维护妇女儿童权益先进个人”荣誉称号。二是召开各界妇女座谈会。3月8日，大新县召开“巾帼心向党·喜迎十九大”纪念“三八”国际劳动妇女节座谈会。乡（镇）及县直单位正职女领导干部代表，退休老领导代表，县妇联十三届执委代表，乡镇妇联干部代表，村女支书、妇女主任代表，各界优秀妇女代表，工商界妇女代表约40人参加座谈会。县领导出席座谈会。三是举办全县妇女庆“三八”拔河比赛。3月8日上午，县妇联举办“巾帼心向党·喜迎十九大”纪念“三八”国际劳动妇女节107周年拔河比赛，共有44支队伍450余名女职工、女农民等参加比赛。雷平镇妇联举办文艺会演晚会，节目丰富多彩，其中一位93岁的刘志美老奶奶为观众献上一首红歌《歌唱解放军》，把晚会推上了高潮。其他乡镇、村（社区）也举办妇女节文艺表演等活动，内容多样，形式新颖，展示了新时代女性的风采。四是开展慰问老妇干、关爱空巢老人、留守儿童等巾帼志愿服务。在春节期间，县妇联以走访送温暖献爱心的形式对老妇干、空巢老人、贫困母亲、留守儿童等特殊困难群体进行慰问，与他们拉家常、话农事，详细了解他们的生产、生活情况，并为困难群众319人（贫困妇女179人，儿童140人）送去了价值88750元的慰问金和慰问品。五是开展“三八”维权周志愿宣传服务活动。3—4月，县妇联联合县司法局、县人民检察院等分别到宝圩乡板价村陇大屯、榄圩乡正隆村那立屯，组织开展庆“三八”国际劳动妇女节暨法律宣传服务进村屯活动，有130多名妇女群众参加活动。活动现场，司法局、检察院的干警们结合具体案例，就家庭生活中常见的婚姻纠纷、家庭暴力、财产继承与分割、债务分担、女童防性侵知识等方面的内容和问题进行深入浅出通俗易懂地讲解，引导广大妇女学会运用法律武器，保护自己的合法权益。各乡（镇）、村（屯）依托当地的“妇女之家”等活动阵地，广泛开展法律咨询宣传、关爱贫困妇女、环境大清洁、巾帼志愿服务活动，为妇女群众1500人次提供服务，发放各种宣传手册5000余份。

【“和谐家庭”建设】 2017年，县妇联认真开展家庭教育讲座暨寻找“最美家庭”活动，促进“和谐家庭”建设。年内，认真开展家庭教育大讲堂八桂行活动，家庭教育活动受益家长达1000人以上。3月9日，邀请广西婚姻家庭研究会会长吴若梅为大新供电公司全体女职工作“听党话跟党走，做身心健康新女性”的心理健康知识讲座。讲座主要内容是教会女职工如何学习自我调节并包容和理解他人，如何与孩子、丈夫和谐相处，从而逐步达到和谐身心、和谐关系、和谐家庭环境和工作环境的目的。4月27日，联合县检察院到贫困村榄圩乡正隆村那立屯“妇女之家”开展家庭教育暨寻找“最美家庭”宣传活动，有70多名农村妇女参加。邀请县检察院干警结合案例讲解“预防性侵女童 为女童成长护航”知识。其间，该村妇女主任上台与妇女们分享自己“最美家庭”故事。同时开展《中华人民共和国反家庭暴力法》、禁毒以及农村妇女在土地确权登记颁证中合法权益知识宣传，并发放《家庭教育手册》、反家庭暴力知识、妇女维权手册等宣传手册共240多本。4月10日、

4月27日，大新县妇联2017年家庭教育八桂行进村屯活动走进榄圩乡正隆村那立屯

6月7日，县人民医院妇委会分别举办两场“成长导向的员工子女教育”讲座，邀请清华大学医疗管理研究中心专家委员会委员周磊教授给全院员工800多人讲授《成长导向的子女教育理论与实践》。通过传授成长导向的子女教育思想和教育体系理论，帮助家长建立正确的教育理念及方法，更好地教育孩子，与孩子共同成长。

【办好事实事】 2017年，县妇联实施妇女儿童发展规划，努力为妇女儿童办好事实事。一是开展“撒播温暖、关爱女性”走访慰问等形式多样的巾帼志愿服务活动。实施“贫困母亲两癌救助”，春节期间，组织开展“贫困母亲两癌救助”中央专项彩票公益金发放仪式以及入户走访慰问活动，18名“两癌”贫困妇女各获得中央专项彩票公益金1万元。据统计，5年累计共救助67名“两癌”贫困妇女，送出67万元救助款。二是积极推进为妇女儿童保健送温暖活动。与县妇幼保健院联合乡镇卫生院开展妇女“两癌”免费检查和“两癌”防治知识宣传，对“两癌”贫困妇女实施救助，并建立“两癌”患者信息资料库。春节前夕，与市妇联到榄圩乡康合村三合屯分别对“全国最美家庭”马坡彩家庭及马美孙等5个家庭进行慰问，并为他们各送上慰问金和慰问品。5月31日，与县检察院妇女儿童维权岗、团县委联合开展“情暖童心·喜迎十九大”庆六一关爱行动暨五山乡三合村儿童家园开园系列活动。组织三合村完小42名小学生开展儿童安全、女童性侵害防范等维护妇女儿童权益知识宣传活动的大榕树课堂，还开展送上书包、亲子阅读、一起吃蛋糕、游园、慰问10名特殊困难儿童等一系列开园活动。还与县文明办等部门联合开展“美德少年”评选活动。2017年6月1日，与县委宣传部、县文明办、教育局等部门组织的“践行核心价值观 争当美德好少年”主题宣传教育活动在五山乡中心小学举行，县领导出席活动并为荣获县级美德少年颁奖。

【禁毒宣传主题活动】 2017年，县妇联认真做好“中越妇女携手 不让毒品进我家”暨“6·26”国际禁毒日宣传主题活动。6月20日，由市妇联主办、县妇联承办的以“中越妇女齐携手 不让毒品进我家”为主题的禁毒宣传活动在硕龙镇硕龙社区举行，有大新县和越南高平省下琅县、重庆县边境群众共500多人参加。活动倡议号召中越边境妇女积极参与禁毒宣传教育等活动，并在宣传展板上签字承诺；开展两国特色文艺节目表演，一起参与禁毒知识问答、参观禁毒宣传板报、发放宣传资料、现场咨询等丰富多彩的禁毒宣传主题活动。

【创业就业扶持】 2017年，县妇联结合精准扶贫工作实施妇女创业就业扶持工程，助推巾帼成功创业。一是在历年建设12个巾帼现代农业科技示范基地基础上，申报创建大新德天竹鼠生态驯养专业合作社和宝圩乡陇那生态养殖专业合作社2个县级巾帼科技脱贫示范基地。如宝圩乡陇那生态养殖合作社积极探索可持续发展生态养殖模式，发展秸秆饲料，利用秸秆3.4万吨，直接助农创收1018万元；采取“寄养”方式，44户贫困农户寄养的牛全年获分红5.5万元，成为全县养殖业助农增收新亮点。二

6月20日，“中越妇女携手不让毒品进我家”暨“6·26”国际禁毒日宣传主题活动在硕龙镇硕龙社区举行

是开展家政培训“大篷车”进贫困村活动。4月27日,组织崇左市康佳职业培训学校教师到榄圩乡正隆村那立屯贫困村开展家政培训“大篷车”进村活动,有70多名妇女参加,其中建档立卡贫困户妇女45人。活动现场,教师们面对面、手把手给妇女们传授婴儿护理、折叠衣服等家政知识。培训班以免费的形式开展,利用夜间休息时间进行培训,帮助她们掌握家政服务技能,就近选择就业,实现脱贫致富。三是组织农村女能人外出参观培训。6月5—6日,组织各乡镇部分女能人、贫困妇女、村妇女主任等34人,组成农村妇女生态旅游创业培训班到宾阳县异地教学培训,实地参观中华镇“代理妈妈”、“儿童家园”、古辣镇桑蚕、武陵镇品绿留香生态园等基地,详细了解代理妈妈工作模式、“儿童家园”创建经验、辐射带动周边妇女、解决农村富余女劳动力就业以及种桑养蚕技术等方面的情况。经过现场教学,实地感受,妇女们开阔了视野,增长了见识。回来后,昌明乡良泮村3名干部与本村13户建档立卡户贫困人口53人结成帮扶对象,开展帮扶生产,推进甘蔗“双高”工作。年内,该村种植甘蔗面积200.6公顷(含开荒地及山林地),其中完成“双高”种植面积75.67公顷。

【强基固本工程】 2017年,县妇联实施党群共建强基固本工程,打造坚强阵地和温暖之家。一是抓好村(社区)妇代会(会改联)换届,配齐配强村(社区)妇联主席。把握村“两委”换届契机,根据自治区、市妇联要求和县委、县政府有关村委会换届选举工作实施方案及《中国妇女发展纲要(2011—2020年)》和《中国儿童发展纲要(2011—2020年)》等政策法规规定,切实做好女性进“两委”工作。全县146个村完成“会改联”的村(社区)共选出妇联主席146人,副主席(兼职)727人,执委731人,实现每个村(社区)“两委”中都有1名女干部,100%的村级妇代会主任(妇联主席)进入村(社区)“两委”,初步建立广覆盖、宽领域、开放式的妇女组织体系,妇联服务妇女儿童能力得到有效加强。二是开展妇女儿童家园创建。年内自治区妇联下达给大新县创建“儿童家园”任务17所,本级2所,共19所。为尽早完成创建任务,按照创建标准,早计划、早布置、早行动,于8月底完成相关政府采购手续,9月底全部完成创建任务并已通过市级评估验收。创建19所儿童家园,共投入37万多元。

(夏海连)

大新县科学技术协会

【概　况】 2017年,大新县科学技术协会行政编制为4个,实有人员6人,其中正、副主席各1名,办公室1名,业务综合股3名。系统下属有乡(镇)科协14个、管理区科协1个,机构人员135人;村级科普宣传员130人,社区科普宣传员16人;县直学会(协会)16个,厂矿科协2个,会员1050人;具有专业技术特长的专家和学者的县级科普讲师团52名。7月6日,大新县科学技术协会第四次代表大会在县政府礼堂召开。

【农村适用技术培训】 2017年,县科协扎实开展“五个一”农村适用技术培训。一是10月20日联合堪圩乡政府在乡政府三楼会议室举办“释迦果种植技术”培训班,特邀广西大学农学院园林系副教授潘介春前来讲课,有释迦果种植需求户60多人参加培训。二是11月9日联合那岭乡政府在好胜村举办桂花梨种植技术培训,邀请广西农科院许绍平、黄玉溢两位专家前来讲课,有桂花梨种植大户及贫困户共80多人参加。三是11月10日联合大新县大华化肥厂举办大新大化第一期柑橘种植技术培训班,邀请广西农科院许绍平、黄玉溢两位专家前来讲课,特邀天等县上映乡柑橘种植土专家到现场进行种植管理示范,有厂区附近及桃城、雷平、恩城、榄圩等乡镇柑橘种植户70多人参加。四是组织基层农技协领办人、农村科普基地负责人、农村科普带头人及桂点村村支书、村委副主任共11人,参加10月29—30日举办的崇左市科普工作和农村电子商务知识培训。

【“科普惠农兴村计划”项目】 2017年,县科协做好全国(广西)“科普惠农兴村计划”项目评优申报以及兑奖补资金使用的监督和管理工作。2月下旬，完成全县“广西《科普惠农兴村计划》项目”材料申报工作。3月上旬，申报项目科普示范基地——大新县福隆乡楚烽养殖场、大新县榄圩乡鑫旺王鸽养殖基地负责人潘忠云分别荣获自治区科协、财政厅“科普惠农兴村计划”先进集体、农村科普带头人称号。

【科普活动】 2017年，县科协开展科普进社区、进学校、进军营活动。5月26日，联合县人民医院、县地震局、县消防大队在桃城镇桃源社区举办健康保健、救护、消防减灾等知识讲座，社区50多名骨干参加培训。5月18日和5月22日，分别在县实验中学、县民族中学举办消防救护演练，两所学校近3000多名师生参与活动。10月12日，联合县委政法委、县教育局、桃城镇政府、桃源社区到县实验中学举行“反邪教”活动启动仪式暨“法治宣讲”“社区科普”大行动文艺会演。活动以独唱、山歌、舞蹈、科普知识有奖竞答、签名等形式开展，有效增强广大师生科学意识。8月2日，联合崇左市科协、广西科协少数民族科普工作队、广西科技馆、广西自然博物馆等单位到硕龙镇边防某连军营开展科普大篷车进军营活动。活动现场，主办单位向部队赠送科普工作经费和一批科普书籍，进行科普秀表演互动，展出地质标本、3D海洋生物、恐龙图片等展板。活动中，官兵也亮出矫健有力的武术表演。通过活动，进一步提高官兵的科学素质，增进军民鱼水情。

【“科普富民兴边‘五个一’”项目】 2017年，县科协做好巩固“科普富民兴边‘五个一’”项目打造工作。1—4月，向自治区“第五批广西科普示范社区”——桃城镇桃源社区以及挂点村东律屯送去科普图书1万册，全面完成“美丽广西·清洁乡村”科普示范点软件配套任务，让周边群众长期受益科普。

8月2日，县科协开展科普大篷车进军营活动

【“科普惠农兴村计划”成果交流】 2017年12月14—17日，县科协组织全县获奖农技协会、基地负责人共20人到广西科技馆参加2017广西“科普惠农兴村计划”成果交流与观摩，参展的名特优产品有铁皮石斛（干品）、白皮果蔗、昌明火龙果、品现甜柑等。

【青少年科普教育】 2017年，县科协抓好青少年科普教育工作。一是做好2016年崇左市青少年科技创新大赛各项奖项（荣誉证书）颁发工作。年内全县提交80件作品，参加市级8个项目比赛，获奖作品60件（其中一等奖11件），先进个人三项7人，先进集体两项4个单位。二是联合县教育局组团参加3月16—19日在广西科技馆举行的第32届广西青少年科技创新大赛暨辅导员培训会。全县参赛选手20人，科技辅导员3名，参加5个项目比赛，获大赛项目一等奖3个，二、三等奖各1个，其中1个一等奖作品被推选参加全国比赛。县科协也获“2016年崇左市青少年科技创新大赛优秀组织奖”及2017年“第32届广西青少年科技创新大赛基层赛事优秀组织单位”。9月20—23日联合县教育局组团10人参加崇左市科协在防城港市举办的“2017年崇左市青少年科技教育辅导员培训班”并实地参观防城港市科技馆，观摩学习东兴市京族学校、东兴市实验中学先进经验。三是10月27—30日联合县教育局前往玉林市观摩学习在此举行的第七届广西发明创造成果展览交易会中小学生发明创造

12月12—13日，县科协组织全县中、小学校青少年科技辅导员到防城港市现场教学青少年科技创新工作

展；12月12—13日组织全县各中、小学校青少年科技辅导员一行32人前往防城港市现场教学青少年科技创新工作，实地参观防城港市科技馆，观摩学习东兴市京族学校、东兴市实验中学的先进经验。四是组织开展广西“大手拉小手——科普报告希望行”大新站活动。11月8日，联合市科协特邀资深科普专家罗里熊教授到桃城镇第二小学为200多名师生进行科普讲座。

（覃广臻）

大新县工商业联合会

【概　况】 2017年，大新县工商业联合会(大新县商会)有在职职工6人，其中主席1人，副主席1人，秘书长1人。有下属基层商(协)会18个，其中乡(镇)商会14个、行业商(协)会4个。年内，新发展会员16个。至年底，全县会员总数1148个，其中，企业会员205个，个人会员924个，团体会员19个。12月，县工商联被自治区工商联确认为2017年度“全区‘五好’县级工商联”。

【思想政治工作】 2017年，县工商联切实加强非公经济人士思想政治工作。3月，组织非公企业代表5人赴桂平、贵港等地考察学习兄弟县市服务非公经济发展的先进经验、商(协)会服务平台等内容。4月，以促进“两个健康”为出发点和落脚点，以“阅读、交流、共享、成长”为主题，举办首期商会读书会，邀请县分管领导解读全国“两会”精神及阐述当前大新县经济发展趋势，有50多名非公经济人士参加。5月，组织11名非公经济人士赴崇左市参加全国年轻一代民营企业家理想信念报告会电视电话会议。7月，组织5名非公经济人士参加中国人民大学——崇左市第四期非公有制企业成长知识培训班学习。11月，组织12名非公经济人士参加全市工商联系统培训班。积极开展“党的十九大精神进非公企业”宣讲活动。中共十九大闭幕后，在第一时间在广西展鹏集团公司迅速组织召开全县非公经济人士贯彻中共十九大精神专题学习会。12月28日，在广西新锰集团公司开展“党的十九大精神进非公企业”宣讲报告会，全县110多名非公经济人士聆听报告会。当天晚上，还举办大新县商会学习中共十九大精

12月28日，大新县工商联(商会)学习贯彻中共十九大精神“进非公企业”宣讲活动在广西新锰集团公司举行

神心得体会暨会员创业经验交流座谈会。通过以上学习培训，切实加强非公经济人士思想政治工作，整体提升民营企业家的素质和水平，为全县民营经济健康发展营造良好氛围。

【项目服务】 2017年，县工商联做好项目服务。一是做好全县重点项目上报。牵头并与县投资促进局、旅游局、水产畜牧局、工信局、农业局、发改局、财政局、口岸办等单位商议筛选出全县重点储备项目11个，呈报县政府审定后上报市政府，为“桂商崇左行·2017春季投资洽谈会”活动期间全县的招商引资工作打下坚实基础。二是积极参加“桂商崇左行·2017春季投资洽谈会”活动。4月26—28日，按照县政府工作部署，派出3名干部赴崇左参加市委、市政府和桂商总会举办的“桂商崇左行·2017春季投资洽谈会”。其间，积极做好与各商会交流沟通，推荐全县重点招商项目，并与云南省广西商会结交友好商会。28日，对接云南省广西商会一行15人到大新考察文化旅游项目。

【服务非公企业】 2017年，县工商联做好服务非公企业。一是开展“大走访大服务非公企业”活动。于6月7—8日与市工作组走访市工商联执委以上的企业10家，走访了解企业生产经营情况以及存在的困难和问题，了解国务院和自治区、市政府关于降低实体经济企业成本政策文件的落实情况及企业成本降低情况，了解民营企业参与产业扶贫及产业扶贫资金发挥效益情况。同时召开大新县非公经济工作领导小组成员单位座谈会，全力支持非公经济发展。8月下旬，与县统战部组织开展“大走访大服务非公企业”活动，走访全县规模以上企业。通过开展走访服务活动，为非公企业解决实际问题6件，促进非公经济健康发展。二是召开商会年会。1月15日，举办2017年商会迎春座谈会，有各行各业的会员及来宾共100多人参加。座谈会前，还组织与会人员参加展鹏集团的展鹏·财富广场营销、招商中心盛大开业暨展鹏尚东国际项目推介会，并参观项目建设，增进会员间感情与交流合作。三是做好为会员企业开业庆典服务4次。

【基层组织建设】 2017年，县工商联抓好基层组织建设。一是加强桃城商会硬件建设，对办公室进行装饰，同时赠送给书柜3组、折椅20个、饮水机1个等一批办公用品，改善商会办公条件，并指导商会创建全区“四好”商会活动。还帮助桃城商会建立党支部，充分发挥党组织的战斗堡垒作用。二是建立行业商(协)会。重点建立大新县旅游协会、大新县金牌家居建材联盟两个行业商(协)会。这对于旅游行业、家居建材行业自我约束、自我管理、增加效益、增强活力，持续、快速、健康发展具有重要而深远的意义。

【光彩事业】 2017年，县工商联结合全县实际情况，积极开展“百企联百村·万人帮万户”活动，引导全县民营企业、非公经济人士参与精准脱贫，得到广大民营企业家、非公经济人士积极响应并主动参与。通过产业扶贫、就业扶贫、入股分红扶贫、旅游扶贫、公益扶贫等方式，助推精准扶贫、精准脱贫，既让企业发展壮大又能带动和扶助贫困群众脱贫，实现互利共赢。年内，民营企业及非公经济人士参与公益扶贫活动捐款达100万多元。

（赵胜生）

大新县文学艺术界联合会

【概　况】 大新县文学艺术界联合会于1986年12月24日成立。2017年有行政编制3个，1—11月在职7人，12月在职5人。年内，县文联围绕中心，服务大局，履行文联“团结引导　联络协调　服务管理　自律维权”职能，坚持“二为”方向和“双百”方针，扎实开展各项工作，取得明显成效。年内，县文联被崇左市文联评为优秀文联。

【文艺活动】 2017年，县文联积极开展文艺活动。一是开展迎新春文艺下乡活动。春节期间，组织10名书法家在县城图书馆及硕龙镇礼贤村等地开展免费写送春联活动，送出春联1500多幅。二是召开文学作品研讨会。1月2日县作协召开孙舟作品研讨会，8月20日举办文学创作交流会。三是配合中国文联文艺志愿者开展活动。

1月15—17日，协助中国文联文艺志愿者到大新县开展“送欢乐下基层”活动，先后到五山乡、下雷镇及县城慰问敬老院、给贫困户代表赠送春节民俗礼品，并举行精彩的文艺演出。四是开展山歌比赛。4月9日，县民协在恩城乡维新村举办“诗三句”山歌比赛。五是组织文艺村文艺队参加文艺会演。选派宝圩乡板价村、五山乡天水社区、硕龙镇硕龙社区3个村（社区）的文艺队参加5月25—26日由自治区文联和崇左市文联在崇左市江州人民会堂联合举办的全区文艺村文艺会演，出演的3个节目均获优秀奖。六是开展文艺志愿者服务日活动。5月23日，组织文艺志愿者和自治区文艺志愿者一起到五山乡开展“到人民中去”文艺扶贫志愿服务主题活动，深入五山乡中心小学、三合村开展文艺演出、文艺辅导、上音乐美术文学课等系列文艺志愿服务活动。七是举办职工书画比赛。与县总工会联合于国庆节前举办大新县职工书画比赛，并在国庆节期间展出。

【文艺培训】 2017年，县文联积极开展文艺培训。5月20日，县作协邀请本土民俗专家何农林给全县文学爱好者作地方历史、民俗专题讲课。5月21日、7月8日县民协两次邀请自治区民间文艺家协会原主席黎浩邦给县内山歌手进行山歌创作培训。

【文学创作】 2017年3月，赵子荣纪实报告文学《逐梦南国人》一书由团结出版社出版。年内，许福建的诗歌《乡情》、冯炳武的散文《文学之光照耀我的生活》、李建勤的散文《我的房东》、苏美鲜的散文《乔苗平湖春色》和陈志鹏的散文《乔苗平湖印象》《情迷新华》《醉是书香》等7篇作品在左江日报发表。

【“中国侬垌文化之乡”“中国土司文化之乡”创建】 2017年，县文联积极参与“中国侬垌文化之乡”“中国土司文化之乡”创建。申报创建“中国侬垌文化之乡”“中国土司文化之乡”工作是县委、县政府2017年一项中心工作，列为崇左市对大新县绩效考评文化旅游双十项目的两项内容。作为开展这项工作的主要部门，县文联认真做好资料的收集、整理，现场活动点的布置、安排、指导，同时加强汇报、联系、沟通、协调等工作，使申报创建得以顺利开展。3月15—17日自治区专家到大新对创建工作进行考察，4月9—11日国家专家到大新对创建工作进行考察评估。5月25日，中国民间文艺家协会下文，正式命名大新县为“中国侬垌文化之乡”“中国土司文化之乡”。6月18日，大新县举行“中国侬垌文化之乡”“中国土司文化之乡”授牌仪式。

【文艺村创建】 2017年，县文联积极文艺村创建。年内，下雷镇下雷社区、硕龙镇硕龙社区、昌明乡昌明社区、龙门乡宝山村、恩城乡维新村被自治区文联授予文艺村称号。

（李阳群）

大新县残疾人联合会

【概　况】 2017年，大新县残疾人联合会有在职职工6人，其中理事长1人，副理事长1人，主任科员1人，干部1人，事业编2人；设有办公室、办证室、就业站、康复室、财务室。至年底，全县有已办证残疾人11668人。全县有劳动就业站1个，乡（镇）残联14个，村（社区、管理区）残协147个。年内，县残联切实做好康复、扶贫、教育培训、劳动就业、组织维权等工作。

【残疾人康复】 2017年，县残联联合扶贫、教育、卫生四部门出台《关于印发〈大新县残疾人精准康复服务行动实施方案〉的通知》（新残联字〔2017〕1号），为开展残疾人精准康复服务调查和跟踪服务奠定基础。至年底，已完成印刷精准康复服务手册。年内。全县发放残疾人护理补贴3591人，补贴资金17.955万元（50元/人·月）；阳光家园护理补贴106人，补贴资金15.9万元（1500元/人）；发放辅具662件，辅具适配率97.78%；精准康复服务完成1799人，完成任务的102%。

【残疾人教育培训】 2017年，县残联委托县职业技术学校对222名残疾人进行实用技术培训；为在读中高等教育贫困残疾学生争取助学金，本科1名补助3000元、专科1名补助2000元、特殊学校义务教育阶段21人补助 0.84 万元。

【残疾人扶贫】 2017 年，县残联认真筛查，确定阳光助残扶贫基地扶贫帮扶 150 人，超额完成自治区下达大新县任务 100 人，扶持资金 20 万元；确定“党员扶残温暖同行”工程扶持 160 人，扶持资金 16 万元；完成个体工商户或灵活就业残疾人基本养老保险补贴 51 人，资金 6.12 万元；完成无障碍改造 28 户，资金 11.2 万元；完成贫困残疾人生活补贴新增 289 人，累计 1742 人，补贴资金 8.71 万元。

【残疾人就业引导】 2017 年，大新县有在福利企业集中就业残疾人 80 人，分散按比例安排残疾人就业 144 人，个体创业 45 人，外出务工残疾人 600 多人。

【助残活动】 2017 年助残日的主题是“关心帮助残疾人，实现美好中国梦”。5 月 23 日，在第 27 个全国助残日到来之际，县残联组织相关热心公益人士与县特殊学校开展助残文艺晚会，让残疾孩子们充分感受社会各界对残疾人的爱护和关怀。“六一”儿童节组织新锰集团职工等到县特殊学校开展游园活动，丰富残疾孩子文化生活。

（麻新光）

大新县社会科学界联合会

【概 况】 2017 年，县社科联有行政编制 3 个，实有 4 人，其中主席 1 人，专职副主席 1 人；另设兼职副主席 3 人，委员 16 人。年内，县社科联组织撰写的论文荣获全国奖项 1 项、自治区级奖项 3 项，崇左市级 1 项；县社科联荣获“2017 年度广西社科联系统工作先进单位”称号，黄传能荣获“2017 年度广西社科联系统工作先进个人”称号。

【学术成果】 2017 年，县社科联组织县委党校、县教育局、县法学会等单位开展社科规划课题申报工作。经单位推荐和自治区社科联评审，由县社科联和县委党校联合研究的课题《大新县沿边经济发展对策研究》获自治区社科联同意立项，并在规定的时间前顺利完成报送工作。县社科联推荐县委文明办黄艳娇撰写的《浅谈改革对边境县域城市发展的积极影响》一文参赛“全国大中城市社科联第 28 次工作会议交流材料”，并于 3 月 25 日获优秀论文奖。县社科联黄传能撰写提交 3 篇论文分别获各级奖励：7 月 29 日工作经验交流材料《发掘边境县域哲学特色工作，促进经济社会又好又快发展》一文，在全自治区县级社科联经验交流大会（桂林）作工作经验典型发言；10 月 24 日撰写的社科应用研究对策课题《恩城河国家级自然保护区环境问题探讨》，获“第十九广西绿色大发展论坛”优秀论文三等奖；12 月 25 日撰写的社科应用研究对策课题《大新县文化旅游融合发展之路》一文，获崇左市委宣传部“2017 年度全市宣传系统优秀论文”三等奖。

【社科普及】 2017 年，县社科广泛联系工商学会、计生协会、税务协会、法学会等学会、协会，开展社科知识“进社区、进乡村”普及宣传活动。组织报审的《以共享发展筑民生之本——十八届五中全会共享发展理念解读》为主题的社科科普报告会获自治区社科联批准立项资助。邀请自治区党校哲学教研部教授李广义在县委党校作专题报告会。

（黄传能）

大新县红十字会

【博爱送温暖】 2017 年 1 月 9 日—2 月 13 日，为弘扬“人道、博爱、奉献”红十字精神，使生活困难群众过上一个欢乐祥和的春节，大新县红十字会陆续将总会、自治区红会、广西梧州制药（集团）股份有限公司、浙江省红十字会等单位下拨和捐赠大新县价值约 5.34 万元的温暖箱、桂圆粟米粥简装、袜子等物品及时发放到福隆、那岭、桃城、雷平等乡镇建档立卡贫困户、养老院，受益群众 545 户 2544 人次。

【防灾减灾知识宣传】 2017 年 5 月 12 日，县红十字会以“防灾减灾日”为契机，与其他减灾委成员单位一道，在全县范围内开展防灾减灾宣传活动。通过制作防灾减灾宣传展板、现场咨询、发放宣传单等形式向广大群众宣传防灾减灾、自救互救知识，同时发放红十字宣传知识小册子，让广大群众了解红十字的由来、宗旨及业务范围。活动当天发放宣传资料 600 余份。

【无偿献血和造血干细胞捐赠】 2017 年,县红十字会秉着宣传“拯救生命 奉献爱心 参与公益 升华自我”的活动宗旨,与崇左市血浆站联合开展宣传造血干细胞捐赠活动,采用一对一宣传方式开展造血干细胞入库动员工作,年内共完成造血干细胞志愿捐献登记入库 9 例;配合县卫生计生局利用广场宣传咨询活动开展无偿献血宣传,全年全县无偿献血总量 3259 单位。

【红十字应急救护知识培训】 2017 年 5—6 月,县红十字会联合县地震局、消防大队、教育局等单位在县城部分中小学校开展应急救护知识培训,共有 1900 多名师生参加;6 月,联合德天景区管委会分两期共对 100 多名旅游从业人员进行应急救护基础知识培训。同时,选派 2 批次 4 人次分别参加自治区、市红会组织的师资培训班,进一步充实应急培训师资力量。

【红十字专项救助】 2017 年,县红十字会积极做好红十字“博爱救心”“小天使基金”等项目宣传及审核上报,救助家庭贫困患儿。年内共审核辖区 3 名先天性心脏病、白血病病患儿童的救助申请,其中一位先心病患儿童获中国红基会 3 万元紧急救助资金资格,一位先心患者获广西红十字天使计划“博爱救心”基金心脏病资助。

(张　丽)

大新县关心下一代工作委员会

【主题教育活动】 2017 年,大新县关工委在 4 月 5—8 日清明节期间,联合团县委、县教育局在全县青少年中开展“缅怀先烈 报效祖国 圆梦中华”主题教育活动,并撰写印发《农秀烈士的革命故事》至各乡镇,供“五老”人员作宣讲参考。据统计,全县参加活动的师生达 2 万多人。

【“三爱”教育】 2017 年,县关工委会同县委宣传部分别到县希望中学、养利学校、县妇幼保健院等单位进行“三爱”(爱学习、爱劳动、爱祖国)教育活动宣讲。此外,还深入福隆、那岭、全茗中心小学对师生进行“三爱”教育。

【青少年普法教育】 2017 年,县关工委做好第三届“关爱明天,普法先行”青少年普法教育活动。一是成立指导小组。与县老干局、司法局、综治办、教育局等单位协商,成立大新县第三届“关爱明天,普法先行”青少年普法教育活动指导小组。二是发出通知,明确活动内容和要求,活动宗旨,活动实施办法。三是督促检查,注重效果。5 月中旬,组织普法工作考察团,前往凭祥市考察。回来后,对于活动内容、活动方案、活动要求,提出具体的落实。

【《中国火炬》杂志收订发行】 2017 年,县关工委做好《中国火炬》杂志收订发行工作,收订发行 903 份,排在全自治区前列。年内,县关工委副主任、县委老干局局长赵青爱代表县关工委出席全国在安徽召开的《中国火炬》杂志社通联评刊座谈会。

(赵连明)

大新县革命老区建设促进会

【宣传工作】 2017 年,大新县革命老区建设促进会(简称老促会)积极采取多种形式,努力抓好老区宣传工作,年内荣获全国老区宣传工作先进单位,并出席全国老促会在井冈山召开的全国老区宣传工作会议,接受全国老促会的表彰。

【调研工作】 2017 年,县老促会搞好调查研究,除开展常规调研,积极协助中国老促会、自治区老促会、市老促会在大新进行的全国老区贫困县“百县调研”工作,并圆满完成任务。同时按照市老促会部署,对全县革命遗址 34 处全部进行调查、登记和上报。

【老区建设】 2017 年,县老促会根据老区建设需要,积极向自治区有关部门反映,年内争取到自治区革命老区建设专项转移支付经费 910 万元,有效帮助全县老区乡村基础设施建设。

(赵升建)

法治·军事

□编辑　农金安

政法管理和社会治安综合治理

【概　况】 县委政法委是县委领导管理政法工作的职能部门，具体担负着维护稳定、综合治理、防处邪教、执法监督、工作协调和队伍建设等任务。政法委与综治办、维稳办、防范处理邪教办、法学会合署办公，政法委机关设置办公室、政工股、执法监督室、调研室等4个机构。2017年，县委政法委人员编制有10人（含工勤人员1名），实有10名。领导干部职数为书记1名，副书记2名（其中1人兼任综治办主任职务，1人兼任维稳办主任、防范处理邪教办主任职务），综治办副主任1名，防范处理邪教办副主任1名，干部4名，工勤人员1名。法学会主要工作是组织法学工作者学习贯彻党的基本路线、方针、政策；进行法学调研，参与法治宣传；征求法律界意见。人员编制有3名，实有2名。年内，县委政法委组织全县政法各部门紧紧围绕发展稳定大局，加快推进平安大新建设，创新社会治理方式，有效维护社会大局稳定、促进社会公平正义、保障全县人民安居乐业，实现"六个不发生"（不发生影响国家政治安全的重大事件、不发生严重暴力恐怖事件、不发生大规模群体性事件、不发生群死群伤的交通火灾及其他治安灾害事故、不发生重大网络负面炒作事件、不发生公安队伍重大违法违纪案件和涉警炒作事件）和"双零"（零上访、零非访）目标，为全县做好"两篇大文章"打好"四大攻坚战"营造平安稳定的社会环境。年内，县委政法委荣获崇左市做好"两篇大文章"打好"四大攻坚战"先进集体荣誉，全县群众安全感满意度达95.03%，排在全区111个县市区第七名，连续14年实现全国"两会"等重要敏感时段进京"零非访"工作目标。

【综治工作】 2017年，县政法部门以"神剑"系列专项行动为载体，集中开展打击盗抢骗、黄赌毒、涉黑涉恶等一系列严打整治行动，对违法犯罪活动始终保持高压态势。一是狠抓社会治安管理整治。针对群众反映较为强烈的盗抢骗犯罪问题，分片区、地毯式对出租屋、宾馆、娱乐场所等进行大整治100多家。二是开展吸毒人员"大收戒"行动。让吸毒人员在全县无处藏身，查处吸毒人员531人，同比上升22.9%；强制隔离戒毒209人，上升65.9%，及时消除社会治安隐患和群众不安全心理。三是最大限度把警力摆在街面上。在全县重点场所和主要交通路口安装110个太阳能岗亭警灯，实现学校门口、车站、市场、超市等各个主要路口、交通要道都有警察巡逻，真正做到"白天见警察、晚上见警灯"。四是加大对精神病特殊人群管控工作。对全县899人三级以上易肇事肇祸精神病患者，划拨135万元以奖代补资金，解决精神病人员"没人管、送医难和无药吃"的难题。五是整治学校周边治安环境。重点解决学校保安人员配备、技防安全设备、周边安全设施等方面突出问题，实现全县34个中小学校都装上一键式报警器，学生上学放学都能看到警察，见到警灯，让学校成为学生家长最放心满意、孩子安全的地方。六是积极配合党委政府中心工作。在全县德天瀑布景区创AAAAA，安平仙河、龙宫仙境景区创AAAA以及各类重点项目建设等活动中，依法打击妨碍和破坏重点工程建设的违法犯罪活动，开展保护性施工及重点整治行动13次，依法传唤逮捕各类违法犯罪人员80多名，打通全县10多年来未能解决的断头路4条，解决群众出行难问题。七是坚持开展矛盾纠纷排查工作。落实矛盾纠纷联调机制、接待群众来访机制、“一岗双责”责任制，对排查出的信访问题认真开展调处查办督办工作，做到件件有着落，事事有结果。全县共调处各类矛盾纠纷1204起，调解率100%，调解成功1190起，调解成功率98.8%。八是强化舆论宣传，营造全社会共同参与平安建设良好氛围。组织女警小分队到各乡镇、各企业开展平安建设大走访活动，发放宣传围裙1万张，动员群众自觉参与12340电话调查，共同维护“美丽是大新的名片，安全是大新的实力”这一张靓丽名片。九是积极推进综治中心建设。一期投入350万元建设县综治中心、雷平、堪圩、硕龙、下雷、桃城等乡镇综治中心，逐步实现综治工作信息化、现代化。

【维稳工作】 2017年，县政法部门按照“事要解决”的要求，对全县三个敏感问题，坚持一事（人）一策一专班和领导包案制度，综合运用法律、政策、经济、行政手段和教育、协商、疏导等办法，组织协调各乡镇各有关部门常态化排查，常态化分析研判，常态化调处化解，真正做到对诉求合理的解决问题到位、诉求无理的思想教育到位、行为违法的依法处理到位，全县各方面矛盾问题均得到有效化解稳控。一是成功协调指导企业克服困难，兑现2017/2018年拖欠蔗农蔗款2.5亿余元。二是认真排查全县179个在建项目工程，把落实社会稳定风险评估机制作为实施重大项目的前置条件，协调督促解决拖欠农民工工资290余万元。三是强化源头管控、严抓管控链，重点抓好部分涉军利益诉求重点人员和易肇事肇祸精神病患者，实现中共十九大、全国“两会”期间等重要敏感时段进京“零非访”工作目标。四是积极落实好各项反恐防“回流”措施，加大反恐防“回流”经费及装备投入，对边境地区的治安进行综合整治，多措并举强化边境管控。年内，全县边境辖区所有能通行机动车的非法便道和渡口已全部采取浇筑混凝土隔离墙（墩）、堆砌石块等方法进行隔离封堵。每日安排警力对所有已封堵的便道和渡口开展巡查，并做巡查记录。对所有通往边境地区的人员、车辆、物品进行检查，加强警民联合防控，严防非法越境、“三个势力”（暴力恐怖势力、宗教极端势力、民族分裂势力）敌对分子在边境潜入潜出。多年来没有发生一起暴恐事件，没有发生一起敌对势力的渗透破坏活动，牢牢守住不发生暴恐事件这一底线，实现平安边境目标。

【防范工作】 2017年，县政法部门扎实推进无邪教创建工作，突出抓好反邪教警示教育和边境防范管控，全力维护边境安全、社会和谐稳定。一是强化“六进”活动，动员广大群众积极参与“拒绝邪教”活动，全县“文明家庭拒绝邪教”网络签名达1.8万人。二是强化阵地和文化建设。投入40多万元开展“南国边关无邪教城市”创建工作，在江滨路建设全县“反邪教主题公园”，在边境一线人员密集场所设置7块中越双语固定宣传牌，桃城镇桃源社区、硕龙镇隘江村被市防范办评为“无邪教创建示范村（社区）”。三是加强情报收集，提高边境反邪能力。组织情报部门收集研判，做到早发现、早控制、早处置。

【政法队伍建设】 2017年，县政法部门始终把思想教育作为队伍建设的首要任务，扎实推进“两学一做”学习教育常态化制度化。1—4月组织全县政法系统集中开展打造过硬政法队伍活动，5月起根据自治区党委政法委的部署，持续深入开展全面从严治警“五查五整顿”专项行动，全县政法队伍“四个意识”得到进一步增强，“五个过硬”理念得到进一步提升，队伍教育管理水平得到进一步提高。涌现出全国最美基层法官提名奖蒙志华和广西第二届“最美警察”邓素红等先进典型。全县政法队伍执法满意度达92.94%，排全区111个县市区第二名、全市第一名。

（赵冠清）

法　院

【概　况】 大新县人民法院组建于1951年，2017年设有立案庭、刑事审判庭、民事审判第一庭、民事审判第二庭、行政审判庭、执行局、审判监督庭、审管办、司法警察大队、院办公室、政工科、纪检组、监察室，1个交通巡回法庭，1个旅游巡回法庭，下设雷平、昌明、下雷3个人民法庭。有人员编制85人，实有在编人员76人，其中员额法官23人，占在编干警总数的30.3%；审判辅助人员41人，占在编干警53.9%，(其中法官助理22人，书记员7人，法警8人，司法技术2人)；司法行政人员14人，占在编干警总数的18.4%。大学本科以上学历68人，占在编干警的87.2%。在政治级别方面，副科级干警16名，占在编干警总数的21.1%；正科级以上干警15名(含副处级)，占19.74%；司改后，按照法官单独职务序列套改后，四级高级法官4人，一级法官7人，二级法官2人，三级法官10人。在政治面貌方面，党员86人，其中在职党员51名，退休干警党员34人，家属党员1人。另外，聘用人员44人，其中聘用制书记员15人，聘用制法警29人。

年内，县人民法院以习近平新时代中国特色社会主义思想为指导，紧紧围绕“让人民群众在每一个司法案件中感受到公平正义”的目标，牢牢把握司法为民、公正司法工作主线，忠实履行宪法和法律赋予的职责，全面加强执法办案、扎实推进司法改革，持续强化队伍建设，各项工作均实现新发展、取得新成效。先后荣获“全区法院‘百日清案’专项行动先进集体”“崇左市青年文明号”“崇左市五四红旗团支部”等15个区、市、县级荣誉称号，13人次受到表彰，涌现全区法院“百日清案”专项行动先进个人潘飞、韦石峰，全区法院新媒体先进个人伍佰祯，《广西法治日报》先进通讯员闭赋火等一批典型。

年内，县人民法院狠抓执法办案第一要务，全力维护社会公平正义，共受理各类案件1746件，审(执)结1639件，同比分别上升6.4%、10.3%，结案率93.6%，上升3.3个百分点，一审案件服判息诉率94%。收案、结案数再创历史新高。在全市法院绩效考评工作中，连续10年荣获全市法院年度绩效考评一等奖及“全市法院绩效考评先进集体”称号。

【刑事审判】 2017年，县人民法院坚持宽严相济政策，维护社会和谐稳定。共受理刑事案件166件，审结152件，结案率94.6%，上升4.4个百分点，共给予211人刑事处罚，其中判处三年以上有期徒刑35人，判处缓刑、管制或者免于刑事处罚65人。重点打击严重危害社会治安的犯罪，审结“两抢一盗”“黄赌毒”等犯罪案件50件68人。依法审结桃城镇新振社区上对屯赵新新、赵剑波等14人聚众斗殴案。加大对职务犯罪的打击力度，依法高效审结莫千霞、张向阳等职务犯罪案件14件15人，维护风清气正的政治生态。强化刑事附带民事案件的调解工作，审结刑附民案件16件，其中调解9件，撤诉5件，调撤率87.5%，有效减少社会对立面，促进全县社会和谐稳定。

【民事审判】 2017年，县人民法院妥善化解民商纠纷，促进经济社会发展。共受理民商事案件1163件，审结1098件，同比分别上升4.03%、8.18%，结案率94.4%，其中以调解、撤诉结案701件，调撤率64.08%，诉讼标的额9202.9万元。防范化解金融风险，依法审结金融借贷、民间借贷等案件185件，维护正常金融秩序。积极探索家事审判机制改革，审结婚姻家庭纠纷案件301件，维护社会和谐，全力服务当地经济发展。

【行政审判】 2017年，县人民法院稳妥化解行政争议，助力法治政府建设。强化行政审判，保护当事人的合法权益，监督和促进行政机关依法行政。积极稳妥化解行政纠纷，共受理行政案件(含非诉行政审查案件)11件，审结10件，结案率90.9%，连续多年保持行政案件低发势头。认真落实行政机关负责人出庭应诉制度，提高行政纠纷的实质化解水平，促进“官民”关系和谐。

【案件执行】 2017年是全区法院“执行攻坚年”，县人民法院积极响应，主动作为，深入开展“百日清案”“执行冲刺”等专项活动，全力攻坚推进基本解决执行难工作。全年共受理各类执行案件381件，执结349件，结案率91.6%，同比分别上升26.2%、28.8%，结案标的7111万余元，有力维护当事人合法权益。一是加强执行联动。加大网络查控和拍卖力度，利用“总对总”“点对点”

执行查控系统，对接银行、国土、房产等信息网络，发起财产查控24418次，涉及案件400余件，反馈信息18965次，查询到被执行人银行存款180万余元，助推“执行得了”。通过淘宝网司法拍卖平台公开拍卖25件，参与竞拍次数260人次，成交金额100余万元，提高执行效率，增强司法拍卖透明度。二是加大失信惩戒力度。通过在县城德天广场LED电子显示屏、官方网站、微信、微博、法院公告栏等平台公开曝光189人，限制高消费57人，限制出境47人，让失信被执行人“一处失信，处处受阻”。三是严厉打击拒执违法犯罪。建立公安、检察院、法院联动机制，司法拘留12人，以拒执罪移送追究刑事责任3件4人，通过与公安、边防联动协查系统平台，对15名“老赖”实施“网上布控”。四是严格规范执行行为。推行“一案一人一账户”案款专项管理，确保执行案款及时兑付当事人。

【审判监督】2017年，县人民法院坚持科学、严格、规范、精细管理，构建完善的案件质量评估长效机制，实施精品案件战略，依靠科技手段提高案件质量效率。以创建学习型法院为载体，强化干警学习教育培训，组织参加各类培训23期180人次，全面提升干警司法能力，促进工作质效提高。开展优秀示范庭审、庭审观摩、裁判文书评比等活动，提高职业技能，全年共评查各类生效案件1229件，案件优良率100%，无不合格案件。有一起机动车交通事故责任案件入选《中国法院2016年度案例》。

【党风廉政建设】2017年，县人民法院全面贯彻落实党风廉政建设责任制，加强风险防控管理。开展司法廉洁教育活动，筑牢廉洁自律、拒腐防变的坚固防线。严格落实纪律规定，认真执行法官回避有关要求，防范人情关系的不当干扰和影响，坚决杜绝“人情案”“金钱案”“关系案”发生。通过开展专题研究党风廉政建设、“固定党日+”活动、发送廉政短信、组织观看警示教育、参加大新县党性主题演讲比赛、中院“做合格司法警察”演讲比赛等形式多样的廉洁教育活动，坚持以党建带队建促审判，坚持从严治院，从严管理，打造过硬法院队伍，为公正廉洁高效司法提供坚强的组织保障。年风，全院共有15个集体，13人次获得市级以上表彰。

【接受社会监督】2017年，县人民法院主动接受人大依法监督、政协民主监督，认真落实审议意见，办结人大转办信访案1件。举办法院开放日活动2次，邀请人大代表、政协委员、律师、在校师生和社会各界人士视察法院工作、观摩庭审和参与见证执行等活动352人次。依法接受检察机关法律监督，认真落实检察长列席审委会制度，积极妥善办理检察建议，共同维护司法公正。

【司法公开】2017年，县人民法院加强对传统媒体和新兴媒体的统筹运用，构建报纸刊物、电视台、官方网站、官方微博、官方微信“五位一体”的大宣传格局，向社会全方位传递边关法院司法工作正能量。着力推进官方网站、官方微博、微信、审判流程公开、裁判文书公开、执行信息公开的“一网双微三平台”新媒体建设，全年在互联网公开审判流程信息1340条、裁判文书1461份、执行信息381条，开展庭审网络直播173次，通过官方网站、微博、微信发布司法信息1356篇，不断提升司法公开公正，进一步增强司法透明度。年内，县法院官方微信在“广西政法微信影响力排行榜”法院类多次名列前十位。

【司法人文关怀】2017年，县人民法院积极开展司法救助工作，最大限度地维护弱势群体的合法权益，加快诉讼服务中心建设，设立“一站式”诉讼服务平台，为群众提供热情、高效的诉讼服务。积极推广网上预约立案、远程视频接访，让司法更加贴近人民群众。大力推行巡回办案，深入社区乡村、田间地头巡回办案756件。积极开展司法救助工作，为经济确有困难的当事人缓、减、免交诉讼费5.4万元，对生活确有困难的25名当事人发放司法救助资金14.4万元，有效维护当事人合法权益，促进当地社会和谐稳定。六一儿童节、教师节等重要节日，组织青年党员干警主动深入到挂点村屯、学校福利院等慰问农村留守儿童、孤寡老人；重阳节期间，县人民法院组织干警到离退休党员家中开展慰问活动，做到政治上关怀，生活中关心，充分发挥离退休党员干警余热，为创建健康法院建言献策。深入开展帮扶活动，全院干警结对帮扶贫困户152户，累计开展入户帮扶活动1050人次，帮助46户搬迁至星光移民小区，有128户贫困户获得养猪产业扶持，多方协调4万余元帮助挂点村硬化村屯道路、购置办公用品、修建篮球场等基础设施。重视涉民生案件审理，妥善审结涉农纠纷、人身损害赔偿纠纷等与民生关系密切的案件167件。严厉打击扶贫攻坚领域违法犯罪，其中有利用职务便利贪污国家农村低保款和危房改造补助款依法被判处刑罚。

6月2日，院长陈晓程(中)与合议庭成员一起讨论案件

【司法改革】 2017年，县人民法院推进司法改革，满足群众需求，健全制度保障改革落地见效。按照“让审理者裁判，由裁判者负责”的要求，全院23名员额法官全部进入审判一线工作，全部案件均由员额法官独立行使审判权，审判质效明显提升。严格落实院庭长办案责任制，实现院庭长办案常态化，全年院庭长办理案件1445件，同比增长30.7%，占审结案件的88.2%。人员分类管理、法官单独职务序列、法官助理和书记员职务序列改革有序推进。组建新型审判团队提高效率，以员额法官为基点，按照“1+1+1”审判团队配置要求，组建刑事审判、民事审判、行政审判、立案审监、执行裁决5个审判团队，实现由法官“单兵作战”升级为“团队攻坚”，审判组织实现专业化、团队化、扁平化管理和运行。建立刑事、民事、行政执行专业法官会议，形成以资深法官为主体的复杂疑难案件分析研判制度。探索“繁简分流”工作机制，5月，选配精干力量组建速裁审判团队，对一些简单、小额的民事案件实行快审快结，共受理民商事案件166件，审结162件，调撤率79.6%，平均审理周期仅为28天，案件审判质量效率得到明显提升。

【人民陪审员制度改革】 2017年，县人民法院作为全国50家人民陪审员制度改革试点法院，结合司法体制改革，充分发挥改革试点优势，在员额法官数量减少的情况下，大胆尝试“2+3”“2+5”等大陪审制审理案件，丰富改革试点工作的内容和效果。全年一审普通程序案件总数为279件，人民陪审

4月28日，人民陪审员参与调解案件

员参审279件739人次，参审率100%，通过问卷调查参审效果评价满意度99.53%，改革试点工作成效显著。《广西法治日报》、广西电视台等媒体均对大新县法院改革试点工作的成功经验进行专题报道。

【特色司法】 2017年，县人民法院创新特色司法工作，服务旅游产业大发展。积极开展特色司法服务工作，5月，县编制机构委员会批复同意设立“旅游巡回法庭”，这是全区首个具有独立编制机构的旅游巡回法庭。先后在德天景区游客中心、明仕田园景区和福隆乡平良游客驿站增设三个旅游巡回办案点。快立、快审、快结涉及旅游纠纷案件46件，调解率89.1%，涉案金额53万余元，无一案件上诉。充分利用“三月三”、“五一”小长假、国庆中秋黄金周和旅游旺季期间，深入到各个景区开展巡回办案，接待游客咨询1000余人次，发放法律宣传资料2000余份，得到游客广泛好评。对此，最高人民法院咨询委员会调研组到旅游巡回法庭调研时给予高度评价。

（黄丹颖）

检　察

【概　况】 大新县人民检察院内设政工科、办公室、检察技术科、反贪污贿赂局、反渎职侵权局、职务犯罪预防局、公诉科、侦察监督科、监所检察科、民事行政检察科、控告申诉检察科、案件管理办公室、法警大队等13个机构，下设派驻雷平镇检察室、派驻下雷镇检察室和派驻昌明乡检察室等3个派驻乡镇检察室，有干警45人。根据《广西基层人民检察院内设机构改革指导意见》的文件精神，经自治区检察院、崇左市检察院审核，同意《大新县人民检察院内设机构改革实施方案》，县人民检察院于2017年7月3日进行内设机构设置改革，改革后内设机构整合为6个（简称“五部一局”），具体是(1)刑事检察部。将侦查监督、公诉、未成年人检察等职能合并，主要承担审查逮捕、立案、侦查监督、起诉、出庭公诉、刑事审判监督、抗诉、未成年人检察等职责。(2)反贪污贿赂局。将反贪污贿赂、反渎职侵权、职务犯罪预防等职能合并，主要承担查处国家工作人员贪污贿赂、渎职侵权犯罪案件，开展预防职务犯罪工作等职责。(3)诉讼监督部。将刑事执行检察、民事行政检察、控告申诉检察等职能合并，主要承担对刑事、民事及行政诉讼审判和刑罚执行活动是否合法进行监督，受理举报、控告、申诉，办理国家赔偿事项等职责。(4)业务管理部。将案件管理、法律政策研究、检察委员会事务、人民监督工作等职能合并，主要承担案件受理、办案流程监控、涉案款物监管、绩效考评，研究决定重大、疑难、复杂案件和事项，开展检察理论、法律适用的研究，管理派驻乡镇检察室，联络人大代表、协助管理人民监督员等职责。(5)检务保障部(办公室)。将办公室、技术、司法警察等职能合并，主要承担机关行政文秘、宣传、专业化技术服务、警务、后勤保障等职责。(6)政治监察部。将政工、监察职能合并，主要承担机关党务、队伍管理、教育、监督等职责。

10月1日，旅游巡回法庭利用“十一”旅游黄金周深入德天瀑布景区开展法治宣传

年内，县人民检察院全面贯

彻落实党的十九大以及习近平总书记系列重要讲话精神，忠实履行宪法法律赋予的职责，各项检察工作取得新进展，继续保持自治区“文明单位”荣誉称号，获得区级奖项9项、市级奖项5项，14名干警分别获区院、市院表彰。

【履职办案】 2017年，县人民检察院紧紧围绕经济社会发展大局，切实强化服务措施，积极推进平安大新建设，维护社会和谐稳定。一是依法惩治刑事犯罪。始终保持打击严重刑事犯罪活动的高压态势，受理审查逮捕案件148件232人，批准逮捕112件164人；受理审查起诉案件191件326人，提起公诉149件223人。移送市人民检察院起诉23件46人。严惩故意杀人、故意伤害、强奸等严重暴力犯罪，批捕16件31人，起诉20件28人；严惩盗窃、抢劫、抢夺等多发性侵财性犯罪，批捕35件41人，起诉47件73人；适时介入重大案件，引导侦查、快捕快诉，严格落实罪刑法定、疑罪从无、非法证据排除等原则，严把案件质量关防止错捕错诉，注重办案政治效果、法律效果、社会效果相统一。出庭支持公诉的莫某某受贿案被评为全区检察机关“优秀公诉庭”。二是加强人权司法保障。加强社会危险性审查，准确把握法律政策界限，以无逮捕必要不批捕64人，不起诉3人。加强未成年人保护，保障涉案妇女儿童法定诉讼权益，为涉案妇女儿童提供法律援助和司法救济。落实“少补慎诉少监禁”的要求，以无逮捕必要对7名未成年犯罪嫌疑人作出不逮捕决定，对2名涉罪未成年人分别作出相对不起诉和附条件不起诉决定。选派干警担任中小学法制副校长，开展法制教育，利用新媒体扩大妇女儿童维权工作宣传力度，荣获“广西维护妇女儿童权益先进集体”称号。三是积极回应群众诉求。充分利用“12309”举报电话和远程视频接访系统，畅通“信、访、网、电”诉求表达渠道。妥善处理各类群众控告、申诉、举报50件，把信访解决在当地，矛盾化解在当地。加强释法说理工作，引入第三方参与化解矛盾，有效化解矛盾2起。积极开展国家司法救助，向7名受害人发放国家司法救助金共4.6万元，弥补被害人因犯罪造成的经济损失和精神创伤，彰显检察人文关怀。控申接待窗口被评为全区检察机关“文明接待室”。四是积极参与社会治理。注重发挥检察职能在社会治理中的作用，引导运用法治思维和法治方式履职。以“诉讼式”审查逮捕的方式办理一起因两屯村民用水纠纷引起的毁坏公私财产的群体性案件，得到县委、县政府的肯定，收到良好的社会效果和法律效果。及时应对处置网络舆情，掌握网络舆论的主导权。积极参与各项社会治安综合整治工作，为中共十九大胜利召开营造安全稳定的社会环境。五是强化边境禁毒工作。充分发挥检察职能，严厉打击毒品犯罪。对涉毒犯罪案件，依法快捕快诉，共批捕25件32人，起诉12件12人，移送市院审查起诉13件24人。加强与公安、法院等部门的协调配合，形成打击涉毒犯罪合力，净化社会环境。加强涉毒统计调研，对毒品犯罪发案特点规律、法律政策贯彻执行情况等进行调查研究，积极提出消除隐患、堵塞漏洞、强化管理的检察建议，为党委、政府提供决策参考。

【司法体制改革】 2017年，县人民检察院全面推进司法责任制改革，对检察人员进行分类管理，建立员额检察官、检察辅助人员、司法行政人员职务序列，将13个内设机构优化整合为6个，实行检察权运行新机制，落实检察官权力清单，检察官在授权范围内独立办案，对案件质量终身负责。2月15日实行新办案模式以来，入额的16名员额检察官承办案件303件463人。积极推进“智慧检务”建设，与上级院同步推进“司法办案、检察办公、队伍管理、检务保障、检察决策支持、检务公开与服务”六大平台建设。派员到贵州、江苏等地检察机关考察“智慧检务”建设情况，学习先进地区应用智能辅助办案系统和“案管机器人”“量刑建议”“量刑比对”“文件纠错”等系统以及“云平台”办案、办公的先进经验，探索规划实施适合本院实际的“智慧检务”建设，将人工智能与司法办案、监督制约、司法为民、检察政务等检察工作深度融合。提高政治站位，强化责任担当，坚决落实中央全面推开国家监察体制改革试点工作，认真研究部署过渡时期工作衔接。深入细致做好转隶和非转隶干警思想政治工作，确保思想不乱、工作不断、人心不散。

【检察室工作】 2017年，县人民

检察院充分发挥派驻乡镇检察室职能作用，不断延伸检察工作触角。一是充分利用检察室的“窗口”作用，努力为来访群众排忧解难。派驻雷平镇检察室共受理群众来信来访26件39人，其中与崇左市检察院远程视频接访5件次，及时疏导和分流群众诉求。二是积极延伸检察宣传教育职能，全方位参与社会治安综合治理宣传工作。200余名基层干部到派驻雷平检察室涉农职务犯罪警示教育基地接受教育；开展以“关注劳动维权　助力精准扶贫”劳动就业法律维权等主题法制宣传活动5次，提升农民维权能力；深入辖区内中小学校开展法制宣传讲座2次，使300多名学生接受教育，提高自我防护能力；对辖区内社区矫正人员进行帮扶教育14人次，有效防止和减少社区服刑人员“脱管漏管”和重新犯罪的现象。三是积极延伸法律监督触角职能，为化解基层社会矛盾助跑推力。共与乡镇法庭、司法所、派出所、村委等部门调解或化解了社区矫正人员伤害赔偿纠纷、宝圩乡群众黄某对办案机关误解、雷平镇左安村两屯群众土地纠纷等3件。

【惩防职务犯罪】 2017年，县人民检察院全面落实反腐倡廉部署，大力推进惩防职务犯罪。一是保持惩腐高压态势。紧紧围绕社会保障、扶贫开发、生态环境、工程建设等重点领域和关键环节，开展查办职务犯罪工作。共立查职务犯罪案件8件11人，其中，立案查办贪污贿赂犯罪案件6件9人，渎职侵权犯罪案件2件2人。属大要案5件5人。通过办案，为国家挽回经济损失30.1万余元。办理的冯某、李某某滥用职权、黄某某玩忽职守系列案被评为全区检察机关反渎职侵权“精品案件”。二是不断强化预防工作。向县委、县政府和县人大报送《2016年度大新县惩治和预防职务犯罪综合报告》和《2013—2016年大新县惩治和预防职务犯罪综合报告》，为县委、县政府决策提供参考，得到县领导充分肯定并作出批示。相继对高速公路拆迁领域和农村“两委”换届选举开展专项预防，先后在交通、水利、扶贫等13个行业和系统开展系统预防，提交预防调查报告18件。对18件职务犯罪案件开展个案预防，发出检察建议12件，指导发案单位落实整改措施39项。受理行贿犯罪档案查询4869次，开展警示教育、预防宣传35次，受教育3200余人，1份预防检察建议荣获全区检察机关“优质检察建议”。

【加强检察监督】 2017年，县人民检察院全面加强检察监督工作，筑牢维护公平正义防线，发挥司法公正高效权威。一是全面加强侦查活动监督。坚决纠正有案不移、有案不立和不当立案，监督侦查机关立案8件8人。依法追捕漏犯7人，追诉漏犯9人。依法向侦查机关发出纠正违法通知书4份，促进了侦查行为的规范。办理的3件案件分别荣获全区检察机关“精品纠正漏捕案件”“优秀刑事立案监督案件”“优秀侦查活动监督案件”。二是扎实推进刑事审判监督。坚持“实体与程序”审查并重和量刑“畸轻与畸重”审查并重理念，共依法提出抗诉2件，法院改判1件。提起抗诉的冯某、李某某滥用职权一案，一审法院判处两被告人缓刑及免予刑事处罚，县检察院以该判决适用法律错误、量刑畸轻提起抗诉获二审法院改判，分别判处两被告有期徒刑一年六个月和有期徒刑一年。加强对刑事审判活动的监督，促进审判行为的规范。三是积极拓展民事行政监督。同步推进诉讼过程、诉讼结果、执行活动监督。办理民事行政执行活动监督案件2件，发出检察建议2件；办理审判活动程序违法监督案件6件，发出检察建议6件；办理行政机关不当履行职责监督案件5件，发出检察建议5件；立案办理公益诉讼案件1件，有力维护国家利益和社会公共利益，保护生态环境资源。四是稳步开展刑事执行监督。共驻所检察236天，联合开展看守所安全大检查12次，提出监督纠正刑罚执行（看守所）监管活动违法意见8件，督促消除安全隐患；监督纠正监外执行（社区矫正）履行职责不当5件；开展羁押必要性审查17件；开展财产刑执行监督2件。加强对在押人员的谈话教育，创新在押人员家属与驻所检察官沟通制度，强化对看守所台账核查和监区监控调取查看，抓牢监区监室动态，确保监管场所安全稳定。

【接受社会监督】 2017年，县人民检察院始终坚持党的领导，自觉把检察工作放到全县大局中来思考、谋划和推进，主动向县委汇报检察工作中的重要事项、重大案件、重要部署，坚决把县委的要求落实到检察工作的每个环节，确保检察工作的政治方向和检察权的正确行使。依法接受人大监督，坚持把检察工作置于人大及其常委会的有效监督下，努力加强和改进检察工作。全年向人大及其常委会报告工作 7 次，接受专题调研和执法检查 2 次，向人大代表通报检察工作重要情况 7 次，走访、座谈听取意见 60 余人次，邀请视察检察工作 5 次。向人大代表、政协委员赠阅《检察日报》《公诉人》等报纸杂志，让代表们更深入地了解检察工作，更好地发挥监督作用。主动接受民主、社会监督，开展检察开放日、检察长接待日、举报宣传周等活动，主动邀请群众参观检察窗口、办公办案场所，增强工作透明度。利用检察门户网站、“两微一端”等平台，公开案件程序性信息 345 条、法律文书 146 份，公布重大案件信息 34 条。高度重视社会舆论监督，及时回应和妥善处置涉检网络舆情。

【检察队伍建设】 2017 年，县人民检察院全面从严治检，提升检察队伍综合素质和能力。一是加强思想政治建设。扎实开展打造过硬检察队伍活动、从严治检“五查五整顿”专项行动和“两学一做”等学习教育活动，引导干警学习领会以习近平同志为核心的党中央治国理政新理念、新思想、新战略，牢固树立“四个意识”，切实增强“四个自信”。坚持每月开展“固定党日+”和“道德讲堂”活动，组织开展“缅怀革命先烈·传承民俗文化”“特色旅游县·我们来守护”等系列主题活动 16 次，践行社会主义核心价值观，弘扬忠诚、为民、担当、公正、廉洁的检察官职业道德，涌现出“青年岗位能手”丁琳源，“优秀共青团员”张素萍等先进典型。二是加强党风廉政建设。认真贯彻中央八项规定，坚决纠正“四风”问题，严格落实党风廉政建设“两个责任”，切实履行“一岗双责”；组织干警参加廉政教育培训 8 次，党组成员上廉政党课 6 次，坚持廉政话题逢会必讲制度，运用好监督执纪的“四种形态”，及时发现和纠正苗头性、倾向性问题。三是加强素质能力建设。鼓励干警参加国家统一司法考试；开展跟庭观摩等岗位练兵活动，组织干警参加各类业务培训 530 余人次；举办规范司法行为专题讲座，开展案件集中评查活动 3 次，努力解决执法规范问题；加强精神文明建设，开展“中国梦·检察情”等一系列文化育检活动，提升干警的文化素养，保持“自治区文明单位”称号。年内，在各类业务竞赛及岗位评比中，14 项工作分别得到区级、市级奖励，14 名干警获得表彰。四是积极服务扶贫攻坚。站位全局，选派优秀干警到五山乡宾山村、文化村开展精准扶贫工作，把精准扶贫工作作为重要任务来抓，与检察工作同安排、同部署、同落实、同检查。年内支持五山乡政府 2 万元扶贫资金，向帮扶村——宾山村、文化村委捐赠办公设备及用品、垃圾装运车等一批物品。在宾山村建立警示教育基地积极预防扶贫领域职务犯罪，努力做到在“精准扶贫”中加强“精准监督”，保障扶贫政策和资金落实到位，让人民群众真正得到实惠。五是积极服务非公经济健康发展。多次召开服务非公经济座谈会，倾听企业代表意见和建议，努力探索服务非公经济新举措。开展服务非公企业合法权益保护情况调查活动，年内先后对本县 37 家非公企业进行实地走访，形成调研报告，为更好服务非公经济企业打下基础。办理涉及非公经济企业案件 10 件，保护非公企业合法权益。

（李喜庆）

公　安

【概　况】 2017 年，大新县公安局内设机构有指挥中心（加挂办公室牌子）、政工室、警务保障室、情报网安中心、刑事（经济）侦查大队、治安管理（国家保卫、旅游警察）大队、禁毒大队、出入境管理大队、法制大队、户政管理大队、警务督察大队等 13 个，在职民警 201 人，工勤人员 3 人，事业编 2 人。年内，县公安机关在县委、县政府和上级公安机关的领导下，深入学习贯彻中共十八届四中、五中、六中全会以及习近平总书记系列重要讲话精神，紧紧围绕“为中共十九大胜利召开创造和谐稳定环境和提高公众安全感满意度”这个目标，扎实开展各项工作，有力维护全县社会和谐稳定。年内，大新县群众安全感满意度得分 95.03 分，在全区 111 个县市区中排名第 7 位，全市排名第 2 位。

【维护社会稳定】 2017 年，县公安机关紧扣维稳是第一责任这个根本，不断强化措施，充分发挥“九大员”“路长”“一村一警务助理”以及社会力量的积极性，全力做好情报信息收集研判、矛盾纠纷排查调处、落实重点人员管控等工作。年内，化解各类矛盾纠纷831起，预防各类群体性事件苗头6起，全县没有发生影响社会稳定的重大事件、案件，圆满完成中共十九大、春节、“两会”、第十四届中国—东盟博览会以及贾庆林、李长春等原中央领导到大新视察等重大活动和敏感节点期间的安全保卫任务，其中开展一级警卫2次，其他较大规模安全保卫工作8次，尤其是对中央级、自治区级领导视察期间的安保工作做得滴水不漏，得到上级领导肯定。

5月18日，崇左市2017年禁毒工作现场会在大新县召开

【禁毒工作】 2017年，县公安机关在上级的大力支持下，共破获毒品刑事案件30起(其中重特大案件20起)，抓获毒品犯罪嫌疑人52人；缴获各类毒品69.17公斤，同比上升22.2%；查处吸毒人员531人，上升22.9%；强制隔离戒毒209人，上升65.9%。全年区外抓获大新籍外流贩毒人员17人，同比2016年50人下降66%。同时，深入推进社区戒毒社区康复工作，全县14个乡镇建立19个社区戒毒社区康复办公室(中心、站)和配齐禁毒专职工作人员。至12月31日，全县社会面在册吸毒人员1077名，其中已戒断三年未复吸588名，社会面管控工作成效明显。5月18日，崇左市禁毒委在大新县召开现场会，推广大新县开展社区戒毒社区康复和青少年毒品预防教育工作好做法、好经验。此外，不断深化禁毒宣传教育，在全县10所中学全部建成毒品预防教育示范学校的基础上，投入100多万元在县城中心位置建成全市首个县级禁毒宣传教育基地，至年底，先后有学校师生、县直单位干部职工、村级“两委”、中青班干部及社会各界群众等1.4万余人参观。通过开展多种形式的禁毒宣传活动，全面营造浓厚禁毒氛围，取得很好的社会效果。8月20日，自治区禁毒办主任、公安厅禁毒总队总队长颜琦玮对大新县7月上报的《广西大新县禁毒重点整治30项重点工作情况汇报》批示：“大新材料很有实料，像这样的工作力度，是真抓实干，值得各地借鉴。”

【打击犯罪】 2017年，县公安机

6月2日，大新县公安局2017年“神剑”专项行动成果展在县德天广场举行

关紧紧抓住打击违法犯罪“主业”不放松,按照上级公安机关的统一部署,结合实际,有针对性地开展侦破命案、打击毒品犯罪、打击多发性侵财犯罪、“神剑·打黑除恶”等一系列专项打击整治行动,坚决打掉犯罪分子的嚣张气焰,不断增强人民群众的安全感。全年共破获刑事案件285起,抓获犯罪嫌疑人307人,提请逮捕168人,起诉186人,抓获网上在逃人员39人(其中千名督捕3人),其中,破获多发性侵财案件164起,命案侦破率100%。打掉涉恶团伙10个、成员111人,收缴各类枪支45支及弹药一批。

【治安管理】 2017年,县公安机关紧紧围绕县委、县政府工作大局,坚持把“严打”与严管、严防、严治有机结合起来,有针对性地组织开展治安重点整治行动,确保全县社会治安大局持续稳定。全年共受理治安案件1164起,查处1063起,查处违法人员1793人,其中,立黄赌刑事案件9起,逮捕8人,查处黄赌治安案件142起433人。特别是在德天瀑布景区创AAAAA和安平仙河、龙宫仙境景区创AAAA以及各类重点项目建设等活动中,公安机关主动介入,依法打击妨碍和破坏重点工程建设的违法犯罪活动。年内,先后出动警力2000多人次参与景区秩序维护、保护性施工等工作。此外,还调集重兵对五山乡三合村布吾屯、昌明乡昌明社区等重点村屯开展集中整治,有力维护全县社会经济发展秩序。

【社会管理】 2017年,县公安机关从适应经济社会发展需要、促进社会和谐稳定目标出发,加强和创新社会管理工作,取得显著成效。一是边境管控能力明显提高。边防部门不断提高边境管控力度,年内共查破各类案件205起,抓获各种违法犯罪人员1009人(其中查处“三非”案件110起619人),有力维护全县边境地区安全稳定。二是公共安全管理能力明显提高。交警部门扎实做好各项交通安全管理工作。年内共查纠各类交通违法行为34786起,暂扣车辆775辆,教育驾驶人36105人次,交通违法罚款589.32万元,有力维护辖区道路安全畅通。消防部门认真做好火灾防控工作和抢险救援工作,年内出动官兵2549人次、车辆735辆次,抢救、疏散被困人员597人;检查社会单位3047家,督促整改火灾隐患3847处,确保全县火灾形势持续稳定。三是公安窗口服务能力明显提高。紧紧围绕更好地服务民生和服务发展,全面推行“一窗式”统一受理、“一站式”高效服务,最大限度地为群众办事提供优质高效服务。全年共受理二代证等业务37679张次,受理公民因私出入境申请9602人次,受理车辆注册登记12844辆,核发驾驶证6883本,给广大群众带来实实在在的获得感。

【公安机关“四项建设”】 2017年,县公安机关加大“四项建设”,全面提升履职能力和水平。在基础信息化建设方面,投入1438万元建设第五期“天网”工程,新建大数据云存储智能平台和地理信息系统,初步实现全县城市视频监控由传统化向智能化转变。在警务实战化建设方面,成立充实基层交通管理队伍,将交通、治安管理工作延伸到乡镇、村屯;把刑侦和经侦、治安和国保整合起来,最大限度盘活和优化警务资源。结合全域旅游发展的特点,筹备成立旅游警察大队。有机整合110报警服务台和图侦中队力量,打造集指挥调度、综合分析研判,各警种密切协同作战的新型警务模式,规范接处警,确保关键时刻拉得出、冲得上、打得赢。总结提炼一套打击毒品犯罪“毛细渗透”技战法,取得显著战果。在2017年全区公安机关网络安全保卫工作会议上,大新县公安机关做了经验发言。在执法规范化建设方面,加强办案场所、执法制度、执法监督机制等建设,进一步完善执法办案信息系统、执法办案监督系统功能,实现信息网上录入、程序网上流转、监督网上开展、质量网上考核;规范执法记录仪、同步录音录像设备使用管理,通过学习培训、案例剖析、卷宗讲评等有效手段,扎实开展岗位练兵,提高民警法律素质和实战技能。在队伍正规化建设方面,通过深入开展“五查五整顿”“酒枪车”问题整治以及“迎接十九大、忠诚保平安”等系列队伍主题教育整顿活动,强化监督管理,队伍凝聚力、战斗力进一步加强。年内,一批优秀民警得到提拔任用(其中,从副科级干部提拔到正科级干部5人,从科员提拔到副科级干部7人,岗位交流15人);涌现出一批先进集体和个人(其中,邓素红获评

“第二届广西最美警察”“全区优秀人民警察”并荣立个人一等功，桃城派出所等2个基层单位和5名个人受到区一级表彰，禁毒大队等2个基层单位和4名个人受到市一级表彰；3个单位和11个人在中共十九大安保期间成绩突出，受到区、市级表彰）；全面落实民警、辅警、退休民警健康体检制度；举办民警荣休暨新警入警仪式；组织民警参加全县“军民一家亲·喜迎十九大”文艺晚会等活动，展现警营风采。

【基层基础建设】 2017年，县公安机关紧紧依靠党委、政府，努力争取中央政策支持，在2016年12月新公安业务技术用房及配套工程项目建成投入使用的基础上，先后投入5000多万元，大力推进戒毒拘留所项目、昌明公安综合业务用房项目、桃城派出所城南项目等基础设施建设，初步完成主体建设等工作。

（黄杜坚）

【交通安全管理】 2017年，大新县公安局交警大队积极采取有力措施，全面加强交通安全管理，取得明显成效。一是重特大交通事故高发态势得到有效遏制。全年全县辖区共发生道路交通事故2172起（其中立案事故975起，适用简易程序、快速快赔1161起，死亡事故36起），共造成41人死亡，715人受伤，直接经济损失160.27万元。刑事立案36起（其中交通肇事15起，危险驾驶21起），移送检察院起诉22起，年内已逮捕10人，取保候审8人。事故四项指数与去年同期相比，事故起数下降1.7%，死亡人数上升10.8%，受伤人数上升14.9%，直接经济损失上升6.7%。全年没有发生一次死亡3人以上较大事故。二是加强路面管控。年内共出动警力16275余人次、警车8450余辆，查纠各类交通违法行为34786起（其中无证驾驶662起、超速行驶7373起、客车超员6起、货车超载37起，酒后驾驶68起，其他违法行为26640起），暂扣证件233本、车辆775辆，行政拘留违法人员13人，教育驾驶人7256人次，警告1169人次，交通违法罚款总金额约5869900元，辖区道路交通秩序良好。三是加强车辆管理。全年共受理机动车注册登记12844辆（其中小型汽车3911辆、摩托车937辆、电动车7996辆），机动车检验27252辆（其中摩托车10387辆、大型汽车2304辆、小型汽车14561辆），新发摩托车类驾驶证1448本，换发驾驶证2518本，汽车类驾驶证审验3160本。四是加强交通安全宣传。全年共增设安全警示牌57块，悬挂宣传横额166条，共摆出宣传展板168块次，印制并发放交通安全资料5万余份，短信3000余条，开展交通安全知识讲座28次，面对面教育驾驶人1.5万余次，受教育群众达2.2万余人。

（马东丽）

【消防安全管理】 2017年，大新县公安消防大队以“两会一节”和中共十九大消防安保工作为牵引，坚持“最高标准、最强措施、最佳状态、最严管理”的准绳，把握“严管、规范、创新、提速”的总基调，全县防控火灾能力、消防工作社会化水平和部队正规化建设水平明显提升，确保辖区火灾形势和队伍稳定，为全县经济又好又快发展和构建和谐社会保驾护航。年内，县公安消防大队获评崇左市公安局“集体三等功”和中共十九大消防安保“成绩突出集体”；县公安消防中队团支部分别获评崇左市和大新县“五四红旗团支部”，2人获被支队级“优秀党务工作者”和“优秀共产党员”，2人获评大新县“优秀团干部”和“优秀团员”、1人获评大新县“青年创业能手”，大队行政受理窗口被县政务中心评为“红旗窗口”。

消防队伍建设　一是狠抓部队规范化管理工作。严格工作标准，从一日生活入手，从规定动作养成入手，从细节入手，严防工作标准走样，遵循执勤、训练、工作、生活四个秩序和各类规章制度，将正规化建设落实到位，营区面貌焕然一新。二是深化党风廉政建设。严格落实党风廉政建设“两个责任”，深入学习宣传贯彻《关于新形势下党内政治生活的若干准则》和《中国共产党党内监督条例》，严格执行中央八项规定等铁规禁令。三是深化部队形象建设。把学习贯彻中共十九大会议精神、公安消防部队政治领导干部培训班和习近平总书记系列重要讲话精神为首要政治任务，依托政工教育平台和“崇左政治工作”微信公众号，突出抓好“开展维护核心、听从指挥”主题教育活动，促进理论教育持续升温。

灭火救援　以“打造消防铁军”为重点，持续开展执勤岗位大练兵，把体能、技能训练作为基础科目，突出装备

7 月 10 日，消防官兵在下雷抗洪抢险救援现场

训练、战术战法训练、合成训练和实战演练，部队灭火救援实战能力得到新提升。年内，共接警出动 115 次，出动车辆 225 台次，出动人员 1036 人次，抢救被困人员 36 人，抢救财产 381.6 万元，在处置“9·23 堪圩槽罐车泄露”救援中，充分发挥消防部队主力军作用。在“7·10 下雷抗洪抢险”中涉险成功营救 2 名被困人员并被中央电视台新闻联播等多家央视媒体滚动报道。

消防执法　坚持政府主导，推动各行业部门紧盯火灾防控难点区域、火灾易发多发场所，狠抓源头消防安全治理，保持火患整治高压态势，不断提升全县火灾防御能力。以夏季消防检查、中共十九大安保为中心，持续推进自治区统一部署的“一高一低”“一大一化”“一村一电”等“规定动作”的消防专项治理行动，积极会同相关行业部门加大对宾馆饭店、商场市场、旅游景点、娱乐场所等人员密集场所的消防监督检查力度，及时发现并消除火灾隐患。年内，共检查单位 5000 余家，督促整改火灾隐患或消防违法行为 4800 余处，查封 33 家，责令“三停”23 家，罚款 51.3 万元，拘留 8 人，县政府挂牌督办的 1 家重大火灾隐患单位，提前完成整改并销案，有效肃清一批火灾隐患。在中共十九大召开期间，在全县重点场所派驻警力 24 小时前置执勤，前置备勤，并对县城主要路段逐一进行排查，确保消防安全，在中共十九大消防安保工作和自治区消防工作考核中得到了公安部消防局、自治区的表扬。同时，积极推动微型消防站建设，全县 62 家重点单位微型消防站、10 个社区微型消防站和 4 个区域联防组织共同建立“一点着火，多点出动，邻里互助，协同作战”的联防机制，真正织密做实立体化火灾防控体系。

消防宣传　以德天瀑布打造 AAAAA 级景区为契机，打造旅游景区消防宣传带，将消防安全提示、消防知识有奖竞猜和消防山歌传唱等融入景区广播提示及文艺表演过程。组建明仕田园景区“壮乡妈妈服务队”，每周定期在景区及周边场所开展消防宣传活动，有针对性地进行旅游景区消防知识宣传教育，保护明仕旅游景区及周边村庄的消防安全环境。利用消防宣传车和消防巡逻车深入乡镇、村屯、

2 月 1 日，消防官兵在德天瀑布景区发放宣传单

单位、德天瀑布景区、明仕田园景区等开展消防活动，覆盖全县60%的街道、社区、村屯，宣传覆盖率全面提高。广泛开展“全民消防我代言”活动，邀请民间艺术团木棉组合、越南高平天琴组合拍摄代言海报和宣传视频，并将民俗文艺会演融入演出，以民俗民风渗透效应为“全民消防我代言活动”添彩。同时，发挥消防代言人力量，以当地语言，结合带队出游、新闻播报等时机，穿插讲解消防知识，带动社会关注、支持与参与消防工作。

拥政爱民　增强“视人民为父母，把驻地当故乡”意识，积极引导官兵开展拥政爱民活动，大力推进和谐警民关系建设。年内，切实加强与地方单位联系，积极开展扶贫结对、助学帮教活动，为驻地群众开展社会救助15余次，冲洗街道52次，摘马蜂窝18次，开展植树活动5次，看望、慰问孤寡老人和福利院老人16次；防火监督干部深入企业、社区服务153次，走访各类单位300余家，解决消防技术难题215个；组织官兵义务献血4000毫升。通过开展一系列爱民实践活动，进一步密切警民关系，树立大新消防良好形象。

（梁耀丹）

司法行政

【概　况】2017年，大新县司法局设办公室、基层工作股、法制宣传股、法制股、社区矫正工作股、政工股、法律援助中心、公证处等8个内设机构和桃城司法所、全茗司法所等14派出机构，得天律师事务所为脱钩管理机构。有专项编制46个，在职在编人员34人。年内，县司法局认真落实上级政法部门工作部署，求真务实，开拓创新，充分发挥法律保障、法律宣传和法律服务职能作用，为全县社会和谐稳定、经济发展营造良好的法制环境。

【法治宣传教育】2017年，县司法局不断创新方式，加大法治宣传传效果。一是深入开展专题法律宣传活动。根据实际需要积极开展法治进景区活动。结合春节、“三月三”、国庆节等节假日，深入明仕田园、德天跨国瀑布等旅游景区开展“法律进景区”普法宣传教育及法律咨询服务活动，累计接待游客及边民咨询500余人，有效服务全县旅游经济发展。积极开展法律进校园活动，局会同县教育局、法院、检察院、公安局等部门先后到全县各中小学校开展大新县2017年春季“开学第一课”法制教育活动。增强青少年法制观念，预防青少年违法犯罪，促进青少年的健康成长。着重进行妇女维权法治宣传教育活动。2017年3月中旬，县司法局会同县妇联组织普法小分队深入榄圩乡、宝圩乡、堪圩乡各村开展“百万妇女学法律，弘扬法治促和谐”暨“三八”妇女节维权周活动。通过送法下乡进村入户对广大妇女进行法律法规知识宣传，提升妇女群众法治观念，引导广大妇女知法尊法守法用法保护自己。二是加大投入，实现法治宣传效果最大化。县司法局在县城区域人员密集的两处广场设置LED法制宣传栏，每天24小时滚动播放宣传《宪法》《中华人民共和国国家安全法》《广西壮族自治区乡村清洁条例》等与群众生产、生活密切相关的法律法规，有效提高公民的法律意识。在中越边境堪圩乡谨汤村和硕龙镇岩应村、隘江村设置中越边境法治宣传栏，主要宣传关于土地、婚姻、贸易、禁毒等相关法律知识，有效提升边民学法用法知识和能力。投入13万元增购3台法治宣传电瓶车，发放给恩城、福隆、昌明等乡镇开展日常宣传，同时配备10辆法治宣传车经常性开展巡

3月14日，县司法局联合县妇联到宝圩乡板价村开展妇女维权法律宣传服务活动

回法律宣传工作。三是联合县法院、县电视台开设普法宣传栏目《斌哥说法》共30多期，以对发生在群众身边的实事案例进行生动叙述和法理点评的方式普及相关法律知识，取得良好的社会效果。年内，共开展常规性专题法律宣传活动25场次；结合边境贸易、旅游等事业发展，设置固定边境法治宣传栏5块，开展相关法治宣传服务活动8场次。县司法局、教育局、检察院、堪圩乡政府、桃城镇政府等6个单位被崇左市委、市政府评为2011—2015年全市法制宣传教育先进集体，张振德、周杰、黎育婷等18人被评为全市法制宣传教育先进个人。

【人民调解】 2017年，县司法局着重打牢人民调解基础，维护社会稳定。一是建立健全专业性、行业性人民调解组织，全力打造旅游景区调解委员会建设。不断完善明仕田园、德天跨国瀑布旅游景区调委会硬件、软件设施建设，为保障全县旅游经济发展做出贡献。二是结合村级"两委"换届工作，完成辖区村级人民调解委员会的换届选举工作，开展新任调解员培训15场次，切实提升人民调解工作水平。年内，全县各级人民调解委员会共调处各类矛盾纠纷1204起，调解率100%，调解成功1190起，调解成功率98.8%，其余15起正在调解和安全稳控中。各基层司法所在处置矛盾纠纷时反应迅速，采取强有力措施进行疏导化解，为全县社会稳定做出了积极贡献。

【法律服务】 2017年，县司法局加强优化管理，提高法律服务质量。一是成立大新县公职律师办公室，为开展政府法律顾问工作提供机制保障。二是进一步推进基层法律顾问工作。定期组织各法律顾问到点开展纠纷排查、法律宣传、参与指导调解纠纷等服务活动，做到常态化。三是拓宽法律援助范围。在县边防大队、法院、信访局、看守所挂牌成立法律援助工作站。同时组织律师参与到妇女维权、农民工维权、残疾人维权等活动中，延伸法律援助触角。四是积极推进公证改革工作。局领导高度重视，主要领导亲自抓，积极稳步推进公证体制改革工作。此外，还根据全县旅游经济发展需要，经常性组织律师、法律顾问深入景区开展法律宣传咨询服务，现场解答中外游客在大新县旅游过程中遇到的法律问题。

3月10日，县司法局组织法律顾问到堪圩乡民六村开展服务活动

【社区矫正】 2017年，县司法局进一步规范社区矫正工作。严格落实每名社区服刑人员每年1200元的经费保障；加强社区矫正日常监管，重点抓好入矫接收、外出管理、居住地变更等环节工作；坚持定期开展走访和集中学习、教育，联合公、检、法开展季度社区矫正执法安全检查，对检查结果进行通报，并督促司法所落实整改措施。同时，逐步完善县级社区矫正中心硬件、软件建设，社区矫正工作效率明显提升。年内，全县新接收社区服刑人员82人，解除矫正71人。在册服刑人员115人，组织开展社区服刑人员集中学习教育20次2190人次，公益劳动20次2190人次；累计对不服从管理的社区服刑人员书面警告7人，无一人脱管、漏管、虚管。

【安置帮教】 2017年，县司法局进一步强化刑释解教人员安置帮教工作。全年全县共接收刑释解教人员160人，全部落实安置帮教，有效防止刑释解教人员重新犯罪。积极配合监狱系统开展"精准发力，爱心帮扶，打赢脱贫攻坚战"活动，全年会同广西南宁监狱、桂中监狱、鹿州监狱，深入走访全茗、雷平、堪圩、榄圩、昌明等乡镇在服刑人员贫困户13户,开展远程视频会见帮扶帮教活动,使社区矫正服刑人员贫困户和监狱服刑人员树立脱贫信心13人次,共同致力于打赢脱贫致富攻坚战。

【中心工作落实】 2017年,县司法局围绕中心,认真抓好统筹,促进社会安全稳定。在维稳工作方面,按县委、县政府工作部署,抓好节假日等重要节点旅游景区的执勤值班工作,抓好中共十九大期间矛盾纠纷排查化解和特殊人员安全稳控工作。按照县委政法委的部署,投入4万元在县文化广场设制广告牌,开展平安建设及公众安全感和满意度宣传工作。在精准扶贫、挂点包村工作方面,严格按照区、市、县要求抓好挂点联系村——榄圩乡新球村精准帮扶工作,同时增派2名同志担任昌明乡新民村、宝圩乡板价村驻村队员开展扶贫工作,单位主要领导坚持每月带队深入村屯开展扶贫夜访工作1次。在村级综合服务平台建设方面,积极配合县人社局打造龙门乡武安村、桃城镇万礼村、恩城乡陆榜村苏屯等91个村屯示范点,认真落实法律援助和人民调解工作制度,将法律服务惠及基层民众。

(雷小玲)

“三大纠纷”调处

【概　况】 大新县人民政府调解处理土地山林水利纠纷办公室是大新县人民政府办公室的一个内设机构,2017年人员编制4人,在职在编4人。年内,县调处办紧紧围绕县委、县政府中心工作,以维护社会和谐稳定为出发点和落脚点,坚持以“深化法治调处、加强服务保障、助推平安建设、落实职责定位”为抓手,创新思维,努力探求用法治思维和法治方式推动问题解决的调解新思路,积极深入基层排查,按照“发现得早、控制得住、化解得了”要求,全面开展矛盾纠纷化解和稳控工作,全年共排查出“三大纠纷”案件80起,与去年发生93起减少13起,调结化解78起,调结化解率97.5%。其中,发生土地纠纷66起,调结化解65起;发生山林纠纷13起,调结化解12起;水利纠纷1起,调结化解1起。新发案件79起,与去年同期发生81起减少2起,调结化解78起,调结化解率98.7%。受理群众来信来访共35批,接待来访110人次,通过及时调处化解纠纷避免群体性械斗事件4起,避免民转刑案件发生。解决土地山林纠纷43.33公顷,恢复水利灌溉面积3.33公顷。避免捣毁青苗作物3.33公顷,避免丢荒土地面积3.33公顷,避免乱砍滥伐16.67公顷,挽回经济损失约25万元。全年全县实现“二无(无因三大纠纷引发严重影响社会稳定的群体性械斗事件,无因三大纠纷引发性上访、越访事件)、二降(个人纠纷转为群体纠纷案件数量下降,农林场与周边群众纠纷案件大幅下降)、二升(人民群众对三大纠纷案件处理满意度得到进一步提升,通过处理农村三大纠纷县乡镇两级政府公信度得到明显提升)”目标。

【工作措施】 2017年,县调处办采取有力措施,加强“三大纠纷”调处。

围绕中心,筑牢平安调处“第一防线”　一是建立调解网络。①切实贯彻实施《广西壮族自治区土地山林水利纠纷调解处理条例》规定,改变以往案件由县调处办立案受理做法,实现“归口管理,分级管辖”,由各乡(镇)和县国土局、林业局、水利局等调处职能部门具体负责办理,防止程序出现错误;②加强与县法院、检察院、公安局、司法局、法制办等部门工作联系,把调处工作和司法审判、法制宣传、行政审查工作联系起来,相互支持,互相配合,切实维护社会稳定;③借助全县“农情乡解”活动平台,突出抓源头,打基础。以屯为单位设立调解员,建立县、乡、村和乡与乡、村与村相结合的防控调解网络,及时化解潜在矛盾,在源头能依法及时妥善治理。二是完善调处制度。①坚持排查。坚持月底常规排查和重大节假日专项排查相结合制度,确保矛盾纠纷早知道、早准备、早化解,实现“小事不出村、中事不出乡、大事不出县,矛盾不上交”。全年共排查出“三大纠纷”案件80起,由于排查及时,及时落实调处责任,这些案件都得到有效调处,没有因三大纠纷引发进京赴邕的群众性访事件;②坚持联调。坚持大案要案实行联动联调机制,对2017年排查乡与乡之间的集体土地山林水事纠纷案件,及时与县国土、林业、水利、法制等部门共同协商参与调处，同时由纠纷案件所在乡(镇)密切监视情况，防止矛盾激化，此外，还邀请县法院、法制办等部门参与案件讨论，研究调处方案；③坚持督查。以定期督查和不定期抽查相结合办法，采取领导面对面交流、统计上报、电话督促等形式加大力度对各乡(镇)、调处职能部门的调处情况进行督查，对进度相对缓慢的乡(镇)、职能部门提出调处建议，协助开展调处工作，确保任务及时完成，做到每月一检查、一季一督查、半年一通报。全年共组织开展“三大纠纷”调处工作常规督查4次，经过督查，有效杜绝相互推诿现象，进一步提高案件调结率。

创新工作，寻求调解新思路 激活基层调解组织，形成调处“弹钢琴”局面，调处力量更加多样。进一步细化分工，发挥乡(镇)驻村工作组、屯级调解员身居一线优势，将事实清楚、案情简单案件交其调处，力求“小事不出村”，既节约调处资源，又提高调处效率。年内，在加强调处重大复杂案件基础上，更注重提高基层调处工作人员业务素质，一方面印发各种调处知识材料，充实调处工作人员调处知识，另一方面手把手“帮、带、教”，派出经验丰富同志参与案件调处，分析、指导基层工作人员开展调处，取得很好效果。

搭建平台，健全接边地区协商调处机制 年内在崇左市调处办牵头下，分别与江洲区和天等县多次联合开展双边调解，有效化解跨县纠纷案件2起，确保接边地区社会和谐稳定。

（农炳国）

政府法制

【概　况】 2017年，大新县政府法制办公室有编制3个，设主任1人。年内，县法制办紧紧围绕县委、县政府重点工作和中心任务，积极探索推进和创新政府法制各项工作，努力建设法治政府、服务型政府。

【法律服务】 2017年，县法制办积极履行法律服务职责。一是对政府及其部门的规范性文件进行清理审查。全年共清理审查县政府及其部门的规范性文件75件，在审查中严格执行自治区有关规范性文件制定程序规定，确保文件质量，努力为大新科学发展提供制度保障。二是坚持重大行政决策合法性审查制度。加强对政府具体行政行为和有关涉法事务进行合法性审查，在审查合同、“两违”整治拆迁、县域旅游项目建设、土地纠纷协调等重大事项和问题中，提出法律意见提交县政府80余件，为县政府科学决策提供参考。同时，全部列席县政府常务会议，充分发挥法制机构参谋、助手和法律顾问作用。三是配合做好全县“放管服”改革工作。审核完成县编办移送的全县29个部门246项调整的行政许可事项，以及34个部门648项的公共服务事项，同时认真审核县政务办移送的40个县直部门行政权力运行流程4845项，乡镇124项。

【行政复议】 2017年，县法制办共审理行政复议案件2件。在办案过程中，始终坚持从保护当事人合法利益和解决纠纷的角度出发，把好案件事实关、证据关、法律适用关，切实做到依法审查、公正裁决。

【行政诉讼】 2017年，全县行政诉讼案件共有9件，其中行政机关负责人出庭应诉4件，占案件总数的45%。在结案8件中，判决5件，裁定3件，其中判决驳回诉讼请求4件，确认违法1件，裁定撤诉2件，驳回起诉1件。行政机关在行政诉讼案件中之所以胜诉率较高，主要原因在于行政诉讼应诉工作中，各行政机关高度重视每一个案件，做到及时全面地整理、收集证据、依据，并认真研判争议焦点，认真撰写答辩状，按照规定的时限和要求将相关材料提交法院，按时参加法院庭审。同时，加强同各级法院沟通，积极配合做好审理工作，依法自觉履行生效判决、裁定。与此同时，加强各行政机关行政诉讼相关法律、法规学习及业务技能培训，进一步提高行政机关执法理论水平和执法能力。

【行政执法管理】 2017年，县法制办切实做好行政执法人员管理。一是规范执法主体资格管理。根据自治区法制办《关于做好2017年全区行政执法人员资格(续职)培训考试工作的通知》要求，组织全县各行政执法部门工作人员参加行政执法资格(续职)考试。全年参加行政执法人员资格(续职)考试共211人，通过考试141人。二是规范行政执法人员行政执法行为。在执法过程中，要求行政执法人员持证上岗，亮证执法，明确执法人员的身份。严格按照立案、调查取证、告知、听证、集体讨论决定的程序进行行政执法，特别是在执行行政处罚时，符合听证有关规定的，告知相对人有听证的权利，并按照相对人的申请举行听证会，确保程序合法。由于措施得力，年内全县没有发生造成严重社会后果的重大违法行政案件。

【法制宣传与信息公开】 2017年，县法制办充分利用“3·15”消费者权益保护日、政务公开日、“12·4”法制宣传日等活动开展法制宣传工作，发放行政复议、行政诉讼知识手册576份，提高群众法制意识。同时，充分利用阳光权利网站、政府信息公开统一平台等载体做好信息公开工作，包括公开单位部门预算、决算、工作动态等内容，促进政务信息公开工作的开展，鼓励群众参与监督。

【维护社会稳定】 2017年，县法制办继续创新社会管理，维护社会和谐稳定，为经济和社会发展营造良好法制环境。一是积极参与三大纠纷调处工作，化解群众纠纷。二是认真接待来访群众，耐心解答群众提出的问题，避免引发群体性事件。三是指导有关部门开展土地、林业等纠纷调处、调查取证工作。四是积极参与现场重大事件处置。在工作中，严格按法律程序处理，兼顾案件和当事人实际，对双方当事人晓之以理，宣传法律法规，维护社会稳定。

（赵华干）

军　事

【思想政治建设】 2017年，大新县人民武装部认真学习贯彻中共十九大精神，扎实开展“维护核心、听从指挥”主题教育，推进“两学一做”学习教育常态化制度化跟进指导和督促落实。随着省军区系统改革落地，其职能使命和人员的定岗定编也随之变化，对干部思想造成不同程度的波动。对此，县人武部狠抓思想政治建设，使全体干部都能以良好的心态正确面对进退走留，做到干劲不减，标准不降，年内有1名同志转业。利用党日活动，机关党支部书记进行党课授课5次，组织全体党员开展“承诺践诺”活动，开展4次主题教育专题授课辅导和4次讨论交流；每名党员结合自己的理论学习计划，进行理论学习、心得体会和要点摘抄；制作推进“两学一做”学习教育常态化制度化宣传橱窗，抓好常驻民兵应急分队政治教育落实，建立健全党团组织，丰富文化娱乐生活，开展“四个一”活动(即每周一首歌、每月一堂课、每周一场电影、每月一次谈心谈话)。中共十九大召开后，部党委按照上级要求，及早筹划部署学习贯彻落实，扎实组织全体人员收听收看新闻、开好部署动员会、原原本本学习习近平总书记重要讲话精神，并通过展板横幅营造学习氛围和进行中共十九大精神常识测试、体会交流等，统一思想，提升素质，取得良好成效。

【战备训练】 2017年，县人武部结合边境地区实际，抓实抓好战备训练工作。一是及时修订完善战备方案和应急处置预案。组织各科对防卫作战方案、国防动员方案、政治工作计划、处置突发事件总体应急预案等12种战备方案进行修订和完善。常态组织民兵训练基地和仓库、哨

11月1日，崇左市常驻民兵应急分队规范化建设现场会在大新县召开。图为民兵应急分队在演练

所的方案演练，增强对突发情况的处置能力。组织哨所民兵落实执勤制度，年内共组织巡逻、查看57次，确保边境安全稳定。二是扎实抓好本部人员和哨所哨兵训练。自1月4日开训以来，严格按照军事训练大纲，落实训练计划，狠抓机关干部基础体能和指挥技能训练。每天下午组织1个小时体能训练，确保干部素质不减，体能不降。为抓好哨所训练，落实干部住哨制度，定期安排现役干部和专武干部住哨，指导哨所民兵每天不少于3小时的基本训练。三是抓好常驻民兵应急分队训练。规范常驻民兵应急分队训练制度、训练内容、训练标准，11月1日，圆满完成军分区赋予县人武部"崇左市常驻民兵应急分队正规化建设试点现场会"任务，受到分区首长和友邻单位的一致好评。四是按照上级分配的任务数抓好民兵训练。年内，上级分给县人武部565名民兵的训练任务，部党委按照能打仗、打胜仗的要求，从难、从严、从实战要求，狠抓民兵训练，确保人员、内容、效果落实。11月29日，大新县民兵训练安全顺利通过军分区考核。

【征兵工作】 2017年，县人武部结合省军区系统调整改革、新体制运行实际，调整充实县征兵工作领导小组、征兵办公室，4月1日，县征兵办公室全面展开日常性工作。扎实抓好征兵宣传工作，结合兵役登记工作展开先期宣传发动，组织大学生征集潜力调查；6月1日，开通县征兵微信公众号；6月2日，召开2016年征兵工作总结暨2017年征兵工作先期部署会；6月20日，深入乡镇全面展开常态化征兵宣传。年内，上站体检人数361人，体检政审双合格人数136人，圆满完成军分区赋予的征集任务，其中大学生49名，大学毕业生9名，未发生责任退兵和违反廉洁征兵问题。

9月9日，欢送新兵入伍

【正规化建设】 2017年，县人武部全面依法从严带部队，着力提升部队正规化建设水平。一是加强党委班子自身建设。根据人武部系统人少事多，常常以行政代替组织，以碰头代替会议的实际情况，严格落实组织生活制度，克服工学矛盾，落实学习汇报、召开会议、研究工作等制度，做到重要工作、大项经费开支、大项活动都经党委研究，确保核心领导作用发挥。二是坚持依法从严治军，确保安全稳定。①过细抓隐患排查整治。年内，在积极配合上级整治隐患排查的同时，坚持每月进行隐患自查，及时发现部分用电线路老化、营门哨兵警惕性不高等问题，并严格落实责任整改，消除安全隐患。②突出重要时节、重要内容防范。部领导及时找所属人员谈心，了解现实情况，化解思想矛盾。落实车辆维护保养制度，加强对司机队伍教育，严格落实车辆审批制度；对武器装备管理坚持落实干部住库，坚持每月至少一次对武器装备进行检查，每周对文件资料及存储介质进行一次清查、核对，每周五保密员上报一次安全周报，对涉密储存介质定人定位，保安全。③严格落实中央军委禁酒令。加强干部职工思想教育，对干部职工和民兵讲清禁酒令利害关系，全年未发生因喝酒而被通报的人和事。三是抓好国防民兵哨所、仓库建设。严格落实部领导蹲库住哨制度，每月到仓库、哨所驻哨指导，规范建设。积极协调县委、县政府，以政府交钥匙方式尽快完成哨所二期工程，至年底，工程接近尾声。规范民兵武器装备仓库管理，结合上级开展的枪弹专项清查整治活动，采取不打招呼、不定期方式对民兵武器装备仓库进行检查。年内，投入4.6万元对仓库靶场进行封闭式改造，投入24.5万元完成哨所、仓库信息化系统安装工程项目。

【双拥工作】 2017年年初，县人武部协调民政等部门，召开立功受奖现役官兵家属座谈会，社会反响强烈。积极参与德天瀑布景区创AAAAA活动，先后出动600余人次参加大项卫生整治。9月，配合县委宣传部，协调驻军单位，成功举办“喜迎十九大，军民一家亲”主题晚会，展示军爱民、民拥军良好社会风尚。与此同时，扎实做好挂点联系村——硕龙镇义显村、义宁村脱贫攻坚工作，共帮扶贫困户35户，充分利用党建平台，对挂点村建设和贫困户进行帮扶。同时，利用下乡扶贫之际，在挂点村开展“党的十九大精神进农村”暨脱贫攻坚心连心活动，大力宣传党和国家的强农惠农政策，增强贫困群众脱贫致富信心。

（杜　秋）

边防·口岸·外事侨务

□编辑　农金安

公安边防

【边防管理】 2017年，大新县公安边防大队着力加强对边境辖区的管控，深入化解社会矛盾纠纷，提高群众安全感和满意度，全力维护边防辖区安全稳定，取得良好成效。一是边境管控稳抓稳打。全年共出动车辆2100余辆次、人员7000余人次开展边境巡逻执勤，严厉打击边境违法犯罪活动。新招聘20名协警协助各派出所开展业务工作，年内立刑事案件25起、破13起，破案率52%；受理治安案件102起、查处81起，查处率79.4%；抓获各类违法犯罪人员656人，其中，非法入境越南人224人，吸毒人员67人，网逃5人；破获毒品案件8起，缴获各类毒品18.75754公斤；收缴和群众上缴气枪12支、气枪配件一批；检查进出边境管理区人员35万余人次、车辆14万余辆次、查阻无证人员320余人、缴获管制刀具55把，有效确保辖区社会治安总体稳定。1月11日，宝圩所成功查处一起聚众赌博案，端掉一个赌博窝点，抓获涉赌人员11人，缴获赌资和赌具一批，净化辖区治安环境。1月31日，宝圩所查获一起非法携带枪支弹药案，查获气枪1支、气枪铅弹34发，违法人员1名。5月24日，宝圩所查获一起非法持有枪支案，查获组装气枪1支、枪支零部件弹簧1条，违法人员1名。二是打击毒品犯罪成绩突出。积极开展缉毒专项行动，广泛搜集毒情信息，强化情报信息研判，扎实开展缉毒工作。年内，破获毒品案件8起，缴获各类毒品18.75754公斤，有力打击边境村屯涉毒违法犯罪活动，净化社会风气。2月3日，根据2016—407部督案件线索延伸，在南友高速路吴圩收费站成功破获一起特大毒品案，缴获毒品海洛因20块7公斤，抓获犯罪嫌疑人3名、查扣涉案车辆1台，得到总队、支队领导的高度肯定。三是反恐维稳成效显著。以“固边4号”和打击“三非”（非法入境、非法居留、非法就业）越南人专项行动为契机，始终将“四道防线一张网”建设放在边境反恐维稳的大格局中来抓紧抓好，在去年基础上持续推进，重点加强与管边、控边单位的沟通协作，提高边境管控效能。年初，大队主官积极走访驻地交警、运管、车站等道路运输和管理部门，建立即时通报机制，为精确、快速打击“三非”（非法入境、非法居留、

1月17日，中越联合开展归春界河整治行动。图为拆除非法竹排

非法就业）越南人和敏感地区人员偷渡出境打下坚实基础。2月28日，硕龙所联合大队屯兵队成功查获1批17名越南籍非法入境人员。3月1日，下雷所在边境巡逻过程中，查获1批17名非法入境越南人。10月29日，下雷所根据情报线索一举查获23名非法入境越南人和12名吸毒人员，有力打击边境违法犯罪活动的嚣张气焰。全年共监控敏感地区人员36批274人次，查获非法入境越南人47批224人次。四是警务合作更加紧密。大力推行警务合作机制，联合打击非法出入境、“三股势力”（暴力恐怖势力、民族分裂势力、宗教极端势力）潜入潜出等边境违法犯罪活动。积极与越方边防部队开展会晤会谈，推进中越警务合作。年内，共与越方开展会谈会晤9次、传递信件32次、警务合作28次。1月11日，与越方联合出动警力120余人，开展归春界河整治行动，清理非法竹排28个，钩断绳索25条，圆满完成归春界河联合整治行动。9月27日，应邀赴越举行会晤，与越方建立打击边境犯罪工作联络制度，为中共十九大召开营造安定的边境社会秩序。此外，还注重国内警务合作交流，多警种之间的联动配合，资源共享。3月1日，联合县禁毒部门进社区开展“流动课堂”，通过摆放宣传展览板和发放、张贴禁毒知识海报、宣传册等形式，向群众展示边防部队近年来缉毒工作战果，营造全民参与禁毒斗争的良好氛围。8月22日、9月17日，联合县禁毒大队成功破获2起毒品案，缴获毒品海洛因3块，净重1.05公斤，抓获犯罪嫌疑人4名，扣押车辆2辆。9月30日，与靖西边防大队召开区域警务合作交流会，并签订双方区域警务协作协议，进一步强化边境联合管控力度。

【爱民固边活动】 2017年，县公安边防大队深化爱民固边战略。一是创建爱民固边模范镇村屯。将模范村创建与民族团结进步村屯创建、兴边富民行动和社会主义新农村建设同步实施、同步推进。年内，共创爱民固边模范镇1个，爱民固边模范村23个，爱民固边民族团结进步村屯3个，形成以硕龙德天村“旅游示范型”、下雷仁爱村“民族团结型”、宝圩板价村“民俗风情型”的爱民固边模范村屯创建示范带。二是建设中越友好村屯。继续落实与越方边防部队定期会谈会晤和警务协作机制，积极推动硕龙镇硕龙社区与越南高平省下琅县里国乡里板村开展“共建边境友好村屯”活动。4月11日，硕龙所积极配合硕龙镇政府邀请越方歌舞队到硕龙镇共同欢度中国大新侬垌节暨硕龙镇建街133周年庆祝活动，并做好节日期间安保工作。三是推行民警兼任村官助推基层工作。年内，在干部调整到位后，大队积极向县委、县政府汇报，主动争取支持，圆满完成主官进地方同级领导班子工作和民警兼任村官调整工作。9月6日，大新边防大队经辉大队长挂任中共大新县公安局委员会委员，硕龙、下雷、宝圩边防派出所和雷平边境检查站一名主官分别挂任硕龙镇、下雷镇、宝圩乡、堪圩乡党委委员、副书记，同时同步实现辖区村（社区）“一村一警”100%目标。民警村官在做好辖区维稳工作的同时，积极为村委出谋划策，力所能及帮助推进村（社区）党支部、村（居）委会建设，引领群众发家致富，协助村（居）委会推进村务公开，做好基层民主选举、民主监督等工作。四是热心服务基层群众。积极向县委、县政府及公安机关汇报爱民固边活动进展情况，并组织与辖区4个乡镇开展警民座谈会，广泛征求地方党委政府和广大群众对边防工作的意见和建议，争取理解和支持。积极推出便民利民措施，实行人性化管理和便利化服务。“预约服务”、上门服务等一系列措施得到辖区群众赞扬。积极开展抢险救灾、慰问帮扶困难群体等爱民活动。年内，大队官兵共走访群众41216人，其中贫困户132户次、孤寡老人103人次、残疾人44人次、困难儿童61人次，向党委政府反映群众困难26个，提建议35条，为辖区群众做好事办实事解难事60余件，捐款捐物折合人民币19900余元，为群众上门办证400余张，为群众挽回损失累计200万余元。5月18日，雷平站官兵不顾个人安危跳入池塘，成功救出因路滑侧翻驶入路边池塘的旅游大巴车中的24名被困乘客，并及时将乘客送往驻地卫生院治疗，确保无人死亡，受到乘客和辖区群众高度赞扬，同时也受到多方媒体的关注和报道。7月10日，下雷所民警从洪水中成功解救2名洪灾受困群众，赢得辖区群众一片赞誉。

五是助推脱贫攻坚。年初，对辖区困难儿童抚养方式、供养标准、生活状况、现实表现等综合情况进行摸底调查，重新登记造册的民警结对帮扶困难儿童共10名，全部纳入政府、社会救助体系。结合辖区实际，积极开展“扶贫日”活动，发动部队官兵和社会救助机构、民间慈善机构、志愿者等社会力量参与救助困难儿童。1月25—30日，下雷所连续走访看望辖区23户困难贫困户。10月17日，联合宝圩所组织官兵深入宝圩小学看望慰问困难儿童，给困难儿童制作爱心小卡片、定制秋冬暖身衣、购买爱心保温杯，让边境地区困难儿童感受到部队官兵的关怀和温暖。

（李南余）

边 防 工 作

【边境管理】 2017年，大新县边防委员会办公室有编制4人，设主任1人。年内，县边防办围绕边境热点问题，开展一系列边境管控和综合治理活动。一是加强军警民联防联控和打击走私工作。积极参与县打私办领导工作小组到边境一线各路段进行巡逻和设卡值班，有效遏制各种贩毒、走私等违法犯罪活动，确保边境一线社会治安稳定。二是加强边情互通。聘任边境护路员33名，加强对边境动态信息收集及边防巡逻路的维护工作，不定期召开边防工作分析交流和边防工作联席会议，研究部署边境管控和国防教育等工作。三是加大对边民中越陆地边界管理三个法律文件的宣传教育工作，在边境一线中方一侧人流较多的非设关便道处，设立3块边防法律法规宣传牌，确保边界法规家喻户晓、人人皆知，有效推进边境社会稳定。

【边防基础设施建设】 2017年，县边防办继续加强边防基础设施建设，年内投资1140万元，升级硬化边防乘车巡逻路5段30公里；投资18万元，新建打私防护铁栅栏200米；投入106.37万元，对巡逻路开展全线除草、清理塌方、水毁修复、改造涵洞、浆砌挡土墙等维护工作。

【中越边境会晤】 2017年，县边防办就827/1号界碑中方一侧修建打私防护铁栅栏、835号界碑区域我方平整场地施工和53号旧界碑、833/1号界碑修复等事宜，与越方多次会晤，促进中越双方沟通、理解和支持，确保项目顺利实施。

【爱民固边活动】 2017年，在自治区边海防办的大力支持下，县边防办积极开展一系列爱民固边活动。一是投入19.5万元，为雷平镇后益村伏均屯修建一条机耕路。二是投入5万元，为宝圩乡景阳村渠铁屯修建1个篮球场。

（黄　艺）

人 民 防 空

【概　况】 2017年，大新县人民防空办公室有编制4人，设主任1人，副主任1人，内设秘书股、行政审批股。年内，县人防办积极实施项目建设并联审批制度，审批工作逐步走上正轨。依托县内新建项目都需要联合审批的有利环境，重点抓好防空地下室的结建审批工作，在防空地下室结建审批上严格坚持“以建为主，以收促建”这一原则，落实应建尽建，全年人防工程设计审批和在建人防工程数量排在全市7个县（市、区）第2名，对达到易地建设防空地下室条件的项目，严格执行“应收尽收”原则，1—12月全县共报建71个易地建设防空地下室项目，有38个项目符合易地建设防空地下室收费政策，收上费用235.96万元。

【行政权力事项清理】 2017年，县人防办根据《广西壮族自治区人民政府关于取消和调整一批行政许可事项的决定》（桂政发〔2016〕75号）文件要求，积极与自治区、崇左市人防办对接开展行政许可、非行政许可和其他行政权力事项清理工作，对于区、市人防办认可本办取消的行政许可和非行政许可审批项目，制订出项目事中事后监管方案，梳理保留行政处罚、行政征收、行政检查、行政确认和其他行政权力等5类16项权力及责任事项，一一列出权力实施依据和追责情形，并面向社会和广大人民群众公布权力运行流程图，全部权责事项纳入县政务服务中心集中办理，窗口共受理71个行政审批事项，办结率100%，无一投诉意见。

【人防工程质量监督】 2017年，县人防办招聘2名具有建筑、土木工程专业的全日制普通高等院校毕业生作为人防工程质量监督工作协助人员，全力以赴对2013年以来陆续建设的16个项目共6.16万平方米防空地下室开展工程质量监督工作，每个项目在防护设备预埋和底板、墙体、顶板三个环节的钢筋、管道、预埋件隐蔽前以及模板工程封模前都到现场实地检查，较好地把握人防工程建设质量。8月25日，冠林大酒店2000平方米的人防地下室初步通过验收。

【人防工程专项规划编制】 2017年7月，县财政局认真贯彻落实县人民政府第5次常务会议精神，划拨30万元到县人防办账户作为《大新县人民防空工程专项规划》的编制经费。经费落实后，9月份委托广西云龙招标集团有限公司以竞争性磋商方式对该项目进行招投标，广西天艺建筑设计有限责任公司被确定为《大新县人民防空工程专项规划》编制单位，正式启动《大新县人民防空工程专项规划》编制工作。

【防空警报】 为教育广大居民居安思危，勿忘国耻，进一步增强国防观念和防空意识，使防空警报系统更好地服务于平时防灾救灾和战时的疏散隐蔽工作，根据区、市人防办的统一部署，9月18日上午10时30—45分，县防空办与全区同步，在县城组织进行人民防空警报试鸣活动。县人武部副部长徐小山，县人防办全体干部职工以及有关部门人员参加防空警报试鸣活动，城区内警报器工作正常，试鸣达到预期效果。

（许宏新）

口　岸

【硕龙口岸升格（开放）】 2017年10月8日，国务院同意广西硕龙公路口岸为双边性常年开放公路客货运输口岸。

【口岸设施建设】 2017年，大新县不断完善口岸基础设施工程。一是建设硕龙口岸（硕龙主通道）。项目位于硕龙镇硕龙社区中越陆路边界846—847号界碑处，与越南高平省下琅县的里板口岸对应，主要作为人员和客车出入境通道。项目规划用地面积3.2公顷，主要建设旅检大楼、出入境集散广场、机动车通道检查厅、口岸服务中心、停车区、停车综合服务驿站等。项目采用工程总承包方式实施项目建设，至年底，完成旧联检大楼、旧边检站和涉及民房的拆除，以及工程总承包施工、监理招标和岩土勘探工作；硕龙边检站新营区项目竣工并投入使用，预计2018年底完成硕龙主通道旅检大楼主体工程。二是建设硕龙口岸岩应通道。项目位于硕龙镇岩应村中越853号界碑处，与越南高平省下琅县里国社板空屯相对应，主要作为硕龙口岸一般贸易和边境小额贸易货物通道。项目规划用地面积16.77公顷，主要建设前置联检区、监管货场区、检疫处理区及口岸综合服务区四大功能区的建构筑物及海关监管设施、检验检疫设施等。年内，完成项目地灾、压矿及征地工作。

【边境小额贸易】 2017年，大新县继续对辖区内的外贸企业进行奖励扶持，采用异地报关异地通行的方式，鼓励企业开展边境小额贸易业务，落实优惠扶持政策，全年完成外贸进出口总值5.74亿美元，同比上升26%。

【边民互市贸易】 2017年，岩应互市点进出口商品交易量3.5万吨；边民互市贸易额10.94亿元人民币，同此下降16%。

【电子商务进农村项目建设】 2017年，大新县完成县级服务中心建设和县级物流配送中心建设，初步建立物流综合服务体系，完成乡（镇）服务站14个、村级服务点90个，乡（镇）级电商物流服务站点覆盖率100%，完成129个村级网点计划任务的69.76%，在全县146个村（社区）覆盖率61.64%；累计开展各类电商知识培训47期培训5647人次，完成培训率94.1%。其中建档立卡贫困户培训人数3195人次，贫困户受培训人员占培训人数的56.6%，带动创业就业8233人。培育“归春里”“苦丁茶”“龙眼”“珍珠鸭”“桂圆糕”“新橙红江橙”“上甲富硒米”及乡村旅游等多种品牌。年内，完成大新县二维码溯源体系建设，实现部分产品二维码溯源。

（农苑羚）

外事侨务

【对外交流】 2017年，大新县外事侨务办公室有编制6个，实有干部5人，设主任1人，内设外事股、侨政股。年内，县外侨办积极参与和组织协调与越方开展会谈会晤互访共9次，其中，中方出访3次40人，越方来访7次共49人。会谈会晤内容包括口岸建设、边境贸易和互市点建设、旅游合作区建设、边境管理和界碑维护、边境纠纷、文化体育交流以及禁毒工作等，较好地与越南保持联系沟通，妥善解决边境纠纷和双方关切的问题，促进边境稳定。同时，高度重视，积极推进友城工作，5月19日，大新县与越南高平省重庆县在崇左市签署建立国际友好县关系意向书。

【信函交涉】 2017年，大新县与越南交涉信函共74封次，其中，中方致越方信函共42封次，越方来信函共32封次。通过与越方信函交涉，加强大新县与越南下琅县、重庆县交流与沟通，增进友谊，推动务实合作，促进边境地区繁荣稳定。

【边境管理】 2017年，县外侨办积极组织人员深入边境一线做好边界日常管理，对中越陆地边界大新段边界线和119块界碑开展巡查和维护，发现涉外问题及时处置。深入边境乡镇的村屯、农户开展中越陆地边界三个法律的宣传教育工作，提高边民守边、固边、爱边意识，促进边境一线安全稳定。积极组织人员深入边境一线开展边境情况调研工作，加强边境各项动态信息工作日常化，及时发现处理边境地区出现的新情况、新问题，维护边境地区安全稳定。

【侨务工作】 2017年，县外侨务积极组织人员深入各华侨农场开展侨情调查和归侨侨眷相关信息统计工作，积极为农场改革发展出谋献策。积极组织开展侨法宣传活动，印制侨法宣传资料300多份和一批侨法宣传挂图，发放到全县各农场。关爱华侨子女入学、"三侨生"加分证明、华侨身份认定等工作，年内共办好"三侨生"身份认定，加分22人；为3名归侨侨眷办理华侨、归侨侨眷等身份确认证明。认真组织开展侨务信访案件和矛盾问题排查工作，及时处理排查和信访所反映问题，接受信访3件，办结3件，办结率100%。组织人员走访贫困归侨侨眷、侨界空巢老人11人次，组织开展春节慰问困难归侨侨眷活动，共慰问6名困难归侨侨眷，慰问金3500元，慰问品一批，共计5000元。

【侨务联谊】 2017年，县外侨办积极组织开展侨务联谊活动和做好外国友人接待工作，年内共接待来自新加坡、老挝、泰国、柬埔寨、马来西亚、印度尼西亚、波兰、孟加拉、巴基斯坦、吉尔吉斯斯坦等国家和香港地区海外华裔，外国友人、国外考察团及中国香港5批62人。通过开展联谊活动，加强海外侨胞、归侨、侨眷沟通联系，加深感情，增进友谊。

（卢志光）

工　业

□编辑　黄智勇

综　述

【概　况】2017年，大新县工业主要由锰业、糖业、电力业、化工业、有色金属合金制造业、淀粉加工业等组成。经过多年建设与发展，全县工业结构趋于完善，已形成具有特色的以锰、糖、化工、电力为支柱的工业体系。年内，全县主要行业有企业71家，其中锰业加工企业40余家、糖业加工业2家、电力业（含大小电站）19家、化工企业4家、建材企业6家；规模以上工业企业24家，其中锰企业12家、糖企业2家、电力企业2家、化工行业2家、有色金属合金制造业4家、淀粉加工业1家、水泥制品制造业1家，年产值超10亿元企业16家。

全年全县24家规模以上工业企业总产值完成136.89亿元，同比增长14.8%；工业增加值完成49.87亿元，增长7.8%。工业投资完成39.25亿元。年内下达规模以上万元工业增加值能耗任务同比下降0.5%。全年规模以上万元工业增加值能耗同比下降4.01%。

大新县电力经过多年发展，目前已初步建成较为完整的发供电系统，年内有广西桂水电力公司1家发电企业，大新县水利电业公司1家供电企业。全县用电负荷主要是锰品深加工企业，仅锰品深加工用电全县就达147871万千瓦时左右，占全县用电的80%。县电网在县境内形成两片锰品深加工工业园区，一片是在县城区域，另一片是在下雷区域。全县涉锰冶炼企业共有11家，总用电装机容量33.86万千瓦，满负荷生产用电耗电量约26亿千瓦时。其中硅锰合金冶炼企业7家，用电装机容量21.6万千瓦，满负荷生产年产量37.78万吨，满负荷生产用电耗电量约15亿千瓦时；电解锰企业4家，用电装机容量12.26万千瓦，满负荷生产年产量15万吨，满负荷生产用电耗电量约11亿千瓦时。

【项目投资】2017年，大新县积极推进项目投资。①中信大锰大新分公司接入百色区域电网线路建设进展情况。中信大锰加入百色区域电网工程总投资9802万元，其中在县境内投资2050万元，建设内部供电线路并连接百色区域电网，实现与百色区域电网并网。工程已获得市发改委同意开展前期工作，线路走向已获县住建局批复，2016年11月完成招标工作。正在开展供电线路杆塔建设用地（约0.18公顷）的征地工作。公司与相关村屯和群众达成预征地协议后，2017年年初开始动工开展供电线路工程建设。至10月29日，110千伏供电工程基础开挖、基础浇灌、接地开挖18基，占总量81.8%，铁塔组立完成4基，占总量18.1%。②广西新振锰业集团有限公司年产20万吨中低碳锰铁合金项目建设进展情况。项目已完成90万平方米削高补低填方任务，架设高压铁塔5个，220千伏变电站主体框架工程已完成，变压器等配套装备已经订购，连接新锰大道与项目工地的穿山隧道（年内，长165米的中通隧道贯通，正在开展隧道内水泥灌浆工作，已完成灌浆20米，主隧道挖掘推进6米）打通后，近200吨的变压器等设备即可拉进变电站安装调试，预计2018年底前变电站工程可全部竣工。9月开始，锰硅合金电炉、精炼电炉等生产厂房开始进行地质勘探和地表土石方平整工作。③对接新振锰业全面恢复生产情况。为解决新振锰业集团反映铁合金、电解金属锰行业用电贵问题,6月,县委主要领导带领县发改局、工信局等部门和新锰集团到国家发改委和工信部汇报铁合金以及电解金属锰行业准入工作,争取国家层面给予新锰集团在冶金电价行业准入方面政策支持。10月25日,工信部铁合金、电解金属锰行业准入专家核查组到新锰集团年产6万吨电解金属锰生产车间进行现场核查,了解核实企业设备更新改造和生产情况。为解决企业融资难和贷款难问题,大新县通过融资平台向新锰集团增资扩股3亿元,8月已注资1亿元,9月再注资5000万元,年底前再分批注入资金1.5亿元,缓解新锰集团项目建设资金紧缺问题。为加强联系服务企业工作实效,大新县出台《大新县加强联系服务工业企业工作方案》(新办文〔2017〕49号)、《大新县2017年促进工业稳增长实施意见的通知》(新政发〔2017〕17号)等一系列扶持企业政策,县委、县政府主要领导和分管领导每季度带队深入新锰集团调研,了解新锰集团项目建设过程中遇到的困难和问题,现场研究解决问题。先后解决了项目的土地征用、土地报批、架设线路、进场道路等一系列问题。年内,县委、县政府协助新振锰业集团参与2017年广西电力市场化交易市场主体准入企业电力直接交易,用电价格可降低约0.03元/千瓦时,一定程度减缓企业用电成本压力,使企业把节省的电费用于项目建设。此外,还协助新锰集团申请到300万元工业和信息化发展资金(新兴产业技术改造),激发了企业开展技术改造积极性。

【工作措施】2017年,大新县扶持企业的主要工作措施有:一是加强对企业扶持。根据金格、中物电价会议纪要(新政办阅〔2017〕1号),经协商,县水利电业公司同意2月1日至5月31日期间在现行供电价格基础上降价0.03元/千瓦时供电给金格锰业公司、中物矿业公司,金格锰业公司于2月24日正式复工生产。根据金格锰业生产扶持会议纪要(新政办阅〔2017〕3号)、中物矿业公司生产扶持会议纪要(新政办阅〔2017〕4号),县水利电业公司同意7月1日至10月31日期间在企业参与广西电力市场化交易的基础上分别扶持0.15元/千瓦时、0.1元/千瓦时供电给金格锰业公司、中物矿业公司,金格公司在6月4日停机后已于6月22日复工生产。二是提升产业发展,推进项目建设。中信大锰动力车间项目除林业用地审批及压覆矿审批,其余前期工作均已完成。供电工程EPC总承包项目已于2016年11月上旬完成招标,动力车间EPC总承包项目招标文件已基本完成。新振锰业集团年产6万吨电解金属锰项目二期已完成配套引水工程建设,正在进行渣库道路改扩建;年产20万吨中低碳锰铁合金项目已完成土地平整,正在进行220千伏变电站基础工程建设,年底前进入变压器设备安装调试工序。广西强塑管道制造集团有限公司年产5万吨HDPE、UPVC系列塑料管道制造项目已落实招商,确定选址于原县水泥厂厂址,已开展土地平整,10月正式实现主体工程动工建设。三是推动企业技术改造。支持锰业行业企业开展技术改造,其中中信大锰大新分公司电解金属锰一厂整合技改项目三个车间中已完成两个车间技改并投产;新振锰业集团新材料分公司电解槽、阴阳极板更换节能改造项目已完工并投产。四是推进电力直接交易。积极协助企业参与全区电力直接交易,降低企业用电成本。全县有中信大锰大新锰矿分公司、新振锰业集团、德天化工循环股份有限公司、金格锰业公司等8家企业纳入电力直接交易范围,用电价格每度可降低约0.03元,一定程度减缓企业用电成本压力。五是做好融资担保服务。推进中小企业信用担保融资推荐。为广西展鹏工贸有限公司、大新县中冠汽车销售有限公司等2家企业提供融资担保推荐。开展“惠企贷”融资需求调查,共有7家企业填报。六是协助企业申报工业和信息化项目。协助企业做好2017年中小企业发展专项资金、自治区节能技术改造资金申报。新锰门窗科技有限公司、展鹏工贸有限公司、大新县大华化肥厂等3家企业共获190万元自治区工业和信息化专项资金,进一步促进企业项目建设积极性。七是积极参与工业产品展销活动。组织企业参加2017年崇左市花山文化节名特优产品展销、2017年广西工业和信息产品展示会,进一步提升大新县工业产品知名度。八是协助指导展鹏门业等企业入规。经过调查培育,2月新增广西展鹏工贸有限公司、广西大新华恒钢管有限公司等2家建材业规上企业，6月新增新锰门窗科技有限公司1家，规模以上企业由2016年年底的21家增加至24家，预计年可新增产值8500万元。同时已将大新县大华化肥厂、大新亿春食品有限公司列入培育对象，争取2018年年底前实现企业入规。

锰矿加工业

【概　况】 大新县素有“锰都”之称，目前已探明的氧化锰、碳酸锰储量为1.356亿吨，主要分布在下雷镇，占全国储量四分之一，居世界第五位。下雷、土湖矿区就占广西锰矿储量的50%，是国内最大型锰矿床之一。其中，下雷矿区1.31亿吨，土湖矿区0.04亿吨。开采能力年约130万吨。近年来大新县依托锰矿资源丰富优势，着力培育锰工业发展，锰工业从无到有，从小到大，迅猛发展，成为全县支柱产业，并带动电力业、化工产业同步发展。大新县工业集中区目前的锰工业已经发展成为集采矿、选矿、科研、冶炼、电解、加工、销售为一体的锰工业产业。至2017年底，园区锰矿加工业规模以上工业企业有12家，从业人员1万余人。在12家中主要以冶炼企业为主4家，电解金属锰企业4家，既生产电解金属锰又生产硅锰合金企业1家，采选碳酸锰粉企业1家，化工锰粉加工企业2家；铁合金年生产能力达37多万吨，电解金属锰年生产能力达18万吨，产品主要有硅锰合金、电解金属锰、电解二氧化锰、硫酸锰、锰精矿、碳酸锰粉、放电锰粉等。产品畅销首钢、邯钢、宝钢、武钢等国内著名钢厂，以及澳大利亚、美国、加拿大、欧盟等国外市场。

制糖工业

【概　况】 大新县有雷平永鑫糖业有限公司和世纪飞龙制糖有限公司两家制糖企业。近年来企业通过开展技改，包括广西大新县雷平永鑫糖业有限公司蒸发和煮糖制糖工序节能技术改造项目、广西大新县雷平永鑫糖业有限公司日榨13000吨制糖填平补齐技术改造项目、广西大新县世纪飞龙制糖有限公司1万吨／日技改工程等项目，不断地提质升级扩建，两家企业日榨能力达到2.5万吨，其中雷平永鑫公司日榨1.3万吨，世纪飞龙公司日榨1.2万吨，产品涉及一级白砂糖、赤砂糖、糖蜜（橘水）、除髓蔗渣等。2017/2018年榨季全县入厂原料蔗217.4万吨，其中永鑫公司127.14万吨，飞龙公司52.73万吨，湘桂公司31.62万吨，中粮江州公司5.92万吨；产糖量23.57万吨，其中永鑫公司13.73万吨（产糖率10.8%），飞龙公司5.38万吨（产糖率10.2%），湘桂公司3.78万吨（产糖率11.96%），中粮江州公司0.68万吨（产糖率11.52%）。

（黄志彬）

发电工业

【概　况】 大新县发电企业主要是以广西桂水电力股份有限公司大新发电分公司为主。广西桂水电力股份有限公司大新发电分公司前身为广西水利电业集团有限公司大新发电分公司，成立于2006年12月6日，公司原管辖下雷水电站项目工程和上利水电站。2009年4月29日，广西水力电业集团有限公司收购大新县那岸、中军潭、硕龙水电站后由大新发电分公司经营管理。2011年12月30日，广西水力电业集团有限公司大新发电分公司与大新县黑水河水利发电有限公司改制重组，成立广西桂水电力股份有限公司大新发电分公司。公司有员工585人，其中在职454人、离退休131人；下设经理工作部、人力资源管理部、财务部、生产技术部、安全生产监察部，管理上利、那岸、中军潭、硕龙、格强、下雷等6个运行水电站，共有机组20台，总装机容量6.73万千瓦，平均年发电量2.3亿千瓦时。至2017年年底，全县建成地方小水电站24座，总装机容量71490千瓦，自发电量29040万千瓦时。

【安全生产】 2017年，大新发电分公司重点围绕安健环试点工作，将安健环体系推行作公司安全工作的重中之重来抓；统筹安排，精心策划，细化各阶段工作任务和工作标准，注重全员参与，合力推行，6月通过集团公司二钻考评验收,并以此为抓手,贯穿安全生产全过程,全年安全生产形势稳定向好,实现安全生产目标"零责任"事故。公司所属电站100%通过县级安全生产优秀班组考评,中军潭、那岸水电站以196.25分、194.5分通过农投发电"区级优秀班组"考评验收。公司各层面和各级分别签订安全生产责任书,健全安全风险机制,责任到人。全年公司各级组织开展安全检查56批次,排查出346项安全隐患,整改346项,整改率100%,安全隐患得到有效治理。公司修订了那岸、上利、格强、硕龙和中军潭电站防汛应急预案,5月进行那岸电站防汛桌面演习演练,格强电站防汛实战演习,督促一线班组按季度要求开展各类专项和现场处置方案演练,应急管理水平有所提高。

【经营管理】 2017年,大新发电分公司狠抓内部经营管理,全面实施绩效考评,全年完成发电量2.538亿千瓦时,同比增加2147.47万千瓦时,增长9.24%。销售电量完成2.5022亿千瓦时,增加2138.13万千瓦时,增长10.25%;营业总收入6479万元,增长4.7%。2017年,公司荣获集团公司年度绩效考评杰出等级,集团公司"安健环""清洁电站"对标管理先进单位,集团公司职教目标管理考核一等奖,大新县文明单位等。

【队伍建设】 2017年,大新发电分公司开展业务大培训、技能大比武、师傅带徒弟活动,提高员工队伍业务素质。全年公司举办培训班25期,培训1046人次;送集团公司培训102人次,送外单位培训10人次;年人均受训9天。7月开展第二批"手拉手、师带徒"活动,以"一帮一"、传帮带形式加强技术力量传授学习;11月举办公司职业技能比武大赛,将学、练、赛融为一体,提高职工岗位技能和安全技能。同时,积极组织申报专业技术资格、技能职称评审和开展员工在职教育,至年底,公司有工程师以上专业技术人员33名、高级工以上技能人员225名,学历比率为大学本科9.99%、大专40.33%、中专(含技工)29.9%、高中及以下20.4%。

【工程建设】 2017年,大新发电分公司组织完成"十三五"上利、格强、中军潭水电站生态改造项目的立项、批复和招投标,工程概算125万元,并于2018年1月开工;取得那岸、中军、格强、上利、下雷等5座电站发电业务许可证;完成格强电站竣工验收,开展上利电站质量抽检、水土保持、环评等相关竣工验收;完成那岸、中军潭、硕龙二级及硕龙沙屯增效扩容项目结算资料整理,进入竣工验收阶段。基本完成下雷水电站工程结算。主要完成厂房标、压力管标、机电安装标及引水标合同内工程结算报告及中介机构审核报告。

【绿色电站】 2017年,大新发电分公司编制了《大新发电分公司农村水电增效扩容改造项目管理标准》《大新发电分公司美丽广西·清洁电站管理标准》《安健环现场可视化技术标准》《钻石综合风险管理体系管理标准》等标准规范。同时,按照标准,完善现场设置,加大环境美化、亮化整治。7月圆满完成农投发电增效扩容、清洁电站、安健环对标管理现场会,树立增效扩容、清洁电站对标管理典型。自2013年开始进行的格强水电站绿色电站培育工作,经过几年努力,电站生态环境良好,社会和谐,管理规范,年内通过水利部绿色小水电评审。

(赵卫柯)

供电工业

【概　况】 至2017年年底,大新县拥有500千伏变电站一座,主变1台,总变电容量75万千伏安;220千伏变电站2座,主变4台,总变电容量63万千伏安;110千伏变电站3座,主变4台,总变电容量17.75万千伏安;35千伏变电站18座,总变电容量123兆伏安,35千伏线路36条共417.38公里,10千伏线路72条共1893.6公里;配电台区2815个,配变总容量237.05兆伏安(其中公用变1653台、容量为136.86兆伏安,专用变1073台、容量为182.445兆伏安,自备变89台,容量为7.75兆伏安);有供电客户12.7万户,工业用户数12户(工业大用户),农业用户数94539户。

全县用电主要由大新县水利电业有限公司承担,2017年总供电量4.23亿千瓦时,同比增长3.88%;售电收入完成3.91亿元,同比增长2.39%;综合网损率完成7.68%,比目标任务6.33%升高 1.35 个百分点;电费回收率完成 99.9%。

【电网建设】 2017 年,县水利电业有限公司实施的农网工程为 2015 年农网改造升级、2015 年农网改造升级工程新增投资项目的未完工程、2016 年农网改造升级工程。年内累计完成 35 千伏工程项目 12 个,10 千伏及以下工程 203 个,新建抄表自动化主站 1 个,改造配电台区总表 1461 个,旧户表改造 34028 户,完成建设总投资 7927 万元。

【安全生产】 2017 年,县水利电业有限公司做好安全生产。一是落实安全生产,完善安全生产管理机制。全面修订安全责任制,明确各级人员安全生产职责,组织层层签订安全责任书,将安全生产目标分解到每个岗位。制定安全生产目标考核办法,加大考核及督查。通过考评,全年所有的"创优"班组合格率达 100%,大新集控站和雷平集控站通过集团级优秀班组验收。二是认真开展隐患排查与治理。针对季节和行业特点组织开展各种专项安全生产大检查活动 7 次,全年共排查出安全隐患 1577 个。其中输配电线路对地距离不足专项隐患排查活动排查出 617 个,未整改,但大多已落实防控措施。其他安全隐患 960 个,整改 930 个,整改率 97%。三是安全生产督查检查常态化。继续以"四不两直"常态化突击督查方式开展安全生产督查检查,深入基层 126 次,查出隐患 400 多个,查处违章 4 起,通报处罚 52 人次,处罚金额 4046 元。强化对外来施工队安全管理,加大施工现场安全检查频率和力度,全年开展 157 次安全督查,查处习惯性违章 1 起。四是加强应急管理,提高应急能力。完善应急救援工作机制,配备充足应急物资,开展大面积停电应急演练和防汛应急演练。认真开展汛前安全大检查和汛期安全督查检查活动,落实汛期领导值班制,在汛期期间及时启动各类应急响应,确保汛期期间安全度汛。五是认真开展"安全生产月"活动。以"安全生产月"为平台宣传安全生产,组织开展安全宣传咨询日活动、安全警示教育活动、论坛征文活动、安规考试活动、"查隐患、保安全"活动等多项活动。

【经营管理】 2017 年,县水利电业有限公司继续加强经营管理。一是积极调整经营策略,提高供电量增长。年初,受市场经济影响,全县锰工业企业全部处于停产状态。为有效促进锰企业开工生产,公司调整经营策略,主动上门了解客户产品信息及用电需求情况,并根据各企业实际情况,制定各项扶持方案,及时向县委、县政府汇报,争取县委、县政府出台对锰工业企业扶持政策,使金格锰业公司得以恢复生产,为公司增加用电量 3800 万千瓦时。二是开展电力营销用检稽查。①加强客户工程质量检查。年内对榄圩乡天然山泉水专变、中国铁塔公司下雷三锰龙矿区基站专变等客户受电工程进行中间检查及竣工验收;对 78 个客户工程、89 个农网台区、17 条农网线路进行严格验收,确保设备安全、合格投入运行。②开展电价执行专项检查。7 月在全县范围开展一次电价大检查,重点针对商住合一用电户进行检查,检查发现有 1413 户未严格实行分类收费,检查组立即对这些用户用电进行定量或定比收费,减少电费损失约 5 万元。③开展不定期用电突击检查,重点对偷电、违章用电及错抄、少抄或虚报等情况进行检查,年内对 1138 个用电户和 123 个专变用户进行检查。三是加强线损管理,减少电能损耗。①加强关口计量管理,年内完成 35 千伏、10 千伏关口表、专变计费表、台区总表现场校验 626 台,轮换冶炼大用户及关口考核表 23 只,确保计量装置准确性。②对高损线路和台区进行重点整治,降低电能损耗,对 120 个十大高损台区和 63 条十大高损线路进行排查治理。三是规范服务行为,提升企业形象。①做好"966022"热线运营管理,及时为客户解决问题。全年受理客户咨询、报修电话 3276 起,其中查询、咨询类 1965 起,故障报修 433 起,其他 878 起,全部都给予答复和解决,回访客户满意度 100%。②做好服务信息公开。通过 LED 屏幕、短信等平台主动、及时向用户发布故障停电、计划停电和电费通知等信息,让用户第一时间掌握用电信息。③拓宽缴费渠道,方便客户缴费。积极推行微信缴电费模式,累计收到微信支付电费 14890 笔,电费金额 357 万元;通过自助缴费机收到电费 2.5 万笔,金额 551 万元;通过银行代扣收到电费 49 万笔,金额 2512 万元。四是强化用电业扩报装服务。采取一站式服务方式受理业扩报装业务，将服务窗口前移，尽量减少中间环节，主动为客户服务。全年累计高压新装、增容124户，低压居民新装844户，低压非居民新装490户，回访客户满意率100%。五是认真履行职责，完成各项保供电任务。年内完成高考、两会及上级部门开展各项活动的保供电任务28次，得到社会各界的好评。

（赵定红）

供水工业

【概　况】大新县水利供水有限公司（简称"供水公司"）隶属广西农村投资集团有限公司（简称"集团公司"）的一家国有企业，其前身是大新县自来水厂（1980年建成投产）。供水公司成立于2012年7月，主要担负大新县城、雷平镇的供水任务。设计日供水能力2.5万立方米，现有自来水用户1.5万余户，75毫米管径以上管网83公里。2017年，公司现有员工121人（其中在职68人，内退3人，退休50人），设有经理工作部、财务部、人力部、生产技术部、营销部、安监部等6个职能部门。全年公司总资产3624.87万元，完成售水量548.23万立方米，实现营业总收入1839.96万元。公司在广西农村投资集团水务有限公司经营业绩考核中获A级企业考评。

【安全生产】2017年，供水公司认真贯彻落实集团公司安全生产工作要求，坚持"安全第一、预防为主、综合治理"工作方针，以加强安全管理，强化责任落实为重点，认真开展安全隐患排查治理和创建安全生产优秀班组工作，实现企业安全生产持续稳定。

【工程项目】2017年，供水公司加强工程项目建设。一是抓好大新县乔苗水库抗旱应急供水工程建设。主体输水管线工程已完成管道安装9.5公里，完成投资900多万元，占计划的70%。二是抓好大新县城东水厂工程项目建设。项目建设规模为3.0万立方米/d，项目投资概算1792万元。项目已得到县相关部门立项、可研、环评批复，也取得集团公司立项、初步设计及施工设计招标批复，正在进行征地及初步设计等工作，预计2018年年底建设完工投入使用。三是完成大新县新锰大道及星光和乐城供水工程项目建设。根据县委、县政府要求，完成新锰大道DN315管1870米管道的铺设，解决了桃城工业园区和管道沿线用户用水需求。四是完成星光和乐城1752套易地扶贫搬迁一户一表安装，为大新县打赢脱贫攻坚战打牢基础。

【安装工作】2017年，供水公司完成汉林绿城小区、展鹏小区、冠林二期等新楼盘小区供水管道安装，同时完成建筑公司、国税小区、地税小区等旧小区"一户一表"改造等供水安装工程，完成新增用户水表安装1725只，完成安装收入及其他收入559.4万元，提高了企业经济效益。

【营销管理】2017年，供水公司加强营销管理。一是加强对计量水表管理。主要是对大口径大用户水表管理及监控和严把新进购水表检验，同时加强对到期水表更换，全年完成1058只到期水表更换。通过加强对计量水表管理，提升产量和提高经济效益。二是加大对管网查漏、探漏，加快维修，特别是对较陈旧管段进行及时跟踪管理或更换，降低管网漏损率。全年漏失率17.56%，控制在考核目标18%以内。三是加强抄表管理，严防营销漏洞。7月对抄表工作加强管理和整顿，由公司安监部成员分别对6个抄表员水表管理区域开展抽查，及时有效解决抄表中发现的问题，严防营销漏洞。

【精细化管理】2017年，供水公司制定精细化管理实施方案，成立精细化管理工作领导小组，确保公司精细化管理有效开展。全年精细化管理项目的总成本控制、接待费、漏失率、净水材料、管网维修费分别增长6.88%、下降21.03%、下降0.19%、下降11.39%、下降5.45%，精细化管理效果显著。

（赵辉锋）

化学工业

【概　况】大新县规上化工生产企业有2家，分别是广西德天化工循环股份有限公司、大新桂南化工有限公司，主要生产硫酸、钛白粉、硫酸锰、硫酸亚铁等产品，目前年生产能力：硫酸40

万吨、锐钛型钛白粉1.5万吨、硫酸锰2.5万吨(含中信大锰1万吨)、硫酸亚铁3万吨。2017年完成产值10.45亿元,同比增长15.7%。

其他工业

【概　况】2017年,大新县境内其余规上工业企业有3家,占全县工业总产值约3%。其中有色金属合金制造业1家,主要生产阳极板,用做电解金属锰生产中的电解板,生产规模0.6万吨;淀粉加工企业1家,生产规模1万吨木薯淀粉、1万预糊化淀粉;水泥制品制造业1家,为2016年新上规企业,年产水泥混凝土制品和石膏约5万吨。2017年完成产值2.87亿元,同比增长45.6%。

部分重要企业简介

【广西大新县雷平永鑫糖业有限公司】于2000年10月由原大新县雷平糖厂(始建于1987年,最初日处理甘蔗量为2000吨)和广西永鑫华糖集团有限公司共同出资改制成立。2017年,公司有员工615人,其中各类专业技术人员127人,各级管理人员250多人,每年榨季期间可安排就业人数1300多人。公司设3个大车间、12个科室共15个部门,占地24万平方米。公司生产规模为日处理原料蔗13000吨,属于制糖行业的大型企业。公司于2009年通过并执行ISO9001:2008、ISO14001:2004、OHSAS18001:2007、ISO22000:2005四标一体管理体系认证,同年入选广西规模以上工业主营业务收入前500家企业。2011年,公司新建的低碳低硫制糖工艺与全自动煮糖项目被国家工信部列为清洁生产应用示范项目,荣获国家奖励资金770万元,是广西唯一一家获此奖励的企业。2017/2018年榨季共处理原料蔗127.14万吨,产糖13.73万吨。2017年,公司实现工业总产值16.8亿元。

公司主要产品为一级白砂糖、赤砂糖、废蜜、蔗渣等。生产上实施主攻高端产品、高端市场策略,以高端饮料糖为主打产品,引进糖浆上浮项目,改进亚硫酸法澄清生产工艺,生产出目前国内市场上少有的二氧化硫残硫含量极低的白砂糖(白砂糖残硫量国家标准为每千克白砂糖残硫量小于30毫克,可口可乐饮料公司要求的标准为10毫克/千克,公司一级白砂糖残硫量均为5毫克/千克以下,最低达1毫克/千克,比欧盟产品糖质量标准6毫克/千克要求还低)。

近年来,公司的技术改造中不乏全国首创的新技术,包括平流式沉降器、自动中和硫熏器的开发与利用等。2006年,公司耗资300万元从英国引进两台甲糖分蜜机,实现了自动分蜜生产。2011年引进德国BMA公司制造的先进煮糖设备立式结晶罐项目,实现了煮糖过程的连续化和自动化。公司生产的高端产品“骏马”牌一级白砂糖荣获国家质检总局抽检名列前茅、广西产品质量优质奖等荣誉称号,产品主要提供给可口可乐饮料公司,并与广东加多宝、杭州娃哈哈等多家知名企业签订供货合同。

公司全蔗区种植甘蔗户为34000多户,有16万人口以种植甘蔗为主要生活来源。公司的发展还带动了运输、贸易等相关产业的发展,为老少边山穷地区农民开辟一条广阔的脱贫致富之路,成为大新县经济发展的龙头企业。2006年至今,一直被评为自治区农业产业化龙头企业。2013年被评为崇左市扶贫龙头企业。随着公司的不断壮大发展,公司将适度扩大制糖规模,加强蔗渣、糖蜜综合利用和制糖副产品深加工,重点抓好蔗渣中密度纤维板、蔗渣纸浆生产线建设,大力发展低聚糖、六元醇、无水酒精、有机复合肥等深加工产品,形成机制糖—精炼糖—各种综合利用产品的产业链,促进综合利用循环经济的形成和发展,成为清洁环保的大型现代制糖企业。

公司秉持一流技术,培育一流团队,造就一流品质,创建一流业绩,以“忠诚、严谨、创新”为企业文化理念,以工促农,促进农工商一体化发展,努力打造全国名优企业。

【广西大新县世纪飞龙制糖有限公司】是广西世纪飞龙集团属下的一家子公司。广西世纪飞龙集团是一家集生产、加工、商贸为一体的跨地区、跨行业的民营企业。固定资产超8.5亿元，年销售额达9亿元。世纪飞龙集团在2001年11月收购原大新县糖厂，改制成立广西大新县世纪飞龙制糖有限公司。公司成立以来，累计投资7.95亿元，使生产能力从原来的日榨甘蔗1500吨，提高到现在的日榨甘蔗10000吨，甘蔗种植面积从2001年的2666.67公顷增加到将近10000公顷，生产规模比原来扩大6倍，甘蔗种植面积比原来增加4倍多。公司拥有300多名技术过硬的员工队伍，生产期间为社会提供600多个就业岗位。2017年，公司实现工业总产值13.05亿元。

公司生产的主要产品有“兆龙”牌一级白砂糖、赤砂糖、糖蜜（桔水）、除髓蔗渣等，2013/2014年榨季处理原料蔗89万多吨，产糖9万多吨。2014/2015年榨季处理原料蔗69万多吨，产糖7万多吨；2015/2016年榨季处理原料蔗50多万吨，产糖5万多吨；2016/2017年榨季处理原料蔗42.65万吨，产糖4.8万吨；2017/2018年榨季处理原料蔗52.73万吨，产糖5.38万吨。产品多年经国家食糖产品质量监督检测中心和国家轻工业甘蔗糖业质量检验中心等单位抽查，各项指标均符合并优于国家标准，深受各方客商和消费者的信赖。

【中信大锰矿业有限责任公司大新锰矿分公司】 中信大锰矿业有限责任公司是集采、选、冶于一体的锰系产品生产与研发大型企业集团，总部设在广西南宁，总资产70亿元，拥有16家分公司和控股公司，员工8700人，为自治区强优工业企业、广西十佳企业。2010年11月18日，由公司境外控股公司重组成立的中信大锰控股有限公司(股票简称：中信大锰，股票代码：01091)成功在香港主板挂牌上市，成为中国首家在香港联交所主板上市的资源型锰业企业，也是广西首家在香港主板上市的国有企业。公司锰矿资源丰富，拥有中国最大的锰矿山，同时还拥有海外高品质矿产资源基地。核心产品生产均通过国家行业准入，并取得国际质量体系认证，是全球锰系产品的重要供应商，为电解金属锰、工业硫酸锰、饲料级硫酸锰、天然放电锰粉、化工锰粉、工业碳酸锰、软磁铁碳酸锰、工业氯化锰等产品国家和行业质量标准的起草和审定的主要单位。

公司坚持走可持续发展道路，加强对锰资源的科学利用、合理开发和有效保护，积极推进项目建设和自主创新，被国土资源部评为“全国矿产资源合理开发利用先进矿山企业”。与长沙矿冶研究院合作的“广义分选空间湿式永磁机的研制及大新锰矿碳酸锰工业试验”项目，荣获全国冶金矿山科技进步一等奖。2008年4月，公司承担的“高性能无汞碱锰电池级电解二氧化锰材料开发”和“热能回收型氧化锰微波还原焙烧技术开发”两个课题经国家科技部审批，列入国家“863”计划科研项目。2008年广西科技厅指定公司为“广西锰业工程技术研究中心”和广西首批自治区级产业基地——广西锰业产业化基地唯一建设单位。2009年自治区批准公司独立建设“广西锰业人才小高地”，并荣获“全国钢铁工业先进集体”称号。2010年，公司被自治区批准为“自治区千亿元产业广西锰业研发中心”的独立建设单位，被认定为国家高新技术企业。2011年，公司获批设置广西首批“八桂学者”和“特聘专家”岗位，被认定为自治区级企业技术中心，被授予“全国模范劳动关系和谐企业”称号。2012年获自治区批准组建“广西锰产业工程院”。

公司坚持产品延伸和产业扩张相并重战略，积极发挥企业国际运营和矿产资源两大优势，秉承“创新创业、炼锰炼人”之精神，树立“资源立矿，深加工强矿”之理念，恪守“以人为本、以锰为源、创造财富、创造生活”的价值观，切实履行好社会责任，为客户提供最好的产品和服务，为员工提供施展才能的广阔平台，为股东创造最大的价值。根据中信集团公司成为“综合优势明显、若干领域领先、具有核心竞争力的国际一流大型企业集团”的战略思想，推进产品纵向一体化战略，推动锰产业升级，通过近中期电解金属锰、电解二氧化锰、硫酸锰、锰酸锂、四氧化三锰、硅锰合金等项目的建设，公司将发展成为国内外具有重要影响力的锰业集团。

大新锰矿分公司是中信大锰矿业有限责任公司的分支机构和核心生产单位，其前身是广西大新锰矿。大新锰矿始建于1963年，是中国已探明矿储量最大的锰矿山之一。大新锰矿分公司地处大新县下雷镇，占地面积20.46平方公里，毗邻靖西县，与越南接壤，已探明的锰矿地质储量1.31亿吨，其中氧化锰储量951万吨，碳酸锰储量1.2亿吨，排在世界前列，发展潜能巨大。目前，分公司主要产品有电解金属锰、电解二氧化锰、硫酸锰、天然放电锰粉、冶金锰精矿、化工锰粉、碳酸锰粉等。

按照崇左市委、市政府的工业发展战略规划，大新锰矿分公司致力于技术改造和新产品开发，致力于将资源优势转化为经济优势，促进锰业技术创新和产业升级。2017年，分公司实现主营业务收入16.13亿元。

近年来，大新锰矿分公司先后荣获“全国钢铁工业先进集体”“全国安全生产月活动优秀单位”“全国模范劳动关系和谐企业”“全国模范职工之家”“全区守合同重信用企业”“广西十佳企业”“崇左市十佳工业企业”“崇左市非公有制工业企业上台阶特别贡献奖”等荣誉称号。

大新锰矿分公司勇担社会责任，确保劳动保障、环境保护、公共安全、法制建设等在企业内的贯彻落实，力塑健康发展新形象，公司主要产品生产均通过行业准入。公司生产全面进入行业标准化、节能环保型可持续发展轨道。在取得喜人业绩同时，公司积极支持地方建设，2008—2017年累计出资捐助超过1000万元，有力促进了当地交通、教育、文化、体育以及环保等事业发展，矿地和谐理念深入人心。

【广西新振锰业集团有限公司】 起源于1988年成立的大新县新振锰粉厂，1996年改制后注册成立广西大新县新振锰品有限责任公司，2008年1月组建成立广西新振锰业集团有限公司，简称新锰集团，是一家立足桂西锰矿优势的资源深加工型民营企业，主要从事锰矿勘探开采、锰系合金生产销售、房地产、市政工程、进出口贸易及金融服务等业务。集团注册资金9803万元，下属有13家子公司及厂矿，拥有总资产23亿元、净资产16亿元，实现年销售收入20多亿元，是中国十大锰系合金产品供应商和广西民营经济50强企业之一，也是自治区人民政府列名重点支持的两家锰资源深加工企业之一。2017年，企业实现工业总产值35.48亿元。

公司坚持科学发展，不断加大装备工艺技术创新力度，切实提高产品附加值和客户服务水平，同时尝试跨行业突破和整合，努力实现“做强锰业、多元发展、适时上市”的战略发展目标，先后荣获“全国诚信守法乡镇企业”“全国守合同重信用企业”“广西强优民营企业”“广西企业100强”“广西50强私营企业”“广西诚信纳税人”“自治区科技进步奖”“崇左市10强企业奖”“县域经济发展特别贡献奖”“先进基层党组织”、银行“AAA级信用企业”、海关“AA类管理企业”等称号。

新锰集团在追求自身发展壮大同时，始终把促进社会共同发展作为企业基本责任。一是积极参与希望工程等社会公益活动，通过捐资助学、扶贫济困、无偿代建、抗震救灾等形式，向学校、部队、贫困山区等捐款捐物累计3000多万元。二是通过村企共建、代投代管、无息借款等方式积极参与社会主义新农村建设，在桃城镇宝贤村价屯先后投入5000多万元扶持村办工厂、养殖企业建设。2013年以来，响应自治区党委、政府号召，投入650万元参与“美丽广西·清洁乡村”建设。自治区多位领导先后深入新锰集团承担的公益项目考察指导，对多个项目的创新性和务实性予以高度评价。

公司董事长言胜斌先后荣获“全国关爱员工优秀民营企业家”“全国光彩事业先进奖”“自治区劳动模范”“自治区优秀企业家”“自治区优秀中国特色社会主义事业建设者”等称号，是广西商会副会长，自治区八、九、十届政协委员，崇左市政协常委。

【广西大新县下雷俊达锰业有限公司】 现有职工340名，主要产品有天然放电锰粉、碳酸锰粉、化工锰粉、冶金锰精矿等，畅销国内外10多个厂家。生产的天然放电锰粉，质量稳定，放电性能优良，已通过ISO9001国际质量体系认证，深受客商青睐。生产的碳酸锰粉量大、品质佳，是生产电解金属锰重要原料基地。2017年，公司实现工业总产值6.94亿元。

公司承担社会责任，2008—2009年，支持公益事业建设经费共42万元，此外，还多次无偿使用钩机、铲车、汽车等积极参与公益事业项目建设、城乡清洁工程、新农村建设等，为构建和谐社会做出积极贡献。公司先后获评2008年“大新县工业生产先进单位”,2009年“全国扶残助残先进集体”“崇左市扶残助残先进集体”“大新县优秀工业企业”。公司法人代表许乃俊,守法诚信经营,业绩年年提高,先富不忘带后富,积极投身扶贫开发和新农村建设,以个人名义捐助社区投入各项建设11万元,2008年、2009年连续两年获县委、县政府颁发“优秀企业家”荣誉标号。

公司重视企业科学管理、人才培养和职工整体素质提高,拥有一支团结进取、开拓创新的领导班子队伍。企业经营思路科学,基础管理扎实,注重科研和多元化产品开发,致力于生产高附加值锰系列、碳酸钙系列深加工产品,同时注重调整产品结构,坚持以市场为导向、以顾客需求为核心、以质量为企业生命的主导思想,进一步开拓国内外市场,全面增强国内外市场竞争力。

【广西中物矿业有限公司】 是经自治区工商行政管理局核准,于2002年11月5日注册成立的一家工贸企业,享有中华人民共和国进出口企业资格证书及与毗邻国家开展边境贸易资格。其前身为国营大新县铁合金厂,于2000年通过改制后对外招租,随后由北海经济能人蒋某某承包,2002年改由卢宏宇承包。公司位于大新县城西南郊利江河畔,占地面积18.67公顷,距县城1公里,距首府南宁143公里,距崇左市80公里,交通运输十分便利。

公司现有职工680人,其中技术人员占80%以上,人力资源雄厚。公司董事会下设总经理1人,副总经理2人,财务部、生产管理部、人力资源部、公关部、职工代表大会、进出口部、检验部、质量控制检测中心、生产车间、成品间、库房、过磅房、保安部、职工食堂等机构,主要生产硅锰合金系列产品,中低碳锰、锰铁产品主要销往日本、东南亚等国家和中国台湾、香港地区,部分供给国内钢铁企业。公司还经营矿产品、有色金属产品、矿山机械、汽车及农业机械,并以进出口、进来料加工及边境贸易等方式开展国际贸易业务。2009—2011年,公司在原生产规模基础上增加投入资金1800万元,新扩建1台9000千伏安、1台12500千伏安和1台6300千伏安电矿热炉,一条中低碳锰生产线,年生产硅锰合金、锰铁、铬铁等铁合金产品6万吨,年产值约2.5亿元,出口创汇2500万美元。2017年,公司实现工业总产值8.31亿元。

【大新县水利电业有限公司】 由广西水利电业有限公司控股、大新县电力公司参股共同组建,于2003年1月26日正式挂牌成立。公司注册资金3758万元,其中广西水利电业有限公司占57%的股份,大新县电力公司占43%的股份。大新县电力公司前身是大新县小水电公司,成立于1981年6月,1998年11月11日更名为大新县电力公司。县电力公司自成立之日起,在全县各乡镇就设立电力管理站,负责全县各乡镇农村电网的经营维护,其人财物均纳入县电力公司统一管理。根据电力体制改革要求,2002年12月13日,县人民政府下文将县电力公司由原来的事业单位改制为企业单位。2003年1月,广西水利电业有限公司注入县电力公司11145万元农网改造资金,使县电力公司成为广西水利电业有限公司第一批成功进行改制的县级供电企业之一。之后公司将电力管理站更名为供电营业所,并全面推行“三公开、四到户、五统一”的农电服务。

公司现有正式员工421人,聘用农电工193人,内设经理工作部、财务部、人力部、生产技术部、营销部、建设部、安全监察部、党群工作部等8个中层职能部门,16个供电所和16个变电站,主要担负全县14个乡镇146个村(社区)38万人工农业生产和生活供电任务。2012年,供电量完成9.46亿千瓦时,售电量完成9.15亿千瓦时,销售收入完成4.15亿元。公司拥有110千伏变电站2座,总变电容量63兆伏安;35千伏变电站16座,变电容量59.4兆伏安。35千伏线路32条共417.38公里,10千伏线路78条共1844.651公里;配电台区2420个,配变总容量达177.958兆伏安(其中公用变1573台、容量为89.17兆伏安,专用变802台、容量为84.918兆伏安,自备变45台,容量为3.87兆伏安);有供电客户11.38万户,工业用户数21户(工业大用户),农业用户数88677户。2017年,公司实现工业总产值5.36亿元。

公司始终坚持“为地方经济社会发展服务”宗旨,以创建一流供电企业为目标,大力弘扬“服务、创新、卓越”企业精神,坚持以安全生产为基础，以加快电网建设为主线，以提高经济效益为中心，为地方经济发展和人民生活提供优质高效供电服务。与此同时，企业科技和现代化管理水平也在快速提高，计算机管理技术在电网运行、电力调度、财务管理、电力营销、行政办公等各方面广泛应用。近年来，公司率先通过广西水利电业集团全面规范化管理、安全生产规范化管理达标验收，企业迈上现代化管理轨道，先后被授予“全国优秀水利企业”“全国农村水电行业文明服务示范单位”“自治区级文明单位”“广西优秀企业”“广西和谐劳动关系优秀企业”“大新县工业经济突出贡献奖”等荣誉称号。

【广西德天化工循环股份有限公司】 2008年1月31日，为适应地方国企改制进程，兴美祥公司股东出资成立广西德天化工循环股份有限公司。同年7月10日，德天公司成功竞购大新县化工厂全部破产财产及19.53公顷原用地的国有土地使用权，为构造“节能减排、清洁生产”的化工循环生产装置提供发展优势和地理空间。德天公司现有资产2亿元，年实现销售3亿元；员工760余人，其中工程技术人员80余人。2017年，公司实现工业总产值8.92亿元。

公司初步形成以上下游装置为骨干，以物料循环生产为特征，将上道装置的产品和固体废弃物，做为下道装置的原料和产品，以此提高生产成本控制，降低能源物料消耗，减少工业废弃物排放。公司已建成使用装置有20万吨/年硫黄制酸生产线、2万吨/年钛白粉生产线、1.5万吨/年硫酸锰生产线、1.5万吨/年一水和五水硫酸亚铁生产线、5万吨/年脱硫石膏生产线。其中，硫酸装置提供的硫酸、蒸汽供钛白装置使用，电力供其自用；同时停用公司原来使用的5台工业锅炉，年节标煤2.6万吨。钛白装置所产的废酸供硫酸锰使用，七水硫酸亚铁供一水和五水硫酸亚铁使用；废水处理后的泥渣供脱硫石膏使用，生产水泥缓释剂。硫酸锰装置的废渣做生产建筑用砖的主要原料(1500万块砖/年的装置正在开工建设)，全部废水达标后排放。下一步，公司将进行工业废水深度治理，实现废水循环使用，争取做到零排放。

公司致力可持续运营，信奉“小信成则大信立”营销法则，注重形成互利共荣的客户群体；注重企业文化建设，倡导“以谋求公司整体利益为己任”的核心价值观，注重建立忠诚进取的员工队伍。

公司依据“从产品经营到产业运营再到资本运作”的路径选择，不断提升效益、改进品质、完善责任，在节能减排、循环生产方面推进传统化工企业转型，努力建设“节能减排，环境友好；清洁生产，循环经济”的新型化工企业。

【广西大新桂南化工有限公司公司】 于2005年6月成立，由广西中信大锰矿业业有限公司及其员工、日本住友商事(中国)有限公司等共同出资组建，注册资金2715.71万元，位于中信大锰矿区。股比结构为广西中信大锰矿业有限公司控股55.32%，外资股份15%，其余股份29.68%。

公司主要产品是硫酸和工业用蒸汽，年产硫酸20万吨，工业用蒸汽年销售1.2亿元以上，主要为中信大锰及其他生产电解金属锰、硫酸锰、电解二氧化锰等厂家配套供应硫酸和工业用蒸汽。2017年，公司实现工业总产值1.53亿元。

【广西展鹏工贸有限公司】 于2014年12月4日成立，注册资本1000万元，实收资本800万元，位于桃城镇华侨经济管理区宝贤村委对面(县城西环路西侧)，是专业从事钢制防盗门、钢制室内门、钢制防火门等研发、生产及销售的高技术门业企业。公司现有职工80人，其中大专以上学历12人，占职工总数的15%；工程技术人员11人，占职工总数的14%。

公司主营业务有钢质非标大门、钢质套装门、钢质室内门、钢质防火门、防盗安全门、铝合金门窗、金属门窗、家具制品(除木制品)的生产加工、销售及安装维修等。公司主要以研发、生产钢制防盗门、钢制室内门、钢制套装门为主，年产量达3万樘，其中钢制防盗门1.5万樘，钢制室内门0.9万樘，钢制套装门0.6万樘。产品市场方向为房地产工程门市场及零售门市场供货，市场区域主要面向本县及其周边宁明、龙州、德保、靖西等县(市)，其中在当地市场占有率30%左右，其以优异的品质和完善的售后服务获得客户广泛赞誉，市场品牌具有一定影响力。公司产品市场竞争力强，发展前景好，管理水平高，信誉状况好，在中国工商银行信用等级中，被评定为AA级。2017年，公司营业收入4012万元。

【广西新锰门业科技有限公司】 于2014年10月成立，位于桃城镇，2015年投资1300万元建设新型环保钢质门、防火门、防盗门加工项目，2016年项目竣工投产，投产后形成年产20万平方米铝合金门窗、6万樘防盗门、6万樘室内门、6万樘卫生间门，项目产品除了开发广西市场外，还出口越南，力争打造成为广西一流出口型门窗加工企业。公司采用高品质低碳钢，强度坚韧，可塑性强，焊接性能好，可锻造，耐冲压，能较好抵抗环境外物腐蚀，同时采用进口涂料不仅更加环保，而且有稳定优质的品质保证，在保证人体健康同时，反映在门面上的涂料更加饱满，使门面整体更加立体美观，触感体验上也有质的飞跃。公司防盗门系列采用超B级锁防技开时间达180分钟，是国家标准A级锁的180倍、B级锁的36倍，使用安全、可靠；室内磁吸门系列，打破传统锁体结构，磁吸锁体静音效果更佳，能够有效减少锁舌和门框的碰撞，磁吸开合无噪音，打造真正的静音门。2017年，公司营业收入3233万元。

（黄志彬）

农业·农村

□编辑　农金安

种　植　业

【概　况】 大新县农业局位于桃城镇养利中路450号，占地面积0.79公顷，2017年内设办公室、政策法规与农产品质量安全监督股、计划财务股、市场信息与科教管理股、农业管理股等5个股（室），下辖农业行政综合执法大队、农业技术推广站、植保植检站、水果生产服务站、农产品质量安全监督管理站、土壤肥料工作站、种子管理站、农业区划委员会办公室、农业试验繁殖场、种子公司等10个企事业单位；乡（镇）设有农业技术推广站14个。全县农业队伍在编在岗干部职工84人，其中行政人员18人，工勤人员2人，高级农艺师3人，农艺师27人，助理农艺师23人，事业管理人员3人，技术工人8人。

【粮食生产】 2017年，大新县全年完成粮食生产种植面积27080公顷，其中完成水稻种植面积15366.67公顷，玉米播种面积8140公顷，其他粮食种植面积3573.33公顷。全年完成粮食总产量11.93万吨，占崇左市下达粮食生产任务11.57万吨的103.11%。同时，加强耕地质量保护和提升工作。根据有关文件要求每亩耕地补贴不少于1元，全县耕地保有量68780公顷，需用经费103.17万元保护与提升耕地质量，县级11月10日全部下达耕地质量保护与提升项目经费，并在堪圩、硕龙和那岭等乡（镇）实施标准化多功能油菜和苕子种植。基本农田耕地质量监测工作每6666.67公顷基本农田设立一个监测点，每个监测点经费不少于1万元。全县基本农田保护任务是53333.33公顷，需8万元经费建立8个监测点，至年底，完成8个监测点选点、雕刻标识石碑。

【新品种新技术推广】 2017年，大新县继续加强新品种新技术推广。一是加强测土配方施肥技术推广与应用。全年共完成推广测土配方施肥技术推广45566.67公顷。其中早稻12233.33公顷，玉米6733.33公顷，甘蔗26600公顷，测土配方施肥比农民常规施肥收益显著提高，为全县农业增加纯收入4079.81万元。二是加快生产型新型职业农民培育工作。采取适应农民学习和农业生产规律的“分段式、重实训、参与式”模式。2017年培育新型职业农民233人，培训班共有5个班。三是继续推广“三免”、“三避”、粮食增产十大主推等技术，全年共完成“三免”技术7133.33公顷，“三避”技术14333.33公顷，粮食增产十大主推技术15066.67公顷。推广水稻、玉米新品种等2133.33公顷。

【现代特色农业示范区建设】 2017年，崇左市下达大新县现代特色农业示范区建设任务指标是建成1个市级、1个县级、1个乡级示范区。根据《大新县现代特色农业示范区建设（2016—2017年）行动方案》要求，县农业局牵头抓好贯彻落实。一是抓好市级示范区（大新县明仕田园休闲农业示范区）建设。示范区以“休闲农业”为主题，以“智慧园区、互联网＋旅游”为理念。引进大新明仕旅游发展有限公司、广西大新绿野上品生态农业科技有限责任公司等多家公司，成立大新县康华有机水稻种植专业合作社、明仕农宿协会等多家合作组织，形成“公司＋基地＋农户”“合作社(协会)+农户”等多种经营模式。建设以打造“农业+旅游”为主的休闲农业示范区,其中分别布局有“一轴一带三园四区一小镇”(一轴:田园风光景观轴;一带:明仕河漂流观光带;三园:稻作文化观光体验园、乡村乐园、立体循环种植示范园;四区:综合服务接待区、花映稻香区、山水田园度假区、喀斯特风貌观光区;一小镇:堪圩风情小镇)。近年来,示范区整合各类资金近1.9亿元,建设水、电、路、通信及观光码头、农家乐等各项休闲旅游基础设施,连片种植优质水稻246.56公顷,水果采摘园4个,建成占地面积6.67公顷的“稻鸭共育”立体循环种养示范基地1个,年产优质珍珠鸭种苗约3万只,年出栏优质肉鸭约2万只,珍珠鸭蛋30万枚。“农家乐一条街”共发展农家乐、农家旅馆等50多家,年平均接待旅客量72万人次,2017年核心区农民人均纯收入13069元。年内,大新县明仕田园休闲农业示范区荣获崇左市2017年第三批“崇左市现代特色农业示范区”称号。二是抓好县、乡两级示范区建设。结合产业扶贫、乡村旅游等,重点建设3个县级示范区(大新县上甲肉牛生态养殖示范区、大新县灵熬碧剑剑麻产业示范区、大新县中军黄花梨+香樟混交林业示范区)和4个乡级示范区(大新县龙门乡龙峡葡萄产业示范园、大新县下雷镇岜倅休闲农业示范园、大新县全茗镇新兴休闲农业示范园、大新县桃城镇决帮砂仁林业扶贫示范园)。根据《广西壮族自治区人民政府关于认定第五批广西现代特色农业县级示范区、乡级示范园的决定》(桂政发〔2017〕63号)文件精神,大新县上甲肉牛生态养殖示范区获评县级示范区,大新县灵熬碧剑剑麻产业示范区入围县级示范区,大新县龙门乡龙峡葡萄产业示范园、大新县全茗镇新兴休闲农业示范园、大新县桃城镇决帮砂仁林业扶贫示范园等3个获评乡级示范园,大新县下雷镇岜倅休闲农业示范园入围乡级示范园。年内,示范区(园)建设成效显著,有效带动周边群众致富增收。

广西现代特色农业示范区——大新县宝圩乡上甲肉牛生态养殖示范区

【农产品质量安全监管】 2017年,大新县高度重视农产品质量安全监管,确保人民群众食品安全。一是做好农产品(蔬菜)质量安全监测工作。根据农业厅的监测任务要求,严格按检测程序,全县全年共完成蔬菜水果例行检测13428个,合格13428个,合格率100%,完成全年任务103.1%(其中,县站完成蔬菜水果例行检测2181个,合格2181个,合格率100%;乡级完成蔬菜水果例行检测11247个,合格11247个,合格率100%)。在重要节假日前后还加大检测范围和数量,确保全县人民群众吃上放心菜。二是加大农业行政综合执法力度。全年共出动执法人员165人次,检查农资店面185家次,立案查处2起假冒农药登记证号和销售违禁农药的违法行为和1起销售抽检不合格的肥料案件,罚款及没收违法所得0.56万元,维护农资市场秩序,进一步强化对种子、化肥及农药等农资的清理整顿。年内,全县无重大农资违法生产经营案件,各类农资货源充足,价格稳定,无重大农产品质量安全事故发生。同时,加快完成区市下达的年度抽样检验工作,完成16个水稻抽样送检、3个番木瓜种苗转基因抽样送检和7个肥料、3个农药抽样送检任务、18个农药标签抽检任务。

【病虫害防治防控】 2017年,县农业局以村、组、农户为切入点,切实开展病虫害监测预报、农作物重大病虫害统防统治及农药安全使用指导等工作。年内，针对水稻、玉米、甘蔗、果树等发布病虫情报16期；完成五天一报51期，重大病虫害周报24期，同期对比22份，病虫害信息卡4期，植检月报表12期，越冬调查表3份；完成水稻病虫害防治指导29533.33公顷次，挽回粮食损失847.58吨；完成玉米病虫害防治指导10353.33公顷次，挽回粮食损失836.244万公斤；完成玉米防治面积9580公顷次，挽回粮食损失241.42万公斤；完成甘蔗病虫害防治指导118006.67公顷次，挽回甘蔗鲜茎3696.87万公斤。

【耕地地力保护补贴发放】 2017年，县农业局根据区财政厅、农业厅的通知精神，4月初开始启动耕地地力保护补贴工作。根据各乡（镇）上报补贴面积，及时汇总并开展面积核实工作并按程序申请划拨资金。全县耕地地力保护补贴面积27616.53公顷，补贴标准1240.5元/公顷，补贴资金总额34252188.15元（其中2016年结余71602.4元），年内全部完成补贴资金发放工作。结余资金39414.25元作为结转资金在下一年度继续统筹安排用于农业支持保护补贴相关工作。

【甘蔗良种良法种植】 2017年，崇左市下达大新县甘蔗良种良法种植任务3000公顷，全县落实83个片区3380.6公顷，占任务的112.68%。“双高”基地良种良法（全部是优良品种，按1.2米行距开行）种植面积占已落实总面积的100%。年初，将自治区良种补助专项资金1975.03万元预拨给各乡镇预订蔗种。

【特色优势产业】 2017年，县农业局大力发展特色优势产业。一是发展蔬菜种植4686.67公顷，同时主抓甜南瓜、淮山、食用菌等特色蔬菜发展，有力促进农民增收。二是发展水果种植3780公顷，其中新种水果177公顷，淘汰低产劣质蕉园、橘园73.33公顷，有效优化水果种植结构。水果总产值23550万元，同比增加4.47%。三是建成1个农产品加工企业——广西大新亿春食品有限公司，主要开展生姜产品深加工，产品销售往欧美国家，占地面积3公顷，厂房5000平方米，年创产值约5000万元。

【产业扶贫】 2017年，县农业局充分发挥部门职能作用，全力抓好产业扶贫工作。一是特色产业健康发展。全县共有贫困户16740户，除全家外出务工和无劳动能力户，年内全县12013户有甘蔗、优质水稻、桉树、乡村旅游及休闲农业、养猪、养牛、中草药等特色产业，特色优势产业覆盖贫困户比例73.06%。二是扶贫产业开发项目有序开展。全县发展扶贫产业开发项目共311个，年内各项目正在抓紧实施中，并初步完成《大新县“十三五”扶贫项目库储备项目》编报工作。三是大力发展贫困村村级集体经济。全县共有贫困村48个，年内采取产业带动型、股份合作型、服务创收型、社会帮扶型等多种形式，发展壮大村级集体经济，至年底，15个脱贫村村级集体经济收入均达2万元以上；全县48个贫困村中有37个贫困村村级集体经济收入达2万元以上，占全县所有贫困村的77.08%。

【“宜居乡村”建设】 2017年，大新县根据上级文件精神，制定行政村经济发展计划（2017—2018年），培育1个带动农户增收的新型农业经营主体，打造1个现代农业生产示范基地，发展村级集体经济项目，建设农村电子商务服务点，创建区、市、县、乡四级“产业富民”示范村（屯）工作，培育生产经营型、专业技能型和专业服务型新型职业农民200多人。全年共开展5个新型职业农民培训班，分别是桃城宝新村考屯甘蔗班、雷平怀义村板限屯甘蔗班、雷平左安村柑橘班、桃城华侨农场龙眼班、恩城新胜屯葡萄班，共培训生产经营型、专业技能型和专业服务型新型职业农民301人。

（赵秋平　许志英）

甘蔗生产

【概　况】 2017年，大新县糖业发展办公室有编制11个，设主任1名，副主任2人，内设综合股、糖料发展股、科技与生产股、产业协调与规划股。年内，县糖业办认真贯彻落实县委、县政府部署，充分发挥部门作用，狠抓甘蔗生产、榨季原料蔗砍运榨和糖料蔗“双高”基地建设工作等，取得较好成绩。

【甘蔗种植】 2017年，大新县完成甘蔗种植面积32626.67公顷；崇左市下达大新县“双高”基地建设任务3000公顷，全县共落实83个片区3380公顷，占崇左市下达任务的112.69%；土地整治工程通过县级验收2片126.67公顷；水利化项目完成设计59片共2513.33公顷，占任务的75.2%，其中，动工24处，完工并通过验收1处，正在施工23处，未动工59处；上级下达土地整治专项资金4700万元，划拨2732.71万元，占下达资金的58.14%；上级下达水利化项目专项资金4325.5万元，划拨200万元，占下达资金的4.62%；甘蔗良种补贴兑付资金1975.03万元全部兑现；至2017年，累计落实“双高”基地383个片区16106.67公顷。

【榨季生产】 2017/2018年榨季，大新县继续加强对榨季生产各项工作的组织、协调和领导，制定出台《2017/2018年榨季糖料蔗砍运秩序维护实施方案》，进一步完善各项工作措施和工作机制，全力组织县公安局、工商局、县法院、县检察院、县司法局以及各乡（镇）认真做好榨季蔗区原料蔗砍运秩管理工作，由县公安局和各乡（镇）组成固定稽查组，县公安局、糖业办和运管所等单位组成流动稽查组，全天候对运输甘蔗车辆进行实时管控，严把甘蔗外流关，保证榨季工作顺利进行。榨季工作从2017年12月5日开始，2018年4月5日结束，历时122天，入厂原料蔗217.4万吨，其中永鑫公司127.14万吨，飞龙公司52.73万吨，湘桂公司31.62万吨，中粮江州公司5.92万吨；产糖量23.57万吨，其中永鑫公司13.73万吨（产糖率10.8%），飞龙公司5.38万吨（产糖率10.2%），湘桂公司3.78万吨（产糖率11.96%），中粮江州公司0.68万吨（产糖率11.52%），普通糖料蔗收购首付价为500元/吨，优良品种加价30元/吨。

【制糖企业重组】 2017年，大新县根据《广西壮族自治区人民政府办公厅关于印发广西糖业二次创业总体方案（2015—2020年）的通知》要求，坚持“政府引导、企业主体、市场运作”原则，促成中粮屯河崇左糖业有限公司对大新县雷平永鑫糖业有限公司和大新县世纪飞龙制糖有限公司进行资产收购，实现大新县制糖企业战略重组。制定印发《大新县糖业二次创业总体规划》《大新县制糖企业战略重组工作实施方案》等政策文件，进一步加快推进全县糖业“二次创业”步伐，从甘蔗种植、加工制造与利用、市场与服务体系三大板块着手，提升全县糖业核心竞争力。同时，积极引导辖区内两家制糖企业实施战略重组，进一步促进产业转型升级。年内，中粮公司与世纪飞龙公司签订合作备忘录，完成尽职调查、评估、审计等工作，战略重组工作正在有序推进中。

【科技兴蔗】 2017年，县糖业办继续加强对乡（镇）、村（屯）技术骨干和蔗农进行技术培训，进一步提高全县蔗农种管技术水平。全年与县科技、农业、农机等部门协调配合，举办甘蔗技术培训班18期，培训人数0.58万人次，组织派出技术人员120多人次，深入各乡（镇）及制糖企业认真指导开展科技培训及防灾减灾活动，发放技术资料近2.3万份，参加科技活动周活动接待群众咨询550多人次。

（韦学忠）

林　业

【概　况】 2017年，大新县林业局内设办公室、财务室、技术推广站、种苗站、森防站、防火办、林政站、木检站、森林公安局（森林公安局下设城南派出所）林改办、法律法规股、农村能源办等12个机构，有干部职工61人；下辖下雷自治区级自然保护区、小明山林场、上湖林场、隘江林场、中军种苗站、苦丁茶场、新江苗圃及县木材公司，有干部职工545人，其中在职323人，退休224人。全县14个乡镇设有林业工作站，为全额拨款事业单位，编制36名，实有24名。年内，全县完成林业总产值139485万元，同比增长11.6%；完成林业投资24022万元，增长4.4%，其中，固定资产投资项目完成立项批复10455万元，完成投资10455万元；森林旅游收入1.25亿元，山上造林1200公顷；义务植树54万株；完成绿化村屯和单位庭院19个；林木总蓄积量445万立方米，林地总面积176900公顷，森林覆盖率66.17%。

【造林绿化】 2017年，大新县

积极推进造林绿化，取得丰硕成果。一是完成植树造林总面积1256.64公顷（其中荒山荒地造林51.63公顷、迹地人工更新88.61公顷、迹地萌芽更新634.8公顷、灌木林地封山育林481.6公顷）；二是完成中幼林抚育面积1026.04公顷；三是完成全民义务植树54.4万株；四是完成绿化村屯和单位庭院19个，绿化大苗1922株。

【森林资源管护】 2017年，县林业局多措并举，加强森林资源管护，全年实现“四无”目标（无重大乱砍滥伐案件发生、无重大森林病虫灾害发生、无重大森林火灾发生、无因重大山林纠纷案件而越级上访现象发生）。一是开展打击破坏森林资源违法活动。全县共查处各类森林案件85起，查处85起。林政案件立38起，查处37起。二是严格执行限额采伐制度。核发商品林林木采伐许可证129张，采伐林木蓄积量110355立方米，采伐蓄积量占年度采伐限额79%。三是严格依法审核报批项目征占用林地，制止非法占用林地、规范使用林地行为。四是完成保护区内五个采石场植被恢复工作。年内，全县自然保护区内原5个采石场共有实施的植被恢复面积是36477平方米，完成种植面积共计17463平方米。五是开展全县第二次古树名木资源普查。组织45名技术人员分成5个工作队，深入14个乡镇、3个国有林场、1个华侨经济管理区进行普查，共完成古树名木调查1615棵。六是抓好森林防火工作。建立健全森林防火工作责任制，分别与14个乡镇签订森林防火目标责任状，将任务具体落实到部门、分配到个人，全年无重大火灾案件发生。七是抓好山林纠纷调处。集中对突出重点山林权属纠纷案件进行有效调处，维护林区稳定，全年无重大山林纠纷案件发生。八是坚持森林病虫害防治工作。完成松材线虫病实施监测面积7657.87公顷，松材线虫病监测率100%。

【涉林政策落实】 2017年，大新县积极贯彻落实各项涉林政策。一是积极兑现新一轮退耕还林政策。全县完成新一轮退耕还林造林面积333.33公顷；完成合同签订面积333.33公顷；新一轮退耕还林补助资金到位400万元，完成兑现政策补助资金363.6万元。二是推进农村能源项目建设。全县2016—2017年有4个自治区本级财政预算农村能源建设项目，项目建设资金130万元，其中，大新县榄圩乡阿荣养殖场农村有机垃圾沼气化处理建设项目30万元，大新县榄圩乡新排村或二屯黄侯康养殖场农村有机垃圾沼气化处理建设项目30万元，大新县榄圩乡德成养殖场农村有机垃圾沼气化处理建设项目30万元，大新县恩城乡陆榜村苏屯、雷平镇安平村太阳能综合利用示范项目40万元。三是开展建档立卡贫困人口生态护林员选聘工作。结合实际按每个贫困护林员每年3150元的补助标准，确定全县14个乡镇选聘生态护林员955名，管护森林资源面积约168424.77公顷。

【国有林场改革】 2017年，大新县小明山林场、上湖林场和隘江林场列为全区国有林场改革试点，全县3个国有林场合并为一个林场，国有林场由自收自支的性质改为财政差额补贴。6月14—16日，分别召开隘江林场、上湖林场和小明山林场改革职工大会。年内，完成“三定”工作和社会保障、职工安置、改革资金拨付等工作，全县国有林场改革工作进入扫尾阶段。

（郭家梁）

水 利

【概　况】 大新县水利局是县人民政府主管的水利行政的职能部门，统一管理全县水资源和河道、山塘、水库，组织、指导全县农田水利基本建设，主管全县防汛抗旱和水土保持工作。2017年，局机关有在编在职人员41人，内设办公室、财务室、防汛办、工管站、农水站、水政站、水保站等7个站（室）；下辖跃进水渠、乔苗水库、那岸水利管理所、水利局物资站，年末有职工人数143人，其中在职职工84人，离退休职工59人。

【水政水资源管理】 2017年，县水利局积极落实最严格的水资源管理制度，以取用水总量控制为核心，落实水资源有偿使用制度，合理开发利用保护和管理水资源，并依法征收水资源费203万元。加大涉河建设项目的审批和违法案件查处力度，查处水事违法案件2起。加强执法队伍建设,水行政执法队伍得到充实,执法水平进一步提高。年内,对堪圩乡明仕河段河中、河边乱搭乱盖建筑物(鱼塘)进行综合整治,维护明仕河自然景观和河流生态健康。充分利用“中国水周”“世界水日”“安全生产活动月”等时机,积极开展水法律法规宣传活动,通过悬挂横额、上街义务咨询和发放宣传单、宣传画、宣传专辑等各种资料5000多份/册,不断增强全社会水资源管理意识。

【防汛抗旱】 2017年,县水利局认真做好各项防汛抗旱工作。一是成立防汛抗旱指挥部。及时调整由县长为总指挥长,分管副县长为指挥长,相关部门为成员的大新县防汛抗旱指挥部。全县14个乡(镇)也相应调整本乡(镇)防汛抗旱指挥机构,明确责任分工,切实做到人员到位、责任到位、措施到位。落实小型水库安全管理员制度和汛期巡查制度,汛期24小时有人值班,做好上传下达工作。落实以行政首长负责制为核心的各项防汛责任制,明确防汛行政责任人、技术负责人和水库管理员,并做好公告,接受社会监督。二是做好防汛备汛检查工作。汛前和汛中,组织相关部门以全县中小型水库、水利工程运行、在建水利项目、河道治理、水上交通、堤坝、农村水电站及配套电网等为重点组织开展安全专项检查。同时,对防汛队伍组织、物资储备、抢险道路、水雨情预报、通信调度等方面落实情况进行检查,对所查出的隐患问题限期整改,为群众生命财产安全保障打下良好基础。另外,县指挥部派出防汛行政人到联系乡镇开展防汛备汛工作督查,发现问题及时督促整改。三是及时修订和完善防汛应急预案。组织相关人员对抗洪抢险、抵御洪涝灾害、抵御台风等应急预案进行修订完善,水库度汛预案做到一库一案,山洪灾害防御预案做到一点一案,保证应急预案与现实情况的协调统一,同时修编各类应急预案。

【水土保持工作】 2017年,县水利局加强坡耕地水土流失综合治理工作,加快耕地水土流失综合治理工程项目建设。一是完成2016年坡耕地水土流失综合治理工程项目建设。全县2016年度坡耕地水土流失综合治理工程实施项目区设在榄圩乡,涉及2个村5个自然屯,治理总面积253.35公顷。本项目投资计划1125万元,其中,中央预算内900万元,自治区补助112万元,县级配套113万元。项目于2016年4月1日开工建设,2017年底完工并进行验收。二是完成2017年堪圩乡拔浪村生态清洁型小流域项目建设。堪圩乡拔浪村是全县48个贫困村之一,生态清洁型小流域项目治理流域总面积10.05平方千米,项目计划总投资151万元,于2017年10月31日进场开工,年内完成部分建设项目:完成渠道土渠开挖及渠道施工衬砌;完成封禁治理面积7.55平方公里及封禁牌;主体工程完成项目投资120万元,占项目投资计划的79.4%。

【水利工程管理】 2017年,县水利局认真做好全县水利工程设施管理工作,掌握好各水利工程设施运行状况,督促各下属水管单位做好工程运行管理,保证各水利渠道正常运行,更好地为灌区服务,发挥水利工程应有的效益。加强现有水库的安全运行管理,全县现有中小型水库14座,其中中型水库1座,小(1)型水库7座,小(2)型水库6座。年内,未有险情及安全事故发生。

【水利项目建设】 2017年,县水利局认真实施重点水利项目建设,完成历年抗旱规划项目的扫尾工作和2017年水利项目实施工作。

2014—2016年抗旱规划项目 一是2016年抗旱应急备用井项目。实施备用井项目49个,年内全部完工。二是大新县乔苗水库桃城镇、全茗镇抗旱应急供水工程。该工程属2014年度建设任务,工程概算总投资1586.81万元,合同金额1112.435万元,年内完成总投资的90%。三是大新县那礼水库那岭乡抗旱应急供水工程。该工程属2015年度建设任务,工程概算总投资443.81万元,合同金额334.8242万元,年内完成总投资的95%。四是派林水库昌明乡抗旱应急供水工程。该工程属2016年度建设任务,工程概算总投资673.27万元,合同金额459.9057万元,年内完成总投资的85%。五是广西重点山洪沟治理项目——恩城乡万礼沟防洪治理工程。该项目属2015年度建设任务,工程分四个标段实施,年内按照下达资金完成工程建设。

水源地保护工程 2017年

水源地保护工程为五山乡天水社区，工程项目初步设计批复投资85.23万元，经县财政评审后核定投资67.4258万元。项目于6月12日完成招投标工作，中标单位为广西国兴项目管理有限公司，中标价67.3189万元。项目于7月18日动工建设，至年底该工程完工。

农村饮水安全项目 2017年上级下达建设农村饮水安全巩固提升项目共22处，项目计划总投资607.65万元，其中中央预算内资金207万元，自治区本级配套352万元，市县与群众自筹投资48.65万元，计划解决饮水问题贫困人口人数1699人，项目受益总人口5171人，年内完成8处，其他工程正在施工中。

“双高”水利化项目 2017年“双高”基地水利化项目计划实施83片，总面积3380.66公顷，项目设计招标分9个标段5个设计单位。至年底，完成设计59片共2516.6公顷，动工24片896.07公顷，完工1片54.8公顷。

小农水项目 一是那岸灌区北干渠节水改造项目。项目概算总投资2486.95万元（其中政府债券资金2100万元），年内完成工程量的30%。二是大新堪圩乡明仕田园水利化项目。资金来源为第一批2017年中央财政小型农田水利建设补助专项资金900万元，年内完成工程量的50%。三是大新县下雷镇志兴村凌孔屯排灌渠道。资金来源为第一批2017年中央财政小型农田水利建设补助专项资金240万元，工程于3月5日开工建设，年内完成工程量的30%。四是继续实施第五批中央财政小型农田水利重点县三个年度项目。对完工工程，做好完工验收材料收集，对在建工程，要求施工单位加快施工进度。

重点山洪沟防洪治理项目 广西重点山洪沟防洪治理项目为大新县恩城乡万礼沟防洪治理工程。工程属2015年度建设任务，概算总投资1304.71万元，合同金额1015.48万元。截至2017年12月底，项目下达资金960万元，其中中央资金960万元。项目于2016年6月开工，至2017年12月底完成投资900万元，占总投资的90%，其中，第Ⅳ标段已完工并验收，第Ⅱ、Ⅲ标段正在进行完工验收准备工作，第Ⅰ标段完成工程的65%。

【全面推行河长制】 2017年，大新县扎实做好全面推行河长制工作。一是出台全面推行河长制工作方案。二是编制河流湖库名录，开展河流湖库调查，按要求完成辖区内流域面积50平方千米以上河流和小(2)型以上水库名录编制工作。三是鼓励社会参与。全县河长公示牌全部设立到位，并将各级“河长”名单在政府网站公布，设立监督举报电话，县内主流媒体定期对违法侵占河湖水域等行为进行曝光。鼓励公众参与和监督，基本形成全社会齐抓共管河湖管护与治理的局面。

【水利工程管理体制改革】 2017年，县水利局全力投入开展大新县深化小型水利工程管理体制改革工作的项目调查摸底工作。通过现场核实，查阅资料，拍照留存，标注坐标等方式，确定大新县深化小型水利工程管理体制改革工作的改革内容，其中，小型水库13座、小型农田水利工程及设备186处、小型水电站18座、农村饮水安全工程762处。同时，对明确权属的13座小型水库及18座小型水电站进行公示，公示期满后立即开展发证工作。

（李咏梅）

水库移民

【概　况】 大新县水库移民工作管理局于2017年5月16日更名为大新县移民工作管理局（新编发〔2017〕17号），归口县发展和改革局管理，履行全县水库移民安置的管理、协调、监督、检查、指导和接管全县易地扶贫搬迁工作职能。县移民局内设办公室、综合股和业务股3个职能股室。编制8个，2017年在编9人，其中，局长1名，副局长2名，干部6人。

【项目实施】 2017年，县移民局以村屯道路和移民增收项目为重点，多方筹集和整合项目资金272万元，精心谋划实施一系列移民扶持项目，推进“美丽广西·生态库区”建设，进一步改善水库移民生产生活条件。根据群众意愿支持和完成雷平镇那岸村上承、打屯、那卷、更替屯四个码头，为当地群众发展农家乐旅游奠定坚实基础；实施雷平镇那岸村那卷、更替屯和全茗镇乔苗村禾留屯人饮解困工程，解决3个屯141户600名群众的饮水困难问题；建设全茗镇乔苗村和新意屯村屯道路，方便周边群众出行；精心实施产业脱贫增收项目，投资续建新意屯无公害大棚种植蔬菜项目，为群众发展特色种养创造良好条件。

【大中型水库移民后期扶持】 2017年，县移民局按照《广西壮族自治区大中型水库移民后期扶持人口自然减员管理暂行办法》规定，扎实开展移民后期扶持人口自然减员核查工作，共核减2016年度大中型水库自然死亡人口13人，资金核减到村民小组账户5937元，同时为2055名库区移民对象发放后扶资金91.86万元，做到直补资金专户存储，专账管理。

【移民培训】 2017年，县移民局结合当前水库移民生产生活情况和产业发展特点，强化技能培训，坚持“移民需要、促进创业、群众满意”的培训宗旨，丰富培训内容，灵活培训方式，增强培训实效。年内，组织21名移民致富骨干参加区、市水库移民局举办的各种技能培训班。6月28日，组织开展县本级水库移民精准扶贫实用技术培训工作，邀请县农业局技术专家到现场授课，共有122名水库移民参加培训，完成下达培训任务的122%，通过培训提升移民的创业、就业能力。

【易地扶贫搬迁】 自治区多次调整后下达大新县2016—2017年易地扶贫搬迁总任务4791人，其中2016年搬迁任务3414人，2017搬迁任务1377人。2017年，大新县通过群众申请，村、乡、县三级有关部门审批，并进行抽签选房共959户4757人，其中2016年任务665户3414人，2017年294户1343人。至2017年年底，组织搬迁入住724户3805人。为做好易地扶贫移民安置工作，大新县坚持将搬迁安置与后续扶持同步筹划、同步推进，因地制宜、精准施策，根据异地搬迁点位处县城、临近工业区域、交通便利、学校医院市场配套齐全等特点落实相应的后续产业扶持，鼓励就业创业，落实社会保障，对搬迁户进行就业培训，引导就业，宜农则农，宜工则工，宜商则商，努力实现“搬得出、稳得住、能致富”的目标。2017年已抽房确定房号的959户4757人中，已经实现脱贫的456户2344人，未脱贫的503户2413人。至年底，搬迁户中由政府培训并引导实现新增就业的有68人，其中大新县星光和乐城小区物业管理就近安排的就业10人(2名保洁员、8名保安)，受益家庭68户。

(农小连)

农业机械化

【概 况】 大新县农业机械化管理局是县人民政府的职能部门，属事业单位，内设科室有秘书股、农机管理股、财务股等，有在职职工8人。局下属单位有农机校、农机安全监理站、农机技术推广站、农机公司等，有在职职工18人，其中农机监理站5人(另聘6人)，农机校9人，农机技术推广站4人；农机公司为企业化管理事业单位，有职工22人，2000年停止经营。2017年，县农机局按照“规模农机、效益农机、特色农机、科技农机、平安农机、和谐农机”协调发展思路，以调整优化农机装备结构布局，提高农机化作业水平，增强农业综合生产能力为主要任务，认真贯彻落实中央强农惠农政策，创造性开展农机化服务工作，出色完成全年各项农机工作任务。年内，县农机局分别荣获2017年度全市农机化工作先进单位、2017年度全市农机安全生产工作先进单位、2017年度全市水稻生产全程机械化工作先进单位、2017年度全市农机化技术推广体系建设工作先进单位。

【农业机械装备】 2017年，县农机局抓住实施农机具购置补贴机遇，加大农机新机具、新技术引进推广力度，促进农机装备水平快速提高。至年底，全县拥有各类农业机械8.8381万台(套)，农业机械总动力60.12万千瓦，比2016年增加0.287万千瓦，农机装备逐步向质量、环保、效益型转变，结构更趋优化。

【农机购机补贴】 2017年，上级下达大新县农机购置补贴总金额380万元(其中第一批补贴资金310万元，第二批补贴资金70万元)。年内，全县共使用补贴资金329.2万元，使用率占第一批补贴资金310万元的106.2%，使用率98%提高8.2个百分点；完成补贴资金结算309.8万元，结算率占第一批补贴资金310万元的99.9%，比绩效考评任务数资金结算率85%提高14.9个百分点，提前超额完成全年绩效任务。全年购置各类贴农机具共147台(套)，其中88.32千瓦以上的有25台。

大型机械在“双高”基地片区耕作

【农机化作业服务】2017年，县农机局早计划、早安排、早行动、早部署，准确把握农时，安排农机农技人员深入基层，全力开展农机化作业服务工作。年内，完成全县164个甘蔗“双高”基地建设验收工作。全县完成机耕面积74739公顷，机插面积34299公顷，机收面积24608公顷，农作物耕种收综合机械化水平60.58%，其中水稻耕种收综合机械化水平75.3%，甘蔗耕种收综合机械化水平67.6%，全面完成上级农机化主管部门下达的耕种收综合机械任务。

【甘蔗生产机械化】2017年，县农机局坚持把思想和行动统一到县委、县政府的决策部署上来，主动作为，积极探索和发展大新甘蔗生产全程机械化的新路子、新途径，特别是甘蔗机收环节，实现“零”的突破，改变以往只停留在演示会的局面。2016/2017年甘蔗机耕率、机种率、机收率分别为100%、65%、4.8%，甘蔗机械化呈现从小型向大型、从局部向全程、从低效向高效发展。同时，还紧紧围绕提高甘蔗生产全程机械化水平，整合力量，突出重点，加大甘蔗产薄弱环节机械化推进力度，争取到自治区财政拨款100万元，作为全年全县甘蔗生产全程社会化服务试点工作，对蔗地粉垄整地、甘蔗机械化种植、甘蔗机械化统防统治、甘蔗机械化收获等4个作业环节实施作业补助。其中补助标准为蔗地粉垄整地作业补助450元/公顷；甘蔗机械化种植补助750元/公顷；甘蔗机械化统防统治补贴75元/公顷；甘蔗切段式机械化收获补助30元/吨、甘蔗整秆式机械化收获补助1500元/公顷。

水稻机械化育插秧技术培训现场

【农业技术推广】2017年，县农机局围绕以水稻、甘蔗生产全程机械化为主攻方向，从解放农村劳动力，加快生产进度，促进新农村建设出发，积极参与水稻机械化育插秧新技术、新机具的引进、实验、示范、推广等工作。4月9日，县农机局组织指导堪圩乡政府在芦山村举办水稻育插秧技术培训现场会，堪圩乡各村(居)委会全体干部及芦山村等周边群众约200人参加培训现场会。

【农机技术培训】 2017年,县农机局严格按照《拖拉机驾驶证申领和使用规定》要求,强化农机学校规范化管理,加强新型农机具和新技术培训,全年共举办拖拉机驾驶员培训班9期,培训人数157人,考试合格取得驾驶证125人,其中小方向盘式拖拉机驾驶员100人、大中型拖拉机驶员25人。

【农机化宣传】 2017年,县农机局通过举办演示会和充分利用报纸、电视、广播等舆论工具,以及利用"3·15"国际消费者权益日和县第五届政务公开日,在县城文化广场组织开展农机打假宣传咨询台活动等,大力宣传宣传党委和政府的强农惠农政策,宣传农机购置补贴政策,宣传农机新技术新机具推广的典型经验和做法,以点带面,发挥示范样板作用,营造甘蔗、水稻生产春耕备耕的良好氛围,年内先后为广大农户送政策、送科技、送信息3500多份。

【农机合作组织】 2017年,县农机局以强化农机合作社质量建设工作为重点,以培育壮大农机合作社为目标,积极推进原有农机合作社的重组和培育新的农机合作社。年内,全县共扶持组建并注册农机专业合作社17家,这些农机合作社按照"民办、民管、民受益"原则,以共赢为宗旨,为农户提供全方位、"一条龙"服务,实现规模作业,提高机械利用率,成为农机服务的新纽带。

【农机安全监理】 2017年,县农机局坚持"安全第一,预防为主,综合治理"方针,以创建全国"平安农机"为主线,深入推进"安全生产宣传月"、"安全生产年"、农机年度检审、打非治违、安全生产宣传教育活动,有效遏制农机安全事故发生,有力保障安全生产,全年全县辖区范围无一农机事故发生,农机事故率、重伤率、死亡率(即"三率")均为0。全县拖拉机和联合收割机的注册登记率、年检率、驾驶人持证率均保持86%以上;无农机安全生产严重违法、违规案件发生。拖拉机、联合收割机事故万台死亡率控制在3.0以下,农机安全生产形势持续稳定好转;全县农机无牌行驶、驾驶人无证驾驶等违法违规现象呈下降趋势。同时,强化依法决策、依法管理、依法行政的职能,进一步规范全县农机安全监理行政执法工作。11月16日,全市农机监理行政执法工作推进座谈会在大新县召开,大新县在会上就农机依法行政方面作典型发言。其中,大新县的农机安全管理行政处罚执法案卷还作为广西农机安全生产工作亮点,在12月10—12日来宾市举办的2017中国甘蔗机械化博览会上,接受全国农机系统领导和全区与会代表观摩。年内,先后有贺州市、南宁市邕宁区、武鸣县及崇左市天等县、龙州县、扶绥县等农机监理站莅临大新开展学习交流活动。

【"平安农机"创建】 2017年,大新县高度重视"平安农机"创建工作,着力构建农机安全生产长效机制,不断推动全国"平安农机"示范县创建工作迈上新台阶,取得良好成效,全县累计创建6个平安农机示范乡镇、28个平安农机示范村、572个平安农机示范户。年内,全县没有

深入开展"平安农机"宣传教育活动

发生任何刑事、治安案件，无集访或越级上访，农机安全生产秩序井然。自治区创建全国“平安农机”示范县核验组对大新县创建全国“平安农机”示范县工作给予充分肯定，并顺利通过自治区级验收。此外，县农机监理站站长黄其军被评为2016—2017年全区农机安全监理示范岗位标兵。

（许汉尧）

水产畜牧

【概　况】大新县水产畜牧兽医局为大新县农业局挂牌单位，内设水产畜牧兽医综合股、渔业管理股、畜牧与饲料股、兽医股，行政编制8个，2017年在编在岗5人；下设大新县动物卫生监督所（参公单位，编制23个，2017年在编在岗20人）、大新县渔政监督管理站（参公单位，编制3个，2017年在编在岗2人）、大新县动物疫病预防控制中心（事业单位，编制7个，2017年在编在岗7人）、大新县畜牧技术推广站（事业单位，编制3个，2017年在编在岗2人）、大新县水产技术推广站（事业单位，编制5个，2017年在编在岗4人）、14个乡镇水产畜牧兽医站（事业单位，编制46个，2017年在编在岗30人）。年内，县水产畜牧兽医局以推进水产畜牧业现代化建设为工作中心，以加快行业发展和增加农民收入为工作目标，以发展牛羊等优势特色产业规模养殖、加快项目建设步伐和加强动物疫病防控工作为工作重点，统筹兼顾，加快发展，促进全县水产畜牧业稳步发展。全年全县肉猪出栏30.48万头、肉牛出栏2.32万头、山羊出栏2.01万只、家禽出栏368.55万羽；全县肉类总产量达31977吨，水产品总产量11757吨，全县水产畜牧业运行良好。

【动物防疫免疫】2017年，县水产畜牧兽医局全力抓好动物防疫免疫。一是坚决落实对存栏畜禽实施国家强制免疫病种100%免疫。突出抓好高致病性禽流感、口蹄疫、猪“高热病”等重大动物疫病的强制免疫工作，实行春防、秋防突击和常年补针相结合办法，确保免疫密度和免疫质量。年内，春秋两防免疫情况：免疫猪口蹄疫26.73万头，牛口蹄疫8.79头，羊口蹄疫3.61万只，禽流感106.70万羽，鸡新城疫67.68万羽，高致病性猪蓝耳病26.64万头，猪瘟26.88万头，小反刍兽疫1.43万，免疫密度达100%；全县进行畜禽免疫注射后的抗体水平监测611份，合格448份，检测合格率73.32%，抗体检测全部达标，确保全县没有出现重大动物疫病疫情。

【动物检疫和监督执法】2017年，县水产畜牧兽医局继续加强动物检疫和监督执法。一是继续保持动物检疫覆盖面、产地检疫率95%以上，屠宰检疫率100%，交易市场和规模养殖场（户）监督检查覆盖率均达100%。二是组织技术人员开展“瘦肉精”抽样检测工作，对270份生猪采集尿样进行快速检测，检测结果呈阴性；抽检猪肉20份做磺胺类药物检测，结果均为阴性。三是加强对水产品质量安全检查的监测检测。共出动技术人员35人（次）对全县18个养殖生产单位进行检查，共抽检水产品60份样品检测氯霉素、孔雀石绿、硝基呋喃，所有样品检测合格率100%，确保水产品的质量安全。全县全年无水产畜牧产品质量安全责任事故发生。

【渔政管理】2017年，县水产畜牧兽医局加大对重要渔业水域、鱼类产卵场等巡逻检查，全年共组织执法人员38人（次）到利江河、黑水河等重要河段、产卵场进行巡逻检查，加大对非法捕捞行为的打击力度。于10月18—20日组织开展由崇左市各县16名渔政执法人员参与的大新县边境渔业联合执法行动，重点在恩城河、明仕河、归春河进行夜间执法，白天检查，巡查河段约128公里的近25个点，收缴销毁非法电鱼工具30件、渔具2张，驱离电鱼人员5次。

【规模和标准化养殖】2017年，县水产畜牧兽医局做好规模和标准化养殖。全县生猪存栏50—99头355户、存栏100—499头55户、存栏500—999头13户、存栏1000头以上7户；肉牛存栏5—10头38户、存栏10—20头45户、存栏20头以上27户；肉禽年出栏2000—9999羽66户，年出栏10000—29999羽8户，年出栏3万羽以上有5户。创建生态养殖助农增收合作示范点，即大新县陇那生态养殖专业合作社；创建生态养殖助农增收示范村，即大新县宝圩乡板六村。完成10个生态养殖场认证工作。

【落实支农惠农政策】 2017年，县水产畜牧兽医局认真落实支农惠农政策。一是完成2017年度粮改饲试点项目共计60万元；二是落实2017年南方草业项目共计300万元；三是实施整合财政扶资金项目，完成龙门乡三源生态合作社肉牛养殖项目共计32万元和大新县榄圩德成猪场生猪养殖项目共计30万元。

【科技培训】 2017年，县水产畜牧兽医局加强科技培训力度，全年共举办培训班10期，其中《山羊舍饲圈养技术》6期、《科学养牛》2期、《畜禽无公害养殖技术》2期，培训人数820人次。

（范奇新）

扶 贫 开 发

【概　况】 “十三五”期间，大新县共有48个贫困村、16742贫困户、64480贫困人口，贫困发生率21.18%。2016年有2个贫困村、3271户13612贫困人口实现脱贫销号，贫困发生率下降到16.7%。2017年，自治区下达大新县脱贫计划任务数9300人，奋斗目标数14070人；贫困村脱贫计划任务数13个，奋斗目标数15个。2017年8—10月，经过动态调整，核定全县未脱贫13881户52271贫困人口，贫困发生率17.3%。2017年年底，经过开展脱贫摘帽认定工作，共有15个贫困村、3307户13900人达到“两不愁、三保障”标准，并通过区、市级核验。全县贫困人口下降到10567户38288人，贫困发生率下降到12.17%。

【脱贫攻坚工作措施】 2017年，大新县认真贯彻落实中央、自治区、崇左市的决策部署，严格落实各级党政“一把手”负总责的责任制，坚持“精准扶贫、精准脱贫”这个方略，紧紧围绕实现“两不愁、三保障”这个主线，认真做好脱贫攻坚各项工作。

优机制、强责任　一是坚持党政领导挂帅。成立由县党政主要领导挂帅的大新县扶贫开发领导小组，下设综合协调、资金政策、基础设施、产业开发、移民搬迁、公共服务、组织保障、边贸扶贫、金融扶贫、信息监测等10个专责小组，各专责小组组长由县处级领导担任并负责组织开展各项工作。同时，定期召开专题会议研究部署，县委、县政府每月召开扶贫专题会议1次，县扶贫开发领导小组、各专责小组每周召开1次例会、每两周召开1次专题会，研究解决脱贫攻坚工作中遇到的困难和问题，切实推进脱贫攻坚工作。二是强化责任落实。出台《大新县帮扶工作责任追究办法（试行）》，强化帮扶工作责任，把帮扶工作与年终绩效、干部任用、评先评优、立案问责等挂钩，进一步压实帮扶责任；出台《大新县脱真贫、真脱贫7条措施》，从帮扶责任落实、义务教育、基本医疗、住房安全、风险防控、驻村指导、督促检查等7大方面给予双重保障，推动全县脱贫攻坚工作任务落实。2017年，加大扶贫领域问责问效，查处落实脱贫攻坚责任不力18人，公开通报典型案件11件。坚决查处扶贫领域腐败问题，共查处案件55件，给予党纪政纪处分55人，为脱贫攻坚提供了纪律保障。三是创新扶贫工作机制。创新开展脱贫攻坚“固定帮扶周”活动，每月第二周组织各乡（镇）和挂点帮扶单位以及各帮扶联系人深入贫困村、贫困户开展“八个一”活动，切实为贫困村、贫困户办好事、办实事。创新实施扶贫网格化管理，按照“区域有网、网中有格、格中定人”的管理新机制，构建横向以村（社区）为单位实行网格管理，纵向从乡镇党政主要领导到贫困户形成乡攻坚办、包村工作组、村委、帮扶联系人、贫困户等5级网格管理新模式，推动精准扶贫、精准脱贫到村到户到人。有效利用“互联网+扶贫”，高效开展精准帮扶工作，各网格成员权责明晰，任务明确，信息发布速度、帮扶工作效率、扶贫工作质量均提高50%以上。2017年8月2日，崇左市精准帮扶网格化管理现场会在大新县宝圩乡成功召开。

强队伍、重担当　一是严格实行“一帮一联”工作机制。严格落实“4321”工作机制，落实6075名帮扶干部与全县16742户贫困户结对帮扶，从县直单位选派优秀青年干部挂任48个贫困村党组织第一书记，实现了乡镇干部、贫困村党组织第一书记的全覆盖。二是选优配强专职扶贫工作队。为进一步增强贫困村脱贫攻坚力量，大新县结合实际，创新成立脱贫攻坚专职工作队，选派区、市、县、乡四级共494名（含贫困村党组织第一书记48名）担任驻村专职扶贫工作队，按1:40的比例每个专职工作队员负责不少于40户的贫困户，实行“五天四夜”、“一包两年”的干部驻村工作制度，扎实做好脱贫攻坚日常基础性工作，全面摸清所驻村、所包点的贫困户基本情况及脱贫缺项各项指标，全力抓好脱贫攻坚各项工作。三是公开招聘扶贫信息员。研究制定《大新县招聘村级扶贫信息员工作方案》（新扶领发〔2017〕28号），面向社会公开招聘村级扶贫信息员145名，其中，村级专职扶贫信息员共110名，兼职扶贫信息员共35名，专职从事村级建档立卡贫困对象基本信息、帮扶信息的采集录入、本村精准扶贫档案管理工作，提升脱贫攻坚信息管理和档案管理工作的质量。四是加强业务培训。先后召开大新县《脱贫攻坚精准管理模式》业务培训会、大新县贫困人口动态调整工作暨扶贫项目建设培训会、2017年贫困户脱贫“双认定”工作业务培训会等会议30场次，层层传达到位，确保第一书记、驻村专职工作工作队、帮扶干部都能全面了解和掌握各项脱贫攻坚新政策、新情况，为推进脱贫攻坚工作奠定基础。

强督查、严问责　成立由县纪委、县委督查室、县政府督查室、县绩效办、县脱贫攻坚办等部门人员组成的督查专责小组，具体负责对各乡（镇）、各部门脱贫攻坚工作进行督促、检查、指导。并结合实际，制定《大新县脱贫攻坚督查工作制度》，组建脱贫攻坚专职督导组，实行“一月一督查”机制，通过采取随机抽查、暗访等方式，定期或不定期对各乡（镇）、各单位推进脱贫攻坚责任落实、措施落实、结对帮扶、扶贫产业项目实施、扶贫资金管理使用、贫困户脱贫销号及贫困村脱贫摘帽、精准扶贫档案建设等方面进行督查。年内，先后多次分组对各乡（镇）、各单位脱贫攻坚工作进行督查，及时将督查中发现的问题反馈给相关单位，对督查中发现的不作为、慢作为、不担责的行为予以黑榜通报，对工作主动作为、创新工作方式的行为给予红榜表扬。年内，全县对脱贫攻坚工作进行黑榜通报批评6期，红榜表扬3期，有力地推动脱贫攻坚工作的开展。

【脱贫攻坚政策落实】2017年，大新县认真贯彻落实中央、自治区脱贫攻坚各项决策部署，全力做好低保兜底、教育帮扶、医疗保障、破解住房保障难题和推进粤桂扶贫协作等工作。

全力做好低保兜底工作　认真贯彻落实中央、自治区关于“以低保政策兜底一批”决策部署，加快推进农村低保与扶贫开发政策有效衔接，把符合条件的建档立卡贫困户全部纳入农村低保范围。2017年，全县农村低保平均补助水平提高到每人每月170元，全县累计发放农村低保8880户26454人，其中建档立卡贫困户6739户20657人，累计发放资金5946.33万元，实现应保尽保。同时，全面落实养老金、高龄补贴、残疾人两项补贴、五保金等政策，有效解决特困人员“吃穿问题”。

全面抓好教育帮扶工作　扎实推进教育脱贫，切断贫困代际传递。多方筹措资金3.15亿元在县城新建民族希望中学、养利学校和万承学校，新增学位10550个，解决贫困户1428名随迁子女上学问题。统筹资金8869万元，全面改善农村学校教育教学条件，年内大新县创建义务教育均衡发展县通过国家验收。全面落实建档立卡贫困子女15年免费教育，全年全县累计发放各类教育扶贫资助金4246.25万元，受益学生77925人次，按时足额为2920名学生发放“雨露计划”补助金441.38万元。建立义务教育阶段辍学儿童动员劝返机制，九年义务教育巩固率93%。

全力抓好医疗保障工作　落实农村住院贫困户患者县域内先诊疗后付费工作，为全县建档立卡贫困户就医开通“绿色通道”，对确实有困难的贫困户可先诊疗后付费，同时减免各项费用。建档立卡贫困户出院时可通过与定点医疗机构签订《“先诊疗、后付费”住院费用延期（分期）还款协议书》，予以办理出院手续，并统筹辖区内的各级医疗卫生机构开展贫困人口和特殊人群就诊“绿色通道”工作。年内，享受“先诊疗、后付费”的住院贫困户患者共有358人。对贫困患病人口通过城乡医保、大病保险、民政救助、商业补充保险“四重保障”后，住院报销比例仍未达到90%的，县本级安排财政资金1300万元进行兜底。全年全县贫困人口医疗保障100%，贫困人口患病住院费用实际报销比例90.03%。

全力以赴破解住房保障难题　围绕自治区“有住房保障”脱贫指标，针对易地搬迁贫困户住房保障问题，加快易地扶贫搬迁项目建设，投资4.34亿元建设可安置1100户约4800人的星光和乐城，年内贫困户完成抽签选房959户4757人，已有贫困户724户3805人领取“扶贫房”钥匙，并搬进新家。积极实施农村危旧房就地改造项目，研究出台《大新县强化稳固住房保障机制实施方案》等一系列措施，设立特困户危房改造基金1200万元，在特困户获得上级危房改造专项资金补助基础上，再给予每户不高于3万元的附加资金补助，确保特困户能建成并住上安全稳固住房。2017年全县危房改造完成656户，其中建档立卡贫困户445户。

积极推进粤桂扶贫协作　按照自治区、崇左市的统一部署安排，积极主动加强与对口帮扶的广东江门市江海区加强协作，确定2017年粤桂扶贫协作项目分边贸扶贫、旅游扶贫、住房扶贫、农业扶贫四大类。其中边贸扶贫项目为硕龙贫困新村项目，拟建设贫困户安置房150套，实施贫困户易地扶贫搬迁。同时，根据该移民小区近岩应互市区的地理优势，充分利用国家边民优惠政策，首期购置40辆微型货车成立边贸运输合作社，预计受益贫困户150户约570人。旅游扶贫项目为大新县明仕乡村旅游扶贫项目、投资民宿项目，其中明仕乡村旅游扶贫项目计划投入帮扶资金500万元，拟在大新县堪圩乡建设明仕田园景区生态停车场、文明厕所、旅游商品店铺等配套设施，可吸纳周边50户贫困户劳动力就业务工；投资民宿项目拟计划投入粤桂扶贫协作资金500万元，通过年底分红，预计受益贫困户388户约1557人。住房扶贫项目为大新县特困户危房改造项目，计划投入帮扶资金200万元，为大新县贫困户中符合危房改造条件，且扶贫资金补贴后仍无法完成建房目标的特困户提供建房扶助资金最高3万元/户。农业产业扶贫项目主要是根据各贫困村实际，计划投入帮扶资金300万元，在大新县下雷镇信隆村、硕龙镇义宁村，实施柠檬种植、肉鸽养殖、青梅种植、蜜蜂养殖扶贫项目，预计受益贫困户400户。

【脱贫攻坚特色工作】2017年，大新县积极探索脱贫攻坚新路子，集中财力办大事，聚精会神补短板，社会力量共参与，脱贫攻坚取得新成效。

集中财力办大事　投资4.34亿元在县城建设可安置贫困户1276户5470多人的星光和乐城移民搬迁项目，年内有建档立卡贫困户684户3558人完成抽签选房，12月底实现拎包入住。同时，投资3亿多元在项目周边1公里范围内建设呗侬创业园、养利学校、妇幼保健院搬迁工程、农贸市场等配套项目，满足搬迁贫困户教育、医疗、就业等需求，确保搬迁群众“搬得出、稳得住、能发展、可致富”。其中投资1.2亿元养利学校建成投入使用，可容纳学生4200名；投资7500万元妇幼保健院（二甲）搬迁工程完成主体工程；投资7200万元的呗侬创业园（一期），可吸纳上百家中小微企业入驻，可提供就业岗位3000多人。年内有8家企业入驻，解决350多名贫困人口就业。

聚精会神补短板　出台《大新县脱真贫、真脱贫7条措施》，从教育保障、医疗保障、住房安全、产业发展、驻村帮扶、集体经济等7大方面给予贫困村、贫困户双重保障。一是住房安全方面，设立特困户危房改造基金1200万元，对特困无能力建房的农户，在获得危房改造专项资金补助的基础上，再给予每户3万元以内的强化稳固安居住房保障补助。二是医疗保障方面，整合资金300万元，将符合医疗大病救助条件的贫困户全部纳入医疗救助兜底范围，对贫困户大病就医个人自费超过10%的部分，全部由财政兜底，确保贫困人口患大病费用实际报销比例达到90%以上。同时，为全县建档立卡贫困户开通“绿色通道”，推进贫困户“先诊疗，后付费”诊疗服务模式。三是驻村帮扶方面，在落实上级结对帮扶的基础上，通过派遣494名扶贫专职工作队全天候驻村帮扶，指导贫困村、贫困户开展基础设施项目建设和产业发展，年内在48个贫困村实施了产业发展项目594个，有效带动群众增收，群众满意度大幅提升。四是产业发展方面，出台《大新县贫困户产业发展以奖代补实施办法》，对贫困户自主发展产业给予最高1万元的奖补，充分调动贫困户发展产业积极性，全县有2921户贫困户申请实施以奖代补，补助金额843.94万元。

社会力量共参与　建立健全多方参与机制，全力支持和引导社会力量参与扶贫攻坚。一是引导贫困户入股龙头企业。利用贫困户小额信贷资金、到户扶贫资金入股龙头企业分工。如全县600户建档立卡贫困户以小额信贷3000万元资金入股新农养殖有限公司，三年内共获得1.2万元分红，带动2512人脱贫；宝圩乡744名贫困户以扶持资金入股宝圩陇那生态养殖合作社每户获得1000—2000元分红，覆盖全乡贫困户82.67%；雷平镇永俊种猪场与全家外出务工或无劳动能力的贫困户共145户进行肉猪养殖合作项目，贫困户三年将增收3900—4200元。年内，全县有1913户参与到龙头企业入股，实现分红293.7万元，有效带动贫困人口增收。二是村企共建发展产业。引导企业通过订单收购、股份合作、辐射带动等方式，与全县48个贫困村结对发展产业项目135个，有效增加贫困户收入。如大新亿春食品厂与326户贫困户签订种植收购合同，种植生姜200多公顷，带动户均年增收1.5万元以上；明仕景区与周边农家乐组建农宿协会，统一营销、统一管理，统一收购贫困户农产品，有效带动130多户贫困户增收；堪圩乡种养合作社开展香猪“送一返二”模式，免费提供母香猪、免费提供技术指导及配种，带动135户贫困户开展香猪养殖；德天景区带动周边群众发展农家乐，贫困户群众为游客提供竹排、电瓶车有偿服务，实现贫困户人均纯收入最高达1.5万元，累计带动857户1021人实现脱贫。三是优先吸纳贫困人口就业。引导企业就近优先吸纳贫困户劳动力就业，增加贫困户工资性收入。中信大锰大新分公司、新锰集团、广西德天漫心度假酒店（老木棉）、明仕旅游发展有限公司等龙头企业，安排贫困户就业岗位1300多个，人均月收入2000元左右，有效带动5200多贫困人口实现稳定脱贫。

（农丽荣　许英婷）

农村经济管理

【土地确权】　大新县农村土地承包经营权确权登记颁证5年（2014年—2018年）确权总任务面积数为32552公顷，确权总任务户数为7.771万户，至2017年底需完成确权总任务户数7.5146万户，占5年确权总任务户数的96.7%。2017年，全县完成14个乡镇145个村2030个村民小组承包地块测量，共实测承包地块114.95万块，面积38080公顷，初步确权承包地块面积31406.67公顷，可发证7.51万户，占总承包农户户数96.7%；形成1:2000比例尺DOM成果1658幅，确权承包地块112.71万块，调绘地块面积37440公顷，初步完成成果数据建库合库拼接及质检，并形成确权成果数据汇交包，送自治区农业厅汇交。

【土地流转】　2017年，大新县深入学习贯彻中共中央办公厅、国务院办公厅《关于引导农村土地经营权有序流转发展农业适度规模经营的意见》精神，引导广大农户积极稳妥推进土地承包经营权有序流转。全县农村土地流转总面积累计达15333.33公顷，其中，甘蔗双高基地12906.67公顷。土地流转向种田能手、专业大户、家庭农场、农民合作社、龙头企业集中，使农业生产逐步向集约化、规模化、专业化方向发展。

【农民专业合作社】　2017年，全县共登记注册各类农民专业合作社547个，较上年同期新增150个，并且合作社数量、人数、注册资金都较上年有较大增长，服务功能也日趋完善。家庭农场54家，比去年同期新增培育35家，并且以专业化生产为基础，以专项产品为龙头进行合作和联合，如养猪、养牛协会，水果、蔬菜合作社，食用菌合作社等。现代农业产业龙头企业4家，其中，大新亿春食品有限公司获得“2017年崇左市农业龙头企业”称号。农民专业合作社和家庭农场的建立和逐步成长壮大，推动全县“一乡一业”和“一村一品”快速发展，更有效把农民从分散的领域、地域组织起来，广泛参与到生产、加工、销售、服务等各个环节，引导农民有组织地进入市场，大大提高农户生产、销售行为的可预测性和有序性，在促进农业增效、农民增收中发挥积极作用。

（何建昌）

恩城国家级自然保护区管理

【概　况】　广西恩城国家级自然保护区位于广西西南部的大新县境内，地理坐标为北纬22°36′29″—22°50′5″，东经106°58′16″—107°15′36″；北接那岭乡那岭村逐美屯，南部与雷平镇振兴村冬丈屯相连，西与下雷自治区级自然保护区相接，东至榄圩乡新吉村陇内屯；范围涉及大新县桃城、恩城、雷平、那岭、堪圩、榄圩6个乡镇，34个行政村，总面积25819.6平方千米，主要保护对象是黑叶猴及其生境和北热带喀斯特森林生态系统。

恩城自然保护区成立于1980年，1982年经自治区人民政府批准为“大新珍贵动物保护站”，2000年更名为“广西恩城自然保护区管理处”，2002年自治区人民政府确认为林业部门管理的自治区级自然保护区，2013年12月经国务院批准晋升为国家级自然保护区，2014年10月广西恩城国家级自然保护区管理局机构成立，为县人民政府直属正科级事业单位，业务上接受自治区林业厅、崇左市林业局和大新县林业局的监督和指导。管理局下辖恩城、新球、山马、岜伏4个管理站，核定编制13个，2017年有在职在编10人，聘请兼职管护员20名，保护区与辖区内的所有村屯签订共管协议。

广西首只“高颜值”雌性白化黑叶猴

【保护区管理】 2017年，广西恩城国家级自然保护区管理局多措并举，认真做好保护区管理，取得良好成效。

监测管护卓有成效 一是新确认国家一级保护野生动物种类1种。监测管护中发现并确认在保护区范围内有国家一级保护野生动物——熊猴，保护区内监测到和收集拍摄到熊猴的相片、影像记录有5群50只，初步掌握熊猴分布情况。保护区内国家一级保护野生动物种类从原来的3种增加到4种(黑叶猴、蟒蛇、林麝、熊猴)。二是发现白变黑叶猴1只。10月23日，巡护监测发现在桃城镇宝新村后山有1群12只的黑叶猴，其中有一只黑叶猴全身毛发呈白色，经咨询专家初步确认为黑叶猴白色隐性基因的显现，年内已安排管护人员进行监测和拍摄相片、做影像记录。据查，此前除大新县1978年有发现白变黑叶猴外，其他地方没有过任何相关白变黑叶猴的记录或新闻发布。三是黑叶猴监测数量不断增加。2016年监测黑叶猴16群106只，2017年监测黑叶猴17群118只，监测数量同比增多1群12只。

管理水平和能力不断提高 一是明确职责。制定和完善各股室的管理职责，并将具体职责落实至股室职工个人，通过明确职责，促进股室工作有序开展。二是落实防火措施。建立健全防火值班制度并落实具体人员在防火期进行24小时值班，以确保防火期安全。三是加强培训。8—9月，组织全局在编职工到弄岗保护区进行为期一周的跟班学习；10月，组织全局职工到大明山保护区学习交流2天；11月，进行黑叶猴监测调查培训2天。此外，还通过聘请第三方对管理计划的编制进行培训和指导，为下一步规范化管理打好基础。

社区宣教工作推陈出新 一是进行大规模大范围的宣传活动。利用各种节日(植树节、爱鸟周、三月三、清明节)联合县森林公安和恩城、榄圩乡政府等到保护区及周边开展宣传活动，发放宣传资料、宣传品10000多份；与传媒公司合作，使用流动宣传车深入保护区及保护区周边村屯进行宣传；协助村屯开展4场宣传文艺演出活动。二是设立标识牌。在保护区重要出入道路路口增挂森林防火、护林爱鸟、

保护生态环境等宣传标语和标志牌 46 幅。三是建立微站。顺应当前社会传播媒体的发展趋势，在微信公众平台上构建恩城保护区微站，年内完成微站建设前期工作，正在进行保护区特色内容填充。四是建立保护小区。在保护区周边主要黑叶猴分布区，主动介入，积极推进保护小区建设，如在保护区周边的桃城镇宝新村和社隆村 2 个片区各有 2—3 群黑叶猴分布，对此保护区在 2 个片区各聘请 1 名当地人做为管护员，负责进行片区的巡查、监测、宣传工作，并在山脚显眼位置设立警示牌，减少人为活动对猴群的干扰和伤害，保护猴群安全。年内，初步掌握猴群活动范围，并加强与美境自然公益组织联系，为下一步建立保护小区的基础调查打下基础。

（蒋　露）

黑水河国家湿地公园管理

【概　况】广西大新黑水河国家湿地公园位于广西壮族自治区大新县，涉及大新县那岭乡、恩城乡和雷平镇 3 个乡镇，那岸村、上利村、安平村、公益村、新益村、车站村、中军村、左安村、新立村、新圩村、巴兰村 11 个村。规划区西北起广西下雷自治区级自然保护区边界，自那岸水电站沿黑水河由西北向东南经大新县雷平镇，至大新县界，包括黑水河河道、岸线、岛屿及两岸部分石灰岩山峰，河道长度 37.9 公里。地理坐标为北纬 22°36′11.47″ 至 22°46′59.75″，东经 106°55′32.58″ 至 107°9′36.21″。总面积 692.52 公顷，其中湿地面积 449.60 公顷，湿地率 65.0%。

2014 年 4 月，大新县人民政府经大新县十六届人民政府第 37 次常务会议同意申报建设广西大新黑水河国家湿地公园。2014 年 12 月 31 日，国家林业局下发《国家林业局关于同意北京房山长沟泉水等 140 处湿地开展国家湿地公园试点工作的通知》（林湿发〔2014〕205 号），同意大新县开展大新黑水河国家湿地公园试点工作。2015 年 6 月广西大新黑水河国家湿地公园管理局成立，为县人民政府直属正科级事业单位。2017 年，管理局内设办公室、资源保护股、科研监测科、管理站 4 个职能部门，核定编制 8 名，实有在职在编 6 人。

【国家湿地公园管理】2017 年，大新县多措并举，认真抓好黑水河国家湿地公园管理各项工作。

抓好湿地公园基础设施建设　严格按照《广西大新黑水河国家湿地公园总体规划》和《国家湿地公园试点验收办法（试行）》，围绕生态建设核心，以项目建设为载体，湿地保护保育为重点，全面完成 141 块栽桩定界和标识标牌安装工作，严格控制河岸周边区域的建筑建设行为，加强日常（特别是候鸟迁徙季节）巡护监测，营造和维护良好的水禽繁衍栖息环境，全力保护好湿地水资源和湿地生物多样性。

抓好湿地保护舆论氛围营造　高度重视科普宣传教育，不断加大软硬件建设，积极开展 2017 年世界湿地日宣传活动。在县城人流量较大的广场及国家湿地公园周边悬挂宣传条幅 15 条，在县城文化广场开展世界湿地日宣传活动，并设立宣传展板 3 块。活动中面向市民提供湿地保护法律法规相关咨询以及野生动植物科普知识宣传等服务，发放《广西壮族自治区湿地保护条例》、黑水河国家湿地公园项目建设简介等资料 10 余种 2000 余份；积极协助市林业局到黑水河国家湿地公园开展宣传工作，在安平村委设立宣传点，共分发各种宣传资料 1000 份，最大程度地扩大湿地保护宣传面，弘扬湿地文化，普及湿地知识，增强群众依法保护湿地资源意识，为保护湿地资源营造健康和谐的社会氛围。

抓好湿地资源及生态状况监测　年内，广西壮族自治区野生动植物和自然保护区管理站下达大新县 10 万元湿地资源及生态状况监测工作经费，为做好监测工作，管理局与上级部门沟通协商，确定项目由广西壮族自治区野生动植物和自然保护区管理站负责技术指导，自治区林业勘测设计院协助，管理局组织技术力量严格根据《全国湿地资源调查技术规程》共同完成。项目的实施有利于全面掌握湿地公园的湿地资源和野生动植物（尤其是特有鱼类、鸟类资源）的详细情况，为黑水河湿地的管护以及生态保育提供科学的决策依据。

抓好湿地公园生态共建体

系建设　黑水河国家湿地公园保护范围，包括那岭乡、雷平镇、恩城乡管辖的11个行政村，总面积达692.52公顷。湿地公园及周边地区优美的自然环境和极为丰富的自然人文景观资源，为旅游业发展提供良好的基础条件。年内，管理局不断加强生态共建体系建设工作，加大宣传力度，使当地群众转变观念，从原来靠山吃山、靠水吃水传统思维模式转变到依靠环境、生态资源优势来发展致富的新模式。依托黑水河国家湿地公园特有文化及自然资源优势，积极配合县委、县政府开展"中国土司文化之乡""中国依垌文化之乡"申报创建，以及安平仙河景区创建国家AAAA级旅游景区、黑水河国家湿地公园创建自治区级生态旅游示范区等活动，进一步扩大国家湿地公园知名度，由湿地公园的辐射作用，带动当地旅游业发展，特别是农家乐、特色河鱼饮食等具有乡村特色旅游活动的开展，使周边地区的居民生活水平逐步提高，让周边群众变为生态保护的践行者、受益者，有效推动湿地公园及周边地区经济发展步伐。2017年5月，大新县获得"中国土司文化之乡""中国依垌文化之乡"命名；12月底，安平仙河景区获评国家AAAA级旅游景区；黑水河国家湿地公园成功创建自治区级生态旅游示范区。

抓好相关工程项目申报和实施工作　按照县委、县政府的工作部署，积极开展黑水河国家湿地公园项目招商引资工作，先后配合相关部门对接东方园林产业集团、泛海控股有限责任公司等投资公司到大新县调研，并提供第一手招商引资材料。同时，为解决缺乏项目建设的拉动力问题，先后向各级各部门申请将黑水河国家湿地公园项目纳入广西健康产业重点投资合作项目、2017年广西凭祥重点开发开放试验区优先推进重大项目、山水林田湖生态保护修复项目。年内，获自治区财政金山银山工程补助资金100万元，极大地解决黑水河国家湿地公园项目建设资金缺乏问题。

（农梅英）

交通·邮电

□编辑　农金安

交通运输

【概　况】 2017年,大新县公路管养总里程1000.361公里,公路密度为36.27公里/百平方公里。境内有崇左至靖西高速公路(合那高速S60),国道358、359、219、243和省道311。其中,高速公路66公里(含连接线),二级公路219.8公里,三级公路56.802公里,四级公路640.438公里,等外路17.321公里。全县14个乡镇均已通等级公路。至年底,全县129个建制村均通畅硬化公路,占全县建制村总数的100%。全县交通运输系统包含县交通运输局、大新公路管理局、县公路管理所、县道路运输管理所、县航务管理所等5个行政(事业)单位,以及广西运德汽车运输集团有限公司大新汽车总站、广西超大运输集团大新有限公司、崇左市大新县运德公共交通有限公司、广西大新超大出租汽车有限责任公司、广西大新超大公共交通有限责任公司、中信大锰矿业有限责任公司大新锰矿分公司运输公司、大新县兄弟汽车运输有限公司、大新县四通汽车运输有限公司、广西大新县晟宇物流有限责任公司、大新县桂瑞汽车运输有限公司、大新县新宁货物运输有限公司、大新县宏发汽车运输有限公司等12个客货运输企业单位。

【交通基础设施规划与建设】 2017年,大新县交通基础建设项目有29个。其中,续建项目16个,规划项目4个,新开工项目9个。主要工程有:

隆安至硕龙高速公路(新开工) 是广西高速公路网规划布局中"横4"——苍梧(龙眼咀)至硕龙高速公路的重要组成部分,东接贵隆高速、南百高速,西连崇靖高速,并联通天等至硕龙公路到达硕龙口岸,全线跨经隆安、大新、天等三县。项目全长107.8公里(大新县境内37.5公里),全线采用双向四车道高速公路标准建设,计划建设工期4年,总投资约1400000万元。项目业主为广西强荣控股集团有限公司,项目前期工作基本完成,并于12月22日在大新县举行开工现场会。

大新县城至那岭(大新西互通)公路(规划) 项目拟按一级公路标准进行改造建设,线路全长12公里,总投资约26400万元。至年底,完成项目设计基础资料收集及项目建议书的编制工作,正组织开展工程可行性研究、土地预审、环评、水土保持、压矿各项前期工作,力争早日建设。

国道243大新县全茗至雷平公路(大新互通)(规划) 项目拟采用一级公路标准建设,路线起点位于原省道213大新县与天等县交界处,沿旧路至全茗镇北,绕全茗镇西面,经大新县城桃城镇,利用大新环城东路,于万礼村新宁屯新建隧道接上旧路,终于崇左至靖西高速公路大新互通连接线与原省道213的交叉点。项目建设里程全长34.374公里,投资估算总金额为83538.6681万元,是纳入国家公路网规划的国道243"开县—凭祥"的重要路段。至年底,完成工可编制,正在开展环评、水土保持等前期工作。下一步,主要是向上级主管部门请示汇报,争取项目能在自治区层面立项,以利于项目后续各项前期工作开展,并尽快完成项目前期各项工作。

二级公路路网建设工程 共3个,具体为①大新桃城至龙州科甲二级公路大新段(原称大新桃城至龙州金龙公路)(续建)为市级层面推进旅游公路,项目起点位于大新县南环路与西环路交叉处即县城经水泥厂往恩城方向旧路上第一座桥附近,途径桃城、恩城、雷平、堪圩、宝圩等乡镇,终点位于大新县与龙州县交界处布双屯附近,并与大新桃城至龙州科甲二级公路龙州段相连。全线建设总里程约43.2公里,计划总投资28472万元。年内,项目四个标段均进场作业,完成监理单位驻地总监办组建、项目部组建、各标段料场的选址等工作,各标段施工正在有序推进。②大新县硕龙经德天至仁爱公路提级改造工程(规划),位于大新县硕龙镇、下雷镇境内,全长约25.439千米,按二级路技术标准分为两期进行建设,估算总投资30741.7366万元。一期工程(硕龙至德天)线路长13.9千米,起点位于硕龙口岸附近,连接原省道325自西向东途径硕龙街区、陇宏、隘江,终点止于德天瀑布景区停车场,设计时速为60千米/小时(临国界河段设计速度采用40千米/小时),路基宽10米,路面宽8.5米,工程估算投资额16638.3817万元。二期工程(德天至仁爱)线路长11.825千米,起点顺接一期工程终点沿原省道325经德天村、弄隘,后沿县道539经布榜、仁爱、岜幸,终点与原省道316(新编国道359)相交,按二级公路技术标准进行改建,设计时速40千米/小时,路基宽,8.5米,路面宽7.5米,估算投资14103.3549万元。年内,一期工程德天至硕龙二级公路建设任务已下达,全线项目完成立项、工可报批以及水土保持、压矿、地灾、社会稳定风险评估等专题报告的编制,正在全力开展环评、用地预审等工作。③大新至硕龙公路(规划),属于旧路改扩建工程,为省道311(原省道316)的重要组成部分。项目路线起于省道311驮卢至大新段二级公路与国道358(原S316省道)那桐至大新段二级公路相交处,路线自东往西沿省道311走向经那岭乡至大新硕龙镇,路线全长46.192公里,建设里程为34.812公里,项目估算金额为28518.9896万元。项目业主为崇左市交通运输局,前期工作的可研、环评等专题报告编制由桂西公路局负责。年内获得选址、水保、地灾及压矿等的批复,工可报告通过行业审查评估并报自治区发改委,待批复,正在组织开展初步设计和施工图设计等工作。

农村公路建设工程　共23个,具体为①车购税存量资金调整项目7个(续建)。根据《广西壮族自治区交通运输厅关于农村公路中央车购税存量资金项目调整方案的通知》(桂交规划函〔2015〕505号)文件精神,年内续建的大新县板难至明仕、陇贺至巴兰、三湖至志兴、良泮至派林、布龙至逐桐、板扭至板梦以及北三至黎明支线等7个共32公里的村级联网公路工程项目已完工并投入使用的有板扭至板梦、布龙至逐桐、良泮至派林、板难至明仕、北三至黎明支线等5个项目,其余项目正在有序推进。②脱贫攻坚交通基础设施建设项目8个(续建),即潭巴至东风等8个优先通达路线窄路基、路面加宽工程建设,总里程37.2公里,计划投资670万元,年底全部建成投入使用。③乡村旅游示范带工程建设项目2个(新开工)——和平桥、岜匹桥。其中,和平桥跨度总长25米,桥面净宽9米;岜匹桥跨度总长48米,桥面净宽9米。项目计划总投资385万元,年内和平桥完成0#、1#台台身台帽浇筑,岜匹桥完成2#墩墩柱浇筑。④2017年农村便民候车亭建设6个(新开工),总投资24万元,于11月完工并交付使用。

【公路养护】2017年,县交通运输局负责管养农村公路共88条,总里程652.347公里(新增大新公路管理局移交路段71.514公里)。其中,按行政等级分为:县道14条209.156公里,乡道34条244.081公里,村道40条199.110公里。按技术等级分为:二级公路3.195公里,三级公路13.002公里,四级公路618.829公里,等外路17.321公里。全年公路养护综合优良率有所上升,完成县道平均优良路率84.34%;完成乡道平均优良路率79.47%,村道平均优良路率74.25%。

日常养护　加强公路日常巡查及雨季前后检查,及时了解公路现状,对路基、路面、桥涵等进行全面地、严格地标准化养护,做到路肩无堆积物、内外坡稳定、边沟畅通、路面病害得到有效控制等。年内,完成清除路肩草及水沟高草1037.3公里,填补路肩132公里,清理水沟132公里,填补坑槽40平方米,砌筑挡土墙95平方米,砍伐倾倒树木、竹子约68棵,清理塌方约30平方米,清理路面大滚石3块。

养护维修工程　完成大新县硕龙至德天创AAAAA路面维修工程建设(12.14公里,计划投资637万元);完成仁爱至德天公路安保(9.457公里,计划投资69万元)、锌矿至五山公路安保(6.487公里,计划投资51万元)工程建设;续建堪圩至宝圩公路安保(5.707公里,计划投资42万元)工程;开工建设榄圩—维新路面大中修(2.5公里,计划投资140万元)、全茗至龙茗公路安保(17.04公里,计划投资75.63万元)工程;完成全茗至上育、芦山至龙州、响水至太平、上映至下雷等4条公路142块标志牌的埋设;完成下雷至信隆、雷平至榜屯等公路路面开裂约220平方米的填补。

文明养护示范路　年内,按示范路检评标准继续巩固完善2014年5条文明示范路(仁爱至德天、桃城至上湖林场K0—K6段、北三至黎明、上马至乔苗和恩城至新圩公路)的创建工作,以点代面促进全县农村公路养护质量整体提高。

其他工作　完成辖区内42条农村公路临水临崖、高边坡路段、标志牌缺失、路面损坏、边坡塌方隐患等情况调查统计,共排查出相关危险路段565处,急需增设护栏122743米,警示提示标志546块。年内建立详细工作台账,形成公路交通基础设施基础数据库,并加强监控,争取资金分批实施治理。

【公路运输】 2017年,大新县拥有广西运德汽车运输集团有限公司大新汽车总站、广西超大运输集团大新有限公司、崇左市大新县运德公共交通有限公司、广西大新超大出租汽车有限责任公司、广西大新超大公共交通有限责任公司等5家客运企业,拥有一级客运站1个(大新县城北客运站),五级客运站7个(雷平客运站、五山客运站、恩城客运站、榄圩客运站、堪圩客运站、福隆客运站、宝圩客运站;只有雷平客运站由超大公司经营,正常营业)。全县拥有营运客车134辆,4080座客位,客运班线39条;公交线路17条,营运公交车31辆。全县拥有中信大锰矿业有限责任公司大新锰矿分公司运输公司、大新县兄弟汽车运输有限公司、大新县四通汽车运输有限公司、广西大新县晟宇物流有限责任公司、大新县桂瑞汽车运输有限公司、大新县新宁货物运输有限公司、大新县宏发汽车运输有限公司等7家货运企业,营运货车917辆(含个体经营),7756吨位。全年全县完成客运量160万人次,同比下降4%;客运周转量18027万人公里,下降5%;货运量545万吨,增长8%;货运周转量70433万吨公里,增长9%。

【路政管理】 2017年,县交通运输局路政执法大队继续抓好农村公路路政管理工作。年内,共对占道经营、摆摊设点、超限车辆等违法行为进行劝导、宣传20余次,发放宣传资料1200余份,办理路政案件17起。其中,路政许可项目6起;路产赔偿案件3起;超限运输处罚案件8起。积极参加全县整治公路货车违法超限超载行为专项行动,联合交警、大新公路局检测车辆146辆,处理违法超限车辆15辆。清理非公路标志18块、堆积物38处132平方米,疏通人为水沟80米。

【运政管理】 2017年,县交通运输局积极采取各种措施强化道路运输管理。一是重点从元旦、春运、清明、“三月三”、“五一”、国庆等法定节假日或敏感时期入手,抓好道路旅客运输工作,严厉查处无证经营,甩客、宰客、卖客等违规经营行为,确保全县旅客运输市场安全、有序发展。二是认真抓好运输行业日常监管工作。严格开展客运班线许可审批、车辆准入现场核查工作,核查营运车辆215辆,班线许可10条(续营);做好营运车辆年审、道路运输证的发证换证工作,年内受理办结货运许可事项150件;完成2家客运企业、2家客运站、4家货运企业、3家二类维修企业、3家驾培机构质量信誉考核工作,并按时上报考核材料;积极抓好客运企业的源头安全监管,落实客运站运管驻站监督工作制度,派员长期驻站监督。三是突出工作重点,抓好2016—2017年油补材料整理归档工作,完成2016年度、2017年度油补、一车一档任务,落实油补核发。四是开展公交客运专项整治排查治理工作,期间督促整改落实2次。五是开展辖区驾培市场清理整顿,制止非法经营,进一步规范驾培市场,同时大力贯彻驾培行业两个新国标、新大纲的落实。六是抓好维修许可、监督检查及检测站升级改造工作。七是抓实行业宣传执法工作。年内共出动执法人员780人次,张贴宣传资料1300多份,发放宣传资料2300多份,范围覆盖全县各乡镇,共检查车辆1230辆次,查处违法违章经营行为80起，暂扣车辆2辆，暂扣营运证件58本。八是认真开展黄标车、老旧车淘汰工作。严格“道路运输证”发放，杜绝黄标车进入运输市场；做好“道路运输证”年审，凡属黄标车的不予办理营运年审，并动员车主主动淘汰车辆。年内注销“道路运输证”1013本，动员客运企业、驾校报废黄标车20辆。九是抓好行政村通客车工作。开展农村客车通行条件联合审查，联合签署审查意见11份，组织客运企业新开通行政村班车4个。十是认真履行道路运输行业安全生产工作职责，定期组织执法人员下企业检查，重点抓好了节假日、节庆活动等敏感时期的安全维稳，从源头上监督企业落实安全生产职责。年内开展专项整治活动25次，提出整改意见80项，已落实整改80项，全年没有发生安全生产责任事故。十一是根据县委、县政府安排部署，积极参加景区交通秩序整治、打击走私专项整治、榨季运输稽查执法等各项工作任务。

【水上交通管理】 2017年，县交通运输局积极开展“三无”船舶专项治理工作，由县人民政府牵头组织工作组，对黑水河安平、恩城河段进行“三无”游船清理整治行动，顺利完成黑水河沿线“三无”游船的取缔工作，消除多年的个体零乱分散经营带来的事故安全隐患，无序运营游船持续蔓延的势头得到遏制。同时，每月不定期组织执法人员到黑水河、安平、德天、明仕、恩城格强等旅游景区进行执法监督工作，对乘客不按规定穿戴救生衣、超载等高危行为进行及时指出和制止，做好汛期巡查和监管措施，严禁冒雾、超水位航行，严格执行汛期停航制度和防范灾害性天气应急响应机制，督促船舶做好加固船舶缆绳及检查加固设施，调整船舶系锚，做到安全度汛。年内，共出动航管人员306人次，检查码头94个次，检查船舶322艘次，发放宣传资料1180份，发出整改通知书1份，排查治理隐患2个。

3月2日，县交通运输局联合县旅游局等部门开展安平河游船整治行动

（符家劲）

【大新汽车总站】 是隶属于广西运德汽车运输集团有限公司的一家下属单位。集团总部设在南宁，其前身由成立于1952年的南宁汽车运输总公司改制而成，系国家大型二类企业，交通部重点联系单位，已达一级客运资质，通过ISO9001:2000质量认证，被评为“广西五十强企业”、“中国道路运输资质企业百强”，连续8届担任“中国—东盟博览会”唯一指定公路客运服务商。

大新城北客运站位于大新县城北北环大道与养利路交叉路口旁，于2013年5月建成投入使用，隶属广西运德汽车运输集团有限公司，站级为自治区一级汽车客运站；总占地面积7.46万平方米，总建筑面积3.4万平方米，其中主站房建筑面积8300平方米；站内设有发车库24个，日发班次390多个，日发送旅客量可达1.02万人次。2017年年底，客运站有在职员工61人，拥有长、短途客运班线32条，营运车辆200多辆，年度发送旅客量138.6万人次，是大新唯一的公路交通型客运站场。站内实行计算机联网售票，系统化管理，可联网代售南宁埌东客运站发往全国各地车票；站场设置闭路电视监控系统、旅客行李X光安检机等，各项服务配套设施齐全，为旅客提供良好购乘环境。大新城北客运站在原旧站基础上，通过完善站场设施设备、规范站场服务流程，已形成一个集旅客运输组织与管理、零担快件托运、旅游服务、停车与仓储、车辆维修等业务为一体的多功能、综合性交通运输服务站场。年内，大新城北客运站本着“旅客第一、服务至上”的宗旨，先后更新投入 12 台豪华客车开通南宁垠东城际快线，同时开通运德互联、畅途网等网上购票服务，为广大旅客提供安全、快捷、舒适的购乘环境。

（苏全石）

等级公路管理

【概　况】 2017 年，大新公路管理局管养公路里程 237.908 公里。其中，按公路行政等级分为：省道 1 条 60.954 公里，国道 4 条 176.954 公里；按公路技术等级分为：二级公路 227.472 公里，三级公路 10.436 公里。

【公路养护】 2017 年，大新公路管理局全部路线管养里程 237.908 公里。参加全国国省干线公路养护大检查里程 216.299 公里，完成全部路线优等路 82.639 公里；良等路完成 106.66 公里；中次等路完成 27 公里；全部路线计划好路率 81.77%，实际完成 87.52%，国省干线计划好路率 82.77%，实际完成 84.74%；差路率为 0。共完成沥青路面修补 222997.97 平方米，完成年度计划 134.5%；平均每公里完成 811.73 平方米，完成年度计划 134.4%；完成 S213 德板线 K94−K110 绿化植树活动，沿线种植灌木 5871 株，完成投资 13.229 万元，自检成活率 99%。完成上级下达养护小修保养任务指标。

【养护工程】 2017 年，大新公路管理局全年共完成计划内养护工程建设任务 13 项，总工程量 1385.8058 万元，其中，大中修工程 2 项 1264.7376 万元，水毁工程 4 项 53.2582 万元，围墙修复工程 1 项 4.2338 万元，桥梁维修工程 2 项 20.4548 万元，安全设施及路容整治等工程 4 项 43.1214 万元，工程自检合格率 100%。

【路政管理】 2017 年，大新公路公里局路政赔偿案件共发生 33 起，查处 33 起，查处率 100%，路政罚(赔) 总收入 11.6 万元。日常路产赔偿案件 16 起，路政许可项目 2 起；清理堆积物 41 处 209 平方米；清理临时搭棚 5 处 41 平方米；清理非公路标志 88 块；疏通人为堵塞水沟 67 米，追回路产损失 4.58 万元。投入路面治超执法人员 843 人次，检查车辆 861 辆，其中查获超限超载车辆 8 辆，查处 8 辆，查处率为 100%，治超管理收取罚款 1.9 万元。

（陆永文）

邮　　政

【概　况】 2017 年，中国邮政集团公司广西壮族自治区大新县分公司（简称大新县分公司）下辖 17 个邮政支局(所)，职工 124 人，担负着全县 38 万人邮政通信服务。主要开办的邮政业务有：国内和国际邮件寄递、国内报刊发行、邮政储蓄和邮政电子汇兑、特快专递、集邮、邮购农资配送等。年内，县邮政分公司按照市公司的统一安排部署，紧紧围绕经营思路，创新发展，强化管理，改善服务，合理安排布置各项工作任务和目标，使经营、管理和服务等工作进一步深化。全年邮政业务总收入完成 3316.79 万元，同比增长 19.69%。

【企业管理】 2017 年，大新县分公司坚持“融合发展，突破重点，对标超越，提速增效”十二字方针，实施“基本预算 + 弹性预算”的人工成本弹性管控，引进对标赶超制度激活生产动力，加强渠道平台建设，创新“寄递 +”模式驱动发展，深入实现三大板块的融合发展。企业领导高度重视财务管理，全面推进金融网点损益核算工作，增强“人人当老板”的管理理念，通过强化成本管控，指导网点控本增效，严抓历史欠费问题，严格执行欠费管理相关规定，及时收回超期欠费，降低企业资金风险，坚持勤俭经营的理念用心推进企业发展企业明确职责，认真执行逐级责任制，层层落实安全责任，把综合治理工作落实到实处。同时，加强培训教育，提高全体员工安全生产素质，组织开展安全知识讲座及演练，排查各种隐患，确保抓好安全生产工作。

【平台建设】 2017 年，大新县分公司通过精心踩点，统筹部署，新增邮乐购站点 47 个，涉及 14 个乡镇行政村，全县共计建成 127 个站点，实现所有村镇

100%全覆盖。基本实现“购物、销售、金融、生活、创业”五不出村，为广大人民群众提供更为便捷的服务。一是注重“邮乐购”站点的建设及运营，从站点运营及业务发展并抓着手，对渠道经理加强考核力度，对站点运营能力进行再提升和能力评估，全年撤销僵尸站点2个，实现辖区120多个站点加载邮政快销品批销业务，12个站点建立“三农服务站”销售邮政农资化肥，不断提升“邮乐购”站点的运营能力。二是金融网点通过融合站主的人脉和资源优势，常态化的在“邮乐购”开展金融业务宣传活动，受到广大村民的欢迎，真正让金融网点宣传活动最终达到获客、获信、获金的成效，渠道功能得到初步显现。三是不断引起政府和社会各界同行的关注，县政府电商办、恩农、乐村淘等电商管理运营部门多次到站点进行参观考察，并就农村物流、邮件投递、农产品下行、工业务品上行等方面提出合作意向，“邮乐购”品牌和影响力不断提升。

【邮政储蓄】 2017年，大新县分公司有邮政储蓄金融网点9处，开办各类存取款业务和代理中间业务，实现全国联网、通存通取通兑；继续对储蓄网点门面进行改造装修，有效提升网点硬件和对外形象，提高储蓄网点服务水平和自然吸储能力；积极开展多种形式宣传，扩大邮政储蓄影响力，促进邮政储蓄业务发展。全年邮政储蓄余额规模12.21亿元，新增储蓄存款12256万元，同比增幅11.16%。

【邮政传统业务】 2017年，大新县分公司继续做好邮政各项传统业务。一是做好报刊发行。把握住有利时机，提早切入，为校园报刊收订工作做好各项准备和铺垫，采取灵活多样的方式，不断拓展教辅市场。同时积极接触各中、小学、幼儿园开发学生毕业形象刊册。全年报刊收入94.07万元，同比增长11.61%。二做好集邮业务。做好日常邮品宣传工作，通过多种渠道宣传单、向个人客户推荐、向广大报刊征订用户宣传集邮产品，让用户了解集邮产品信息，引导用户及时选择购买自己喜爱的集邮产品。利用集邮品的积分奖励政策，充分调动一线员工的销售即席积极性，实现集邮产品全员营销。全年集邮业务收入32.72万元，增长64.55%。三是做好分销业务。继续落实农资项目批销模式，充分提高一线销售人员的销售积极性。引导村邮乐购站点加载农资项目，促进农资配送业务健康发展。全年分销业务收入296.27万元，增长209.96%。

【理财业务】 2017年，大新县分公司利用营销系统，精细化筛选，积极走访宣传理财产品，通过网点LED屏、张贴海报及大堂营销分发宣传单页等形式进行广泛宣传造势，促进理财业务发展稳定。全年销售理财产品4611.14万元，年内理财新增保有量2184.12万元，超额完成市公司年初下达目标的121.34%，目标完成进度位居全市第一位。

【保险业务】 2017年，大新县分公司通过营销系统筛选客户，提早部署，组织开展保险业务培训，加强营销话术演练。对新开办险种及大堂营销、网上营销、手机银行营销等不同渠道营销策略进行组织培训，进一步提升员工的营销技能和网点的综合营销能力。在1月代理保险“开门红”活动中，获得崇左市分公司颁发的“战区胜利奖”“最佳保险网销专项奖”“抢占高地奖”“网点目标达成奖”“网点目标达成奖”等多个奖项。全年销售代理保险11963万元，同比增幅39.49%。

（梁君君）

联合网络通信

【概　况】 中国联合网络通信集团有限公司(简称中国联通)是2009年1月6日经国务院批准在原中国网通和原中国联通的基础上合并成立的国有控股特大型通信企业。中国联通在中国大陆31个省(自治区、直辖市)和境外多个国家和地区设有分支机构，是中国唯一一家在香港、纽约、上海三地上市的电信运营企业。2017年，中国联通大新县分公司有在岗员工28人，设有综合支撑中心、移固业务中心、政企业务中心等3个职能部门，下辖民生街7号自营厅，雷平厅、宝圩厅、下雷厅、福隆厅、昌明厅、榄圩厅、龙门厅等8个服务厅，授权代办服务点约90个，有在网用户58760户(含2G、3G及4G用户)。

【网络建设】2017年，中国联通拥有覆盖全国、通达世界的现代通信网络，中国联通主要经营GSM、WCDMA和FDD-LTE制式移动网络业务，固定通信业务，国内、国际通信设施服务业务，卫星国际专线业务、数据通信业务、网络接入业务和各类电信增值业务，与通信信息业务相关的系统集成业务等。2008年，中国联通获得WCDMA第三代移动通信牌照；2014年12月，获得基于TD-LTE制式的第四代移动通信(4G)营业执照，为中国联通跨越式发展提供重要保障。年内，中国联通大新县分公司投入巨资进行网络优化建设，加快3G、4G网络建设。现有2G网络基站150个，覆盖全县98%的行政村；有3G网络基站80个，覆盖大新所有乡镇及景区，崇靖高速公路大新段沿线覆盖90%；有4G网络基站30个，覆盖城区、各乡镇及主要景区。

【品牌产品】2017年，中国联通推出3G、4G品牌产品有沃服务、沃商务、沃家庭，2G品牌产品有新势力、如意通，一站式信息化服务。在业内首创多项管理模式：3G语音资费“长、市、漫一体化”结构、单向收费模式；全国品牌、业务、包装、资费、终端政策、服务标准“六统一”政策；全国统一的电子渠道系统、首款千元大屏智能手机……在国内3G市场确立差异的竞争优势。贴心服务联通10010。

【131/132/155/156/186/185/176业务】2017年，中国联通130/131/132/155/156/186/185/176数字移动电话采用先进全球数字移动GSM蜂窝通信系统技术体制，提供自动漫游、来电显示、短信息、语音信箱、呼叫转移、三方通话、呼叫等待等功能。其中，130/131/132/155/156信号覆盖全县所有行政村及公路主干线。

【10193长途电话】2017年，中国联通10193长途网是中国联通数字移动电话、数据业务之后开展的一项新业务，国际长途电话通达200个以上国家和地区。用户使用联通10193长途电话，能轻松拨通长途电话，享受清晰稳定的语音服务。

【IP电话和光纤互联网】2017年，中国联通认真经营IP电话业务和光纤互联网业务。中国联通IP电话可向社会公众提供国内、国际长途IP电话及IP传真服务。IP电话服务主要采取记账方式(17910)和一次直拨业务(17911)，中国联通IP电话覆盖全国300多个城市，通达200多个国家和地区，IP卡可在40多个国家和地区漫游。中国联通公用计算机互联网(CNUNINET)面向全国公众提供计算机互联网服务，可提供传统Internet信息发布和浏览、E-Mail等业务。

（覃艳芳）

移动通信

【概　况】2017年，中国移动通信集团广西有限公司大新分公司(简称大新分公司)，有在岗员工108人，设有综合部、销售中心、集团客户中心、工程建设中心、销售网络中心；下设桃城、雷平、下雷、宝圩、榄圩、堪圩、硕龙、福隆、龙门、昌明、五山、全茗、那岭、恩城14个营业厅。

【网络建设】2017年，大新分公司以“人人争当网络哨兵”为目标，以客户通信需求为导向，积极投身农村信息化建设，加大人力物力财力投入，开展“消除骨头站点”等网络优化活动，大力收集各乡镇、各地有关信号弱、无信号等网络问题，尽可将信号覆盖并优化至各村屯。年内，大新分公司根据上级单位指导规划，优化4G网络建设，积极采纳县人大、政协提出的需求建议，优先对贫困的村屯上报网络建设，至年底公司信号覆盖全县所有行政村及98%的自然村，全县人口覆盖率达95%以上，改变许多偏远村屯通信不畅、信息闭塞的现象。为配合德天瀑布景区创AAAAA目标，确保各个景区网络信号优化完善，公司制定整改目标，派出精良的工程建设队伍有序开展网络建设工作，对景区内的基站进行迁改，并在最短的时间内迅速保证保量完成任务，给用户提供便利的金牌网络服务，确保网络维护运行安全。

【宽带建设】2017年，大新分公司围绕“客户为根，服务为本”的客户服务理念，加大移动宽带建设，对全县各村屯实地考察加快移动宽带建设，为实现“客户用得到、用得起”的优惠互联网络尽职尽责，设置多渠道质量监督,客户可通过营业厅、服务热线、客户经理等多种渠道随时反应宽带问题,以实际行动践行“便捷服务满意100”的服务宗旨,确保移动宽带互联网保持高质量的畅通状态,力求将互联网延伸到全县各乡镇、村完小及有需求的村屯,并努力提高互联网覆盖质量,给用户提供便利的金牌服务。年内,全县各乡镇行政村移动宽带覆盖率60%。

【业务服务】 2017年,大新分公司为广大客户提供丰富的号码资源,在用的号码段有134、135、136、137、138、139、150、151、152、157、158、159、182、183、184、187、188、147等号段,为客户提供4G套餐等多元化移动通信信息服务,为客户提供语音业务、飞信、短信、手机邮箱、来电提醒、彩铃、彩信、天气预报、手机邮箱、手机证券、手机支付、手机游戏、手机电视、手机上网、随E行、手机动漫、语音杂志、话费提醒、移动秘书、语音信箱、号簿管家、手机地图、手机导航、“和”业务、“和”车宝等多项数据业务及集群网、企信网、银信通、农信通、甜蜜通、车务通、亲情网、金财通、集团彩铃、集团E网、移动OA、小E宽带、“和”校园、移动通信录、MAS、IMS等多种集团通信产品,不断推出移动宽带优惠政策,进一步体现中国移动“一切为了客户”的服务宗旨。

【提速降费取消长漫通话费】 2017年5月起,中国移动推出七项降费举措,推动“互联网+”深入发展。一是大幅度下调国际长途直拨资费;二是全面下调“一带一路”沿线国家和地区漫游资费;三是推出“速率倍增行动”,大幅度下调互联网专线资费;四是推出“小微宽带”特惠产品;五是推出全网流量“任我用”资费;六是推出系列流量优惠活动。9月1日起,全面取消移动手机用户国内电话长途费和漫游通话费(不含港澳台地区),努力为广大客户提供更为优质的信息通信服务。

【地网工程建设】 “地网工程”是在电动车、摩托车安装防盗系统的建设,车辆安装防盗器后能够在用户手机上实时查看车辆状态,包括断电警告、异常震动警告、车辆超出设定距离警告、实时定位跟踪等功能,有效防范电动车、摩托车被盗丢失。2017年,大新分公司积极参与“地网工程”项目建设,并于9月与县综治办、县公安局在县城民生街广场举行“地网工程”摩托车、电动车防盗项目启动(签约)仪式,发挥公司网络规模、品牌认可、产品价值等优势。

【精准扶贫】 2017年,大新分公司扶贫挂点联系村是大新县宝新村,为做好扶贫工作,分公司领导班子和党员多次深入结对帮扶对象村和贫困户家中,认真摸底了解帮扶对象困难情况,并有针对性地制定出台一系列详尽可行的结对帮扶方案,定期前往贫困户进行一一回访,详细了解生产生活情况,尽已之力做好帮扶工作。同时,时刻保持与桃城镇政府扶贫工作组联系,协同开展对扶贫户进行信息收集、入户评估、双认定、填写“一户一卡一册”等工作,助力精准扶贫,传递企业正能量。年内,所帮扶的10户贫困户成功脱贫4户。

(李丽灵)

电　信

【概　况】 2017年,中国电信股份有限公司大新分公司(简称大新分公司)有在岗员工81人,其中,合同制员工25人,第三方派遣制用工56人。设有办公室、客户销售服务部、支撑中心、城市支局、政企支局、雷平支局、下雷支局、城郊支局、昌明支局;下设县城、龙门、昌明、福隆、全茗、五山、榄圩、恩城、雷平、宝圩、堪圩、那岭、硕龙、下雷等14个交换传输汇聚模块局和营业网点。

【网络规模】 2017年,大新分公司继续推进网络工程建设,不断扩大网络规模。一是建设农村主干光缆。完成崇左分公司农村光缆网建设第五、六6项目大新县农村主干光缆ODN建设,开通光交箱107个,主干分纤箱18个。截至年底,全县除全茗上湖村、硕龙礼贤村、那岭陇贺村未立项建设外,其他已立项建设,行政村主干光缆覆盖率97.7%。二是建设农村宽带配缆。启动农村宽带投资,共立项建设153个自然屯,总投资205.5万元,开通宽带端口5750个。截至年底,大新开通FTTH自然屯数513个,自然屯FTTH覆盖率42%。三是建设LTE基站。启动2017年LTE乡镇及周边1.8G无线网建设工程，立项建设基站13个，开通入网12个，完成率92%；截至10月底，分公司共计开通运营CMDA基站153个，4G基站139个。四是开通政企光纤专线。年内，完成开通政企光纤专线工程项目71个，为政企业务发展提供有力支撑。

【经营管理】 2017年，大新分公司实施“聚焦客户的信息化创新战略”，坚持转型统领、品牌经营和融合发展，按照“外抓市场差异化，内强管理标准化”工作要求，优化人员管理配置，正确引用绩效考核导向，以人为本，各尽其才；以市场为导向，以客户为目标，扎实推进全业务经营，公司业务经营状态良好，全年业务总收入同比增长20.7%，其中，市场收入份额29.91%，移动市场份额到21.15%；不断巩固电信客户，全县固定电话数10673户，宽带用户数23185户，手机用户数53671户。年内，公司服务质量稳中有升，基础管理扎实开展，以“用户至上，用心服务”的服务理念贯穿实际工作，推行客户服务规范和服务标准、首问责任制，竭诚为电信客户提供优质服务，用户满意度和忠诚度进一步提高。

（赵智勇）

城建·国土·环保

□编辑　覃文学

城乡建设与管理

【概　况】 大新县住房和城乡建设局是大新县综合管理全县城乡建设的主管部门，担负着全县城乡建设的规划、建设和管理职责。2017年，局机关行政编制9人，内设办公室、财务室、城乡规划股、建筑设计室、城乡规划设计室、建筑工程质量安全监督站、施工管理股、墙体材料改革办公室、招标投标站、村镇建设管理所、政策法规宣传股、建筑安装工程劳动保险管理站、市政管理股、危房改造办公室等14个股室，有在职干部职工52人、退休干部10人。下辖县房产管理所、房地产开发公司等2个企事业单位。其中，县房产管理所10人，房地产开发公司10人。

【城乡规划】 2017年，大新县采取强有力措施，扎实有效推进各项城乡编制，50个村庄集中规划编制测绘工作正在进行；城东片区控制性详细编制规划已完成，城西、城北及城南片区控制性详细规划编制已完成初步成果；县域乡村建设规划编制已经完成初步设计并提交初步成果；环卫、燃气、市政设施、照明、垃圾处理、排水、供水、节水、绿地系统9个专项规划编制已完成。福隆乡、昌明乡、堪圩乡、恩城乡、那岭乡、榄圩乡、宝圩乡等7个乡镇的总规编制已通过各相关乡镇人民代表大会审议，并根据有关法律法规的规定，组织召开乡镇总体规划编制成果汇报和专家评审会。下雷镇总规、雷平镇总规编制通过专家评审，并已提交修改成果。

坚持建设项目规划审批制度化，提高规划审批质量。认真落实“一书两证”制度。全年共受理建设项目选址意见书31份，建设用地规划许可证74份，建设工程规划许可证64份，私人住宅及公建项目竣工规划验收52份，进行批后规划建设巡察10余次，办理4宗规划处罚案件，共处罚28046元。

【项目建设】 2017年，大新县认真贯彻落实中央、自治区和崇左市关于实施新型城镇化示范县的决策部署，大力实施城镇化建设，加大政府投入，加快工程建设。新型城镇化项目分为人文、特色县城建设示范类、城融合建设示范类、多规融合协同试点类、违章治理示范建设类、街区微改造类共五大类项目，项目总投资27900万元，累计完成投资23040.76万元，全年共完成投资11940.76万元。

结合创建特色旅游名县工作，全力推进城区市政基础设施建设。组织协调抓好项目征地拆迁安置工作，协调明仕北路、桂圆北路两条断头路建设，两条路的安置拆迁工作均已完成，道路建设已完工；主动在德天大道民生五岔、德天大道榄圩路口、德天大道明仕路口设置隔离栏杆，缓解堵车；回应网络、人大代表建议和群众诉求，维修伦理路西段、中山街、古榕路、养利路等县城路面，添置路灯，逐步推进伦理路、中山街路面升级改造，已完成新、改扩建公厕共7座，得到广大群众好评。

年内，建筑工程在建工地32个，建筑面积约32.75万平方米，项目投资金额约7.95亿元，涉及建设单位30个、施工单位34个、监理单位20个、设计单位16个。全年共办理建筑质量安全监督登记手续工程22个，建筑面积27.17万平方米，总造价71709.43万元，提前介入监督工程10个，建筑面积5.58万平方米，监督覆盖率100%。监督工程竣工验收20个，建筑面积4.099万平方米。

按照上级有关要求，进一步规范房屋和市政工程施工项目的招投标行为，全县房屋和市政工程建设项目施工全部实行电子化招投标。全年共完成招投标项目入场备案25个，其中完成招投标项目21个，工程总造价为61223.73万元。建立健全科学合理的管理制度，坚持“公开、公平、公正和诚实信用”的原则，按照《广西壮族自治区建筑市场诚信卡管理暂行办法》的有关规定抓好落实。年内，对中标项目的项目经理、安全员等的诚信卡进行锁卡，先后审批办理29个项目的解卡工作。

【村镇建设】 2017年，大新县在推进农村生活垃圾两年攻坚战项目后，农村生活垃圾处理基础设施更加完善。乡镇片区生活垃圾热解处理中心总投资4200万元，其中，下雷镇生活垃圾热解处理厂目前正进行热解设备安装，雷平镇生活垃圾热解处理厂已完成主体准备设备安装，截至年底，完成投资约2700万元，占总工程量的64.3%。村级生活垃圾微生物水洗分选处理中心共五个建设项目，总投资630万元，已全部完成主体工程施工，四个村级设备已安装完成，正在设备调试当中，即将投入使用。村级生活垃圾转运站共5个建设项目，总投资400万元，已全部完成主体工程施工，即将投入使用。

在建的镇级污水处理设施项目共有2个，总投资4300万元，分别为全茗镇污水处理厂、雷平镇污水处理厂。全茗镇污水处理厂项目总投资约1700万元，占地面积约0.53公顷，雷平镇污水处理厂项目总投资约2600万元，占地面积约1.2公顷，两个项目于6月底开工，年底已完成完成设备安装，即将通水试运行。

雷平、下雷百镇项目建设加快推进。雷平镇生活垃圾微生物分选处理中心项目已经完成征地、立项、可研批复、环评报告、水保批复、场地平整等前期工作，目前已委托广西博世科环保科技股份有限公司实施，推进项目建设进度；雷平镇路柳屯（龙州二级路路口）至地税街道改造工程项目待征地补偿后就可以动工建设，项目完成投资1602万元。下雷百镇项目主要有河西旧城区街道改造工程、河西旧城区街道亮化工程、城镇供水系统改扩建工程、下雷游客服务中心、河东新区路网建设工程、河东新区锰文化广场等，项目总投资约2350万元，其中自治区补助资金1000万元，其余为县财政资金。至年底，河西旧城区街道改造工程已竣工，河西旧城区街道亮化工程、下雷游客服务中心已完工，河东新区路网建设工程、河东新区锰文化广场项目正在进行征地。

【房产管理】 2017年，大新县房产管理所重新制定农民工进城购房去库存实施细则，积极配合县政府谋划去库存工作，协调解决房地产开发建设中和固投遇到的难题，推进各类房地产项目。年内，全县累计进驻房地产开发企业24家，房地产开发项目24个，总开发面积261.25万平方米，竣工面积约217.25平方米，销售面积153.33万平方米，销售金额约42.93亿元。全年房地产业完成投资4.64亿元，同比增长28.29%；房屋施工面积47.16万平方米，增长3.01%；新开工面积17.85万平方米，增长8.83%；商品住房销售均价为3451.41元/平方米，增长15.68%；商品房屋销售面积14.49万平方米，减少14.27%；商品房销售额4.69亿元，增长5.54%。共批准商品房预售785套11.19万平方米，完成商品房销售935套11.99万平方米，其中商品房住宅销售906套11.8万平方米，非住宅销售29套0.19万平方米；房地产物业管理覆盖面积约67万平方米。累计商品房库存总量为1501套18.41万平方米，其中商品住房库存1184套16.88万平方米，非住宅房屋317套1.53万平方米。全县商品房库存消化周期为12.69个月，其中住宅消化周期为11.8个月，非住宅消化周期为76.5个月，同比2016年的265个月下降246.4%。

【保障性安居工程】 2017年，大新县认真贯彻落实中央、自治区和崇左市关于实施保障性安居工程的决策部署，把解决群众住房困难问题作为民生之本、执政之基，加大政府投入，加快工程建设，扩大保障人群，完善保障体系，有效推进保障性安居工程建设步伐。年内，上级下达全县城市棚户区改造新开工任务296套，基本建成任务250套，分配入住任务250套；公共租赁住房基本建成任务310套，分配入住任务388套。截至年底，全县棚户区新开工项目296套(全部为实物安置),开工率100%;基本建成424套,完成率169.6%;分配入住466套,完成率186.4%。公共租赁住房基本建成312套,完成率100.65%;分配入住388套,完成率100%。

【农村危房改造】 2017年,大新县农村危房改造任务767户,各级补助资金共1958.83万元,其中,中央补助资金877.8万元,自治区补助资金808.03万元,市级配套补助资金117万元,县级配套补助资金156万元。县危改办坚持"统筹规划、群众自愿、公开公正、分批实施"的原则,严格执行相关技术规范,统筹推进农村危房改造工作。至年底,全县农村危房改造共开工767户,竣工672户(其中,建档立卡贫困户406户),划拨给竣工农户补助资金925.4万元。与此同时,按照县委、县政府部署,积极做好农村住房安全认定工作,年内完成全县计划脱贫贫困户住房安全认定工作3950户,同时,完成15个计划脱贫贫困村全部住房安全认定工作,为推进脱贫攻坚工作提供有力保障。

(赵勇斌)

城市管理

【概 况】 大新县城市管理局成立于2017年2月8日,主要担负大新县住房和城乡建设局之前所担负的全县城市市政基础设施建设与管护、农贸市场建设管理、环境卫生管理和监督、园林绿化管护和城市市容市貌综合整治管理职责。2017年10月,县城市管理局新班子到位工作,局机关行政编制3人、参公24人、工勤4人、退休干部3人,内设办公室、人事财务股、城建监察和市政服务管理股、市容环境卫生管理股、园林绿化管理股,下设大新县环境卫生园林管理站、大新县市场开发服务中心等2个企事业单位,其中,大新县环境卫生园林管理站为事业单位,有在职干部职工29人、退休干部32人;大新县市场开发服务中心为企业单位,有在职干部职工34人、退休干部10人。

【市政设施管理】 2017年,县城市管理局加强市政设施管理,先后完成桃城镇桂园路新大新段人行道铺设及损坏路面硬化等维修、中山街改造、迎宾大道延长线太阳能路灯、鸳鸯桥限高架、利江大桥(鸳鸯桥)安全评估检测、东区步行街改造、民主街扩建、雷平镇交通画线等项目建设,总投资约500万元。加大县城主要道路照明节能改造,改造后路灯年用电量同比降低47%,同时提高了路灯寿命。积极开展城区市政设施安全隐患排查,确保市政设施安全。

【农贸市场建设管理】 2017年,大新县结合开展争创自治区卫生县城及自治区文明城市工作,先后投入80多万元,分别对新北农贸市场、新北综合市场、雷平市场等进行维修改造,加强市场建设,完善市场环境,全年共完成市场租赁费收取目标任务500万元,与上年同期持平。同时,加大新北农贸市场、新北综合市场、雷平市场整治力度,每季度组织开展一次大规模安全生产大检查,重点检查建筑安全、用电安全、消防安全等,做到及时发现安全隐患及时整改和处理。年内,未发生安全生产事故。

【环境卫生及园林绿化管理】 2017年,大新县环卫站采取有力措施,加大市容环境整治力度,全面推进城区环卫园林工作的规范化和精细化管理,进一步加强城区主要干道、广场、街区等区域清扫保洁,全年共清运垃圾约33600吨,使城区内生活垃圾日产日清。加强垃圾箱点、公厕管理,年内组织人员清理卫生死角垃圾45车,清理小广告350多次。改善绿化缺株断档、黄土裸露现象,共补植乔木47株,其中柳叶榕27株,无忧花20株。加强对城区内绿化树木、花草、绿篱的整形修剪和除杂草等工作,进一步提高全县园林绿化的观赏效果和品位。在12月底对所有行道树进行涂白,保证绿化树木的正常生长。加大征收生活垃圾处理费力度,全年共完成征收垃圾处理费160多万元。在完成好收费工作的同时,继续加强环境卫生监督,年内监察队在执勤中共纠正和教育违反《城市市容和环境卫生管理条例》行为1400多人次,并对环境卫生较差的门店、摊点发出责令改正通知,要求摊主及时改正,确保城区内环境卫生。

【城市市容管理】 2017年,县城市管理局和县住房和城乡建设局采取联合多部门协同作战的长效管理模式,集中整治和常规管理并进,驻点管理和区域管理责任制相结合,严格管理城区街道,组织城管队员继续落实街道管理,推行定岗执勤,集中“五乱”大整治,抓好乡镇保洁,突出抓好农贸市场规范管理,城区管理长效管理机制逐步建立和强化。年内,城区管理工作明显得到强化,共教育纠正违规停放车辆1989辆次,处罚1720辆;引导纠正乱摆摊点2340余摊次,教育流动摊贩(占道经营)1900余人次、下发整改通知书345份、依法暂扣物品1990件、罚没956摊次、制止超门槛经营门店2040个,涉及面积9800多平方米。与此同时,抽调工作人员配合县“两违”办,进一步加强“两违”日常巡查工作,划分责任区并落实到每个执法监察队员身上,明确责任,强化监管,全年城建监察大队共下达达《责令停止建设通知书》98份,制止在建89间面积约1376平方米,拆除违建共计22间,其中采取回填模式和拆除新打基础方法制止建设基面积约28466平方米,有效打击和震慑违法违建行为。

(许成冠)

住房制度改革

【概　况】 2017年,大新县住房制度改革委员会办公室共有编制8个,实有干部7名,其中主任1名,副主任2名,干部4名,内设办公室和财务室。年内,县房改办坚持以人为本,突出工作创新,以保障民生、实现住有所居为立足点,抓好保障性安居工程建设,住房制度改革工作取得较好成效。年内,城镇保障性安居工程共完成新开工296套;完成分配入住551套;完成基本建成任务424套;1221套在建工程正在按照工期抓紧建设中;累计完成年度固定资产投资13495万元,圆满完成上级下达的保障性安居工程建设任务。

【城市棚户区改造】 2017年,自治区下达大新县城市棚户区改造新开工任务296套。县房改办将新开工任务落实到大新县城东区棚户区改造一期工程项目272套,大新县皮肤性病防治站危旧房改住房改造项目24套。至9月底,大新县城东区棚户区改造一期工程项目开工建设300套,建筑总面积49525.86平方米,大新县皮肤性病防治站危旧房改住房改造项目24套,建筑总面积2732.21平方米,开工率为109.5%,棚户区改造项目计划总投资13448万元。年内,争取到中央财政资金补助2509.7万元。全年续建工程有2个项目551套住房分配入住,4个项目424套住房竣工待分配,3个项目896套主体施工,1个项目300套地下室施工。至年底,城市棚户区改造项目累计完成年度投资13495万元。

【危旧房改住房改造】 2017年,大新县共审批2个危旧房改住房改造项目,其中,大新县皮肤性病防治站危旧房改住房改造项目涉及改造公有住房12户,建筑面积632.26平方米,车库1间36.52建筑面积平方米,共计建筑面积668.78平方米,6月20日,项目涉及的12户公有住房和1间车库完成危旧房拆除清理工作;大新县公安系统危旧房改住房改造项目涉及改造公有住房64户,建筑面积4331.28平方米(公安局大院12户,看守所36户,桃城派出所16户),桃城派出所办公业务用房2层,建筑面积553.5平方米,共计建筑面积4884.78平方米,因该项目为异地回建,危旧房拆除工作待回建安置房完工并分配入住后再拆除。

【华侨农场危旧房改造】 2017年,大新县桃城华侨农场非归侨危旧房改造项目续建20户2160平方米,至年底,该项目共有20户基本完工,完成年度投资70万元。

【公有住房上市交易】 2017年,大新县公有住房上市交易由于受不动产登记管理房产与地产合一管理的影响,在办公与住宅合为一体的国有划拨土地中建设的公有住房,因土地权属及土地分割问题,暂时无法办理土地出让,公有住房上市交易处以停止状态。

【政策性住房信息档案管理】 2017年,县房改办按照上级主管部门的要求,开展政策性住房信息档案电子化管理,整理公有住房、集资建房、经济适用住房等等政策性住房档案4309户,成功上传到全区干部职工政策性住房档案信息管理系统和广西危旧房改住房改造管理信息系统4309户,上传率100%。

【政策性住房申购对象资格审核】 2017年,大新县完成601户购房对象的资格审核,通过审核并确认符合申购资格的对象有572户。

(农庆华)

住房公积金管理

【概　况】 2017年,崇左市住房公积金管理中心大新县管理部共有编制4个,实有干部4名,其中主任1名,副主任科员1名,干部2名,内设办公室、财务室、信贷室和归集室。年内,县住房公积金管理部全面贯彻《住房公积金管理条例》,加大公积金政策宣传,主动上门服务,使住房公积金影响力越来越广,很多企业纷纷来咨询开户缴存公积金的相关业务,全年新增11个缴存单位,其中10个是企业。由于大新县比较旺盛的购房需求和比较充足的房源,大新县住房公积金贷款比上年有所增加,资金使用率有所提高。全年全县公积金归集额14202万元,同比增长3.4%;公积金提取额10596万元,降低12.4%;发放住房公积金贷款13086.6万元,增长66.9%。

(劳成权)

国土资源管理

【概　况】 大新县国土资源局于2002年2月由原县土地局与县矿产局合并成立,是主管全县土地资源、矿产资源和测绘事业的县人民政府组成部门。内设办公室、财务股、耕保股、地籍股、规划股、执法监察股、地矿股、纠纷调处股等8个股室;下属事业单位有土地收购储备中心、执法监察大队、国土资源交易中心、土地征用和开发整理中心、不动产登记中心。其中,国土资源交易中心属自收自支事业单位,土地征用和开发整理中心属差额拨款事业单位,土地收购储备中心、不动产登记中心属全额拨款事业单位,执法监察大队则属参公事业单位。2017年,全局有干部职工55人,在岗人员编制为:局机关10人,执法监察大队6人,土地收购储备中心5人,土地征用和开发整理中心15人,国土资源交易中心5人、不动产登记中心14人。

【建设用地管理】 2017年,县国土资源局做好建设用地管理。一是做好土地利用总体规划调整完善工作。县级及重点镇规划完善调整成果已报区厅审核并获得自治区政府批复,一般乡镇规划完善调整成果已报市局审核并获得市政府批复。12月,土地利用总体规划调整完善数据库成果通过自治区国土厅质检。二是做好自治区层面统筹推进重大项目(共4个)用地工作。①隆安至硕龙高速公路。该项目列入广西综合交通运输发展“十三五”规划,在大新县境内用地总规模274.3488公顷。②驮卢至大新公路。该项目属于国防公路,由国家保障项目新增建设用地指标,至年底,该项目指标已全部保障,并完成立项、选址、预审、报批系统录入等前期工作。③大新硕龙口岸(升格)基础设施工程。该项目分为硕龙主通道项目和岩应通道及大新县边民互市点基础设施项目2个子项目。项目分三个批次组卷上报,其中第一批次乡镇建设用地(面积10公顷),已取得广西壮族自治区人民政府批复;其余2个批次正在组卷上报中。④中信大锰矿业有限责任公司大新锰矿分公司布东锰深加工系列项目一期工程。自治区下达该项目新增建设用地26.27公顷(农用地25.84公顷,耕地4.79公顷),已完成项目备案和地质灾害危险性评估。三是做好重点项目用地保障工作。年内,实施征地补偿190.78公顷,组织实施21宗国有建设用地供地工作,出让、划拨面积30.6293公顷,成交总价款为9683万元;上级下达新增建设用地指标65公顷,组卷报批9个批次(项目),获批3批次,共53.66公顷。

【耕地保护】 2017年,县国土资源局做好耕地保护。一是做好永久基本农田调整划定。认真做好全域基本农田划定方案编制工作,8月份区国土厅、农业厅验收通过,确定大新县基本农田面积55107公顷,比上级规划下达基本农田保护目标55095公顷多12公顷,超额完成上级下达的保护任务。二是做好耕地保护基础性工作。年内已在全县范围内完成7个乡镇共2247个保护界桩的埋设工作。三是做好耕地提质改造“旱改水”工作。宝圩乡景阳村等10个耕地提质改造(旱改水)项目实施规模452.1061公顷，计划总投资4395.56万元，预计新增水田354.9659公顷。其中，自治区投资项目5个，上级下达投资资金2997万元。

【土地整治及征地收储】2017年，县国土资源局大力开展土地整治工作。全年共开工建设土地开垦项目12个，实施规模3270.88公顷，预计新增耕地2928.54公顷，总投资4161.52万元。同时，积极开展土地征地收储工作，先后完成公路、旅游、民生等一批项目土地征地收储，共计约116.63公顷。

【地质灾害防治】2017年，县国土资源局继续强化地灾监管，做好地灾防治。一是组织培训，开展演练。7月7日，组织召开大新县地质灾害群测群防监测应急避险知识培训会，会上县政府与各乡镇签订地质灾害防治责任状。6月15日，与五山乡中心小学联合组织开展五山乡中心小学2017年春期地质灾害应急避险演练。二是做好地质灾害预防安排。大新县地质灾害点共有156个点，汛期前，重点对地质灾害点和易发区发区进行巡查，共巡排查75次，参加巡查人数110人次。汛期期间，安排值班工作，专人24小时到岗到位值班，认真填写值班记录，做到按时交接班，确保汛期安全。三是做好地质灾害项目治理。全年治理项目共有2个，其中广西中越边境德天社区滑坡群地质灾害治理项目已完成工程量80%，全茗镇上湖村那当屯滑坡项目已进场施工。年内，大新县被国土资源部批准命名为地质灾害防治高标准“十有县”。

【执法监察】2017年，县国土资源局严格依法行政，强化执法监察。一是加大卫片执法监督检查。2016年，全县共有47个疑似违法图斑，占地总面积53.31公顷，其中占用耕地34.65公顷。2017年，经实地调查，判定47个疑似违法图斑均为违法用地。二是扎实开展“两违”整治工作。全年共受理“两违”申报登记3639户，拆除违建30间。三是认真受理和查办案件。年内，共立案查处国土资源违法行为58宗，办结案件13宗，移交公安机关调查涉嫌犯罪案件12宗。

【矿产资源管理】2017年，县国土资源局进一步优化全县采石场布局，全面规范采石场开发秩序，根据自治区国土资源厅《关于开展市县级采石场专项规划编制工作的通知》精神，组织开展采石场专项规划编制工作。8月，将《大新县砂石资源开发专项规划(2016—2020年)》预审稿上报至区厅；11月20日，收到区厅规划处技术审查反馈意见后及时与编制单位对接修改完善；12月中旬，将修改后的总体规划报送至区厅，待审批后按程序组织实施。

【地籍管理】2017年，县国土资源局不断深化地籍与测绘工作。“8·29”测绘日，共发放1000份测绘宣传材料，并通过移动公司群发公益短信6000条。9月初，对全县地图市场进行检查，未发现有“问题地图”，并按照上级地理测绘信息部门的布置，在堪圩乡和昌明乡各安放1个COS基站，至年底，两个基站已完成基建工作。

【不动产登记中心】2017年，县国土资源局不动产发证工作成效显著。至年底，县不动产登记中心共登记发证5474本，并完成不动产统一登记第一阶段历史数据整合工作招投标以及房产登记档案资料移交工作。

【利用国土资源政策支持精准脱贫】2017年，县国土资源局用活政策，助力精准脱贫。自2016年6月被列为利用国土资源政策支持精准扶贫试点县以来，大新县充分利用国土资源政策支持，大力推进扶贫移民集中安置区项目、产业扶贫项目、利用国土资源政策扶贫项目和民生等试点项目建设，取得良好成效。一是扶贫移民集中安置区项目。下雷镇、硕龙镇、雷平镇、榄圩乡易地扶贫搬迁项目和堪圩乡移民新村项目正在加快建设；桃城镇易地扶贫搬迁配套的养利学校小学部、中冠汽车产业园主体工程已竣工投入使用；城南妇幼保健院、城南区路网等已完成主体工程建设，星光和乐城主体工程已完工并组织两个批次的搬迁贫困户选房抽签工作。二是产业扶贫项目。中信大锰布东锰深加工系列项目一期工程1×350MV动力车间正在进行土方平整和地表清理，用地指标26.27公顷已落实；新锰集团年产6万吨电解金属锰项目(续建)已完成土地预征收工作，正在组织报建；全茗工业项目已完成土地预征收；大新县岩应边民互市区(含旅游食品加工厂基础设施建设项目)项目已签征地补偿协议，正在进行现场征地测量面积确认；龙宫仙境升级改造项目已征收土地15.2公顷；堪圩河畔酒店、明仕生态休闲旅游度假区项目部分工程已开工建设。

（黄鹤斌）

环境保护

【概　况】2017年，大新县环境保护局内设办公室、科技标准宣传教育股、污染物排放总量控制股、环境影响评价管理股（行政审批办公室）、自然生态与农村环境保护股、核与辐射安全管理股等6个股室，为全额拨款行政单位，行政编制5名，工勤人员编制1名，实有行政人员7人，工勤人员1人。下辖二层机构有大新县环境监察大队和大新县环境监测站，为全额拨款参照公务员管理事业单位，具有独立法人。大新县环境监察大队编制6名，实有5人；大新县环境监测站编制10名，实有8人。年内，县环境保护局紧紧围绕县委、县政府和上级环保部门下达的各项目标任务，狠抓落实，克难攻坚，取得明显成效。在自治区环境保护厅举办的全区环境执法大练兵比赛比赛中，被评为表现突出集体，并荣获牌匾。

【环境问题整改】2017年，中央环境保护督察组反馈意见中涉及广西恩城国家级自然保护区和广西下雷自治区级自然保护区中5个采石场，其中，广西恩城国家级自然保护区内有3个采石场，分别是大新县恩城乡维新村孔锡采石场、大新县雷平镇太平社区振武街弄汤山采石场、大新县雷平镇品现村江巴屯叫山采石场；广西下雷自治区级自然保护区内有2个采石场，分别是大新县硕龙镇义显村陇或山采石场、大新县硕龙镇陇口山采石场。年内，这5个采石场全部关闭停采，并完成整改，并于8月、12月分别在崇左市人民政府网站公开，12月22日完成整改工作并通过市一级销号验收，整改完成率100%。

【项目环评】2017年，县环境保护局继续加强项目环评。全年共审批建设项目14个，其中，报告表11个，报告书3个；指导建设项目网上备案28个，发放豁免函10个。同时，为做好市、县重大项目环评审批服务工作，向牵头部门和项目业主发放办理环保审批手续告知函18份，部门征求意见函5份，有效推进全县新建项目建设。

【环境监察】2017年，县环境保护局加强环境监察执法。一是积极开展环境隐患排查活动，加强对季节性生产企业和金属企业监管，全年共出动环境监察执法人员185人次，排查企事业单位68个，共计发出整改通知11份，责令企业停产整改16家。二是加大环境违法执法力度，全年共受理环境污染投诉案件9件，先后查处违法案件5起，行政处罚60.80万元，征收排污费47.15万元。全年无重大环境污染事故发生。三是开展危险废物调查，进一步摸清涉危企业底数，规范危险废物管理，同时积极联系和协调有危险废物处置资质的单位对县内的危险废物进行处理。全年全县涉危企业共有7家，其中已破产1家，正常生产6家。全县含铬废渣产生企业含铬废渣已经全部委托中节能（广西）清洁技术发展有限公司进行调运处置完毕；2家产生含铅废物企业产生含铅废物约4吨，已按要求贮存在专用的危废库房内。危险废物规范化管理工作于11月6日通过自治区督查组考核，考核分数均为优良。四是加快“专业查污”和中央环境保护督察发现和指出的环境问题整改落实。根据《大新县人民政府办公室关于印发大新县开展“专业查污”、中央环境保护督察发现和指出的环境问题整改工作方案的通知》（新政办发〔2016〕83号）要求，认真落实专项整改工作。全年先后开展专项检查6次，出动环境监察人员21人次，下达整改通知书3份，督促企业筹措整改资金800万元。五是加强核与辐射环境安全监管。制订大新县2017年度辐射安全监督检查计划，在“两会”期间和日常辐射安全检查中，对2家制糖企业14枚铯—137密封放射源及9所医院15台X射线装置进行全面辐射安全与防护检查。年内，辖区内无放射源丢失、被盗、失控事故发生。

【污染物减排】2017年，县环境保护局认真贯彻落实国务院、区、市“水污染、大气污染防治方案”。全年报请县政府同意编制印发《大新县大气污染防治

2017年度实施计划》《大新县水污染防治行动2017年度实施计划》等环境污染防治工作方案，明确年度工作目标、工作任务、工作措施，全面整治水、气、声、土壤污染，提升改善全区环境质量。

【环境监测】 2017年，县环境保护局监测服务工作有效推进，一是完成黑水河新立断面、归春河断面、下雷河与靖西交接断面、龙门河榜屯断面常规监测工作，共获得监测数据1032个。二是完成县城集中式饮用水3个水源地监测工作，共获得监测数据366个。三是配合有资质监测服务单位开展县城环境空气监测工作，获得监测数据60个。监测报告显示：县城集中式饮用水水源地水质达标率100%，辖区内主要河流除下雷河外其余河流水质均达到地表水Ⅲ类以上标准，满足水功能区水质要求。县城空气质量符合《环境空气质量标准》(GB3095-2012)二级标准限值要求。

【生态文明建设】 2017年，县环境保护局积极实施农村环境整合项目，持续推进生态创建。全年共开展自治区级生态乡镇创建工作4个、自治区级生态村创建工作12个，崇左市级生态村创建工作9个。其中，昌明乡、宝圩乡获得自治区级生态乡镇命名；恩城乡和平村，堪圩乡拔浪村，榄圩乡上吉村，雷平镇左安村，龙门乡文明村，那岭乡陇玉村，全茗镇上马村，硕龙镇门村，五山乡三合村、天水社区，下雷镇仁益村等11个村获得自治区级生态村命名；下雷镇信孚村，榄圩乡先明村，硕龙镇义宁村，那岭乡巴兰村，福隆乡福隆社区，雷平镇钦联村、咘龙村等7个村获得崇左市级生态村命名。

【环保宣传】 2017年，县环境保护局加强环保法规宣传。大力宣传“绿水青山就是金山银山”和“广西生态优势金不换”的理念，为推进工作创造了良好的社会氛围。一是加大环保宣传。以“大力营造山清水秀的自然生态”为主题，举办纪念“6·5”世界环境日系列宣传活动，在区政府信息网站、市环保局网站、《左江日报》等网站上报信息，公开宣传环境保护工作动态，共发放资料3600余份，围裙500余件，悬挂标语20余幅，发送短信5万条，接待群众咨询250余人(次)，发表新闻稿件46篇，其中市环保网12篇，广西政府信息公开统一平台20篇，《今日大新》3篇，《左江日报》3篇，阳光权力网10篇，政府信息28条。二是加强环保培训。年内，先后派出8名干部参加在厦门大学、武汉大学举办的两期环保系统干部生态文明建设综合素质提升培训班，进一步开阔眼界，提升能力。

(郝　倩)

旅游·商贸

□编辑 赵锋堂

旅 游

【概 况】2017年，大新县旅游发展局内设办公室、规划与产业促进股、监督管理股、市场推广股等4个股室，核定行政编制7个，有干部职工5人；局属二层机构有大新县旅游执法大队，为全额拨款事业单位，核定编制人员12人，有在职在编人员11人。年内，县旅发局深入实施全域旅游发展战略，以建设中越德天—板约瀑布跨境旅游合作区和德天跨国瀑布景区创建国家AAAAA级旅游景区为抓手，突出重点，精准施策，狠抓落实，全力做好"文化旅游大文章"，加快推动全县旅游业转型升级。全年全县累计接待游客650.70万人次，同比增长11.37%；实现旅游总消费50.54亿元，增长14.84%。

【旅游项目建设】2017年，县旅发局加快推进旅游项目建设，旅游产业不断发展。一是积极推进中越德天—板约瀑布跨境旅游合作区建设。年内，中越合作保护和开发德天（板约）瀑布旅游资源广西协调委员会多次召开会议，研究部署合作区建设事宜。5月3日，外交部、中编办等10部委就中越德天—板约瀑布跨境旅游合作区建设进行专题研究，对合作区封闭管理、证件管理等问题给予实质性明确答复。年内，合作区物理围网完成设计、预算财审等工作，陆地边境查验卡口完成选址和初步设计，合作区办证大厅完成初设，正在进行施工图纸设计，出入境证件管理办法完成具体管理工作方案，跨国购物街完成初设，正开展购物街选址、场地平整等工作。二是全力抓好旅游景区创建工作。全力以赴抓好A级景区特别是德天瀑布景区创AAAAA工作，年内，德天瀑布景区创建国家AAAAA级旅游景区提升工作全面完成，有望获批国家AAAAA级旅游景区。12月，龙宫仙境、安平仙河等2个景区通过AAAA级景区。全县国家AAAA级和AAA级旅游景区分别为5个和3个，A级景区数量位列全区前列。三是抓实抓好乡村旅游建设。年内，全县国家生态旅游度假区1个，自治区级生态旅游度假区1个，自治区级旅游度假区1个，广西五星级和四星级乡村旅游区分别有1个、三星级乡村旅游区有3个。四是加快推进旅游基础设施建设。加快推进重大旅游项目建设，年内准五星级维也纳国际酒店投入运营，展鹏酒店、明仕秘境、长留山居、明仕民宿、土司之家、恩城"水榭右转"等一批度假酒店和民宿项目也在加快建设中。扎实推进旅游厕所（驿站）建设，11月，明仕景区旅游厕所被评为国家AAA级旅游厕所，那望、凤凰岭、依沙、那排、平良、黑水河、旧州等7座旅游厕所被评为国家AA级旅游厕所。年内，完成新建旅游厕所3座、改建旅游厕所1座，在建旅游厕所2座，全县旅游厕所布局日益完善。扎实推进旅游步道和旅游标示标牌建设，明仕景区步道一期工程、依沙乡村旅游区旅游步道、巴兰村陇文屯旅游步道、全域旅游环线标示标牌项目正在抓紧建设中。

【旅游宣传推介】2017年，县旅发局加大旅游宣传推介和营销力度。一是深挖文化内涵，打造文化旅游品牌。年内，分别在宝圩乡和硕龙镇举行国际侬垌节等系列活动，打造大新文化旅游品牌,5月,大新县被中国民间文艺家协会“中国侬垌文化之乡”和“中国土司文化之乡”。二是强化宣传推介,打造区域旅游一体化。积极参加由广西北部湾旅游联盟、广西边关旅游联盟组织的区域旅游宣传推介活动,全年赴四川、重庆、广州、上海、深圳、西安等地进行旅游推介会8场次,共同打造区域旅游一体化和精品旅游线路。三是创新宣传推介方式,提升大新旅游知名度。借助《中国影像方志》《走遍中国》等央视品牌栏目到大新拍摄的影响力,进一步提高大新旅游的知名度和美誉度;充分利用大新旅游官方微信“大新美天下”等新媒体宣传,全年共推送信息495条,阅读量1712403人次,粉丝人数11051人;新建德天跨国瀑布景区、安平仙河景区旅游网站,制作德天跨国瀑布景区、安平仙河景区、龙宫仙境景区旅游明信片,全方位、多角度推介大新;开展“大新美天下　免费百日游”活动,形成大新人人都是宣传员的良好效果。

【旅游安全与服务】 2017年,县旅发局切实做好旅游安全生产与服务工作。一是注重加强旅游安全管理。重点对春节、“三月三”、清明节、“五一”及中秋、国庆等重要节假日、敏感节点以及汛期的旅游安全监管,全面开展旅游安全隐患排查治理活动。年内,先后组织开展旅游安全大检查8次,出动检查人员32人次,发现一般隐患46项,完成整改46项,整改率100%,全县旅游行业没有发生旅游安全事故。二是扎实开展旅游市场秩序综合整治。联合公安、工商和质监、交通、物价等职能部门开展“春季行动”“暑期整顿”“秋冬会战”等专项活动,对主要景区及周边存在的旅游市场突出问题进行全面整治。年内,共查处违规导游3人,违规旅游企业6家,受理旅游投诉举报案板案件19件,办结19件,投诉回复率和游客满意率达100%。

【旅游扶贫】 2017年,县旅发局认真抓好旅游扶贫工作。一是加强对贫困村帮扶。全年投资1000万元,推进乡村旅游区、旅游驿站建设。二是加强对旅游企业引导。明仕五星级乡村旅游区组织28家农家乐户主开展“一起走,扶贫在路上”行动,每家农家乐结对帮扶4户贫困户,指导贫困户大力发展特色种养业,负责联系和销售贫困户生产的土鸡、土鸭等特色农产品,有效调动100多户贫困户劳动致富的积极性;大新明仕旅游发展有限公司积极参加2017年春风行动用工现场招聘会,优先为贫困群众提供20多个工作岗位。三是加强对旅游从业人员指导。年内,举办“广西旅游产业人才小高地专家服务地方经济行”旅游扶贫培训班,对60多名旅游从业人员就服务礼仪、烹饪等进行培训。

(许世星)

【旅游景区管理】 2017年,大新县旅游景区管理委员会按照县委、县政府的工作部署,重点抓好德天瀑布景区创建国家AAAAA级景区和中越德天·板约瀑布跨境旅游合作区建设工作,各项工作进展顺利,并取得良好成效。年内,德天瀑布景区共接待国内外游客119.52万人,同比增长10.61%;景区门票总收入7640.62万元,增长15.12%。

开展景区综合整治,规范景区旅游秩序　按照德天瀑布景区创建国家AAAAA级景区和中越德天—板约瀑布跨境旅游合作区建设要求,重点对德天景区的违章建筑进行整治和规范景区内商铺经营管理。一是拆除德天景区内原德天山庄的10栋楼房、德天屯雄飞红木城、农家风味馆、德天姐弟土菜馆、榜样原盅蒸品店、老牌德天分店、德天屯江记快餐店及德天屯集体商铺等违法建筑。二是加强景区商铺监督管理,使经营者依法经营,明码标价,文明经商,同时清理德天景区内的流动小摊,提升游客旅游的舒适性。三是狠抓景区环境卫生整治工作,确保环境干净整洁,为游客提供良好的游览环境。

完善景区基础设施建设,提高旅游服务质量　按照德天跨国瀑布景区创建国家AAAAA级旅游景区和中越德天—板约瀑布跨境旅游合作区工作要求,完成联检大楼、游客出入境证件管理服务中心、跨国购物街的详细性规划编制和初步设计等工作,完成跨国购物街53号界碑旁小山包平整工作。对景区服务设施在功能、设置、布局等方面进行全面维护、完善和提升。一是新建德天跨国瀑布景区大门,游客进出景区游览道分开。二是建设景区内六个观景平台、

25处游客休息设施。三是完善更新景区标识标牌，提升景区品牌形象；四是扩建景区游览道及安全护栏，确保游客游览安全；五是建设景区游览观光车中转站；六是建设德天屯文化旅游广场。七是对德天屯60间民房进行立面改造。

抓好安全生产工作，杜绝旅游事故发生　完善景区安全生产工作领导机构，并经常组织开展旅游安全工作检查，发现安全隐患及时予以排除；督促景区旅游经营业主完善各类旅游安全事故救援预案，并定期进行演练。年内德天跨国瀑布景区未发生一起旅游安全事故。

（零光球）

县属国有商业

【概　况】 2017年，大新县有百货公司、五金交电公司、糖业烟酒公司、食品公司、饮食服务公司等5家国有商业企业，主要经营方式是职工承包和门面出租等。全年共实现营业收入1311.5056万元，上缴税金93.2138万元。

（黄志彬）

供销合作商业

【概　况】 2017年，大新县供销合作社联合社下辖13个基层供销合作社、6个社属企业，共19个独立核算企业。全系统有职工655人，其中，在册职工322人，离退休职工333人。全年完成商品购进总额32988万元，同比增长16.41%；商品总销售累计完成37319万元，增长18.84%；农副产品收购完成3038万元，增长30.10%；居民消费品零售额完成22280万元，增长19.31%；农业生产资料类销售完成12669万元，增长5.75%。

【综合服务站(社)建设】 2017年，县供销社坚持“项目立社”战略，着力推进综合服务站(社)建设。全年通过基层供销社自筹、财政补助和引进社会资本等办法推进基层供销社改造和综合服务站(社)建设，完成雷平、福隆、全茗、榄圩4个综合服务站建设，其中，雷平供销社自筹投入100多万元新建850平方米新西洋超市，五山供销社投入49万元新建1800平方米的吉百惠连锁超市，硕龙供销社通过公开竞租方式引进社会资本投入65万元建设1600平方米的吉百惠大型购物中心。在建设乡镇综合服务站的同时，还新建宝圩供销社谨汤、堪圩、板价综合服务社、榄圩供销社矿山综合服务社、昌明供销社新民综合服务社、大新县供销社雷平社区综合服务社、雷平供销社怀阳、车站综合服务社等8个村级综合服务社。7月10日，崇左市政府在大新县召开全市供销合作社综合改革工作推进会，雷平、宝圩、下雷作为此次会议的现场点。

【“县基合一”治理新机制】 2017年，县供销社着眼于加强对基层社和直属企业的财务管理，成立大新县供销社系统直属企业及基层供销社会计集中核算中心，将基层社会计集中到核算中心办公，在县社财会审计股的直接领导下审核各基层社和直属企业的各项经费开支，进一步规范财务管理。为提高企业资产管理水平，防止社有资产流失，确保社有资产的保值增值，年内印发《大新县供销社系统财务管理规定(试行)》，对会计凭证的收集及审核、工资及管理费用开支、资金的使用和管理等方面都做出严格规定，同时组织人员对桃源、宝圩、下雷以及化肥部等企业进行内部财务审计，不断规范企业内部管理，杜绝乱发津贴、补贴等行为发生。

【农民专业合作社联合社】 2017年，县供销社领办“大新县宝圩乡农友新种植专业合作社联合社”和“五山乡丽农农民专业合作社联合社”2个农民专业合作社联合社。在下雷、硕龙等乡镇开展土地托管86.25公顷。

【安全生产】 2017年，县供销社重视抓好安全生产工作。严格执行安全例会制度，建立健全安全生产责任制，与各基层社和社属各企业签订年度安全生产责任状。通过企业自查与县社督查相结合，严密排查，边查边改，以查促改，以查促建，控制源头，防患于未然，有效杜绝安全生产事故发生。年内，共拆除危旧房1000多平方米，消除了安全隐患。全年全系统无安全生产事故发生。

【党风廉政建设】 2017年，县供

销严格落实党风廉政建设主体责任，做到党建和党风廉政建设工作两手抓、两手都要硬。年内，县社党支部书记与全体干部和基层社、社属企业负责人签订党风廉政责任书，组织党员干部学《中国共产党章程》《中国共产党廉洁自律准则》《中国共产党纪律处分条例》等党纪党规以及中共十九大精神，进一步提高党员干部的政治思想素质；坚持民主集中制和“三会一课”制度，严格落实“三重一大”制度，经费支出、人事安排、项目建设等重大事项都经支部班子研究讨论，坚决严格执行中央八项规定，严控“三公”经费开支并定期在县“阳光权力网”和自治区政府统一平台公开。

（黄　拓）

粮　食　业

【概　况】 2017年，大新县粮食局内设办公室、购销储运股、财务监督股等3个机构，有干部职工7人。下辖大新县粮食局军粮供应站、大新县储备粮管理公司、大新县粮食局直属桃城粮库3个企事业单位，其中，大新县粮食局军粮供应站为全额拨款事业单位，有在职在编人员2人；大新县储备粮管理公司为事业编制企业管理自收自支单位，有在职在编人员2人，合同制职工6人；大新县粮食局直属桃城粮库为国有粮食企业，有在职合同制职工15人。

年内，纳入统计范围的粮食经营企业（含个体工商户）共收购粮食2290.5万公斤（单位：贸易粮，下同），同比增长5.2%，其中，国有粮食企业收购粮食245万公斤，与2016年持平，完成上级下达任务100%。全年社会粮食销售量完成2090万公斤，完成上级下达任务1630万公斤的128.2%，减少10.7%，其中，国有粮食企业销售粮食0.105万公斤，减少74.2%；实现销售总额405.1万元，减少73.6%；实现利税总额33.6万元，增长20.0%。社会粮食供需平衡有余，市场粮价平稳。

【直补订单粮食收购】 2017年，自治区人民政府继续实施对种粮农民实行直接补贴与储备粮订单收购挂钩的政策，下达大新县直补订单粮食收购任务350万公斤（单位：原粮），与2016年持平。订单粮食收购品种为早籼稻，收购价格为每公斤2.62元，每公斤收购价格比2016年下降0.04元。农户出售订单粮，每公斤早籼稻自治区财政补贴0.24元，与2016年持平。订单收购任务分解落实到桃城、全茗、龙门、那岭、榄圩等5个乡（镇），其中，桃城930吨、全茗660吨、龙门950吨、那岭410吨、榄圩550吨。全县350万公斤直补订单粮食于10月30日完成收购任务，对售粮农户补贴84万元。

【粮食流通监管】 2017年，县粮食局着力强化粮食市场监管，根据“放管服”改革要求，优化编制公开粮食行政权力流程22项，全面推进“双随机、一公开”监管改革工作，健全和完善“检查对象名录库”和“检查人员名录库”，建立粮食经营企业信用评价体系。年内，扎实开展粮食收购资格、粮食质量、粮食库存、执行国家粮食流通统计制度等监督检查工作。在县打私办的领导下，派出2名执法工作人员参与打击粮食走私活动，建立综合监管和行业监管联动工作机制，依法治粮、依法管粮取得新成效。

【深化改革转型发展大讨论】 2017年，县粮食部门按照国家粮食局的统一部署，从8月份开始，积极开展“深化改革，转型发展”大讨论活动，全体干部职工紧扣“三转变”（转观念、转职能、转方式）、围绕“三破三立”（破计划经济吃政策饭思维，树立吃市场饭思想；破靠行政手段推动工作的方式方法，树立依法管粮理念；破不敢为不思为不善为的工作状态，树立责任担当敢抓敢管敢为的实干精神）以及在落实国家粮食安全战略、加强储备粮管理、强化粮食流通监管、发展粮食产业化经营助推农业供给侧结构性改革等方面目标任务，深入开展大讨论大调研。活动中，共组织学习讨论20多次，征求取得粮食流通深化改革、转型发展意见和建议30多条，撰写调研报告5篇，全体干部职工凝聚起粮食行业解放思想、改革创新、攻坚克难、转型发展的强大合力。

【项目建设】 2017年，县粮食局加快项目建设，年内占项目工程总量90%的军粮供应站成品粮油仓库及配套设施项目一期主体工程已经完工。

（赵　明）

烟草专卖

【概　况】大新县烟草专卖局(营销部)成立于1984年12月25日,原称大新县烟草专卖局(公司)。2003年10月,大新县烟草专卖局(公司)根据上级工作需要,撤销县级公司法人代表,更名为大新县烟草专卖局(营销部),是烟草专卖行政管理和烟草制品经营业务于一体的单位,是广西壮族自治区烟草专卖局(公司)、崇左市烟草专卖局(公司)下设的垂直管理部门,属于一套机构、两块牌子,在体制上受崇左市烟草专卖局(公司)、大新县地方政府的双重管理,以崇左市烟草专卖局(公司)管理为主。主要职能是宣传贯彻落实《中华人民共和国烟草专卖法》及相关法律法规,对大新县辖区范围内的烟草专卖品的生产、销售、进出口和运输依法进行专卖管理,查处和打击走私贩私、制假售假、倒买倒卖及无证经营、无证运输烟草专卖品等违法行为,全面整顿和规范烟草市场经营管理秩序,切实维护国家利益和消费者的合法权益。同时,为全县范围内所有卷烟零售户提供卷烟营销,负责送货服务,保障卷烟供应,满足市场消费需求。2017年,县烟草专卖局(营销部)内设综合管理办公室、专卖监督管理股、营销部等3个部门,专卖监督管理股下辖2个管理所(第一专卖管理所、第二专卖管理所),有在职职工40人。2017年辖区内共有持证卷烟零售户1454户,共销售卷烟8676.78箱,销售收入为21462万元。

年内,辖区内有持证卷烟零售户1454户,累计销售卷烟8676.78箱,完成年任务8730箱的99.39%,比上年同期的8647.16箱增加29.62箱,同比增长0.34%;累计实现单箱销售额24735元,比上年同期单箱销售额24017元增加718元,增长2.99%;辖区10元以上真龙年累计销售2612.9箱,完成年任务2640箱的98.97%,比上年同期销售3075.3箱减少462.4箱,下降15.04%。重点品牌上柜终端建设也得到较好开展。主要营销措施有:一是挖潜力,稳销量。深挖旅游市场增量空间,积极动员景区客户更新地柜,开展店面形象升级,利用周末及节假日到景区开展宣传促销,将旅游市场潜力进一步释放。深挖客户服务增量空间,4月调整充实客户经理队伍,同时精细客户服务,推进商定总量工作,根据卷烟动销速度、库存水平、货源供应等要素,组织客户协商月度卷烟购进总量,注重购进计划跟踪落实。深挖农村市场增量空间,辖区农村客户占客户总数62.19%,所占比重较大,通过开展2017年二季度结构提升卷烟营销活动方案,引导农村市场卷烟消费从四类向低三类转移,并按照农村客户上柜20规格占比达70%以上要求,不断拓宽上柜宽度实现增量。二是育品牌,提结构。紧盯单箱销售额任务,根据市公司要求,结合实际情况,分解目标,分类指导做好品牌规划,将销售结构增长细化到品牌、规格。全年一、二类卷烟累计完成2736箱,同比增长7.5%;10元以上真龙累计销售2612.9箱,下降15.04%;单箱累计完成24735元/箱,比上年同期24017元/箱增加718元/箱,增幅2.99%。三是调状态,保市场。坚持稳中求进总基调,通过市场调研,做好月分析、周调整、日监控,适度调节,均衡销售,周均订货率有所提高,达到85%以上的目标要求。坚持共同发展理念,以保障客户盈利为出发点,积极发挥自律互助小组的作用,推动价格自律,市场价格更稳定,客户盈利更有保障,有效提振客户信心、品牌信心、消费者信心,营造良好的市场氛围。四是建终端,强功能。年内,围绕专销零三位一体现代终端建设"11236"新模式,掀起现代终端建设新高潮。组织召开自律互助小组会议,宣传贯彻专销零三位一体现代终端建设知识;组织人员到靖西、横县、城区、龙州等先进单位开展交流学习,明确努力方向。年内共改造升级自律互助小组48组,其中示范小组3组,建成9户标准示范店,更换标准地柜138个;示范小组每月至少开展一次小组会议、小组活动,共开展户外拓展活动2次,开展团购19次。

【卷烟市场监管】2017年,县烟草专卖局(营销部)共查处各类涉烟违法案件139起,同比增加13起。其中,5万元以上案件2起,1万元以上案件8起,1万元以下案件129起;查获违法卷烟1278.5条,其中,真烟590条,假非私烟688.5条,比上年减少78.6条;查获烟丝9.84吨,其他工作都能按照市局的要求有效开展。一是不断强化市场清理整顿工作,有效规范市场经营秩序。3月22日,组织召开2017年卷烟打假打私暨卷烟市场清理整顿工作联席会,明确年度卷烟打假打私及市场清理整顿工作重点,为开展联合执法专项行动打下坚实的基础。积极与公检法等部门沟通交流,强化执法部门协作。8月,公安边防大队向县烟草专卖局移交一起无证运输烟丝案件,烟丝净重8.44吨,涉案价值高达525390元。积极开展百日整治专项行动,根据市局部署,自8月1日至10月31日,在全县范围内开展卷烟市场百日整治专项行动,检查各类经营场所和物流寄递网点655户次,查获涉烟案件73起,查获非法卷烟8.374万支,移送工商处理案件26起,严厉打击涉烟违法活动。积极开展"国门利剑2017"专项行动,重点整治边境地区的土特产店、旅游商品店、流动摊点等特殊经营场所,重点打击走私、贩私烟草专卖品行为,维护辖区卷烟经营秩序,维护消费者的合法利益。积极开展"飓风"专项行动,加大利用互联网及物流快递渠道非法销售卷烟的打击力度,1月,联合公安部门破获2起利用物流快递非法销售卷烟案件,查获利群(新版)等10个品牌,共200条卷烟,涉案金额61822元。积极开展物流寄递环节监管,采取错时检查和定期检查相结合的方式对物流寄递环节进行监管,每天早上对物流快递网点的包裹进行检查,加大打击力度。年内,共检查物流快递企业235户次,查获涉烟包裹65个,形成案件56起,查获非法卷烟377.4条,有效遏制利用互联网及物流快递渠道非法销售卷烟的高发态势,为夺回市场空间发挥积极作用。二是稳步推进专销零三位一体终端建设工作,助力零售终端建设。抓好自律互助小组升级改造工作,共成立自律互助小组48组,组织召开小组会议56场。利用自律互助小组平台发挥市场共管等功能,年内,惩戒29户有违法违规经营行为的小组成员,进一步提高卷烟零售户诚信互助小组成员的自管自律能力,维护卷烟市场价格稳定。三是不断强化日常监管工作,夯实专卖管理基础。深入推进单元制"APCD+E"市场监管新模式,提高日常监管效率和质量。通过市场监管手持移动终端等培训,强化手持移动终端在市场监管中发挥作用,切实加强卷烟持证零售户的动态监管,进一步提高监管效率。与此同时,不断加强内部专卖监管,认真落实日常监管,确保内部监管工作到位。积极开展大户监管工作,5月开展依法严管违法违规卖烟大户专项行动,对辖区9户涉嫌低价卖烟大户或向无证户供货卖烟大户进行坐摊写实调查,按要求建立大户信息及档案,并及时更新。加强事前、事中监督,有效防范不规范经营行为。

【烟草专卖宣传】 2017年,县烟草专卖局(营销部)积极开展"七五"普法和法律服务工作。充分利用"3·15""6·29""12·4"等宣传活动为契机,组织人员在县城主要街道及乡镇设置法制宣传点,采取发放宣传资料、实物和图片展览、现场咨询服务等多种形式,向群众宣传专卖法律法规、"12313"烟草监督举报电话等,活动期间共发放宣传单2000余份,悬挂20余条宣传横幅。

【行政许可】 2017年,县烟草专卖局(营销部)根据市局要求认真做好专卖零售许可证的新办和后续监管工作。全年共受理新办许可证申请174份(准予118份,不予56份)、延续14份、变更8份、恢复营业4份、停业18份、歇业56份、补办4份、注销18份,没有发现乱办证、办错证、办人情证、以证谋私现象,也没有因行政许可工作导致客户投诉或复议情况。

(黄小留)

石油商业

【概　况】 2017年,中国石油化工股份有限公司大新分公司(简称大新分公司)面对由于受国际油价及成品油市场放开政策影响,各加油站油品销售呈严重下滑趋势,经营面临巨大困难的严峻形势,在上级公司的领导及指导下,认真贯彻落实各项工作布置及计划,深入开展"比学赶帮超""多卖一吨油""优质服务年"等活动,千方百计做好保市场、挖掘市场潜力等工作,确保油品及非油品销售。年内,完成轻油销售37017吨,实现销售收入30529.58万元,其中,汽油销售17760吨,销售收入17052.48万元;柴油销售19257吨,销售收入13477.10万元。

【非油品销售】 2017年，大新分公司积极宣传电子券优惠政策，同时与轻油加油工作相结合，引导客户加满油，并使用电子券购买商品，实现油非双增长。不断调整商品结构，根据顾客需求购进商品，并调整货柜摆放，利用醒目宣传广告，不断刺激客户的消费。加大燃油宝等重点商品的帮扶频率，选取各站的销售能手组成一支帮扶队伍，分别在街日到各站进行帮扶，通过销售能手“一对一”“点对点”进行帮扶，各站重点商品销售额明显提升。用好轻油客户档案，通过轻油客户走访，拓宽销售渠道，加大团购销售。年内，完成非油品销售1130.57万元。

【安全生产】 2017年，大新分公司积极采取有力措施，抓实抓好安全生产，全年没有发生安全责任事故和等级事故，安全数质量工作平稳运行。一是认真贯彻落实全员安全生产责任制。以“严细实”狠抓安全生产，强化“三基”工作，按安全生产“一岗一责制”要求，层层落实，开展HSE知识教育培训，提高全员HSE管理理念、知识和技能，全面开展加油站岗位危害、风险识别评估工作，加强对作业现场和关键部位管理、检查，严格操作规程，杜绝“三违”行为。二是开展全员预案演练。每月定期到站进行防盗、防抢等预案演练，在演练中同时指出员工的不足和需要改进的地方，完善预案内容。通过预案演练，检验了加油站的实战能力和相互协作配合能力，达到了预期效果。三是抓好数质量管理。认真贯彻落实区公司、分公司数质量管理有关规定，认真落实责任制，严格执行卸油十步法，加强油品验收、接卸、储存、销售、日常监控、加油机设备检测、盘点核查等各环节管理，长效推进数质量管理工作。

（张进飞）

对外贸易

【概　况】 2017年，大新县继续对辖区内的外贸企业进行奖励扶持，采用异地报关异地通行的方式，鼓励企业开展边境小额贸易业务，落实优惠扶持政策。全年完成外贸进出口总值5.74亿美元，同比上升26%。

（黄志彬）

招商引资·工业集中区

□编辑　黄智勇

招　商　引　资

【概　况】2017年,大新县投资促进局有干部编制9个、工勤编制1个。至年底,实有人员7名,其中局长1名、副局长2名;设有办公室、投资项目股、投资服务股、财务室等股室。年内,崇左市下达大新县招商引资项目区外到位资金任务39亿元人民币,全口径实际利用外资任务2700万美元。招商引资项目区外实际到位资金42.2亿元,完成任务数的108.2%;外资到位资金2700万美元(外资2700万美元以6.44的汇率换算),完成任务数的100%。新签约大新县年产5万吨HDPE、UPVC系列塑料管道制造,大新县明仕长留山居,大新呗侬坚果食品加工项目,大新县下雷镇、五山乡风电项目等4个项目共13.28亿元;签订框架协议6个,分别是大新县河流整治、污水处理、垃圾处理项目和大新县实施50万头生猪产业一体化项目、大新县冠美灯饰生产项目、广西大新·恩城土司文化旅游度假区项目、大新德天全域旅游项目(一期)、大新土司之家旅游民宿项目;跟进在谈项目10个。

【谋划精品项目】2017年年初,县投资促进局发函面向全县各乡(镇)、各部门征集项目,通过梳理形成2017年项目库,至年底统计在库共有项目41个。根据全县产业发展规划,在项目库中精心优选一批重点项目,编制3期大新县招商引资宣传项目册,内容涵盖旅游业、健康养生、农业、工业加工、园区招商、光伏发电等。还委托有资质的策划包装公司重点策划包装大新县硕龙边贸加工、大新县德天旅游小镇建设项目、大新县恩城岛特色旅游小镇建设项目、大新县“三天两夜”边关旅游第一村项目等4个精品项目。

【项目跟踪服务】2017年,县投资促进局认真做好项目跟踪服务。一是加大力度跟踪服务重点项目。按照县委、县政府“洽谈一个、引进一个、成功一个”要求,加强与有关部门配合,安排专人联系项目,对企业实行服务包干,协调手续办理、生产经营中的矛盾。积极推进那朵圣泉旅游度假区、龙宫仙境、秘境酒店等3个项目召开建设规划专家评审会。同时,不定期组织相关部门及企业召开重点项目工作协调会、重点项目现场点办公会,听取企业对项目推进亟须解决的突出问题,将任务分解到各个相关职能部门,全力推进大新县全域旅游投资开发运营项目、那朵圣泉旅游度假区、龙宫仙境、秘境酒店、长留山居、大新县吉程铝型材厂项目、展鹏国际大酒店及展鹏门业、展鹏财富广场、大新县亿春食品有限公司农副产品深加工暨集散基地项目等招商引资重点项目。二是对新签约、新开工项目进行跟踪管理。积极做好协调服务,建立项目跟踪台账,每半月将表格送呈挂点项目的县处级领导,及时掌握和了解项目推进情况。同时,加大与各职能部门协调,帮助解决项目开工建设过程中存在的具体问题和困难,保证施工顺畅。全年新开工项目13个,项目资金到位17.69亿元。三是对历年签约续建项目跟进主动服务。积极参加协调会,搭建政府与山晖池雨公司之间解决恩城水上小镇项目遗留问题的桥梁。主动做好配合协调有关部门做好农机农资专业市场暨城北商贸城项目高压线迁移工作及现场开工推进工作。四是积极开展协调服务,并做好项目投资统计。

【招商引资宣传】2017年,县投资促进局创新宣传方式。一是开通“德天独厚招大商”微信公众号。开通并对外推广“德天独厚招大商”微信公众号，公众号涵盖了大新资源概况、优惠政策、40余个项目信息以及实时更新的招商动态等内容。自微信公众号对外开放至年底已发布招商动态信息40多条。同时，为加大公众号的影响力，除在《大美大新V》《微大新》《今日大新》等网络媒体发布，还制作微信公众号宣传展板，在全自治区大健康产业推介会、广东深圳商会广西推介会、“桂商崇左行·2017春季投资洽谈会”、东盟博览会等10个展会节会上展出。同时，还将微信公众号二维码印制在招商项目宣传册上宣传推广。通过多渠道向各个商会、来往客商和在全县领导干部中宣传推广，关注率达50%以上，至年底微信公众号平台关注人数达2000多人。微信公众号平台的开通，加强了全县招商引资宣传推介力度，年内共有23家企业商家通过微信公众号到县内考察投资。

【拓展招商引资平台】 2017年，大新县积极拓展招商引资平台。一是敲定主攻方向主动“走出去”。为做大做强口岸边贸旅游产业，县党政招商小分队分赴广东、北京、云南、新疆、浙江、江苏等先进地区及自治区内龙州、凭祥、贵港、东兴、北海等多地，进行招商、考察、学习共25批次300多人次，对接洽谈了广州市鸿利光电股份有限公司、香港中旅集团、泛海控股集团、中国民生投资集团、德宏后谷咖啡有限公司、江苏姑苏园林建设投资控股集团有限公司、云南广西商会、广州花都新华街商会、广东江苏商会、重庆广西商会、龙州江南食品厂等企业60多家。二是积极参加各种推介洽谈会10场次。3月，组织招商小分队参加全区大健康产业推介会和广东深圳商会广西推介会。4月，组织代表团参加崇左市举办的“桂商崇左行·2017春季投资洽谈会”，会上积极与江苏姑苏园林建设投资控股集团有限公司、强荣控股集团有限公司、中国建设第六工程局有限公司等多家公司对接洽谈，并邀请多家企业600多名客商到县内实地考察。6月，组织招商小分队赴云南昆明参加第十五届东盟华商会及跟进对接云南广西商会进行深度对接洽谈，争取云南广西商会到大新投资文化旅游及商业物流等项目。7月，大新县招商小分队跟随市招商小分队赴重庆参加2017年第二十届中国(重庆)国际投资暨全球采购会，积极开展投资促进系列活动。9月，积极参加民宿推介大会，有12家民宿企业有意向到县内投资。同时，积极组织人员参与第十四届中国—东盟博览会、中国—东盟商务与投资峰会及第十四届中国—东盟博览会“台商崇左行”活动，积极对接客商洽谈项目，并在第十四届中国—东盟博览会上与中民投西南总部成功签约大新德天全域旅游项目(一期)。11月，组织招商小分队参加中国糖业博览会和广西农业项目洽谈会，积极开展招商推介。三是积极架构“桥梁”引进来。根据全县项目开发实际和客商投资意向，积极筹备考察活动，诚邀一批实力雄厚企业到大新考察投资，年内到县内洽谈投资共60多批次690多人次，先后接待香港中旅集团、泛海控股集团、5家民宿品牌[西坡、大乐之野、过云山居、飞茑集(蕾拉私旅)、朴宿]、广西博世科环保科技股份有限公司、正邦集团有限公司、中国民生投资集团、浙江星光农业开发有限公司等一批自治区内外知名企业，并分别与广西博世科环保科技股份有限公司、正邦集团有限公司、中国民生投资集团、5家民宿品牌签订投资合作协议书。

(韦秋梅)

7月26日，市委常委、县委书记赵丽(前左二)接待中民投(广西)投资有限公司到大新县考察文化旅游项目

工业集中区

【概　况】大新县工业集中区管理委员位于大新华侨经济管理区内，为县直属财政全额拨款事业单位。2017年，管委员内设办公室、招商发展股、规划建设股；核定编制10个，其中主任1名，副主任2名。年内，县工业集中区有规模以上企业22家，完成工业总产值115.7亿元，工业项目投资完成11.7亿元，基础设施完成1.62亿元。

【重点工作】2017年，集中区重点工作有：①编制完成《大新县工业集中区总体规划最严格水资源论证》，并进入专家评审阶段及市水利局批复文阶段。②完成《大新县工业集中区总体规划》和《大新县工业集中区总体规划环评报告书》修编及《大新县工业集中区的产业规划》编制等工作。③《雷平工业园的控制性详细规划》正在编制，《桃城工业园B区控制性详细规划》待批复。④做好申报自治区A类园区认证所需资料的收集及申请工作。⑤做好县工业集中区管委会办公地点迁移。管委会办公地址将从华侨经济管理区迁往呗侬创业园内，迁移申请已得到县人民政府批复同意，至年底新办公地点在装修阶段。⑥收集资料编制大新县工业集中区（三园一区）沙盘模型的各项工作。

【基础设施建设】2017年，大新县加强集中区基础设施建设。

厂房建设情况　2017—2018年，崇左市下达大新县工业园区标准厂房建设目标任务是11万平方米。即2017年5万平方米，其中用于招商引资面积3万平方米，用于自建自用面积2万平方米；2018年6万平方米，其中用于招商引资面积3万平方米，用于自建自用面积3万平方米。至年底，已完成建设大新县呗侬创业园第一期项目标准厂房8栋共40771.95平方米；即将开工建设标准厂房共57560.6平方米，其中大新县呗侬创业园第二期建设工程3栋共6609.6平方米，桃城工业园标准厂房项目33351平方米，大新县岩应旅游产业加工区项目17600平方米。企业自建自用厂房共21900平方米，其中广西大新亿春食品有限公司标准厂房11900平方米，广西新锰门业科技有限公司自建自用标准厂房1万平方米。

项目建设情况　①大新县呗侬创业园第一期项目。位于县城南郊（原县综合食品厂），总建筑面积约40771.95平方米，总投资约6700万元，新建标准厂房8栋及配套建设水电、厂区道路、围墙、挡土墙、沉淀池、消防水池、配电室、公共卫生间、大门等辅助设施建设，其中6—10号楼厂房为混凝土框架结构标准厂房，12号、15号、17号楼为钢架结构厂房。至年底，已完成所有厂房主体建设，已完成投资约6600万元。县政府已出台关于标准厂房建设及企业入驻的关联政策《大新县农民工创业园若干政策措施（试行）》（新政发〔2016〕26号）。②大新县呗侬创业园第二期项目。位于县城南郊（原大新县综合食品厂），总建筑面积6609.6平方米，总投资1500万元，包括3栋（3号、11号、14号）钢架构标准厂房和园区道路等附属设施。至年底已完成地勘、施工图设计、财审，已发布招标公告，招投标完成后即可开工建设。③大新县桃城工业园标准厂房项目。位于县城西部原大新水泥厂旁，占地面积89376.07平方米（8.95公顷），规划总建筑面积70165.4平方米，其中生产车间17栋总建筑面积33351平方米。正在进行土地平整。④大新县岩应旅游产业加工区项目。位于硕龙镇，占地面积91112.59平方米，总建筑面积50434平方米，其中标准厂房面积17600平方米，冷库面积15000平方米。项目建设主要内容为两栋钢架结构厂房、冷库以及水电及消防工程、电梯、厂区平整、厂区道路、配电房、生态停车场、货场等配套设施。已完成地勘，正在进行土地平整。

企业入驻情况　至年底，已有7家企业与县政府签订呗侬创业园入园合同，预计总投资额超过21550万元。其中广西呗侬食品有限公司已入驻呗侬创业园，租赁9号、12号、15号、17号厂房，总投资10500万元，已正式投产，主要生产开心果、巴旦木等炒货及干果系列产品，预计可实现年生产5000吨坚果，年产值可达1.5亿元，税收800万元，解决就业人员350人。此外，台湾星期九集团于12月7日与县人民政府签订大新县呗侬创业园入园框架协议，进一步壮大企业入驻园区规模。另有15家企业有意向进入县工业集中区，正在进行咨询洽谈。

路网道路建设情况 ①桃城工业园路网工程。规划建设城西纵一路、城西纵二路、三民路、城西规划横一路、德天大道西延长线,总投资约5000万元。②桃城工业园标准厂房。规划B地块、C地块、A3地块及B1地块建设17栋标准厂房,占地面积8.95公顷,总投资1.5亿元,建筑面积92165.92平方米,建设内容包括产品生产车间、挤压车间、产品展示厅、办公楼、道路、供水、供电等配套设施。③大新县新锰大道道路工程(一期)。全长1824.909米,起点接朝阳桥头,终点至水泥厂大门口附近,道路红线宽度18米,建设主要内容包括道路工程、排水工程、交通工程、照明工程、绿化工程,投资额3118.75万元。④大新县新锰大道道路工程(二期)。全长1941.657米,起点接水泥厂大门口,终点至中石油加油站附近,道路红线宽度30米。建设内容包括道路工程、排水工程、绿化工程、照明工程、交通工程,投资额4398.06万元。⑤大新县环城路(西环段、北环段)工程一标段(k2+940.13—k5+840)。线路长1707.476米,道路红线宽度40米,道路横断面形式采用二幅路形式:横断面布置为2×(4米路侧带+14.5米机非混合车道)+3米中央分隔带。涉及内容:道路工程、排水工程、交通工程、照明工程、电力工程、通信工程、绿化工程等项目。投资额6886.43万元。⑥大新县环城路(西环段、北环段)工程二标段(k4+775.803—k5+840)。线路长1064.197米,道路红线宽度40米,道路横断面形式采用二幅路形式:横断面布置为2×(4米路侧带+14.5米机非混合车道)+3米中央分隔带。涉及内容:道路工程、排水工程、交通工程、照明工程、电力工程、通信工程、绿化工程等项目。投资额6066.11万元。⑦大新县环城路(西环段、北环段)工程三标段(k5+840—k8+200)。线路长2360米,道路红线宽度40米,道路横断面形式采用二幅路形式:横断面布置为2×(4米路侧带+14.5米机非混合车道)+3米中央分隔带。涉及内容:道路工程、排水工程、交通工程、照明工程、电力工程、通信工程、绿化工程等项目。投资额7349.37万元。⑧大新县环城路(桥涵)工程施工1标段[即大新县环城路(南环段)道路工程—宝贤桥]。桥梁位于K2+740,桥跨布置为3×30简支小箱梁,交角90度,桥面44.27米,桥长98米。桥台采用桩柱台,桥墩为柱式墩,墩台均为钻孔桩基础。投资额1197.31万元。⑨大新县环城路(桥涵)工程施工2标段[即大新县环城路(西环段、北环段)工程—桃城华侨农场桥]。位于县城附近,跨越向水河,桥梁起点桩号为+-K8+060,终点桩号为K8+150,桥长87米,桥宽40米,属于中桥,桥跨为3.5(桥台)+20+20+20+20+3.5(桥台),上部结构为预应力混凝土小箱梁。投资额923.56万元。

【招商引资】 2017年,县工业集中区引进工业项目5个,分别为总投资1.28亿元的强塑塑料管道项目、总投资0.8亿元的吉程铝型材项目、总投资1.5亿元的年产5000吨坚果加工项目、总投资0.3亿元的年产2万吨精米加工厂和总投资0.5亿元的年产600万立方米的万新搅拌站项目,合同投资5.38亿元。

(农玫丽)

经济管理

□编辑　农忠波

发展计划管理

【概　况】 大新县发展和改革局位于大新县东环路财政办公楼8楼，2017年设有办公室、国民经济综合股、农村经济股、资源节约和环境保护股、重大项目建设股、社会发展股、工业股、对外经济股等8个股室，有干部职工9人，其中大专及以上学历9人。年内，重点抓好投资、重大项目建设、规划编制实施、改革开放、节能减排、社会建设等工作。

【宏观经济管理】 2017年，县发改局围绕年初确定的目标任务，做好宏观经济综合管理。一是积极谋划经济发展全局，编制并认真组织实施国民经济和社会发展计划；充分发挥参谋助手作用，认真分析季度、半年经济运行情况，提出操作性强的措施建议。全年全县地区生产总值128.73亿元，同比增长8.1%；三次产业结构比调整为19:48:33；固定资产投资131.22亿元，增长11.1%；全县组织财政收入4.28亿元，完成全年预算任务；社会消费品零售总额15.29亿元，增长11.34%；城镇居民人均可支配收入30217元，增长9.0%；农村居民人均可支配收入11336元，增长10.9%。二是密切关注国家宏观调控政策新动向，重视研究一些带有全局性、长远性重大问题，增强经济运行分析预见性、针对性和有效性，开展通用机场、易地扶贫搬迁等国家政策支持项目建设。

【固定资产投资】 2017年，大新县500万以上在库项目数607个，全年完成固定资产投资131.2亿元。着重推进大新县边民互市点基础设施建设项目、大新硕龙口岸（升格）基础设施工程、大新县妇幼保健院整体搬迁项目、大新县环南公路、大新县县城星光扶贫移民示范小区工程等重大项目，年内开工建设隆安至硕龙高速公路、大新桃城至龙州金龙二级路，同时加快大新县城至硕龙二级路改造等项目前期工作。

【项目资金争取】 2017年，县发改局积极争取到中央预算内投资项目12项，项目年度总投资19634万元，其中中央预算内投资13712.6万元，获中央预算内投资资金全市居首，各类项目中央投资情况为：保障性安居工程类3项，中央预算内投资1450万元；农村民生工程和农村基础设施类6项，中央预算内投资7346.6万元，其中以工代赈示范项目517万元，已连续四年获以工代赈示范中央预算内资金，是全市唯一连续获该项补助资金的县；医疗卫生、教育文化等社会事业发展类1项，中央预算内投资2054万元；节能减排、环境保护与生态建设类1项，中央预算内投资950万元；重大基础设施建设类1项，中央预算内投资1912万元。年内，中央预算内资金已全部到位。

【重大项目建设】 2017年，大新县始终把项目建设作为推动经济快速发展的关键动力，充分贯彻落实国家产业政策和投资战略部署，加大与国家、自治区、市有关部门的对接和跑办力度，全年争取项目资金1.59亿元。加快推进项目建设，推进自治区级重大项目2个，完成投资4亿元，完成年度投资计划的100%；市级重大项目15个，完成投资7.325亿元，完成年度投资计划的92.14%。全力推进60个民生项目建设。

【深化改革开放】 2017年,大新县抓好行政审批制度改革,继续做好行政审批的“接”“放”“管”工作,简政放权、放管结合改革力度加大。全县本级共取消行政审批事项48项,调整行政审批事项198项,新增行政审批事项5项,全县26个单位保留行政审批事项276项。行政机关及参公事业单位公务用车制度改革基本完成。“三证合一、一照一码”登记制度改革全面启动,企业监管警示系统上线运行。投融资体制改革成效明显,大力推广政府和社会资本合作(PPP)模式,通过PPP项目合作模式积极与北京东方园林产业集团对接争取合作。国有企业改革、农场改革、医药卫生体制改革等稳步推进。

【节能减排】 2017年,大新县以推进“宜居乡村”建设为抓手,大力实施节能减排与污染防治工程,全面完成节能减排目标任务。鼓励交通工具使用清洁能源,淘汰老旧车辆827辆。实施小城“书记工程”、特色乡镇示范工程,推进“美丽大新·宜居乡村”建设,硕龙镇硕龙社区、恩城乡苏屯等10个村屯列入自治区乡土特色示范村建设范围,累计投入7.8亿元培育发展54个美丽乡村市、县级示范点。全面推行河长制,建成23个城乡污水垃圾处理工程。生态环境持续向好,森林覆盖率达66.17%。

【民生事业】 2017年,大新县民生福祉持续增进,社会事业不断进步。全年投入民生项目资金20.57亿元,同比增长6.54%。优先发展教育事业,万承学校实现开工,养利学校(二期)、桃城第二中心幼儿园等44个教育项目加快建设,义务教育均衡工作通过“国检”。深化卫生计生改革,“自治区卫生县城”创建通过复审。稳步实施“全民参保登记计划”,参保率达99.8%。城镇新增就业2571人,城镇登记失业率为2.49%,农村劳动力新增转移就业6600人。年内,全县发放城镇、农村低保资金6357.77万元,新开工保障性安居工程住房296套,完成易地扶贫搬迁入住46户322人。

(黄伟婵)

物价管理

【概　况】 2017年,大新县物价局内设办公室、收费股、价格股、检查所、认证中心,有在编人员9人。年内,县物价局把工作重点放在加强价格调控和整顿市场价格秩序上,努力保持全县价格总水平基本稳定,营造良好的价格环境。

【价格调控】 2017年,县物价局积极稳妥推进价格改革,不断提升价格工作水平。一是简政放权,转变职能,强化市场定价的主体地位。严格落实《广西壮族自治区定价目录》,最大限度放开商品和服务价格,缩小政府定价范围。管好国家、自治区、市下放的价格管理权限,结合实际,制定监管措施。进一步转变职能,加强事中事后监管。实行收费清单动态管理,严厉查处清单外乱收费和擅自提高收费标准等违法行为。二是突出重点,完善机制,全力推进重点领域价格改革。落实降低电价政策,根据自治区物价局相关文件,转发取消临时接电费有关收费政策的通知。试行居民用水超计划(定额)累计加价方案。调整县公办幼儿园收费标准。稳步实施医药价格改革,促进公益事业发展,继续理顺医疗服务价格。按照“调整结构、有升有降”的原则,合理调整医疗服务价格。三是进一步加强宣传引导。紧紧围绕社会关注、百姓关心的价格热点问题,加大政策宣传及舆论引导,增强价格工作透明度,增强人民群众对稳定价格的信心,营造良好的舆论环境。

【价格监查】 2017年,县物价局强化价格监督检查,规范市场价格秩序。一是加强节假日市场价格的检查、巡查和价格监管,保持市场物价稳定。在元旦、春节、“三月三”、“五一”、国庆等节假日期间,组织开展对客运站、旅游景点门票价格检查专项工作。二是开展景区门票价格专项整治。经过对德天瀑布、老木棉紫园、明仕田园、龙宫仙境四个景区(景点)门票价格进行全面梳理,清查是否存在不符合国家景区门票价格管理政策规定的违规行为,并加强景区(点)内商业服务点价格行为监管,切实保障游客合法权益,维护旅游市场价格秩序。

【价格监管】 2017年,县物价局突出重点,加强市场价格监管。一是注重价格监测分析预警。拓展价格监测范围,提升监测分析质量，完善分析工作机制。强化对生活必需品价格监测，随时掌握市场主要商品价格变动趋势。加强价格形势分析与专题调研，准确把握市场价格变动态势，不断完善应对价格异常波动工作预案，对价格异常波动的倾向性、苗头性、潜在性问题及时预警，提高科学处置水平。全县居民消费价格(CPI)涨幅控制在3%以内。二是加强重要商品和服务价格监管。严格执行“绿色通道”政策，确保农产品生产流通环节用电、用水、用气价格优惠政策落实到位；全面实行居民用水用电阶梯价格制度；严格执行义务教育和高中阶段收费政策，保持居民消费价格基本稳定。三是规范市场价格行为。坚持日常监管和专项检查相结合，加强对居民生活必需品、重要商品、重点时段的市场价格监管；充分发挥“12358”举报系统作用，全年接到咨询件13件，办结率、回复率100%；提高明码标价普及率，加大明码实价推进力度，合理引导经营者价格行为；积极推进价格信用体系建设，营造诚实守信的价费环境。

【收费管理】 2017年，县物价局继续落实国家、自治区、市降费减负措施，做好行政事业性收费、实行政府定价管理的经营服务性收费、行政审批前置服务收费项目标准的清理工作，及时更新收费清单并进行公开，确保收费项目和标准只减不增；大力开展收费检查，重点检查收费减免、取消、暂停征收政策落实情况、涉企收费特别是“红顶中介”服务收费情况；完善收费公示制度，提高收费政策知晓率。

【价格认证】 2017年，县价格认证中心坚持公平、公正、公开、快捷的服务宗旨，健全运作机制，强化创新意识，不断提高办案数量与质量，为司法部门和行政执法部门公正执法提供准确可靠依据。年内，共受理各类价格鉴证业务155件，标的额145.22万元。其中，刑事案件价格鉴定136件，标的额137.19万元；赃物案件价格鉴定1件，标的额4万元；行政案件价格鉴定18件，标的额4.52万元。涉税180件3240万元。

（黄　凝）

统　计

【概　况】 大新县统计局位于桃城镇环城东路8号（县财政局办公楼），设有办公室（法规股）、综合股、农业股、投资股、工业能源股、普查中心、贸易股、数据处理中心等8个股（室），2017年有干部职工16人。年内，县统计局完成全县经济社会主要指标统计，做好各项普查和专项调查，推进重点领域和关键环节统计改革，编发统计信息及做好统计服务。

【经济社会主要指标完成情况】 2017年，大新县经济总体运行平稳、稳中向好，各项主要经济指标运行好于预期。全县地区生产总值实现128.73亿元，同比增长8.1%。其中，第一产业增加值实现24.7亿元，增长3.9%；第二产业增加值实现61.57亿元，增长8.4%；第三产业增加值实现42.45亿元，增长10.2%。三次产业结构比重由2016年的21.2:44.6:34.2调整为2017年的18.7:47.8:33.5，二、三产业比重不断优化，发展的协调性和可持续性明显增强。

农业生产稳步增长 全县农林牧渔业总产值实现40.5亿元，同比增长3.9%。其中，农业产值29亿元，增长3.39%；林业产值1.69亿元，增长18.29%；牧业产值7.8亿元，增长3.57%；渔业产值1.2亿元，增长0.14%；农林牧渔服务业产值0.81亿元，增长5.04%。

工业平稳增长 规模以上工业总产值实现136.89亿元，同比增长14.8%；规模以上工业增加值实现53.18亿元，增长7.8%。其中，锰业产值实现86.62亿元，增长12.9%；糖业产值实现29.86亿元，增长16.2%。

固定资产投资稳步增长 全县固定资产投资完成131.22亿元，同比增长11.1%。其中，项目投资完成124.82亿元，增长12.5%；房地产开发投资完成6.41亿元，下降11.1%；工业投资完成39.24亿元，增长3.7%；制造业投资26亿元，增长34.4%。

财政收入完成全年预算任务 全县组织财政收入4.28亿元，其中税收收入3.54亿元，非税收入0.74亿元。一般公共预算支出24.64亿元，增长5.8%；财政八项支出17.77亿元，增长10.1%。

金融运行平稳 年末全

县金融机构人民币存贷款余额139.95亿元，同比增长8.7%。其中，各项存款余额87.35亿元，增长8.7%；各项贷款余额52.6亿元，增长11.3%。

消费市场平稳增长　全县实现社会消费品零售总额15.29亿元，同比增长11.3%。全县限额以上批发业商品销售额实现2.1亿元，增长108%；限额以上零售业销售额实现2.72亿元，增长19.7%；限额以上住宿业营业额实现1.66亿元，增长11.8%；限额以上餐饮业实现营业额0.1亿元，增长193.2%。

城乡居民收入较快增长　全体居民人均可支配收入16463元，同比增长10.9%。其中，城镇居民人均可支配收入30217元，增长9.0%；农村居民人均可支配收入11336元，增长10.9%。

【普查和专项调查】 2017年，县统计部门做好各项普查和专项调查。一是做好全县第三次全国农业普查。完成14个乡（镇）、147个行政村（社区）、554家农业经营单位、79378户农户的入户调查、审核、录入上报工作。二是组织开展人口变动、服务业、限额以下贸易业、工业企业技术创新调查等专项调查。三是积极开展农业专题调研。为了解全县中草药种植现状、规模，摸清中草药家底，结合"三农普"现有的数据库，通过与县农业局、乡（镇）农业经营户、农户等了解，初步掌握全县中草药分布情况、种植规模、经济价值以及发展前景，为下一步中草药统计调查做好铺垫。

【统计改革】 2017年，县统计部门深入推进重点领域和关键环节统计改革。一是投资统计改革。在前期投资统计改革取得阶段性成果基础上，对财务支出法指标体系进行完善，建立财务支出法投资项目统计报表制度，提高统计指标的科学性、规范性和可操作性。二是统计"四大工程"改革。继续根据改革制度权限设置，切实抓好"四上企业"联网直报工作，及时督促企业按时上报数据，做好相关指标匹配性和协调性等审核验收。三是基本单位名录库维护更新节点延伸改革。继续推进名录库维护节点由县（区）延伸到乡（镇），乡（镇）同步参与名录库维护更新，提高名录库维护更新信息实地核实率和及时性，确保名录库数据质量。

【提高统计数据质量】 2017年，县统计部门不断提高统计数据质量。一是加强对统计台账的指导和检查，指导乡（镇）、企业建立和填写台账，定期进行督查指导，夯实乡（镇）、企业统计基础，提升源头数据质量。二是加强对"四上企业"统计人员业务培训和指导，确保联网直报统计有序进行。三是加强统计法制宣传。针对社会公众不了解统计、企业不重视统计的问题，利用业务培训会、法制宣传日等进行统计宣传，不断提高社会各界对统计工作的认识，提升统计地位。

【绩效考评指标】 2017年，县统计部门承接自治区、市对大新县绩效考评指标迎检工作，即地区生产总值（GDP）增长、项目建设（固定资产投资）、贸易增长（社会消费品零售额）、工业化（工业增加值）、服务业发展（第三产业增加值）等5个指标。同时承接自治区对贫困县扶贫开发成效和经济社会发展成效考核指标迎检工作，即地区生产总值、社会消费品零售总额增长率、第一产业增加值增速、第三产业增加值增速、城镇化率、单位地区生产总值能耗降低率等6个指标。

【统计信息】 2017年，县统计部门编发统计公报、统计信息月报等统计产品，编发《统计信息月报》10期、《统计分析》20篇，报送《政务信息》21篇、《农业普查工作简报》4篇，在政府信息平台及时发布各类信息55条。

【基层统计基础建设】 2017年，县统计部门做好基层统计基础建设。一是继续推进统计系统基层统计规范化建设，进一步巩固统计基层基础建设成果。二是加强对基层统计人员业务指导和教育培训，鼓励广大统计从业者积极参加统计职称资格考试，提高统计能力。年内全县报名参加统计专业技术职称考试9人。三是结合"四大工程"建设，着力提升乡（镇）统计VPN联网建设能力，提高统计工作效率。

（刘云清）

经济社会调查

【概　况】 国家统计局大新调查

队有编制8人,内设综合法规股、住户和价格调查股、农业调查股和专项调查股。2017年在编7人,编外聘用6人。年内依法开展统计调查,完成15项国家调查任务。全队强化统计调查意识,坚持独立调查、独立上报,实地参与,严格责任到人,严格执行制度,严格操作规程,严格数据审核,确保数据真实准确。

【城乡住户调查】 2017年,大新调查队继续开展城乡一体化住户调查。调查数据显示:2017年大新县城镇居民人均可支配收入30217元,同比增长9.0%;农村居民人均可支配收入11336元,增长10.9%。主要做法:一是加强培训,维护样本稳定。定期组织辅助调查员进行业务培训,加强到调查网点与记账户进行一对一账页检查培训,每月安排到4—5个调查网点进行现场指导检查,保证数据质量,维护样本稳定性。二是规范流程,提高数据质量。原始数据采集、数据录入、数据审核、数据评估和数据上报等各个环节都严格按照国家调查方案执行,规范统计调查行为和数据处理操作流程,保证统计数据质量真实可靠。三是单位主要领导对数据质量负第一责任人,分管领导负直接责任人,对调查数据收集过程中的规范化、合法化知根知底,并有记录。要求包点队员每月到调查户座谈一次,与调查户沟通谈心宣传党的富民政策,帮助调查户思考本户增收措施,使得记账户配合把本户收入与支出不重不漏,每天记好台账,让数据真实体现大新居民的生活水平。

【常规调查】 2017年,大新调查队组织力量开展常规调查。一是做好农业调查。组织开展农作物单位面积产量调查、农作物播种面积调查、主要农产品价格调查、农产品中间消耗调查等。实实在在到村、到点对粮食作物长势实地观察,和辅助调查员、农户一起走地块进行粮食估产,准确评估天气因素对农作物产量的影响。在粮食产量调查实割实测过程中,突出应用易测宝手持GPS工具,放样实测位置分布均匀,有图像、有GPS电子记录,亲自割取样本,进行晾晒、烘干、脱粒、称重量、测水杂率,确保调查操作规范。二是开展主要畜禽监测调查。从源头抓数据质量,夯实调查基础数据,对调查网点实行动态管理,加强对辅助调查员和调查对象的管理和业务培训,加强审核,对波动异常的数据,直接到现场核实。三是开展规模以下工业调查及批零住餐、服务业调查。按照调查方案,每季度走访企业,结合现场调查记录表,细化支出项目,分别计算房租、水电、商品购进等支出项目,分析各项指标是否在合理区间内。将本季度报表指标数据与实地掌握的实际数据对比、与同类企业对比,通过对比分析找出原因,确保数据质量。

【专项调查】 2017年,受自治区纪委和自治区党委组织部委托,大新调查队开展党风廉政建设民意调查和农村党员教育培训情况调查,并派员参加自治区文明城市测评工作。现场调查坚持由调查员一对一进行,实事求是填写,现场交叉逐题审核,发现问题及时纠正,确保调查问卷质量。其中党风廉政建设民意调查坚持做到现场PDA直报。

（陆婧萍）

审　计

【概　况】 2017年,大新县审计局有编制18人(其中行政编8人,事业编10人),在编17人(行政编9人,事业编8人),此外还聘用审计、会计、工程造价等专业人员22名;内设办公室、财政金融审计股、行政企事业审计股、经济责任审计分局,下设大新县政府性投资审计中心。

【审计成果】 2017年,县审计局完成审计项目14个,查出主要问题金额41492万元,其中应上缴财政3052万元,应归还原渠道资金31万元,应调账处理金额54万元。移送纪检监察部门处理事项4件。提交审计报告、专项审计报告13篇,提出审计建议34条,提交审计信息76篇,被批示(采用)67篇。全年完成812个政府性投资审计项目,核减金额4091万元,为政府节约大量财政资金,取得明显经济效益和社会效益。年内,获评崇左市文明单位、崇左市2016年度全市优秀审计项目二等奖、崇左市2016年度优秀AO审计实例二等奖、崇左市2016年度审计信息宣传工作先进集体、大新县2016年度绩效考评工作先进单位一等奖、大新县2016年县直机关党风廉政建设和反腐败工作先进单位一等奖。

【财政审计】 2017年，县审计局完成财政审计项目2个，组织实施大新县2016年度本级财政预算执行情况审计，大新县农业局2016年度预算执行情况审计，查出主要问题金额40546万元，提出审计建议8条，全部被采纳。审计组围绕构建财政审计大格局，进一步拓展预算执行审计的广度和深度，以政府性资金为主线，利用大数据审计手段对财务数据进行全面关联分析和筛查比对，同时对涉及惠农资金的有关单位和乡镇、村屯进行延伸调查。组织实施大新县2016年度本级财政预算执行情况审计项目中，审计查出主要问题：①未及时上缴预算收入；②为完成公共财政预算收入序时进度，人为调节非税收入入库；③部分预算单位使用上年结余未列入年初预算；④部分专项资金及政府性基金被挤占挪用；⑤部分预算单位违规使用现金结算公务支出；⑥未按规定执行定点采购；⑦部分工程建设项目未及时进行竣工决算审计。报告提出的主要建议：①指导预算单位进行全口径预算，加强对结余资金的结转、使用进行监管；②严格执行各项专项资金管理制度，避免专项资金被挤占、挪用、冒领，确保专项资金安全高效使用；③加强对预算拨款的管理，遵循预算拨款原则；④加强对预算单位财务人员进行业务指导，提高财务人员业务能力。财政部门和有关单位根据审计意见和建议，采取措施组织整改：一是将预算收入及时足额上缴国库；二是督促项目实施单位加快工程进度，及时拨付工程进度款；三是大力推进公务卡制度改革等。

【经济责任审计】 2017年，受县委组织部委托，县审计局实施经济责任审计项目3个(任中审计2个，离任审计1个)，其中县直机关1个，乡镇1个，国有企业1个。共查出违规金额27万元，管理不规范金额849万元。针对存在问题，移送纪检监察机关案件线索4件，提出规范审计建议12条，全部被采纳。

年内，实施的对某局局长任中审计项目，共查出违规金额6.46万元，管理不规范资金496.76万元。审计组坚持按照“全面审计、重点推进、提升成果、求实创新”的思路，充分利用AO与SQL数据分析、筛选功能，做到全面审查、细致分析、锁定疑点、进而扩大范围、延伸外围，使审计取得显著效果。查出被审计单位存在：①挤占专项资金；②资产闲置浪费；③项目实施进度慢，未发挥资金使用效益等16个问题，并将涉嫌虚报务工人员套取劳务费、涉嫌使用虚假发票报销费用套取资金、在政府采购过程中对竞标人资格审查存在失察导致竞标人涉嫌串标等问题，作为案件线索移送县监察局。报告提出的主要建议：①严格执行中央八项规定，认真贯彻落实国家、自治区法规政策，遵守财经纪律；②强化民主议事规则，确保民主决策、科学决策；③完善和健全单位内控制度，规范财务管理；④进一步加强会计基础工作，加强对资产的管理。被审计单位对存在问题进行整改：一是退回违规资金5.82万元；二是完善和健全单位各项制度，规范财务管理；三是推进项目实施进度，加快专项资金使用；四是研究制订固定资产管理使用办法，发挥资金效能。

【自然资源审计】 2017年，县审计局完成对乡镇党政领导干部自然资源离任审计项目2个。审计中，注重利用ArcGIS(地理信息系统)等工具，开展数据分析挖掘、图形匹配比对，客观反映资源数量的变化，有效破解自然资源资产量难核、数难测等问题。同时，将后台数据处理、现场审计与实地踏勘核查灵活结合，有效提高了效率与准确度。审计发现的主要问题：①未进行“多规合一”，耕地与林地重叠落界；②未经批准违规改变耕地用途；③闲置、荒芜耕地；④耕地和基本农田未做到保护责任社会化；⑤人员配备不足，影响土地、林地资源资产开发利用管理和土地、林地环境保护工作有效开展。报告提出的主要建议：①认真学习自然资源资产管理有关法律法规，提高生态文明建设意识和生态保护积极性；②严格履行生态环境保护责任，进一步提高生态环境质量；③强化资源环境监管执法，加大资源环境违规问题处理处罚力度。被审计单位对存在问题重视，对制度的完善、队伍的建设方面进行了立整立改。

【固定资产投资审计】 2017年，大新县政府性投资审计中心累计完成812个工程结算造价审计项目（含列入年度审计计划的4个项目），送审金额47459.40万元，核减金额4091万元。切实加强政府投资重大项目跟踪审计，在开展大新县环城路（德天大道至二级路）道路工程BT项目跟踪审计项目过程中，坚持每周深入施工现场调查，从源头上控制工程造价降低工程成本，提高政府投资效益。审计发现的主要问题：①完工建设工程量未及时计量验收，工程资料编制、整理工作滞后；②项目总工期已超过合同约定工期，至今项目未能完工。报告提出的主要建议：①积极主动协助代建单位及时办理建设项目相关手续，完善上阶段问题的整改；②加强项目管理，推进项目材料收集整理；③加强沟通，积极推进项目进展。

（赵　聪）

8月2日，县审计局组织人员深入星光和乐城小区施工现场检查指导工作

工商行政管理和质量技术监督

【概　况】 2017年，大新县工商行政管理和质量技术监督局有核定公务员编制数61名，实有在编干部53名；机关后勤人员控制数6名，实有5名。局机关内设办公室、人事教育股、产品质量监督管理股、企业与个体私营经济监督管理股、市场与合同监督管理股、经济执法与商标广告监督管理股、特种设备安全监督管理股、标准计量监督管理股、法规与行政执法督察股、消费者权益保护股（12315消费者投诉举报中心）、财务股、行政审批办公室等12个职能股室；下设经济检查大队、旅游分局（2017年5月16日成立），使用基层工商质监所编制。下辖桃城、全茗、龙门、五山、昌明、福隆、那岭、榄圩、雷平、宝圩、硕龙、下雷等12个工商质监所。

【工商登记】 2017年，县工商和质监局竭诚做好工商服务。一是抓好市场主体登记。全县登记注册各类企业共1967户，注册资本1166816万元，从业人数7338人；个体工商户11253户，注册资本90728万元，从业人数24902人；农民专业合作社545户，注册资本42706万元。年内，全县新登记市场主体2090户。其中，企业327户，同比增长44.6%，从业人数460人，增长71.6%，注册资本761655万元，增长998.7%；个体1621户，减少13%，从业人数4076人，减少2%，注册资本19840万元，增长14%；农民专业合作社142户，减少31.7%，注册资本7242万元，增长33%。二是抓好动产抵押登记，帮助企业破解融资难题。全县办理动产抵押登记3件，抵押物总价值3974万元，银行抵押贷款1794万元。

【农村经纪人培训】 2017年，县工商和质监局做好培育和发展农村经纪人。投入培训经费5万元，举办农村经纪人培训班1期，受训人员60名。培训期间，赴上林县进行实地考察学习，结合理论学习与实践操作，加强学习成效，引导广大农村党员和农村经纪人积极投身农产品经纪活动，带动农村群众发展经济生产，增强脱贫致富能力。

【市场监管】 2017年，县工商和质监局加强市场监管。

商事登记后续监管 按照“谁审批、谁监管,谁主管、谁监管”的原则,推动先照后证的事中事后监管责任落实,严格落实“双告知”制度,办理设立登记“先照后证”市场主体有1700余户,发送抄告函25批次,及时将新设立的涉及后置审批的商事主体信息以文件方式送达给各职能部门。

企业信用监管 2017年度企业应年报1583户,已年报1461户,年报率92.2%;农民专业合作社应年报397户,已年报390户,年报率98.2%;个体工商户应年报7892户,已年报7212户,年报率91.3%。个体工商户、农民专业合作社年报率及企业年报率均达到区局要求。

市场主体年报信息抽查 全年抽查各类市场主体439户(其中企业57户,农民专业合作社24户,个体经营户358户),抽查检查结果全部公示,对未按规定公示行政许可信息及企业出资信息与实际不符的,均责令限期改正。

维护消费者权益 精心组织开展以“网络诚信 消费无忧”为主题的消费维权年系列宣传活动。全年受理消费者投诉举报42起,调解处理39件,调解率93%,挽回经济损失4.8万元。

重点领域执法监管 全年立案查处各类违法违章案件235件,罚没款金额163万元。其中糖料蔗违法运输案21件,车辆违法运输跨境货物案171件,产品质量案2件,无照经营案41件。

打私物品拍卖 加强与海关、边防协作,继续配合做好打击走私贩私各项工作,接受大新县打击走私综合治理领导小组办公室移交涉嫌无货主案件26件,拍卖入库数561.8万元。

合同及商标广告监管 严格执行本局格式条款整治行动工作方案,严厉惩治侵犯知识产权和制售假冒伪劣商品违法行为,加大商标专用权保护及广告监测力度。

3月15日,县工商和质监局组织人员在县文化广场开展消费维权宣传活动

【质量技术监督】 2017年,县工商和质监局加强重点领域质量技术监督。严厉打击侵犯知识产权和销售假冒伪劣商品违法行为。抽查企业4家,抽查4个品种、5个批次,合格率为80%。企业产品和服务标准自我声明公开共61项,涵盖75个产品。切实抓好安全生产,全力保障全县特种设备安全运行。共出动车辆41车次,出动行政执法人员84人次,共检查85家企事业单位,检查设备469台,发现存在一般安全隐患2处。获得国家级区域质量品牌认定3个,国家级重点质量品牌1个,获得自治区级区域质量品牌2个,自治区级质量品牌4个。广西新振锰业集团有限公司获广西著名商标,大新县星光扶贫生态移民示范小区获2017年上半年广西壮族自治区建设工程施工安全文明标准化工地称号。指导“大新苦丁茶”申报地理标志商标。组织执法人员和计量检定人员对大型超市、集贸市场燃油机等计量器使用单位进行监督检查,共检查在用计量器具919台(件)、公平秤4台(件)、燃油加油站加油枪132枪,检查结果均为合格。对本县区域计量器具进行周期性强制检定,共检定计量器具919台(件),应收检定费23.86万元(其中免费检定金额23.86万元),计量器具复检率达100%,强检率达98%。同时,开展2017/2018年榨季地磅整治专项活动,出动执法人员80人/次,检查在用地磅140余台,发放地磅管理通告

3 月 30 日，县工商和质监局组织开展禽畜市场检查工作

500 余张。

【专项检查整治】 2017 年，县工商和质监局针对各节假日、重点领域开展专项检查整治。一是定期开展打击传销、规范直销的各项工作，结合执法打传工作特点，全面检查 2017 年责任状落实情况。同时，依据工作职责职能，进一步加大对直销产品经营监管。二是开展烟花爆竹、危爆物品、寄递物流、餐饮行业等专项检查。在元旦、春节、清明、端午等节假日对年货市场、鸡鸭市场等进行专项检查，全力抓好专项整治，维护正常市场秩序。三是贯彻落实县防艾办工作部署和要求，组织开展防治艾滋病知识、预防毒品知识宣传活动 2 次，非公经济组织防艾知识培训会 1 次，发放各种宣传资料 200 多份，悬挂宣传标语 2 条，干部职工关注“中国禁毒”微信号公众平台人数达 80% 以上。引导县城区域内宾馆、旅店、娱乐场所、沿街铺面等行业场所 LED 电子显示屏播放禁毒宣传标语，营造健康安全市场氛围。四是按职能开展乡村建设整治、违法用地和违章建筑查处、德天跨国瀑布景区经营秩序整治各项执法工作。

（农日霞　吕夏娟）

食品药品监督管理

【概　况】 大新县食品药品监督管理局位于桃城镇养利路 440—1 号。2017 年，内设机构有办公室（人事财务股）、综合协调股（应急管理股）、食品生产监管股、食品流通监管股、食品餐饮监管股、药品生产和医疗器械监管股、药品流通监管股、保健食品化妆品监管股、行政审批股、稽查股（政策法规股）等 10 个股室，人员编制 14 名（其中行政编制 13 名、工勤编制 1 名），在编 14 人。下属事业单位有县食品药品监督所和县食品药品检验所。县食品药品监督所编制 16 名，在编 12 人；县食品药品检验所编制 8 名，在编 4 人。各乡（镇）设立有食品药品监督所，为县食品药品监督所派出机构，共有编制 55 名，在编 39 人。辖区有医疗机构 206 个，其中县级公立医疗机构 5 个，单采血浆站 1 个，乡镇卫生院 17 个，企业下属职工医院 1 个，个体诊所 34 个，村卫生所及医疗点 148 个，药品生产企业 1 家，药品批发经营企业 1 家，药品零售经营企业 88 家，食品生产企业 50 家，食品生产加工小作坊 23 家，食品销售经营 1748 家，餐饮服务企业 1053 家（其中餐饮企业 840 家、学校食堂 173 家、托幼机构食堂 33 家、单位食堂 8 家、其他 1 家），化妆品经营户 562 家，保健食品经营户 1429 家，医疗器械经营企业 90 家。监管对象共 5200 多家。

【食品日常监管】 2017 年，县食品药品监督管理局加强食品药品日常监管。

食品生产监管　全年受理食品生产企业许可申请 3 家，申请换证 6 家，申请各类小作坊 14 家，实有食品生产企业 50 家。接受各类食品生产咨询 25 次，现场指导机器安装、工艺布局等 12 家次。日常检查食品生产企业发现食品安全隐患 57 个，现场处理 28 个，下达责令整改 29 份，均已完成复检。全年完成食品生产领域抽检 139 个批次，其中完成自治区要求抽检 46 个批次，完成崇左市要求抽检 7 个批次，自行制定抽检 40 个批次。抽检结果为不合格的 4 个批次，均立案处理，至年底已结案 2 起，罚没款 5.23 万元。

食品销售监管 年内全县有食品销售经营店1694家，其中新增48户。全年食品销售领域采样、快检各类食品32个品种、899批次，检测结果全部合格，有效排除了食品安全隐患。抽样送检食用农产品277批次，其中有1批次青瓜检验不合格（氧乐果超标）。抽样送检各类预包装食品38批次，其中有1批次酒类检验不合格（三氯蔗糖超标）。日常监督检查出动1239人次，下达责令整改通知书96份。处理不符合食品安全标准食品7249公斤，立案查处14件，罚没款58212元，有效净化食品消费环境。

餐饮业食品安全监管 加强对全县餐饮服务1053家日常监管，严格规范餐饮服务单位经营行为。对餐饮服务单位开展监督抽检84个批次、食品安全快速检测256批次，结果均合格。立案查处17家违法经营餐饮经营单位，罚没款2.19万元，有效规范餐饮服务市场秩序。同时做好全县两会召开、崇左民宿大会、泰国商业部到崇左考察活动、中高考等48个重大活动餐饮食品安全监管，保障4648人次，全面保障活动期间就餐人员饮食安全。

【药品医疗器械监管】 2017年，县食品药品监督管理局开展药品零售经营企业专项检查、城乡接合部和农村地区药店诊所药品质量安全集中整治专项检查、药品零售企业飞行检查、三级监管医疗器械经营器械检查等专项行动，出动执法人员检查药品零售企业151家次，药品使用单位108家次，医疗器械使用单位208家次，医疗器械经营企业30家次；对不严格执行药械索证索票、验收、养护等制度的单位下达责令整改通知书29份，下达行政处罚决定书5份。对医疗机构、药品销售环节进行抽检，全年抽样送检21个批次，发现不合格药品1个批次，完成核查处置率100%。协助市局检查药品生产企业4家次，完成医疗器械监督抽样2个批次。上报药品不良反应210例，完成全年任务的114.75%。切实加强全县个体诊所及村卫生所药品、医疗器械管理，进一步规范个体诊所及村卫生所药械购进、储存和使用行为，提高医疗机构药械质量意识，切实保障人民群众用药、用械安全。

【保健品化妆品监管】 2017年，县食品药品监督管理局坚持日常监管与专项整治相结合，全年检查保健食品经营企业180家次，责令改正9家，全部完成整改。对保健食品开展抽检7个批次，其中日常监督抽检4个批次，风险监测抽检2个批次，专项抽检1个批次，合格率100%。加大对高风险类别产品染发剂的监督管理，以大中型美发场所为重点，开展化妆品“颜色行动”专项整治，全县检查染发剂经营企业114家，下达责令改正通知书56家，全部完成整改，立案查处并结案41家。对化妆品开展抽检13批次，其中日常监督抽检10批次，“颜色行动”专项抽检3批次，合格率100%。

【食品药品市场专项整治】 2017年，县食品药品监督管理局开展一系列专项整治行动，不断规范食品药品市场秩序。

重大节日市场专项整治 在元旦、春节、中秋、国庆节等重大节日开展市场专项整治，加强对米、肉类、酒类、乳制品、月饼等重点食品监管，检查生产企业50家、食品经营户927户、餐饮服务单位328家，确保人民群众节日期间饮食安全。

乳制品及含乳饮料专项整治 制定专项整治方案，重点围绕各旅游景区及县城、乡镇食品销售经营摊点进行检查，严厉查处食品中无中文标签标识或中文说明书、假冒进口食品商标或相关证明文件等违法行为。检查食品经营摊点72家，对市面上标有外国文字无中文标签的酸奶制品进行查扣，查扣无中文标签酸奶8件(48盒／件)，并对5家经营无中文标签外来酸奶的经营户进行立案查处。

畜禽水产品抗生素、禁用化合物及兽药残留超标专项整治 在全县范围开展畜禽水产品抗生素、禁用化合物及兽药残留超标专项整治行动，出动执法车辆22车次，出动执法人员87人次，检查兽药经营单位20个、屠宰场30个(次)、畜禽养殖场50个、水产养殖场24个，组织技术人员开展“瘦肉精”抽样检测，对35家规模养殖场、17家屠宰场的270份尿样实施“瘦肉精”检测，检测结果均为阴性；抽检20份猪肉样品进行磺胺类项目检测，抽检60份草鱼、罗非鱼等样品进行呋喃唑酮代谢物、氯霉素、孔雀石绿项目检测，检测结果均合格。

鲜湿米粉生产企业专项整治 出动检查人员35人次，车辆5车次，对全县7家米粉生产企业进行突击检查，对其生产的鲜湿米粉及米浆进行抽样送检，共抽样送检14个批次，经崇左市食品药品检验所检验，所有检验项目均合格。

网络订餐食品安全专项整治行动 组织检查人员对本地网络餐饮服务食品交易平台（大新外卖网）、全国性第三方平台提供者及网络餐饮服务经营者开展全面清查，对检查发现、群众举报、媒体曝光存在违法行为第三方平台提供者和入网餐饮服务经营者依法查处，对无照无证从事网络订餐经营“黑作坊”坚决予以取缔。

食用植物油专项整治 在全县范围对经营食用植物油的小作坊和经营单位进行全面检查，共抽取10个批次进行检验，重点对花生油的黄曲素毒B1、过氧化值、酸价进行快检。

月饼市场等食品专项检查 对食品生产、销售、餐饮服务环节及保健食品生产经营的监督检查，严防食品安全事故发生，营造放心消费良好环境。其中检查月饼生产企业及小作坊12家，下达检查文书12份。检查月饼销售89家（摊）。对9家月饼生产企业和小作坊进行抽样送检月饼9批次，检测结果全部合格。

化妆品“颜色行动”专项整治 加大对高风险类别产品染发剂的监督管理，以大中型美发场所为重点，开展化妆品“颜色行动”专项整治，全县共检查染发剂经营企业114家，下达责令改正通知书56家，全部完成整改，立案查处并结案41家。开展“颜色行动”专项抽检3批次，合格率100%。

农村地区药店诊所药品质量安全集中整治专项检查 积极督促相关药店、诊所对照整治重点对2016年1月1日以后的药品购进、销售和使用行为开展自查，并形成自查整改报告交到局里，局结合日常监管检查针对整治重点开展专项监督检查。专项整治期间，共检查药品零售经营企业34家，诊所31家，全覆盖检查辖区所有乡镇药店和诊所，出动检查人员104人次，车辆26车次，责令整改药品零售经营企业21家，责令整改诊所27家，全部完成整改。

药品零售经营企业专项检查 在日常监管检查基础上，针对监督检查重点开展专项监督检查。专项检查期间，全覆盖检查辖区的药品零售经营企业，共检查81家，责令整改药品经营企业31家，全部完成整改。

【食品安全综合治理】 2017年，县食品药品监督管理局联合县农业局、公安局、工商质监局、教育局等多部门开展执法，维护全县食品安全。一是开展查处硫黄熏制辣椒专项整治。联合工商质监局、公安局、农业局开展硫黄熏蒸辣椒专项整治，对辖区各晒场进行摸底排查，查扣涉嫌硫黄熏制辣椒2批1807袋约27吨，有效遏制硫黄熏蒸辣椒违法行为。二是开展学校食堂专项检查。联合教育局开展全县中小学校及幼儿园春季开学食堂餐饮食品安全专项检查，共检查学校食堂85家次，责令整改3家次，行政处罚2家次。

【严厉打击违法违规行为】 2017年，县食品药品投诉举报中心共接到投诉举报35起，受理32起，不予受理3起，其中食品流通环节11起，食品生产环节8起，餐饮服务环节8起，药品流环节2起，保健食品流通环节1起，化妆品使用环节1起，医疗器械流通

12月1日，县食品药品监督管理局组织开展查处硫黄熏制辣椒专项整治行动

环节1起。年内，受理的32起投诉举报已办结并反馈，按时办结率100%。同时加大案件查处，全年立案查处食品药品案件77起，已结案73起，移送公安机关1起，移送其他行政部门1起。案件总货值12.54万元，总罚没款13.2万元，所有案件均按时公开信息。

【行政服务】 2017年，县食品药品监督管理局创新服务举措，服务水平有效提升。一是推行网上审批，提高办事效率。提供2台对外电脑，方便申请人自行网上申报，并做好现场指导。开通网上申报咨询QQ群，在QQ群上公布办事指南、填写范本及网上申报详细步骤，安排人员在线指导。对不方便到窗口申请的申请人提供上门服务。年内，多次深入生产经营食品药品企业、各学校食堂进行现场指导和提供办证服务。二是简政放权，委托办理。推进行政审批“四级一体化”（自治区、市、县、乡镇网上审批一体化）。全年办证服务窗口受理行政许可申请1127件；受理扁平化申请（执业药师注册）13件；发放“食品经营许可证”881本，“食品生产许可证”7本，“食品生产加工小作坊登记备案凭证”20本。至年底，全县持证经营食品生产经营户2884家，其中食品生产企业42家，食品生产加工小作坊20家，食品销售经营者1729家，餐饮服务经营者881家，单位食堂212家。在持证经营食品生产经营户中，年内新增食品生产经营户908家，其中食品生产企业7家，食品生产小作坊20家，食品销售经营者518家，餐饮服务经营者329家，单位食堂34家。

【安全宣传】 2017年，县食品药品监督管理局开展形式多样的食品药品安全宣传活动，向群众宣传食品药品安全法律法规和科学知识，提高人民群众辨别假劣食品药品能力。年内开展“12315国际消费者权益日”“12331宣传活动日”“全国食品安全宣传周”“药品安全用药月”等大型宣传活动，制作板报、横幅35多块（条），张贴宣传海报100多张，发放资料9000多份，宣传服务群众近万人。

（农婕红）

4月11日，食品药品科普宣传走进硕龙镇硕龙社区

安全生产监督管理

【概　况】 2017年，大新县安全生产监督管理局在职在编14人，内设办公室、执法与应急救援股（行政审批办公室）、矿山安全监督管理股、危险化学品安全监督管理股（烟花爆竹安全监督管理股）、安全生产综合协调股、职业健康监督管理股，下设大新县安全生产监察大队。年内，县安全生产监督管理局持续深入开展安全生产大检查，严格安全监管执法，强化风险防控，深化隐患排查治理，加大安全宣传教育，全县安全生产形势保持稳定。

【安全监管执法】 2017年，县安全生产监督管理局严格安全监管执法，深入开展安全生产大检查。一是做好非煤矿山监管执法。年初制定全县2017年非煤矿山安全监管工作要点，确定全年目标任务和重点工作，全面推动非煤矿山安全生产。开展非煤矿山节后复工检查、金属非金属矿山安全专项整治、矿山领域安全生产大检查和矿山汛期安全生产，检查矿山企业77家/次，下达整改指令书51份，现场处理措施决定书5份，整改复查意见书33份，发现安全隐患112项，已整改112项。一是做好危险化学品和烟花爆竹监管执法。年初制定《全县危险化学品和烟花爆竹安全监管2017年工作要点》，确定危化品和烟花爆竹安全监管重点工作和工作要求，按照县安委会的统一部署，全面开展危险化学品安全生产大检查，共检查危化企业和烟花爆竹批发企业16家次，下达整改指令书14份，发现隐患64项，已完成整改64项。按照县安委办统一部署，加强对烟花爆竹经营企业安全监管，扎实开展2017年春节期间、“三月三”、清明节期间烟花爆竹专项整治。

【重大隐患整治】 2017年，县安全生产监督管理局扎实推进重大隐患整治。根据县委、县政府安排部署和县安委会制定印发的《大新县黑水河水上交通安全专项整治工作实施方案》，联合相关职能部门和有关乡镇到黑水河安平河段进行实地摸排，对安平河段的船只进行登记造册，检查完善各种安全标识等，并安排值班人员到点轮班值守，确保春节期间黑水河水上交通安全。3月，根据县委、县政府安排部署，组织有关乡镇和部门对黑水河安平河段游船开展专项整治行动，对70多艘“三无”游船进行拆除。其他重大隐患整治情况：6月，广西伯特利锰业有限公司渣库重大安全隐患已完成闭库治理，县政府同意予以关闭销号并进行公告，切实消除安全隐患。中信大锰大新锰矿分公司地采采空区隐患治理项目年内完成采空区治理项目进度计划中+340米以上中段现有采空区治理工程，完成子项治理工程量约19.22万立方米，投资153.76万元。该子项采空区治理工程经验收自查，项目施工质量合格，安全隐患已排除。大力推进大新县龙泉磁选厂尾矿库、大新县先明锰矿尾矿库等2座无主尾矿库闭库治理及销号工作，于年底前完成相关销号手续。

【监督体制改革】 2017年，大新县委托下放执法权，强化乡镇安全生产监督管理。根据《关于全面推进乡镇“四所合一”改革的指导意见》《崇左市2017年“放管服”专项督查发现问题整改方案》等文件精神，与各乡镇签订《乡镇安全生产行政执法委托书》，委托下放行政执法权，大力推进乡镇“四所合一”改革。组织各乡镇人员参加2017年全区行政执法人员资格（续职）培训考试，进一步加强乡镇一级安全生产监管。

【安全培训和宣传教育】 2017年，县安全生产监督管理局加强安全培训和宣传教育，提高安全意识和安全生产管理水平。5月，举办为期一天的安全知识培训班，联合交警、消防、教育、住建、农机、工信等重点行业领域主管部门授课培训，各乡镇领导和安全员、县安全生产委员会各成员单位领导和材料员、县重点企业负责人等100多人参加培训，进一步增强安全事故防范能力。6月，县安委办组织开展“安全生产月”系列宣教活动，进一步普及安全知识，提升全民安全文明素质。

【事故调查和责任追究】 2017年，大新县安全生产形势保持稳定。全县发生生产安全事故6起，死亡7人。其中，生产经营性道路交通事故4起，死亡5人；工矿商贸生产安全事故2起，死亡2人，分别为广西大新县雷平永鑫糖业有限公司“10·8”高处坠落事故和广西大新良群锰粉厂“10·28”矿山事故。危化、建筑、旅游、校园、农机、消防等行业领域未发生生产安全事故。事故发生后，县人民政府高度重视，依据《生产安全事故报告和调查处理条例》（国务院令第493号）等有关法律法规规定，及时成立事故调查组，通过现场勘察、调查取证，查阅相关资料和综合分析，查明了事故发生原因，认定了事故性质和事故责任，并对事故责任人员、事故发生单位追究责任。

（张燕霞）

市场开发管理

【概　况】 大新县市场开发服务中心位于桃城镇古榕路与民主路交叉路口的新北农贸市场二楼，核定编制34人，2017年有干部职工40人，管辖桃城新北农贸市场、新北综合市场、百汇购物中心（外租）、龙门集贸市场、雷平农贸市场、振兴农贸市场、安平农贸市场、恩城农贸市场及下雷集贸市场等9个市场，面积1.5万平方米。年内，县市场开发服务中心根据年初制定的市场发展思路和工作目标，加强内部管理，增强服务意识，严抓市场安全生产，较好完成各项工作任务，全年完成市场租赁费收费目标任务500万元。

【市场管理】 2017年，县市场服务中心严格执行“三检查一评比”工作制度。为强化对市场管理，把责任明确落实到人，将新北农贸市场划分3个责任区，新北综合市场划分3个责任区，每个片区配备职工2人。责任区管理采取每季度轮换制，并立牌公示，公示牌上注明责任区负责人、管理人员、清洁员、保安、工作职责及监督电话等内容，接受社会监督。责任区管理人员负责做好责任区市场秩序、市场清洁卫生、安全生产、市场租赁费收费等各项管理，并与奖励性绩效工资挂钩。

【市场设施建设】 2017年，县市场开发服中心增强服务意识，努力创造良好的市场环境。注重对老化的市场设施和不合理的摊位布置进行改造，主要工程有新北农贸市场临街铺面通道风貌改造工程、新北农贸市场熟食行建设工程、新北农贸市场素食行铺面建设工程、新北农贸市场鱼行铁棚建设工程、新北综合市场地下消防水池水泵房供电线路工程、雷平东市场铁棚建设工程。

【市场安全管理】 2017年，县市场开发服中心定期对各市场进行安全检查，及时消除可能存在的安全隐患。定期对各市场的消防器材进行检修，及时更换过期的灭火器。加强消防控制室上岗人员培训，派出6名员工进行初级建(构)筑物消防员培训。加强消防培训及实际操作技能演练。在新北综合市场举办2次消防器材使用培训会，组织各市场管理人员、市场经营人员参加培训及实际操作灭火器。

（岑天明）

城镇集体企业管理

【概　况】 大新县城镇集体工业联社原称大新县二轻工业局，下属集体工业企业有大新县被服二厂(原名大新县被服厂)、大新县玻璃纤维厂(原名大新县羽绒厂)、大新县木器厂、大新县二轻纸盒厂(原名大新县二轻印刷厂)等。1997年机构改革易名为县城镇集体工业联社，编制4名，设主任1名、副主任1名，属财政全额拨款事业单位。2008年起为参照公务员管理单位，工作职能由原来的行政管理转化为指导、服务、协调、维护、监督。2017年有在职人员5名，其中主任1名，副主任1名。年内新增成员单位大新县二轻供销公司，为集体所有制。

【服务基层】 2017年，县城镇集体工业联社立足基层、服务企业，全年完成工业总产值250万元，主营业务收入150万元，税收总额12万元。年内，县城镇集体工业联社荣获自治区二轻工业联社系统2017年度“服务基层、创新发展”活动优胜单位奖。

【信访工作】 2017年，县城镇集体工业联社做好信访化解工作。由于历史和城镇集体企业体制等特殊原因，企业长年停产后，企业除名职工争议不断，主要反映企业除名手续完备问题、要求参加固定资产后续收益问题等，存在上访隐患。为做好信访工作，联社深入企业耐心细致做好政策解释工作，消除疑虑。对个别职工从个人角度提出不合理要求的，建议走法律渠道诉讼解决。同时，根据现状，成立信访接待小组，建立健全信访档案，健全工作台账，做到及时掌握信息，上下及时沟通，着力加强不稳定因素排查，做到有效化解矛盾纠纷，确保二轻系统和谐稳定。

【社会保障】 2017年，县城镇集体工业联社关心城镇集体企业职工生活，继续做好职工城镇低保的入户调查、养老保险、医疗保险等出具社保证明、组织申报等工作，为职工办好实事好事。年内所有符合条件的下岗职工均办理了各种城镇低保及养老保险、医疗保险等社会保险。

【作品参展】 2017年，县城镇集体工业联社推荐民间根雕艺术作品6件参加由自治区政府主办，自治区党委宣传部、自治区工业信息化委、自治区文化厅、自治区文联、自治区二轻工业联社承办的2017年广西艺术作品展览会获参评奖。

（覃海英）

财政·税务

□编辑 农忠波

财 政

【概 况】 大新县财政局位于桃城镇环城东路8号，设有23个股(室)，管辖全县14个乡镇财政所。全县财政系统有干部职工149人，其中局机关(含参照公务员管理)90人，乡镇财政所59人。2017年，县财政部门认真抓好稳增长、调结构各项措施落实，全力组织财政收入，抓好支出预算执行管理，加强全县财政收支平稳运行，财政工作取得良好成绩。先后获创建国家森林城市工作突出贡献先进单位、第八批崇左市文明单位、2016年度贫困县统筹整合使用财政涉农资金绩效考评结果A、2017年9月份一般公共预算支出收入比在全区市(县)排名第一位、广西2015年度固定资产投资决算报表编报工作先进单位等称号。

【财政收支】 2017年，大新县组织财政收入42803万元，占年度预算调整数的106.85%。按征收部门分，国税完成22496万元，地税完成14337万元，财政完成5970万元。一般公共预算总收入268823万元，同比增加22534万元，增长9.1%，其中，一般公共预算收入23584万元，上级补助收入212143万元，上年结余收入9746万元，调入资金2413万元，债务转贷收入20937万元。一般公共预算累计支出246366万元，占调整预算数的101.79%，增长5.8%。其中，民生支出205736万元，增长6.54%，占一般公共预算支出的83.51%。扶贫资金支出22973万元，增长6.26%。

【保障和改善民生】 2017年，大新县加强保障和改善民生。一是积极推进医疗卫生服务体系改革和落实城乡居民社会养老保险政策。一方面提高新型农村合作医疗保障水平，全年全县财政筹集新型农村合作医疗保险基金22370.07万元，累计支出14400万元，全县参加新型农村合作医疗保险人数311782人，参合率97.25%；城镇居民基本医疗保险实现全覆盖，全年全县财政筹集城镇居民基本医疗保险基金2670.42万元。另一方面落实城乡居民社会养老保险政策，全年城乡居民社会养老保险筹集基金7628.99万元，累计支出6325.62万元。二是抓好统筹整合涉农资金。年内上级下达涉农统筹资金计划数40267.72万元，安排实施产业扶贫项目626个，金额18097.34万元；基础设施项目141个，金额15919.52万元；其他项目26个，金额6250.86万元。三是全力推进惠农基础建设。围绕做好“两篇大文章”、打好“四大攻坚战”，切实发挥财政职能，积极争取上级部门支持。全年争取农发项目、“一事一议”财政奖补、村级集体经济、美丽生态乡村建设以及边境地区、革命老区转移支付补助等资金共17258万元，实施项目234个，侧重安排到贫困村、边境村屯，扎实推进民生事业发展。四是加大教育投入，办好优质公平教育。全年投入教育资金37043万元，其中学前教育1719万元，九年义务教育24882万元，上级下达“两免一补”专款4556万元。

【收支管理】 2017年，县财政局抓好财政收支管理，财政收支平稳运行。一是抓好收入征管。全县组织财政收入42803万元，其中，一般公共预算收入23584万元，完成预算调整目标。二是积极争取上级补助资金。全年争取到上级各项补助资金212143

万元，各项民生政策得到有效落实。三是优化支出结构。突出“保基本、保重点、保民生”，严控“三公”经费等一般性支出，“三公”经费持续下降。四是有效推进预算绩效管理。进一步扩大预算绩效管理范围和绩效评价资金规模，增强评价结果运用。五是强化预算执行管理。坚持“先有预算，后有支出”原则，增强预算刚性。六是强化国库集中支付管理。将财政资金全部纳入国库单一账户体系管理，强化公务卡结算，防止资金截留、挪用等现象发生。

【财政改革】 2017年，大新县积极推进财政改革。一是全面推进乡镇国库集中支付改革。大力推进14个乡镇实行乡(镇)零户统管会计集中核算向国库集中支付转轨，实现国库集中支付改革“纵向到底”的改革任务。二是加大全县预决算公开。搭建全县预决算公开平台，全县81个一级预算单位，除涉密部门外已全部集中公开到平台，公开率100%。公开内容进一步细化到部门主要职责及部门预算单位构成、预算收支情况和部门预算情况说明、部门“三公”经费财政拨款预决算情况等。三是强化部门预算管理和推行中期财政规划编制，建立三年滚动财政规划机制。四是积极推进政府和社会资本合作(PPP)模式，解决建设资金紧缺局面。

【财政监督】 2017年，县财政局加强财政监督。一是开展全县小金库专项检查。4月对全县100个行政事业单位2013年以来设立“小金库”等问题开展自查自纠，同时对20个行政事业单位开展重点检查。二是开展财政监督业务知识更新学习培训。5月对全县14个乡镇政府主要负责人及财务人员进行财政监督业务培训，使财务管理更加规范化。三是开展会计信息质量检查。年内对县工商业联合会等单位开展会计信息质量检查。四是开展民生资金专项检查。7月对扶贫专项资金、政策性农业保险资金使用情况进行监督检查。五是开展预决算公开检查。10月对全县81个一级预算单位部门预决算公开情况开展检查。六是认真落实县委巡察发现问题的整改处理。12月完成县委巡察办第一、二轮巡察移交28个单位财务管理等方面问题的整改处理。通过开展以上一系列监督检查，有效规范全县各部门财务管理，为县域经济发展保驾护航。

【财政投资评审】 2017年，县财政局加强财政投资评审。全年评审项目754个，送审金额155268.17万元，审定金额139195.97万元，节约资金16072.20万元，核减率10.35%。严把工程预算关，纠正了建设单位送审预算中高估冒算、超规模、超标准等问题，保证了工程标底造价合理性。

【政府采购】 2017年，县财政局加强政府采购。代拟制定《大新县2017—2019年度办公设备定点采购(试行)方案》及《关于做好公务用车定点维修工作的通知》等文件，进一步减少政府采购环节，规范政府采购行为。全年全县政府采购预算金额约85980万元，实际采购金额83661万元，节约资金2319万元，资金节约率2.7%。

(高　敏)

安平投资集团

【概　况】 广西大新安平投资集团有限公司是大新县人民政府决定设立的国有独资有限责任公司。公司出资人大新县国有资产管理中心受县人民政府授权，履行出资人职责，依法享有所有者各项权利。公司成立于2017年5月，注册资本30亿元。广西大新安平投资集团以广西大新安平投资集团有限公司为母公司，含大新县国泰资产经营有限公司、广西依王旅游投资开发有限公司、广西养利农业投资开发有限公司3家子公司，及广西鑫源建筑有限公司、大新县永兴贸易有限责任公司2家分公司。

公司为国有资本运营公司，主要负责政府性产业投资引导基金和金融股权股份管理运作、产业投资、社会事业发展，在实现县委、县政府战略意图，完成县委、县政府和县国有资产管理中心及相关部门下达的各项任务基础上，努力提高企业经济效益，对所管理的国有资产承担保值增值责任。经营范围主要有：对旅游业、进出口贸易、农林牧渔业、房地产业、采矿业、电力、热力、燃气及水生产和供应业、建筑业、交通运输、仓储物流业、租赁和商务服务业、水利、环境和公共设施管理业、教育业、文化业、体育和娱乐业、广告业的投资。

按照县委、县政府对集团公司提出的“三大职能,五大目标”的要求,公司挖掘有优质土地和有效资产包装到集团和各子公司名下,在国土、住建、发改、财政等各部门和乡镇的大力支持下,初步把土地、旅游、房产、林场、水库等资源分期分批转划到公司,并将这些优质有效资产按有关要求和程序变更为可贷款融资的资产,通过包装公司的账面资产由没有组建集团的国泰公司的资产不到5亿多元增加到将近10亿元(含已建成的项目,但没办理入固定资产手续),同时入股广西富丰矿业股金12300万元,集团自身综合实力得到提高和增强。至2017年年底,公司累计拥有资产总额102300万元,其中固定资产48325万元;累计负债115145万元,其中长期负债76759万元;净资产34963万元,实现收入5497.71万元,其中侬王公司5378.71万元(即景区门票5377.43万元、安平仙河景区船票收入1.28万元),国泰公司85万元,养利公司34万元。

【项目融资】 2017年,大新安平投资集团有限公司实现项目融资到位资金74108.8万元,其中融资租赁56000万元,农业银行贷款10000万元,国开行贷款8108.8万元。以上融资的资金主要投入桃城至龙州科甲二级路5000万元,环城路(南环、西环、北环)5000万元,星光和乐城易地扶贫搬迁8108.8万元;注入广西富丰矿业公司增资扩股资金12300万元,县城市政基础设施13000万元,归还融资贷款本息17630万元;按照县政府安排,为保证县乡征地拆的顺利进行和项目前期工作快速推进提供资金保障服务6批次共8120万元。

【专项资金投入】 2017年,大新安平投资集团有限公司累计投入专项项目资金19376万元。其中投入城南横三、横四、桂园南路等2300万元,德天大道至二级路(即环南路段)800万元,呗侬创业园5100万元,养利学校1200万元,妇幼保健院整体搬迁项目3210万元,伦那路延长线286万元,迎宾大道延长线1100万元,城南A、B、C地块三产安置路网3080万元,新锰大道2300万元。

【项目工程建设】 2017年,大新安平投资集团有限公司牵头负责承建的主要项目共15个。其中新建项目6个,续建项目9个。列入年内计划前期工作项目6个,已完成3个。全年计划完成投资10000万元,实际完成投资8570万元,占计划投资的86%。各项目建设工作基本能按计划推进,但部分项目受征地拆迁安置补偿影响,致使施工进度缓慢,甚至无法开工建设。

【土地收储和征地拆迁】 2017年,大新安平投资集团有限公司积极参与土地招拍挂竞买工作,年内通过竞拍已竞得恩城水上古镇、全茗镇周旺屯、县城北区北环大道北侧等3宗地块,面积约9公顷,投入购买土地资金4610万元,为下一步招商引资、融资、开发建设提供保障。同时,积极主动配合县征地工作组,做好征地拆迁补偿各项服务工作,全程参与武阳山中央文化旅游、武阳家园、明仕北路、新锰大道、东环路、城南路网、伦那路延长线、迎宾大道延长线、环城路(南环、西环、北环段)、呗侬创业园等项目征地拆迁补偿工作。

(何千庭)

国泰资产经营

【概　况】 大新县国泰资产经营有限公司位于桃城镇桂圆路人和新都8栋,2017年设有董事会和监事会,内设机构有办公室、资产部、财务部、融资部、项目部,有员工20名。经营范围主要有:全县经营性国有资产的经营管理和资本运营,全县公共投资工程的资金筹措和建设管理。年内,继续履行政府“投资出资人、政府项目业主”的职能,稳步推进项目建设,加强国有资产管理,做好项目建设融资及征地拆迁工作。

【项目建设】 2017年,县国泰资产经营有限公司承担续建项目8个,新建项目4个,5个项目正在进行前期工作,项目概算总投资11.28亿元,至年底,已累计完成投资约4亿元。在推进项目建设工作中,公司想方设法全程提供保姆式服务,积极对接有关部门,协调解决施工过程中遇到的各种问题,努力克服地质情况异常、主汛期、征地拆迁等不利因素影响，强化项目管理，项目建设基本能够按计划完成。

环城路（南环段、西环段、北环段）道路工程　项目于2017年5月开工，累计完成投资3000万元，占总投资5663.50万元的53%。①（西环段、北环段）工程第1标段、第3标段和（南环段）道路工程第1标段因征地工作未完成无法施工。②西北环2标。隧道部分：中隔墙基础浇筑146米，墙身浇筑146米，左洞掘进82米，右洞掘进146米，仰拱浇筑10米，并进行一衬。道路部分：完成从展鹏门业至工地项目部处左幅的水稳层铺设，正在进行过路管道施工。③（西环段、北环段）工程。桃城农场桥桥东侧冲孔桩工作已完成6根基桩浇筑，正等待混凝土强度达到要求后破除桩头，再进行超声波检测；桥西侧完成0号承台第3层毛石混凝土浇筑。完成投资3000万。④（南环段）工程。宝贤桥标段施工方已进场，水电已安装到现场，因征地未完成暂时无法施工。

伦那路延长线项目　完成道路两侧1700米路缘石安装，1650米流水板安装，44个二联井框砌筑及1131米道路沥青铺设。累计完成投资380万元，占总投资1182万元的32%。

中越文体交流中心项目　完成施工图设计、主体造价财审、桩基础和桩基验收。累计完成投资1400万元，占总投资7969万元的18%。

明仕北路工程　完成路面铺设及照明工程，国庆节前通车。

城南路网工程　①横三路、横四路已完成路面工程、排水工程、绿化工程、交通标志工程、交通信号工程、照明工程。②桂圆南路已完成路面硬化800米、桥梁桩基础、桥墩、桥台、预制梁、路灯安装，因未完成征地，已暂停施工。③经二路完成200米路面硬化，进行人行道无砂大孔混凝土施工。④西纬三路完成路面硬化650米，路灯安装。⑤西纬四路完成550米的路面硬化、路灯安装、人行道无砂大孔混凝土浇筑350米。项目累计完成投资6500万元，占总投资8585万元的75%。

新锰大道工程　①一期完成k0+360-k1+840段路基工程；雨污水排水工程，雨水管道约1660米，污水管道约1710米；缘石和路平石工程、电力电缆保护管敷设约1800米。累计完成产值约1890万元。②二期完成k1+840-k3+740段路基土石方工程；雨污水排水工程，雨水管道约2615米，污水管道约2365米；级配碎石垫层和水稳层、沥青下面层和中面层；人行道铺砖；路灯安装89杆，低压电力电缆安装3810米；人行道树池扁桃种植480颗。累计完成产值约3820万元，占总投资7537万元的51%。

大新县农民工创业园（第二区）建设工程　（第一期）项目已完工，进行竣工验收工作。

城南规划横三横四路工程　A、B、C地块完成已征地部分路基、级配层、水稳层，路面硬化，路灯安装。累计完成投资4500万元，占总投资6500万元的69%。

城南区道路建设工程　①横一路完成路基建设，完成排水工程、级配层、水稳层。②横二路完成路面硬化250米，因未完成征地，已暂停施工。③纵二路路面建设，下一步计划拆除养利学校施工单位临时活动板房。④迎宾大道延长线全段完成粗粒式沥青铺设，正在进行砌筑路缘石，平整人行道，累计完成投资2800万元，占总投资3700万元的76%。

环城东路道路工程　A标段完成右幅的雨水井砌筑，正进行山体破除以及清洗路面。B标段道路部分完成过路管道的施工，泉眼部分完成挡土墙八字口砌筑。C、D标段完成沥青粗、中粒式沥青面层、人行道砌砖、路灯安装，待完成A、B标段道路工程后，铺设最后一层面层沥青。累计完成投资5000万元，占总投资8000万元的62%。

环城路（德天大道至二级路）道路工程　完成粗、中粒式沥青面层铺设、人行道铺设、路灯安装、绿化种植，下一步进行最后一层面层沥青摊铺，累计完成投资7400万元，占总投资7721万元的95%。

南疆精神病医院项目　位于县城至恩城路边，总建筑面积1649.43平方米，项目已完成报建报监，下一步办理工程施工许可证，项目总投资360万元。

【项目融资】 2017年，县国泰资产经营有限公司创新融资方式，拓宽融资渠道，完成向农行大新县支行办理桃城至龙州科甲二级公路建设和环城路（南环段、西环段、北环段）建设2个项目贷款手续，授信额度3.9亿元；完成与6家租赁公司办理贷款手续，授信额度5.16亿元；根据《广西壮族自治区财政厅关于做好易地扶贫搬迁工程项目第一批自治区融资有关工作的通知》(桂财农〔2017〕194 号文),新增 2017 年地方政府债券资金 8800 万元,已完成与国开行合同签订;新增大新县桃城镇扶贫移民搬迁项目贷款 1090 万元;正在开展企业债券发行相关工作,拟发行企业债券 6 亿元。

【国有资产管理】 2017 年,县国泰资产经营有限公司持有经营性门面 91 间,整体出租率 99%;门面租金收入 1104770 元,产生税费 373270 元,缴入财政专户 731500 元。同时,完成对全县 13 个乡镇行政事业单位国有资产调查。

(石栩静)

依王旅游投资

【概　况】 广西依王旅游投资开发有限公司是大新县人民政府批准成立的国有企业,位于桃城镇桂圆路人和新都小区 8 栋。2017 年设董事会、监事会,内设机构有办公室、市场营销部、项目运营部、工程项目部,员工 10 名。年内,依王旅投公司在母公司广西大新安平投资集团有限公司带领下,加快推进中越边境“百里画廊”建设,深入挖掘全县文化旅游、口岸边贸资源,搭建旅游口岸建设融资平台,破解全县旅游口岸发展资金瓶颈,推动旅游口岸经济融合发展。

【投资开发】 2017 年,依王旅投公司主要投资开发及策划大小项目 7 个,其中重点推动德天跨国瀑布景区、安平仙河景区 2 个项目建设。

德天跨国瀑布景区 于 6 月接手德天跨国瀑布景区运营管理工作,通过建立健全财务管理体系,确保国有资产经营收入及时、准确、如期如数上交国库。实现德天跨国瀑布景区下半年接待游客 514638 人次、经营收入 5377 万元,游客量同比减少 4.29%、收入同比增长 32.30%、广告费用同比减少 97.72%。

安平仙河景区 为大新县贫困村集体经济委托经营项目。经过前期大量筹划工作,于 10 月 1 日正式启动运营,主营游船观光。项目配备画舫游船 13 艘,运营人员 13 名。通过系统化各项经营制度、全面策划大新全域旅游营销体系,至年底,经营收入、游客量都呈直线上涨,经营情况趋势大好,并于 12 月通过自治区旅游规划开发质量评定委员会验收评定为国家 AAAA 级旅游景区。

武阳山中央文化旅游区项目 为大新县全域旅游 PPP 一期项目的子项目,计划总投资 30113.8 万元,规划占地面积 72 公顷,主要建设建筑工程、园建工程、绿化景观工程、水景工程、配套用房、相关配套基础设施工程及运动场地等。至年底完成项目征地 90%,已具备前期开工实施条件,并完成项目清表及初次地质勘测。

那岭约屯黑水河快艇游船项目 规划游览河道长约 5 千米、宽约 30—40 米,拟经营快艇、休闲船,以丰富全县旅游业态、串联县城—龙宫—德天—明仕等旅游景点景区。已建好的基础设施有游客服务中心、旅游售票点、公共卫生间、停车场、乘船游览道、码头等,已具备快艇游船项目启动条件。年内完成项目经营方案策划,并对外发布招商信息。

谨汤村乡村旅游扶贫示范区规划项目方案策划 利用现有的水利区域兴建机耕道,给当地村民种养植提供交通便利基础,同时在旅游开发中逐步改建成徒步绿道;以点带面,鼓励当地村民参与“一村一品”项目拓展,利用当地旅游资源优势进行部分原生态农产品包装;统一规划旅游布局,让当地村民利用荒山、荒沟、荒地参与入股,达到合作共赢;发动村民根据季节种植菜花,建设菜油坊;推进当地农业发展方式转变,优化调整农业和农村产业结构,优化农业布局,实施土地小块并大块、渔林规整等。

下雷那望屯乡村旅游项目策划 以“环境优美有吸引力的特色屯”为主要目标建设怡情那望乡村。通过成立农村合作社,由村集体及镇政府联合主导、集体经济入股,打造自然山水风光、人造民俗景观、特色农宿、风情美食文化等,形成低成本、高质量、具有核心竞争力的乡村生态休闲旅游村屯。

恩城苏屯知青文化旅游项目策划 项目总占地面积约 6.67 公顷,建设内容包括改造公社食堂、红色休闲广场、红色文化墙、知青年代生活用品及劳动工具展览馆、供销社等。拟采用集体计划经济经营模式,打造成为人民公社知青文化旅游项目,以推动恩城乡陆榜村苏屯乡村旅游建设,探索农民创业增收新途径。

大新全域旅游+绿色出行项目策划 项目的实施将有效

解决全国重要客源地城市与大新县之间的大小交通衔接,打通大新县城市与景点之间、景点与景点之间的交通微循环,为自由行游客提供安全、便捷、省钱的交通服务。同时,在合作的全区各热门景区及周边的住宿餐饮娱乐购物场所,多种形式呈现、推荐及销售大新县旅游产品,为大新县旅游带来周边游、高频次消费的区内游客。

【项目融资】 2017年,依王旅投公司充分利用政策开展多渠道融资,通过售后回租、流动资金贷款、项目贷款等融资方式,筹措城市建设资金。在巩固国家政策性银行融资主渠道,继续加强国家政策性银行合作下,拓展新融资渠道,创新融资方式,通过认真分析和把握国家金融政策走向,将融资触角向商业金融机构延伸。下半年开始,对接国家政策性银行2家,与售后回租服务平台公司合作3家,洽谈融资租赁公司约10家,共意向融资11.18亿,已到位资金1.18亿,其他意向放贷资金将于2018年初办理相关手续。

(李秋妹)

养利农业投资

【概　况】 广西养利农业投资开发有限公司是大新县人民政府决定设立的国有平台公司,以广西大新安平投资集团有限公司为母公司,下属子公司为大新县永兴贸易有限责任公司。位于桃城镇桂圆路人和新都小区8栋,2016年7月22日成立,内部设立董事会、监事会、项目运营部、产业规划部等,员工7名。经营范围主要有:对农、林、牧、渔业的投资开发,农业技术开发,农业观光旅游,农业技术信息咨询,农产品加工、销售;口岸基础设施建设,市政公共基础设施建设;对公路设施及配套设施的投资、开发、管理;汽车、工程机械设备租赁。

【扶贫产业项目】 2017年,养利农业投资公司加强扶贫产业项目经营。

工程机械租赁　属贫困村集体经济委托项目。8月接受贫困村集体经济委托经营项目——购买工程机械设备,共转入扶贫帮困资金10736200元。经公开招标模式已到位13台设备,其中挖掘机10台、铲车1台、压路机动2台,总投资785.39万元。9月,转入经营性项目开展运营,并作为当前主要收入来源,至年底,扣除年内集体经济(半年期)投资收益429448元,设备折旧费用(半年期)188721.76元,工程机械5个月运营税前利润103143.21元。年内,13台工程机械设备均以月租、台班出租形式出租。

扶贫种苗采购　属2018年"一乡一品"项目,公司负责垫资采购及调运桑树苗、肉姜苗、酸梅苗等扶贫种苗工作,协助县农业局、扶贫办推动各乡镇产业扶贫发展。

永兴贸易边贸运输物流车　属粤桂扶贫协作资金项目。项目内容是购买78辆贸易微型货车用于贫困户口岸运输货物通关,组建边贸运输合作社。2018年1月通过政府采购程序购买的第一批40辆五菱荣光运输物流用车交付使用,总投资1732040元。营运方式由永兴贸易公司作为运输主体,委托当地5家村民合作社运营代管,组织贫困户执证依法运输,实现三方收益合理分配。目前,车辆正在办理道路运输经营许可证、海关准载证等证件,手续齐全后运输用车将参与口岸边贸工作,尽快实现脱贫致富。

2018年1月12日,通过财政采购的40辆小货车交付使用

【项目运营】 2017年，养利农业投资公司积极开展项目运营。

2018年“双高”项目建设 经县委、县政府安排，作为2018年“双高”项目建设业主，合并了涉及国土部门的土地测绘、设计和水利部门的勘察设计，并进行招标择优工作。2018年1月完成全县4733.33公顷红线图测量，并从历年的总设计费用2603.55元/公顷调整减少为2250元/公顷，预计节约项目前期费用1673470元(4733.33公顷×353.55元/公顷)。调整筛选实施“双高”面积3126.67公顷，分布61个片区，2018年3月完成工程布局图、地亩图设计测绘。至2018年3月25日，按时进场施工的工程队已达54个片区。

大新县岩应扶贫旅游产业加工区项目 属大新县规划打造的旅游产品加工贸易交易基地。公司作为业主单位进行立项建设。项目位于硕龙镇岩应村寿屯，建设规模为总用地面积9.11公顷，总建筑面积91112.59平方米，总投资估算3000万元，主要建设厂房、停车场、货场等配套设施。项目规划打造旅游产品加工贸易交易基地，为引进有一定技术、资金和经验，懂经营善管理的优秀企业提供优质资源。

大新县人民武装部德天民兵哨所建设二期工程项目 为公司第一个基础设施建设项目，投资总额96万元，采用竞争性谈判竞标。至2017年年底，已完成项目建设的90%。

年产5万吨天然饮用水生产项目 总建筑面积3090平方米，建筑基底面积3060平方米，附属工程有3000平方米厂房，停车场、配套道路及厂区绿化等，生产规模为年生产瓶装、桶装天然饮用水5万吨，计划于2018年7月进行生产。

边境互市贸易 根据县政府授权组建成立大新县永兴贸易公司有限责任公司，属养利农业投资公司子公司开展互市贸易运营。随着坚果产品进入旺季，从2017年9月中旬起互市坚果产品已经公司进行交易，货物量正逐渐加大，交易模式和物流运输顺畅。

【盘活国有土地】 2017年，养利农业投资公司根据集团公司安排，努力盘活原属岜关医院土地。公司作为政府性农业平台公司，拟将该地块打造为农业种、养、畜牧示范基地，引进先进农业技术，拓宽经营思路的平台用地。通过到档案局、国土局、卫生局、法院、桃城华侨农场、调处办等多家单位查找历史资料，追溯到1956年政府划拨土地及历史土地纷争的材料，确认划拨土地为200公顷。正积极推进土地回收工作。

（赵豫卉）

国家税务

【概　况】 大新县国家税务局位于桃城镇富康路65号，内设11个职能部门，1个稽查局，下辖桃城税务分局、下雷税务分局；至2017年底，在编干部职工70人。2017年，县国税局围绕自治区国税局“深化放管服干好税务、深化严善活带好队伍”两条主线，以“管理有效性”“服务便利性”“执法规范性”三大工程为具体着力点，积极服务“两篇大文章”打好“四大攻坚战”，主动作为，提升站位，各项税收工作取得新成绩。

【国税收入】 2017年，县国税局采取征收、管理、稽查和服务多措并举，确保实现组织收入量增质优总体目标。一是总量增加，增速加快。全年组织入库税款(政府口径)2.25亿元，同比增收0.84亿元，增长59.52%。二是质量更优，贡献更大。全面核查糖锰企业历年留抵税款，进一步消化历年预缴税款，沥干税收增长水分。全年入库税款占据全县财政收入半壁江山，占比达52.56%，为服务大新县经济社会发展提供强大财力保证。

【服务大局】 2017年，县国税局积极服务大局，助力经济社会发展。一是释放税收优惠红利，助力企业减税降负。积极落实国务院六项减税政策，全年共减免退2833万元，其中减免企业所得税752万元、即征即退增值税税款417万元、免征增值税税款1664万元，税收红利惠及企业5964户。二是发挥税收职能作用，助跑企业发展“加速度”。认真宣传落实坚果加工行业进项税额核定扣除政策，开展出口企业专业涉税辅导，降低企业涉税风险。到龙州、凭祥和宁明开展边贸税收征管学习，深入硕龙口岸开展边贸问题调研，做好广西依王旅游投资开发有限公司等重点旅游企业纳税服务，协调县国土局、不动产登记管理局等单位落实好房地产开发企业涉税办证等事项。

【税收征管】 2017年,县国税局创新税收征管手段,积极应对营改增全面扩围后带来的征管新挑战,着力"两管一专"(风险管理、信息管税、税收专业化管理)提质增效,在"管理有效"上实现新突破。一是做实风险管理。强化对存在风险问题纳税人的管控,共查补入库税款913万元,风险管理成效贡献率达4.78%,风险分析识别命中率100%。二是做好信息管理。与地税局、国土资源局交换信息,采用第三方评测数据,对采石场进行评估查补工作,共入库税款及滞纳金68万元。三是做优行业管理。主动与县财政局、地税局、住建局等职能部门沟通协作,实现信息共享,强化对建安房地产行业的管控,全年行业入库税款6586万元,超过糖行业成为继锰行业之后的第二大税收支柱。

【纳税服务】 2017年,县国税局坚持增强办税便利,在"服务有感"上持续优化。一是提速实体办税速度。精简资料报送,深入推行"免填单"服务,减少资料报送达60%以上,节约了40%的办税时间。二是提升线上办税体验。全年全县共有纳税人5860多户登陆"网厅"进行纳税申报,平均月网报率均达94%以上。积极创建微信、协同通信群,完善微信平台预约服务、资料预审涉税信息推送、人工在线解答等功能。"互联网+纳税服务"入编自治区国税局统筹"春风十里 服务为你"宣传统稿。三是提高宣传辅导实效。积极开展山歌颂税法、二维码扫一扫税收知识有奖问答,组建业务骨干入户开展个性辅导,通过大厅公开栏、崇左市国税局网站大新县子站、政府信息公开统一平台更新税收优惠政策及解读,拓展业务答疑功能,实现微信群、电话咨询零距离实时答疑辅导。

【税收稽查】 2017年,县国税局加大力度、精准打击,着力堵漏提效,有力发挥稽查执法刚性。一是积极作为,堵漏增收成效显著。全年累计开展税收检查53户,实现堵漏增收571.29万元,同比增收153.68万元,增长36.80%,完成全年收入任务的114.26%,全年区域税收专项整治入库金额排崇左市国税系统前列。二是精准打击,突出开展立案检查和行业专项整治。全年立案检查7户,立案户数涉及重点税源随机抽查案件1户,举报案件1户,涉嫌虚开发票协查案件1户,发票违法案件4户。其中1户按照重大案件标准进行办理。组织开展营改增交通运输业、部分现代服务业行业企业专项整治,随机抽查方式确定专项整治对象31户。通过"双随机"模式开展检查,共组织两大行业入库税款138.73万元。三是强化合理,加强发票专项整治。联合公安、地税部门持续推进打击发票违法犯罪活动,查补入库税款7.61万元,对违章业户处以罚款600元,打击发票违法违章高发势头,规范行业秩序。

【依法治税】 2017年,县国税局严格遵循依法执法、依法征收、依法减免、依法稽查、依法服务"五项依法"原则,规范税收执法,实行政务公开,认真落实税收执法权力清单和责任清单制度,坚持税收宣传月重点宣传与日常宣传相结合,加大税法知识普及,着力提高纳税人依法纳税意识。严格规范与做好"双公示栏""权力清单"向社会公示工作,在获得自治区国税局依法行政示范基地基础上,积极争创全国法治税务示范基地,年内顺利通过全区税收法治示范基地复核,成为崇左市国税系统唯一获此称号单位。

2017年大新县国家税务局税收收入情况表

表2　　　　单位:万元

项　目	金　额	比上年增减额	比上年增减(%)
一、税收收入合计	22496	8197	49.21%
1. 增值税	19913	6455	49.96%
2. 企业所得税	2380	1191	100.17%

续表

项　目	金　额	比上年增减额	比上年增减(%)
3. 个人所得税	0	0	0%
4. 车辆购置税	2547	536	26.65%
5. 消费税	1	1	
重点行业增值税收入情况			
1. 糖业	1335	576	75.89%
2. 锰业	2765	1509	120.14%
3. 商业	2620	250	10.55%
4. 电力	1455	−380	−20.71%
5. 化工	1341	446	49.83%
6. 房地产	2151	1512	236.62%
7. 建安	3983	1523	61.91%
8. 金融	1189	652	119.41%
9. 营改增	9700	4098	73.15%

（许剑英）

地方税务

【概　况】 大新县地方税务局位于桃城镇富康路92号，有内设机构7个，派出机构7个（桃城、全茗、龙门、那岭、雷平、德天、下雷税务分局），干部职工66人。2017年，县地税部门坚持依法治税，加强税收征管，优化纳税服务，完成各项地方税收任务，全年组织各项收入14869万元。年内，先后荣获大新县2016年度绩效考评工作先进单位一等奖、全市地税系统2016年度绩效管理优秀单位等荣誉称号，涌现了全区地税系统个人二等功、崇左市三八红旗手、崇左市优秀共青团员、大新县青年岗位能手等一批先进个人典型。

【地税收入】 2017年，县地税部门不断强化地方税收征收管理。面对近年来全县经济增速放缓、固定资产投资进度滞后、税制改革效应显现等不利因素叠加的严峻形势，坚持从税源调查抓“早”、分析预测求“准”、税源管理抓“细”、挖潜堵漏增“效”、督促检查从“严”等方面着手，千方百计堵漏洞、挖潜力、应收尽收，实现地税收入提质增效。全年全县地税系统组织各项收入14869万元，其中组织自治区局考核口径收入13674万元，组织市县级口径收入14352万元，随征、代征收入1195万元。

【税收优惠】 2017年，县地税部门切实贯彻落实各项税收优惠政策，特别是贯彻落实好国务院第169次常务会议确定实施的6项减税政策，加强税收新政宣传解读，简化政策办理手续流程，抓好政策跟踪问效和税收优惠政策执行情况清理检查，做到应免尽免、应减尽减，有效助力地方经济社会发展。全年全县地税系统累计减免纳税人7292户，减免各项税费2458万元，减免税额占地税入库收入14869万元的16.53%。其中为1474户纳税户减免财产行为税1159.34万元；为西部大开发企业减免税3户，减免企业所得税699.47万元；减免地方分享所得税民族自治地方企业2户，减免企业所得税195.08万元；减免小型微利企业33户次，减免企业所得税25.18万元；减免个人住房转让18户，减免个人所得税143万元；减免未达起点个体工商户5800户，免征个人所得税236万元。

【税收改革】 2017年，县地税部门不断完善各项改革基础机制，稳妥推进各项改革。

深入推进国税地税征管体制改革 以加强国地税合作为抓手，深化征管体制改革。认真贯彻落实《大新县深化国税、地税征管体制改革实施方案》，联合国税部门遵循方案设定的路线图和时间表，明晰责任清单，稳妥推进改革，不断深化国地税合作。一是联合开展税法宣传。3月29日，县国地税部门联合在德天景区举办第26个税收宣传月活动启动仪式。组建国地税巾帼志愿服务队，举办“联合税法宣传 共话旅游税收”主题座谈会并开展服务旅游业系列宣传活动。二是联合开展纳税信用等级评定。2017年度纳入信用管理户数的企业纳税人为1059户，其中评价385户，不予评价674户，评价结果确认户数385户。评出A级纳税信用企业13户、B级纳税信用企业141户，C级纳税信用企业105户，D级纳税信用企业124户。三是进一步推进联合办税服务。深度整合国税、地税办税服务厅资源，推行国税、地税互设窗口，委托代征。实现“前台一家受理、后台分别处理、限时办结反馈”服务模式。四是联合利用第三方信息，建立共享涉税信息应用制度。共同采集25个部门如工商登记、交警车辆入户、国土资源、住建外来建筑许可等方面信息，加强对采石场专项评估，取得评估查补2016年度增值税70万元、地方税收248万元、滞纳金17.80万元的成效。国地税联合通过共享涉税信息并开展信息比对，增加192万元税款。五是继续推进国地税共同委托邮政部门代开发票、代征税款工作。全年县邮政部门累计代开地方税务完税凭证1390份，代收地方税(费)51.70万元。

稳妥推进环保税改革 积极做好环保税开征准备工作。一是加强组织协调，广泛开展宣传动员。主动与环保部门联系完成信息交接，建立协税护税机制。组织开展税法宣传，通过办税服务厅、LED显示屏、短信、宣传册等多种方式向纳税人做好政策宣传，群发短信7000多条，印发宣传册和海报3500多份。二是深入开展调研，协作摸排重点企业。强化与环保部门沟通协作，就征管对象、征管方式等可能产生变化的细节问题展开深入讨论。多次与环保局对接摸排重点排污企业现状，深入了解近年排污费征管状况及排污费收缴情况，协同环保部门对采集数据进行深度分析研究，形成调研分析报告提出行之有效的意见建议并报送上级部门。三是充分动员，强化业务培训。开展业务培训，讲解环境保护税有关政策应用和实务操作等，帮助税收管理员和办税厅服务人员及时熟悉环境保护税知识和掌握业务操作技能。

【税收征管】 2017年，县地税部门夯实各项征管基础，征收管理效能稳步提升。

重新明确四个分局管理职责范围 对原有部分征管机构职能进行调整，根据全县税源分布相对集中、税收风险等实际，以年纳税额、行业分类、登记注册类型、行政区等指标为主要划分标准，将税源分为重点税源、一般税源和零散税源3种类型，以管细重点税源、管深一般税源、管住小税源为目标，对不同类型税源实施有效专业化管理。

强化欠税管理 全面推行“营改增”后，地税部门失去“以票控税”等有效征管手段，欠税清欠难度增大。为进一步加大欠税清理，确保欠税管理取得明显成效，制订欠税管理工作方案，要求各分局要对欠税情况开展全面清查，逐户、逐笔核实，特别是加强对营业税欠税核查。同时注重对系统未反映的欠税的检查核实，摸清底数。坚持依法控管，加大清缴。对不依法纳税企业，采取强有力措施，加大欠税清理，增强税收执法刚性。全年清理新欠税款593万元，清理陈欠税款279万元。6月采取税收强制执行措施，扣缴辖区某化工有限公司欠税税款及滞纳金合计163.35万元，是县地税局成立以来通过银行强制扣缴的单户最大笔税款。

切实加强数据质量管理 一是清理金三系统垃圾数据，加大催报催缴，申报率明显提高。对市局下发的每一批数据清洗及复查任务，均及时组织开展核查、复查清洗。结合数据清理，开展对漏征漏管户的清理和非正常户的认定。其中，重点强调对非正常户认定管理，必须严格按征管规范相关流程要求办理。对逾期仍未申报业户，税收管理员依法进行摧报催缴和违法处理，促使纳税申报率实现质的飞跃：桃城分局和雷平分局1月的企业申报率分别为54.32%、68.99%，提高到8月的98.27%、98.24%；下雷分局和德天分局1月的个体申报率分别为11.74%、3.25%，提高到8月的99.93%、99.62%。二是全面推进税收征管电子档案系统上线运行。3月1日，正式启用广西地税税收征管电子档案信息化管理子系统。对税收资料的采集、整理、移交、扫描、归档等业务流程进行重新梳理，形成资料电子化、数字一体化的管理模式，极大降低资料管理耗能及纳税人办税成本。

推进行业税收清理　一是开展房地产行业税收清理。为强化房地产业税收管理，规范税收征管秩序，组织人员开展房地产税收清理。确定13家房地产企业为检查对象，从全系统抽调业务骨干组成清理检查小组，并明确工作职责。将专项检查分为两个阶段，第一阶段为企业开展自查补报，第二阶段为地税机关专项检查。在第一阶段，集中房地产企业财务人员进行宣传，印发国家税务总局《房地产开发经营业务企业所得税处理办法》，学习办法有关内容，同时当场送达《纳税人自查补税（费）申报表》。房地产企业自查补报企业所得税427万元，专项检查工作正在推进当中。二是开展采石场资源税专项清理。在全县范围组织开展2017年采石场资源税专项清理。积极与县国土部门联系，取得2016年全县范围各采石场动用矿产资源量，并将采集的信息与纳税人2016年资源税、个人所得税申报情况进行比对核实。同时发放税务事项通知书，通知纳税人进行约谈确认。全年入库采石场资源税271.82万元，同比增收193.11万元，增长247.58%，翻了两番。

【依法治税】　2017年，县地税部门稳步推进依法治税工作。一是完善制度，强化培训。制订印发《大新县地方税务局2017年依法行政工作计划》，制定领导干部日常学法制度。二是开展税收执法大督察。抽调骨干人员组成工作组对全县地税系统实施自查。采用调阅资料、查询数据、核实疑点、抽样调查等方式进行，并重点检查涉税负面舆情、执法投诉中涉及的问题线索。按时完成自查自纠，不存在收“过头税”，严守依法征税底线。积极落实减免税政策，助力企业加快发展。全面贯彻落实“营改增”试点工作，为纳税人减负效应初显。三是加强税法宣传。精心组织税收宣传月活动，联合县国税局组建国地税宣传服务志愿小分队，开展“进广场、走乡镇、访边关、助企业、促发展”系列活动。

【纳税服务】　2017年，县地税部门持续推进“便民办税春风行动”，推动纳税服务水平再上新台阶。

提速减负，打造效能税务　一是减少办税等候时间。推进网上办税为主、自助和其他社会办税为辅、实体办税服务厅兜底的办税模式，让纳税人多走“网路”、少走“马路”。针对办税“波峰”“波谷”情况，在办税“波峰”期大力推行预约办税，配合自治区局做好全面推行由纳税人通过互联网、手机APP提前录入申报所需涉税信息的“预填单”申报模式。积极探索实行同城通办以及房地产管理部门、不动产登记部门与税务部门业务联办，为纳税人提供更加便捷服务。二是简并涉税资料报送。清理和简并其他涉税资料报送，改进资料报送方式，减少纳税人重复报送，不断减轻纳税人办税负担。三是提高纳税申报质量。持续开展辅导纳税人掌握网上报税系统操作，特别是单项税种申报操作，让纳税人快捷准确填写申报表，提升申报质量；为纳税人提供企业所得税申报疑点数据的校验、反馈和提醒服务，减少纳税人申报错误风险。四是规范办税服务事项。持续学习最新修订的《纳税服务规范操作手册》，加强规范纳税服务工作标准。全面推行服务承诺管理，将涉及纳税人申请事项的办理条件、所需资料、办理时限向纳税人全面公开并及时更新。

精准发力，唱响便民税务　一是加大推行实名办税，线上线下采集纳税人及其代理人身份等信息，强化与业务系统无缝对接，针对实名办税纳税人开展个性化服务，减少资料重复报送，加强内部风险管控和外部结果推送,完善"登记、办税、服务、管理"全过程实名制。二是推进办税制度改革。加强与后台管理分局及业务部门沟通协调,推进服务事项办税模式转变,提高办税质量。以"预填单"工作为基础,实现并扩大免填单范围,减少征纳双方审核和提交资料负担。推进纳税人自主申报,还责还权于纳税人,探索推行纳税信用评定等级为A级纳税人的预约绿色通道办税服务,健全和完善纳税服务基础管理制度。三是强化纳税信用管理运用。持续扩大纳税信用评价覆盖面,探索开展对个体工商户和其他类型纳税人的纳税信用评价。四是拓展涉税信息查询渠道,继续推行办税事项二维码一次性告知,宣传广西地税公众微信平台,让纳税人多渠道了解涉税事项。

合力共赢,构建协作税务 一是加强缴税方式技术支撑。加强POS机缴费运用和管理,按照岗位设置要求,在办税厅购置8台POS机。二是深化国税地税联合办税。按照国地税合作规范,深度整合国税、地税办税服务厅资源,继续国税、地税互派人员互设窗口模式深入联合办税。联合开展办理设立、变更、注销登记,联合大厅办税服务、联合税收宣传等工作。联合委托邮政代征、代办,全年代征地方税费65.86万元。国地税互设窗口征收320.89万元。同时做好"双代"工作,全年地税代开增值税发票606份、代征增值税税款25.72万元,国税代征地方附加税税款23.71万元。三是加强与工商部门信息对接,利用自治区局"三证合一"系统比照税务登记信息,及时掌握纳税人税务登记信息变化数据。

2017年大新县地方税务局组织收入分项目情况表

表3

单位:万元

序号	项目	年度累计数					
		本年累计	上年同期	同比增减额	比上年增减(%)	年度工作目标	完成工作目标百分比(%)
1	税务部门组织收入总计	14,869	23,629	−8,760	−37.1		
2	组织财政收入(区级考核口径)	13,674	22,265	−8,591	−38.6	14300	95.6
3	组织财政收入(县级考核口径)	14,310	23,110	−8,800	−38.1		
4	县政府财政收入(县财政局考核口径)	14,352	23,110	−8,758	−37.9	15000	95.7
5	一、税收收入合计	13,075	21,554	−8,479	−39.3		
6	(一)营业税	264	8,344	−8,080	−96.8		
7	其中:金融保险业营业税	−42	656	−698	0.0		
8	其他营业税	0	0	0	0		
9	(二)企业所得税	1,826	2,031	−205	−10.1		
10	其中主要行业:1.制糖业	264.75	0	264.75	0		

续表

序号	项　　目	年度累计数					
		本年累计	上年同期	同比增减额	比上年增减(%)	年度工作目标	完成工作目标百分比(%)
11	2. 冶炼业	28.29	28	0.29	1		
12	3. 电力	0.5	0	0.5	0		
13	4. 旅游业	314.48	500	−185.52	−37.1		
14	5. 建筑业	591.37	1279	−687.63	−53.8		
15	(三)个人所得税	2,740	2,186	554	25.3		
16	(四)资源税	2,130	2,749	−619	−22.5		
17	(五)城市维护建设税	996	1,164	−168	−14.4		
18	(六)房产税	777	668	109	16.3		
19	(七)印花税	360	356	4	1.1		
20	(八)城镇土地使用税	907	706	201	28.5		
21	(九)土地增值税	904	741	163	22.0		
22	(十)车船税	772	654	118	18.0		
23	(十一)耕地占用税	0	904	−904	−100.0		
24	(十二)契税	1,373	1,041	332	31.9		
25	(十三)营改增增值税	26	10	16	160.0		
26	二、其他收入合计	599	711	−112	−15.8		
27	1. 教育费附加	596	711	−115	−16.2		
28	2. 其他收入(罚没收入)	3	0	3	0		
29	三、随征代征收入	1,195	1,364	−169	−12.4		
30	1. 文化事业建设费	0	0	0	0		
31	2. 水利建设基金	1	236	−235	−99.6		
32	3. 地方教育附加	394	475	−81	−17.1		
33	4. 残疾人就业保障金	241	134	107	0.0		
34	5. 工会经费	558	507	51	10.1		
35	6. 价格调节基金	1	12	−11	−91.7		

说明：国税代征税款累计 24 万元，其中：个人所得税 0 元，城市维护建设税 14 万元，教育费附加 6 万元，地方教育附加 4 万元

（何阳波）

金　融

□编辑　农忠波

综　述

【金　融】2017年年末，大新县有金融管理机构1家，即中国人民银行大新县支行；银行业金融机构6家，即中国工商银行股份有限公司大新县支行、中国农业银行大新县支行、中国建设银行股份有限公司大新支行、广西大新农村商业银行股份有限公司（地方法人金融机构）、中国邮政储蓄银行有限责任公司大新县支行、崇左大新长江村镇银行股份有限公司（地方法人金融机构）；金融从业人数452人。全县有营业网点39个，助农取款服务点239个，ATM机79台，POS机具1405台，其他自助服务终端40台，城乡金融服务得到进一步优化。

存款业务　2017年年末，全县人民币各项存款余额87.35亿元，同比增加5.9亿元，增长7.25%。其中，国有股份制金融机构存款余额为45.47亿元，同比上升0.52亿元，占全县存款新增额的8.81%，比上年同期上升7.25个百分点；地方法人金融机构余额41.56亿元，同比增加5.21亿元，占全县存款新增额88.32%，比上年同期上升11.21个百分点。

贷款业务　至2017年年末，全县各银行业金融机构人民币各项贷款余额52.6亿元，同比增加5.34亿元，增长11.3%，增速上升11.3个百分点。从信贷期限来看，人民币中长期贷款余额36.04亿元，同比增加3.91亿元；短期贷款余额15.69亿元，同比增加1.43亿元。从投放机构看，国有股份制金融机构各项贷款同比增加1.91亿元，占全部新增贷款的35.69%，占比较上年同期下降16.64个百分点；地方法人金融机构各项贷款同比增加2.97亿元，占全部新增贷款64.31%，占比较上年同期上升16.34个百分点。从信贷投向看，全年全县信贷投放主要集中在锰业和制糖业，分别累计投放6.99亿元和3.60亿元，分别占全部新增贷款的23.54%、12.12%。

中间业务　2017年，全县各银行业金融机构中间业务收入2475.88万元。

【保　险】至2017年年末，大新县共有7家保险公司。各项保费收入1.74亿元，同比增长4.88%；保险赔付支出1688.38万元。

（许海波）

人民银行

【概　况】中国人民银行大新县支行（简称人行大新县支行）位于桃城镇伦那路110号，设有2股1室，正式在编人员23人，管辖并指导全县各金融机构业务。2017年，人行大新县支行认真贯彻落实稳健的货币政策，积极维护辖区金融稳定，不断创新金融服务水平，各项工作取得明显成效。至年底，全县金融机构人民币各项存款余额87.35亿元，同比增加5.9亿元，增长7.25%；各项贷款余额52.6亿元，增加5.34亿元，增长11.3%，增速上升11.3个百分点，有力支持了地方经济发展。年内，人行大新县支行有4人被评为崇左市中支级优秀员工、有2人被评为崇左市中支级优秀共产党员、有1人被评为崇左市中支级优秀党务工作者、有1人被评为崇左市中支级青年岗位能手。

【维护金融稳定】2017年，人行

大新县支行加强对经济金融运行中存在问题的重点监测和分析，切实维护金融稳定；积极配合崇左市中支建立完善相关风险评估监测系统，重点关注产能过剩行业、银行业资产质量、资本市场、地方各类交易场所、交叉性金融业务及非法集资等领域风险。一是重点加强对经济金融运行中存在问题的企业和行业进行重点监测和分析，对存在重大信贷风险事件开展监测和分析，就存在的金融风险问题及时做出警示和指导，防止系统性金融风险发生。二是继续做好存款保险各项基础工作，认真做好存款保险核查、费率核定工作，6月完成对大新农商行存款保险的收缴工作。三是关注并及时化解辖区小额扶贫信用贷款存在的风险。针对由于政府不及时贴息，造成贫困农户欠息而造成信用不良记录及不良贷款问题，及时将情况反映到县委、县政府，引起县委、县政府高度重视，并迅速组织县纪委、县委监督室、县政府监督室、人行大新县支行、大新农商行及县扶贫办、财政局、审计局、发改局等单位成立专项督查组，于8月16—18日对全县1 4个乡镇和华侨经济管理区进行现场督查，未贴息问题得到及时解决。

【金融服务】 2017年，人行大新县支行加强支付清算体系建设，推进辖区农村支付服务环境建设。一是协助上级行进一步核实深圳瑞银信广西分公司商户真实性及相关违规问题的整改落实情况。二是开展防范电信诈骗宣传，提高群众防范意识。为进一步预防和减少电信诈骗案件发生，提高辖区群众自觉防范电信、网络诈骗意识，5月联合县公安局组织辖区银行业金融机构以“加强支付结算管理，防范电信网络新型犯罪”为主题的宣传活动。三是不断完善银行卡助农取款服务环境建设。9月组织辖区涉农金融机构召开2017年大新县农村支付服务建设推进会，落实“支付惠农示范工程”创建工作，规划全县各涉农金融机构做好2017年银行卡助农取款工作由单一取款功能向银行卡助农取款服务点、惠农支付服务点和农村金融综合服务站推进，扎实推进金融服务进村示范点的建设工作。至年底，辖区助农取款服务点有239个，其中惠农支付服务点228个，农村金融综合服务站11个，具有电商功能服务点75个；覆盖助农取款服务行政村146个，覆盖率达100%。四是进一步加强人民币账户管理。到年底，核准开立基本存款账户656户、专用存款账户22户、临时存款户26户，核准变更307户，核准撤销账户158户。

【征信管理】 2017年，人行大新县支行强化征信管理，进一步深化社会信用体系建设。一是积极推进信用信息共享平台建设，通过沟通协调，8月印发《大新县农村信用体系建设实施方案》，配套资金、人员和设备正在逐步落实。二是加强对接入机构的监管，从严查处泄露和倒卖征信信息等违规行为，规范征信查询，不断优化征信服务模式，实现征信查询无纸化管理，加大自助查询机合理布放，完成对大新农商行可疑查询征信信息调查处置，按制度要求依法向社会免费提供征信服务，至年底累计为全县各类客户5297人次提供个人信用报告查询服务，为61家企业（公司）提供企业信用报告服务。三是积极开展“信用景区”创建，加强对申报企业验收评定，于10月26日完成对“老木棉·紫园”景区“信用景区”挂牌，作为大新县第一个也是崇左市第一个获“信用景区”称号的景区；在农村地区全覆盖开展诚信文化教育活动；联合推进文明信用村创建。四是积极推进信用户、信用村、信用乡镇“四级联创”工作。按计划完成2个信用乡镇，17个信用村和24484个信用户验收评定。至10月底，全县完成创建信用农户40549户、信用村49个、信用乡（镇）5个，信用户、信用村、信用乡（镇）创建面分别达40%、35%、35%，完成全年“四级联创”工作目标任务。

【国库工作】 2017年，人行大新县支行强化国库管理，加强国库资金和系统安全。一是理顺与财税银的沟通协调机制，落实好各项财税国库制度改革，配合做好营改增改革实施，加强对金融机构业务指导，督促做好税收票证审核，确保税款准确、及时、完整入库及退库，确保全县营改增税费改革顺利实施，有效提高支行国库服务水平。二是继续加强对预算收入、财政拨款、退税和更正等国库收支监督审核，严把资金进出关口，保证国库资金安全运行。年内，大新国库办理各类业务71809笔，累计金额35.51亿元。其中，办理预算收入

30854笔，金额5.62亿元；预算支出15649笔，金额27.93亿元；退库194笔，金额2917万元；更正126笔，金额7941万元；其他业务24986笔，金额8722万元。

【反假货币】 2017年，人行大新县支行加强反假人民币工作，全辖区收缴假人民币94255元，同比下降8%，从收缴假币情况看，银行柜面假币收缴量呈下降趋势。一是构建新的反假货币联络机制。成立银行业金融机构反假货币联络机制，形成快速有效反假货币监测、防控和工作交流平台。二是创新反假货币宣传形式。反假宣传从集中、大张旗鼓、广场式的宣传转向有针对性、有目的性、不讲形式重实效的宣传。年内，组织金融机构开展"进校园、上集市、下农村"反假宣传8场次，发放宣传材料8000余份；各银行金融机构在电子门楣、宣传橱窗发布反假宣传标语。三是经常性开展反假培训。组织开展对银行业金融机构临柜人员反假培训，在开展理论知识培训同时，重点增加假币实物操作培训，增强反假培训针对性和实战性。全年对银行业金融机构临柜人员开展反假知识培训77名。

【金融扶贫】 2017年，人行大新县支行加强金融扶贫。一是组织引导县内金融机构加大对贫困农户的信贷投入，至年底全县金融机构累计向6395户发放扶贫贷款3.02亿元。二是有序推进金融扶贫示范点建设，构建"党组织＋龙头企业＋贫困户＋金融扶贫贷款"扶贫创新模式。全县整合资金3000万元注资龙头企业进行生产经营，发展特色养殖项目。项目的实施辐射带动全县5个乡镇共600多个贫困户。贫困户每年将获8%的固定收益，预计三年期限每户将获固定收益7200元。三是大力推进民贸民品贴息工作，加大对困难企业扶持；继续充分运用再贷款、差别准备金率、定向降准等政策工具，引导金融资源投向贫困地区。

【金融宣传】 2017年，人行大新县支行加强金融知识普及宣传，组织以"金融知识普及月""'3·15'金融消费权益保护日""打击和预防电信网络诈骗违法犯罪宣传活动""防范和打击非法集资宣传月活动""国库一带一路宣传月活动""节能减排周和低碳日宣传活动""反假宣传月活动""网络安全宣传周""'6·14'信用记录关爱日征信宣传主题活动"等为主题的宣传活动10次，共发放宣传资料5000余份，接待咨询200余次。宣传活动深入到边境旅游区、边远山区和贫困村，并以银行网点为主要阵地，以传统的电视、报纸和新兴的网络、微信等宣传媒体平台，广泛开展宣传活动。宣传内容涉及金融消费权益保护、征信管理、国库管理、支付管理、反洗钱和人民币反假等知识，有效加深公众对银行金融认知和了解，向公众传递各种现代金融工具带给生活的便捷与改变，提升公众金融安全意识和风险认知能力，加深金融"普及"效果。

2017年大新县金融机构各项存款构成表

表4　　单位：万元

栏目 项目	年末余额	比上年增减额		比年初增减额	
		2017年	2016年	2017年	2016年
一、各项存款	873521.92	13759.17	25907.05	59026.33	57561.37
（一）境内存款	873489.94	13785.22	25889.27	59175.73	57432.50
1. 住户存款	687278.19	15101.18	14925.70	50799.35	77628.28
（1）活期存款	434491.50	10421.39	15210.52	26121.03	63335.95
（2）定期及其他存款	252786.69	4679.79	−284.82	24678.31	14292.33
2. 非金融企业存款	70356.76	5339.59	36290.69	−4096.97	730.14

续表

栏目 项目	年末余额	比上年增减额		比年初增减额	
		2017 年	2016 年	2017 年	2016 年
(1)活期存款	69012.42	4513.57	30986.05	890.26	−4949.55
(2)定期及其他存款	1344.35	826.02	5304.64	−4987.23	5679.69
3. 广义政府存款	115854.99	−6655.55	−25327.12	12473.36	−19925.92
(1)财政性存款	3247.62	1967.70	−6541.51	1693.82	−8161.63
(2)机关团体存款	112607.36	−8623.24	−18785.61	10779.54	−11764.29
4. 非银行业金融机构存款					−1000.00
(二)境外存款	31.97	−26.04	17.78	−149.40	128.88
二、金融债券					
其中:境外发行					
三、卖出回购资产					
四、借款及非银行业金融机构拆入					
五、联行往来(净)					
六、应付及暂收款	11567.34	1424.91	327.38	1057.62	−2556.24
七、各项准备	20677.85	−1713.69	−81.68	4862.87	4379.81
八、所有者权益	50220.57	3291.59	3159.51	7728.57	4825.17
其中:实收资本	15589.00			3000.00	
九、其他	−175277.27	−12164.44	564.65	−14252.29	−60922.35
资金来源总计	780710.40	4597.53	29876.91	58423.11	3287.77

说明:本表机构包括中国人民银行、银行业存款类金融机构、银行业非存款类金融机构

2017 年大新县金融机构各项贷款构成表

表 5　　单位:万元

栏目 项目	年末余额	比上年增减额		比年初增减额	
		2017 年	2016 年	2017 年	2016 年
一、各项贷款	525969.38	6466.01	9495.19	53389.98	77366.16
(一)境内贷款	525969.38	6466.01	9495.19	53389.98	77366.16
1. 住户贷款	279829.78	4779.71	491.32	42936.38	58285.83

续表

栏目 项目	年末余额	比上年增减额		比年初增减额	
		2017 年	2016 年	2017 年	2016 年
(1)短期贷款	27516.21	1733.62	125.24	7305.95	5936.06
消费贷款	15640.33	1149.80	147.79	6666.49	7087.84
经营贷款	11875.88	583.82	−22.55	639.47	−1151.78
(2)中长期贷款	252313.57	3046.09	366.08	35630.43	52349.77
消费贷款	168333.93	2946.90	1191.60	33367.08	16418.76
经营贷款	83979.64	99.19	−825.52	2263.35	35931.02
2. 非金融企业及机关团体贷款	246139.60	1686.30	9003.88	10453.60	19080.33
(1)短期贷款	129389.60	9307.30	18690.88	7012.60	10490.00
(2)中长期贷款	116750.00	−7621.00	−9687.00	3441.00	8590.33
(3)票据融资					
(4)融资租赁					
(5)各项垫款					
3. 非银行业金融机构贷款					
(二)境外贷款					
二、债券投资	47.00				
其中:境外债券					
三、股权及其他投资	3840.00		−47.00	−95.00	−1685.00
四、买入返售资产					
五、存放非银行业金融机构款项					
六、联行往来(净)	240535.10	−5285.17	17044.61	1189.98	−75017.66
其中:境内存放二级准备金	3336.90	182.00	509.80	−727.70	469.00
七、金银占款					
八、中央银行外汇占款					
九、应收及预付款	5986.43	3289.21	3254.30	3596.32	2608.06
十、投资性房地产					
十一、固定资产	4332.49	127.48	129.80	341.82	16.20
资金运用总计	780710.40	4597.53	29876.91	58423.11	3287.77

(许海波)

工 商 银 行

【概　况】 中国工商银行股份有限公司大新县支行是中国工商银行股份有限公司崇左市分行辖设的一级支行，成立于1987年4月。经营范围主要有：办理人民币存款、贷款、结算业务；办理票据贴现；代理发行金融债券；代理发行、代理兑付、销售政府债券；代理收付款项；外汇储蓄及兑换业务；结汇、售汇及工行总行在中国人民银行批准的业务范围内授权的业务。2017年，工行大新县支行内设机构有行长室、综合业务部、大新营业厅，下设营业网点1个、附行式自助银行1个、离行式自助银行网点3个，从业人员23人。年内，工行大新县支行坚持致力于为地方经济建设和百姓生活提供优质金融服务，加快金融创新步伐，努力改进服务，树品牌、提品质，促发展、增效益，调结构、控风险，经营效益、中间业务、资产质量、风险控制等各项工作均取得明显成效，多项指标创历史最好水平。

【存款业务】 2017年，工行大新县支行采取有力营销措施紧抓存款。一是积极介入全县棚户区改造、交通、能源、绿色生态、边贸基础设施等领域项目，不断提高金融服务覆盖面。二是逐步打造以网点负责人、客户经理、大堂经理、柜员为核心的四位一体客户营销服务体系，积极挖掘潜在优质客户，精准营销，通过合理配置保险、基金、贵金属、高收益理财产品等，使优质客户维护工作效率最大化。三是加大市场拓展，重视批量发卡及代发工资业务，积极拓展系统性、行业性代收代付业务。年内成功代理大新中学、大新县民族高级中学、大新县职业技术学校学生资助卡发放，批量发卡1500多张；新增大新、崇左湘桂3个蔗区代发运费及蔗农卡代理，发放蔗农卡1600多张，为下年初蔗款发放打基础。至年末，各项存款规模7.42亿元。

【贷款业务】 2017年，工行大新县支行各项贷款余额7.78亿元，比年初增长0.35亿元。一是加大支持支柱产业。加大对全县支柱产业及“涉农”领域贷款投放，全年发放0.66亿元流动资金贷款，较好满足优质糖企融资需求。二是发挥特色产品推动力。大力拓展“网贷通”等特色产品推广，全年为2户小微企业发放贷款0.1亿元，有力缓解小微企业融资难问题。三是大力支持城镇化发展，全年成功发放个人按揭贷款1.76亿元，个人贷款存量5亿元。同时，严格把控好业务发展与风险控制关系，建立贷款质量跟踪监测机制，及时把控各类贷款质量。年内各项贷款不良率0.01%，信用卡不良率1.05%，不良指标控制考评在崇左分行排名第一，各项指标控制在上级考核指标内。

【金融服务】 2017年，工行大新县支行坚持“以客户为中心”服务理念，实现服务质量和效率双提升。一是优化厅堂物理环境。持续优化自助设备使用效率，新增2台智能自助设备、2台回单柜，并在现有条件下，对网点布局进行改造，使网点厅堂布局趋于合理化。通过厅堂动线管理，按照“简单业务自助化、复杂业务低柜化、优质客户差别化”和“先自助、后人工，先低柜、后高柜，先普通、后专属”原则，引寻客户通过自助渠道、人工渠道实现业务办理。二是强化服务技能、服务规范化培训。深入学习《营业网点规范化服务工作细则》，定期组织学习各类服务通报，通过总结和反思，整体提升员工和网点服务水平。三是维护金融消费者权益。始终坚持“人本、诚信”理念，把金融消费者权益保护摆在突出位置，在营业网点开设“消费者权益保护服务区”，为消费者提供业务咨询服务、金融知识宣传、业务办理流程服务、便民服务、投诉处理流程引导服务等多项服务，使金融消费者服务体验得到进一步提升。开展“金融知识普及月”“‘3·15’金融消费者权益日”等金融知识宣教活动，通过在县城文化广场、营业网点、“宝圩乡‘2·19’民俗活动”等开展现场宣传，揭示金融诈骗手段，向公众宣讲和普及金融知识，提升公众金融运用技巧和防范金融诈骗犯罪能力，深受群众欢迎。年内，开展宣传活动6次，发放宣传资料8000份，受教育4000多人。

【安全运营】 2017年，工行大新县支行做好安全运营。一是规范管理，抓好各项规章制度落实。尤其对每月账务检查出现的问题由网点营业经理逐条抓落实整改，致使网点内控工作得到进一步加强。二是密切关注操作风险动态，利用晨会时间对员工思想动态、案件防范、业务差错、规章制度执行情况、经营情况进行分析讲评，及时找出工作中薄弱环节，提出整改措施。三是重视变化更新，积极开展各种教育培训以及各类案防案例学习。加强对组合服务系统、智能机操作学习，做到与时俱进，不断加强业务操作能力；同时加强各项规章制度、案件防范学习，增强员工遵纪守法自觉性。四是紧紧围绕从严治行各项要求，积极应对外部输入性风险和挑战，认真开展“十大重点领域和关键环节”专项检查、认真落实开展银行业“监管套利、空转套利、关联套利”行为专项治理及银行业“违法、违规、违章”行为专项治理等“综合整治”自查。五是积极推动内控评价上等级，持续加强员工行为管理，深入推进廉洁文化和合规文化建设。信访、安全生产、运营风险、声誉风险等基础管理进一步夯实。全行没有发生内部经济案件和安全责任事故，经营环境整体平稳。六是落实安全保卫责任制，强化安防设施管理、建立应急管理机制，强化应急预案演练，提高应急处置能力；抓好安全检查及安全设施建设，加强日常消防安全监督检查，及时发现并消除火灾隐患。全年没有发生重大责任事故，实现安全平稳运营。

（陈源旭）

农业银行

【概　况】 中国农业银行大新县支行内设职能部门4个，网点6个，员工71人。2017年，农行大新县支行坚持以稳健发展为第一要务，以客户为中心，以营销为核心，主动作为，强化管控，全行各项业务健康持续有效发展，全年实现营业收入6910.85万元。

【存款业务】 2017年，农行大新县支行以客户为中心，以营销为核心，通过公私联动，巧用产品、项目、渠道，切实做好稳存增存工作。年末，全行人民币各项存款余额193485万元，其中对公存款余额61997万元，储蓄存款余额131488万元。

【贷款业务】 2017年，农行大新县支行加强贷款投放，支持地方经济发展。年末，各项贷款余额128511万元，比年初增长7500万元，其中对公贷款余额84260万元，比年初增2910万元；个人贷款余额44251万元，比年初增4589万元。一是积极推进政府购买服务，加强与政府相关部门沟通，为进一步做好县域“三农”服务奠定基础。二是支持锰业，重点为新锰集团公司、中信大锰公司等优质锰企业提供全方位金融服务，至年末，锰业贷款余额达5.84亿元。三是支持基础设施建设，为大新桃城至龙州科甲等道路项目、广西交通投资集团崇靖高速项目提供信贷资金支持。四是积极跟进城镇化建设，发放“农民安居贷”“住房按揭贷”等，至年末，贷款余额3.34亿元，其中为棚户区改造项目新锰上城放贷5700万元。五是支持全域旅游，积极跟进老木棉景区项目、东方园林项目、德天瀑布创AAAAA级景区旅游项目和龙宫洞景区项目。六是服务“三农”，积极推进“惠农快贷”整体授用发放和专业大户扶持，扶持专业大户农户贷款余额达3000万元。七是拓展小微企业贷款，扶持培育有潜力小微企业客户。

【金融服务】 2017年，农行大新县支行以“服务三农”为使命，以“惠农卡”为载体，大力推进惠农工程。一是大力发展农村电商，通过农银E管家平台以及与电商乐村淘公司、“爱乡下”电子商务有限公司等平台合作，推动惠农通工程及电子银行业务发展，并将这两块业务结合起来，在各乡镇大面积普及助农取款点，及POS机、网银、手机银行等电子支付工具，为当地经济发展作贡献。至年末，惠农通工程有效服务点存量48个，电子机具覆盖行政村数量85个。二是以直联商户缴费中心为切入点，积极践行普惠金融。通过水利电业、中小学校、广电网络等代收代付项目做实“惠农通”工程。至年末，代发代付金额29041万元，服务辐射百万客户，客户足不出户就能享受便捷现代金融服务。

（冯琰婷）

建设银行

【概　况】 中国建设银行大新支

行内设机构1个，下辖营业网点1个，自助银行3个，自助服务终端机7台，有员工11人。2017年，建行大新支行从服务实体经济发展出发，围绕提升市场份额和系统排位两大目标，经营管理各项工作取得新进展。全年全口径存款19396万元，贷款余额23739.44万元，实现中间业务收入164.88万元。

【存款业务】 2017年，建行大新支行充分利用地方经济快速发展和转型的有利时机，找准目标，切实做好增存工作。一是加强对重点建设项目、重要行业及企业上下游客户资金的拓展；二是抓好对存量客户挖掘和临界点有效客账户的提升；三是抓好重点特色产品营销，以产品促客户，以客户促存款；四是组建专门业务拓展团队，配置资源，瞄准目标，细化措施，做好拓展市场工作。在经济下行严峻形势下，全年实现全口径存款19396万元，比年初负增长5937万元，减幅23.44%。

【贷款业务】 2017年，建行大新支行整合资源，加强贷款投放，支持地方经济发展。在个人资产房贷业务方面，保持与房地产公司良好关系和业务合作，全年房金业务共发放自营性贷款162笔，累计金额6101.67万元，年末余额6220.18万元，较上年新增4018.54万元；委托性贷款发放183笔，累计16698.26万元，年末余额16698.26万元，较上年新增3524.46万元。在对公信贷方面，加强与企业合作，全年发放小企业贷款300万元。

【中间业务】 2017年，建行大新支行在大力拓展客户增加结算业务收入基础上，重点推进信用卡、特色专项分期业务、POS支付、电子银行、理财产品、消费贷款等产品宣传营销，全年实现中间业务收入164.88万元。

【金融服务】 2017年，建行大新支行全力推进“广西区分行综合金融服务提升年”工作主题。实施网点WIFI全覆盖使用，创新服务方式，有效推动电子银行服务发展。加强网点三综合建设，推进网点经营一体化、队伍营销综合化、柜面操作标准简洁化。出台《营业网点服务质量考评办法》，持续优化服务质量；狠抓客户关系管理，加强业务联动，运用营销组合策略，对建行产品、服务、资源进行整合，切实把综合金融服务落到实处，不断增强客户服务能力。始终加强联系群众，以服务群众为主，大力开展金融服务走进社区、走进校园等活动，切实把为群众服务放在首位。

（潘沛清）

农村商业银行

【概　况】 广西大新农村商业银行股份有限公司(简称“大新农商行”)内设职能部门12个，下辖营业网点20个，自助银行2间，综合服务站4个，助农取款点131个，在职员工184人，是县内从业人员最多、网点分布最广泛的金融机构。2017年，大新农商行坚持服务“三农”和县域经济，促进各项业务发展。年末资产总额达452423.93万元，同比增幅8.72%；财务总收入20970.78万元，增加2540.07万元，增幅13.84%；总支出17070.77万元，增加2606.24万元，增幅18.02%；实际经营利润9691.45万元，增加11.34万元。

【存款业务】 2017年，大新农商行各项存款余额404213万元，增幅11.21%，占全县市场份额的46.27%，比年初增加1.64百分点。一是积极与县委、县政府以及财政部门沟通联系，及时了解和营销财政专项资金及重大建设项目资金的情况。二是建立健全管理和服务体系，着力做好“新农合”“新农保”等金融服务，深化与社保、卫生、财政等部门合作，注重做好财政、人社、民政、林业、水利等重要部门资金代发。年内，代发“新农合”资金2695.61万元、“新农保”资金6327.97万元、企业养老金7362.5万元。三是对县直行政事业单位进行登门拜访，收集需要解决和改进问题的意见和建议，不断完善服务质量，用优质服务增成效。全年代发全县行政事业单位工资191家，占代发全县行政事业单位户数比率67.13%，代发金额2703万元。

【贷款业务】 2017年，大新农商行调整信贷结构，扩大信贷规模，大力支持全县特色农业发展，重点支持糖业、锰业等龙头企业发展壮大。年末，各项贷款余额 299665 万元，增幅 10.99%。其中，涉农贷款余额 285434 万元，增速 10.34%，涉农贷款占全部贷款比例 95.25%；小微企业贷款余额 109799 万元，户数 657 户，同比增 142 户，增速 19.52%，高于全部贷款平均增速 8.53 个百分点；小微企业申贷获得率 100%，实现“三个不低于”工作目标；农户贷款 156465 万元，户数 24875 户，增幅 8.27%，农户贷款覆盖率 31.34%；贫困户贷款余额 34390 万元，贷款 7498 户。全行建档立卡贫困户 16760 户，占应建档立卡户数 15855 户的 105.71%；已评级授信 16591 户，占应评级授信贫困户数 15855 户的 104.64%。

【精准扶贫】 2017 年，大新农商行继续加大金融精准扶贫，提升金融扶贫成效。一是做好扶贫小额信贷。围绕自治区、市、县 2017 年脱贫攻坚目标任务，积极加大对有发展项目、有贷款需求、有还款能力、讲诚信的建档立卡贫困户的支持，拓宽扶贫小额信贷投放渠道。二是做好生态移民项目建设金融服务，加大对生态移民易地搬迁信贷支持。全年发放扶贫搬迁移民贷款 86 笔，金额 802 万元。

【金融服务】 2017 年，大新农商行抽调全辖 20 个网点工作人员 40 余人协助县社保局进入全县 14 个乡镇 146 个行政村进行社保卡发放及激活工作，累计发社会保障卡 43019 张，激活卡量 43019 张，发卡率 100%，激活率 100%。此外，开展中越银行边贸结算合作，促进中越边境经济发展。继 12 月 12 日得到广西银监局准许开办外汇业务许可后，12 月 15 日又在宁明参加自治区联社及大新、宁明、龙州，东兴等 4 家农村商业银行与越南工商股份商业银行边贸结算业务合作签约仪式，开启了国际外汇业务新篇章。

（农桂红）

邮政储蓄银行

【概　况】 中国邮政储蓄银行股份有限公司大新县支行内设职能部门 3 个；有网点 11 个，助农取款服务点 79 个，ATM34 台，pos 机具 21 台。2017 年，邮储大新县支行扎实有效推进各项工作，经营管理取得一定成绩，全年各项存款余额 169205 万元，贷款余额 10552 万元。

【存款业务】 2017 年，邮储大新县支行发挥深入乡镇网点的网络优势，通过为客户提供综合金融服务，深入挖掘家庭农场、专业合作社等大客户，使乡镇区域个人存款增加 5246.19 万元，年增幅 12.25%；同时通过拓展企事业单位代收付项目、合理布放邮惠付等业务，深化公司与零售业务的融合发展，带动全行个人存款快速增长。

【贷款业务】 2017 年，邮储大新县支行挂牌成立三农金融事业部，为进一步做大做强、做专做精“三农”金融服务奠定坚实基础。一是继续深化“银政”“银担”“银企”“银协”“银保”等五大平台合作，大力发展创业担保贷款、新型农业经营主体贷款等贷款业务。二是围绕农业供给侧结构性改革，持续推进现代农业示范区支行建设，支持现代农业发展。三是积极推广和运用移动展业、辅助营销管理系统等作业模式，提高小贷业务办理效率，不断完善产品制度，强化队伍建设，全面提升服务“三农”能力。至年末，各项贷款余额 10552 万元，比上年末增加 3399.67 万元。

【中间业务】 2017 年，邮储银行大新县支行通过开展多项主题刷卡活动、积分馈礼活动等大力发展中间业务，收入增长明显，达 519.51 万元，同比增幅 65%。

【金融服务】 2017 年，邮储大新县支行紧积极承担普惠金融的社会责任，从金融服务最薄弱的小额贷款业务做起，努力缓解农户、小微企业等融资服务难题，积极推广农村助农取款点建设，形成多层次、广覆盖的普惠金融服务体系。至年底，县城网点占比 36%，乡镇网点占比 64%。

（农艳盈）

长江村镇银行

【概　况】 崇左大新长江村镇银行股份有限公司（简称“大新长江村镇银行”）是由武汉农村商业银行（简称“武汉农商行”）发起成立的非国有资本控股商业

5月10日，大新县举行崇左大新长江村镇银行银政银企合作签约暨开业仪式

银行，于2017年5月10日正式开业，内设职能部门4个，有员工31人。大新长江村镇银行秉承武汉农商行优秀经营理念、企业文化，致力于服务城乡、创富大众、支持“三农”、服务小微和民生、吸收公众存款、发放各类贷款，为当地提供方便、快捷、优质的金融服务。至年底，资产总额13922万元，负债总额11482万元，所有者权益2438万元，各项存款余额11407万元，各项贷款余额4652万元。

【存款业务】 2017年，大新长江村镇银行选择对公存款业务作为突破口，着力开展对公存款业务营销。密切联系政府关心关注的精准扶贫项目、农民工返乡创业等民生工程，搭建营销关系网，成功办理县安平集团公司下属6家子公司开户工作，还办理县国有资产管理中心、国土资源局储备中心、不动产登记中心、交通运输局和国营桃城华侨农场等财政事业性单位开户手续。年末各项存款余额11407万元。其中，对公存款余额9102万元，占全行总存款的79.79%；储蓄存款余额2304万元，占全行总存款的20.21%。

【贷款业务】 2017年，大新长江村镇银行牢固树立“立足县域、服务社区、支农支小”的市场定位，信贷投放坚持“做小、做散”的经营策略，在差异化、特色化上下功夫，充分发挥村镇银行独立法人审批灵活的流程优势，通过移植发起行“小金灵”“米粒贷”“乐薪贷”等支农、支小优势产品，大力支持全县涉农、“小微”产业和个体工商户发展，坚持加大对农业产业化扶持，支持地方种养殖行业及农村旅游开发特色现代农业。年内，对大新县陇那生态养殖专业合作社、广西亿春食品有限公司、广西依王旅游投资开发有限公司等涉农企业发放贷款共740万元。对雷平永鑫糖业有限公司采取“公司＋农户”模式发放贷款646万元。该模式由制糖企业担保甘蔗种植大户向本行申请贷款，用于双高（高产、高糖）基地建设种植甘蔗所需资金，次年榨季结束后由制糖企业负责代扣结清贷款本息。至年底，拥有13个贷款产品，其中8个产品可用于非涉农客户，现行产品均符合农户需求。

【精准扶贫】 2017年，大新长江村镇银行加强与贫困村的能人、致富带头人联系沟通，通过支持农村能人经营的合作社信贷资金来扩大生产，让贫困户参与务工获得稳定的收入来源，从而达到逐步脱贫的目的。至年末，已信贷支持农村合作社2家，涉农小微企业1家，累计投放资金430万元，有效带动18户贫困农户就业务工。

【金融服务】 2017年，大新长江村镇银行着力推进宣传营销，强化金融服务。一是以网点为中心，对周边商铺及居民进行扫街式宣传，不放过任何大小商户。二是走进社区，与社区搞联谊，赞助社区搞活动，从而扩大知名度。三是联合学校、街道办等公益性单位一起做宣传推广。四是加强媒体营销，在全县范围通过在网点张贴海报、摆放活动宣传展板及在电视台、广播电台黄金时段播放活动内容以及微信发送等多种形式展开宣传，同时加大对存款利率、网银、手机银行等产品宣传，进一步介绍各类信贷产品、特色业务、优惠政策等，大力提升品牌效应。五是强化服务，突出特色。在结合发起行创新金融产品同时，强化产品服务到位，大力发展网点品牌、网点文明服务，实施“赢在网点”

策略，规范网点各岗位职责、服务礼仪、服务流程、现场管理、营销服务、投诉处理、应急处理等方面标准，加强客户服务水平，缩短各项业务办理时间，提升客户满意度；同时做好大客户质量提升工作，积极与大客户进行沟通，深入了解大客户需求，用更加精细、专业、周到的服务赢得大客户信赖。

（黄　慧）

中国人寿保险

【概　况】 2017年，中国人寿保险股份有限公司大新支公司内设经理室、个险部、收展部、农网部、团体部、银保部、综合部、客服部等8个职能部门，下设榄圩、雷平、下雷等3个农村营销服务部；有员工和营销员370人，其中员工10人，营销员360人。全年实现保费收入6445.52万元，理赔款赔付支出330.44万元。

【保费收入】 2017年，中国人寿大新支公司不断推陈出新，继续推进新产品市场销售，通过保险进社区、进农村，致力服务群众，提高保费收入。全年实现总保费收入6445.52万元，同比增长13%。其中，首年新单保费收入2422.10万元，增长6%；首年期交保费收入1430.49万元，增长23%。

【保险赔付】 2017年，中国人寿大新支公司努力做好保险理赔，全年接受理赔案例1360件，累计赔款330.44万元，理赔受益人群以农村家庭和学生为主。其中，堪圩乡民六村梁某及全茗镇全茗社区张某购买公司一年期人身意外伤害保险，每人年交保险费150元，因触电及车祸当场身亡，受益人到公司申请理赔，公司给予赔付金额每人10万元，共20万元；学生保险死亡赔付4人，共赔付金额10万元；农村计划生育保险身故8人，共赔付金额18万元；农村小额身故13人，共赔付金额53000元。

【大病保险】 2017年，中国人寿大新支公司继续承保城乡居民大病保险，设有大病保险理赔服务专窗，组织营销队伍进村入户宣传，及时通知符合大病保险补偿群众进行报销。全年参保人数35万人，实收保费988.15万元，办理补偿4271人次，补偿款984.8万元。其中，下雷镇信隆村冯某的小孩因患新生儿坏死性、小肠结肠炎不完全性肠梗阻及重症肺炎，共花医疗费30.7万元，获农村合作医疗补偿13.51万元，获中国人寿大新支公司大病保险补偿6.36万元，个人自付10.83万元，有效缓解因病给家庭造成的经济压力。

（钟　浩）

财产保险

【概　况】 2017年，中国人民财产保险股份有限公司大新支公司在县城设有桃城营业大厅、德天营销服务部、养利营销服务部3个网点，在下雷镇、雷平镇设有营销服务部2个网点，在各乡镇设有“三农”服务站14个，村级“三农”服务点33个；在编人员20人，协保协赔员15人，营销员18人。集中型业务有大型商业风险、政府采购、行业统保、政策性农业保险等，分散型业务有车辆保险、家财险、意外险等。年内保险费收入3904万元，比上年增长17%，为全县社会经济发展提供991亿元保险保障；处理各险种案件6742件，支付保险赔偿1853万元。

【业务发展】 2017年，人保财险大新支公司已开办的险种有机动车辆保险、企业财产保险、家庭财产保险、责任保险、农业保险、健康保险、意外伤害保险等。其中农业险中承保了能繁殖母猪2842头、育肥猪1.12万头、农房7.8万户、水稻1633.33公顷、糖料甘蔗种植保险16466.67公顷、公益林6466.67公顷、商品林1000公顷，保险费共收入839.9万元，为700户贫困户提供了肉牛保险、3474户贫困户提供了甘蔗种植保险。开通了“4001234567”电话投保专线、网上投保、掌上人保、人保V盟自主查询投保等新渠道投保方式，分别在各大车行、汽车检测线、摩托车检测线设立出单点，积极为各类客户提供保险服务。通过引导客户注册人保之友俱乐部，免费赠送积分为客户提供多样化增值服务。积极开展精准扶贫，年内帮扶扶贫户17户，当年脱贫3户。多次向县政府及县委政法委、县民政局、县人社局

等部门提交扶贫小额贷款保证保险方案、农村房屋保险方案、城镇职工医疗保险方案、政府救助保险方案等一系列民生保险方案，

【理赔服务】 2017 年，人保财险大新支公司在已开通“95518”客户服务专线电话基础上，增加开通两个 24 小时查勘定损理赔服务电话，全天候提供保险咨询、报案、投诉等服务，推出现场查勘承诺、定责定损承诺、赔款时限承诺、特殊情况处理承诺、客户回访服务承诺、掌上人保、多快好省等理赔服务，为客户提供全程服务，实现异地投保全国通赔。

（张　宁）

人民人寿保险

【概　况】 2017 年，中国人民人寿保险股份有限公司大新支公司内设银保部、团体部、互动部、个人业务部、综合部等 5 个职能部门，有职工 93 人。全年保费收入 5293 万元，比上年增长 12.6%，其中寿险新单保费 3908 万元，新单期交保费 2146 万元，短险保费 131 万元，各项赔款 68.04 万元。年内，公司无任何违规违纪行为。

【保费收入】 2017 年，人民人寿保险大新支公司开展尊赢人生、无忧人生、百万身价 B 等保险产品，新单保费收入 3908 万，学生险保费收入 131 万。

【保险赔付】 2017 年，人民人寿保险大新支公司接到出险报案 30 个，结案 30 个，赔付 68.04 万元，其中仁安卡赔付 7.5 万元整，学生险 60.54 万元。

【开拓农村保险市场】 2017 年，人民人寿保险大新支公司继续响应国家“服务三农”号召，结合农村农民收入与保险观念情况，开拓农村保险市场，大力宣传公司和保险功能，提高农村保险意识，把保险优势宣传到雷平、恩城、全茗等乡镇的每一个角落，为更多群众提供保险保障服务。年内，在雷平、恩城、全茗等乡镇筹建 3 个新农合补充医疗意外险营销部。

【保险服务】 中国人民人寿保险设立 24 小时专线服务电话——4008895518，服务内容有业务咨询、上门服务、出险查勘、投诉、客房回访等。年内，共接受业务咨询 150 人次，上门服务 60 人次，出险查勘 32 人次，客户回访 92 人次。

（许霞霞）

北部湾保险

【概　况】 北部湾财产保险股份有限公司大新支公司位于桃城镇明仕路 9 号，内设经理室，有在编职工 6 人，下设网点 1 个。在乡镇设有“三农”服务站 4 个，保险咨询点 2 个，开展主要险种有车辆保险、农业保险、农房保险、企业财产保险、家庭财产保险和人身意外伤害保险。全年保费收入 643 万元，赔付 76.1 万元。

【保费收入】 2017 年，北部湾财产保险大新支公司不断推出新险种，继续推进新产品市场营销。开办具体险种有车辆保险、农业保险、企业财产保险、健康险、人身意外伤害保险、农村小额意外伤害保险、学生险等。全年保费收入 643 万元，比上年增长 1.13%。农业险承保糖料蔗种植 4000 公顷、水稻种植 78.99 公顷、公益林 35333.33 公顷、能繁母猪 195 头，农险保费收入 277 万元，年内开通互联网商城投保。

【保险赔付】 2017 年，北部湾财产保险大新支公司接到车险出险报案 240 起，已决赔案 202 起，农险立案 38 起，结案 37 起，赔案总赔付 76.1 万元。

（何　浩）

太平洋财产保险

【概　况】 中国太平洋财产保险股份有限公司大新支公司于 2016 年 2 月 25 日正式挂牌成立，位于县城德天大道 30 号；有在职员工和营销员共 5 人。主要开展的具体险种有：企业财产损失保险、家庭财产保险损失保险、建筑工程保险、安装工程保险、货物运输保险、机动车辆保险、船舶保险、能源保险、一般责任保险、保证保险、信用保险（出口信用保险除外）、短期健康保险、意

外伤害保险、经中国保监会批准的其他财产保险业务等。

【保费收入】 2017年,太平洋财产保险大新支公司保费收入411万元,其中车险保费140万元,非车险保费16万元,农险保费255万元。在开展糖料蔗种植保险、森林保险、水稻种植保险等政策性农业保险基础上,新开展政策性生猪保险、政策性能繁母猪保险、水果种植保险,继续采取政府补贴80%,农户承担20%的方式,提高农民开展农业活动积极性,为农民分担农业风险。

【保险赔付】 2017年,太平洋财产保险大新支公司接到出险报案373起,已决赔案368起。理赔工作实行省级集中管理,95500服务热线直接调度,365×24小时接报案、咨询、查询等服务,车辆、人员配备齐全,快速响应,及时查勘,给客户提供最方便、最贴心的便捷服务。

【信息化管理】 2017年,太平洋财产保险大新支公司坚持科技创新,提升信息化水平。充分利用互联网信息技术,实行无纸化办公,单证管理、财务管理系统模块化,全国系统联网,客户可以网上自主查询自己的保险信息;开通网上、手机APP保险系统,实现网络环境下,随时随地可下单、可查询,实现保险产品全方位、无死角全面覆盖,保持公司持续发展。

(覃　凯)

平安财产保险

【概　况】 中国平安财产保险股份有限公司大新支公司位于桃城镇明仕路13—3、13—4号,于2013年6月筹建,11月13号正式挂牌成立。2017年有员工8人。主要开展险种有企业财产损失保险、家庭财产保险损失保险、建筑工程保险、安装工程保险、货物运输保险、机动车辆保险、船舶保险、法定责任保险、一般责任保险、保证保险、信用保险、短期健康保险、意外伤害保险和代理国内外保险机构检验、理赔、追偿和其委托的其他有关事宜,以及经中国保监会批准的其他业务。

【业务发展】 2017年,平安财产保险大新支公司秉承“专业创造价值”的文化理念,追求与各利益相关方的合作双赢。全年实现保费收入1760万元,其中车险保费1592万元,非车保费168万元。

【平安科技】 2017年,平安财产保险大新支公司不断完善互联网科技平台,全面推进车险业务互联网化探索,以“用车助手,安全管家”平安好车主APP为核心载体,聚合最广泛优质的车生态服务资源,涵盖“车保险、车服务、车生活”,为车主提供一站式用车服务。

(张　伟)

华安财产保险

【概　况】 华安财产保险股份有限公司大新支公司(简称“大新华安”)位于大新县桃城镇富民路2号,于2012年2月22日正式挂牌成立。自公司成立以来,致力于发展远程出单点,至2017年7月,建立了2个远程出单点,将服务辐射至全县各个乡镇,业务险种覆盖财产保险市场领域以及短期人身意外险、学生险、健康险等各种保险。

【业务发展】 2017年,大新华安累计实现保费收入466万元,同比增长52.79%,市场占有率逐年递增,为当地提供强有力的保险保障。

【保险服务】 2017年,大新华安坚持以市场为导向,以客户为中心,不断扩大保险服务覆盖面,对现有客户进行细分及管理,努力提升服务水平。24小时开通“95556”报案服务热线,随时随地为客户提供各种保险服务。组织人员整合服务资源,根据客户需求成立各种增值服务项目,以回馈广大客户,从而巩固客户的忠诚度,突出“服务营销”独特定位。

(零威武)

科学·教育

□编辑　赵锋堂

科　技

【概　况】 2017年，大新县科技局内设办公室、农村科技股、工业科技股、科技成果管理与科学技术普及股等4个股室，科技情报研究所是局二层机构。科技局核定行政编制6个，后勤编制1个，实际在岗行政7名，后勤1名，其中，县政府抽调2名副局长到其他部门工作；科技情研究所原有事业编制5名，年内减编3名，实际在岗2名。年内，县科技局围绕市对县科技创新考核任务，扎实开展各项科技工作，取得显著成效。

【科普宣传】 2017年，县科技局在科技活动周期间，积极开展系列科普宣传活动。一是参加第二十六届广西科技活动周活动。组织科技管理人员共5名代表参观在南宁国际会展中心B2馆举办的广西创新驱动成就展；组织广西新振锰业集团有限公司年产6万吨的电解金属锰技改项目、大新县信锰矿业有限公司的电解金属锰浸出渣综合利用项目参展广西发明创造成果交易会。二是开展科技下乡与科技培训活动。5月20—26日，先后与县农业局、县水产畜牧兽医局等组织专家48人次到田间地头开展现场指导培训2期，培训农民126人次；5月25—26日，邀请广西甘蔗研究所研究团队一行10人到大新县，对甘蔗“双高”示范基地进行调研指导，为大新县甘蔗新品种引进推广示范和提高蔗糖市场竞争力出谋献策；5月17—27日，先后有19名贫困村科技特派员驻村开展服务帮扶活动，累计指导57天次，接受电话咨询48人次，开展技术培训2次，培训种养大户、村民等183人次。三是开展科普宣传活动。牵头组织县人民医院、县中医医院在医院进行医学保健科普知识宣传，出版板报2期；桃城一中、实验中学、县桃城一小、二小组织青少年科普绘画、读书活动，参加学生1200多人。

5月25日，广西农科院甘蔗研究所赴大新县召开甘蔗“双高”基地建设情况调研座谈会

【科技扶贫】2017年，县科技局充分发挥部门职能作用，认真做好科技扶贫工作。一是借助“大新县贫困村科技特派员服务创业基地及科技能力建设示范”项目，推进科技特派员基层创业服务行动。选派27名（自治区8名、崇左市3名、本县16名）贫困村科技特派员帮扶全县48个贫困村。贫困村科技特派员根据贫困村产业需求，采取无偿技术服务形式，不定期到实地或采取通讯、网络等手段及时提供贫困村种植、养

殖业的科技服务,攻关解决科技问题,促进贫困村贫困户提高种植或养殖效益,辐射带动贫困村产业发展。引进甘蔗新品种桂糖42号、桂糖46号、桂糖49号,分布在雷平镇左安村、三伦村、上利村、振兴社区示范种植。推广新品种8个、新技术7项,服务农村合作组织40个,建立12个贫困村科技特派员服务创业示范基地,建立科技种植养殖示范点62个,下乡实地指导培训贫困村农民1600人次,联系帮扶的建档立卡贫困户275户,辐射受益6298人。组织贫困村群众开展白蚁防治、砂仁种植管理、种桑养蚕等实用技术培训15期,培训村干、农民835人次。二是借助“富民强边高效蔗糖产业技术集成开发与示范”项目,推进蔗糖产业发展。年内,完成3个甘蔗“三高”示范基地建设,建立甘蔗良种繁育基地104.6公顷、甘蔗“三高”栽培技术集成示范基地1686.67公顷,在全县甘蔗示范基地大力引进、推广、应用甘蔗机械化深耕深松、高效节水灌溉、测土配方施肥、生物防治病虫害等一批先进适用技术成果,重点推广脱毒新台糖22号、柳城05—136、桂糖21号、粤糖60号等甘蔗优良新品种推广辐射到全县各个蔗区。三是与广西农科院甘蔗研究所合作,重点在甘蔗产业方面开展科技扶贫服务工作。通过邀请广西甘蔗研究所植保、农艺、育种、种质资源创新等方面且有扶贫经验的科技人员到大新就如何促进甘蔗产业发展进行交流,发动甘蔗种植户率先应用甘蔗研究所研发的“蔗丰收”掌上科技交流平台(简称“蔗丰收”APP),引进推广桂糖42、43、46号良种在雷平镇后益村、上利村、振兴村、硕龙镇门村、那岭乡岜伏村双高示范点种植扩繁,引进甘蔗中试良种“桂糖10/2003”和“桂糖12/57”在那岭乡岜伏村进行试种对比试验,11月中旬组织部分贫困村科技特派员和种蔗大户、科技示范户共27人前往广西农科院甘蔗研究所甘蔗良种扩繁基地参观学习等,服务甘蔗产业发展。四是做好联系挂点村扶贫工作。继续深入雷平镇三伦村,联系、指导农户参与甘蔗“双高”示范片土地小块并大块、甘蔗高产高糖新品种的引进种植,配合崇左桂中白蚁防治有限公司科技特派员建立6.67公顷甘蔗白蚁防治试验示范基地,从区农科院甘蔗研究所引进桂糖42号、46号种植示范。

11月14—15日,县科技局组织贫困村科技特派员和种蔗大户、科技示范户赴广西农科院参观学习

【发明专利申请】 2017年,县科技局深入全县企业进行摸底调查,主动出击,加大专利申请的组织力度,联系沟通专利代理公司深入企业帮助他们及时有效地申请发明专利。全年发明专利授权量任务15件,发明专利受理量任务79件。至年底止,完成发明专利授权量16件,完成任务量106.67%;完成发明专利受理量83件,完成任务量105.06%。

【科技成果转化】 2017年,县科技局认真组织做好科技成果转化工作。年内,组织协调大新县雷平永鑫糖业有限公司与广西华糖集团有限公司签订“烟道气饱充混合汁澄清方法”发明专利普通实施许可发明专利技术成果转让合同,通过国家知识产权局变更发明专利成果,为雷平永鑫糖业有限公司申请高新技术企业和实施环保节能生产技术改造项目提供技术保证。

【高新技术企业认定】 2017年,县科技局承接崇左市绩效考核指标任务是提交高新科技企业申报材料的企业1家以上,新认定高新技术企业1家以上。年内,积极动员大新县雷平永鑫糖业有限公司和大新县信锰有限公司2家企业申报高新技术企业。其中,大新县雷平永鑫糖业有限公司提交申请材料参加高新技术企业评定并通过认定。

【科技项目管理】 2017年，县科技局继续实施和跟踪管理科技项目。一是实施“大新县贫困村科技特派员服务创业基地及科技能力建设示范”项目和“富民强边高效蔗糖产业技术集成开发与示范”项目；二是跟踪管理中信大锰大新矿业有限公司动力型锰酸锂关键技术研究及产业化项目的动力锰酸锂产品研发及电解金属锰环保生产工艺开发、大新县雷平永鑫糖业有限公司以的烟道气干燥蔗渣、烟道气利用与半碳法生产工艺技术研发与应用以及全自动立式连续煮糖等新技术项目，支持大新县信锰矿业有限公司利用低度二氧化锰矿不经过焙烧直接烧浸出生产电解金属锰并对其浸出渣综合回收利用申报科技项目等。

（何桃洋）

气　　象

【概　况】 2017年，大新县气象局内设办公室、测报股、气象台、气象科技服务股、受县人民政府委托管理的人工影响天气办公室。下属事业单位是大新县防雷中心。年底全局有在编人员7人，其中本科5人，大专1人，中专1人。年内，县气象局以提高预报预测准确率为中心，以建设现代化气象业务体系为重点，强化气象防灾减灾工作，提升气象服务水平，开展天气预报预测服务、地面观测、防灾减灾气象服务等工作，并提供专业气象预报、气象资料、气候评价和重大项目气象保障、气象科技服务、人工影响天气、“三农”气象服务等多种服务。

【气候评价】 2017年，大新县气温正常，降雨量偏多1成左右，日照时数偏少。与常年同期比较，气候属于正常稍偏差年份。

气　温　年平均气温21.6℃，与常年同期持平。年极端最高气温38.4℃，出现在6月5日。年极端最低气温3.4℃，出现在12月21日。各月平均气温与常年同期比较，4—5月、7—8月、10—12月偏低0.4—1.2℃，3月、6月与常年持平，1月、2月、9月偏高1.1—2.3℃。

降雨量　全年降雨量1482.2毫米，比常年同期偏多135.6毫米。各月降雨量与常年同期比较，2月、4月、7—8月、9月为偏少，其余月份为偏多。

日　照　年日照时数1320.1小时，比常年同期偏少199.3小时。各月日照与常年同期比较，2—4月、6—8月、10—12月份为偏少，其余月份为偏多。

年内，主要气候事件主要有冰雹、暴雨洪涝、寒露风天气。①冰雹。3月18日凌晨5时40分左右，受南支槽东移和偏南急流加强影响，桃城镇、雷平镇、榄圩乡、龙门乡、昌明乡、福隆乡等6个乡镇部分村屯出现冰雹强对流天气过程，冰雹最大直径约乒乓球大小。农作物受灾面积为榄圩乡共有3.53公顷玉米、1.53公顷南瓜受灾（均是轻微受损）；雷平镇有19户房屋受损（主要是瓦片破裂、漏水），受灾人数53人，无受伤人员，经济损失共计4.5万元。②暴雨洪涝。6月16日，受高空槽，切变线和地面锋面南移共同影响，全县大部分乡镇出现暴雨到大暴雨天气过程，最大降雨量出现在福隆乡183.8毫米，各乡镇出现不同程度灾害，其中福隆乡、昌明乡、龙门乡、榄圩乡、五山乡、硕龙镇等受灾较为严重。因内涝造成全县受灾人口8065人，受淹53个村屯，农作物受灾面积873.22公顷，灾害造成直接经济损失115.78万元，其中农业损失102.78万元，基础设施损失9万元，家庭财产损失4万元。③寒露风。10月15—19日出现日平均气温22℃的寒露风天气过程。主要对部分迟熟或迟插晚稻的抽穗扬花和灌浆结实造成不利影响，导致结实率和千粒重下降，影响晚稻产量。

【气象服务】 2017年，县气象局加强业务人员培训，重点做好为农服务和汛期气象服务工作。全年各类仪器设备运行正常，自动站、闪电定位观测资料传输及时率达99%以上，自动气象站系统运行良好，没有发生重大事故。加大对外服务力度，充分发挥短信平台、预警大喇叭、多媒体等作用，及时向公众发布气象预警信息。年内，共发布重大气象信息专报3期，各种预警信号97次，各类气象服务信息66期，春播专项服务信息6期，夏收夏种气象服务专报2期，春运气象专报5期，特色农业气象服务信息4期，完成节假日、高考专题气象服务和地质灾害预报任务。

【气象观测建设】 2017年,县气象局加快推进综合气象观测网络能力建设。一是在大新县明仕稻香园水果示范区农田小气候观测站内安装农田小气候观测站,实现对明仕稻香园水果示范区内空气温度、湿度、风向、风速、雨量、土壤10—30厘米三层温度及作物冠层温度的观测,为开展气象为农服务产品制作基础资料获取提供准确来源。二是将福隆、五山、硕龙等3个二要素自动气象站升级为四要素自动气象站,下雷、那岭、宝圩、昌明等4个四要素自动气象站升级为六要素自动气象站。三是在德天瀑布景区内安装气象预警服务大屏幕,为游客了解天气信息,合理安排出游提供便利。同时,在德天瀑布景区内建成大气负氧离子观测站,至年底,完成设备调试并投入使用。

2017年大新县主要气候要素综合表

表6

项目 \ 月份		1	2	2	4	5	6	7	8	9	10	11	12	全年（日/月）
气温（℃）	月平均气温	15.4	16.2	18.2	22.0	25.2	27.3	26.8	27.0	27.0	22.4	18.3	13.5	21.6
	极端最高气温	25.7	29.4	30.2	36.3	35.1	38.4	37.9	36.6	34.8	33.0	29.8	22.4	38.4(5/6)
	极端最低气温	7.1	7.5	10.6	10.8	14.5	22.5	22.4	22.6	22.6	11.1	7.8	3.4	3.4(21/12)
雨量（毫米）	月降雨量	117.8	9.2	120.2	45.9	168.3	272.9	184.8	224.2	105.5	131.3	57.7	44.4	1482.2
	日最大降雨量	77.4	7.7	34.2	17.2	42.5	56.9	39.3	74.1	34.8	29.0	14.2	10.4	77.4(11/1)
日照时数（小时）		72.8	53.0	38.3	86.5	161.1	121.3	141.1	148.5	183.9	134.8	87.1	91.7	1320.1

（计凤妮）

水　文

【概　况】 2017年,大新中心水文站继续加强对河道流量测验规范、水文测量规范等方面的学习,进一步掌握水文测报方案和水文资料整编系统的应用,同时制定并完善中心站的各项规章制度,汛前、汛后分别对辖区内基本水准点、基本水尺零点高程和测站测流断面等进行测量校对,对辖区内8个水文(位)站的各种测验设施、设备、测验仪器及77个雨量站的固态雨量器进行检查、清洗、上油、调整,特别注意固态雨量器电池检查。年内,按时、按质、按量完成各项测验工作任务。

水位信息　大新县向水河年最高水位为244.61米(85基准),时间为8月15日;年最低水位为240.25米(85基准),时间为3月3日。全年有三场较大洪水过程:第一场为6月16—20日、第二场为7月10—13日、第三场为8月14—23日。洪水期间,水位固态仪器运行正常,年最高水位记录清楚,资料可靠。低水期间大新站受下游电站发电影响,水位形成锯牙型状况变化,全年采用面积包围法计算日平均水位,资料整编能满足规范规定和摘录要求。

流量测验信息　大新县向水河全年施测流量共5次,各级水位测次分布合理,符合测验规范要求,实测到年最高水位为244.61米(85基准),流量为383平方米/秒;实测到年最低水位为240.25米(85基准),流量为2.4平方米/秒。全年共定有一条水位、流量关系曲线(历年综合线),经作符号、适线、偏离、标准差等检验均合格。年头年尾流量衔接符合规范要求。全年出现三场较大洪水过程,第1场:6月16—20日,洪峰水位243.96米,水位变幅2.35米;第2场:7月10—13日,洪峰水位242.77米,水位变幅1.12米;第3场:8月14—23日,洪峰水位244.61米,水位变幅3.38米。非汛期水位较低、流量较小,由于测流断面下游30米左右有几台抽水机抽水,所以低水部分流量不稳定。

降水、蒸发、水温信息　大新县城固态雨量计仪器全年运行正常,大雨、暴雨时段的雨量均能记录完整,资料完整可靠,符合规范要求。其中,月最大降雨量为8月份265.0毫米,月最小降雨量为2月份8.0毫米,日最大降雨量为8月14日76.0.0毫米。从1月1日—12月31日,总降水量为1406.5毫米,属正常降水年份。月最大蒸发量为9月份98.4毫米,日最大蒸发量为12月22日6.0毫米,年最高水温为6月6日28.9℃,年最低水温为12月22日16.0℃。

(覃江涛)

防震减灾

【地震监测预报体系建设】　2017年,大新县地震局不断加强地震监测预报体系建设。一是完成雷平镇上利小学地震烈度速报与预警系统基本站部分设备安装、调试、使用。全面维护大新观音山地震监测台监测设备的日常管理及维护,有效提供连续、稳定、可靠的观测资料,保证地震监测台站安全运行。二是完成自治区重点项目配套经费筹措工作。雷平GNSS基准站市、县两级财政配套经费72.82万元,其中,市级配套经费15.2万元、县本级配套经费57.62万元,配套资金已调集到自治区地震局专项账户,专款用于项目建设。三是根据需要适当调整增加宏观观测点分布。及时调整充实“三网一员”队伍,确保“三网一员”队伍不缺位、不缺岗,同时加大对“三网一员”工作指导,组织参加业务知识培训,提高“三网一员”的业务水平。

【震害防御体系建设】　2017年,县地震局积极加强震害防御体系建设。一是全面实施第五代全国地震区划图,推进抗震设防城乡一体化管理,严格各类建设工程的抗震设防审核。通过加强部门协作,确保全县新建、改建和扩建的建设工程依法达到抗震设防标准。年内,完成抗震设防行政审批15宗,审批办结率100%。同时,强化窗口工作人员的服务意识、提高服务水平。二是积极创建防震减灾安全社区、科普示范学校。按照地震安全示范社区、科普示范学校创建标准,选择星光和乐城移民小区、大新县民族希望中学创建地震安全社区、地震科普示范学校。在县城文化广场集中开展防震减灾咨询、宣传活动,展出板报30余版,发放宣传资料、地震科普知识手册1万份、咨询人数3000多人。活动周期间,组织消防、卫计局、“红+字会”深入县民族希望中学、县实验学校、县民族高中等学校和桃源社区开展防震减灾“六进”活动暨地震应急避险疏散演练5场;深入桃源社区开展防震减灾科普知识讲座1期,组织开展防灾科普文化电影进校园放映活动1场,在大新县电视台播放防震减灾知识宣传片10期,做好新闻宣传和舆论引导,提高社会公众对防震减灾工作的认同感和受众参与度。

【地震应急体系建设】　2017年,县地震局继续完善地震应急体系建设。一是完善地震应急预案及演练。继续完善大新县地震应急预案,指导防震减灾领导小组各成员单位、乡镇、重点企业、医院、学校他们完善地震应急预案。对已有的地震应急预案实施动态管理。深入各中小学校指导开展地震应急疏散演练,全县38所有80名学生以上学校全部完成春、秋学期地震应急疏散演练,确保重要时段、重大活动全县抗震救灾应急准备工作到位。二是加强防震减灾与地震应急管理知识培训。将防震减灾及地震应急管理知识教育纳入教育培训计划,采取多种形式开展培训。6月,联合县教育局组织全县40多中小学校负责同志,在县桃城一中举办地震应急避险疏散演练现场演练暨防震减灾知识专题讲座,进一步普及地震法律法规、应急处置办法、自救互救知识及防范等方面知识,提高广大师生应对和处置突发性地震的能力和水平。

(农晓鹍)

教　育

【概　况】 2017年,大新县有完全小学22所,教学点129个;九年一贯制学校1所;普通初中10所;普通高中2所;职业技术学校1所;特殊教育学校1所;公办幼儿园15所,公建民营幼儿园16所,民办幼儿园41所;全县小学在校生22062人,普通初中在校生9011人,普通高中在校生5462人,职业技术学校在校生1767人(含成人在职1253人),在园在班幼儿12455人,特殊教育学校在校生63人。每万人口在校生,幼儿园326人,小学577人,普通初中236人,普通高中143人,职业技术学校46人。

全县有教职员工2629人,其中,公办教师1862人,聘用制教师707人,工人60人;幼儿园99人,小学1536人,初中602人,普通高中284人,职业技术学校48人,教师进修学校5人,特殊教育学校14人,县教育局41人(不含行政在编人员)。

全县中小学校、幼儿园校园占地面积2125195平方米,校舍面积627638平方米。其中,幼儿园占地面积151041平方米,生均12.1平方米,校舍建筑面积83082平方米,生均6.7平方米;小学占地面积1537521平方米,生均69.7平方米,校舍建筑面积291965平方米,生均13.2平方米;初中占地面积248001平方米,生均27.5平方米,校舍建筑面积142350平方米,生均15.8平方米;普通高中占地面积146077平方米,生均26.7平方米,校舍建筑面积87353平方米,生均15.99平方米;职校占地面积39960平方米,生均13.67平方米,校舍建筑面积19888平方米,生均9.1平方米;县特殊教育学校占地面积2595平方米,校舍建筑面积3000平方米。图书装备,幼儿生均9册,小学生均33册,初中生均47册,高中生均52册。

全县小学适龄儿童入学率99.91%,初中阶段毛入学率99.41%,普通初中辍学率0.85%;小学毕业生升学率99.97%,初中毕业生升学率92.3%,义务教育巩固率为92.95%。

年内,全县教育事业健康、协调发展,义务教育均衡发展迈出新步伐,顺利通过义务教育均衡发展国家督导检查认定;“两基”人口覆盖率100%,学校管理水平迈上新台阶,幼儿教育蓬勃发展,幼儿入园率90.5%;普通高中教育持续发展,招生规模不断扩大;职业教育综合改革迈出新步伐,就业和扶贫培训为一体的教育综合服务平台初步形成;教育改革全面推进,教育教学质量稳步提高,2017年全县高考本科上线人数569人,其中上一本线28人,上二本线541人;全县中考学科成绩全A人数有76人,总分A有368人;教学科研成效显著,教师队伍整体素质得到明显提升;积极稳妥推进学校布局调整和第三期学前教育行动计划(2017—2020年),教育资源进一步优化;农村义务教育经费保障机制更加健全,农村义务教育学生营养改善计划全面实施,贫困家庭学生救助体系进一步完善。

【学前教育】 2017年,全县共有幼儿园72所,其中公办幼儿园15所,公建民营幼儿园16所,民办幼儿园41所。全县在园在班幼儿12455人,学前三年入园入班率90.5%,学前二年入园入班率93.03%,学前一年入园入班率100%。全县从事幼教工作教职员工有821人,其中专任教师522人(公办幼儿园159人,民办幼儿园363人),专任教师学历合格率80%。

大新县扎实推进第一、第二期学前教育三年行动计划,全县14个乡(镇)中有13个乡(镇)公办中心幼儿园陆续开园招生。7月31日,大新县印发《关于印发〈大新县第三期学前教育行动计划(2017—2020年)〉的通知》(新发〔2017〕13号),为进一步促进全县学前教育可持续发展提供行动指南。

大新县认真贯彻执行《中华人民共和国教育法》《幼儿园管理条例》《幼儿园工作规程》《幼儿园教育指导纲要(试行)》等法律法规,加强管理,规范办园行为。学前教育机构开办按照幼儿教育法律法规和《广西壮族自治区幼儿园办园基本标准》《广西壮族自治区学前教育机构审批管理办法(试行)》及《广西壮族自治区幼儿园保育教育常规管理暂行办法》进行审批、管理。

【义务教育】 2017年,大新县加强义务教育学校管理,加大义务教育学校基础设施建设力度,进一步改善义务教育阶段学校办学条件。

小学教育 2017年年底,全县有完全小学22所,教学点129个,九年一贯制学校1所。全县小学适龄儿童20868人,已入学20849人,适龄儿童入学率99.91%,小学毕业生升学率99.97%,15周岁人口初等教育完成率99.01%。全县有小学专任教师1532人,学历合格率为99.21%。全县小学教学仪器设备总价值2941.57万元;藏书70.9万册。

初中教育 2017年年底,全县有初中10所,其中乡(镇)初中7所,县城初中3所。在校初中生9011人,初中阶段适龄少年入学率99.41%,辍学率0.85%,17周岁人口初级中等教育完成率为91.5%,初中毕业生升学率92.3%。全县有初中专任教师590人,学历合格率99.66%。全县初中教学仪器设备总价值1576.46万元;藏书42.05万册。

2017年,大新县加大义务教育学校基础设施建设力度,年内组织实施的义务教育专项工程有农村中小学校舍维修改造项目和农村义务教育薄弱学校改造计划土建项目等共45个单体工程,总建筑面积19513平方米,总投入4322万元,进一步改善义务教育阶段学校办学条件。

【普通高中教育】 2017年,大新县有大新中学、民族高级中学2所普通高中。普通高中在校生5462人,平均每万人口有普通高中在校生143人。全县有普通高中专任教师277人,学历合格率99.27%。2017年毕业1413人,招收新生32个班2172人,年底共有90个班。2017年全县高考上本科线569人,其中上一本线28人,本科上线率完成崇左市下达的指标任务,大新中学荣获崇左市2017年高考工作综合评估三等奖。

大新县实施打造高中品牌学校行动计划,着力解决普通高中办学条件薄弱问题,推进示范性普通高中大新中学及普通高中综合改革试点学校县民族高级中学建设。年内,大新县民族高级中学新建成教学综合楼、学生宿舍楼、学生食堂各1栋,新增校舍面积9698平方米;大新中学新建成综合楼及学生食堂各1栋,新增校舍面积9121平方米,为两所高级中学打造普通高中综合试点学校和自治区示范性高中打下坚实基础。

【职业教育】 2017年,大新县深化职业教育综合改革,切实加大县职业技术学校基础能力建设投入力度,年内累计投入310万元。其中,扩建汽车实训大棚1个,配套建设二类汽修厂设备、3D打印、广告设计制作、影音后期制作、影音设备维修、楼宇智能各1间;装备升级多媒体教室20间,80%教室实现现代教育技术教学;继续实施精品课程和地方特色课程计划。加大职校招生宣传力度,进村入户发放宣传资料2000多份,电视播报60次,政策演讲20多场次。全年完成招生777人,其中全日制331人,非全日制446人,完成崇左市下达招生总任务(650人)的119.5%。搭建大新县技术技能终身学习平台,合理调整设置教学专业,着力打造品牌专业,在本地建立毕业生就业服务网络,办学竞争力有所提高,学生就业渠道进一步拓宽,毕业生初次就业率达94%以上。

【义务教育均衡发展】 自2011年12月大新县人民政府与自治区教育厅签订《关于推进县域义务教育均衡发展备忘录》以来,大新县狠抓"义务教育发展基本均衡县"创建工作,及时成立大新县创建义务教育发展基本均衡县工作领导小组,切实加强组织领导,制定工作实施方案,明确任务,落实工作职责,扎实推进县域义务教育均衡县创建工作。优化学校布局调整,合理配置教育资源,出台《大新县2011—2015年学校布局调整规划》,组织实施学校布局调整工程。2017年投入基础建设资金6822万元,实施校舍维修项目工程25个,新建万承学校1所(10个项目工程),新建校舍12900平方米,运动场16200平方米;累计投入9559.1万元为学校配置教学仪器装备。其中,添置教学仪器类设备387527件(套),价值3511万元;更新信息化设备3211台/套,价值2538万元,生均仪器设备值达到国家标准;新增图书1060157册,价值1186万元;配置生活设施11895件(套),价值807万元;新增补充仪器及更新信息技术装

12月26日，国家义务教育均衡发展督导检查组到大新县检查。图为教师代表座谈会

备1517.1万元。“全面改薄”等项目工程的实施与完成，使全县中小学校办学条件明显改善，城乡间、校际间办学条件基本均衡。完善贫困学生关爱机制，实行县四家班子领导结对帮扶贫困学生工作机制，整合民政、教育、妇联等部门资金，2014—2017年，累计发放教育资助类资金6277.13万元，切实保障贫困学生平等接受教育。加大师资队伍建设，认真落实农村教师引进和补充政策，2015—2017年教师交流人数逐年递增，三年来交流人数分别为30人、98人、101人，占教师总数的1.92%、6.2%、6.7%。2017年12月，大新县义务教育均衡发展通过国家督导评估验收。

【学校布局调整】 2017年，大新县继续推进县养利学校（原城南九年一贯制学校）建设，二期工程（初中部）7个单体工程完工。根据县委、县政府《关于印发大新县2016年统筹推进重大项目建设实施方案的通知》（新发〔2016〕15号）和2016年12月30日县委常委会议精神，县委、县政府决定在县城东区新建一所小学，命名为大新县万承学校。项目规划总用地面积83859.3平方米（约8.39公顷）。学校规划容纳在校生2970人，办学规模66个教学班，为教学、居住混合区，计划建筑面积27850平方米。建设项目为1#、2#、3#、4#教学楼、综合楼、科艺楼、学生食堂、1#、2#学生宿舍楼、学生厕所。项目计划投资7500万元，全部为固定资产投资。其中，校舍建设费用5200万元；田径运动场、篮球场、排球场、校门、围墙、水电安装、校园景观、道路硬化、给排水等工程2300万元。项目于2017年11月6日动工建设，工期2年，计划于2019年8月投入使用。项目建成投入使用后，可以有效缓解县城区小学招生压力，逐步消除“大班额”现象，对完善全县教育发展总体布局，提升教育教学质量，打造大新教育品牌发挥重要促进作用。学校将秉承科学办学理念，高起点定位、高标准建设、高质量管理，以高品质、品牌化为目标，把学校建成教育理念先进、师资队伍一流、硬件设施一流、办学特色鲜明的现代化示范学校。至年底，项目9个单体工程中封顶5个，主体框架三层4个，项目进度正按时间节点进行。

【教研活动】 2017年，大新县中小学以“两课”活动为载体，以“课内比教学、课外比教研”为主抓手，努力转变课堂教学理念和模式，努力提升全县中小学教育教学质量。一是加强教研室能力建设，规范教研室工作流程。成立县级教研室教研能力建设与评估工作领导小组，认真对照《县级教研室教研能力建设与评估量化指标》开展教研室能力建设。完善教研员管理制度，规范教研工作流程。同时，装备教研所需的多媒体设备，尽最大能力为教研工作创建良好的环境。在局领导的指导下规范内部管理，教研室创新教研方法，教学教研取得良好成效。5月15—19日，市教育局对大新县教研室的教研基本条件、教研队伍建设、教研职能发挥等能力建设指标检查评估中给予较高评价。二是积极开展送教下乡活动。积极贯彻教研活动服务于基层，服务于教师的宗旨，创新教研工作机制，把送教下乡延伸至乡（镇）村完小、教学点一级。3—5月，组织学科中心组骨干老师及县教研室教研员，到那岭乡那连村教学点、昌明乡新民村完小、龙门乡武安村教学点、桃城镇松洞村教学点、榄圩乡荣圩村教学点、全茗镇政教村教学点、五山乡三合村教学点等8个小学、教学点开展教学指导活动,给村小学、教学点送去先进教学理念和教学方法,发挥优秀教师传、帮、带作用,提高教研工作实效性。三是继续大力实施基础教育“质量提升工程”。年内,共组织全县80名小学语文教师、80名小学数学教师及40名小学英语教师进行基于课堂教学研究的学科教师能力提升培训,组织38名校长和骨干教师参加新派作文实验项目培训。通过培训,提升教师的教学技能和水平。3月份,县养利学校新派骨干教师覃小平参加全区小学习作课例展示评比活动获得一等奖;全年全县共有31503名学生参加(小学22442名,初中9061名)参加第二届新派作文大赛,有3916人获得一等奖,其中,桃城第一中学166班的陆敏和桃城第一小学的吴阳同学参加7月份在南宁举行的总决赛,在2.4万参赛选手中脱颖而出,陆敏同学进入十强赛,获得大赛“写作高手奖”;吴阳同学进入24强,获得大赛特等奖。年内,在各级各类教师技能比赛中,全县有4名老师获得区级赛课一等奖,7名老师获得区级赛课三等奖;8名老师获得市级赛课一等奖,20名老师获得市级赛课二等奖;38名老师获得县级赛课一等奖,56名老师获得县级赛课二等奖。同时开展第二届新派作文大赛初赛暨《美在大新》主题征文活动,11月,优秀作品集《醉美大新》通过审稿阶段,按计划将刊印出版。四是开展优质课和教学技能比赛活动。10月,举行大新县小学、初中和高中学年段教师教学技能比赛,有36名教师获得一等奖,60名教师获得二等奖,同时选派优秀选手参加市级教学技能比赛,获得市级一等奖2名,二等奖15名。五是积极开展教学视导活动。认真组织县教研员到全县各中小学校开展教学视导活动,通过听课评课、上复习研讨课、指导微型课例制作、举办讲座等方式,强化学校教学研讨活动。六是指导学校开展好教学课题研究活动。4月份,组织中小学校参与2017年教育科研课题研究申报工作,经崇左市教育科学规划领导小组办公室组织专家初审,批准大新县36项课题为崇左市2017年度教育研究立项课题。其中,小学课题18项,初中课题13项,高中、中职和幼儿园等课题5项。5月份,教研室组织人员深入学校对课题研究开展情况进行检查,指导学校对2017年市级立项课题做好开题工作,对2016年立项研究的课题做好中期总结,促进学校各个课题研究活动扎实有序开展。

【教师队伍建设】 2017年,大新县重视中小学师资队伍建设,全县中小学教师队伍进一步优化,广大教师整体素质得到不断提高。年内,狠抓师德师风建设,开展“五抓五促”师德师风建设活动,切实规范教师教育教学行为。强化教师培养培训工作,共选派校长和中小学骨干教师到区内外参加各类新理念课堂教学研讨活动2185人次。积极选树典型,让全县广大教职工学有榜样,赶有目标。年内,全县荣获崇左市优秀班主任7名,崇左市优秀教师7名,崇左市先进教育工作者8名,大新县优秀教师、优秀班主任、优秀教育工作者共300名。认真落实教师补充机制,全年安置两年制高中起点小学全科教师29名,壮汉双语教师1名,中职定向培养教师1名;公开招聘特岗教师32名;公开考试招聘教师38人。实行城镇教师支教走教轮岗机制,共选派101名教师到县城学校交流轮岗,选派10名教师到农村薄弱学校支教、走教,支教、走教覆盖全县所有乡镇中学和中心小学。

【学生资助工作】 2017年,大新县有22062名小学生、9011名初中生享受免费提供教科书,免费教科书金额352万元。有6225名小学生、8262名初中生按每人每学年小学生1000元、初中生1250元标准享受寄宿生生活补助,补助总金额1655.1875万元,其中县级财政配套资金166.86万元。年内,全县按生均每年小学600元、初中800元标准落实农村中小学公用经费3017.56万元,其中中央安排不足100人学校公用经费专项补助资金807万元,有154个学校受益。全县有3463人次普通高中贫困生享受助学金,助学总金额494.025万元;就读普通高中的库区移民子女有191人次享受免除学费,资助金额10.06万元。普通高中免学杂费共有2492人,补助金额206万元;全县中职学生371人次享受中职国家助学金共计37.1万元;职校家庭经济困难学生中有640人次获得免除学费资助,资助金额48万元。全县有家庭贫困大学新生518人次获得政府资助,资助总金额27.65万元。全年为2045名大学生办理生源地信用助学贷款,发放贷款

1397.197万元。全县共有77名大学高校毕业生赴基层参加工作获得学费补偿,补偿金额48.13万元;有3379人次在园家庭贫困幼儿享受学前教育入园补助,补助金额254.405万元;有38083人次享受农村义务教育国家营养膳食补助,补助金额1523.32万元。

【招生考试】 2017年,大新县招生委员会办公室认真贯彻落实上级各项招生考试政策和要求,严格按照"公平、公正、公开"和"依法治考、从严治考"的原则,圆满完成2017年各项招生考试工作任务。全县中、高考取得较好成绩,全县参加中考2998人,中考语文、数学、英语、物理、化学、政治、历史、地理、生物等九科成绩全A的有76人,占参考人数的2.54%;总分A有368人,占参考人数的12.27%;中考荣获崇左市2017年初中教育教学质量综合评估二等奖。全县参加高考1479人,高考本科上线人数569人,其中上一本线28人,上二本线541人。积极办理自学考试和成人高考报名工作,全年共进行3次自学考试报名,受理考生报考5人,计10科次;成人高考采取网上报名,共有642名考生到县招生办现场采集相片确认。

县直属学校简介

【大新中学】 其前身是1936年秋创办的养万龙联立国民中学(简称"联中")。1943年春,省教育厅在联中设立广西省立养利简易师范学校(简称"养师"),联中遂改为养利县立初级中学(简称"养中"),1950年,养中改为大新县第一初级中学,1956年设立高中部,校名启用"大新中学",成为全县第一所完全中学。1978年,被确定为县重点中学,1985年撤销初中部,2003年,被评为自治区普通高中一级学校,2010年,被确定为广西壮族自治区示范性普通高中。2016年12月通过自治区示范性普通高中复查评估验收。

2017年,大新中学有53个教学班,在校生3175人,教职员工187人,其中专任教师184人,高级教师62人,一级教师69人。学校占地12.07公顷,校舍建筑总面积67962平方米。图书馆藏书155326册,阅览室订阅报刊140多种。电子阅览室三间,拥有200台电脑。学校的基础设施在崇左市居于一流水平,办公大楼、教学楼、学生公寓楼、实验楼、综合楼、400米塑胶跑道、标准田径运动场等一应俱全。校园依山傍水,绿树成荫,芳草萋萋,风景秀丽,环境幽雅,布局合理,堪称园林式学校。

学校全面贯彻党的教育方针,不断加强学校常规管理,深化教育教学改革,先后获得绿色学校、花园式学校、德育工作先进单位、社会治安综合治理模范单位和自治区级文明单位、文明庭院、贯彻《学校体育工作条例》优秀学校、学生军训工作先进单位、德育工作先进集体、全区中小学校园文化建设先进学校、首届全国中小学校园文化建设百佳创新学校、全国群众体育先进单位、广西消防安全教育达标示范学校、广西森林校园、广西壮族自治区卫生优秀学校、全区禁毒预防宣传教育工作优秀组织单位、崇左市社会治安综合治理模范单位、大新县"廉政文化进校园"先进单位等荣誉称号。

2002年以来,学校高考本科上线人数、上线率均名列崇左市前茅,各项教学指标均居全市同类学校前列。2017年高考,全校上一本线27人,本科上线536人。本科上线人数比2016年增多161人,本科上线人数排在全市县级重点高中第二名。

【大新县民族高级中学】 成立于2006年6月,学校位于县城南面,东临大新至崇左二级公路,交通便利。学校占地面积53300平方米,校园开阔平坦,花草芬芳。学校设施完善,配备有音乐室、美术室、心理咨询室、体育室等功能室。

2017年,县民族高级中学有36个教学班,在校生2287人,学生主要来自大新及周边县农村,以壮、苗、瑶等少数民族的学生居多。有教职工97人,其中专任教师93人,高级职称23人,中级职称30人,自治区"园丁工程"B类人才3人,学历合格率100%。一批青年教师正崭露头角,挑起教学重任。学校已经建立起一支由学科带头人、骨干教师、优秀青年教师组成的结构合理、师德好、素质较高、敬业奉献、能力较强、爱岗敬业的教师队伍。

学校本着"为学生成才而奠基,为教师成长而铺路,为学校发展而改革"的办学理念,根据学生终身发展的需要,坚持"人本"发展观,坚持教育教学为少数民族地区培养人才,基础与特色共举,培养人格健全,自主发展，适应社会需要的新型人才。

自创办高中以来，学校高考上线率和高校录取率逐年攀升，2017年高考全校本科上线35人，专科上线率96.3%，达到崇左市教育局下达的本科上线人数指标要求，在崇左市普通高中中排名第二。学校在培养目标上，力求把优等生培养成尖子生，把中等生培养成优等生，让暂时后进的学生能有原有基础上的显著提高。在新的领导班子带领下，力求把学校办成管理规范，文科为主，突出体育、声乐、舞蹈、美术、书画等鲜明特色，质量一流的学校。

【大新县职业技术学校】 创建于1986年，是一所集全日制中专学历教育、大新县终身学习平台多元一体综合性的公办中专学校。校园面积40868平方米，建筑面积24112平方米，教学设备精良，拥有先进的教学、实训和生产一体化的二类汽修厂、3D打印、广告设计制作、影音后期制作、网络搭建、楼宇智能、三维旅游、烹饪等实训室20多间，总价值1099万元；图书45000册；2017年，县职业技术学校有教职工48人，其中，高级讲师16人，讲师16人，双师型专业教师6人；中专在校生1767人（含成人在职学历生1253人，全日制514人）。学校开设有计算机应用、电子电器应用与维修、汽车运用与维修、高星级酒店运营与管理、旅游服务与管理、家政服务与管理等6个专业。

学校以就业为导向，订单办学、定向培养。坚持"教好学，育好人，就好业，升好学"的办学路子。学校推行中专学历证书和职业资格证书并重的"双证制"，全日制学生在校期间可考的全国通用的国家职业技能资格证书（中级），可"2+3""3+2"直升高职高专，对口高考升本。学校大力推进引企入校，校企联合办学，学生毕业后，学校负责推荐到月薪3500元以上的企业就业，2017年毕业生初次就业率均在94%以上。

学校坚持服务"三农"（即农村、农业、农民）、服务区域社会经济发展，为了每一个人有更好的发展的办学宗旨，确定"发展学生个性，提高学生整体素质，能适应和推动社会发展的有特色的学校"的办学目标。学校在做好全日制中专学历教育的同时构建大新县技能技术终身学习平台，为全县各级各类人员的技术培训服务，能承担国家职业资格培训汽车维修工、电工、电焊等12个工种；学校是自治区、崇左市、大新县三级认定的"职业技能定点培训机构""大新县农民工培训实训基地""大新县教师培训中心""高腔诗蕾山歌传承人培训基地""大新县旅游人才培训基地"，每年承担培训教师、公务员、企事业人员、失业人员、农民工、大专本科函授等人员2000多人次。坚持不懈努力办人民满意的教育，近年来教学质量稳步提高，学校各项工作成绩显著，得到社会各界的一致好评。

【大新县民族希望中学】 创办于2011年，学校占地面积11.64公顷，项目建设计划总投资7151.5万元，总建筑面积43986平方米。建设的项目有教学楼3幢，实验楼2幢，综合实验楼2幢，合班教室2个，图书信息综合楼1幢（计划建设），学生食堂1幢，学生宿舍楼4幢。篮球场9个，排球场2个，羽毛球场4个，标准400跑道及足球场1个。校园布局合理，"教学区""生活区""运动区"各功能区井然有序，学校办学条件全部达标，校园建设初具规模。

2017年，在校生2586人，教职工151人。学校配齐备足领导班子。领导班子结构合理，团结务实，勤政廉洁，是一支政治素质优良，管理水平高，决策能力强，办事效率高的领导集体。几年来，学校狠抓教师队伍建设，以"三师"（铸师魂、养师德、练师能）建设活动为载体，引导教师加强师德修养，塑造高尚人格，提高职业素养。

学校坚持以县委、县政府提出的"打造大新县规模最大的初中学校，创办崇左市一流学校"为宗旨，以提高教育教学质量为重点，以促进学生全面发展、教师专业化成长为目的，规范和完善学校管理，狠抓各项工作的落实，以建设"幸福校园"为办学目标，以"家"为学校文化，以中华传统文化为载体，以"精细化管理、精致化教学、精品化办学"为思路，努力追求教学优质化、管理科学化、发展特色化，紧紧围绕"打造高效课堂，提高教学质量"这一主题，精心打造大新县民族希望中学幸福校园的教育品牌。2017年中考学科成绩全A有28人，总分A有113人。

【大新县实验中学】 原名为大新县实验学校，创办于1988年，2003年更名为大新县实验中学，校园面积3.89公顷。2017年，学校有教学班36个，在校学生1915人，教职工126人，其中，高级教师33人，一级教师79人，教师学历合格率100%。学校拥有省高级心理咨询师、学生心理健康咨询师1名，自治区优秀班主任1人，广西21世纪园丁工程优秀教师3人，广西“骨干教师”培养对象4人，崇左市教坛明星1人，崇左市优秀教师、班主任、先进教育工作者13人，崇左市骨干教师5人，崇左市人才库专家成员4人，崇左市学科带头人5人，大新县专业技术拔尖人才1人，“大新名师”11人，“大新十佳教师”2人，近年荣获大新县优秀教师、优秀班主任、优秀（先进）教育工作者的教师128人次。

学校以创建名牌为目标，以“让学生成才，让家长放心，让社会满意”为己任。学校现有理化生实验室共7间，音乐、舞蹈室各1间，美术、书法室1间，图书室2间，多媒体教室1间、计算机教室2间，并配备有电脑200台。各教室均配备多媒体投影及教学电子白板等现代化教学设备。校内备有智能广播系统，教师人手一部教学笔记本电脑，教学办公实现电脑化、网络化。每栋学生宿舍楼都安装有IC卡电话，每间宿舍均安装IC卡热水设备，校园直饮水系统已安装到各办公室、教室、宿舍。近几年来，学校先后被评为全国“十二五”课题《学校道德与法制相结合德育模式创新研究》重点实验基地、自治区级“文明单位”“德育工作先进集体”“和谐学校”“绿色学校”“义务教育学校常规管理先进学校”“崇左市未成年人思想道德建设工作先进单位”“广西中小学作文教学改革实验学校”“崇左市六五普法中期先进单位”等荣誉称号。学校以其优雅的环境，严格的管理，高尚的师德，严谨的教风，浓厚的学风和优异的成绩赢得社会上的广泛赞誉。2017年中考学科成绩全A有13人，总分A有90人。

【大新县桃城第一中学】 位于县城民生街257号，交通便利。学校前身溯源于1967年的桃城一小附属中学，起名为“桃城一小附中”，1972年独立建校，更名为“桃城公社中学”，1980年后，乡镇撤销“公社制”，设置“乡镇制”，学校更名为“桃城镇第一中学”。2012年2月学校升格为县直学校，更名为大新县桃城第一中学，归县教育局直接管理。

校园占地21555平方米，建筑总面积30069平方米。2017年，学校有30个教学班，在校生1578人，教职工111人，其中，专任教师97人，全部获中学教师资格证；本科学历以上77人；高级教师30人，一级教师57人，二级教师19人，三级教师3人，教师学历达标100%。有5名教师为“广西21世纪优秀园丁工程教师”、自治区骨干教师，2名教师为崇左市教育系统首批专家型人才，8名教师为“大新名师”。学校全部楼房化，有1幢可容纳30个班的教学楼，1幢综合实验楼，1幢办公楼，2幢学生公寓楼，1幢学生食堂，5幢教职工宿舍楼。“八室一场”设施齐全，教学仪器设备先进，现有远程教育卫星接收器，建有两间配置130多台电脑的微机室并开通宽带网，1间语音教室，2间多媒体教室，教学楼每间教室全部配备多媒体白板，图书室藏书77963册。

学校秉承“塑造健康人格，培养创新人才”的办学理念，以“站在未来，思考现在”为校训；极力打造“和谐、互助、拼搏、创新”的校风、“爱生、敬业、勤研、求精”的教风和“尊师、笃学、乐思、进取”的学风。学校先后荣获自治区语言文字示范学校、全区语言文字先进集体、自治区卫生优秀学校、崇左市首批示范性初中学校、崇左市首批文明庭院、崇左市中小学德育工作先进集体、崇左市教学评估三等奖、崇左市输送优秀生源优秀学校、崇左市教育科研先进单位等荣誉称号。2017年中考学科成绩全A有30人，总分A有130人。

【大新县桃城第一小学】 始建于1912年，是大新县第一所小学，有着百余年历史。学校位于依山傍水形似桃子的桃城镇古城内，前身为养利物华学校，中华人民共和国成立后先后改名为大新县桃城小学、大新县桃城中心小学、大新县桃城镇第一小学，2012年2月升格为县直学校，更名为大新县桃城第一小学，归县教育局直接管理。学校占地面积20836平方米。2017年共有40个教学班，在校生总数2460人。有在职在编专任教师111名，研究生学历1人，本科学历44人，专科学历58人，中师学历8人，均有教师资格证；获得高职级称3人，一级职称97人，二级职称11人。学校有自治区优秀教师1名，市级教坛明星1名，市级优秀教师、优秀班主任11名，市、县级学科带头人21名。

百年一小，砥砺前行。学校以“融”文化为主题，着力于融之仪、融之才、融之美的教育渗透。学校先后被评为县级“优美校园”“文明学校”“普实先进集体”“学校常规管理评比一等奖”“普九攻坚工作一等奖”“广西作文教学改革实验先进学校”“全国经典诵读优秀学校”。近年来，学校教学科研硕果累累，课题《诵读经典诗文　提高学生“双文素养”》和《边境县综合实践活动校本课程的研究》均荣获国家级科研成果一等奖；课题《新理念下的语文教学》荣获省级科研成果一等奖；教师获得国家级课赛一等3人次；省级课赛一等奖10人次；市级课赛一等奖11人次。师生多次参加经典诵读、演讲、征文、书画、讲故事、文艺会演等比赛屡获佳绩。2012年、2017年荣获大新县小学毕业班文化素质检测综合评估一等奖。

【大新县桃城第二小学】 创办于1970年9月，校名为桃城小学分校。1978年2月更名为大新县桃城镇第二小学，由桃城镇教辅站管辖。2012年2月更为现名，是一所全日制公办小学，也是实施素质教育的试点学校，归县教育局直接管理。学校占地面积10979.96平方米，校舍总建筑面积14084.6平方米，教学设施齐全，配有计算机教室、图书室、阅览室、仪器室、实验室、音乐室、舞蹈室、书画室、体育室、科技室、少先队室、卫生室、心理咨询室等功能室。每个教学班都配有多媒体教学设备，实现了现代化教育教学。

2017年，学校有43个教学班，在校学生2587人，教职工123人，其中高级教师3人，一级教师103人，二级教师14人，未定级2人，特岗教师1人；大专及以上学历122人；市级名校长培养对象、学科带头人、优秀教师、先进教育工作者、优秀班主任18人；县级“十佳教师”、“大新名师”、优秀班主任、优秀教师、先进教育工作者共58人次。是一支思想素质高，学历合格达标，业务能力强，朝气蓬勃的教师队伍。

近年来，学校打造“和育”文化，以“全面育人，育全面人”为核心，倡导和美、和睦、合作的和谐育人理念；以人的全面和谐发展为主轴，以“体验德育、立德修心”“七彩课程、博学修能”为两翼，构建“一轴两翼”的“和育文化”全面育人格局；“让每个孩子完整的书写好‘人’字的一撇一捺”，培养身心健康、具有人文底蕴和科学素养、实践能力与创新精神强烈的全面发展的学生；以“博文知礼，明德约行”为校训，努力营造“和谐·合作”的育人氛围，创办一所环境和美优雅、师生和谐发展、管理现代化的祖国南疆一流特色品牌小学。

播种希望，收获成功。学校先后获评“全国雏鹰大队”、“全国经典诵读优秀学校”、中国教育学会重点课题《诵读经典诗文提高学生双文素养》研究成果一等奖、广西《新理念下的小学语文实施策略研究》课题研究成果二等奖、崇左市和谐学校、崇左市第十七届青少年爱国主义读书活动先进集体、崇左市未成年人思想道德建设工作先进单位、崇左市少先队仪仗队检阅大赛银质奖、大新县常规管理优秀学校等，多次在小学毕业文化素质检测中荣获综合评估一等奖。先后被认定为广西小学语文基地学校、广西新派作文实验学校。

【大新县直属机关幼儿园】 创建于1958年，前身为大新县直属机关保育院，是广西壮族自治区示范幼儿园，为全日制公办幼儿园，隶属大新县教育局。幼儿园设有两个校区，总园校区位于大新县桃城镇民生街23号，占地面积9036平方米，城东园校区位于大新县桃城镇明仕路40-1号，占地面积11880平方米。2017年全园有教学班36个，在园幼儿1289人，教职工169人。其中专任教师91人，本科学历21人，大专学历50人，中师学历20人，学历达标率100%；保育员36人，均持保育员资格证上岗。幼儿园环境优美，场地充足，布局合理，设施设备一流，是一所充满童趣融现代气息和传统民俗文化为一体的儿童乐园，拥有一支团结、敬业、创新、爱幼的教师队伍，她们爱岗敬业，专业技能过硬，专业合格率100%。

幼儿园以孩子全面发展为核心，以“健康生活，快乐成长”为办园宗旨，以“质量强园、特色立园、科研兴园、文化护园、服务惠园”为办园目标，致力营造团结、敬业、创新、奉献的园风，认真贯彻《幼儿园工作规程》《幼儿园教育指导纲要》《3—6岁儿童学习与发展指南》，实施素质教育，以游戏为基本活动，保教并重，关注个别差异，促进每个幼儿富有个性的发展，为他们一生的发展奠定坚实的基础。

近年来，幼儿园经过科学规范建设和深化课程改革，办园条件不断改善，保教水平稳步提升，取得了优异成绩，先后荣获南宁地区保教先进单位、崇左市巾帼建功文明岗、广西卫生优秀学校、自治区示范幼儿园等荣誉称号，是广西幼儿高等专科学校实训基地。

【大新县特殊教育学校】 于2015年5月成立，是大新县教育局主管的一所新建寄宿制公办综合性学校。校园占地面积2595.4平方米，建筑面积3000平方米。2017年，学校有学生63名，设4个教学班(综合班)，教职工20名，其中，在编教职工14名(教师13名，工勤1名，专任教师中本科学历3人，专科10人，中学高级教师1人，小学高级教师2人，小学一级教师1人)，公益性岗位人员2名，自聘工作人员4名。

学校环境优美，校园文化氛围浓郁，设施一流，功能齐全。设有凤凰涅槃室、律动室、书画摄影(装裱)室、蒙台梭利室，感觉统合训练室、电脑室、图书室、音乐室、心理疏导室、体育康复室等多个专业教室，可满足10个班级120名学生使用。

学校根据办学实际，实践“尊重需要，开发潜能，广纳外源，追求完美”的办学理念，以“筑梦起航，踏梦成长”为办学宗旨，将“幸福比优秀更重要”作为办学目标。学校充分合理整合课程资源，挖掘当地民俗文化和乡土文化，培养学生热爱家乡的情结、养成良好的动手实践能力和审美能力。学校严格遵循残障少年儿童身心发展规律，创设参与式管理模式，让学生在充满爱和呵护的环境中快乐学习，提高生活自理能力，从而减轻家庭和社会负担，融入社会主流。

【大新县养利学校】 于2015年9月建校，原名大新县城南九年一贯制学校。2017年3月8日下文更名为大新县养利学校。学校坐落在大新县城南区纵二路，学校三面环山，环境优雅，景色宜人。校园占地面积12.47公顷，建筑面积54730平方米。校园的教学区、活动区、绿化区呈块状分布，和谐统一，充满生机。2017年学校有65个教学班，在校学生3622人(全部是小学生，初中暂时没有招生)。学校师资充足，在校教职工170人(在岗在编131人、特岗教师1人、借调2人、乡镇学校交流学习36人)，其中专任教师169人，高级教师2人，中级教师82人，教师学历合格率100%。

学校创办两年来，在实践和探索中不断思考，提出“责任引领，共同发展”的办学理念，在“走内涵发展之路，做有责任养利人”的办学目标引领下，逐步形成学校的文化——责任文化。通过责任文化构建，以“责任意识”为基点，以“责任能力”为关键，以“责任行为”为外显，以“责任制度”为规范，以“责任成果”为根本，塑责任人格，扬担当之风，培养具有担责尽责内在品质的德行合一、以责扬趣的新时代幸福人。学校以“责任”为中心打造校园文化，以“责任引领，共同发展”为核心价值，以“养责任心，做责任人”为校训，形成“对自己负责，对他人负责”的校风，“尽职尽责，奉献引领”的教风，“尽责尽力，勤学善思”的学风，以先进的文化引领人、发展人，努力实现师生全面健康发展，促进学校更好更快发展。

2017年，学校顺利通过义务教育均衡发展国家督导验收；荣获社会主义核心价值观合唱比赛市级一等奖；覃小平老师荣获区级作文教学比赛一等奖。

(黄深华)

总投资1.5亿元的大新县养利学校

文体新广·卫生计生

□编辑　黄智勇

文体新广

【概　况】大新县文化体育新闻出版广电局位于桃城镇伦理路40号，于2015年3月底由县文体局、县广电局合并成立，是主管全县文化体育、新闻出版、广播影视、广电新闻宣传等工作的职能部门。至2017年底，有在编人员36人。其中，文体新广局定编7人，在编7人(领导班子4人)；执法大队定编12人，在编7人；广播站定编15人，在编12人；地面站定编11人，在编10人。内设办公室、文化艺术管理股、体育发展管理股、科技传媒和影视管理股、文化产业管理股、大新县“扫黄打非”工作领导小组办公室、资料档案室、规划财务室。下辖二层机构8个，其中，县文化市场综合执法大队7人，县文化馆20人，县图书馆5人，县博物馆3人，县业余体校5人，县电影公司5人，县广播电视台12人。

年内，县文体新广局主要聚焦“现代公共文化服务体系和文化小康建设”两大主题，坚持规划引领，项目带动，创新发展，奋力补齐短板，各项工作扎实完成。县广播电视台被崇左市授予2017年度宣传报道工作先进单位三等奖；6月18日，大新县被中国民间文艺家协会授予“中国侬垌文化之乡”“中国土司文化之乡”荣誉称号。

【文化建设】2017年，县文体新广局加快推进文化硬软件基础设施建设。一是加快推进公共文化基础设施建设。年内，投入265万元完成村级公共服务中心项目建设11个，具体分布在全茗镇上湖村，五山乡其山村，昌明乡东风村，福隆乡平良村、五兆村、营旺村，龙门乡苦丁村、文明村，那岭乡好胜村、龙贺村、巴兰村等贫困村；投入39万元完成乡镇广播电视无线发射台站建设1个，建设地点是恩城乡恩城社区南街，覆盖人口约2500人，附近居民能接收到6套广播和8—10套电视频道。同时认真做好农家书屋出版物补充工作，全年完成自治区下达的32个点建设任务。至年底，全县累计建成乡镇综合文化站14个，乡镇边疆数字文化长廊91个(乡镇14个，村级77个)，村级综合文化服务中心120个，乡村体育场所120个，

6月13日，大新县“戏曲进校园”活动启动仪式暨首场戏曲演出在县民族希望中学举办

为111个村(社区)配备全民健身路径。全县有农家书屋122个,全年配送图书429种13728册、音像制品3种288张、月刊杂志4种768本。二是积极推进文化惠民工作。①推进群众文化活动有序开展。年内,成功举办“不忘初心·逐梦前行”——2017年大新县春节联欢晚会、迎新春民俗活动、“我们的中国梦——文化进万家”2017大新好声音歌手大赛、2017年大新县“军民一家亲·喜迎十九大”文艺晚会、“第四届广场舞比赛”等群众文化活动,营造了团结和谐、文明向上社会氛围。②做好文化品牌打造。1月15日,组织木棉组合成员参加广西卫视举办的中国(广西)首届壮语春晚演出活动,获“最佳贡献奖”和“最佳网络人气奖”,打响了大新本土文化品牌。组织木棉组合成员参加中央电视台《星光大道》节目表演,奏响铜鼓音乐,并于10月28日晚在CCTV-1等频道播出,提升了大新知名度。组织高腔诗雷山歌手参加崇左市、自治区、外地等各种演出活动10余场,有力提升大新传统山歌——高腔诗雷的美誉度。③加强文艺精品创作。美术作品《山情》、书法作品《黄山谷书论》参加崇左各界群众2017年迎新春美术书法摄影作品展荣获成人组三等奖;美术作品《灵境》《壮族三月三记》入展2017“壮族三月三·八桂嘉年华”花山文化艺术节书法美术摄影展,并获“美丽广西.魅力北部湾”广西群众美术书法摄影优秀作品;书法作品《书论》入选参加广西艺术精品展;音乐作品《木棉之恋》《爱在花山一万年》《美丽大新等你来》参加2017“壮族三月三·八桂嘉年华”花山文化艺术节崇左人唱崇左歌分别荣获原创作品创作二等奖、演唱二等奖和演唱三等奖、个人优秀创作奖。三是开展“送文化”活动。组织举办大新县“戏曲进校园”戏曲演出活动15场,文化惠民演出50场,各类演出活动38场,把精品文艺节目送到群众中。举办大新县文化建设成果图片展及迎新春美术、书法、摄影展累计4场次。④推进文化队伍建设。举办全县2017年“三区”文化人才能力提升培训班1期,参加培训100人;指导文化志愿者6名到12个村(社区)开展文化志愿服务活动;积极推送文艺骨干参加市、自治区及中央文化业务培训,有力推进全县文化队伍建设。⑤做好图书馆工作。4月15日,在“世界读书日”来临之际,在图书馆门口大厅举办“书得中国·倡导人民阅读建设书香社会”图片展,展出图片24张,参观人员达500人次。11月8日,在大新县图书馆门口大厅举办《“不忘初心·继续前进”暨认真学习贯彻党的十九大精神》图片展,通过新闻照片、文字图表和文字有机结合方式,展示新一届中央领导集体自信的形象。1月22—25日,开展“大新县新春送祝福,给返乡农民工免费送春联”活动,聘请5名本地书法家当场挥毫,给农民工送出800多副春联。认真做好第六次全国公共图书馆定级评估,年内已将收集、整理材料上传系统平台,并基本完成评估定级材料准备。⑥做好农村电影公益放映工程。至年底,先后进入129个行政村,开展农村电影公益放映1548场次。正在启动全县数码影城工程建设。

【体育活动】 2017年,县文体新广局组织开展各项体育活动。一是组织开展2017大新县“新春杯”气排球赛、第二届广西万名全民健身志愿者服务百县千乡活动、第九届体育节“健步走”等群众体育活动。10月21—25日,在大新县“边关风情旅游”

8月8日,大新县举行第九届广西体育节“全民健身 健康广西”百万群众健身走活动

下雷霜降文化节活动期间举办多项体育赛事，其中的第九届广西体育节“中旅杯”汽车摩托车场地越野赛是重头戏。赛事由广西社会体育运动发展中心主办，中信大锰矿业有限责任公司大新锰矿分公司、广西高峰汽车运动俱乐部承办。赛事总奖金达45万，也是至今为止广西史上级别和规格最高的汽摩越野赛。另外，举办1期太极拳和八段锦培训班，参训人员108人。同时，完成200人国民体质监测。国庆期间指导村级开展“迎国庆”主题文体活动，全县有56个村开展，划拨经费24.71万元。二是组织参加各级体育比赛，并取得较好成绩。4月，组织参加“我是球王，我要上全运”2017年广西气排球选拔赛崇左赛区比赛，荣获老年男子组、老年女子组、中年男子组第二名。6月，组织参加2017年崇左市“乒友杯”乒乓球混合团体赛，荣获第四名；参加2017年CBO中国业余篮球公开赛（广西赛区）暨第四届广西县级篮球联赛荣获第三名。10月，参加2017年“铁人杯”广西太极拳王民间争霸赛崇左赛区比赛、2017年广西“拔群杯”篮球赛崇左赛区预赛、2017年“我爱足球”中国足球民间争霸赛暨广西足球民间争霸赛崇左赛区比赛、2017年“舞动广西·我是舞王”广西健身舞（广场舞）大赛崇左赛区比赛、2017年“好家庭杯”广西八段锦王民间争霸赛崇左赛区比赛等5个比赛，荣获太极拳第一、广场舞第一、“拔群杯”预赛第一、足球第四的好成绩。11月，组织代表广西参加2017年CBO中国业余篮球公开赛决赛获第四名；代表崇左市参加北部湾首届城市运动会。11月，组织参加广西2017年“舞动广西·我是舞王”广西健身舞（广场舞）大赛荣获三等奖。

【文化市场监管】 2017年，县文体新广局继续加强文化市场监管工作。一是坚决打击黑网吧，加强对网吧和娱乐市场监管。先后组织开展春节期间网吧及娱乐市场集中检查行动、网吧集中检查行动、暑期校园周边文化市场专项行动，先后检查网吧107家次，警告11家；检查歌舞娱乐场所76家次。二是加强对卫星电视地面接收设施监管。9月和12月，与县工商和质监局、县文化市场综合执法大队、广电网络大新分公司等部门在全县范围联合开展打击非法销售安装使用卫星广播地面接收设施专项整治行动。对使用卫星地面设施的居民小区、城区和乡镇销售非法卫星地面接收设施的商铺开展专项集中整治行动，共张贴整治活动通知50余份，发放宣传资料300余份，出动执法人员42人次，检查车辆12辆次。拆除非法安装使用卫星电视接收天面（小锅盖）56面，其中拆除7个居民小区35面，用户自行拆除并上交3面；排查销售门店30家，查缴非法销售卫星电视接收设施天面（小锅盖）18面、接收器3套。三是加强对出版物市场监管。先后组织开展查堵非法有害出版物专项治理行动、校园周边出版物市场治理专项行动等4个专项行动，检查印刷复制行业67家次，检查音像制品经营单位57家次，检查书报刊经营单位88家次，立案3家，没收盗版音像制品370张。四是深入开展“扫黄打非”专项行动。出动执法人员137次，检查文化市场经营单位425家次，收缴非法出版物30余册，清除低俗文化信息20余条。五是加强文化经营场所安全生产监管。在执法检查中，发现安全隐患5处，提出治理意见6条，现场监督整改5处，对存在通道拥挤、线路老化、消防灭火器过期、消防门紧锁等安全隐患的3家文化经营场所限期整改，并回访整改落实情况。在夏季到来之前，局机关和执法大队出动执法人员15人次，开展体育游泳池安全排查1次，下达停业通知书9家。

【电视节目创作】 2017年，大新县电视台、大新人民广播电台分别增设壮语栏目《哥斌讲法》《跟着耳朵去旅行》两档自办栏目，形式新颖、内容接地气。年内，共选送19篇作品参加年度崇左市优秀广播电视作品参评，获奖12篇；《大新新闻》《大新壮语新闻》等栏目分别播出新闻稿件共1319篇，被广西电视台采用60篇、崇左电视台采用255篇、中央电视台采用7篇；4—11月，协助中央电视台科教频道制作播出《中国影像方志·大新篇》节目，宣传介绍大新历史文化、风土人情和边关文化，进一步提升大新影响力。大新县广播电视台被崇左市授予2017年度宣传报道工作先进单位三等奖。

【文博工作】 2017年，大新县博物馆积极组织开展2017年

“5·18”世界博物馆日宣传活动，年内累计接待参观8万多人次，其中接待未成年人2万多人次。同时，重点在养利古城（南门）举办大新县八大土司历史图片展、在安平土州衙门内举办大新土司历史和大新民族民俗图片展、在恩城小灵珑文化广场举办恩城土司历史及民族民俗图片展等一系列宣传活动。

【非遗传承】 2017年3月19日（农历二月十九日），大新县成功举办中越呗侬国际侬垌节暨宝圩“2·19”观音诞文化节活动；4月11日（农历三月十五日），组织开展硕龙镇建街133周年庆典活动。通过侬垌节，推动祭祀文化、美食文化、民间体育文化、民族歌舞文化等多元融合发展，让传统侬垌文化活起来、动起来。6月18日，中国民间文艺家协会授予大新县“中国侬垌文化之乡”“中国土司文化之乡”荣誉称号。

（冯炳武）

【广播电视信息网络】 广西广播电视信息网络股份有限公司大新分公司主要经营“有线数字电视、互联网接入、付费频道、村村通、数据专网、视频监控、‘平安城市’、视讯会议”等。至2017年底，公司在编人员29人，设综合部、播控部、城网部、农网部，其中领导班子2人，综合部4人，农网部12人，城网部8人，播控部3人。2016—2017年，公司把推进有线电视“进村入户”作为构建基本公共文化服务体系和推动城乡发展一体化的重要内容。“进村入户”项目工程覆盖福隆、那岭、恩城、宝圩、龙门、榄圩、五山、昌明、堪圩、雷平、桃城、全茗、下雷13个乡镇。至2017年年底，堪圩、宝圩已经全部建设完工，开通信号投入使用的乡镇有堪圩、宝圩、龙门、下雷和全茗。2017年农网在5个乡镇完成104个自然屯的入户发展工作，全年累计新增用户1937户，其中宽带用户832户。

（李治仙）

【无线广播电视技术维护管理】 广西广播电视技术中心崇左分中心大新维护部始建于1981年，原名为南宁地区大新中波转播台，1998年更名为广西广播电视大新中波台，为科级全额拨款事业单位，2006年6月成立广西广播电视技术中心崇左分中心后，更名为广西广播电视技术中心崇左分中心大新维护部，由崇左分中心统一领导和管理。2017年，大新维护部有区直编制12个，在职干部职工9人（工程师3人、助理工程师4人），其中设主任1名，副主任2名，主要负责大新县境内和天等县境内所有广播电视无线传输发射台站的日常运行维护和管理，确保境内中波信号、调频信号、模拟电视信号和数字电视信号的安全传输和播出质量。管辖有直属台1个（大新中波台）、“西新工程”台站即县级台站3个（大新观音山转播台、大新硕龙德天转播台、天等后背山转播台）、乡镇广播电视无线覆盖发射台20个（其中，大新县11个，具体为那岭、下雷、硕龙、堪圩、宝圩、雷平、龙门、福隆、昌明、榄圩、恩城等发射台；天等县9个，具体为上映、把荷、进远、宁干、向都、东平、福新福星，福新江岸、进结等发射台）。大新中波台中，有1千瓦中波转播发射机2台，1千瓦中波实验发射机4台，中波转播发射机分别转播中央人民广播电台中国之声和广西人民广播电台新闻综合广播；中波实验发射机分别播出中央人民广播电台中国之声、中央人民广播电台经济之声、广西人民广播电台经济广播、广西人民广播电台教育广播。“西新工程”台站播出模拟电视信号中央一套、中央七套、广西卫视，播出的调频信号除了中央人民广播电台中国之声和广西人民广播电台新闻综合广播外，还代理维护播出当地县人民广播电台节目。大新县境内乡镇发射台播出的调频频率为广西新闻综合广播87.9兆赫、广西教育广播96.5兆赫、广西文艺广播106.5兆赫、广西经济广播90.2兆赫、崇左市人民广播电台99.4兆赫、大新县人民广播电台107.4兆赫；天等县境内乡镇发射台播出的调频频率为广西新闻综合广播88.6兆赫、广西教育广播97.9兆赫、广西文艺广播105兆赫、广西经济广播93.1兆赫、崇左市人民广播电台100.7兆赫、大新县人民广播电台106.9兆赫。

年内，大新维护部始终坚持以安全播出工作为中心，按照“不间断、高质量、既经济又安全”的维护工作总方针，加强内部管理，加大播出设备检修维护和干部职工技能培训，圆满完成年度安全播出各项任务，无任何安全责任事故发生。同时，为落实中央无线地面数字电视的建设任务，加大对下辖的具有数字电视发射部署任务的台站进行了无线数字电视信号发射设备的安装和调试，至年底，所有发射台都已顺利开播，群众可通过具备数字电视信号搜索功能的电视机或无线数字电视机顶盒来收看免费的电视节目，进一步丰富了边境地区人民群众文化娱乐生活。

（黄　卿）

【教材图书发行】 大新县新华书店有限公司于2012年5月由大新县新华书店改制而成，为崇左市新华书店有限公司的子公司，主要负责全县中小学校教材征订发行及一般图书、文化用品经营等。2017年，有在编人员16人，设经理1人，副经理1人，内设办公室、计财部、业务部、仓库、门市部等5个部门。年内，公司按照广西新华书店集团股份有限公司和崇左市新华书店有限公司制定的年度经营管理目标，积极做好各项工作。至年底，实现销售1243.33万元，实现利润27.45万元，缴纳税金16.63万元。年内，公司加强与学校沟通联系，抓好中小学校春秋季教材征订和发行。同时加大教材款催收，及时收回欠款，保证公司正常运行。全年共征订和发行教材55.24万册、教辅等111.8万册。

（石　苗）

【报刊出版宣传】 2017年，大新县新闻中心内设办公室、采访部、编辑部、网站信息部等4个部(室)，核定编制13个，有在编人员11人，其中主任1人(由宣传部副部长兼不占编制)，副主任2人，记者6人，网部管理人员2人，工勤人员1人。另有编外人员1人。年内，县新闻中心以《今日大新》、“政府门户网站”为主阵地，加大宣传力度，取得显著成效。全年共出版发行《今日大新》55期，发稿2600多篇(幅)；在《左江日报》发表稿件785篇(幅)(其中头版头条21篇)，在《广西日报》刊发124篇，在《人民日报》刊发3篇；在“政府门户网站”发布新闻2000余条，年点击率73万人次。

新闻宣传　2017年，县新闻中心精心策划，认真做好新闻宣传工作。一做好中共十九大精神宣传活动。自中共十九大召开后，中心编辑记者分赴机关单位、乡镇、农村、社区、企业、学校等开展宣传活动，其间先后在《今日大新》、“政府门户网站”开设“在习近平新时代中国特色社会主义思想下指引下——新时代新气象新作为”专栏；在“政府门户网”开设专栏进行宣传报道，及时把上级下达的理论知识、政策在网上进行公布。二是做好“砥砺奋进的五年”主题宣传活动。紧紧围绕县委、县政府中心工作，为迎接中共十九大召开，在《今日大新》开辟“砥砺奋进的五年”主题宣传活动，全方位报道全县各乡镇、各部门深化改革，大力宣传做好“两篇大文章”、打好“四大攻坚战”战略任务和大力实施“强工兴旅固边”发展战略的重大活动和工作成就。同时，以深入开展“砥砺奋进的五年”主题宣传活动为契机，大力宣传中共十八大以来全县经济社会、文化旅游、教育卫生、道路交通等方面的大发展大变化，宣传在基层工作一线的先进典型，宣传中共十九大代表特别是基层代表的先进事迹，展现当代共产党人优良品质和精神风貌。三是开展“新春走基层”活动。组织编辑记者对县四家班子领导开展的走访慰问、帮扶救助、送温暖等活动进行宣传报道，在《今日大新》开设“迎新春系列活动”专版宣传，让基层群众切实感受到党和政府关怀和温暖。春节期间，组织记者深入村屯开展“新春走基层”活动，对新农村建设、产业发展、群众生活变化等方面进行宣传，共在《今日大新》刊发“新春走基层”稿件15篇。

队伍建设　2017年，县新闻中心认真落实党风廉政建设责任制，规范职务行为、集体决策，对现有制度进行全面梳理、调整，在广泛征求采编人员意见建议的基础上形成制度汇编，制定了《大新县新闻中心岗位工作职责》《大新县新闻中心考勤制度》，对本单位新闻记者进行量化考核，鼓励在中央、区、市媒体发稿。与此同时，狠抓人才队伍建设，采取切实有效措施，进一步提高采编人员的思想政治素质和业务素质，增强他们的政治意识、大局意识、责任意识、看齐意识，提升做好新闻宣传工作的能力，切实担负起为跨越式发展服务的重任。此外，以开展“砥砺奋进的五年记者走村串户看脱贫”活动为契机，继续推行传帮带、记者专研月，落实主编负责制，设计搭建多种形式、个性化的学习载体，推动形成良好的学、比、帮、赶、超氛围，同时加强与区、市及媒体编辑记者联系和沟通，进一步了解媒体特点、开阔眼界、增长知识。坚持每个星期五下午到县委宣传部参加业务学习,并开展老记者给新记者进行新闻宣传业务培训,每周制定好新闻策划工作,全面提升新闻宣传质量和水平。

(梁桂花)

卫 生 计 生

【概　况】 大新县卫生和计划生育局(简称县卫计局)于2015年4月由原大新县卫生局和大新县人口和计划生育局合并组建成立。2017年全县卫生计生系统有包括卫生计生局、县直医疗卫生、计生机构等11个;乡(镇)卫生院18个、乡(镇)计生服务站14个;全系统在职在编职工(含过渡人员)899人,其中卫生技术人员695人(副高级职称47人,中级职称260人,初级职称347人)。全县医疗卫生单位有病床1149张;146个行政村,每村均配有1—2名乡村医生,共有乡村医生292人(其中女乡村医生113人),已建立标准化村卫生所(室)135个。

年内,大新县计划生育工作总体水平呈稳步发展态势。全县人口自然增长率6.25‰,控制在崇左市下达责任指标9‰以内;政策外多孩率3.06%,控制在崇左市下达责任指标5.5%以内;出生人口性别比107.11,控制在崇左市下达责任指标107.2以内;免费孕前优生健康检查926对,优生检查人群覆盖率93.41%,比自治区下达责任指标值90%高3.41个百分点;计划生育“爱心保险”投保率100%,比自治区下达责任指标90%高10个百分点;人口信息数据变更及时率95%,完成崇左市下达计划任务目标。

【医药卫生体制改革】 2017年,县卫计局关注民生,深化医药卫生体制改革。一是巩固完善药品零差率销售制度;二是控制医疗费用不合理增长;三是全面推开医联体医共体建设;四是扎实推进对口支援帮扶工作。

(赵如强)

【疾病预防控制】 2017年,县卫计局认真落实疾病预防控制各项措施,确保年内无重大疫情发生。一是抓好重大传染病防控,指导、督促县级疾病预防控制机构严格落实国家、自治区和市制定的各项防控措施,加强疫情监测、报告、控制和实验室网络建设等工作。二是认真督促抓好全县儿童常规免疫规划工作。三是进一步完善结核病防治统一归口管理机制,结核病防治各项指标达到自治区目标要求。四是进一步加强艾滋病防控,大力开展艾滋病疫情监测,积极推行高危行为干预,落实好国家“四免一关怀”政策措施并取得良好成效,美沙酮维持治疗得到进一步拓展和提高。五是加强麻风病防治队伍建设,做好麻风病普查和线查,进一步加强监测和防控体系建设,完成上级下达的麻防监控任务。六是加强性病宣传干预,有效遏制性病在县内流行蔓延趋势。七是加强食品安全风险监测,落实责任,完成监测计划及任务安排。

年内,加强鼠疫、疟疾、登革热、手足口病等传染病监测,无甲类传染病病例报告,乙、丙类传染病报告3984例,报告死亡26例,年报告发病率、死亡率和病死率分别为:1300.94/10万、8.49/10万、0.65%;比上年同期报告发病率下降9.60%,死亡率和病死率分别上升为98.58%和116.67%。处置流感疫情3起;捕鼠428只、捕蚊5849只,进行疫源监测;寄生虫病监测1034人,感染率13.64%。手足口病报告2112例,重病4例,无死亡病例报告;报告发病率为689.66/10万;比上年同期报告发病率下降7.46%。全县适龄儿童免疫规划疫苗接种率达99.8%以上,无疫苗针对疾病发生。全年艾滋病抗体筛查124750人次,新发现报告艾滋病感染者和病人82例,比上年同期下降1.2%,全县累计报告死亡27例,艾滋病病死率比上年同期下降1.38%。其中干预被监管人员1359人次;干预暗娼人群920人次,发放安全套135860只;干预吸毒人群1145人次,发放注射器10830支,回收注射器10637支。对1295例疑似肺结核患者进行免费胸片检查,共登记189例活动性肺结核患者,其中初治涂阳48例,复治涂阳13例;2016年42例新涂阳肺结核患者治愈率88.10%。年内共检测食品安全风险监测样品228份,其中有2份凉拌菜检出金黄色葡萄球菌和沙门氏菌,2份烧烤制品检出沙门氏菌;检测饮用水质监测样品102份,水质合格率54.76%,不合格样品均为农村生活饮用水;检测居民食用盐样品

300份,碘盐合格率95.67%。

（黄　卫）

【卫生监督】 2017年,大新县卫生监督所抓好各项卫生监督。

学校卫生监督　全年开展学校手足口病防治和预防接种查验证工作监督检查各2次。出动卫生监督车25辆次,卫生监督员70人次,检查中小学校30所,托儿机构37所,下达卫生监督意见书53份,消除各种卫生安全隐患4处。重点检查学校传染病防控和学校生活饮用水卫生管理,督促指导学校建立健全传染病防控管理制度,严格执行传染病疫情报告制度,认真做好晨检和学生因病缺课登记和病因追查工作,开展学生健康体检和建立学生健康档案,加强饮用水消毒等。开展学校卫生设施监督检查,经监测评价5所学校,学校教室采光合格100%、黑板合格100%、课桌椅配套合格率16%、教室人工照明符合率90.1%,学生宿舍人均面积合格率90%,县城学校教室人均面积合格率90%。开展中、高考前学校卫生安全检查,对学校传染病防控、饮用水卫生、环境卫生进行监督检查,确保高考顺利进行。

生活饮用水卫生监督　年内,出动卫生监督员54人次,车辆18辆次,深入全县14个乡镇20个供水单位监督检查,下发卫生监督意见书21份,发放卫生宣传单42份。每季度对2家开展现场监督检测,结果一般指标均达到要求,同时督促2家市政供水开展全项送检工作,合格率100%,10月抽取4家水样进行送检,合格率50%。无生活饮用水污染事件或水源性传染病发生。

公共场所卫生监督　年内,全县公共场所有382家,从业人员1140人。其中旅店业165家,从业人员530人;美容美发业185家,从业人员300人;商场商店10家,从业人员203人;文化娱乐场所10家,从业人员60人;其他12家,从业人员47人;集中式空调系统1家。年内,全县公共场所从业人员参加健康检查1117人,体检率98%,办理健康、培训合格证1117人。其中旅店业体检527人,体检率99%;美容美发业体检297人,体检率99%;商场商店体检193人,体检率96%;其他人员100人,体检率93%。对县城美容美发单位和全县旅店进行量化分级管理审查评定,美容美发单位获A级2家、B级40家、C级143家;旅店获A级4家、B级41家、C级68家(农家乐52家不作量化);进一步规范了美容美发和旅店业硬件和软件要求,至年底旅店量化分级管理评定达100%、县城美容美发量化率100%。监督检查公共场382家,监督覆盖率100%,下达监督意见书780份,指导整改220家,完成整改200家,使各种旅店卫生薄弱环节逐渐减少,公共场所环境卫生状况逐步改善,场地合格率逐步得到提高。全县办理卫生许可证364家,占95%。

放射卫生监督　年内,开展放射诊疗卫生防护监督检查,出动监督车辆12辆次,卫生监督员60人次,检查医疗卫生机构12家。检查发现全县有X射线机的医疗卫生机构12家,实际开展X线影像诊断的有12家。存在问题有:6家制定的内容不完善,7家未开展年度内放射工作场所防护和设备性能检测。针对检查中发现的问题,下达卫生监督意见书12份,责令有关单位限期整改。

医疗机构卫生监督　出动卫生监督车100多辆次,卫生监督员380多人次,开展经常性医疗服务市场监督检查,检查各级各类医疗机构413家次,下达卫生监督意见书120多份。

违法案件查处　全年立案57起,下达处罚决定书53份(4起无证行医当事人立案后已跑路),罚款金额18.1万元,没收违法所得16.5574万元,当场行政处罚25起,已履行的行政处罚罚款案件47起,履行金额20.74万元。其中,未取得“医疗机构执业许可证”擅自开展诊疗活动15起;未配备注册医师、护士和依法经资格认定的药学技术人员开展静脉用药业务案8起;使用非卫生技术人员从事医疗卫生技术工作案1起;未查验自治区人民政府卫生行政部门指定的医疗保健机构或者开展产前诊断的县级医疗保健机构出具的医学诊断证明,就为孕妇施行终止妊娠手术案违法行为3起;未为终止妊娠药品使用者建立完整档案1起;未按照核准登记的诊疗科目开展诊疗活动1起;未取得“放射诊疗许可证”擅自开展放射诊疗活动7起;医疗废物案件3起,执业活动超出规定执业范围案1起;公共场所安排未获得有效健康合格证明的从业人员从事直接为顾客服务案件14起;将布草间挪作他用、未按规定公示及按期复核公共场所卫生许可证、未按规定公示卫生检测结果1起;公共场所未取得卫生许可证开展经营活动2起。

卫生法律和卫生知识培训　4月24日举办公共场所卫生暨迎接自治区卫生县城复审知识培训班,县城及部分乡镇121家公共场所121人参加培训。

卫生行政许可　年内,接待群众950人次,办理公共场所卫生行政许可273件(超市3件,宾馆92件,美发美容148件,放射21件,KTV3件,饮用水1件,足浴3件,游泳池2件),医疗机构241件,均按时办结。

消毒产品和消毒服务机构监督　年内,对全县4家餐饮具集中消毒单位进行卫生监督检查8次,卫生监测1次,抽检产品28件,全部合格28件;针对检查中发现的问题,责令其限期整改。按照自治区卫生监督所关于开展“夏日风暴”查处“云南七草滇紫草7效修复膏”等消毒产品专项行动的紧急通知(桂卫监所〔2017〕38号)要求,9月12日对县城及雷平镇相关单位进行专项检查,出动8人次,对42家药店、19家母婴用品店、2家超市进行检查,均未发现有紧急通知中所要求查处的5种同批号消毒产品出售。

(谢　斌)

【基础设施建设】　2017年,县卫生计生局加大卫生计生基础设施建设。一是推进县妇幼保健院整体搬迁工程项目;二是推进县卫生监督所综合业务楼项目;三是推进县计生服务站住院部综合楼项目;四是推进县中医医院综合业务大楼建设项目;五是抓好雷平、全茗、榄圩、宝圩、下雷、桃城等乡镇卫生院业务综合楼及附属工程共25个项目建设。

【妇幼保健】　2017年,县卫生计生部门抓好妇幼保健工作。大力开展妇幼保健进社区活动,实现城区围产保健服务,完善儿童系统管理,加强流动人口妇幼保健服务,建立以现居住地为主的妇幼保健管理模式。加强新生儿疾病筛查、听力筛查及“出生医学证明”办证和管理。认真履行计划生育职责,积极推行婚前保健、孕前及孕期保健、婴幼儿保健三期保健,扎实推进妇女“两癌”筛查。认真抓好儿童保健和妇女保健,全县7岁以下儿童保健28250人,孕产妇保健4857人,妇女病普查22627人,发放“出生医学证明”4986份;孕产妇死亡率0/10万,婴儿死亡率3.27‰,5岁以下儿童死亡率5.93‰;免费婚检3698人,免费发放叶酸3397人,303对地贫双方阳性获补助,3698名婚前妇女及8084名孕产妇接受艾滋病、梅毒和乙肝咨询检测服务。

【医疗管理】　2017年,县卫生计生局加强医疗管理。一是扎实推进医院管理,医疗服务质量不断提高。按照国家、自治区和崇左市卫计委的工作要求,继续推进医药卫生体制改革,加大国有医疗机构管理,在持续开展“平安医院建设”活动基础上,重点加强“进一步改善医疗服务行动计划”和“健康扶贫分级诊疗建设”专项检查以及“健康扶贫”和“三项活动”督导检查,加大医疗护理工作管理,重点突出落实县级医院医疗护理人员足额配备。二是积极协调解决各种医疗纠纷。三是进一步规范行政审批。从规范医疗机构的设置审批和从业人员执业资格审查入手,切实把好医疗服务市场准入关。认真履行卫生行政许可审批程序,受理卫生计生行政许可事项。四是整顿规范相结合,狠抓医疗市场专项整治。重拳出击,严厉打击非法行医。严厉查处,开展打击“两非”及计生药械整治活动。采取自查与突击检查、平时督查和组织执法检查相结合办法,有组织、有步骤开展整治。

【药品管理】　2017年,县卫生计生局坚持以自治区为单位的网上药品集中采购方向,实行一个平台、上下联动、公开透明、分类采购。坚持集中带量采购原则,对临床用量大、采购金额高、多家企业生产的基本药物和非专利药品,由自治区药品采购平台集中招标采购。实行医用耗材阳光采购,开展高值医用耗材、检验检测试剂和大型医疗设备集中采购。对在国家药品供应保障综合管理信息平台上公布的专利药品、独家生产药品谈判结果,医院可按谈判结果采购药品。做好与医保支付政策的衔接,按规定将符合条件的谈判药品纳入医保合规费用范围。

【农村医疗卫生】　2017年,县卫生计生局着力提升医疗服务水平。抓好县级医疗卫生机构服务能力建设,按照“保基本、强基层”要求,推动医疗服务重心下移和诊疗资源下沉,抓好乡镇卫生院、村卫生室人才队伍建设。年内计划招生18人,已全部签订合同，完成乡镇卫生院、乡村医生培训774人次，不断提高医疗服务水平。

【爱国卫生】 2017年，大新县结合爱国卫生运动65周年深入开展形式多样的爱国卫生运动。5月，大新县顺利通过自治区卫生县城创建复评审；11月7日，自治区爱卫会重新确认大新县为“广西壮族自治区卫生县城”；7月，县人民医院顺利通过广西健康促进医院自治区级考核评估；雷平中心卫生院、下雷中心卫生院、全茗镇中心卫生院、桃城镇第二卫生院、恩城乡卫生院、宝圩乡卫生院等6个单位成功创建自治区卫生先进单位，12月获“广西卫生先进单位”；大新中学、桃城镇宝贤村价屯、堪圩乡明仕村弄朋屯、恩城乡维新村新胜屯、雷平镇新立村霞山屯等5个单位通过市、自治区两级卫生先进单位、卫生村复评审，12月重新确认为自治区卫生先进单位、卫生村。同时，注重健康教育，结合各个卫生计生主题宣传活动进行健康教育知识宣传，共集中开展健康教育宣传义诊活动8场次，共8000余人参加活动。分别在145个行政村制做两个固定宣传栏，宣传中国公民健康素养66条(2015年版)、艾滋病防治知识，提高居民健康知识水平。在全县范围开展改厨改厕，改善农村生活条件，提高村民环保意识，至12月29日，完成改厨8234户、改厕11261户。

【计生宣传教育】 2017年，县卫计局强化计生宣传教育，累计投入诚信计生推广经费46.498万元、宣传活动经费3万元，在县城主干道、各乡(镇)及公路沿线设置19块大型公益宣传牌和1000多块计生知识及标语宣传牌，在大新电视台、《今日大新》、县人民政府门户网站、县卫计局网站均开设专栏，定期播放和刊登计生宣传内容。同时，县文化馆和14个乡(镇)文艺宣传队，结合国家生育政策、奖励扶助政策等，编排计生文艺节目演出，累计举办计生专题文艺晚会46场，受教育群众5万多人，群众对计划生育政策知识知晓率达90%以上，形成全面动员、全民参与良好态势。

【诚信计生工作】 2017年，县卫计局出台《大新县开展创建诚信计生示范单位活动方案》，不断深化诚信计生，推动全县计生工作上新台阶。全县146个村(社区)、1340个自然屯全部推行诚信计生，共组建诚信计生小组2387个，应参加诚信计生已婚育龄妇女53159人，实际参加50517人，参与率95.03%。全县创建诚信计生示范乡3个，诚信计生示范村(社区)27个，优秀诚信计生村民小组长195名，诚信计生创业明星2名。10月，大新县创建全区诚信计生示范县工作通过自治区考核评估组评估验收。

【计生优质服务】 2017年，县卫计局制定下发《大新县开展创建计划生育优质服务先进单位实施方案》，常态化开展卫计系统“三项活动”，继续开通“生殖健康绿色通道”，坚持开展“十到家十服务”活动，推动“千医进千屯服务万家”活动深入开展，实施优生促进工程，强化出生缺陷干预。积极开展2017—2019年全区计划生育优质服务先进单位创建活动，并于10月31日通过自治区考核评估。

【落实计生工作指标及奖励政策】 2017年，县卫计局认真落实计生工作指标及兑现奖励政策。一是落实计生工作指标。2017年前区间(2016年10月至2017年9月)全县出生人口4838人，自然增长2401人，人口自然增长率6.25‰(指标9‰以内)；出生人口性别比107.11(指标107.2以内)；政策外多孩率3.06%(指标5.5%以内)；全年为全县计划怀孕夫妇提供免费孕前优生健康检查完成93.41%(指标90%)。二是落实各项奖励政策。全年审核上报国家奖扶农村部分计划生育家庭奖励扶助(60周岁)2445人，奖励金额352.08万元；审核上报农村部分计划生育家庭特别扶助45人，奖励金额46.44万元；审核上报广西奖扶2300人，奖励金额165.6万元；为106户计生家庭发放贴息贷款211万元，发放贴息金额17.53万元，利息发放率100%。全县办理爱心保险4673户，投保费69.24万元，投保率100%，保险卡发放到位率100%；为非财政拨款企事业单位退休人员增加5%工资待遇1134人，兑现资金103.42万元；为31727名诚信计生家庭成员代缴2017年度新农合参合费475.905万元。三是完善计划生育特殊家庭帮扶制度。全县计生特殊家庭有45户66人，落实了联系人双岗制度，特殊家庭户基本信息均已录入“广西计生特殊家庭动态信息管理系统”。

(赵如强)

2016年10月—2017年9月大新县计划生育情况统计表

表7　　单位：人、例、万元、个

单位	期末已婚育龄妇女人数	期末领取独生子女证人数	各种避孕方法人数	节育率(%)	计生手术例数	征收社会抚养费						两无一提高保持村居数
						合计	当年	历年	应检人数	已检人数	占(%)	
合计	69216	11187	55961	80.85	190	29.33	0.00	29.33	57612	49209	85.41	56
桃城	12929	3584	10187	78.79	9	1.59	0.00	1.59	10070	8202	81.45	1
全茗	5427	724	4495	82.83	5	2.65	0.00	2.65	4571	3929	85.95	0
五山	4357	642	3584	82.26	0	0.00	0.00	0.00	4043	3709	91.74	5
龙门	3638	575	2787	76.61	0	1.30	0.00	1.30	2462	2265	92.00	2
昌明	3570	318	2867	80.31	21	8.68	0.00	8.68	3570	3029	84.85	2
福隆	3103	349	2321	74.80	2	0.00	0.00	0.00	786	682	86.77	1
榄圩	6173	820	5147	83.38	32	5.21	0.00	5.214	4028	3532	87.69	7
那岭	2754	327	2317	84.13	11	0.34	0.00	0.34	2565	2284	89.04	2
恩城	2735	555	2155	78.79	71	0.00	0.00	0.00	2587	2216	85.66	0
雷平	9809	1130	7903	80.57	4	3.29	0.00	3.29	9809	7947	81.02	8
宝圩	3148	410	2857	90.76	0	2.00	0.00	2.00	3148	2874	91.30	2
堪圩	3367	379	2727	80.99	11	0.00	0.00	0.00	2831	2429	85.80	4
硕龙	2321	144	1954	84.19	7	0.00	0.00	0.00	1443	1228	85.10	9
下雷	4976	947	3920	78.78	2	3.84	0.00	3.84	4976	4263	85.67	13
农场	909	283	740	81.41	15	0.43	0.00	0.43	723	620	85.75	0

说明：本表为计生年度报表

2016年10月—2017年9月大新县人口自然变动情况表

表8　　单位：人

单位	总人口年平均	人口出生			死亡		自然增长	
		人数	出生率(‰)	符合政策率(%)	人数	死亡率(‰)	人数	增长率(‰)
合计	384424	4838	12.59	96.86	2437	6.34	2401	6.25
桃城	73421	1141	15.54	97.20	349	4.75	792	10.79

续表

单位	总人口年平均	人口出生			死亡		自然增长	
		人数	出生率（‰）	符合政策率（%）	人数	死亡率（‰）	人数	增长率（‰）
全茗	27957	363	12.98	95.87	195	6.97	168	6.01
五山	21978	245	11.15	97.96	141	6.42	104	4.73
龙门	19025	217	11.41	95.85	113	5.94	104	5.47
昌明	20582	205	9.96	95.12	154	7.48	51	2.48
福隆	17542	159	9.06	95.60	97	5.53	62	3.53
榄圩	34213	346	10.11	95.66	234	6.84	112	3.27
那岭	17227	184	10.68	94.57	110	6.39	74	4.30
恩城	16010	210	13.12	95.71	113	7.06	97	6.06
雷平	53263	698	13.10	96.42	305	5.73	393	7.38
宝圩	18494	246	13.30	97.56	160	8.65	86	4.65
堪圩	18756	279	14.88	98.57	144	7.68	135	7.20
硕龙	13057	179	13.71	99.44	96	7.35	83	6.36
下雷	27881	324	11.62	99.07	201	7.21	123	4.41
农场	5021	42	8.36	97.62	25	4.98	17	3.39

（叶迎霞）

县直属医院简介

【大新县人民医院】 创建于1953年3月，属全民所有制非营利性医院，是一所集医疗、科研、教学、防保于一体的国家二级甲等综合医院、爱婴医院及全县的“120”急救中心、产科急救中心和城镇职工基本医疗定点医疗机构。医院占地面积32075平方米，业务用房面积38098.95平方米。

2017年，医院有在职职工741人，其中编制人员254人，编外人员487人；卫生技术人员591人，后勤人员150人；硕士研究生11人（其中全日制研究生2人），大学本科学历299人，大专学历289人，中专学历71人；高级职称34人，中级职称124人，初级职称390人。设有临床科室19个，医技科室10个，行政后勤科室21个，开放床位500多张。近年来，年门急诊量41万人次，住院病人2.7万人次。

医院医疗仪器设备齐全，检查、检验手段完善，装备一批大型高档先进仪器设备，拥有PCR实验室、32排螺旋CT、DR、移动DR、全自动血球分析仪流水线、钬激光、数字胃肠机、数字钼靶乳腺机、电子胃肠镜、腹腔镜、关节镜、四维彩超、高压氧舱、中心供氧、环氧乙烷灭菌器等。能开展肝叶切除术、肝癌根治术、胃癌、结肠癌根治术、舌癌根治术、开颅术、侧脑室－腹腔脑脊液分流术、全髋关节置换术、保留关节囊人工关节置换术、关节镜手术、经尿道前列腺电切术、经输尿管碎石取石术、白内障现代囊外摘除人工晶体植入术、聚焦超声治疗技术、微创胸腹腔镜手术、胆道镜手术、宫腔镜手术、颅内血肿微创清除术、血液透析技术、纤维支气管镜技术等。骨科、普外科、产科、神经内科、血透室、新生儿科、ICU、口腔科、手术麻醉科等在周边地区享有较高声誉。同时,积极开展交流与合作,先后与解放军武汉总医院、解放军三〇三医院、南宁市第一人民医院、广西壮族自治区肿瘤医院、深圳市第二人民医院、广西民族医院、崇左市人民医院结成对口帮扶或紧密型医联体医院,在多家上级医院的大力帮助下,医院的医疗技术水平和管理水平得到进一步提高。

医院始终坚持以病人为中心,坚持科技兴院、人才兴院办院宗旨,为实现一流管理、一流人才、一流技术、一流设备、一流服务的目标而努力奋斗。2017年,获崇左市卫生系统“三项活动”先进集体。8月,派出专业技术骨干参加崇左市卫生应急技能竞赛,获“突发事件紧急医学救援项目”团体二等奖。

【大新县中医医院】 原称民族医院,创建于1984年10月,经过30年不懈努力,已发展成为一所集医疗、预防、保健、康复、教学、科研为一体的二级甲等中医医院,是大新县城乡居民基本医疗保险、城镇职工基本医疗保险、民政医疗救助定点医疗机构,是广西中医药大学附属瑞康医院技术协作医院、对口支援医院。

医院占地约1.6公顷。2017年有在职职工190人,其中高级职称6人,中级职称38人。开放病床160张。门诊开设有内、儿、脾胃病、外、肛肠、骨伤、妇、眼耳鼻喉、针灸、壮医、口腔等临床科室和放射、检验、B超、胃肠镜、心电图等医技辅助检查科室;住院部设有内科、儿科、脾胃病科、外科、骨伤科、妇产科、针灸推拿科、壮医科等病区。以针灸推拿科、壮医科、脾胃病科为中医特色专科。

医院设备先进齐全,拥有飞利浦螺旋CT、DR、彩色B超、奥林巴斯电子胃镜、肠镜、全自动生化仪、电解质分析仪、血凝仪、尿沉渣记数仪、尿液分析仪、五分类血液细胞分析仪、血流变测试仪、动态血沉仪、时间分辨免疫分析仪、C臂机、麻醉机、呼吸机、心电监护仪、除颤仪、高频电刀等一系列先进医疗诊治设备。近年来,不断配备完善基本诊疗设备同时,还加强中医诊疗设备配备,引进中医四诊合参仪、智能肛肠综合检查治疗仪,多功能艾灸仪、颈腰椎牵引设备、干扰电治疗仪、智能通络治疗仪、智能自控熏蒸治疗仪、电针治疗仪、微波治疗仪、中频脉冲治疗仪、TDP特定治疗仪、多功能煎药机等13类共34种中医诊疗设备,开展非药物中医治疗技术项目达41项,使医院中医特色更加鲜明。

医院坚持“承古纳今,精医厚德”院训,继续以舒适优雅的就医环境、高精尖的医疗技术和设备、德才兼备的人才队伍、鲜明的中医特色为全县人民提供安全、有效、方便、价廉的医疗卫生服务。2017年,获崇左市卫生系统“三项活动”先进集体。8月,派出专业技术骨干参加崇左市卫生应急技能竞赛,获“突发中毒事件处置项目”团体一等奖。

【大新县疾病预防控制中心】 于2005年8月在原大新县卫生防疫站基础上组建的全民公益性卫生事业单位,承接原大新县卫生防疫站除公共卫生监督外全部业务。总面积4778平方米,其中办公面积2591平方米,实验室面积530平方米。

2017年,中心有在职职工57人,其中高级职称3人,中级职称22人,初级职称7人;设有办公室、质量控制科、财务科、检验科、卫生科、结核病防治科、艾滋病控制科、疾病预防控制科、免疫规划管理科、基本公共卫生服务管理科、后勤科等11个科室。

中心实验室配备酶标仪、核酸体外扩增仪、气相色谱仪、离子色谱仪、原子吸收分光光度计、原子荧光光度计、分光光度计、电子天平等仪器设备84台(套)。2017年1月,实验室通过自治区计量机构认证复评审,是全县唯一具备食品、水质检验能力和资质的实验室,可开展食品和非食品两种6大类共139个项目检测。

中心是为全县提供疾病预防与控制、突发公共卫生事件应急处置、疫情报告及健康相关因素信息管理、健康危害因素监测与干预、实验室检测分析与评价、健康教育与健康促进、基本公共卫生项目实施等服务为一体的全民公益性卫生事业单位。中心积极贯彻“预防为主,防治结合”工作方针,依据有关法律、法规、规章、规范和标准,负责传染病、寄生虫病、地方病、职业病和慢性非传染病监测与调查处理,负责承担重大疫情、重大突发公共卫生事件和不明原因疾病暴发的调查处理，负责组织开展与人体健康相关的食品、环境、放射、学校等卫生学监测与评价，承担卫生行政部门、卫生监督机构和社会委托的监测检验。

2017年1月，中心被评为“2016年度广西西南地区灭疟联防区先进单位”；8月，派出专业技术骨干参加崇左市卫生应急技能竞赛，获“突发中毒事件处置项目”团体一等奖，获“突发急性传染病防控项目”团体二等奖。

【大新县皮肤性病防治站】 简称大新县皮防站，原称大新县岜关医院，成立于1958年，原位于雷平镇新立村，1982年迁入县城，1989年因工作业务需要更名为现名，拥有一幢三层门诊综合楼603平方米和一幢三层办公楼357.76平方米，主要承担全县麻风病及皮肤性病防治，为全县达到基本消灭麻风病指标作出积极贡献。1981年、1998年两次获卫生部颁发“全国麻风防治先进集体”荣誉称号。2011年严秀强荣获一年一度全国麻风防治领域行业奖的“马海德奖”，是全国10位获奖者之一，也是自治区唯一获奖者。

2017年有在职在编人员21人，其中卫生技术人员18人；有副主任医师1人、主治医师3人、医师6人，副主任护师1人、主管护师5人，主管技师1人，药师1人。设有皮肤性病标准规范化诊疗科室、化验室，具有皮肤性病检验、摩拉过敏源检测治疗、脉冲激光美容治疗、紫外线治疗、半导体激光治疗、臭氧水疗等。皮肤性病诊疗技术力量雄厚，能为广大皮肤性病患者提供规范化诊疗服务。2017年底累计报告性病5种共147例，比上年减少20例，与上年同期下降11.98%。全年未发现麻风病人。全年判愈麻风病人3例。2017年底有现症病人2例，患病率0.52/10万。

2017年，麻风病防治工作稳步推进，各项工作指标名列崇左市7个县(市、区)之首，得到自治区、市两级专业机构有关专家充分肯定。

【大新县妇幼保健院】 创建于1955年3月，是一所集保健、医疗、教学、科研为一体和基层妇幼保健指导为主的二级甲等妇幼保健院，是城镇职工基本医疗保险、城乡居民基本医疗保险以及“降消”项目住院分娩补助、幼儿园教师体检、婚前医学检查及出具“出生医学证明”定点机构，是县级产科急救中心之一，是全县妇幼保健工作业务技术指导中心。医院先后荣获自治区级“巾帼文明示范岗”称号、市级“卫生系统先进集体”称号和县级“文明单位”等荣誉称号，曾荣获大新县科学技术进步三等奖。

2017年，全院在职职工172人，其中，卫生技术人员152人，副高以上职称人员5人，中级职称29人；开放床位111张，设行政部、保健部和临床部，拥有知名保健医学、妇科、产科和儿科专家；年门急诊量12万多人次，住院人数5000多人次。医院各项医疗服务设施齐全，拥有日本多维彩色立体超声诊断系统、直接数字化X线影像系统(DR)，全自动生化分析仪、阴道B超、乳腺彩超、光学电子阴道镜、妊高征监测系统、远程胎心监护仪、儿童综合素质测试仪、儿童听力筛查仪、新生儿黄疸测定仪、骨密度测定仪、妇女盆底肌功能筛查仪、乳腺治疗仪、臭氧治疗仪等先进仪器设备。

医院开展业务范围广泛，包括妇科开展阴式、腹式全子宫切除术、子宫肌瘤、卵巢肿瘤手术、阴道前后壁修补术、盆腔炎中药灌肠、中医雷火灸理疗、宫颈糜烂环切术、宫颈疾病锥切术、宫颈活检术、宫颈息肉摘除术、各种阴道炎的治疗，以及计划生育四种手术：输卵管结扎术、放取环术、中晚期妊娠引产术、无痛人流术等。产科开展美容横切口新式剖宫产术、无痛分娩、气囊仿生助产等诊疗技术；儿科开展中西医结合诊治呼吸、消化、内分泌等系统疾病及疑难病症疗效显著，成立无陪护新生儿室，特别是对新生儿疾病治疗形成独特优势；儿保科开展婴儿智能开发泳疗、儿童营养指导咨询，新生儿保健、儿童心理保健咨询、儿童智能测试及训练指导、科学育儿指导等等。

医院环境优雅、整洁、布局合理，住院部配置有中心供氧、冷暖空调、多功能病床、床头柜、24小时冷热水供应及保安影像系统等。医院秉承“以保健为中心，临床与保健相结合”的服务宗旨，竭诚为广大患者开展全程、全员优质服务。2017年8月，派出专业技术骨干参加崇左市卫生应急技能竞赛，获“突发中毒事件处置项目”团体一等奖。6月，获崇左市妇幼卫生系统第三届“妇幼健康杯”气排球比赛第三名。

（赵如强）

居民生活

□编辑　农金安

城镇居民生活

【概　况】2017年，国家统计局大新调查队按照上级工作部署，开展城乡住户调查工作，全县住户调查样本量中城镇居民30户。城镇居民人均可支配收入30217元，同比增长9.0%；人均生活消费支出18571元，增长9.0%。

【人均可支配收入构成】2017年，大新县城镇居民人均可支配收入30217元，同比增长9.0%。其中，工资性收入16486元，占可支配收入的54.6%；经营净收入7797元，占可支配收入的25.8%；财产净收入1340元，占可支配收入的4.4%；转移净收入4594元，占可支配收入的15.2%。

工资性收入较快增长　全年城镇居民工资性收入16486元，比上年增加1416元，增长9.4%。工资性收入占可支配收入比重为54.6%，是城镇居民收入最主要的来源。工资性收入增长的主要原因：一是大新县积极开展就业帮扶，包括"春风行动""就业援助月"等活动，千方百计促进各类人员就业再就业；二是机关单位在职人员绩效奖金同比大幅提高。年内，机关单位在职人员领取2016年绩效工资（科员）合计23000元/人，比上年增加4000元/人，增长21.05%。

经营净收入平稳增长　全年城镇居民经营净收入7797元，比上年增加600元，增长8.3%。经营净收入占可支配收入比重为25.8%。经营净收入增长的主要原因：一是不断加强职业技能培训，提高劳动力"造血"能力，认真落实政策，鼓励全民创业，私营企业和个体工商户激增，促进经济发展和居民增收；二是旅游业不断发展以及游客人数增多促进居民增收。主要集中表现为第三产业经营净收入大幅增长，尤其是批发和零售业。

财产净收入大幅增长　全年城镇居民财产净收入1340元，比上年增加135元，增长11.2%。财产净收入占可支配收入比重为4.4%。

转移净收入平稳增长　全年城镇居民转移净收入4594元，比上年增加334元，增长8.1%。转移净收入占可支配收入比重为15.2%，是城镇居民收入的重要增长点。转移净收入增长的主要原因：根据《广西壮族自治区人力资源和社会保障厅、财政厅关于2017年调整退休人员基本养老金有关问题的通知》（桂人社发〔2017〕41号）精神，大新县统筹推进基本养老保险金调整，足额按时发放机关事业单位、企业退休人员基本养老金，调整增加的养老金。

2017年大新县城镇居民人均可支配收入情况统计表

表9　　　　　　　　　　　　　　　　　　　　　　单位：元

收入来源	2017年	2016年	2017年比2016年增长(%)
可支配收入	30217	27722	9.0
一、工资性收入	16486	15070	9.4
二、经营净收入	7797	7197	8.3
三、财产净收入(成本法)	1340	1205	11.2
四、转移净收入	4594	4250	8.1

【人均生活消费支出构成】2017年，大新县城镇居民人均生活消费支出18571元，同比增长9%。其中，人均食品烟酒类生活消费支出7233元，占生活消费的39.0%；人均非食品烟酒类生活消费支出11338元，占生活消费的61.0%。在非食品烟酒类消费中，消费较大的是居住、交通通信、教育文化娱乐，分别占比15.5%、14.4%、10.4%；其次是生活用品及服务、衣着、医疗保健，分别占比8.0%、5.3%、4.6%；其他用品和服务占2.8%。

2017年大新县城镇居民人均生活消费支出情况统计表

表10 单位：元

项目	数量（元）	项目	数量（元）
生活消费支出	18571	5. 交通通信	2671
1. 食品烟酒	7233	6. 教育文化娱乐	1937
2. 衣着	989	7. 医疗保健	858
3. 居住	2882	8. 其他用品和服务	511
4. 生活用品及服务	1490		

农村居民生活

【概　况】2017年，国家统计局大新调查队按照上级工作部署，开展城乡住户调查工作，全县住户调查样本量中农村居民70户。农村居民人均可支配收入11336元，同比增长10.9%；人均生活消费支出8086元，增长9.4%。

【人均可支配收入构成】2017年，大新县农村居民人均可支配收入11336元，同比增长10.9%。其中，工资性收入2957元，占26.1%；经营净收入6642元，占58.6%；财产净收入405元，占3.6%；转移净收入1332元，占11.7%。在经营净收入中，第一产业经营净收入5475元，占82.4%；第二产业经营净收入100元，占1.5%；第三产业经营净收入1067元，占16.1%。

工资性收入大幅增长　全年农村居民工资性收入2957元，比上年增加244元，增长9.0%。工资性收入占农村居民人均可支配收入比重为26.1%。工资性收入增长的主要原因：近年来，大新县全力发展农业观光旅游业，建设特色旅游新村，为当地农民带来就业，年内本地非农就业人数增加，同时全年农村劳动力稳定转移，促进农民增收。

经营净收入较快增长　全年农村居民经营净收入6642元，比上年增加753元，增长12.8%。经营净收入占农村居民人均可支配收入比重为58.6%。经营净收入增长的主要原因：一是全面落实各项措施，粮食生产、特色养殖稳定发展；二是2017年榨季甘蔗价格增长，促进农民大幅增收。2016/2017年榨季普通甘蔗价格为500元/吨，比上年增加60元/吨，增长13.6%；2016/2017年榨季良种甘蔗价格为530元/吨，比上年增加60元/吨，增长12.8%。

财产净收入稳定增长　全年农村居民财产净收入405元，比上年增加27元，增长7.1%。财产净收入占农村居民人均可支配收入比重为3.6%。财产净收入增长的主要原因：根据自治区财政厅、农业厅的通知精神，大新县4月开始启动耕地地力保护补贴工作，全县耕地地力保护补贴面积为27611.53公顷，补贴标准为1240.5元/公顷，补贴资金总额为34252188.15元。同时，结合大新县实际贫困人口及森林资源分布情况，确定选聘生态护林员并分解到全县14乡镇，落实发放生态护林员补助。

转移净收入稳定增长　全年农村居民转移净收入1322元，比上年增加80元，增长6.4%。转移净收入占农村居民人均可支配收入比重为11.7%。转移净收入增长的主要原因：一是第一产业和第三产业的发展。全年全县完成粮食种植面积27080

公顷，占崇左市下达的全年粮食种植面积任务26800公顷的101.04%，电子商务和现代特色农业示范区建设的逐步发展，乡村休闲度假游倍受青睐，旅游扶贫成效突显；二是大力推进农村低保与扶贫开发政策衔接。将符合条件的建档立卡贫困户纳入低保，实现应保尽保。

2017年大新县农村居民人均可支配收入增长情况表

表11　　单位：元

收入来源	2017年	2016年	2017年比2016年增长(%)
可支配收入	11336	10222	10.9
一、工资性收入	2957	2713	9.0
二、经营净收入	6642	5889	12.8
(一)第一产业经营净收入	5475	4852	12.8
1. 农业	4683	4147	12.9
2. 林业	99	88	13.0
3. 牧业	628	559	12.4
4. 渔业	64	58	11.2
(二)第二产业经营净收入	100	89	12.4
(三)第三产业经营净收入	1067	948	12.5
三、财产净收入(成本法)	405	378	7.1
四、转移净收入	1332	1242	6.4

【人均生活消费支出构成】 2017年，大新县农村居民人均生活消费支出8086元，同比增长9.4%。其中，食品烟酒类消费支出人均3203元，占生活消费的39.6%；非食品烟酒类消费支出人均4883元，占生活消费的60.4%。在非食品烟酒类消费中，消费较大的是居住、交通通信、教育文化娱乐，分别占比20.2%、14.5%、11.2%；其次是生活用品及服务、医疗保健、衣着，分别占比5.9%、5.2%、2.6%；其他用品和服务占0.8%。

2017年大新县农村居民人均生活消费支出情况统计表

表12　　单位：元

项　　目	数量(元)	项　　目	数量(元)
生活消费支出	8086	5. 交通通信	1169
1. 食品烟酒	3203	6. 教育文化娱乐	906
2. 衣着	210	7. 医疗保健	422
3. 居住	1636	8. 其他用品和服务	67
4. 生活用品及服务	473		

（陆婧萍）

灾害·事故

□编辑　黄智勇

自然灾害

【冰　雹】 2017年3月18日凌晨5时40分左右，受南支槽东移和偏南急流加强影响，桃城、雷平、榄圩、龙门、昌明、福隆等6个乡镇部分村屯出现冰雹强对流天气过程，冰雹最大直径约乒乓球大小。农作物受灾面积为榄圩乡有3.53公顷玉米、1.53公顷南瓜受灾（均是轻微受损）；雷平镇有19户房屋受损（主要是瓦片破裂、漏水），受灾人数53人，无受伤人员，经济损失共4.5万元。

【暴雨洪涝】 2017年6月16日，受高空槽、切变线和地面锋面南移共同影响，大新县大部分乡镇出现暴雨到大暴雨天气过程，最大降雨量出现在福隆乡183.8毫米，各乡镇出现不同程度灾害，其中福隆、昌明、龙门、榄圩、五山、硕龙等乡镇受灾较为严重。因内涝造成全县受灾人口8065人，受淹村屯53个，农作物受灾面积873.22公顷，灾害造成直接经济损失115.78万元，其中农业损失102.78万元，基础设施损失9万元，家庭财产损失4万元。

【寒露风】 2017年10月15—19日，大新县出现日平均气温22℃的寒露风天气过程。主要对部分迟熟或迟插晚稻的抽穗扬花和灌浆结实造成不利影响，导致结实率和千粒重下降，影响晚稻产量。

（计凤妮）

事　故

【生产安全事故】 2017年10月28日13时许，广西大新良群锰粉厂布东锰矿一采区发生一起矿洞掘进顶部石块坍塌事故，造成1人死亡，直接经济损失约130万元。

（张燕霞）

【火　灾】 2017年，大新县接警出动处置火灾事故36起，出动人员478人次，出动车辆158辆次，无人员伤亡，抢救财产价值约179万元，火灾形势总体稳定，较大事故案例如下：

2月7日4时51分，昌明乡仁化村增屯一民房着火，造成财产损失约10万元，未造成人员伤亡。

7月16日1时13分，全茗镇乔苗村禾留屯一民房着火，造成财产损失约1.5万元，未造成人员伤亡。

11月22日11时29分，下雷镇土湖社区通音屯一瓦房着火，造成财产损失约1.7万元，未造成人员伤亡。

（梁耀丹）

【森林火灾】 2017年，大新县发生较大森林火灾2起。具体案例如下：

3月5日13时20分，下雷镇志刚村坡贯屯发生火灾，扑灭时间为22时33分。过火面积80公顷，地类为石漠化。火灾发生后出动扑火人员50人、车辆4辆。

5月27日14时50分，那岭乡邑伏村叫利屯发生火灾，扑灭时间为16时10分。过火面积4公顷，地类为石山灌木林，为国家级重点公益林，林种为水土保持林，树种为石山灌木。火灾发生后出动扑火人员30人、车辆2辆。

（冯国华）

【重大交通事故】 2017年，大新县辖区共发生道路交通事故2172起(其中立案事故975起，适用简易程序、快速快赔1161起，死亡事故36起)，共造成死亡41人，受伤715人，直接经济损失160.27万元。刑事立案36起(其中交通肇事15起，危险驾驶21起)，移送检察院起诉22起，年内已逮捕10人，取保候审8人。事故四项指数与上年同期相比，事故起数下降1.7%，死亡人数上升10.8%，受伤人数上升14.9%，直接经济损失上升6.7%。全年没有发生一次死亡3人以上较大事故。2017年交通事故典型案例如下：

1月18日17时10分，在雷平镇安平村渠介屯至安民村新安屯屯级公路"弄奇"路段，何某某未依法取得机动车驾驶证、醉酒、未戴安全头盔驾驶无车号牌铃木牌GS125型普通二轮摩托车(车架号：LE8HBOXD9YL014537，发动机号：00406903)沿雷平镇安平村渠介屯至安民村新安屯屯级公路由新安屯方向(西)往渠介屯方向(东)行驶至上述事故地点时，恰有董某某驾驶广西FG1209号桂花牌16型手扶式拖拉机(装载甘蔗叶)由无车号牌铃木牌GS125型普通二轮摩托车行驶方向右侧机耕路(南)驶入屯级公路(左转弯往新安屯方向行驶)，因何某某驾车超速行驶、操作不当，致使无车号牌铃木牌GS125型普通二轮摩托车失控倒地向前滑行过程中与广西FG1209号桂花牌16型手扶式拖拉机发生碰撞，造成何某某在事故现场死亡及无车号牌铃木牌GS125型普通二轮摩托车损坏的道路交通事故。

1月29日17时，在532县道31公里+200米路段，黄某某驾驶桂A86292号金旅牌XML6532E43型中型普通客车沿532县道由堪圩乡方向(南)往硕龙镇方向(北)行驶，农某某未依法取得机动车驾驶证、醉酒驾驶桂F77X09号本田牌WH125-11A型普通二轮摩托车搭乘农某某与桂A86292号中型普通客车对向行驶。两车行驶至上述事故地点会车时发生碰撞，造成农某某在事故现场死亡、农某某受伤及两车损坏的道路交通事故。

1月30日16时许，在213省道95公里+100米路段，农某某未依法取得机动车驾驶证驾驶无车号牌凯事通牌电动正三轮轻便摩托车(车架号码：KST-15068952，电机号码：150660539)搭乘农某某沿213省道由全茗镇方向(南)往天等县小山乡方向(北)行驶；黄某某醉酒驾驶桂F7S772号正大牌ZD125-5型普通二轮摩托车搭乘黄某某与无车号牌凯事通牌电动正三轮轻便摩托车对向行驶。两车行驶至上述事故地点，无车号牌凯事通牌电动正三轮轻便摩托车左转驶往上满屯路口过程中，与桂F7S772号正大牌ZD125-5型普通二轮摩托车发生碰撞，造成农某某受伤经送县人民医院抢救无效于当晚死亡及两车损坏的道路交通事故。

2月8日11时20分，在316省道66公里+600米路段，李子锋驾驶桂F60988号大型卧铺客车搭载林某某等44人沿316省道由龙门乡方向(东南)往昌明乡方向(东北)行驶，行驶至316省道66KM+600M(龙门乡龙门社区伏内屯)路段，因雨天路滑，操作不当，致使车辆失控驶往对向车道，与对向驶来卢某某驾驶的桂A78551号重型厢式货车(空载)发生正面碰撞，造成卢某某及林某某在事故现场死亡，李某某等37人不同程度受伤及两车损坏的道路交通事故。

2月21日23时50分许，在316省道88公里+600米路段，农某未依法取得机动车驾驶证、醉酒、未戴安全头盔驾驶肇事车辆沿316省道由桃城镇方向(东)往那岭乡方向(西)行驶至上述事故地点时，车辆失控倒地往前滑行后翻下北侧耕地，造成农某在事故现场死亡及车辆损坏的道路交通事故。

3月1日10时35分，在325省道448公里+50米路段，农某某驾驶粤WT8077号江淮牌HFC6500KA2C8T型小型普通客车(装载875kg大米)沿325省道由堪圩乡方向(南)往硕龙镇方向(北)行驶至上述地点时，恰有苏某某未依法取得机动车驾驶证驾驶无车号牌三铃牌SL125-3D型普通二轮摩托车(车架号码：LBRSPJ3D580002391，发动机号码：C8968489)由粤WT8077号小型普通客车行驶方向道路右侧(东)往左侧(西)穿越公路，粤WT8077号小型普通客车往左避让过程中两车发生碰撞，造成苏某某受伤经送县人民医院抢救无效于当日死亡及两车损坏的道路交通事故。

5月8日20时10分，在316省道125公里+700米路段，雷某某驾驶桂F77870号东风牌EQ1030TZ72D2型轻型普通货车沿316省道由雷平方向（南）往桃城镇方向（北）行驶至上述地点时，与行人黄某某发生碰撞，造成黄某某在事故现场中死亡及车辆损坏的道路交通事故。

5月9日13时30分，在213省道105公里+700米路段，赵某某驾驶桂FUN222号东风牌ZN1033U2M4型轻型普通货车沿213省道由全茗镇方向往桃城镇方向行驶；农某某驾驶桂F78G30号宗申牌ZS150ZH-4型正三轮载货摩托车搭载李某某等5人，与桂FUN222号东风牌ZN1033U2M4型轻型普通货车对向行驶。两车行驶至上述地点会车时发生碰撞，造成5人受伤，其中1人经送县人民医院抢救无效于5月14日死亡及两车损坏的道路交通事故。

6月2日17时20分，在316省道142公里+750米路段，陆某某驾驶桂F7Q165号建设牌JS110-B型普通二轮摩托车沿316省道由下雷镇仁惠村方向往下雷镇仁爱村方向行驶；吴某某驾驶桂FYU258号五菱牌LZW6450PF型小型面包车尾随桂F7Q165号普通二轮摩托车同向行驶。两车行驶至上述地点时，桂FYU258号小型面包车追尾碰撞桂F7Q165号普通二轮摩托车，造成陆某某受伤经送大新锰矿职工医院抢救无效于当日死亡及两车损坏的道路交通事故。

7月19日16时40分许，在合那高速公路（道路编号：S60）343公里+900米路段，农某某驾驶桂A0M800号丰田牌GTM7251GB型小型轿车搭载章某某等4人，沿崇靖高速下行线由靖西市方向往崇左市方向行驶至上述路段时，碰撞道路中心隔离护栏，造成2人在事故现场死亡，2人受伤及车辆、道路设施损坏的道路交通事故。

8月10日12时10分，在316省道48公里+300米路段，黄某某驾驶桂N62561号福田牌BJ1133VJPFD-A型重型普通货车沿213省道由隆安县屏山乡（东南）往昌明乡方向（北）行驶；黄某驾驶桂F78E50号钱江牌QJ110-9型普通二轮摩托车与桂N62561号福田牌BJ1133VJPFD-A型重型普通货车对向行驶。两车行驶至上述地点时，桂N62561号福田牌BJ1133VJPFD-A型重型普通货车驶往道路左侧，碰撞并碾压桂F78E50号钱江牌QJ110-9型普通二轮摩托车后翻下山坡，造成黄某在事故现场死亡及两车损坏的道路交通事故。

8月14日18时20分许，在213省道106公里+800米路段，张某某驾驶桂A72X99号北京现代牌BH7167AX型小型轿车，搭载张某某、黄某某沿213省道由全茗镇方向往桃城镇方向行驶；黄某某驾驶桂AA7737号乘龙牌LZ3050RAH型中型自卸货车与桂A72X99号北京现代牌BH7167AX型小型轿车对向行驶。两车行驶至上述地点时发生碰撞，造成2人在事故现场死亡、1人受伤及两车损坏的道路交通事故。

8月16日23时28分，在316省道54公里+100米路段，朱某某驾驶桂AA0687号乘龙牌LZ5312CSQEL型重型仓栅式货车沿316省道由福隆乡方向往昌明乡方向行驶至上述地点时，碾压卧在其前方车道内的赵某某，造成赵某某当场死亡的道路交通事故。发生事故后，朱某某驾车逃逸。

9月6日20时许，在213省道122公里+600米路段，隆某某驾驶凤凰牌28寸人力二轮自行车沿213省道由桃城镇方向（北）往雷平镇方向（南）行驶；赵某某驾驶大新38095号骊驹牌电动二轮自行车尾随凤凰牌28寸人力二轮自行车行驶。两车行驶至上述地点时，大新38095号骊驹牌电动二轮自行车追尾碰撞凤凰牌28寸人力二轮自行车，造成隆某某受伤经送县人民医院抢救无效于次日死亡及两车损坏的道路交通事故。

11月19日18时30分，在316省道89公里+200米路段，陆某某驾驶大新09100号电动二轮自行车沿316省道由桃城镇方向（东）往那岭乡方向（西）行驶；陈某某驾驶桂FJV878号丰田牌GTM7200GB型小型轿车尾随大新09100号电动二轮自行车行驶。两车行驶至上述地点时，桂FJV878号丰田牌GTM7200GB型小型轿车追尾碰撞大新09100号电动二轮自行车，造成陆某某在事故现场死亡及两车损坏的道路交通事故。发生事故后，陈某某驾车逃逸。

12月9日19时30分，在213省道111公里+900米路段，黄某某驾驶桂FGA588号五菱牌LZW1029SBFA型轻型普通货车沿213省道由桃城镇方向(南)往全茗镇方向(北)行驶；余某某驾驶驾驶桂A0B288号丰田牌CA64604XGE4型小型普通客车尾随驾驶桂FGA588号五菱牌LZW1029SBFA型轻型普通货车行驶；赵某某驾驶大新36593号电动二轮自行车搭载李某某与驾驶桂FGA588号五菱牌LZW1029SBFA型轻型普通货车。对向行驶。三车行驶至上述地点时，桂A0B288号丰田牌CA64604XGE4型小型普通客车驶入西侧车道超越驾驶桂FGA588号五菱牌LZW1029SBFA型轻型普通货车的过程中与大新36593号电动二轮自行车发生碰撞，后桂A0B288号丰田牌CA64604XGE4型小型普通客车向右避让时又与桂FGA588号五菱牌LZW1029SBFA型轻型普通货车发生碰刷，造成赵某某在事故现场死亡、李某某受伤及三车损坏的道路交通事故。

（马东丽）

乡镇·经济管理区

□编辑　农忠波

桃城镇

【概　况】 桃城镇位于大新县中部，为县城所在地，是全县政治、经济、文化活动中心。243、358国道和311省道、536县道（桃城—岔口）交会境内，距自治区首府南宁143公里。镇政府驻养利北路延长线。全镇辖桃源、新城、新振3个社区和北三、黎明、松洞、社隆、宝贤、爱国、万礼、新华、宝新、大岭、德立11个村，136个自然屯，227个村（居）民小组。2017年，全镇有20200户72231人，其中城镇人口50518人，乡村人口21713人；女性34485人（县公安局提供）。人口自然增长率10.79‰。全镇行政区域面积254平方公里。林地面积12466.42公顷（县林业局2016年调查统计数，不含农场、县辖林业单位、矿区等，以下各乡镇同）。耕地总面积8459.16公顷（2016年县国土局数，含农场636.67公顷、新江苗圃1.66公顷），其中水田2572.38公顷（含农场0.38公顷），旱地5886.78公顷（含农场636.29公顷、新江苗圃1.66公顷）。境内有浓沙、新屯观光农业和休闲旅游景区。

机构设置　镇政府设党政办公室（挂政务服务管理办公室牌子）、社会事务办公室、经济发展办公室、人口和计划生育办公室（与人口和计划生育服务站合署办公）、社会治安综合治理办公室（挂综治信访维稳中心牌子），有干部职工42人。镇主管事业单位有社会保障服务中心、水利站、林业工作站、文化体育和广播电影电视站、人口和计划生育服务站（与人口和计划生育办公室合署办公）、国土规建环保安监站（挂桃城镇综合行政执法队牌子），有干部职工39人。县主管、镇协管事业单位有财政所、水产畜牧兽医站、农业技术推广站、农机技术推广站，有干部职工18人。镇整合行政机构、事业单位的政务公开和公共服务资源，设立面向群众服务的镇政务服务中心1个，人员从各镇直机关事业单位抽调。2017年8月村级组织换届后，全镇14个村（社区）"两委"有定工、半定工干部80人。县派出机构有司法所、公安派出所、新型农村合作医疗管理办公室、地税分局、国税分局、工商质监所、食品药品监督管理所、粮食购销站、供电所、供销合作社以及农村商业银行桃城分理处、新振分理处、民生分理处等。

农村经济　农作物播种总面积7855公顷。其中，粮食作物播种面积3602公顷，总产量15901吨；经济作物种植面积3514公顷（甘蔗种植面积3038公顷，2017/2018年榨季入厂原料蔗166273.06吨；蔬菜种植面积604.67公顷，总产量9493吨）。水果总产量12568吨。肉类产量5366吨。水产品产量2956吨。农民人均纯收入11006元。

教文卫体　2017年秋季学期有中心小（镇第四小学）1所，村完小1所，教学点12个，在校学生2337人，适龄儿童入学率100%；幼儿园（含托儿所）22所，入园幼儿5501人，入园率95%。有卫生院2所。病床83张。全镇参加新型农村合作医疗40608人，收缴金额6091200元，参合率96.05%，获得新农合报销补偿29703人次，补偿金额188667380.2元。有篮球场39个（其中灯光球场35个），舞台28个，年内举办球赛6场次，演出9场次。

荣　誉　年内，桃城镇荣获2011—2015年全市法治宣传教育先进集体、建设平安崇左活动先进乡镇、大新县乡(镇)党风廉政建设和反腐败工作一等奖、大新县2017年度绩效考评乡镇一等奖;桃城镇第二卫生院被评为自治区卫生先进单位;新振社区获评全国综合减灾示范社区、自治区综合减灾示范社区;桃源社区党总支部、新振社区党总支部分别被评为自治区五星级农村基层党组织和四星级农村基层党组织;宝贤村价屯被重新确认为自治区卫生村并继续保留"全国文明村镇"称号;宝新村新屯乡村旅游区获评自治区四星级乡村旅游区;桃城镇决帮砂仁林业扶贫示范园获评广西现代特色农业示范园;万礼村浓沙屯、宝贤村价屯、宝新村新屯在"美丽崇左"乡村建设魅力村庄工作中获崇左市"美丽崇左"乡村建设领导小组通报表扬;新农养殖场获表彰为"崇左市先进扶贫龙头企业"。

镇党委书记:徐钊。镇人大主席:韦成刚。镇长:黄成华。

【党建工作】 2017年,桃城镇以党建促发展,统揽工作全局。一是推进"两学一做"学习教育常态化、制度化。持续开展"固定党日+"活动,组织党员领导干部认真学习中共十九大精神,引领全镇党员在"学"中提振精气神,在"做"中聚力促发展。二是通过"党支部+"模式,发展壮大村集体经济。积极筹措资金10万元率先在德立村投资发展大新县第一家光伏发电项目,大力扶持和引导德立村把上级扶贫资金、有关项目资金、村集体"三资"进行整合作为股份,入股企业、专业合作社等发展集体经济,最终获到分红,全年获得村集体经济收益27481元。三是整合多方资源,全力提升社区服务水平。重点打造社区各项功能室建设,完善规章制度,优化服务流程。年内,自治区党委组织部命名桃源社区党总支部为"五星级党组织"、新振社区党总支部为"四星级党组织"。

【脱贫攻坚】 2017年,桃城镇全力抓好脱贫攻坚。实施甘蔗化肥扶持、种养殖以奖代补、个体户以奖代补等27个产业项目,贫困户受益405.98万元。引导德立村把上级扶贫资金、有关项目资金、村集体"三资"、金融扶贫贷款等作为股份,入股企业、专业合作社等发展集体经济,全年村集体经济收益2.75万元,有效增强贫困村和贫困群众自我发展能力。全年实现脱贫335户1410人,德立村完成整村脱贫摘帽。

【农业工作】 2017年,桃城镇稳步推进"三农"工作,农民实现持续增收。顺利完成全镇农业普查任务,扎实推进农村土地确权。稳定粮食生产,加大对粮食主产区农业科技服务体系建设,重点支持健全农业技术推广网络,大力推广粮食新品种、先进种植技术、新农药、新肥料,提高粮食单产和产品质量。全镇完成玉米、稻谷播种面积3000公顷,杂交水稻达99%。巩固甘蔗产业主导地位,完成18个片区共642公顷"双高"基地建设。在德立村决帮屯建立砂仁林业扶贫示范区,辐射带动周边村民脱贫致富。

【城镇化建设】 2017年,桃城镇加快城镇化建设步伐,"宜居乡村建"设稳步推进。加大征地拆迁,陆续推进武阳山公园、万承学校、桃城镇垃圾处理中心和宝新村垃圾转运站、环城北路一二期建设、伦那路延长线扩征等项目征地拆迁,确保重点项目顺利进场建设,环城东路、新锰大道实现全线施工,环城东路法院

7月4日,桃城镇召开协调会研究推进扶贫攻坚工作

新址至桃城镇政府路段、明仕北路、东区横一路(武阳小区)3条断头路实现通车。加大对“两违”整治,发现“两违”抢建户54户,拆除30间,接待群众来访登记3672户,完成“两违”当事人164户调查笔录,有效遏制违法违规建设行为。统筹推进“宜居乡村”建设,完成基础便民农村改厨871户、改厕1879户。积极推进服务惠民工作,率先在万礼村教礼屯投入20多万元完成服务惠民村级综合服务中心建设,大大提高服务惠民水平。6月13日,崇左市服务惠民村级综合服务中心建设现场观摩会在万礼村村级综合服务中心举行。不断完善基础设施,继续加大对万礼村浓沙屯、宝贤村价屯、宝新村新屯、黎明村巴香屯等生态乡村旅游示范点的引导建设,并注重对周边村屯的辐射带动作用。

【民心工程】 2017年,桃城镇社会事业全面发展,民生保障持续改善。坚持优先发展教育事业,改善办学条件,全镇适龄儿童入学率100%,素质教育进一步实施,“两免一补”政策全面落实,促进义务教育均衡发展。投资193.17万元实施“一事一议”财政奖补,共涉及9个村24个项目,修建水泥路8.88公里,太阳能路灯280盏,村内公共活动场所251平方米。加快推进农村饮水安全工程,实施人饮工程1处;实施农村危房改造35户。以诚信计生为抓手,强化任务落实,促进计生工作水平提高,较好完成人口和计划生育各项指标和任务。人口自然增长率10.79‰,数据库信息准确率98.8%,完成免费孕前优生健康检查298人。积极开展农业科技扶贫,不断增强贫困村屯“造血”功能,共举办农民创业技能、实用技术、育婴员、养老护理等6期职业技能培训。完善城乡低保动态管理,实现应保尽保;建立农村五保社会救助体系;加大困难群众流浪乞讨人员和残疾人生活救助。扎实推进城乡居民养老,全镇有831户2588人享受农村低保,281名五保对象享受供养金,18098人参加新型农村社会养老保险,6566名老人领取养老金。全镇共有贫困户3273人次的参保农民获新农合报销补偿,补偿金额194.86万元。全镇227个村民小组全部配备有清洁工,每月300元工资全部发放到位。

(罗　娜)

全茗镇

【概　况】 全茗镇位于大新县北部。国道243、县道573(全茗—龙茗)纵横境内南北西东。镇政府驻全茗街,距县城8公里。全镇辖全茗社区和政教、顿周、灵敖、上湖、乔苗、上马、配偶7个村,有108个自然屯,139个村(居)民小组。2017年,全镇有7406户28115人,其中城镇人口5120人,乡村人口22995人;女性13456人(县公安局提供)。人口自然增长率6.01‰。行政区域面积187平方公里。林地面积11474.39公顷(县林业局2016年调查统计数)。耕地总面积4169.70公顷(2016年县国土局数,含农场5.73公顷、上湖林场55.03公顷),其中水田1652.23公顷(含上湖林场15.55公顷),旱地2517.47公顷(含农场5.73公顷、上湖林场39.48公顷)。境内有新兴观光农业和休闲旅游景区。

机构设置　镇政府内设机构有党政办公室、社会事务办公室、经济发展办公室、人口和计划生育办公室(与人口和计划生育服务站合署办公)、社会治安综合治理办公室(挂综治信访维稳中心牌子),有干部职工21人。镇主管事业单位有社会保障服务中心、水利站、林业站、文化体育和广播电影电视站、人口和计划生育服务站(与人口和计划生育办公室合署办公)、国土规建环保安监站,有干部职工19人。县主管、镇协管事业单位有财政所、水产畜牧兽医站、农机技术推广站,有干部职工7人。镇整合行政机构、事业单位的政务公开和公共服务资源,设立面向群众服务的镇政务服务中心1个,人员从各镇直机关事业单位抽调。全镇8个村(社区)“两委”有定工、半定工干部46人。县派出机构有司法所、公安派出所、新型农村合作医疗管理办公室、食品药品监督管理所、供电所、工商质监所、粮食购销站、供销合作社、邮政所(含邮政储蓄网点)、电信公司营业厅、农村商业银行全茗支行等。

农村经济　农作物播种总面积4182公顷,其中粮食作物播种面积2076公顷,粮食总产量8762吨;经济作物种植面积1565公顷(甘蔗种植1100公顷,2017/2018年榨季入厂原料蔗67337.48吨;蔬菜种植449.87公顷,总产量7546吨)。果园面积201.4公顷,园林水果总产量7770吨。肉类产量1950吨。水产品产量416吨。农民人均纯收入9315元。

教文卫体　2017年秋季学期有中学1所,中心小学1所,教学点6个,在校学生共1376人,适龄儿童入学率100%;幼儿园6所,入园幼儿620名,入园率91%。有卫生院1所,病床18张。新型农村合作医疗参合人数22673人,参合率96%,获新农合报销补偿19683人次,金额10596416.53元。有篮球场39个(其中灯光球场10个),舞台10个,年内举办球赛34场次,演出20场次。

荣　誉　年内,全茗镇获评大新县2016年度征兵工作先进单位、大新县2017年度绩效考评乡镇二等奖;全茗镇中心卫生院获评广西壮族自治区卫生先进单位、2016年大新县免疫规划工作先进集体一等奖;上马村获评第十四批大新县文明村;上马村龙令屯获评"美丽崇左"乡村建设魅力村庄绿色村屯;上马村、全茗社区顺利通过"双百"示范村和整治村打造验收,并获市县乡村办表彰;新兴休闲农业示范园获评广西现代特色农业示范园。

镇党委书记:黄云燕(女)。镇人大主席:许华杰。镇长:赵贤。

【党建工作】2017年,全茗镇扎实推进党建工作。落实好"两学一做"学习教育常态化制度化,将学习教育融入"三会一课""固定党日+"活动,强化宣传发动,分类指导,突出学做结合,开展各级各类培训35期,发放学习资料2500多份,上党课140余次。通过组织党员到中信大锰学习企业党建、联系志愿者到灵敖村咘远屯开展扶贫帮扶等特色活动,提高党员党性修养。充分发挥党员和第一书记、村级"两委"班子、驻村工作队作用,以党建促扶贫脱贫。争取得上湖村后盾单位广西广播电视大学资助上湖村6万元,其中2万元用于扶贫产业开发,4万元用于党员活动中心建设;争取到县林业局扶持价值6万元山油茶并发放到农户种植。配偶村第一书记大力宣传推广配偶村八角、糯米酒等,取得较好成效。

【农业生产】2017年,全茗镇扎实做好农业生产。一是加快甘蔗生产及"双高"基地建设。全年甘蔗种植1100公顷,其中落实"双高"基地建设地块6片区113.33公顷,完成"双高"基地土地平整100公顷,完成田间道路建设1.3万多米。二是稳定粮食生产。全年水稻种植1040公顷,玉米种植1053.33公顷,蔬菜种植503.07公顷,果蔗种植53.33公顷。三是推进现代特色农业示范基地建设。以灵敖村茗盈现代柑果农业生态示范基地和全茗社区、顿周村种植反季节蔬菜、无公害蔬菜示范基地为辐射点,在配偶村、上湖村发展林下经济和生态养殖。成功申报全茗镇新兴休闲农业示范园为广西现代特色农业示范园,并通过自治区级验收。四是培育新型农业经营主体。联系大新县全茗镇巴林鑫鑫种养专业合作社等4个家庭农场和种养专业合作社,逐步形成以家庭承包经营为基础,以专业大户、家庭农场、农民合作社为骨干,其他组织形式为

广西现代特色农业示范园——全茗镇新兴休闲农业示范园

补充的新型农业经营体系。

【基础设施建设】 2017年，全茗镇安排落实全茗社区巴孟屯、乔苗村那排屯等13个屯“一事一议”财政奖补屯道硬化项目；完成上湖村弄吉屯、办屯等屯民族项目道路硬化项目建设；完成政教村那叫、汤那屯和上马村新巴屯等3屯住建项目屯内道路硬化项目建设；完成新建项目全茗镇板算屯至二级公路等5公里的3条道路建设。累计投资15.26万元建设全茗社区伏桥屯、南街道路建设及太阳能路灯亮化工程；累计投资265万元建成全茗儿童康复中心楼和全茗社区办公楼。完成乔苗至灵煞村段渠道修复工程，完成配偶村新旺、新偶、逐轻、弄稔屯4处人饮工程施工建设。完成农村危房改造38户，按户均2万元补助资金已划拨到农户。

【综治维稳】 2017年，全茗镇扎实做好综治维稳。一是开展安全大排查，确保辖区安全。组织进村屯、进单位、进学校、进企业开展安全生产大检查16次；加大农机安全监管，检查农用车、三轮车等200多辆次。二是做好法制宣传。开展法律宣传6场次，上法制课4场次，受教育人数8600余人次；发放各种宣传资料2000多份；组织全镇干部职工学法用法。三是做好矛盾纠纷调处。坚持每月召开一次综治维稳工作会议，分析、排查社会不稳定因素，研究维稳措施，加强基层矛盾纠纷调解。全年受理各类纠纷117件，调解113件，调结率96%。年内全镇无重特大安全生产责任事故，无群体性事件和越级上访、非正常上访案件，全镇大局继续保持和谐稳定。

【精准扶贫】 2017年，全茗镇扎实做好脱贫攻坚。安排落实帮扶人495人，按照网格化管理要求，落实镇、村（社区）、屯三级网格，管理贫困户1880户。全年落实项目392万元，分别为财政扶贫资金肉鸡、肉猪、化肥产业项目，上湖村、配偶村集体经济精准扶贫光伏发电集体经济项目，寄养猪、鳖、入股安平游船等项目。初步建成上马村龙令养殖基地、灵敖村茗盈柑橘种植园、全茗镇胤祥桑蚕培育养殖基地；创建全茗镇新兴农业示范片、全茗镇巴林鑫鑫养殖合作社种养基地，受益贫困户324户2115人；创建灵敖村布远屯种植生态水稻、百香果种植基地，受益贫困户23户92人。完成贫困户153户易地扶贫搬迁入住。年内，全镇动态管理认定新增贫困户67户133人，按照“八有一超”和“两不愁，三保障”要求组织完成认定脱贫334户1446人。此外，还完成全茗镇2018—2020年“十三五”扶贫项目库储备项目编报，完成系统信息清洗、组织帮扶人员完善帮扶手册帮扶项目等工作。

【民生工程】 2017年，全茗镇扎实做好民政救助，发放慰问村干及困难党员慰问金3.45万元，发放困难群众慰问物品及慰问金合计金额7500元，上半年为38人办理高龄补贴手续。为333人办理两项残疾人补贴，为32名困难残疾人发放春节慰问品等。全年新型农村合作医疗参合22673人，参合率96%，有19683人次获新农合报销补偿，补偿金额10596416.53元等。

（阮新妮）

五山乡

【概　况】 五山乡位于大新县东北部。乡政府驻天水社区度灵屯，境内有537县道（锌矿—五山）到达乡政府，距县城30公里。全乡辖天水社区和三合、文化、文应、温新、其山、宾山、盆山、联山8个村，54个自然屯，130个村（居）民小组。2017年，全乡有5467户21611人，其中女性10691人（县公安局提供）。人口自然增长率4.73‰。行政区域总面积144平方公里。林地面积11002.64公顷（县林业局2016年调查统计数）。耕地总面积2131.83公顷（2016年县国土局数），其中水田460.01公顷，旱地1671.82公顷。境内石山叠嶂，是全县干旱地区之一。盛产玉米。土特产品有龙骨花、旱藕、金银花、八角等。

机构设置　乡政府内设机构有党政办公室（挂政务服务管理办公室牌子）、社会事务办公室、经济发展办公室、人口和计划生育办公室（与人口和计划生育服务站合署办公）、社会治安综合治理办公室（挂综治信访维稳中心牌子），干部职工23人。乡主管事业单位有社会保障服务中心、水利站、林业工作站、文化体育和广播电影电视站、人口和计划生育服务站(与人口和计划生育办公室合署办公)、国土规划环保安监站,有干部职工9人。县主管、乡协管事业单位有财政所、水产畜牧兽医站、农业技术推广站、农机技术推广站,有干部职工8人。乡整合行政机构、事业单位的政务公开和公共服务资源,设立面向群众服务的乡政务服务中心1个,人员从各乡直机关事业单位抽调。全乡9个村(社区)"两委"有定工、半定工干部45人。县派出机构有司法所、派出所、食品药品监督管理所、供电所、供销合作社、邮政营业所、工商质监所、电信公司营业厅、农村商业银行五山支行等。

农村经济 农作物播种面积3349公顷,其中粮食作物播种面积2152公顷,粮食总产量7834吨;经济作物种植面积577公顷(甘蔗种植157公顷,2017/2018年榨季入厂原料蔗5872.77吨;蔬菜种植439.47公顷,总产量5198吨)。年末果园面积19.53公顷,园林水果总产量1477吨。肉类产量2478吨。水产品产量68吨。农民人均纯收入8886元。

教文卫体 2017年秋季学期有中心小学1所,教学点7个,在校学生351人,适龄儿童入学率100%;幼儿园1所,入园幼儿145人,入园率88%。有卫生院1所,病床11张。全乡参加新型农村合作医疗17786人,收缴金额2667900元,参合率96%,获新

5月29日,五山乡其山村举行端午节广场舞文艺演出

农合报销补偿20054人次,报销金额7747758.46元。有篮球场28个(其中灯光篮球场6个),舞台22个。年内举办球赛20场次,演出15场次。

荣　誉 年内,五山乡获评大新县2016年度征兵工作先进单位、大新县信用乡、大新县2017年度绩效考评乡镇二等奖;三合村、盆山村获评第十四批大新县文明村;三合村获评自治区"千村万户文艺惠民工程"舞蹈村。

乡党委书记:许达夫。乡人大主席:林森业。乡长:赵精志。

【公共服务】 2017年,五山乡加强社会治理,维护公共安全。全年调解矛盾纠纷42起,接待来信来访35人次;加强对药店、食品销售经营户、餐饮单位、学校食堂、诊所、卫生院的检查;张贴森林防火各类宣传标语70多条,发放森林防火宣传资料1000多份;加强安全生产管理和消防安全建设,开展对重点石场、客运站、商场、市场、学校、建筑工地大检查大排查。全乡群众安全感和满意度综合排名全县前列。

【精准扶贫】 2016年年初,五山乡精准识别贫困户855户3307人。2017年9月贫困人口动态调整"应纳尽纳"贫困户26户88人,退出户返贫6户24人,错评剔除贫困户2户11人。2017年,全乡以农村发展、农业增效、农民增收为核心,积极调整农业产业结构,发展特色产业,对照贫困户脱贫标准"八有一超"(有稳固住房、有饮用水、有电用、有路通自然村、有义务教育保障、有医疗保障、有电视看、有收入来源或最低生活保障和家庭人均纯收入超过国家扶贫标准)和"十一有一低于"(有硬化路、有水喝、有稳固住房、有电用、有服务设施、有电视看、有网络宽带、有医疗保险、有集体经济收入、有特色产业、有好班子和贫困村贫困发生率低于3%)的标准要求,采取有力措施,扎实推进贫困户和贫困村脱贫摘帽工作。年内,全乡脱贫人口167户727人,

剩余贫困人口633户2290人。

产业扶贫　全乡新增肉猪、山羊、竹鼠、肉牛等各类养殖基地20余个,养殖黑山羊2000多只,肉牛1000多头。成立肉牛养殖、黑山羊养殖、甘蔗种植等各类合作社7个,发展肉牛养殖350多头,黑山羊养殖2000多只,甘蔗合作种植157公顷,有效带动贫困户发展产业。落实产业扶贫资金116.32万元,其中落实肉牛养殖奖补51.2万元,涉及贫困户165户;落实27.5375万元,购买鸡苗发放15290羽,涉及贫困户356户;落实77.52万元,购买母猪发放520头,涉及贫困户520户;落实17.8万元,购买化肥发放1780包,涉及贫困户118户。

金融扶贫　完成小额信贷评级授信855户,向农商行递交贷款申请550户,获小额贴息贷款贫困户378户1710万元,主要用于山羊、肉牛、肉猪养殖等产业发展。同时,有11户贫困户通过入股大新县新农养殖公司获分红共2.2万元。

教育扶贫　发动五山籍在外成功人士和社会团体、爱心企业等社会力量参与扶贫攻坚。五山驻崇左市助学基金会开展“金秋助学”活动,对2017年全乡考上一、二本院校的16名学子资助金额4.8万元。全年贫困户子女九年义务教育阶段均获营养餐改善、内宿生免住宿费,高中生免学杂费,获贫困生补助。年内,落实2016年秋季学期中职、高职22人、本科1人和2017年春季学期中职、高职24人“雨露计划”补助,金额7.4万元;落实团县委“爱心助学·圆梦行动”资助建档立卡贫困大学生4人、高中生6人,金额1.4万元。

健康扶贫　年内,为全乡贫困户就医开通绿色通道,贫困户可先诊疗后付费,同时减免各项费用。全乡有370名贫困人口获得住院报销补偿,补助金额194.8万元。

【农业生产】2017年,五山乡推广杂交水稻和玉米新品种,完成粮食种植面积2152公顷;实施土地“小块并大块”,推动甘蔗扩种和“双高”示范基地建设,新建甘蔗“双高”示范基地67.73公顷;发展龙骨花种植面积200公顷,年产量1000吨,加工成干花62吨,主要销往广东等地,收入99.2万元。

【基础设施建设】2017年,五山乡投入资金2748万元,完成8个屯屯内道路硬化10.23公里;修建排洪渠7.8公里;完成宾山村更兆屯、三合村浪屯屯级活动中心配套设施建设;对天水社区、温新村、其山村实施耕地提质改造(旱改水)项目工程,实施规模139.77公顷耕地提质改造,新增水田面积65.21公顷;建设天水社区腊屯、文应村布太屯、文化村浓露屯、文应村应屯一组4个屯级人饮项目,有效解决人畜饮水问题。投入100多万元,完成乡中心校校舍、教学楼维修和硬化学生活动场地2000多平方米。投入62.37万元,完成其山村其屯、盆山村上坡屯、盆山村中坡屯、盆山村下坡屯、三合村罗屯、三合村新茗屯、文化村文浪屯、文化村叫屯等8个屯屯内路灯安装159盏。完成危房改造22户,其中贫困户10户,五保户1户。新建屯级活动场所5个、篮球场5个。

【民生工程】2017年,五山乡发放农业支持保护补贴(耕补)144.29万元。完成改厕649座,改厨321座。新增退耕还林10.47公顷,发放退耕还林补贴78.08万元。城乡居民基本养老保险缴费6348人,金额61.09万元,发放养老待遇3512人,金额409.9万元。参加新型农村合作医疗17786人,获新农合报销补偿20054人次,报销金额774.78万元。发放救济粮食1.62万公斤,救济人口919人。参加免费孕前优生健康检查夫妇69.5对;奖补55岁、60岁以上计生家庭391人,计划生育特别扶助3户3人,扶助金额30960元;为1205户3802人计划生育家庭户发放新农合补助57.03万元。

（赵雪林）

龙门乡

【概　况】龙门乡位于大新县东北部,358国道穿境而过,交通十分便利。乡政府驻龙门街,距县城16公里。下辖龙门社区和武安、宝山、三联、西宁、上育、文明、苦丁7个村,61个自然屯,114个村(居)民小组。2017年,全乡有5060户19146人,其中女性10168人(县公安局提供)。人口自然增长率5.47‰。行政区域面积150平方公里。林地面积8317.78公顷(县林业局2016年调查统计数)。耕地总面积

2836.41公顷(2016年县国土局数,含林场54.66公顷),其中水田1168.62公顷(含林场32.8公顷),旱地1667.79公顷(含林场21.86公顷)。主要经济作物以甘蔗、稻谷、玉米等为主,同时盛产苦丁茶,有近千年种植历史,年产量达800多吨,产品远销全国各地。龙门乡民族风情浓郁,三联高腔"诗蕾"山歌享誉海内外。

机构设置　乡政府内设机构有党政办公室、社会事务办公室、经济发展办公室、人口和计划生育办公室(与人口和计划生育服务站合署办公)、社会治安综合治理办公室(挂综治信访维稳中心牌子),有干部职工19人。乡主管事业单位有农业技术推广站、农机技术推广站、社会保障服务中心、水利站、林业工作站、文化体育和广播电影电视站、人口和计划生育服务站(与人口和计划生育办公室合署办公)、国土规建环保安监站,有干部职工19人。县主管、乡协管事业单位有财政所、水产畜牧兽医站,有干部职工6人。乡整合行政机构、事业单位的政务公开和公共服务资源,设立面向群众服务的乡政务服务中心1个,人员从各乡直机关事业单位抽调。全乡8个村(社区)"两委"有定工、半定工干部53人。县派出机构有司法所、派出所、食品药品监督管理所、供电所、供销合作社、邮政营业所、工商质监所、电信公司营业厅、农村商业银行龙门支行等。

农村经济　农作物播种面积3868公顷,其中粮食作物播种2140公顷,总产量9395吨;经济作物种植面积1397公顷(甘蔗种植面积950公顷,2017/2018年榨季入厂原料蔗42295.81吨;蔬菜种植248.93公顷,总产量4057吨)。苦丁茶种植348公顷,产茶叶910吨。果园面积93.6公顷,园林水果总产量3588吨。肉类产量1130吨。水产品产量637吨。农民人均纯收入9744元。

教文卫体　2017年秋季学期有中心小学1所,教学点7个,在校学生543人,适龄儿童入学率100%;幼儿园1所,入园幼儿239人,入园率88%。有卫生院1所,病床10张。全乡参加新型农村合作医疗15855人,收缴金额2378250元,参合率96.1%,获新农合报销补偿17186人次,报销金额6800689.76元。参加新型农村养老保险7465人,参保率88%。其中,60岁以上老人2380人,共发放养老金278万元。有篮球场26个(其中灯光球场3个),舞台17个。全年举办球赛12场次,演出16场次。

荣　誉　年内,龙门乡获评大新县2017年度绩效考评乡镇一等奖;三联村获评自治区文明村;文明村获自治区级生态村;宝山村党总支部获评自治区四星级农村基层党组织;大新壮族高腔山歌(三联村)传承示范户入选自治区级非物质文化遗产代表性项目;龙峡葡萄种植专业合作社获评2016年度大新县农民合作社示范社;龙峡葡萄产业示范园获评广西现代特色农业示范园;龙门社区团支部获评2016年度共青团先进集体;宝山村获评第十四批大新县文明村。

乡党委书记:陈鹏。乡人大主席:赵平山。乡长:朱光辉。

【农业经济】 2017年,龙门乡完成粮食播种面积2140公顷,总产量9395吨;甘蔗种植950公顷,入厂原料蔗42295.81吨;苦丁茶种植5220公顷,产茶叶910吨。年内,打造了武安村林海屯、六干屯和上育村育外屯、西宁村上况屯等4个生态乡村建设示范点。不断加快创建现代农业示范区步伐,成功创建广西乡级龙峡葡萄现代农业示范园,示范园核

龙门乡发展苦丁茶种植

心区规划面积56.67公顷，已完成水果种植面积21.33公顷。在示范园辐射带动下，全乡种植柑橘33.33公顷、葡萄40公顷、酸梅80公顷。

【民生工作】 2017年，龙门乡做好民生工作。农业支持补贴方面，全乡共有耕地1187.6公顷，全年发放农业支持补贴147.32万元，惠及4073户农民。粮食直补方面，完成1150吨储备粮订单收购任务，安排直补资金27.6万元。农机具购置补贴方面，办理2户农户申请，发放补贴金额共12.24万元。退耕还林补贴方面，新一轮退耕还林涉及农户677户，全年发放补贴37.11万元；历年退耕还林涉及农户676户，全年发放补贴36.97万元。危房改造补贴方面，为8户农户办理危改补助申请，其中建档立卡户6户，其他农户2户，发放第一批危改补助资金13万多元。按照“应保尽保，应退尽退”原则扎实开展低保大排查，把78户335人困难群众纳入新增低保范围，全年全乡共有696户2231人被纳入低保范围。发放2016—2017年冬令春荒救助金12.63万元，发放五保户救济大米10350公斤，五保救助资金21.18万元，低保资金37.92万元；办理80—90岁高龄老人生活补贴56人；提交农村医疗大病救助材料43份，临时救助材料33份，已审批并获救助金额40.16万元；42名残疾人获得项目扶持。

【基础设施建设】 2017年，龙门乡整合县发改局、扶贫办、财政局等部门资金，投入100多万元完成下告至池赛屯2.5公里屯级道路建设。完成上招、六干、头咘、统屯、中目5个屯屯内道路硬化共5363米；完成苦丁村、文明村文化室、舞台、篮球场等村级公共文化服务场所建设，至此全乡8个村（社区）全部建有村级公共文化服务中心。

【“宜居乡村”建设】 2017年，龙门乡围绕“三民”工作目标，深入开展“宜居乡村”活动。在“产业富民”方面，围绕“五个一”目标，结合脱贫攻坚实际，制定全乡村级产业发展计划，把肉猪、肉牛、黑山羊养殖和甘蔗、水果、八角、苦丁茶等作为重点产业，统筹脱贫项目、资金给予重点扶持，做大产业规模；在“服务惠民”方面，完成村级服务中心建设，把社保、就业、科技、法律、卫生等服务事项进一步下放前移，不断推进公共服务均等化、便利化；在“基础便民”方面，全乡完成改厨268户，改厕660户，农村生活卫生条件得到明显改善。全乡农村供电能力、通信能力、公共照明能力明显增强。全面推进农村垃圾治理水平提升工程，投资100多万元的乡级垃圾中转站已建成并通过验收，即将投入使用。全乡聘请垃圾清洁员96名，村屯保洁员配备率100%，不断健全农村垃圾清洁制度，全乡90%以上村庄生活垃圾得到有效治理。

【社会治安综合治理】 2017年，龙门乡严格按照抓预防、重检查工作思路，全面落实安全生产责任制，与各村和有关企事业单位签订安全生产目标责任书，对重点行业、领域的安全隐患进行排查和专项整治，全年无重特大安全事故发生。加强社会治安综合治理，严厉打击赌博、斗殴、诈骗等违法犯罪活动，社会环境明显净化。以开展领导干部大接访、领导带案下访为主要抓手，建立矛盾纠纷、敏感人员工作台账，及时排查和调处各类矛盾纠纷，共受理群众信访件89件，办结率97%。年内，全乡未发生因处理不当而引发的群体性事件，社会和谐稳定，公众安全感和满意度第一季度单项安全排名第一。

【精准扶贫】 2017年，龙门乡建立“一户一册一卡”精准帮扶机制，落实22个帮扶单位413名帮扶责任人，确保全乡767户贫困户结对帮扶全覆盖。依托资源优势，因地制宜推进扶贫产业，全年累计落实扶贫项目资金550.614万元，其中，完成甘蔗扶持奖补32.23万元，苦丁茶扶持36.25万元，种桑养蚕0.35万元，砂仁2.55万元，八角11.1万元，黑山羊养殖15.23万元，肉鸡养殖18.07万元，肉猪、母猪养殖94.71万元，肉牛养殖59.15万元。上育、文明、苦丁3个贫困村通过发展光伏发电、入股依王旅游公司等方式实现村集体经济收入2万元以上。完成星光扶贫生态移民搬迁入住63户。年内，全乡有163户696人达到“八有一超”脱贫标准，通过“双认定”验收实现脱贫，全乡贫困发生率由年初的12.89%降至8.98%。上育村达到“十一有一低”贫困村脱贫摘帽标准，通过自治区核验组验收实现脱贫出列。

【计生工作】 2017年，龙门乡深

入实施计生优质服务工程,落实计生扶助奖励和帮扶工作。全年全乡计划生育率95.85%,自然增长率5.47%,责任指标控制在9%以下。全年为计生两户代缴新农合参保金1450人21.75万元,免费为计生两户办理爱心保险171户504人。全乡8个行政村全部开展诚信计生工作,共成立150多个诚信计生小组,1560名育龄群众签订《诚信计生协议书》,各村参加诚信计生小组育龄群众均达90%以上。

(罗燕舞)

昌明乡

【概　况】 昌明乡位于大新县东北部。358国道经过境内。乡政府驻昌明街,距县城22公里。全乡辖昌明社区和奉备、五榕、仁化、新民、良泮、良党、东风7个村,54个自然屯,126个村(居)民小组。2017年,全乡有5195户20391人,其中女性9543人(县公安局提供)。人口自然增长率2.48‰。行政区域面积137平方公里。林地面积7616.64公顷(县林业局2016年调查统计数)。耕地总面积2667.48公顷(2016年县国土局数,含林场37.57公顷),其中水田749.76公顷(含林场13.13公顷),旱地1917.72公顷(含林场24.44公顷)。辖区属半干旱地区,有派林、上先和律况3座小型水库。农作物以种植甘蔗、水稻为主。东风村盛产苦丁茶、八角,主要分布在板扭、板梦、腊屯等屯。

机构设置　乡政府内设机构有党政办公室、社会事务办公室、经济发展办公室、人口和计划生育办公室(与人口和计划生育服务站合署办公)、社会治安综合治理办公室(挂综治信访维稳中心牌子),有干部职工29人。乡主管事业单位有社会保障服务中心、水利站、林业工作站、文化体育和广播电影电视站、人口和计划生育服务站(与人口和计划生育办公室合署办公)、国土规划环保安监站,有干部职工17人。县主管、乡协管事业单位有财政所、水产畜牧兽医站、农业技术推广站、农机技术推广站,有干部职工8人。乡整合行政机构、事业单位的政务公开和公共服务资源,设立面向群众服务的乡政务服务中心1个,人员从各乡直机关事业单位抽调。全乡8个村(社区)“两委”有定工、半定工干部41人。县派出机构有司法所、派出所、新型农村合作医疗管理办公室、食品药品监督管理所、供电所、粮所、供销合作社、工商质监所、邮政营业所、电信公司营业厅、农村商业银行昌明支行等。

农村经济　农作物播种面积2855公顷,其中粮食作物播种859公顷,总产量3503吨;经济作物种植面积1810公顷(甘蔗种植面积1463公顷,2017/2018年榨季入厂原料蔗147343.7吨;蔬菜种植162.4公顷,总产量2576吨)。果园面积58.4公顷,园林水果总产量1080吨。苦丁茶产量634吨。八角产量317吨。肉类产量1723吨。水产品产量214吨。农民人均纯收入7623元。

教文卫体　2017年秋季学期有中学1所,中心小学1所,村完小1所,教学点12个,在校学生1171人,适龄儿童入学率100%;幼儿园3所,入园幼儿392人,入园率89%。12月,通过国家义务教育均衡发展督导检查,实现“零辍学”创建目标。有卫生院1所,病床14张。为儿童预防接种药剂3435次,儿童建证174人,建证率100%,各类疫苗接种率100%。全乡8个村(社区)卫生室全部投入使用,参加新型农村合作医疗16684人,收缴金额2502600元,参合率96%,获新农合报销补偿18515人次,报销金额6211276.98元。享受养老金待遇2909人,金额336.1万元。

荣　誉　年内,昌明乡获评2016年崇左市人口和计划生育工作先进乡(镇)、大新县2016年乡(镇)党风廉政建设和反腐败工作先进单位、2016年大新县人口和计划生育工作一等奖、大新县2016年度征兵工作先进单位、大新县2017年度绩效考评乡镇三等奖、2017年自治区级生态乡镇;五榕村党总支部获评自治区三星级农村基层党组织;东风村板扭屯获评“美丽崇左”乡村建设魅力村庄。

乡党委书记:韦家报。乡人大主席:黄丽华(女)。乡长:黄高荣(9月提名免职)。

【甘蔗生产】 2017年,昌明乡继续发展壮大甘蔗产业。建设双高片区6个共176.03公顷,其中昌明下先百龙片39.31公顷,五榕村大屯片15.2公顷,良泮村山旦片25.03公顷,良泮村中上屯片49.6公顷,新民村西龙片17.7公顷,奉备村立况片29.18公顷。

全乡甘蔗种植面积1463公顷。2017/2018年榨季入厂原料蔗147343.7吨。

【土地确权】 2017年,昌明乡完成3872户1716.13公顷土地确权登记,并将村屯地块信息和共有人信息、耕地矢量图等电子版录入,导入农村土地承包管理系统;正在完善承包合同书、土地承包耕地情况表、农户承包耕地登记申请书、经营权登记簿等材料签字确认。

【劳务输出】 2017年,昌明乡劳务输出总量累计6924人次,全年实现劳务经济收入5770多万元。

【"宜居乡村"建设】 2017年,昌明乡落实乡村保洁员54名,配有垃圾清运车13辆,建有垃圾池25个、焚烧炉28个,配置垃圾桶116个。投资60万元完成河道整治约300米,包含河道护栏、步行便道、排污管道、码头建设和河段清淤疏浚、河道护岸工程等。全乡"五乱"现象得到有效整治,乡村环境进一步改善。

【民生工程】 2017年,昌明乡参加新型农村养老保险8241人,其中60岁以上老人2850人,共发放养老金313.46万元;收缴新农保费4051人次,共征缴养老保险金额50.13万元。全乡有低保对象395人,五保户55人,发放低保户、五保户救济粮食共0.81万公斤,发放棉被25床(套)。

【扶贫惠民】 2017年,昌明乡实施扶贫惠民工作。一是精准扶贫。共完成246户1043人"双认定",其中计划脱贫181户758人,奋斗目标脱贫65户285人。12月3日,上报的246户1043人已获县扶贫办批复同意确定为2017年脱贫户。二是产业扶贫。共申报实施40个项目,其中产业项目36个。至11月,9个项目已实施完成;27个项目正开工建设中;1个以奖代补项目正在做方案,下一步验收;3个基础设施项目已全面开工。

【基础设施建设】 2017年,昌明乡"一事一议"财政奖补涉及5个村6个屯共13个项目,其中文化室4个,舞台3个,篮球场3个,屯级水泥路硬化1条长409米,太阳能路灯2个36盏。项目总投资59.55万元,其中群众筹资3.44万元,财政奖补56.11万元。至年底,全部项目已完工并通过验收,受益群众2296人,涉及贫困村3个,贫困户89户352人。

【综治维稳】 2017年,昌明乡共发生刑事案件1起、治安案件10起,查处10起,查处率90.9%。排查各类矛盾纠纷45起,调解成功40起,调处成功率88.9%。全年辖区没有发生越级上访事件。

(农　明)

福隆乡

【概　况】 福隆乡位于大新县东北部。358国道经过境内。乡政府驻福隆街,距县城42公里。全乡辖福隆社区和中山、五兆、平良、欧阳、营旺5个村,62个自然屯,104个村(居)民小组。2017年,全乡有4375户17264人,其中女性8267人(县公安局提供)。人口自然增长率3.53‰。全乡以大石山区为主,地貌呈喀斯特类型,属于干旱地区。全乡行政区域面积144平方公里。林地面积10236.57公顷(县林业局2016年调查统计数)。耕地总面积2084.82公顷(2016年县国土局数,含林场11.76公顷),其中水田395.86公顷(含林场8.76公顷),旱地1688.96公顷(含林场3公顷)。

机构设置　乡政府内设机构有党政办公室、社会事务办公室、经济发展办公室、人口和计划生育办公室(与人口和计划生育服务站合署办公)、社会治安综合治理办公室(挂综治信访维稳中心牌子),有干部职工25人。乡主管事业单位有社会保障服务中心、水利站、林业工作站、文化体育和广播电影电视站、国土规建环保安监站、人口和计划生育服务站(与人口和计划生育办公室合署办公),有干部职工11人。县主管、乡协管事业单位有财政所、水产畜牧兽医站、农业服务中心、农业技术推广站,有干部职工13人。乡整合行政机构、事业单位的政务公开和公共服务资源,设立面向群众服务的乡政务服务中心1个,人员从各乡直机关事业单位抽调。全乡6个村(社区)"两委"有定工、半定工干部31人。县派出机构有司法所、派出所、新型农村合作医疗管理办公室、食品药品监督管理所、供电所、粮食购销点、供销合作社、工商质监所、邮政营业所、电信公司营业厅、农村合作银行福隆支行等。

农村经济　农作物播种面积2554公顷，其中粮食作物播种面积1442公顷，粮食总产量5401吨；经济作物种植面积876公顷（甘蔗种植面积539公顷，2017/2018年榨季入厂原料蔗59916.14吨；蔬菜种植面积202.4公顷，总产量3567吨）。年末果园面积16公顷，园林水果总产量1698吨。肉类产量2086吨。水产品产量121吨。农民人均纯收入7992元。

教文卫体　2017年秋季学期有中心小学1所，教学点10个，在校学生400人，适龄儿童入学率100%；幼儿园2所，入园幼儿218人，入园率88%。有卫生院1所，病床16张。全乡参加新型农村合作医疗14465人，收缴金额2169750元，参合率96.15%，获新农合报销补偿15780人次，补偿金额5375406.24元。有篮球场30个（其中灯光篮球2个），舞台12个。各村屯分别于春节、“三八”妇女节、“七一”建党日等重要节日组织开展文艺晚会、拔河、篮球赛等各项文体活动。

荣　誉　年内，福隆乡获评大新县2016年度征兵工作先进单位、大新县2017年度绩效考评乡镇三等奖；欧阳村新榜屯、福隆社区内斗屯获评2016年度“美丽崇左”乡村建设魅力村庄、绿色村屯；五兆村获评2017年度县级第十四批文明村。

乡党委书记：农冬梅（女）。乡人大主席：农美兰（女）。乡长：林龙俊。

【扶贫惠民】2017年，福隆乡积极推进年度切块到户资金项目，在欧阳村、营旺村、平良村落实甘蔗水果种植项目，共发放肥料1540包，折款22.95万元。在福隆社区、欧阳村、营旺村、平良村、五兆村、中山村落实肉猪养殖项目，共发放猪苗782头，折款76.64万元。在福隆社区、欧阳村、平良村、营旺村落实肉鸡养殖项目，共发放鸡苗1.32万羽，鸡饲料1650包，折款46.7万元。抓好教育帮扶，不落一人。22人通过2017年广西农村贫困户学生职业学历教育春季学期审核，4人参加“两后生”培训，6人参加2017年雨露计划短期技能培训班，16人成功申请“雨露计划”获补助2.4万元。电商促扶贫，培训新能人。组织291人进行电商培训，其中贫困人口281人，贫困人口电商培训完成率101.8%。组织190名贫困人口进行养猪技术培训，增强贫困户致富能力。全年全乡脱贫231户1043人。

【特色种养】2017年，福隆乡坚持以产兴乡、以产富农，加强产业项目帮办服务，着力加快产业发展。建成平良村那逐屯3.47公顷田螺生态养殖示范基地，提升周边生态环境，推动那逐屯、那坡屯68户全部参与项目，直接带动贫困户13户52人增收脱贫。在平良村那逐屯、板仲屯实施12.1公顷百香果种植示范基地，总投资138.91万元，解决平良村那逐屯、板仲屯39户162人贫困人口增收难问题。在平良村实施红心蜜柚种植8公顷，拓宽平良村447户1900多人收入，有效解决平良村贫困人口117户519人稳定收入问题。在五兆村引导投入资金50万元，组建振安养殖合作社，开工建设养殖场约2000平方米，计划发展年产1000头猪仔产业，惠及贫困人口20户89人。

【基础设施建设】2017年，福隆乡抓好水、电、路等为主要内容的基础设施建设。投资213.28万元实施内任屯、驮良屯、龙马屯、驮寨屯、逐龙屯、孔婴屯、龙礼、岖梯屯、欧屯等人饮工程和陇念屯防洪排涝工程，解决1300人饮水安全问题。投资1000多万元，实施斗厚屯、陇豪—兆屯、那坡屯内国—兆屯、驮寨屯内、外坡—上坡、驮良—内坟、营旺—潭站屯、潭站屯内、营旺屯内等村屯道路建设工程20多公里，解决3500人出行难问题。投资110万元的福隆社区公共文化活动中心综合楼使用投入。投资109万元的五兆村村级公共服务中心、营旺村村级公共服务中心、内坟屯文化活动场、内斗屯公共文化活动场所、福隆社区气排球场、孔养屯灯光篮球场等项目建成。投资41.5万元安装路灯128盏，完成平良屯、营旺屯、六卜屯、驮良屯、内增屯，果榜屯、内肥屯、那四屯、欧屯、内任屯、内国屯等20多个屯亮化工程。投资42万元建成具有降尘、除臭系统和污水排放处理系统的福隆垃圾中转站。争取补助资金79.3万元完成30户农村危房改造，争取补助资金58.88万元完成农村厨房改造152户。

【“宜居乡村”建设】2017年，福隆乡落实乡村保洁员63名，配备护林员50名，配备垃圾清运车

17台，做好村屯绿化规划设计，以村屯周围、道路两旁、房前屋后、农村校园增绿为重点，结合各村实际，营造护村林、护路林、护宅林，利用农户庭院和房前屋后空间发展“小花园”“小果园”“小菜园”6.67公顷，提升乡村绿化果化美化水平。福隆社区内斗屯被列入市级通报表扬2017崇左市美丽乡村“百村示范百村整治”工程示范村，五兆村兆屯被列入市级通报表扬2017崇左市美丽乡村“百村示范百村整治”工程整治村。

【土地确权】 2017年，福隆乡完成地块测量1514.2公顷，占总任务面积的100%；完成入户调查3942户，占总任务户数的100%；完成二轮审核公示6村（社区）104个村民小组，占总村（社区）数的100%；确权指认1514.2公顷，涉及农户3942户。

【民生工作】 2017年，福隆乡发放耕地地力保护补贴107.95万元；退耕还林274.37公顷，发放资金51.44万元；发放各类民政资金422.09万元。推进基本公共卫生服务，为全乡8489人建立居民健康档案，录入居民电子健康档案系统8487人，举办12次健康教育讲座和公众健康教育咨询，开展个体化健康教育398人次，播放音像资料12种。加强流动儿童管理，及时掌握辖区人口变动及接种情况，国家免疫规划疫苗接种率达95%以上。年内，城乡居民社会养老保险参保4312人，参保率90%；城乡居民基本医疗保险参保率90%；城镇职工基本养老保险参保50人；城镇基本医疗保险参保247人；全乡实际转移就业399人（其中农村贫困劳动力转移就业172人），培训农村贫困劳动力91人。

【综治维稳】 2017年，福隆乡开展各项隐患排查52次，制作交通安全警示牌123处，定期不定期上路检查纠正和处罚违章行为83起，发放各类安全宣传资料2000余份。严格汛期值班值守，开展安全隐患排查20次，落实滑坡点监测人员36人，开展防汛减灾应急演练4次。调解各类纠纷26起，调解成功26起，纠纷受理率100%，调处成功率100%，全乡无重大上访案件发生。

（陈庆敏）

那岭乡

【概　况】 那岭乡位于大新县西部。崇靖高速、358国道经过境内，境内设有崇靖高速大新西出口。乡政府驻那岭街，距县城19公里。全乡辖那岭社区和好胜、那信、岜伏、那廉、那义、五一、巴兰、陇玉、龙贺等9个村，有98个自然屯，112个村（居）民小组。2017年，全乡有4645户17403人，其中女性8305人（县公安局数）。人口自然增长率4.3‰。行政区域总面积180平方公里。林地面积13095.49公顷（县林业局2016年调查统计数）。耕地总面积3568.59公顷（2016年县国土局数），其中水田1248.16公顷，旱地2320.43公顷。主要旅游景点有龙宫仙境、黑水河风光等。

机构设置　乡政府内设机构有党政办公室、社会事务办公室、经济发展办公室、人口和计划生育办公室（与人口和计划生育服务站合署办公）、社会治安综合治理办公室（挂综治信访维稳中心牌子），有干部职工25人。乡主管事业单位有农业服务中心、社会保障服务中心、水利站、林业工作站、文化体育和广播电影电视站、人口和计划生育服务站（与人口和计划生育办公室合署办公）、国土规建环保安监站，有干部职工14人。县主管、乡协管事业单位有财政所、水产畜牧兽医站，有干部职工5人。乡整合行政机构、事业单位的政务公开和公共服务资源，设立面向群众服务的乡政务服务中心1个，人员从乡直各机关事业单位抽调。全乡10个村（社区）“两委”有定工、半定工干部45人。县派出机构有司法所、公安派出所、新型农村合作医疗管理办公室、食品药品监督管理所、供电所、供销合作社、粮食购销点、地税那岭税务分局、工商质监所、邮政营业所、电信公司营业厅、农村商业银行那岭支行等。

农村经济　粮食作物以水稻、玉米、豆类为主，经济作物以甘蔗为主，经济林木以柑橘、桂花梨、八角、龙眼、三华李为主，其中以水稻、甘蔗为支柱产业。2017年，农作物播种面积3239公顷，其中粮食作物播种1202公顷，总产量4916吨；经济作物播种面积1723公顷（甘蔗种植1393公顷，2017/2018年榨季入厂原料蔗77667.81吨；蔬菜种植面积229.07公顷，总产量3701吨）。年末果园面积78.67公顷，园林水果总产量3574吨。肉类产量1321吨。水产品产量452吨。农民人均纯收入8991元。

教文卫体 2017年秋季学期有中心小学1所，教学点10个，在校学生745人，适龄儿童入学率100%；有幼儿园4所，入园幼儿360人，入园率87%。有卫生院1所，病床6张。全乡参加新型农村合作医疗16664人，收缴金额2499600元，参合率96.4%，获得新农合报销补偿11478人次，补偿金额5659523.62元。有篮球场20个（其中灯光球场7个），舞台21个，年内举办球赛36场次，演出12场次。

荣　誉 年内，那岭乡获评大新县2017年度绩效考评乡镇二等奖；那廉村旧州屯获评2016年度"美丽崇左"乡村建设绿色村屯；巴兰村获评2017年崇左市级生态村；龙宫仙境景区成功创建国家AAAA级景区。

乡党委书记：周自龙。乡人大主席：王鹏。乡长：李春电。

【旅游经济】 2017年，那岭乡依托旅游资源优势，重点打造龙宫仙境景区提档升级改造。龙宫仙境景区属典型的喀斯特岩溶地貌，有"中越边境百里画廊第一溶洞""中国天然的龙文化博物馆"之称，被中国洞穴旅游联盟列为2016年度中国"十大最具发展潜力旅游洞穴"，属国家特级景点、国家AAAA级旅游景区。年内，基本完成景区游客服务中心、生态停车场及旅游步道建设并试运营；顺利通过国家AAAA级景区评定，成功举办"大新人百日免费游大新"活动开幕式，并成功迎接崇左市2018年经济工作走会现场会。

【甘蔗"双高"基地建设】 2017年，那岭乡甘蔗"双高"基地建设规模245.45公顷，平整218.96公顷，总投资619.95万元，其中施工投资529.56万元，平整地块110块，建设田间道15条5850.64米，生产路78条24550.69米，排水沟70条22462.18米。年内，超额完成2017年"双高"133.33公顷任务。

【特色种养】 2017年，那岭乡推进现代特色农业示范区建设，种植砂糖橘122.2公顷，引进大新县三亩地原生态柑橘种植专业合作社，吸收成员250多户，服务面积133.33公顷，增强特色农业产业化水平。着重打造那岭特色养殖品牌，投资300多万元建设养殖规模300头母猪的巴兰村黑土猪养殖基地；扎实推进皇鸽养殖项目前期工作，不断提升特色养殖产业化水平；加快推广巴兰、好胜、那廉、五一种桑养蚕及胖姜种植扶贫产业项目，发放桑苗50万株及姜苗25吨。

【脱贫攻坚】 2017年，那岭乡落实"一帮一联"机制，各级帮扶干部360人与1134户贫困户实现结对帮扶。全年累计投入村集体资金492.9万元。其中，扶贫产业资金292.9万元投入建设巴兰黑猪养殖基地；16.38万元建设18千伏岜伏村集体光伏扶贫电站；好胜、龙贺、岜伏、陇玉4个村集体产业资金183.62万元入股大新养利农业投资开发有限公司，每年获8%分红。年内，累计扶持贫困户1587户，投入产业扶持资金740多万元。继续推进"雨露计划"、易地移民搬迁及小额信贷工作。有7名本科生、34名职业学历教育学生、10名"两后生"获"雨露计划"补助；开展农民实用技术培训3期共有167人次参加，开展电商培训1期有200人次参加；宣传动员符合条件的91户贫困户申请易地搬迁，协助71户贫困户缴纳购房款，实现35户贫困户抽房及搬迁入住；有348户贫困户申请获小额扶贫贴息贷款，贷款总金额1710.9万元。全乡实现脱贫摘帽240户1034人，岜伏村实现脱贫摘帽，顺利通过国家第三方评估、自治区"四合一"各类扶贫考核。

【"宜居乡村"建设】 2017年，那岭乡扎实推进"农村改厕、改厨和改圈工程"，完成改厨125间、改厕427间验收工作，稳步提升农村人居环境。建立健全"宜居乡村"工作长效机制，通过群众自筹、轮流值日等方式落实屯内保洁员112名、街道及公路沿线保洁员11名。全力推进村屯绿化建设项目，重点打造示范点"微菜园"；继续整合资金做好"三化"工作，推进全乡两个整治村建设。

（莫锡全）

榄圩乡

【概　况】 榄圩乡位于大新县东南部。311省道经过境内，县道535（榄圩—响水）、544（雷平—塘屯）、545（榄圩—维新）到达境内。是水果、甘蔗生产大乡，被誉为

"水果之乡"。主要水果有酸梅、龙眼、三华李等。乡政府驻榄圩街,距县城19公里。全乡辖榄圩社区和武姜、先力、先明、岜光、新球、康谭、新排、那遵、正隆、新吉、上吉、荣圩、仁合、康合14个村,121个自然屯,207个村(居)民小组。2017年,全乡有8427户33396人,其中女性16138人(县公安局提供)。人口自然增长率3.27‰。行政区域面积362平方公里。林地面积21008.53公顷(县林业局2016年调查统计数)。耕地总面积10516.52公顷(2016年县国土局数,含林场26.22公顷),其中水田1461.26公顷(含林场10.53公顷),旱地9055.26公顷(含林场15.69公顷)。

机构设置 乡政府内设机构有党政办公室、社会事务办公室、经济发展办公室、人口和计划生育办公室(与人口和计划生育服务站合署办公)、社会治安综合治理办公室(挂综治信访维稳中心牌子),有干部职工30人。乡主管事业单位有社会保障服务中心、水利站、林业站、文化体育和广播电影电视站、人口和计划生育站、国土规建环保安监站,有干部职工20人。县主管、乡协管事业单位有财政所、水产畜牧兽医站、农业技术推广站、农机技术推广站,有干部职工9人。乡整合行政机构、事业单位的政务公开和公共服务资源,设立面向群众服务的乡政务服务中心1个,人员从各乡直机关事业单位抽调。全乡15个村(社区)"两委"有定工、半定工干部77人。县派出机构有司法所、派出所、新型农村合作医疗管理办公室、食品药品监督管理所、供电所、供销合作社、工商质监所、电信公司营业厅、农村商业银行榄圩支行等。

农村经济 农作物播种面积8661公顷,其中粮食播种2264公顷,产量10285吨;经济作物种植5494公顷(甘蔗种植5253公顷,2017/2018年榨季入厂原料蔗295404.81吨;蔬菜种植783.67公顷,产量12808吨)。果园面积911.53公顷,园林水果总产量13622吨。肉类产量1685吨。水产品产量1236吨。农民人均纯收入9690元。

教文卫体 2017年秋季学期有中学1所,中心小学1所,教学点12个,在校学生1543人,适龄儿童入学率100%;幼儿园8所,入园幼儿665人,入园率91%。有卫生院1所,病床27张。全乡参加新型农村合作医疗28283人,收缴金额4242450元,参合率96.2%,获得新农合报销补偿26650人次,补偿金额11824858.55元。全年城乡居民社会养老保险参保率91%,新增参保及续保缴费8724人,缴费率85.63%。60周岁以上老人享受养老待遇人数4952人,发放金额51万元/月,发放率100%。有篮球场45个(其中灯光球场24个),舞台29个,全年举办各类文体活动190多场。

荣 誉 年内,榄圩乡获评大新县2017年度绩效考评乡镇二等奖;榄圩乡中心卫生院获评2017年崇左市"千医进千屯服务万家"等三项活动先进单位;上吉村获评2017年自治区级生态";康合村党总支部获评自治区三星级农村基层党组织;先明村获评2017年崇左市级生态村;上吉村蒙屯获评2016年度"美丽崇左"乡村建设魅力村庄。

乡党委书记:何志杰。乡人大主席:钟晓倩(女)。乡长:韦宝强。

【特色种养】 2017年,榄圩乡甘蔗种植规模达5253公顷,产量295404.81吨。新建康合咘马、仁合仁合屯、正隆驮押、新球新标逐标、康谭、上吉吉屯、内利等10个片区1115.39公顷甘蔗"双高"基地。仁合、康谭两片区列入大新县2017年甘蔗"双高"现场会

5月25日,榄圩乡召开2017年产业扶贫工作推进会

现场点。特色产业不断发展，建成武姜村十里酸梅种植示范长廊。全年全乡酸梅种植面积200多公顷，收获3500多吨，总产值2000多万元。在榄圩社区周边村屯扩大甜南瓜种植规模达186.67公顷，亩产量2500—3500公斤，产值达700多万元。在武姜村那咘屯建设的千亩草珊瑚种植示范区，已种植草珊瑚40多公顷，带动周边38户贫困户增收。引导先力村贫困户种植白冬瓜2.67公顷，带动18户贫困户增收。黄德明、赵锦荣、黄侯康等生猪养殖大户年存栏肉猪1000头以上，年出栏3000头以上，且规模不断扩大。榄圩社区鑫旺农民养殖专业合作社养殖鸽子25000羽，成为全乡一个新兴产业。八面青山农业生态有限公司安目龟养殖项目不断扩大，养有种龟2000只以上。

【惠民工程】 2017年，榄圩乡共发放救灾款1.34万元；落实五保对象119人，农村低保737户2166人，年资金428.8万元；为困难群众6户提供临时救助，救助资金1.5万元；为67人提供医疗救助，救助资金13.4万元；为优抚对象276人发放优抚金89.8万元。计生工作排在全县前列。多孩政策外生育率4%，符合政策生育率95.1%，获广西农村部分奖励扶助对象216人共15.55万元；国家农村部分奖励扶助对象219人共31.5万元，国家特殊奖励家庭4人共4.1万元，切实为计生家庭解除后顾之忧。

【基础设施建设】 2017年，榄圩乡争取财政补助资金209.75万元，开工建设“一事一议”19项，包含屯道水泥路硬化建设3个，总长2554米；文化活动场所公共设施建设6个，总面积4532平方米；屯内亮化太阳能路灯建设项目10个，总数308盏。建设先力村六要屯、康谭村苗内屯苗外屯、岜光村贡屯等3处道路建设6公里，共投资275万元。

【“宜居乡村”建设】 2017年，榄圩乡强化各村屯卫生保洁，全乡各屯均配备保洁员，各户都签订门前三包协议，建立起长效保洁机制。全面落实“三改”政策，全年完成改厨157户改厕486户。深入推进“双百”工程，上吉百村示范村、荣圩百村整治村顺利通过市级验收。上吉村蒙屯获评“美丽崇左”乡村建设魅力村庄，上吉村外力屯、弄利屯“美丽乡村”建设获市乡村办表扬肯定，先明村获评2017年崇左市级生态村。

【群众文化】 2017年，榄圩乡筹建文化活动室1个，文化舞台2个。进一步完善乡村屯党校、农家书屋、远程教育站点、送科技下乡、送教下乡、送文化下乡等平台，不断加强农村文化阵地建设。积极引导群众开展文娱活动，各村屯文化活动开展得有声有色，全乡活跃着130多支农民文艺队和70多支篮球队，全年累计举办各类文体活动190多场次，极大丰富了群众文化生活。

【精准扶贫】 2017年，榄圩乡脱贫212户865人。落实46名专职扶贫工作队员和582名帮扶责任人实现网格化管理，有效发挥专职队员和帮扶责任人主力军作用，乡、村两级都配备扶贫档案员、信息员。全面建起乡村扶贫档案材料，完成建档立卡贫困户“一册一档”工作，帮扶手册填写有明显提高，顺利通过自治区、市、县三级扶贫督查验收，贫困村武姜村、先力村成功实现脱贫摘帽。落实扶贫经费214.39万元，扶持955户贫困户发展甘蔗、酸梅、水稻、玉米、八角等项目种植。开展以奖代补，鼓励840户贫困户开展甘蔗、酸梅、砂仁等种植及猪牛羊养殖，奖励资金234.7万元。引导232户贫困户全户外出务工或无劳动力贫困户通过肉猪寄养在康谭德成养殖场实现分红稳定创收。探索建立正隆古良、榄圩新街、武姜下姜等3个扶贫车间，让贫困群众能在家门口就业，照顾老人小孩。

【“平安榄圩”创建】 2017年，榄圩乡积极开展“民主法治示范村”创建活动，完善“网格化服务”管理平台，整体推进“平安榄圩”建设，及时化解各种矛盾。全年排查出影响社会稳定矛盾纠纷案件78起，成功调解75起，调处成功率96.1%；受理治安案件40起，查处36起，处理违法人员77人。全乡无非正常上访、越级上访及无治安灾害事故、无群体性事件现象发生。积极参与社会公众安全感评议，开展领导干部大接访，发放3900多份公众安全感宣传材料。与乡直各单位、各村签订责任状，层层落实责任，确保责任到位；提高安全生产红线意识，时刻防范重大安全责任事故发生。针对农贸市场、人员密集场所、小作坊、烟花爆竹等相关行业地域开展安全大排查。通过发放传单、召开会议、利用广播等形式，广泛宣传安全生产重要性，时刻提高安全生产意识，做到全民重视安全生产，安全生产形势总体良好。组织开展食品药品专项检查，确保全乡食品安全。全年无重大责任事故发生，社会大局和谐稳定。

（蒙慧勤）

恩城乡

【概　况】恩城乡位于大新县中部。536县道(桃城—岔口)、243国道、崇靖高速路经过境内。乡政府驻恩城街，距县城20公里。全乡辖恩城社区和维新、陆榜、新合、新圩、如龙、护国、和平7个村，65个自然屯，98个村(居)民小组。2017年，全乡有4193户16215人，其中女性7919人(县公安局提供)。人口自然增长率6.06‰。全乡行政区域面积145平方公里。林地面积8575.64公顷(县林业局2016年调查统计数)。耕地总面积4402.18公顷(2016年县国土局数，含农场197.82公顷)，其中水田1153.23公顷，旱地3248.95公顷(含农场197.82公顷)。恩城乡素有“小桂林”之称。境内群山连绵，河流纵横，树木葱郁，气候温和，生物资源丰富，人文景观众多，黑水河流经西南部，境内还有向水河、护国河、如龙河、武能河等4条河流，共设有4名乡级河长，负责组织领导辖区相应河道的管理和保护。集幽泉、瀑布、奇岛、奇峰、溶洞、岩画、珍稀动植物为一体的国家级自然保护区，享有“山水画廊”美誉的恩城宝岛，动人传说的曲江九峰，大小各异的千岛乐园，“神宫宝殿”之称的龙昆洞，集水、洞、天于一体的通天洞，徐霞客曾留下足迹的“三叠呼瀑”，水白如镜瀑布，“不解之谜”的九峰壁画，文人墨客流连忘返的摩崖石刻和独具特色的小灵珑文化园，浑然天成的三叠石等千姿百态的景点令人叹为观止，是休闲和探古的好去处。

机构设置　乡政府内设机构有党政办公室、社会事务办公室、经济发展办公室、人口和计划生育办公室(与人口和计划生育服务站合署办公)、社会综合治理办公室(挂综治信访维稳中心牌子)，有干部职工25人。乡主管事业单位有农业服务中心、农业技术推广站、社会保障服务中心、水利站、林业工作站、文化体育和广播电影电视站、人口和计划生育服务站(与人口和计划生育办公室合署办公)、国土规建环保安监站，有干部职工14人。县主管、乡协管事业单位有财政所、水产畜牧兽医站，有干部职工5人。乡整合行政机构、事业单位的政务公开和公共服务资源，设立面向群众服务的乡政务服务中心1个，人员从乡直各机关事业单位抽调。全乡8个村(社区)“两委”有定工、半定工干部52人。县派出机构有司法所、公安派出所、食品药品监督管理所、供电所、粮食收购点、邮政营业所、电信公司营业厅、农村商业银行恩城支行等。

农村经济　农作物播种面积3496公顷，其中粮食作物播种743公顷，总产量3338吨；经济作物种植面积2483公顷(甘蔗种植2470公顷，2017/2018年榨季入厂原料蔗148483.48吨；蔬菜种植189.47公顷，总产量3980吨)。果园面积260.2公顷，园林水果总产量3726吨。肉类产量2969吨。水产品产量902吨。农民人均纯收入10808元。

教文卫体　2017年秋季学期有中心小学1所，教学点3个，在校学生384人，适龄儿童入学率100％；幼儿园3所，入园幼儿295人，入园率89%。有卫生院1所，病床10张。全乡参加新型农村合作医疗14107人，收缴金额2116050元，参合率96.1%，获得新农合报销补偿13137人次，补偿金额6577153.22元。有篮球场14个(其中灯光球场5个)，舞台13个，年内举办球赛8场次，演出21场次。

荣　誉　年内，恩城乡获评大新县2016年度征兵工作先进单位、大新县2017年度绩效考评乡镇二等奖；维新村新胜屯获评中国少数民族特色村寨、“美丽崇左”乡村建设魅力村庄；和平村获评自治区级生态村；恩城社区党总支部获评自治区级五星级农村基层党组织；维新村党总支部、新圩村党总支部获评自治区级三星级农村基层党组织；恩城社区那望屯获评“美丽崇左”乡村建设魅力村庄、绿色村屯；维新村、陆榜村获站评大新县文明村；陆榜村苏屯团支部获评2016年度大新县五四红旗团支部。

乡党委书记：黄军飞。乡人大主席：赵念山。乡长：黄丽萍(女)。

【特色产业】2017年，恩城乡抓

好“双高”基地建设,完成2014年度、2015年度15个片区和2016年度5个片区的验收,完成2017年度13个片区土地平整和甘蔗种植,建成“双高”基地556.86公顷,较好完成县里下达533.33公顷“双高”基地建设任务,有效促进甘蔗规模化、产业化。同时优化产业结构,拓宽农民增收渠道,推进现代特色农业示范区建设,开展示范区周边退蔗还果。持续推进农村土地承包经营权确权登记,年内有24个屯完成二次公示。

【脱贫攻坚】 2017年,恩城乡完成2017年自治区、市、县下达的脱贫攻坚任务,全乡有159户656人达到“两不愁三保障”标准,通过自治区核验;如龙、护国2个贫困村“十一有一低于”各项指标全部达标,实现脱贫出列。组织58户贫困户参加易地扶贫搬迁项目星光和乐城“扶贫房”抽房活动。由乡纪委牵头组织4个督查组采取不打招呼、随机抽查方式开展扶贫工作专项督查,获县扶贫开发办公室红榜表扬。

【“宜居乡村”建设】 2017年,恩城乡推进“宜居乡村”建设。持续巩固提升“清洁乡村”活动,深化拓展“生态乡村”活动,全面启动“宜居乡村”建设,及早谋划“幸福乡村”建设,以“产业兴、服务优、基础强、环境美”为目标,依托优美环境和浓厚知青文化氛围优势,将知青文化氛围浓厚的陆榜村苏屯打造成“宜居乡村”示范新村。全区设区市(桂西、桂南片区)乡村办主任工作会议、崇左市“服务惠民”村级综合服务中心建设现场观摩暨工作推进会、“美丽崇左·宜居乡村”市级综合示范点建设现场会等各级现场会相继在陆榜村苏屯召开。全年完成改厨367户,改厕724户。年内,恩城社区那望屯获评“美丽崇左”乡村建设魅力村庄、绿色村屯;维新村新胜屯获评“美丽崇左”乡村建设魅力村庄。

【产业项目】 2017年,恩城乡发展产业项目9个,道路、人饮等基础设施项目8个,于1月底前完成2016年所有批次扶贫资金物资采购、发放、结算,并采取以奖代补方式发放2017年甘蔗扶持金74万元,发放化肥32.9万元、猪苗199头、猪饲料1.26万元。

恩城乡陆榜村苏屯宜居乡村示范点建设场景

【民生工作】 2017年,恩城乡认真做好民生工作。一是做好危房改造工作。严格落实危房改造审批程序,加强监督检查,加大公开透明力度,确保危房改造不变质,全年完成危房改造任务31户。二是做好人口计生工作。2016年10月至2017年9月人口出生210人,政策内出生201人,人口自然增长率6.06‰,其中男孩114人,女孩96人,出生人口性别比118.78,多孩出生12人,符合政策生育3人,占25%。免费孕前优生健康检查目标人群覆盖86.36%(任务55对,完成47.5对),流动人口信息登记入库率100%,全员人口数据准确率100%。同时,督促计生办和各村加大计生政策宣传,不折不扣兑现各种计生奖补政策,进一步推进诚信计生开展。三是做好教文体工作。全面落实“两免一补”政策,保障全乡适龄儿童都能入学,入学率100%。完成护国村级文体活动中心、球场等活动场所建设,积极组织全乡各类群众文艺队、篮球队、排球队等参加市、县、乡举办的各类比赛和培训活动,促进农村文化繁荣发展。年内主要开展了以下活动:1月协助广西戏剧院在维新村陆屯开展文化惠农演出;春节期间开展拔河、斗鸡、篮球、象棋比赛以及各村(社区)欢度春节庆祝活动;恩城社区开展侬侗节舞狮舞龙表演活动;恩城中小心开展六一儿童节晚会;国庆中秋节期间全乡各村(社区)举办文艺会演和庆祝活动;12月恩城社区和新圩村承接县文体新广局举办的以“学习党的十九大精神·打赢脱贫攻坚战”为主题的文化惠民演出等。四是做好社会保障工作。认真开展城乡低保核查,做到应保尽保,应退尽退。严格救助程序,切实解决困难群众生活困难。积极引导群众参加城乡居民医疗保险、新农保等,参保率逐年提高。

(吴思静　覃明翔)

雷平镇

【概　况】雷平镇位于大新县南部。国道243、359和崇靖高速以及县道538(太平—旧圩)、541(振兴—民建)、544(雷平—堂屯)、566(太平—旧圩支线)交汇境内。地理位置优越,交通条件便利,市场贸易发达,是大新县南部文化、经济、物流、商贸中心,是甘蔗生产大镇。镇政府驻太平街,距县城29公里,距崇左市59公里。全镇辖太平社区和中军、公益、新益、后益、车站、左安、品现、三伦、新立、安平、安民、上利、那岸、振兴、共和、新贵、钦联、咘龙、怀义、怀阳、怀仁、怀礼22个村,202个自然屯,344个村(居)民小组。2017年,全镇有14762户53747人,其中城镇人口7057人,乡村人口46690人,女性27594人(县公安局提供)。人口自然增长率7.38‰。全镇行政区域面积381平方公里。林地面积15444.32公顷(县林业局2016年调查统计数)。耕地总面积16697.95公顷(2016年县国土局数,含农场319.26公顷、林场56.02公顷),其中水田3387.49公顷(含林场0.69公顷),旱地13310.46公顷(含农场319.26公顷、林场55.33公顷)。

机构设置　镇政府内设机构有党政办公室、社会事务办公室、经济发展办公室、人口和计划生育办公室、社会综合治理办公室(挂综治信访维稳中心牌子),有干部职工40人。镇主管事业单位有农业服务中心、农业技术推广站、社会保障服务中心、水利站、林业工作站、文化体育和广播电影电视站、人口和计划生育服务站(与人口和计划生育办公室合署办公)、国土规建环保安监站,有干部职工28人。县主管、镇协管事业单位有财政所、水产畜牧兽医站,有干部职工6人。镇整合行政机构、事业单位的政务公开和公共服务资源,设立面向群众服务的镇政务服务中心1个,人员从镇直各机关事业单位抽调。全镇23个村(社区)“两委”有定工、半定工干部128人。县派出机构有人民法庭、财政所、司法所、公安派出所、交警中队、工商质监所、供电所、公路管护所、食品药品监督管理所、地税分局、市场管理中心、农行雷平分理处、农村商业银行雷平支行和振兴支行、农村商业银行怀阳分理处、电信营业厅、邮政支局(含邮政储蓄网点)、粮食购销站、供销社、新型农村合作医疗管理办公室。境内建有小(2)型水库3座,电站4座,11万伏变电站2座,有雷平永鑫制糖公司、德天化工公司等10多家企业。

农村经济　农作物播种面积16610公顷,其中粮食作物播种面积4070公顷,总产量20737吨;经济作物种植11518公顷(甘蔗种植10893公顷,2017/2018年榨季入厂原料蔗758730.34吨;蔬菜播种757.13公顷,总产量14351吨)。年末果园面积611.07公顷,园林水果总产量12981吨。肉类产量4815吨。水产品产量2618吨。农民人均纯收入11880元。

教文卫体　2017年秋季学期有中学1所,中心小1所,完村小2所,教学点7个,在校学生2065人,适龄儿童入学率100%。幼儿园9所,入园幼儿1443人,入园率93%。有卫生院2所,病床63张。全镇参加新型农村合作医疗48078人,收缴金额7211700元,参合率97.5%,获得新农合报销补偿51585人次,补偿金额23131804.43元。有篮球场85个(其中灯光篮球场25个)、舞台16个,年内举办球赛410场次,演出82场次。

荣　誉　年内,雷平镇获评崇左市2017年度优质高产高糖糖料蔗基地建设先进(乡)镇、大新县2017年度绩效考评乡镇一等奖;新立村获评全国文明村镇;太平社区老年协会获评第二届全国“敬老文明号”;安平村渠介屯获评自治区级绿色村屯;新立村党总支部获评自治区五星级农村基层党组织;新立村霞山屯获评“美丽崇左”乡村建设魅力村庄;左安村获评2017年自治区级生态村。

镇党委书记:黄汉忠。镇人大主席:农建勤。镇长:赵化。

【基础设施】 2017年，雷平镇完成大新桃城至龙州科甲二级公路（雷平）17.6公顷征地任务，完成雷平污水处理厂、路柳屯（龙州二级路路口）至地税街道改造工程、镇级垃圾水洗分选处理中心等重大项目建设并投入使用，有效推进城镇建设提档升级。继续实施新农村建设行动，积极向上级有关部门申请项目资金支持，投入2265.73万元完成19个屯内道路、18条通屯道路硬化和6个村屯活动场所建设，争取536.14万元推进14个屯级美化亮化工程、3个人饮工程和4个沿河码头建设，农村基础建设不断完善，人居环境提质优化。

【甘蔗产业】 2017年，雷平镇紧紧抓住蔗糖支柱产业，以“政策引导、技术指导、能人带动”工作思路，推进甘蔗高产高糖优质发展。全年完成甘蔗种植10893.33公顷，其中实施“双高”基地建设2386.67公顷，规划落实2018年“双高”建设地块2400公顷。至2018年3月底，全镇实施甘蔗“双高”建设累计达5000公顷，甘蔗种植面积、产蔗、产糖、蔗糖经济产值等4项指标，以及“双高”基地建设任务指标和完成量持续位列全县第一。同时，成功承办市县两级甘蔗“双高”现场会，获评2017年崇左市“双高”基地建设先进乡镇。

【特色种养】 2017年，雷平镇着力加快产业结构调整，鼓励引导群众走规模化、现代化、特色化农业生产发展道路，农民专业合作社、种养协会、家庭农场等新兴经营体快速发展，形成抱团式和“企业+”“致富能人+”带动式经营发展模式，有效促进群众实现稳定增收。全镇建立各类农民合作社（协会）121家，有1000羽以上规模肉（蛋）鸡、鸭养殖32户，100头以上规模肉猪、羊、牛养殖44户，蛇、蛤蚧、竹鼠、蜜蜂等规模特色养殖31户，黑皮果蔗、葡萄、火龙果、柑橘、西瓜等特色种植基地57个273.33公顷。

【乡村旅游】 2017年，雷平镇以大新县荣获“中国侬垌文化之乡”“中国土司文化之乡”为契机，重点加强土司衙门、城隍庙、古码头等土司遗迹遗址的保护和修整，传承、重塑雷平独具特色的侬垌文化和安平土司文化，做好黑水河流域沿河原生态环境开发和保护，巩固安平河面“三无”游览船只收编整治成果，全力协助完成安平景区国家AAAA级创建，稳步推进安平仙河景区规范经营和规划建设，辐射带动新益陇岔、上利电站、那岸叶子岛等周边生态乡村旅游景点，逐步构造太平社区至那岸电站集采摘、骑行、观光、水上游览、农宿餐饮、土司文化为一体的生态旅游示范带，持续推动镇域旅游经济发展。

【脱贫攻坚】 2017年，雷平镇扎实开展2017年度贫困户动态调整工作，全力抓好77名专职扶贫工作队员与869名贫困户结对帮扶日常管理，网格化管理2529户8902人贫困人口。坚持因村选产业、因户定项目原则，实施甘蔗低产改造（复合肥）扶持项目1939户、鸭鹅养殖扶持项目433户，发放养殖业以奖代补项目资金2批次159.18万元。协调推进130户贫困户危房改造项目申报和128户星光移民小区易地扶贫搬迁名额。3个贫困村通过入股侬王旅游投资公司和新农养殖公司，实现年集体经济收入2.3万元。采取

9月8日，雷平青贮饲料加工厂建成投产

党委牵线搭桥、支部领办、能人带动、企业帮扶举措，重点培育永俊养猪场、乐土果蔬种植合作社、雷平青饲料加工厂等几个产业扶贫示范点，实现145户全户外出（无劳动力）贫困户通过肉猪寄养分红稳定创收。带动105名贫困户（社员）发展果蔬种植基地32个106.67公顷，有效促进当地甘蔗尾叶、玉米茎叶等农作物秸秆“变废为宝”，拓宽周边村屯贫困户增收渠道，同时实现就近就业10人。全年完成“双认定”脱贫验收455户1739人，其中，计划脱贫308户1149人，脱贫奋斗目标147户590人，后益、钦联、上利三个贫困村顺利脱贫摘帽。

【惠民工程】 2017年，雷平镇扎实推进惠民工程。一是不断加强教育投入。以推进义务教育均衡发展为抓手，全年累计投入700万资金用以推进学校标准化建设，包括硬化校道、翻新校舍、更换门窗、购置教学设备等，学校办学条件明显改善。农村义务教育经费保障机制改革及时到位，“两免”和贫困寄宿生生活补助费全部落实。雷平中学、雷平中心校、车站完小等学校代表全县顺利通过国家级义务教育均衡发展评估组检查验收。二是不断改善民生保障。坚持计划生育基本国策，稳妥实施全面两孩政策，计生工作各项指标均控制在目标值内。完善城乡低保动态管理，实现应保尽保，年内确定低保对象1305户3568人，五保户180人。完善新农合及大病保险制度，新农合参合率97.5%，发放新农保养老金7474人968.95万元。落实耕地地力保护5400公顷669.6万元。落实危旧房改补助157户。

【平安建设】 2017年，雷平镇推进平安建设。一是安全生产得以保障。严格落实“一岗双责”安全生产责任制，重点抓好道路交通、水上交通、采石场、山塘水坝、森林防火、食品药品等重点领域安全排查和监管，全年辖区无重特大安全生产事故发生。二是社会治安日趋和谐。抓好社会稳定工作，建立健全“三级联防”、三级调解体系，全面排查存在的信访、矛盾纠纷等影响社会稳定的苗头性问题，立足把矛盾纠纷化解在萌芽状态。全年排查矛盾纠纷168件，成功调解162件，成功率96%，社会公众安全满意度排全县前列。三是禁毒斗争取得成效。年内组织召开4次禁毒专题会议，与23个村（社区）签订禁毒工作责任状，落实“一村一警”协同管控。以雷平中学禁毒教育基地为基点，组织开展禁毒宣传进社区、进校园活动6场次，发放宣传资料2.8万份，设立禁毒宣传牌、标语32处。认真抓好太平社区、车站村2个自治区级戒毒（康复）工作站的日常管理和使用。强化堵源截流，破获吸毒案件12起，其中大案3起，小案8起，逮捕7人，查处吸毒人员120人，强戒39人。禁毒斗争取得阶段性成果，各项指标顺利通过市级验收，成功脱掉“毒品问题突出乡镇”帽子，圆满承办2017年市县两级禁毒工作现场会。

【“宜居乡村”建设】 2017年，雷平镇强化集镇街道规范管理，配备日常保洁员队伍和规范城管中队管理，严厉整治垃圾乱丢、车辆乱摆乱停、临街铺面违规跨门槛经营等不良行为，集镇整体形象明显提升。以宣传示范带动为导向，深入推进“宜居乡村”建设活动，全年完成改厨821户改厕1474户，稳步实施村屯保洁员、垃圾池（焚烧炉）、保洁制度三个全覆盖，成功推进安平巴零、渠介两个县级“宜居乡村”示范点，成功承办崇左市“宜居乡村·服务惠民”工作现场会。持续加强精神文明宣传和创建，成功申报创建文明村镇3个村，评定8户文明户和3名县级道德模范，其中新立村获评全国文明村镇，太平社区和咘龙村获评县级文明村镇。

（黄秀祥）

宝 圩 乡

【概　况】 宝圩乡位于大新县西南部。县道540（堪圩—宝圩）、（芦山—龙州）、乡道021（渠好—百着）、022（那营—叫糖）、028（宝圩—板六）交会境内，交通便利，乡政府驻宝圩街，距县城51公里。全乡辖宝圩社区和宝西、板价、板六、尚艺、景阳5个村，75个自然屯，88个村（居）民小组。2017年，全乡有4648户18738人，其中女性9279人（县公安局提供）。人口自然增长率4.65‰。全乡行政区域面积113平方公里，林地面积7155.45公顷（县林业局2016年调查统计数）。耕地总面积3223.42公顷（2016年县国土局数),其中水田1556.33公顷,旱地1667.09公顷。宝圩乡是解放战争时期革命老区。主要旅游景点有板价民族风情村、板六天然金花茶园和红色旅游景点碧云洞。农特产品有酸菜、黑皮果蔗、鸡皮果、天然彩棉等。

机构设置 乡政府内设机构有党政办公室、社会事务办公室、经济发展办公室、人口和计划生育办公室(与人口和计划生育服务站合署办公)、社会治安综合治理办公室(挂综治信访维稳中心牌子),有干部职工29人。乡主管事业单位有农业服务中心、农技站、社会保障服务中心、水利站、林业工作站、文化体育和广播电影电视站、人口和计划生育服务站(与人口和计划生育办公室合署办公)、国土规建环保安监站,有干部职工12人。县主管、乡协管事业单位有财政所、水产畜牧兽医站,有干部职工5人。乡整合行政机构、事业单位的政务公开和公共服务资源,设立面向群众服务的乡政务服务中心1个,人员从各乡直机关事业单位抽调。全乡6个村(社区)“两委”有定工、半定工干部33人。县驻机构有司法所、派出所、新型农村合作医疗管理办公室、食品药品监督管理所、供电所、粮食购销点、供销合作社、工商质监所、邮政支局、电信公司营业厅、农村商业银行宝圩支行等。

农村经济 农作物播种面积4129公顷,其中粮食作物播种面积1315公顷,粮食总产5796吨。经济作物种植面积2306公顷(甘蔗种植面积1552公顷,2017/2018年榨季入厂原料蔗108221吨;蔬菜种植面积483公顷,总产量10578吨)。年末果园面积41.4公顷,园林水果总产量4796吨。肉类产量1547吨。水产品产量592吨。农民人均纯收入9620元。

教文卫体 2017年秋季学期有中学1所,中心小学1所,教学点6个,在校学生1428人。适龄儿童入学率100%;幼儿园3所,入园幼儿648人,入园率91%。有卫生院1所,病床30张。全乡参加新型农村合作医疗18892人,参合率100%,获得新农合报销补偿19394人次,补偿金额6843642.87元。有篮球场24个(其中灯光篮球场5个)、舞台12个。年内举办球赛112场次,演出24场次。

荣　誉 年内,宝圩乡获评2017年自治区级生态乡镇、崇左市做好“两篇大文章”打好“四大攻坚战”2017年度先进集体、大新县2017年度绩效考评乡镇一等奖;板价村板价屯获评2016年度“美丽崇左”乡村建设魅力村庄;宝圩乡板价村、尚艺村获评2016年达到脱贫摘帽标准认定牌匾;大新县上甲肉牛生态养殖示范区获评第二批广西现代特色农业示范区。

乡党委书记:许凤锦(女)。乡人大主席:陆克廷。乡长:黄报葳。

【精准扶贫】 2017年,宝圩乡积极采取有力措施,抓实抓好精准扶贫,顺利完成年度工作,打造了品牌亮点。

全面完成年度工作,提升贫困户获得感 一是顺利完成年度脱贫摘帽任务。紧紧围绕各阶段各级脱贫攻坚工作部署,及时将各阶段脱贫摘帽各项任务分解落实,在11月份严格按程序完成110户475人的脱贫摘帽,并在国扶系统标识脱贫。二是全面开展贫困人口动态调整工作。逐村逐户讨论是否有错评、漏评、错退情况,调整后,全乡新增贫困户22户74人,返贫13户49人,剔除6户13人。三是狠抓基础设施建设。年内,共修建硬化板良、板安、外乙、陇那、那院、弄院等6个屯级道路;硬化板六村、宝西村、景阳村土地开垦田间主道及屯道路;硬化逐锦至板六屯道路、上乙至板统以及板价村部分屯级道路等,累计获得财政资金补助591.8144万元。为板良、板安、上乙、那由、陇那等5个屯装上路灯,获得财政补助资金26.65万元。在宝圩社区投入资金45万元,建立垃圾中转站。采购7辆垃圾清运车及其他设备,价值19.1万元。建设百着、隘秘、弄遵、弄院、板项、岜伏、板本、龙二、叫田、龙大等10个屯的双高基地共计362.89公顷。四是严格落实各项扶贫政策。①狠抓基础产业帮扶。全年共开展甘蔗低产改造140.8公顷,发放扶持物资52.8万元,涉及贫困户528户;开展水稻低产改造48.27公顷,发放扶贫物资18.1万元,涉及贫困户181户;开展玉米低产改造11.47公顷,发放扶贫物资4.3万元,涉及贫困户43户。开展甘蔗种植项目37.2公顷,发放扶贫物资13.931万元;开展水稻种植项目11.2公顷,发放扶贫物资4.19万元;开展玉米种植项目74.47公顷,发放扶贫物资27.906万元。②大力发展养殖业。

实施肉鸡与母猪养殖项目，发放价值6.7万元的2747羽鸡苗给67户贫困户，发放5万元的母猪养殖奖补给50贫困户，推进养殖业发展。③积极落实入股合作养牛项目。先后实施入股合作养牛项目共350万元，涉及贫困户700户，企业带动群众发展，增加群众收入，为脱贫致富加快步伐。项目实施过程中，全部合法合规，严格按文件落实，每个项目都严格公示，没有出现违法违纪情况。

创立网格化管理，提高扶贫工作效率　为使扶贫工作精准、高效开展，采取5级网格，5项机制即“5+5”扶贫网格化管理模式，通过横向将全乡5个村1个社区共分成6个网格，纵向从乡党委书记、乡长到贫困户分成5级网格，按网格化对信息、责任、帮扶、监督、反馈等5道关口进行严格管理，同时各村（网格）自己成立微信群，将帮扶人全部纳入网格化进行管理，有效利用“互联网＋扶贫”，高效开展精准帮扶工作，使乡领导、乡村干部、区市县帮扶责任人共324人能够迅速掌握动态信息、责任落实、帮扶内容、问题反馈以及监督管理。自开展“互联网＋扶贫”的扶贫网格化管理工作以来，各网格成员权责清楚，任务明确，时间高效。信息发布速度提高80%以上，帮扶工作效率提高50%以上，扶贫工作质量提高50%以上。8月2日，崇左市精准帮扶网格化管理现场会在大新县宝圩乡召开。

创建档案市级示范点，强化示范带头作用　自6月确定宝圩乡扶贫档案归档工作作为全市试点后，全乡建立8个工作小组，将扶贫档案分为综合管理类、精准识别类、精准施策类、精准脱贫类等4大类18小类进行收集归档。通过“两个把关”即档案齐全关、档案质量关，按照“分类准确、排编有序、目录清楚、装订整齐”的标准，共收集整理出乡级档案150盒5489份，并全部编号录入档案系统。整理出板价村村级档案196盒，其中村本级材料档案16盒，存放在村本级的户档案183盒，进一步规范了扶贫档案管理。10月27日，大新县脱贫攻坚档案管理专题现场会在宝圩乡召开。

10月27日，大新县脱贫攻坚档案管理专题现场会在宝圩乡召开

创新产业扶持项目，优化贫困户产业覆盖率　为了让全乡贫困户都能享受产业扶持政策，年内根据贫困户需求开展肉鸡养殖、母猪养殖、甘蔗低产改造、水稻低产改造、玉米低产改造、甘蔗入厂奖补等项目。结合无劳动能力、全家外出务工的贫困户实际，创新开设合作养牛项目。该项目通过申请县财政扶贫产业资金与大新县陇那生态养殖专业合作社合作养牛，涉及贫困户700户，每户扶持合作养牛扶贫产业资金5000元，总投资350万元，合作期限4年，每户贫困户可从该项目中获益11200元。仅该项目贫困户产业覆盖率达77.78%，全乡贫困户产业覆盖率达100%。

【特色产业】　2017年，宝圩乡大力发展特色产业。一是积极创建现代特色农业示范区。在项目安排、政策落实等方面大力支持上甲肉牛生态养殖示范区创建广西县级现代特色农业示范区，使示范区于12月成功获广西现代特色农业示范区工作厅际联席会议办公室认定为广西现代特色农业示范区。在肉牛养殖、有机肥加工生产、秸秆回收利用等方面发挥示范区辐射带动作用，年内示范区共收购全乡及周边乡镇价值620多万元甘蔗尾和玉米秆。二是继续推进现代农业基础设施建设。投入1200多万元在景阳村板隆、渠铁、陇仰,板价村板统、板敖等片区实施的现代农业综合开发项目顺利竣工并投入使用;投入600多万元在板价村板价屯实施的石漠化综合治理项目正在加快建设步伐;投入766万元在景阳村那课、渠莴、弄扣、板志、板宙等片区实施的81.33公顷旱改水项目已开工建设。三是打造“宝圩四宝”(酸菜、云片糕、腊肠腊肉、山黄皮)品牌。鼓励和引导加工企业继续做好申请注册产品商标和QS食品安全认证,使酸菜、腊肠腊肉等农副产品合法规范化。

【特色文化旅游项目建设】 2017年,宝圩乡继续深入推进板价村民俗风情特色旅游项目建设,在板价屯建立大新首家村史室,并通过运用微信平台宣传,进一步丰富上甲短衣壮民族文化内涵。精心策划举办中越呗侬国际侬垌节暨宝圩“二一九”观音诞文化节活动,为大新县成功申报“中国侬垌文化之乡”做出积极贡献。持续挖掘和培育上甲短衣壮民俗文化,协助中央电视台在板价村开机录制大型节目《中国影像方志》,进一步提高短衣壮的知名度和影响力。投入资金125万元,在板价村实施板价河治理和停车场建设项目,投入200万元在板价屯实施旅游扶贫项目,推进沿河步道等旅游基础设施建设。

【“宜居乡村”建设】 2017年,宝圩乡深入开展“美丽广西·宜居乡村”活动。不断巩固清洁乡村和生态乡村成果,动员群众多渠道筹集经费落实73名保洁员。把“宜居乡村”建设作为提升群众幸福指数的有效载体来抓,通过文艺会演、民俗比赛等形式多渠道宣传“宜居乡村”建设,使“宜居乡村”建设越来越得到群众的理解和支持。积极争取项目落地,全力推进乡村各项基础设施建设,建设了宝圩社区党群服务中心、板价村电商馆、板价村板统屯至宝西村上乙屯村级道路等一批公共设施,屯内道路硬化基本实现全覆盖。针对工作中遇到的难点、重点区域,开展集中整治。全年组织各级干部群众1900多人次,在全乡开展各类集中整治行动45次,在全乡形成了群策群力建设宜居乡村的浓厚氛围。

【计生工作】 2017年,宝圩乡以稳定低生育水平、提高人口素质为核心,继续加强计生基础工作,严格执行计划生育“一票否决制”,树立优生优育风尚,推进诚信计生工作。有序开展人口和计划生育工作。切实转变人口和计划生育工作重点,努力做好诚信计生、优生优育,提升出生人口素质等工作。2016年10月—2017年9月,全乡区间内共出生246人,其中计划内240人,计划外6人,符合政策生育率97.56%;全乡性别比106.41∶100;免费优生检查完成率114.4%。

【“平安宝圩”建设】 2017年,宝圩乡全力推进“平安宝圩”建设。一是定期不定期排查社会不稳定因素,化解矛盾纠纷。全年排查出48起矛盾纠纷案件,其中,土地纠纷30起,邻里纠纷3起,山林纠纷3起,其他纠纷12起。调解成功48起,其中口头调解14起,书面调解33起,有效促进全乡和谐稳定。二是深化平安创建活动,不断提升社会公众安全感和满意度。积极开展“综治宣传月”活动,多种渠道、多种方式广泛开展法律法规宣传教育,增强群众法治意识。积极协调配合公安机关打击各类违法犯罪活动,不断提高社会公众安全感和满意度。三是提高警惕,安全生产常抓不懈。坚持每季度组织召开安全生产工作会议,不定期开展安全生产专项检查整治。全年开展各类安全生产大检查13次,排查出安全隐患19处。重点对采石场、烟花爆竹、危险化学品、道路交通、校园安全、食品卫生等开展安全专项整治,并要求相关责任人限期落实整改,消除安全生产事故隐患。

(农燕梅)

堪圩乡

【概　况】 堪圩乡位于大新县西南部。359国道经过境内,540县道(堪圩—宝圩)和芦山—龙州到达境内。距中越边境最近处3公里,是大新县边境乡镇之一。乡政府驻堪圩街,距县城47公里。辖堪圩社区和民六、芦山、民智、拔浪、明仕、谨汤6个村,114个自然屯,119个村(居)民小组。2017年,全乡有4705户18685人,其中女性9281人(县公安局提供)。人口自然增长率7.2‰。全乡行政区域面积128平方公里。林地面积8208.56公顷(县林业局 2016 年调查统计数)。耕地总面积 3486.53 公顷(2016 年县国土局数),其中水田 1862.82 公顷,旱地 1623.71 公顷。境内旅游资源丰富,明仕田园风光属国家一级景点。土特产品有明仕珍珠鸭、珍珠鸭蛋、明仕香米、五色糯米糍粑等。

机构设置　乡政府内设机构有党政办公室、社会事务办公室、经济发展办公室、人口和计划生育办公室(与人口和计划生育服务站合署办公)、社会治安综合治理办公室(挂综治信访维稳中心牌子),有干部职工 27 人。乡主管事业单位有农业服务中心、社会保障服务中心、水利站、林业工作站、文化体育和广播电影电视站、人口和计划生育服务站(与人口和计划生育办公室合署办公)、国土规建环保安监站,有干部职工 12 人。县主管、乡协管事业单位有财政所、水产畜牧兽医站,有干部职工 6 人。乡整合行政机构、事业单位的政务公开和公共服务资源,设立面向群众服务的乡政务服务中心 1 个,人员从各乡直机关事业单位抽调。全乡 7 个村(社区)"两委"有定工、半定工干部 34 人。县派出机构有司法所、派出所、新型农村合作医疗管理办公室、食品药品监督管理所、供电所、粮食购销站、电信营业厅、邮政营业所、宝圩供销合作社堪圩分店、农村商业银行堪圩支行。

农村经济　全年农作物播种面积 3788 公顷,其中粮食作物 1277 公顷,产量 6422 吨;经济作物 2146 公顷(甘蔗种植 1958 公顷,2017/2018 年榨季入厂原料蔗 121949.98 万吨;蔬菜种植 285.87 公顷,产量 6278 吨)。果园面积 12 公顷,园林水果产量 1531 吨。肉类产量 1515 吨。水产品产量 1350 吨。农民人均纯收入 9852 元。

教文卫体　2017 年秋季学期有中心小学 1 所,教学点 7 个,在校学生 820 人,适龄儿童入学率 100%;幼儿园 2 所,入园幼儿 399 人,入园率 91%。有乡卫生院 1 所,病床 9 张,村卫生室 7 处。全乡参加新型农村合作医疗 18868 人,参合率 100%,获报销补偿 16158 人次,补偿金额 7354483.68 元。有篮球场 37 个(其中灯光篮球场 2 个),舞台 11 个,年内举办各类文体活动 200 多场次。

荣　誉　年内,堪圩乡获评崇左市 2016 年人口和计划生育工作先进乡镇、2011—2015 年全市法治宣传教育先进集体、大新县 2017 年度绩效考评乡镇一等奖;堪圩社区获评第十四批大新县文明村;明仕村党总支部获评自治区五星级农村基层党组织;明仕村弄朋屯获评 2016 年度"美丽崇左"乡村建设魅力村庄;拔浪村获评 2017 年自治区级生态村;大新县明仕田园休闲农业示范区获评 2017 年第三批崇左市现代特色农业示范区。

乡党委书记:黄华兴。乡人大主席:王鹏。乡长:李地。

【脱贫攻坚】 2017 年,堪圩乡认真抓好脱贫攻坚工作,取得了阶段性成果。一是积极探索产业扶贫模式带动脱贫。年内,扶持 692 户贫困户和那角屯、岜谨屯 35 户非贫困户种植百香果,共发放百香果苗 3635 株;引导 120 户贫困户参与香猪"送一返二"养殖模式,共发放香猪 239 头;参与香猪养殖项目寄养模式的贫困户共 343 户。拔浪村和谨汤村 2 个贫困村成立村民合作社,各出资 25 万元购买农机设备提供租赁服务,实现村集体经济创收 2 万元。二是顺利完成年度脱贫摘帽任务。全乡全年脱贫 173 户 774 人,谨汤村和拔浪村 2 个贫困村均达到脱贫摘帽标准。三是扎实推进基础设施建设。先后开展谨汤村谨屯桥、拔浪村岜仅屯人饮工程、堪圩社区头桥—百辛道路、民六村板弄屯—板卷屯续建通屯道路、民六村弄马屯—板新屯—啼嘆屯通屯道路、谨屯和逐钦屯屯内道路、堪圩社区村委办公楼、明仕村那关屯篮球场和活动室等系列项目建设,同时为那朵屯、逐怒屯、逐钦屯、山松屯装上路灯,落实排厅屯集中供水工程,在芦山村板卷屯—民六村板弄屯、芦山村下决屯—逐钦屯、芦山屯—逐匡屯岔路分别实施水泥硬化道路 1800 米、800 米、400 米,在芦山村下决屯、芦山那莳屯分别建设三面光水利渠道 600 米、200 米等,全力助推脱贫攻坚工作。

【农业工作】 2017 年,堪圩乡稳步推进进农业工作。粮食种植面积达 1280 公顷;甘蔗种植面积达 1960 公顷,年产量稳定在 10 万吨以上;推进优质高产高糖糖料蔗示范基地建设,推动民六村板慢屯、芦山村陇决屯、民智村板稂屯、拔浪村岜谨屯等 13 个屯共 310.09 公顷"双高"基地建设;大力发展特色种养业,着力打造明仕香米、珍珠鸭本地品牌。

【"宜居乡村"建设】 2017年,堪圩乡"宜居乡村"建设显成效。完成改厕改厨各680户;建设明仕村、谨汤村、拔浪村村级政务服务中心,为农户提供就业、社保、教育、卫生、文化、法律等服务;落实各村屯1名以上保洁员,改善农村人居环境;加大对公路沿线环境卫生巡逻,做好保洁工作,营造良好的卫生环境。

【旅游发展】 2017年,堪圩乡推进旅游发展。一是协助推进秘境酒店、明仕长留仙居酒店、圣泉谷、明仕田园扩建、明仕农宿、芦山休闲旅游等6个酒店项目建设,总投资约2亿元。二是大力打造田园风光。推动辖区公路沿线可视范围恢复优质水稻种植,完成水稻种植面积211.33公顷,田园风光初具规模。三是成功创建明仕村市级农业核心示范区。依托丰富的农业和旅游资源优势,成功创建明仕村市级农业核心示范区,吸引越来越多游客前来观光采摘、养生度假,进一步带动示范区乃至大新县休闲农业旅游发展,"农业+旅游"特色产业化成效明显。年内,示范区接待游客68万人次,综合收入7200万元。

【社会事业】 2017年,堪圩乡社会事业协调发展。积极改善办学环境,全乡适龄儿童入园率、入学率、巩固率均100%。新型农村合作医疗保险参合率100%。实施危房改造28户,有效解决群众筹集建房资金困难问题。加大矛盾纠纷排查调处,抓好社区戒毒,努力提升群众社会公众安全感,全年成功调处矛盾纠纷50件,调处成功率96%。全力抓好安全生产、食品药品、地质灾害等防治工作,年内无重大安全生产事故发生。计生各项指标均达到县里要求,无计生恶性案件和乱收费现象发生,"婚育新风进万家""五期知识教育""计生工作"满意率普遍提高。

(李程东　方培元)

硕龙镇

【概　况】 硕龙镇位于大新县西部。359国道贯穿境内,219国道沿边境而过。境内有311省道和539县道(仁爱—德天)公路。西面与越南隔河相望,边境线长37公里(有831—868号国界碑),有7个村42个自然屯与越南高平省下琅县、重庆县接壤,有德天、硕龙、岩应3个边贸互市点,2017年10月8日,经国务院批复,硕龙口岸升格为国家一类双边性口岸。硕龙镇旅游资源丰富,德天跨国大瀑布和老木棉景区为国家AAAA级景区。2017年,德天跨国大瀑布景区创建国家AAAAA级景区通过自治区评定并申报国家评比,2018年有望通过国家旅游局评定验收。主要景点还有绿岛行云、沙屯叠瀑、大阳幽谷、地下长城、千年蚬木王、靖边炮台等。镇政府驻硕龙街,距离县城46公里。全镇辖硕龙社区和隘江、礼贤、德天、巷口、义显、义宁、门村、岩应、念典9个村,72个自然屯,84个村(居)民小组。2017年,全镇有3662户13468人,其中城镇人口3121人,乡村人口10347,女性6680人(县公安局提供)。人口自然增长率6.36‰。全镇行政区域面积169平方公里。林地面积13460.95公顷(县林业局2016年调查统计数)。耕地总面积1721.49公顷(2016年县国土局数,含林场11.42公顷),其中水田602.59公顷(含林场9.07公顷),旱地1118.9公顷(含林场2.35公顷)。

机构设置　镇政府内设机构有党政办公室、社会事务办公室、经济发展办公室、人口和计划生育办公室(与人口和计划生育服务站合署办公)、社会治安综合治理办公室(挂综治信访维稳中心牌子),有干部职工11人。镇主管事业单位有农业服务中心、社会保障服务中心、水利站、林业工作站、文化体育和广播电影电视站、人口与计划生育服务站(与人口和计划生育办公室合署办公)、国土规建环保安监站,有干部职工共54人。县主管、镇协管事业单位有财政所、水产畜牧兽医站,有干部职工7人。镇整合行政机构、事业单位的政务公开和公共服务资源,设立面向群众服务的镇政务服务中心1个,人员从各镇直机关事业单位抽调。全镇10个村(社区)"两委"有定工、半定工干部46人。县派出机构有司法所、派出所、新型农村合作医疗管理办公室、食品药品监督管理所、供电所、德天管理处、供销社、地税德天税务分局、硕龙工商质监所(合署办公)、邮政支局、电信公司营业厅、农村商业银行硕龙支行、公路管护所、跃进渠道管理所等。境内还建有硕龙一级、二级电站、硕龙电站沙屯站、硕龙电站岩应站、哥盖电站、隘江电站、稔底电站、巷口电站等。

农村经济 农作物播种面积2500公顷，其中粮食作物播种1531公顷，总产量7008吨；经济作物种植598公顷（甘蔗种植面积373公顷，2017/2018年榨季入厂原料蔗72684.34万吨；蔬菜种植314.33公顷，总产量6484吨）。果园面积120.67公顷，园林水果总产量3026吨。肉类产量1305吨。水产品产量67吨。农民人均纯收入8220元。

教文卫体 2017年秋季学期有中学1所，在校生629人；中心小1所，小学教学点5个，在校小学生727人，适龄儿童入学率100%；幼儿园2所，入园幼儿312人，入园率88%。有卫生院1所，病床12张。全镇参加新型农村合作医疗12245人，参合率100%，获得新农合报销补偿13748人次，补偿金额5517217.2元。有篮球场24个（其中灯光篮球场4个），舞台17个，年内举办球赛12场次，演出20场次。

荣　誉 年内，硕龙镇获评崇左市做好“两篇大文章”打好“四大攻坚战”2017年度先进集体、大新县2017年度绩效考评乡镇一等奖；门村获评自治区级生态村；义宁村获评2017年崇左市级生态村；德天村获评大新县文明村；德天跨国瀑布景区创建国家AAAAA级旅游景区通过自治区评定；硕龙口岸升格为国家一类双边性口岸获国务院批复。

镇党委书记：甘创新。镇人大主席：黄建喨。镇长：黄少东。

【文化旅游】 2017年，硕龙镇有旅游接待酒店、宾馆、旅舍117家，全镇旅游从业人员3000余人，有贫困户120人参与酒店服务员、保洁员、厨师、保安等旅游服务工作。积极动员酒店、餐馆16家向贫困户定向收购大米、蔬菜、鸡鸭等农产品，增加贫困户收入。为确保德天景区创建国家AAAAA级景区，年内对德天景区门口15间违章建筑进行依法拆除，拆除面积达3000平方米，对硕龙街至德天屯公路沿线的乱搭乱建铁皮棚、临时建筑物65间进行依法拆除，拆除不规范广告牌20个。年内，全镇接待游客突破119万人次，旅游综合收入超过6亿元。

【口岸边贸】 2017年10月8日，硕龙口岸升格为国家一类双边性口岸获国务院批复。通过口岸升格，将硕龙—里板口岸通道作为人员出入境通道，岩应—板空口岸通道作为货运通道，实现人货分流。全年硕龙口岸进出口货物3.78万吨，金额11.08亿元人民币；每天有500—1000名边民参与互市贸易，每人每天可创收约200元。组织门村、念典村、义宁村、礼贤村等4个贫困村的村民合作社与大新县永兴贸易有限公司合作，合作社收取管理运营费2.5元/车，贫困户劳务费12元/车，实现贫困村村集体经济收入和贫困户收入“双赢”局面。参与边贸运输的4个贫困村每个村所获集体经济收入达6万元，参与边贸运输的贫困户月均收入达2400元。

【项目建设】 2017年，硕龙镇实施重大项目3类。一是硕龙口岸项目建设。主要有岩应互市点底屯货物通道建设、硕龙口岸主通道建设和门村门屯陇肥片区贸易加工区、边检站、检验检疫综合大楼建设，完成口岸项目征地及土地流转面积约49.67公顷。二是文化旅游项目建设。主要有中越德天·板约国际旅游合作区项目、大阳谷—绿岛行云景区项目、沙屯叠瀑项目、德天景区升级改造基础设施建设项目、德天屯和陇宏屯风貌改造工程，完

11月27日，市委常委、县委书记赵丽（前左二）率队到硕龙口岸考察项目建设

成旅游征地及土地流转面积约36公顷。三是硕龙岩应江海扶贫小区项目建设。项目面积3.17公顷,预计安置贫困户60户。

【特色民俗】 2017年4月11日(农历三月十五),硕龙镇成功举办中国大新侬垌节暨硕龙建街133周年活动,吸引众多外来游客前来参观,为大新县成功创建"中国侬垌文化之乡"和"中国土司文化之乡"奠定基础。

【精准扶贫】 2017年,硕龙镇有贫困户967户3566人,年内全镇脱贫150户720人,贫困人口减少到608户2126人,贫困村门村脱贫15户53人,实现整村脱贫。年内上级下达统筹财政扶贫专项资金588.69万元,使用545.77万元,使用完成率92.71%。发放家禽家畜涉及贫困户950户。4个贫困村集体入股岩应旅游边贸加工区200万元,已获分红2万元。投资1000万元实施陇宏屯生态移民搬迁工程。

【民生工程】 2017年,硕龙镇投资28.61万元完成门村门屯、颜屯、陇表屯和巷口村甫厚屯、陇冬屯屯内道路硬化;积极完善门村门屯、颜屯,念典村楞棕屯,义宁村陇高屯、地吞屯、板底屯、枯农屯、板内屯人饮工程,解决1449人饮水困难问题;投资25.4万元完成13个危房改造任务。在冬令春荒救济中,发放大米5700公斤,价值2.85万元,棉被5床价值1250元,棉衣2件价值300元,帮助117名重度残疾、85名困难残疾得到相应的补贴。落实生活困难家庭412户1301人享受低保金,落实8个村0—3公里边境补贴2485户9314人享受边民补助。城乡居民社会养老保险参保缴费人数4109人,占应参保缴费人数4269人的96.25%,缴费金额47.1万元;发放养老金人数2035人,发放率100%。

(谢光胜)

下雷镇

【概　况】 下雷镇位于大新县西北部。359国道、崇靖高速路贯穿境内,219国道沿边境而过,境内有县道539(仁爱—德天)、上映—下雷公路。西南部与越南毗邻,边境线长10余公里(有820—831号国界碑),有2个村5个自然屯与越南接壤。境内锰、磷、铁等矿藏丰富,锰矿资源储量约1.29亿吨,有"边陲重镇""中国锰都"之称,有各类锰加工企业近40家,其中规模以上企业11家,是自治区"工业重点镇"之一。特色水果有腊月柑、李果等。镇政府驻下雷社区镇南街,距县城56公里。全镇辖下雷、土湖2个社区和仁惠、仁爱、仁益、信隆、吉门、志兴、新丰、志刚、三湖、新湖、新育、信孚12个村,125个自然屯,146个村(居)民小组。2017年,全镇有7804户26881人,其中城镇人口7885人,乡村人口18996人,女性13025人(县公安局提供)。人口自然增长率4.41‰。全镇行政区域总面积253平方公里。林地面积18310.19公顷(县林业局2016年调查统计数)。耕地总面积2764.37公顷(2016年县国土局数,含锰矿18.32公顷),其中水田1269.19公顷,旱地1495.18公顷(含锰矿18.32公顷)。

机构设置　镇政府内设机构有党政办公室、社会事务办公室、经济发展办公室、人口和计划生育办公室(与人口和计划生育服务站合署办公)、社会治安综合治理办公室(挂综治信访维稳中心牌子),有干部职工39人。镇主管事业单位有农业服务中心、社会保障服务中心、水利站、林业工作站、文化体育和广播电影电视站、人口和计划生育服务站(与人口和计划生育办公室合署办公)、国土规建环保安监站,有干部职工27人。县主管、镇协管事业单位有财政所、水产畜牧兽医站,有干部职工6人。镇整合行政机构、事业单位的政务公开和公共服务资源,设立面向群众服务的镇政务服务中心1个,人员从各镇直机关事业单位抽调。全镇14个村(社区)"两委"有定工、半定工干部70人。县派出机构有司法所、派出所、食品药品监督管理所、供电所、粮食购销站、土湖粮食购销点、供销合作社、农行下雷分理处、国税下雷分局、地税下雷税务分局、工商质监所、邮政支局、下雷电信公司营业厅、电信土湖营业厅、农村商业银行下雷支行和土湖支行等。

农村经济　农作物播种面积3626公顷,其中粮食作物播种2114公顷,总产量9018吨;经济作物种植面积1096公顷(甘蔗种植面积1041公顷,2017/2018年榨季入厂原料蔗62516.51吨;蔬菜种植355.67公顷,总产量6984吨)。果园面积482.2公顷,园林水果总产量4300吨。肉类产量1935吨。水产品产量77吨。农民人均纯收入9340元。

教文卫体　2017年秋季学期有中学1所,中心小1所,完小2所,教学点11个,在校学生2182人,适龄儿童入学率100%;幼儿园4所,入园幼儿1155人,入园率93%。有卫生院2所,病床35张。参加新型农村合作医疗26574人,参合率100%。获新农合报销补偿17947人次,补偿金额515万元。有篮球场48个(其中灯光球场20个),舞台23个,年内举办球赛350场次,演出115场次。

荣　誉　年内,下雷镇获评2015—2016年度建设平安崇左活动先进乡镇、大新县2017年度绩效考评乡镇一等奖;下雷镇民兵应急排获评大新县军事训练先进单位;信孚村获评2017年崇左市级生态村;仁爱村岜倖屯获评2016年度"美丽崇左"乡村建设魅力村庄;岜倖休闲农业示范园入围广西现代特色农业示范园;志刚村获评第十四批大新县文明村。

镇党委书记:卢充荣。镇人大主席:阮铭。镇长:农英文。

【项目建设】　2017年,下雷镇布东工业园一期350兆瓦动力车间项目完成征地26.67公顷,并对征地范围边界打桩和勾槽,完成对已征收土地进行清表及对二级公路到项目地道路平整;中信大锰加入百色局域电网供电工程开工建设;下雷镇甘蔗"双高"基地建设任务13.33公顷,落实31.67公顷;完成下雷垃圾处理厂项目建设,并试运营。

【特色农业】　2017年,下雷镇着力培育特色农业,种植茂谷柑64公顷,辐射仁惠村、仁益村、志刚村、下雷、新湖、志兴等6个村(社区);种植桑苗73.93公顷,辐射新育、志刚、三湖、信隆、信孚、志兴、新湖、仁益等8个村;种植黑榄果27.47公顷;种植砂仁68.53公顷,辐射6个村;种植腊月柑47.13公顷,辐射3个村;新育村种植澳洲坚果23.6公顷1.1万棵;利用新锰公司闲置厂房建成种桑养蚕基地,并成立下雷镇飞勤路合作社养蚕基地,通过"合作社+基地+农户"模式带动贫困户增收;成功创建仁爱村岜倖屯乡级现代特色农业示范园并入围"广西现代特色农业示范园"名单;完成2133.33公顷农村土地承包经营权确权登记颁证地块测量。

下雷镇志兴村"第一书记"接受媒体采访

【扶贫工作】　2017年,下雷镇整合资金1132.53万元,发展各类产业项目73个。全面落实建档立卡贫困子女15年免费教育,各项学生资助实现建档立卡贫困户学生全覆盖,按时足额发放114名学生"雨露计划"补助金36万元。落实全镇农村住院贫困户患者县域内先诊疗后付费,向全镇1572户建档立卡贫困户宣传就医开通"绿色通道"政策。全镇贫困人口医疗保障达100%,贫困人口患病住院费用实际报销比例达90.01%。引导全镇51户建档立卡贫困户以小额信贷255万元资金入股新农养殖有限公司,每年累计获20.4万元分红,带动205人脱贫。至年底,全镇有318户1329人达到"两不愁、三保障"标准,并通过自治区、市、县级核验;全镇贫困人口下降到1088户4095人,贫困发生率下降到17.54%;仁益村实现整村脱贫摘帽。

【基础设施建设】　2017年,下雷镇完成吉门村布烈屯、信隆村弄新屯至南屯、吉门村路口至只大屯、新育村那坡屯至上育屯等4条屯级道路建设。完成吉门村布江屯、三湖村叫英屯、信孚村上房屯、信孚村弄贺屯、信孚村那定屯等5个屯人饮工程。完成志刚村巴黎屯1500米、志刚村坡贯屯1000米、仁爱村打铁屯800米、仁爱村弄妥屯1200米、土湖社区巴勿屯1800米、新湖村百诺屯1200米、信隆村下弄屯800米等7个屯共8300米三面光渠道新(修)建。完成新湖村孟凌屯小河水坝50米建设。

【惠民工程】 2017年,下雷镇实施村级公益事业建设"一事一议"财政奖补项目15个,总投资103.22万元,其中财政奖补99.73万元,群众投资投劳3.49万元,惠及5个村(社区)8个屯586户2325人;发放农村低保867户2966人,发放资金605.46万元;全镇五保户165户169人,发放各类补助资金80.89万元;享受边境0—3公里边民生活补助265户965人,发放补助资金150.54万元;完成农村危房改造98户;新农合参合率100%,城乡居民社会养老保险参保率持续提高。

【安全生产】 2017年,下雷镇开展安全生产大检查30多次,开展矿产资源开采巡查12次,地质灾害巡查18点次,发现新地质灾害点2个处置2个。抓好非法占地及违法建房专项清查整治,发现违建10起,下发停工通知10份,组织拆除乱搭板房2间,责令拆除8间,喷涂拆除标语27条。

【综治维稳】 2017年,下雷镇摸排各类矛盾纠纷11件,其中,重大疑难纠纷4件,3件得到及时有效解决,1件按程序申请上级单位调处并做好稳控工作;妥善应对各类突发事件,圆满完成节假日、重点时期安保工作,并荣获"建设平安崇左活动先进乡镇"称号,社会公共安全感满意度大幅提升。

(赵　起)

大新华侨经济管理区

【概　况】 大新华侨经济管理区与国营桃城华侨农场实行一个机构两块牌子管理。国营桃城华侨农场前身为国营桃城农场,始建于1956年。1978年接待安置印支难民后改为国营桃城华侨农场,隶属自治区侨办。1997年8月下放到南宁地区,2001年7月下放由大新县人民政府管理。2000年起,桃城华侨农场结合本场实际,积极推行职工家庭承包责任制,实行"两费自理,两费自缴"的企业内部改革,实行20年不变的土地长期承包经营责任制,调动了广大归难侨和职工的生产积极性。2002年完成文教卫生剥离工作、职工社会保险纳入大新县社会养老保险统筹和城镇职工医疗保险统筹。2003年8月,经大新县人民政府批准成立大新华侨经济管理区,实行一套人马两块牌子管理。2007年大新县桃城工业园在农场挂牌办公,对场部地区万亩连片国有土地进行规划设计,建设工业园区,为招商引资工作搭建平台。

大新华侨经济管理区总部位于大新县城北郊,与大新县城区相连,下辖一分场、二分场、三分场、松洞分场、松洞坪分场、灵敖分场、新民分场、左安排屯分场、安平分场(异地安置)等9个农业分场。管理区内设党政办公室、农业管理办公室、基建科、财务科、社保科、保卫综治信访司法办公室、安监办、工会侨联民政扶贫办公室、乡村建设办公室、卫生和计划生育办公室等10个科室,机关管理人员43人。管理区内有大新县民族希望中学1所,在校学生2563人,适龄学生入学率100%;幼儿园(含托儿所)1所,入园幼儿63人,入园率95%。有个体办卫生室2个。2017年,管理区有1631户5297人,其中在职职工958人,退休职工1102人,女性2495人。人口自然增长率3.39‰。管理区面积45.57平方公里。林地面积340.58公顷(县林业局2016年调查统计数)。耕地总面积1159.48公顷(2016年县国土局数。其中位于桃城区域636.67公顷、全茗区域5.73公顷、雷平区域319.26公顷、恩城区域197.82公顷),其中水田0.38公顷(位于桃城区域)。2017年农作物面积1143公顷,其中粮食作物播种面积114公顷,总产量386吨;经济作物种植面积759公顷(甘蔗种植449公顷,2017/2018年榨季入厂原料蔗39323.75吨;蔬菜种植31.07公顷,总产量869吨)。年末果园面积427.33公顷,园林水果总产量9691吨。肉类产量152吨。水产品产量29吨。职工人均纯收入10079.4元。年内,获评大新县2017年度绩效考评乡镇二等奖。

管理区党委书记:何易(10

月调职),周瑞伟(11月任职)。管理区主任:闭智力。

【特色农业】 2017年,管理区农作物种植主要有甘蔗449公顷、剑麻203.81公顷、柑橙244.82公顷、龙眼119.72公顷,各主要经济作物年产量分别为:入厂原料蔗39323.75吨(2017/2018榨季)、剑麻纤维1500吨、柑橙8330吨、龙眼1160吨,农业总产值9796.92万元。落实甘蔗“双高”基地55.67公顷,已种植甘蔗41.94公顷。在灵敖分场创建大新县灵敖碧剑剑麻产业示范区(县级),面积507.33公顷,12月评比入围广西现代特色农业示范区。其中核心区107.33公顷,拓展区166.67公顷,辐射区233.33公顷。引进日加工鲜麻片300吨生产线一条,逐步淘汰小作坊式加工模式;成立大新县新洲剑麻种植专业合作社。

【精准扶贫】 2017年,管理区按照县委、县政府统一部署,积极做好安平分场精准扶贫。每月组织工作组到户开展扶贫活动,为帮扶户解决实际问题。一是引进龙头企业进行香蕉种植。二是利用上级下拨给场部县处级领导结对帮扶资金2.8万元,全部用于种养项目发展,用于购买鸭苗155羽、肥料4.5吨,帮助贫困户发展。

【基础设施建设】 2017年,管理区投资20万元完成三分场办公室建设,投资60万元完成左安排屯分场左安点办公楼和文体文化活动中心建设;投资98万元开工建设左安排屯分场左安点环场路项目;投资15.02万元建设利江河农场段原水坝增高蓄水工程并竣工投入使用,解决管理区场部地区职工群众饮水用水问题。

【项目建设】 2017年,管理区全力推进重点项目建设。一是完成4.8公顷戒毒所项目征地和青苗赔偿;二是做好北环路项目群众摸底和部分征地补偿,并配合国土局完成规划和放线定桩;三是完成东环路项目管理区范围7户拆迁,完成征地任务0.8公顷;四是完成20座电力基塔征地任务;五是完成丰城汽车城项目测量和青苗清点,征地任务5.13公顷,已完成征地1.33公顷;六是完成桃城第二中心幼儿园项目0.87公顷征地和青苗赔偿,并已开工建设。

【“宜居乡村”建设】 2017年,管理区推进“宜居乡村”建设。一是加强保洁员队伍建设。自筹11.3万元,聘请12名保洁员对各分场环境卫生进行长期维护。二是加大宣传。在各分场悬挂横幅10条、宣传牌10块,并对不文明行为进行监督,使乡村建设活动深入人心。三是加强督查。不定期对各分场进行监督,对存在问题及时通知相关人员进行整改。四是完善垃圾清运设备。年内,获得上级配备垃圾清运设备后推车1辆、电动三轮垃圾清运车5辆、勾臂车箱体3个,这些设备均安排到垃圾清运设备相对匮乏的分场,极大提高管理区垃圾清运效率。五是有序开展“三民”工作。在“基础便民”方面,积极开展“三改”入户宣传和摸底调查,入户宣传率达100%;在“产业富民”方面,积极调整农业产业结构,引进大型纤维加工企业,全力推进甘蔗“双高”基地建设;在“服务惠民”方面,组织举办农业生产技术培训班,培训60人次。

【职工保险】 2017年,管理区应参加城镇企业职工基本养老保险职工2060人,其中在职职工958人,退休职工1102人;完成城乡医疗保险3344人,筹集金额50.16万元,参合率100%;完成职工基本医疗保险723人,筹集金额30.87万元;享受高龄补贴153人,发放补贴资金2.23万元;享受低保75户129人,其中归侨侨眷115人,做到应保尽保;对1019名退休职工进行“人脸识别身份认证系统”基本养老保险待遇领取资格认证;为31名职工办理退休手续。

【“平安侨区”建设】 2017年,管理区扎实开展社会治安综合治理。实行矛盾纠纷排查化解责任制,发放宣传材料和手册3000份,排查化解矛盾纠纷28起。扎实开展大接访、大化解、大整治活动,共接待处理信访案件10例,解决信访积案5件,落实信访重点对象稳控责任。全年辖区没有发生刑事案件。将安全生产摆在重要议事日程,组织力量对消防、危化物品、烟花爆竹等重点领域进行安全大检查。对非法车辆营运进行2次专项清理。认真落实安全生产“一岗双责”,抓好“六打六治”打非治违专项行动。全年排查安全隐患1起,辖区没有发生安全生产事故。

(农中伟)

先进名录

□编辑　覃文学

2017 年大新县获市(厅)级以上表彰的先进单位名录

表 13

获奖单位	获奖名称	授奖单位
大新县	全国义务教育发展基本均衡县(市、区)	国务院教育督导委员会
大新县	中国侬垌文化之乡	中国民间文艺家协会
大新县	中国土司文化之乡	中国民间文艺家协会
大新县	地质灾害防治高标准“十有县”	国土资源部
广西新锰集团有限公司	全国“万企帮万村”精准扶贫行动先进民营企业	中华全国工商业联合会、国务院扶贫开发领导小组办公室、中国光彩事业促进会、中国农业发展银行
雷平镇新立村	全国文明村镇	中央文明委
桃城镇价村	继续保留“全国文明村镇”称号	中央文明委
县老促会	全国老区宣传工作先进单位	中国老区建设促进会
县老年人体育协会	第二届全国“敬老文明号”	全国老龄工作委员会
雷平镇太平社区老年协会	第二届全国“敬老文明号”	全国老龄工作委员会
桃城镇新振社区	全国综合减灾示范社区	国家减灾委员会、民政部
恩城乡维新村新胜屯	第二批中国少数民族特色村寨	国家民委
县文体新广局	2017 年 CBO 中国业余篮球公开赛第四名	中国篮球协会
县文化馆(木棉组合)	中央电视台《星光大道》周赛第二名	中央电视台
大新县	第七轮自治区文明城市提名城市	自治区文明委
大新县	中医壮瑶医养生保健示范基地	自治区中医药管理局
国家统计局大新调查队	2017 年广西分市县住户调查先进集体二等奖	国家统计局广西调查总队、自治区统计局

续表

获奖单位	获奖名称	授奖单位
县国税局	广西国税系统营改增集体嘉奖	自治区国家税务局
县国税局	广西巾帼文明岗	自治区妇委
县国税局团支部	2016 年度“广西五四红旗团支部”	共青团广西区委
县实验中学团委	2017 年度“广西五四红旗团委”	共青团广西区委
县人民法院雷平法庭	“百日清案”专项活动先进集体	自治区高级人民法院
县人民检察院	继续保留“自治区文明单位”称号	自治区文明委
县人民检察院	继续保留全区检察机关“文明接待室”称号	自治区人民检察院
县人民检察院	正点巡检 100 期优秀检察新媒体作品优秀奖	自治区人民检察院
县人民检察院	2015—2016 年全区检察机关案件管理示范岗	自治区人民检察院
县人民检察院	自治区维护妇女儿童权益先进集体	自治区人民检察院
县人民检察院	2016 年广西检察优秀新媒体作品	自治区人民检察院
县人民检察院	全区检察机关第七届预防职务犯罪优质“检察建议”	自治区人民检察院
县人民检察院	2017 年度全区检察机关反渎职侵权“精品案件”	自治区人民检察院
县公安局桃城派出所	2016 年度全区优秀公安基层单位	自治区公安局
县公安局桃城派出所	2016 年度全区优秀公安基层单位	自治区公安局
县公安局交通管理大队	党的十九大安保工作成绩突出集体	自治区公安厅
县民族希望中学	第一届自治区文明校园	自治区文明委
县社科联	2017 年度全区社科联系统工作先进单位	广西区社科联
县司法局宝圩司法所	全区“五好”司法所	自治区司法厅
县卫生计生局	2017 年全区计划生育优质服务先进单位	自治区卫计委
县广播电视台	2016 年度广西电视台新闻宣传报道先进单位	广西电视台
县文化馆(木棉组合)	中国(广西)首届壮语春晚演出“最佳贡献奖”	广西电视台
县文化馆(木棉组合)	中国(广西)首届壮语春晚演出“最佳网络人气奖”	广西电视台
县文化执法大队	2017 年自治区“扫黄打非”进基层示范点	自治区“扫黄打非”办公室
县人大常委会	2017 年度人大期刊宣传工作先进单位	自治区人大常委会办公厅

续表

获奖单位	获奖名称	授奖单位
县政协	全区政协报刊宣传工作一等奖	政协广西区委
县教育局	自治区禁毒预防宣传教育工作优秀组织单位	自治区禁毒委
县工商联	2017年度“全区‘五好’县级工商联”	自治区工商联
桃城镇新振社区	自治区综合减灾示范社区	自治区民政厅、自治区减灾委员会办公室
中国移动广西公司大新分公司	2016年中国移动广西公司企业文化示范单位（县级）	中国移动广西公司
堪圩乡明仕村党总支部	五星级农村基层党组织	自治区党委组织部
桃城镇桃源社区党总支部	五星级农村基层党组织	自治区党委组织部
恩城乡恩城社区党总支部	五星级农村基层党组织	自治区党委组织部
雷平镇新立村党总支部	五星级农村基层党组织	自治区党委组织部
桃城镇新振社区党总支部	四星级农村基层党组织	自治区党委组织部
龙门乡宝山村党总支部	四星级农村基层党组织	自治区党委组织部
恩城乡维新村党总支部	三星级农村基层党组织	自治区党委组织部
恩城乡新圩村党总支部	三星级农村基层党组织	自治区党委组织部
榄圩乡康合村党总支部	三星级农村基层党组织	自治区党委组织部
昌明乡五榕村党总支部	三星级农村基层党组织	自治区党委组织部
县环境监察大队	京津冀及周边地区大气污染防治强化督查工作表现突出单位	自治区环保厅
昌明乡	2017年自治区级生态乡镇	自治区环保厅
宝圩乡	2017年自治区级生态乡镇	自治区环保厅
恩城乡和平村	2017年自治区级生态村	自治区环保厅
堪圩乡拔浪村	2017年自治区级生态村	自治区环保厅
榄圩乡上吉村	2017年自治区级生态村	自治区环保厅
雷平镇左安村	2017年自治区级生态村	自治区环保厅
龙门乡文明村	2017年自治区级生态村	自治区环保厅
那岭乡陇玉村	2017年自治区级生态村	自治区环保厅

续表

获奖单位	获奖名称	授奖单位
全茗镇上马村	2017年自治区级生态村	自治区环保厅
硕龙镇门村	2017年自治区级生态村	自治区环保厅
五山乡三合村	2017年自治区级生态村	自治区环保厅
五山乡天水社区	2017年自治区级生态村	自治区环保厅
下雷镇仁益村	2017年自治区级生态村	自治区环保厅
下雷镇下雷社区	文艺村	自治区文联
硕龙镇硕龙社区	文艺村	自治区文联
昌明乡昌明社区	文艺村	自治区文联
龙门乡宝山村	文艺村	自治区文联
恩城乡维新村	文艺村	自治区文联
龙宫仙境景区	国家AAAA级景区	自治区旅游资源规划开发质量评定委员会
安平仙河景区	国家AAAA级景区	自治区旅游资源规划开发质量评定委员会
新屯乡村旅游区	自治区四星级乡村旅游区	自治区旅游资源规划开发质量评定委员会
大新明仕田园	十大最受游客欢迎的广西旅游目的地	自治区旅发委、腾讯公司
广西德天旅游发展集团有限公司	十大广西互联网+旅游示范单位	自治区旅发委、腾讯公司
大新县黑水河湿地公园	广西生态旅游示范区	自治区旅发委、自治区环保厅
大新县上甲肉牛生态养殖示范区	广西现代特色农业示范区	广西现代特色农业示范区工作厅际联席会议办公室
大新县灵熬碧剑麻产业示范区	入围广西现代特色农业示范区	广西现代特色农业示范区工作厅际联席会议办公室
大新县龙门乡龙峡葡萄产业示范园	广西现代特色农业示范园	广西现代特色农业示范区工作厅际联席会议办公室
大新县全茗镇新兴休闲农业示范园	广西现代特色农业示范园	广西现代特色农业示范区工作厅际联席会议办公室
大新县桃城镇决帮砂仁林业扶贫示范园	广西现代特色农业示范园	广西现代特色农业示范区工作厅际联席会议办公室

续表

获奖单位	获奖名称	授奖单位
大新县下雷镇岜倖休闲农业示范园	入围广西现代特色农业示范园	广西现代特色农业示范区工作厅际联席会议办公室
大新县福隆乡楚烽养殖场	2017 年广西“科普惠农兴村计划”先进集体	广西区科协、自治区财政厅
县科协	第 32 届广西青少年科技创新大赛基层赛事优秀组织单位	广西区科协、自治区教育厅
县科协	2016 年度实施“五个一”农村实用技术培训工程先进单位	广西区科协
县财政局	2016 年度贫困县统筹整合使用财政涉农资金绩效考评结果 A 等	自治区财政厅、自治区扶贫开发领导小组办公室
大新县	崇左市 2017 年度县(市、区)绩效考评综合奖三等奖	崇左市委、市政府
宝圩乡	做好“两篇大文章”打好“四大攻坚战”先进集体	崇左市委、市政府
硕龙镇	做好“两篇大文章”打好“四大攻坚战”先进集体	崇左市委、市政府
县旅发局	做好“两篇大文章”打好“四大攻坚战”先进集体	崇左市委、市政府
桃城镇	2015—2016 年度建设平安崇左活动先进乡镇	崇左市委、市政府
那岭乡	2015—2016 年度建设平安崇左活动先进乡镇	崇左市委、市政府
下雷镇	2015—2016 年度建设平安崇左活动先进乡镇	崇左市委、市政府
县教育局	2011—2015 崇左市法治宣传教育先进集体	崇左市委、市政府
县司法局	2011—2015 年全市法治宣传教育先进集体	崇左市委、市政府
县人民检察院	2011—2015 年全市法治宣传教育先进集体	崇左市委、市政府
县水利电业公司	2011—2015 年全市法治宣传教育先进集体	崇左市委、市政府
桃城镇政府	2011—2015 年全市法治宣传教育先进集体	崇左市委、市政府
堪圩乡政府	2011—2015 年全市法治宣传教育先进集体	崇左市委、市政府
堪圩乡政府	崇左市人口和计划生育工作先进乡镇	崇左市委、市政府
雷平镇	2017 年度优质高产高糖糖料蔗基地建设先进乡镇	崇左市人民政府
县人民检察院政工科	集体三等功	崇左市人民检察院
县人民检察院政工科	集体三等功	崇左市人民检察院

续表

获奖单位	获奖名称	授奖单位
县人民法院	2016年度全市法院绩效考评工作先进集体	崇左市中级人民法院
县人民法院	2016年度全市法院绩效考评一等奖	崇左市中级人民法院
县人民法院	2016年度党风廉政建设责任制一等奖	崇左市中级人民法院
县人民法院	2016年度未成年人刑事审判工作一等奖	崇左市中级人民法院
县人民法院	2016年度阳光司法工作一等奖	崇左市中级人民法院
县人民法院	2016年度法院安保和法警工作一等奖	崇左市中级人民法院
县人民法院	2016年度新闻宣传报道和舆情导控工作一等奖	崇左市中级人民法院
县人民法院	2016年度信息工作一等奖	崇左市中级人民法院
县人民法院	2016年度涉诉信访工作三等奖	崇左市中级人民法院
县人民法院	2016年度信息化建设和司法技术管理工作二等奖	崇左市中级人民法院
县人民法院立案庭	崇左市青年文明号	共青团崇左市委、崇左市创建青年文明号活动组委会
县公安局治安大队	党的十九大安保工作成绩突出集体	崇左市公安局
县公安局桃城派出所	党的十九大安保工作成绩突出集体	崇左市公安局
县公安局专案组	破获“6·11”运输毒品案集体三等功	崇左市公安局
县公安局专案组	破获“公安部2016—407专案”集体三等功	崇左市公安局
县公安局禁毒大队	2016年度全市优秀公安基层单位	崇左市公安局
县公安局治安大队	党的十九大安保工作成绩突出集体	崇左市公安局
县公安消防大队	党的十九大消防安保集体三等功	崇左市公安局
县公安消防大队	党的十九大消防安保成绩突出集体	崇左市公安局
那岭乡团委	2016年度崇左市五四红旗团委	共青团崇左市委
大新中学团委	2016年度崇左市五四红旗团委	共青团崇左市委
县人民法院团支部	2016年度崇左市五四红旗团支部	共青团崇左市委
县中医医院团支部	2016年度崇左市五四红旗团支部	共青团崇左市委
县民族希望中学团委	2017年度崇左市五四红旗团委	共青团崇左市委
县人民检察院团支部	2017年度崇左市五四红旗团支部	共青团崇左市委

续表

获奖单位	获奖名称	授奖单位
县实验中学团支部	2017年度崇左市五四红旗团支部	共青团崇左市委
县纪委	2016—2017年度崇左市纪检监察机关执纪审查“十大优秀案件”	崇左市纪委监委
雷平镇纪委	2016—2017年度崇左市纪检监察机关执纪审查“十大精品案件”	崇左市纪委监委
大新县明仕田园休闲农业示范区	2017年第三批崇左市现代特色农业示范区	崇左市人民政府
大新县陇那生态养殖专业合作社	崇左市先进农民专业合作社	崇左市扶贫开发领导小组
县农机局	2017年度全市农机化工作先进单位	崇左市农机局
县农机局	2017年度全市农机安全生产工作先进单位	崇左市农机局
县农机局	2017年度全市水稻全程机械化工作先进单位	崇左市农机局
县农机局	2017年度全市农机化技术推广体系建设工作先进单位	崇左市农机局
县审计局	崇左市2016年度全市优秀审计项目二等奖	崇左市审计局
县审计局	崇左市2016年度优秀AO审计实例二等奖	崇左市审计局
县审计局	崇左市文明单位	崇左市文明委
县审计局	2017年度审计信息宣传工作先进集体	崇左市审计局
县财政局	崇左市文明单位	崇左市文明委
县卫生和计划生育局	2017年度崇左市卫计委网站宣传通联工作先进单位	崇左市卫计委
县文联	崇左市优秀文联	崇左市文联
县中医医院	崇左市卫生应急技能竞赛获“突发中毒事件处置项目”团体一等奖	崇左市卫计委
县妇幼保健院	崇左市卫生应急技能竞赛获“突发中毒事件处置项目”团体一等奖	崇左市卫计委
县疾病预防控制中心	崇左市卫生应急技能竞赛获“突发急性传染病防控项目”团体二等奖	崇左市卫计委
县人民医院	崇左市卫生应急技能竞赛获“紧急医学救援技能操作项目”团体二等奖	崇左市卫计委

续表

获奖单位	获奖名称	授奖单位
县人民医院	2017年崇左市“千医进千屯服务万家”等三项活动先进单位	崇左市卫计委
县中医医院	2017年崇左市“千医进千屯服务万家”等三项活动先进单位	崇左市卫计委
宝圩乡卫生院	2017年崇左市“千医进千屯服务万家”等三项活动先进单位	崇左市卫计委
昌明乡卫生院	2017年崇左市“千医进千屯服务万家”等三项活动先进单位	崇左市卫计委
恩城乡卫生院	2017年崇左市“千医进千屯服务万家”等三项活动先进单位	崇左市卫计委
榄圩乡中心卫生院	2017年崇左市“千医进千屯服务万家”等三项活动先进单位	崇左市卫计委
龙门乡卫生院	2017年崇左市“千医进千屯服务万家”等三项活动先进单位	崇左市卫计委
全茗镇中心卫生院	2017年崇左市“千医进千屯服务万家”等三项活动先进单位	崇左市卫计委
桃城镇第二卫生院	2017年崇左市“千医进千屯服务万家”等三项活动先进单位	崇左市卫计委
下雷镇中心卫生院	荣获2017年崇左市“千医进千屯服务万家”等三项活动先进单位	崇左市卫计委
雷平镇中心卫生院	2017年崇左市“千医进千屯服务万家”等三项活动先进单位	崇左市卫计委
县人大常委会	2017年崇左市人大宣传工作先进单位	崇左市人大常委会办公室
县教育局	崇左市第二十四届青少年爱国主义读书教育活动“优秀组织奖”	崇左市委宣传部
县教育局	2017年崇左市践行社会主义核心价值观主题歌曲合唱大赛县组别一等奖	崇左市委宣传部
县教育局	崇左市2017年初中教育教学质量综合评价三等奖	崇左市教育局
大新中学	崇左市2017年高中B类学校教育教学质量综合评价三等奖	崇左市教育局

续表

获奖单位	获奖名称	授奖单位
县民族高级中学	崇左市2017年高中C类学校教育教学质量综合评价二等奖	崇左市教育局
县文明办	第五届崇左市乡村学校少年宫素质教育技能竞赛优秀组织奖	崇左市文明办、市教育局
雷平镇中心小学	第五届崇左市乡村学校少年宫素质教育技能竞赛二等奖和优秀组织学校	崇左市文明办、市教育局
堪圩乡中心小学	第五届崇左市乡村学校少年宫素质教育技能竞赛三等奖	崇左市文明办、市教育局
榄圩乡中心小学	第五届崇左市乡村学校少年宫素质教育技能竞赛三等奖	崇左市文明办、市教育局
全茗镇中心小学	第五届崇左市乡村学校少年宫素质教育技能竞赛三等奖	崇左市文明办、市教育局
县养利学校	第五届崇左市乡村学校少年宫素质教育技能竞赛三等奖	崇左市文明办、市教育局
县文体新广局	2017年广西“拔群杯”篮球比赛第二名	自治区体育局
县文体新广局	2017年CBO中国业余篮球公开赛(广西赛区)暨第四届广西县级篮球联赛第三名	自治区体育局
县文体新广局	广西2017年“舞动广西·我是舞王”广西健身舞(广场舞)大赛三等奖	自治区体育局
县文体新广局	“我是球王、我要上全运”2017年广西气排球选拔赛崇左赛区比赛中年女子组第二名	崇左市体育局
县文体新广局	“我是球王、我要上全运”2017年广西气排球选拔赛崇左赛区比赛青年男子组第二名	崇左市体育局
县文体新广局	“我是球王、我要上全运”2017年广西气排球选拔赛崇左赛区比赛中年男子组第二名	崇左市体育局
县文体新广局	2017年广西“拔群杯”篮球赛崇左赛区预赛男子篮球比赛第一名	崇左市体育局
县文体新广局	2017年“铁人杯”广西太极拳王民间争霸赛崇左赛区比赛第一名	崇左市体育局
县文体新广局	2017年“舞动广西·我是舞王”广西健身舞(广场舞)大赛崇左赛区比赛第一	崇左市体育局
下雷镇信孚村	2017年崇左市级生态村	崇左市环保局

续表

获奖单位	获奖名称	授奖单位
榄圩乡先明村	2017年崇左市级生态村	崇左市环保局
硕龙镇义宁村	2017年崇左市级生态村	崇左市环保局
那岭乡巴兰村	2017年崇左市级生态村	崇左市环保局
福隆乡福隆社区	2017年崇左市级生态村	崇左市环保局
雷平镇钦联村	2017年崇左市级生态村	崇左市环保局
雷平镇咘龙村	2017年崇左市级生态村	崇左市环保局
桃城镇万礼村浓沙屯	2016年度"美丽崇左"乡村建设魅力村庄	崇左市乡村办
桃城镇宝贤村价屯	2016年度"美丽崇左"乡村建设魅力村庄	崇左市乡村办
桃城镇宝新村新屯	2016年度"美丽崇左"乡村建设魅力村庄	崇左市乡村办
堪圩乡明仕村弄朋屯	2016年度"美丽崇左"乡村建设魅力村庄	崇左市乡村办
恩城乡恩城社区那望屯	2016年度"美丽崇左"乡村建设魅力村庄	崇左市乡村办
恩城乡恩城社区岜隆屯	2016年度"美丽崇左"乡村建设魅力村庄	崇左市乡村办
恩城乡维新村新胜屯	2016年度"美丽崇左"乡村建设魅力村庄	崇左市乡村办
恩城乡陆榜村叫汉屯	2016年度"美丽崇左"乡村建设魅力村庄	崇左市乡村办
福隆乡福隆社区内斗屯	2016年度"美丽崇左"乡村建设魅力村庄	崇左市乡村办
福隆乡欧阳村新榜屯	2016年度"美丽崇左"乡村建设魅力村庄	崇左市乡村办
雷平镇新立村霞山屯	2016年度"美丽崇左"乡村建设魅力村庄	崇左市乡村办
雷平镇安平村渠芥屯	2016年度"美丽崇左"乡村建设魅力村庄	崇左市乡村办
宝圩乡板价村板价屯	2016年度"美丽崇左"乡村建设魅力村庄	崇左市乡村办
全茗镇上马村龙令屯	2016年度"美丽崇左"乡村建设魅力村庄	崇左市乡村办
下雷镇仁爱村岜倖屯	2016年度"美丽崇左"乡村建设魅力村庄	崇左市乡村办
榄圩乡上吉村蒙屯	2016年度"美丽崇左"乡村建设魅力村庄	崇左市乡村办
昌明乡东风村板扭屯	2016年度"美丽崇左"乡村建设魅力村庄	崇左市乡村办
那岭乡那廉村旧州屯	2016年度"美丽崇左"乡村建设绿色村屯	崇左市乡村办

2017年大新县获市(厅)级以上表彰的先进个人名录

表14

姓名	性别	工作单位	获奖名称	授奖单位
苏艳红	女	堪圩乡人民政府	全国维护妇女儿童权益先进个人	全国妇联
覃志钦	男	桃城镇卫生院	全国"敬老爱老助老模范人物"	全国老龄工作委员会
邱少云	男	硕龙镇敬老院	全国"敬老爱老助老模范人物"	全国老龄工作委员会
赵琼全	男	大新糖厂退休工人	全国"敬老爱老助老模范人物"	全国老龄工作委员会
黄艳娇	女	县文明办	《浅谈改革对边境县域城市发展的积极影响》一文获"全国大中城市社科联第28次工作会议"优秀论文三等奖	全国大中城市社科联工作委员会
马坡彩	女	榄圩乡康合村三合屯村民	第四届自治区道德模范提名奖(孝老爱亲类)	自治区文明委
农炳国	男	县调处办	2017年度全区"三大纠纷"调处工作先进个人	自治区调处办
吕光哲	男	县人大常委会	2017年人大宣传工作先进个人	自治区人大常委会办公厅
农振文	男	县人大常委会办公室	2017年人大宣传工作先进个人	自治区人大常委会办公厅
潘美婵	女	国家统计局大新调查队	广西调查队系统先进工作者	国家统计局广西调查总队
赵翠芳	女	县财政局	全区财政系统记二等功	自治区财政厅、自治区人社厅
伍佰祯	男	县人民法院	《广西法治日报》、平安广西网2016年度先进通讯员二等奖	广西法治日报社
闭赋火	男	县人民法院	《广西法治日报》、平安广西网2016年度先进通讯员三等奖	广西法治日报社
伍佰祯	男	县人民法院	《左江日报》2016年度优秀通讯员	左江日报社
闭赋火	男	县人民法院	《左江日报》2016年度先进通讯员	左江日报社
伍佰祯	男	县人民法院	全区法院新媒体先进个人	自治区高级人民法院
韦石峰	男	县人民法院	"百日清案"专项活动先进个人	自治区高级人民法院
潘　飞	男	县人民法院	"百日清案"专项活动先进个人	自治区高级人民法院
陆志良	男	县人民检察院	2017年度全区检察机关优秀通讯员	自治区人民检察院
丁琳源	女	县人民检察院	2017年度广西检察机关"优秀公诉庭"	自治区人民检察院

续表

姓名	性别	工作单位	获奖名称	授奖单位
何春雷	男	县人民检察院	2017年全区检察机关侦查监督业务优秀刑事立案监督案件	自治区人民检察院
陈海芳	女	县人民检察院	2017年全区检察机关侦查监督业务精品纠正漏捕案件	自治区人民检察院
赵　萍	女	县人民检察院	2017年全区检察机关侦查监督业务优秀侦查活动监督案件	自治区人民检察院
邓素红	女	县公安局	广西第二届最美警察(记一等功)	自治区公安厅
邓素红	女	县公安局	全区优秀人民警察	自治区公安厅
陆江锐	男	县公安局	全区优秀基层科所队长	自治区公安厅
李　桃	女	县公安局	全区公安机关深入推进户口登记管理清理整顿工作先进个人	自治区公安厅
赵慧新	男	县公安局	党的十九大安保工作成绩突出个人	自治区公安厅
农琳萍	女	县国税局	2017年广西国税系统岗位能手	自治区国税局
黄海洪	男	县环境保护局	京津冀及周边地区大气污染防治强化督查工作表现突出个人	自治区环保厅
周泽秀	女	县农业行政综合执法大队	《莲藕、慈姑新品种选育与标准化栽培技术研究》项目获广西农业科学院科学技术进步奖二等奖	广西农业科学院
李　英	女	县土肥站	《花生优异基因资源发掘和广适高产新品种创制与应用》项目获广西农业科学院科学技术进步奖一等奖	广西农业科学院
黄传能	男	县社科联	《恩城河国家级自然保护区环境问题探讨》一文获“第十九广西绿色大发展论坛”优秀论文三等奖	广西区人民政府社会发展研究中心、广西区社科联
黄传能	男	县社科联	2017年度全区社科联系统优秀工作者	广西区社科联
梁国正	男	县审计局	2017年广西审计技术方法专题征文优秀奖	广西审计学会
郑香庭	女	县审计局	2017年广西审计技术方法专题征文优秀奖	广西审计学会
许海军	男	县广播电视台	2016年度广西电视台先进个人	广西电视台
赵　甜	女	中国移动广西公司大新分公司	中国移动广西公司第六届“百佳巾帼明星”	中国移动广西公司

续表

姓名	性别	工作单位	获奖名称	授奖单位
黄香琴	女	中国移动广西公司大新分公司	广西公司十佳“满意100”服务明星	中国移动广西公司
马媚珍	女	县地税局雷平分局	2017年度“广西优秀共青团员”	共青团广西区委
许权能	男	县民族高级中学	2017年崇左市中小学优秀班主任	崇左市委、市政府
黄东君	男	桃城第一中学	2017年崇左市中小学优秀班主任	崇左市委、市政府
陆乃勤	男	县民族希望中学	2017年崇左市中小学优秀班主任	崇左市委、市政府
黄立勤	男	宝圩乡中学	2017年崇左市中小学优秀班主任	崇左市委、市政府
苏向艳	女	桃城第二小学	2017年崇左市中小学优秀班主任	崇左市委、市政府
覃小平	女	县养利学校	2017年崇左市中小学优秀班主任	崇左市委、市政府
李秀芳	女	榄圩乡中心小学	2017年崇左市中小学优秀班主任	崇左市委、市政府
赵　斌	男	大新中学	2017年崇左市中小学优秀教师	崇左市委、市政府
冯伟志	男	全茗镇中学	2017年崇左市中小学优秀教师	崇左市委、市政府
赵魏颖	女	桃城第一小学	2017年崇左市中小学优秀教师	崇左市委、市政府
赵胜征	男	全茗镇中心小学	2017年崇左市中小学优秀教师	崇左市委、市政府
赵红杏	女	那岭乡中心小学	2017年崇左市中小学优秀教师	崇左市委、市政府
许小翠	女	县直属机关幼儿园	2017年崇左市中小学优秀教师	崇左市委、市政府
许荣伟	男	县民族希望中学	2017年崇左市中小学优秀教师	崇左市委、市政府
覃向胜	男	县教育局	2017年崇左市先进教育工作者	崇左市委、市政府
覃爱宁	女	大新中学	2017年崇左市先进教育工作者	崇左市委、市政府
赵佩辰	女	桃城第一小学	2017年崇左市先进教育工作者	崇左市委、市政府
玉乔芳	女	桃城第二小学	2017年崇左市先进教育工作者	崇左市委、市政府
黄永春	男	县养利学校	2017年崇左市先进教育工作者	崇左市委、市政府
赵彦民	男	五山乡中心小学	2017年崇左市先进教育工作者	崇左市委、市政府
区　平	男	龙门乡中心小学	2017年崇左市先进教育工作者	崇左市委、市政府
李燕芳	女	恩城乡中心小学	2017年崇左市先进教育工作者	崇左市委、市政府
农志夫	男	县委政法委	2015—2016年度建设平安崇左活动先进个人	崇左市委、市政府

续表

姓名	性别	工作单位	获奖名称	授奖单位
黄汉忠	男	雷平镇党委	2015—2016年度建设平安崇左活动先进个人	崇左市委、市政府
农迪生	男	宝圩乡综治办	2015—2016年度建设平安崇左活动先进个人	崇左市委、市政府
黄增瑜	男	县文体新广局	2015—2016年度建设平安崇左活动先进个人	崇左市委、市政府
潘　东	男	县公安局	2015—2016年度建设平安崇左活动先进个人	崇左市委、市政府
周　杰	男	县司法局	2011—2015年全市法治宣传教育先进个人	崇左市委办、市政府办
黄首亮	男	县司法局	2011—2015年全市法治宣传教育先进个人	崇左市委办、市政府办
雷小玲	女	县司法局	2011—2015年全市法治宣传教育先进个人	崇左市委办、市政府办
苏艳红	女	堪圩乡政府	2011—2015年全市法治宣传教育先进个人	崇左市委办、市政府办
邓新军	男	县人民法院	2011—2015年全市法制宣传教育先进个人	崇左市委办、市政府办
张振德	男	县政府办	2011—2015年全市法治宣传教育先进个人	崇左市委办、市政府办
何锋龙	男	大新桃城工商质监所	2011—2015年全市法治宣传教育先进个人	崇左市委办、市政府办
闭丽红	女	县残联	2011—2015年全市法治宣传教育先进个人	崇左市委办、市政府办
黎育婷	女	县文体新广局	2011—2015年全市法治宣传教育先进个人	崇左市委办、市政府办
赵华干	男	县法制办	2011—2015年全市法治宣传教育先进个人	崇左市委办、市政府办
赵权金	男	县公安局	2011—2015年全市法治宣传教育先进个人	崇左市委办、市政府办
麻干烈	男	县食品药品监督局	2011—2015年全市法治宣传教育先进个人	崇左市委办、市政府办
刘国雨	女	县委宣传部	2011—2015年全市法治宣传教育先进个人	崇左市委办、市政府办

续表

姓名	性别	工作单位	获奖名称	授奖单位
陆水宝	男	县民族希望中学	2011—2015年全市法治宣传教育先进个人	崇左市委办、市政府办
农春丹	女	县纪委	2011—2015年全市法治宣传教育先进个人	崇左市委办、市政府办
郭红梅	女	县委党校	2011—2015年全市法治宣传教育先进个人	崇左市委办、市政府办
赵　龙	男	大新中学	2011—2015年全市法治宣传教育先进个人	崇左市委办、市政府办
欧述善	男	县房管所	2011—2015年全市法治宣传教育先进个人	崇左市委办、市政府办
梁松玲	男	县人大常委会办公室	《崇左人大》2017年度优秀通讯员	崇左市人大常委会办公室
农振文	男	县人大常委会办公室	2017年崇左市人大宣传工作先进人个人	崇左市人大常委会办公室
赵小燕	女	县人大常委会办公室	2017年崇左市人大宣传工作先进人个人	崇左市人大常委会办公室
黄桂红	女	县国税局	崇左市国税系统营改增先进个人	崇左市国税局
涂立志	男	县国税局	崇左市国税系统营改增先进个人	崇左市国税局
蓝　毅	男	县国税局	崇左市国税系统营改增先进个人	崇左市国税局
农琳萍	女	县国税局	崇左市国税系统营改增先进个人	崇左市国税局
凌慧丹	女	县人民法院	崇左法院"做合格司法警察"学习讨论演讲比赛二等奖	崇左市中级人民法院
覃茂桁	男	县人民法院	崇左法院"做合格司法警察"学习讨论演讲比赛二等奖	崇左市中级人民法院
叶永亮	男	县人民检察院	崇左市检察机关第八届检察理论研讨会普通论文类优秀成果三等奖	崇左市人民检察院
赵　萍	女	县人民检察院	崇左市检察机关第八届检察理论研讨会普通论文类优秀成果三等奖	崇左市人民检察院
李喜庆	男	县人民检察院	崇左市检察机关第八届检察理论研讨会普通论文类优秀成果三等奖	崇左市人民检察院
黄英泽	男	县人民检察院	个人三等功	崇左市人民检察院
许秀秀	女	县人民检察院	检察职业道德主题演讲比赛二等奖	崇左市人民检察院
农建生	男	县公安局	个人三等功	市公安局

续表

姓名	性别	工作单位	获奖名称	授奖单位
马毅新	男	县公安局	党的十九大安保工作成绩突出个人	市公安局
杨国成	男	县公安局	党的十九大安保工作成绩突出个人	市公安局
经　辉	男	县公安局	党的十九大安保工作成绩突出个人	市公安局
许伟政	男	县公安局	党的十九大安保工作成绩突出个人	市公安局
许明海	男	县公安局	党的十九大安保工作成绩突出个人	市公安局
陆志鹏	男	县公安局	党的十九大安保工作成绩突出个人	市公安局
农树宁	男	县公安局	党的十九大安保工作成绩突出个人	市公安局
莫春强	男	县公安局	党的十九大安保工作成绩突出个人	市公安局
陈业战	男	县公安局	党的十九大安保工作成绩突出个人	市公安局
吴伟力	男	县公安局	党的十九大安保工作成绩突出个人	市公安局
谢海峰	男	县公安局	个人三等功	市公安局
赵海翔	男	县公安局	个人三等功	市公安局
黄家珍	男	县公安局	全市优秀人民警察	市公安局
邓家兴	男	县公安局	个人三等功	市公安局
许东照	男	县人民检察院	2016 年崇左市卷烟打假打私先进个人	崇左市卷烟市场清理整顿工作领导小组
黄传能	男	县社科联	《大新县文化旅游融合发展之路》一文获“2017 年度全市宣传系统优秀论文”三等奖	崇左市委宣传部
许海军	男	县广播电视台	崇左市“砥砺奋进的五年——崇左记者走村串户看脱贫”主题采访活动好记者	崇左市委宣传部
许海军	男	县广播电视台	第四届崇左市敬业奉献模范	崇左市文明委
张鑫艳	女	县民族希望中学	第三届崇左市“美德少年”提名奖(助人为乐类)	崇左市文明委
方　景	女	桃城镇第四小学	第三届崇左市“美德少年”提名奖(助人为乐类)	崇左市文明委
农海丽	女	堪圩乡中心小学	第三届崇左市“美德少年”提名奖(自强自立类)	崇左市文明委
李恪翰	男	桃城第二小学	第三届崇左市“美德少年”提名奖(自强自立类)	崇左市文明委

续表

姓名	性别	工作单位	获奖名称	授奖单位
许裴升	男	桃城第二小学	第三届崇左市“美德少年”提名奖(勤学节俭类)	崇左市文明委
农惠兰	女	县审计局	2017年度崇左市审计信息宣传工作先进个人	崇左市审计局
赵　聪	男	县审计局	2017年度崇左市审计信息宣传工作先进个人	崇左市审计局
覃丽丽	女	县卫生计生局	2017年崇左市“千医进千屯服务万家”等三项活动“先进个人”	崇左市卫计委
潘　婕	女	县卫生计生局	2017年崇左市“千医进千屯服务万家”等三项活动“先进个人”	崇左市卫计委
黄爱清	女	县人民医院	2017年崇左市“千医进千屯服务万家”等三项活动“先进个人”	崇左市卫计委
黄金钟	男	县人民医院	2017年崇左市“千医进千屯服务万家”等三项活动“先进个人”	崇左市卫计委
黄志汉	男	县中医医院	2017年崇左市“千医进千屯服务万家”等三项活动“先进个人”	崇左市卫计委
农　华	女	县妇幼保健院	2017年崇左市“千医进千屯服务万家”等三项活动“先进个人”	崇左市卫计委

统计资料

□编辑 覃文学

2017 年大新县经济社会主要指标

表 15

指　标	单　位	总　量	2017 年比 2016 年增减(%)
土地面积	平方公里	2747	—
常住人口	万人	30.73	0.7
年底总人口	万人	38.26	−0.2
男	万人	19.79	−0.19
女	万人	18.47	−0.25
出生人口	万人	0.62	21.5
死亡人口	万人	0.65	198
年底总户数	万户	10.22	−0.17
地区生产总值	亿元	128.73	8.1
第一产业	亿元	24.70	3.9
第二产业	亿元	61.57	8.4
# 工业	亿元	54.06	7.4
第三产业	亿元	42.45	10.2
地区生产总值指数	上年 =100	108.1	0.9
第一产业	上年 =100	103.9	−0.1
第二产业	上年 =100	108.4	2.9
# 工业	上年 =100	107.4	2.5
第三产业	上年 =100	110.2	−1.5
就业人员	万人	17.4	−4.4
第一产业	万人	15.87	−5.0
第二产业	万人	0.45	−2.3
第三产业	万人	1.08	3.3
城镇单位就业人数	万人	1.65	1.1

续表

指　标	单　位	总　量	2017年比2016年增减(%)
#国有单位	万人	1.09	−2.9
#城镇集体单位	万人	0.06	−18.5
城镇单位就业人员平均工资	元	56021	20.0
国有单位	元	63850	20.0
城镇集体单位	元	39370	20.6
全社会固定资产投资	亿元	–	–
固定资产投资	亿元	131.22	11.1
#房地产开发	亿元	6.41	−11.1
农户固定资产投资	亿元	–	–
商品房销售额	亿元	6.57	27.6
#住宅	亿元	6.34	28.2
商品房销售面积	万平方米	21.6	16.3
#住宅	万平方米	20.97	14.5
地方财政一般预算收入	亿元	2.37	−27.6
农村居民人均可支配收入	元	11336	10.9
农村居民人均生活消费支出	元	8086	9.4
#食品支出	元	3203	10.0
城镇居民人均可支配收入	元	30217	9.0
乡村户数	万户	8.6	−10.42
常用耕地面积	公顷	68730	−0.19
农业机械总动力	千瓦	601270	7.3
化肥使用量(折纯量)	吨	41734	0
农村用电量	万千瓦小时	5976	3
有效灌溉面积	公顷	16290	–
农作物总播种面积	公顷	71854	2.08
#粮食作物	公顷	26900	−0.22
粮食产量	吨	118703	−3.52
棉花产量	吨	161	5.92
油料产量	吨	1675	13.02
蔬菜产量	吨	98470	7.15
水果产量	吨	85428	7.27
肉类产量	吨	31977	1.63

续表

指　标	单　位	总　量	2017年比2016年增减(%)
禽蛋产量	吨	446	6.95
水产品产量	吨	11757	0.05
工业企业单位数	个	24	14.3
工业总产值	亿元	139.2	14.6
规模以上工业总产值	亿元	136.89	14.8
#轻工业	亿元	39.88	18.8
重工业	亿元	97.02	13.2
大中型工业企业	亿元	109.7	18.8
外商及港澳台商投资企业	亿元	16.13	15.8
规模以上工业企业资产总计	亿元	98.53	−3.63
规模以上工业企业负债合计	亿元	56.23	2.94
规模以上工业企业主营业务收入	亿元	131.68	27.0
规模以上工业企业利润总额	亿元	17.43	−9.7
规模以上工业企业本年应交增值税	亿元	1.01	387.0
规模以上工业企业从业人员年平均人数	万人	0.95	−3.3
规模以上建筑业企业单位数	个	4	–
规模以上建筑业企业从业人员	万人	0.05	–
规模以上建筑业总产值	亿元	2.69	32.35
房屋建筑施工面积	万平方米	12.15	6.62
房屋建筑竣工面积	万平方米	6.62	9.18
社会消费品零售总额	万元	152937	11.3%
限额以上批发和零售业法人企业数	个	12	9.09
限额以上批发和零售业年末从业人数	人	280	8.12
限额以上住宿和餐饮业法人企业数	个	9	50
限额以上住宿和餐饮业年末从业人数	人	708	−3.7

说明：此表由县统计局提供

（叶清霖）

索　引

说　明

一、本索引采用主题分析索引方法。正文(包括条码、文献、资料、图片和表格)中凡具有独立检索意义的完整资料,均可通过本索引进行检索。少数条目名因语言环境需要,在名称前或者名称后酌加修饰词;有的条目名称动词置后;有的条目名称重复的动词作省略;有的条目名称作简化。为突出图片主题,有的图片文字说明作简略处理。

二、索引按汉语拼音字母(同声字按声调)升序排列。类目、分目、次分目作索引款目用黑体字排印,其余均用宋体字排印。表格、图片在其款目后分别注明“表”“图”。

三、索引款目后的阿拉伯数字和拉丁字母(a, b, c)分别表示内容所在的页码和栏别(即左、中、右栏)。

四、索引空两字位起排的款目为上一主题的“附见”。同一主题的“参见”只标页码。为便于读者检索,内容有交叉的款目,在本索引中重复出现。

五、“图片专辑”“编辑说明”“大事记”等栏目不作索引,阿拉伯数字和拉丁字母开头的款目排在索引的前面。

D

H

K

L

T

W

X

Y

Z